Emmet Connor

# *Pandemia Roja:*

## El culto marxista mundial

OMNIAVERITAS®

# Emmet Connor

Emmet Connor es un autor y youtuber irlandés. Su obra se centra en temas como el patriotismo, la ideología, el adoctrinamiento, el globalismo, la actualidad y la geopolítica. En su primer libro, *Red Pandemic: The Global Marxist Cult* - Connor expone la fuente de todo el loco activismo revolucionario en el mundo de hoy - la ideología del marxismo - destacando su impacto tóxico sin igual en los asuntos mundiales y la humanidad en general.

*RED PANDEMIC:*
*The Global Marxist Cult,*
2024, Omnia Veritas Ltd


***PANDEMIA ROJA:***
***El culto marxista mundial***


Traducido y publicado por
OMNIA VERITAS LTD
** OMNIA VERITAS.**
www.omnia-veritas.com

Esta obra está dedicada a los cientos de millones de personas (y contando) que han tenido que soportar irritaciones, molestias, juicios, ostracismo, acoso, intimidación, daños a la propiedad, agresiones, torturas, violaciones, suicidios forzados, asesinatos y genocidios "revolucionarios", "progresistas" o "activistas" a lo largo de la historia del marxismo; y a todos los auténticos amantes de la verdad, la libertad y la justicia, seáis quienes seáis y estéis donde estéis en este mundo infectado.

"~~(la religión)~~ El marxismo es el suspiro de la criatura oprimida, el corazón de un mundo sin corazón y el alma de nuestras condiciones sin alma. Es el opio del pueblo".

~~KarlMarx~~

"Mi pueblo es destruido por falta de conocimiento"

Oseas 4:6

"Cuando no haya más sitio en el infierno, los muertos caminarán por la Tierra"

*Peter Washington*, El *amanecer de los muertos*, 1978

**Pandemia roja: El culto marxista global - Índice**

# PRÓLOGO

Hemos visto que el mundo ha experimentado cambios profundos y extraordinarios en los últimos tiempos. También hemos visto que estos cambios colosales no son meramente circunstanciales, o el resultado de algún tipo de evolución orgánica de la sociedad, u otros factores fuera del control de la humanidad; sino cambios que han sido alentados y apoyados por ciertos movimientos, organizaciones e individuos motivados.

En 2020 vimos cómo la pandemia de Covid se convertía en un acontecimiento que cambiaba la vida universalmente; una situación que afectaba prácticamente a la población de todo el mundo. Ese mismo año, las protestas y disturbios de Black Lives Matter dominaron los titulares del mundo occidental, creando repercusiones en muchos países, aunque más intensamente (y como era de esperar) en los EE.UU. Hemos visto cómo el movimiento alarmista climático ganaba aún más impulso; se nos ha dicho que "volverse verde" es tan crucial, que si no se consigue, conducirá a una catástrofe global inevitable a menos que se tomen medidas inmediatas. Al parecer, esto se aplica incluso a países cuya producción de $CO_2$ es comparativamente infinitesimal en el esquema global de las cosas, como Irlanda.

Hemos visto cómo se impulsaban cambios masivos en materia de sexo, sexualidad, género y relaciones; y no sólo en relación con los adultos, sino, extrañamente, con los adolescentes y los niños. Se ha intensificado el movimiento LGBTQ y han proliferado las organizaciones de "derechos trans". Las llamadas marchas *del Orgullo* han sido habituales en las calles de muchas ciudades del mundo.

También hemos asistido a un preocupante énfasis en el tema de la pedofilia por parte de algunos sectores; y no un endurecimiento del tema (como suscribiría cualquier persona razonable), sino en realidad un ablandamiento; una "normalización". Resulta extraño que algo que antes muchos consideraban una enfermedad mental o simplemente maligno, ahora algunos sugieran que es básicamente otra forma de orientación sexual.

La migración masiva ha sido un tema muy divisivo e impactante en todo el mundo; en Europa en particular. Sin embargo, no ha sido una vía de doble sentido: se trata, en su inmensa mayoría, de movimientos masivos de personas procedentes de zonas del Tercer Mundo hacia países occidentales generalmente más prósperos, estables y civilizados. A veces se ha presentado como un movimiento orgánico, razonable y natural de grandes cantidades de personas de una zona a otra, pero está fomentado, promovido, coordinado y justificado por el poder establecido a escala nacional (y también por organizaciones internacionales como las Naciones Unidas y la Unión Europea). También se ha presentado como un movimiento de refugiados procedentes de zonas devastadas por la guerra, pero esto es claramente falso para la mayoría de las masas, teniendo en cuenta el gran número y los países de origen (no devastados por la guerra) en cuestión; otros replican razonablemente que se trata de migrantes económicos, que vienen a buscar una vida mejor en Occidente. También ha aumentado la retórica contra los blancos. A primera vista, es más evidente en Estados Unidos, gracias al interés del Occidente anglófono por los asuntos estadounidenses, pero esta retórica racista también está presente en otras partes del mundo en diversos grados.

Algunos países están experimentando cambios más drásticos que otros. Irlanda, un país relativamente aislado geográficamente en comparación con el resto de Europa -y anteriormente considerado hasta cierto punto católico cristiano y tradicional-, ha experimentado cambios a un ritmo alarmante: entre 2015 y 2018, se celebraron notables referendos constitucionales para cambiar la ley sobre el matrimonio homosexual y el aborto; y los cambios siguen llegando. Teniendo en cuenta la velocidad a la que se está transformando ese país, es casi como si se viera obligado a "ponerse al día" con los demás, ya que no se estaba convirtiendo en "progresista" con la suficiente rapidez....

Si nos fijamos en los acontecimientos mundiales, podríamos decir simplemente que no todo el mundo está de acuerdo con estos cambios, pero esto es quedarse muy corto. De hecho, hay un movimiento creciente de individuos de todo el mundo que se oponen -o se oponen activamente- a esta "revolución" global. *De hecho*, una vez que dejamos de lado todas las distracciones, podemos ver que lo que está ocurriendo es nada menos que un conflicto: entre los que acogen con satisfacción estos cambios colosales -esta "revolución"- y los que no.

Hay que plantearse la pregunta primordial de "¿por qué?": ¿por qué se están produciendo estos cambios? ¿Y por qué se están produciendo ahora, en este momento, y en una sucesión relativamente rápida? ¿Por qué tanta mentalidad activista revolucionaria? ¿Por qué tantas divisiones entre los distintos grupos y en la sociedad en general? ¿Por qué tantos de estos grupos reclaman algún tipo de opresión? ¿Por qué se habla tanto de justicia social?

¿Por qué, a menudo, cada vez que uno quiere expresar en público una opinión que no es "políticamente correcta", espera una contradicción inmediata, casi por defecto? ¿Por qué, a la larga, incluso la mera idea de expresar una idea así puede a menudo incomodar? ¿Por qué lo políticamente correcto parece ser ahora una piedra angular de la sociedad que nuestros comportamientos deben cumplir? ¿Por qué su incumplimiento puede acarrear a menudo consecuencias nefastas para quienes contradicen este statu quo?

¿Por qué se está intensificando el fenómeno de la señalización de virtudes? ¿Por qué este comportamiento es el habitual de cualquier persona en una posición de influencia en nuestro mundo? ¿Por qué lo observamos con un grado y una frecuencia nauseabundos? ¿Los que se dedican a señalar virtudes son en realidad seres humanos excepcionales (como quieren hacernos creer), o hay otras razones por las que se comportan así?

¿Por qué los "aparatos de Estado" de los países occidentales insisten en que practiquemos un altruismo patológico e intentemos salvar el mundo a costa de nuestros propios países y poblaciones? ¿Por qué han estado reinyectando constantemente este mensaje en la psique de las masas? ¿Por qué se nos dice que los países occidentales tienen la obligación de aceptar un flujo interminable de inmigrantes, a pesar de que nuestros gobiernos ni siquiera pueden gestionar nuestros países con los niveles de población que tienen?

¿Por qué países como Suecia y Alemania -que se encuentran en una fase mucho más avanzada y catastrófica de saturación migratoria- siguen viéndose obligados a importarlos, a pesar de que estos países se encuentran ahora en una situación desesperada? ¿Por qué se mantiene este comportamiento suicida a pesar de los resultados evidentes? ¿Por qué este dominio extremo de las emociones sobre la lógica?

¿Por qué los principales medios de comunicación de los países occidentales nos muestran constantemente lo maravilloso que *es* el "multiculturalismo" y presentan regularmente a extranjeros que se han "integrado" en nuestras sociedades; sin embargo, las agresiones, violaciones y asesinatos casi sistemáticos de europeos autóctonos a diario por parte de inmigrantes apenas aparecen en las noticias?

A la inversa, ¿por qué los medios de comunicación dominantes consideran crímenes horribles contra la humanidad el asesinato o el tiroteo de miembros de bandas, drogadictos peligrosos y otros delincuentes, si no son blancos? ¿Por qué se nos recuerda periódicamente el sufrimiento de los no blancos en África u Oriente Próximo y, sin embargo, se ignora la discriminación y la violencia aprobadas por el gobierno contra los blancos en Sudáfrica? ¿Por qué en los países occidentales se nos dice que cuidemos y respetemos a otros grupos, pero esta actitud no suele ser recíproca? ¿Por qué este doble rasero? ¿De dónde viene este flagrante desprecio racista hacia los blancos? ¿Por qué, si planteas estas cuestiones, te tachan contradictoria (y extrañamente) de racista?

¿Por qué, a pesar de los numerosos y auténticos problemas y males actuales de nuestro mundo, se nos dice incesantemente que el racismo es uno de los peores, si no el peor?

¿Por qué cuando el delincuente George Floyd es asesinado en Estados Unidos por un policía blanco, el mundo entero se arrodilla? ¿Quién (o qué) decide cuáles son los incidentes que el mundo debe conocer y por los que debe indignarse? ¿Por qué, en un mundo en el que hay una muerte cada pocos segundos, se da tanta importancia a algunas de ellas?

¿Por qué nuestros gobiernos e instituciones gastan tiempo, energía y recursos en iniciativas extrañas y pervertidas como la "educación sexual" de nuestros jóvenes? ¿Por qué su actitud casi depredadora y contundente al hacerlo? ¿Por qué oímos cosas como "teoría queer" y "heteronormatividad"? *¿Por qué* el reciente fenómeno de hombres y mujeres que dicen ser "de género no binario", creyendo que no son ni hombres ni mujeres? ¿Dónde están todos los expertos explicando que esto es imposible? ¿Por qué algunos gobiernos se empeñan en que los niños que quieren someterse a operaciones de "reasignación sexual" no tengan que consultar a sus padres antes de que les modifiquen el cuerpo, les descuarticen los genitales y acaben estériles? ¿Por qué se nos dice que debemos llamar "ella" a una persona que es claramente masculina? ¿O "él" a una persona claramente femenina? ¿Por qué debemos llamar a los demás por los pronombres "ellos" o "ellas"? ¿Por qué los padres y profesores se meten en líos por llamar a los jóvenes con el término (aparentemente) equivocado?

¿Por qué se marginan o descuidan asignaturas que deberían recibir más atención en las escuelas, como la historia, la cultura nacional y las lenguas indígenas, en favor de otras más "progresistas"? ¿Por qué se anima a nuestros hijos a convertirse en cuasi revolucionarios políticos públicamente activos y a implicarse en cuestiones como el cambio climático, cuando apenas tienen edad para atarse los cordones de los zapatos? ¿Por qué se nos dice que hay que educar a los niños para que no violen a las niñas, para combatir algo llamado "cultura de la violación"? ¿Por qué vemos la extraña e inapropiada práctica de la "Hora del Cuento Drag-Queen"? ¿Qué se supone que se pretende con ello? ¿Qué conocimientos, cualificaciones o aptitudes para la vida poseen las drag-queens que beneficien exactamente a nuestros hijos? ¿Tratar de parecer una mujer (si eres un hombre) requiere conocimientos o habilidades? De todos los hombres y mujeres brillantes del mundo que podrían presentarse como modelos de conducta para nuestros hijos, ¿por qué estos personajes tan raros y anodinos?

¿Por qué se permite la crítica abierta y la marginación del cristianismo aprobada por el Estado, pero no se permite la crítica de otras confesiones religiosas? ¿Por qué, además, como en el caso del Islam, una confesión no cristiana puede ser promovida y apoyada activamente por el Estado? ¿Por qué este doble rasero, sobre todo en una época en la que la noción de igualdad es sacrosanta? ¿Por qué hemos visto a figuras políticas blancas no musulmanas por todo Occidente hablar y actuar en falsa "solidaridad" con el islam y los musulmanes? ¿Por qué cualquier crítica al judaísmo o a los judíos se considera condenable y "antisemita", mientras que las críticas al cristianismo y a los cristianos no sólo están permitidas, sino que se fomentan y están de moda? ¿A qué se debe este sesgo?

¿Por qué oímos constantemente términos como "igualdad", "diversidad", "multiculturalismo", "compasión" y "solidaridad", y siempre se destacan como positivos? ¿Por qué se corean continuamente como los murmullos de una secta? ¿Por qué oímos una lista casi interminable de términos que, por el contrario, se utilizan como calumnias, como: "homófobo; misógino; xenófobo; islamófobo; transfóbico; racista; negacionista del cambio climático; anti-vaxxer; teórico de la conspiración; fascista; nazi", etc.? ¿Por qué oímos surgir términos como "indeciso ante las vacunas" cuando apareció en escena la vacuna Covid?

¿Por qué se habla tanto del "discurso del odio"? ¿Por qué se utiliza la palabra "odio" para referirse a las críticas? ¿Por qué se utiliza para rechazar de plano las críticas? ¿Y qué tipo de crítica se utiliza para desestimar/neutralizar exactamente? ¿Todas o sólo algunas?

¿Por qué oímos a toda esa gente hablar de estar "oprimidos" o de la "opresión" de los demás? ¿Por qué tanto énfasis en las políticas de identidad? ¿Por qué oímos a menudo a tantas organizaciones, políticos y medios de comunicación hablar de la "extrema derecha"? ¿Por qué oímos otros términos para describir ciertos conceptos, como "culpabilizar a las víctimas" y "avergonzar a las putas"? ¿Por qué se habla de "masculinidad tóxica" y no de "feminidad tóxica"? ¿Por qué oímos cosas como "man-splaining" y no "woman-splaining"? ¿Por qué escuchamos cosas como "privilegio blanco" o "privilegio masculino", pero no "privilegio negro" o "privilegio asiático"; o "privilegio femenino"? ¿Es porque sólo los hombres blancos tienen todos los "privilegios"? ¿Los hombres blancos son privilegiados, pero los negros, los asiáticos o las mujeres no lo son? ¿O hay otra razón por la que escuchamos estos términos desiguales y de doble rasero? ¿Por qué oímos términos como "teoría crítica de la raza", "relativismo cultural" y "relativismo moral"? ¿De dónde proceden todos estos términos relativamente nuevos?

¿Por qué parece, en las últimas décadas, que el mundo se está llenando de activistas revolucionarios? ¿Por qué muchos de ellos están asociados de algún modo a las universidades, o son ellos mismos estudiantes? En Estados Unidos, durante los disturbios de Black Lives Matter, ¿por qué estos activistas estudiantiles son tan fanáticos hasta el punto de hacerse daño o ser atropellados por vehículos? ¿Por qué están tan dispuestos a dejarse mutilar o matar? ¿Por qué estos activistas, muchos de ellos niños, están tan completamente poseídos por esta energía revolucionaria y tan alejados de la realidad? ¿Por qué parecen tener el cerebro tan lavado? ¿Por qué Estados Unidos se sumió en unos disturbios tan violentos y a tan gran escala por la muerte de una persona, cuando allí muere gente todo el tiempo? (como suele ocurrir también en otros países). ¿Por qué la gente normal y corriente se ve obligada a salir a la calle y enfrentarse a estas turbas "revolucionarias"? ¿Por qué esta gente se ve obligada a hacer el trabajo que las fuerzas policiales/estatales (en muchos casos) se niegan a hacer, para impedir que estas turbas agresivas destruyan sus hogares y negocios? ¿Por qué estos "revolucionarios" atacan a la gente normal y corriente como si fueran el problema, cuando en realidad son ellos mismos el problema? ¿Cómo pueden estar tan equivocados?

¿Por qué el movimiento patriota mundial -que se opone al totalitarismo/"globalismo" internacional- se ve acosado por estos grupos "revolucionarios" o "rebeldes" que, por defecto, sirven al sistema al que dicen oponerse? ¿Cómo es que (aparentemente de forma contradictoria) ahora sirven y protegen al sistema? Una vez más, ¿cómo pueden tener las cosas tan al revés? ¿Por qué la inversión?

¿Por qué todos estos activistas "revolucionarios" son básicamente idénticos, como si todos salieran de la misma cadena de producción de una fábrica? ¿Por qué los de Canadá parecen pensar igual que los de Australia? ¿Por qué los de Estados Unidos utilizan la misma terminología y los mismos eslóganes que los de Irlanda? ¿Por qué los de Nueva Zelanda actúan igual que los de Suecia? Da igual que estés en Toronto o Tokio, Perth o Portland, Londres o Los Ángeles, Estocolmo o Stanley, Dublín o Dubai, Ciudad del Cabo o Canberra, Ámsterdam o Aberdeen, Seattle o Sevilla, París o Praga, Moscú o Mónaco, Roma o Reikiavik, San Pablo o San Francisco, Santiago o San José, Edmonton o Edimburgo, Berlín o Pekín, Buenos Aires o Bangkok, Nueva York o Nueva Delhi, Chicago o Shangai, Washington o Wellington, Helsinki o Hell's Kitchen... ¿por qué todas estas personas son prácticamente idénticas en sus actitudes, comportamiento y forma de hablar?

¿Cómo puede ser, a pesar de toda la variedad de lugares, lenguas y culturas? ¿Por qué son tan poco diversos? ¿Por qué tienen todos los mismos puntos de vista y promueven los mismos programas? ¿Por qué todos llaman "racistas", "fascistas", "nazis", etc. y con la misma animosidad a quienes no están de acuerdo con ellos?

¿Por qué los principales medios de comunicación de Irlanda se comportan más o menos igual que en otros países occidentales? ¿Por qué los principales medios de comunicación del Reino Unido, Canadá, Australia, Francia, España, Italia, Alemania, Suecia, etc. se comportan de manera muy similar, aunque con ligeras variaciones? ¿Por qué todos cantan más o menos el mismo himno?

¿Por qué una persona puede tuitear, publicar las cosas más degeneradas y estúpidas siempre que se ajusten a lo políticamente correcto, pero si critica la "cultura PC" con veneno, estas opiniones pueden ser suprimidas? ¿Por qué a unos se les prohíbe en Internet y a otros no? ¿Quién decide lo que está bien y lo que está mal en este caso, y cuál es su razonamiento? ¿Por qué se permiten algunas opiniones y se reprimen otras, y qué tipo de opiniones son?

¿Por qué hay un énfasis patrocinado por el Estado en la "salud mental" en la sociedad en este momento, sin embargo, tenemos el enorme problema mundial de salud mental de adoctrinamiento que proviene del mismo sistema? ¿Por qué tenemos ahora mismo en el mundo este problema de psicopatía rampante y masiva que la inmensa mayoría de los "expertos" nunca abordan?

¿Por qué todos estos términos/conceptos/agendas "políticamente correctos" parecen dominar el discurso político, social, cultural, educativo y mediático en las últimas décadas, y con un alarmante aumento de la saturación en esos ámbitos? ¿Por qué ni siquiera podemos mirar un periódico o encender la televisión o la radio sin que nos lo recuerden constantemente? Estas cosas en las que aparentemente debemos centrarnos -el cambio climático, la justicia social, la desigualdad, el racismo, etc.-, ¿son cuestiones serias que deberíamos abordar de verdad? - ¿son temas serios que deberían preocuparnos de verdad, o se nos dice que nos centremos en ellos por otras razones? ¿Por qué todos estos problemas y comportamientos se manifiestan de forma global y casi simultánea, como si estuvieran coordinados?

¿Por qué parece que vivimos en este apocalipsis zombi, en el que tenemos millones de descerebrados incapaces de formarse sus propias opiniones y que piensan, hablan y actúan todos de la misma manera? ¿Por qué estamos experimentando esta pandemia de comportamientos locos, coordinados y destructores de la civilización, como si estuviéramos ante una secta global masiva?

# Introducción

"Así he perdido el cielo, lo sé muy bien. Mi alma, una vez fiel a Dios, es elegida para el infierno"

Karl Marx, *Doncella pálida*, 1837[1]

## Sólo un problema central ...

La causa de todos esos cambios y problemas enumerados es una infección ideológica global llamada marxismo.

El principal problema de tu país no es el gobierno o la clase política, los órganos del Estado, la policía, las Naciones Unidas, la Unión Europea, las corporaciones multinacionales, las "élites", el capitalismo, los banqueros y el sistema bancario internacional, la "burguesía", las ONGs/sin ánimo de lucro, George Soros, los principales medios de comunicación, los inmigrantes, los musulmanes, los sionistas, los masones, los Illuminati, etc., etc. El problema de fondo de su país (y de la mayoría de los demás) es que está infectado de marxismo. Le costará encontrar cualquier cuestión problemática en el mundo actual que no esté relacionada con esta ideología, influenciada por ella u originada por ella. El "hilo rojo" marxista está presente en toda la sociedad y en todo el mundo. Este problema central en su país existe porque la población autóctona/residente habitual tiene (o ha tenido históricamente) una falta de hostilidad suicida hacia esta ideología tóxica y extranjera. Este es el problema fundamental, y todos los demás problemas importantes que estamos experimentando en este momento se derivan de éste.

La palabra a destacar aquí es hostilidad. Como nos demuestra la historia, cualquier otra actitud es inadecuada para proteger a una nación de los efectos dañinos de esta ideología. Cualquier tipo de tolerancia o compromiso hacia ella sólo es visto como un signo de debilidad, y serás arrollado a pesar de todo; cualquier tolerancia hacia su presencia es plenamente aprovechada. Tolerarla es, de hecho, suicida para un pueblo y una nación. Cuando examinamos la sociedad actual, vemos que no sólo no hay hostilidad hacia esta ideología internacionalista y antisoberanista, sino que existe una inquietante fascinación por ella. Se ha arraigado en nuestros países hasta el punto de formar parte del mobiliario, por así decirlo. Debido a este arraigo, pedirle educadamente que se

---

[1] Marx, M. "Pale Maiden", 1837 ("Young Marx-Writings from Karl Marx before Rheinsche Zeitung", 1975).

vaya simplemente no servirá. Sin una postura extremadamente dura al respecto, eliminarlo en primer lugar es imposible. Además, sin esta postura firme, la reinfección volverá a producirse, ya que la ideología encontrará inevitablemente los puntos más débiles de la sociedad (es decir, ciertos individuos y grupos) y los utilizará para reafirmarse. Esto ya ha ocurrido muchas veces en la historia de nuestra lucha contra esta ideología.

**"La mejor de las suertes..."**

A cualquier pueblo (razonablemente) libre que intente impedir que esta máquina internacionalista "globalista" destruya su país, le digo lo siguiente: que tenga suerte intentando detenerla sin antes tratar suficientemente la infección marxista en su tierra. Una vez reconocida y comprendida por un número suficiente de personas, hay que atacarla de frente.

Intentar conseguir una tracción real con un movimiento pro-soberanía/patriótico/nacionalista (llámalo como quieras) en tu tierra -sin tratar primero el problema del marxismo- será extremadamente difícil. Quizá por mucha energía/entusiasmo que le pongas, no harías más que dar vueltas a las ruedas.

Tal vez todavía se podría lograr la libertad sin tratar primero con la infección marxista, pero esto sería ineficaz y sería un proceso que consumiría más tiempo del necesario; y ¿no es cierto que el tiempo es esencial?

El propósito de este libro no es examinar los monótonos entresijos dogmáticos de la teoría marxista (oficial) y todas las diversas interpretaciones; llevaría volúmenes y de todos modos sólo daría lugar a una conclusión: no merece este tipo de análisis. Sería como rebuscar en un vertedero apestoso con las manos desnudas durante años en busca de baratijas. Además, ¿qué diferencia habría? Tendría un efecto nulo en los que ya están adoctrinados, y para los que no lo están, sería como "predicar a los maricones" (soy consciente de que nadie dice eso realmente). Dicho todo esto, confío en que el mensaje de este libro aportará un enorme valor, claridad y disfrute a quienes tengan la actitud correcta. Quienes sean capaces de entender esta obra, lo harán. Obviamente, no está dirigido a los adoctrinados, puesto que ya tienen sus mentes hechas (o hechas para ellos, para ser más precisos); está dirigido a aquellos que están dispuestos a poner fin a esta pandemia global de locura.

A medida que avance en este trabajo, quedará claro por qué debemos centrarnos específicamente en el marxismo. Independientemente de las causas particulares que usted mismo quiera defender, tener una comprensión profunda de este tema le beneficiará a usted (y a aquellos que se beneficien de sus esfuerzos). O si simplemente quieres proteger a tus allegados, esta obra te proporcionará el antídoto en caso de que se "expongan" a este patógeno.

A menudo se ha dicho en los últimos años, debido a Covid, que el mundo nunca ha vivido algo así; que es un momento sin precedentes. Y así es. Estos tiempos también son únicos por otra razón; una menos obvia: nunca antes en la historia habíamos visto una pandemia global de comportamiento psicótico y destructor de civilizaciones como esta.

## Un ingrediente clave

El marxismo no es el único problema de nuestro mundo, ni el origen de todos los problemas, pero es un gran problema. Es en sí mismo, como veremos, el origen de muchos problemas (algunos de los cuales se mencionaron en el prefacio). Si tenemos que centrarnos en una sola cosa para producir el mayor efecto, deberíamos centrarnos en esto. En comparación, discutir otras cosas para mejorar nuestra situación general es simplemente una pérdida de tiempo.

Dado que este tema puede ser, en términos de lógica, un ovillo enredado en cierto modo, debemos desenredar algo antes de seguir adelante. Debemos abordar las tendencias psicológicas de "esto o aquello" que tenemos cuando decidimos qué postura adoptar en grandes temas como éste. Cuando se plantea la proposición "¡El marxismo es un problema grave, y debemos centrarnos principalmente en esto!", pueden llegar respuestas como "¡Hay más culpables además del marxismo!" y "¡El marxismo no es el origen del problema!". Esto es cierto en cierto sentido, y algo de eso se abordará más adelante; pero debemos establecer prioridades. Además, este tipo de actitudes no son constructivas, ya que no permiten que se forme un consenso (que es absolutamente necesario para tratar el problema del marxismo).

Así que, debido a esta tendencia en algunos (y aquellos con los que el lector podría interactuar), tenemos que volver a plantear el punto: este libro no está sugiriendo que el marxismo sea el único ingrediente utilizado en la máquina "globalista" internacionalista, o que sea el origen de todo el caos del mundo. Sin embargo, pone de relieve que el marxismo es un ingrediente clave y universal que permite que la máquina globalista internacionalista funcione a nivel de base en nuestras sociedades.

## Todos empujando en la misma dirección

Además, no es bueno tener demasiadas opiniones divergentes, antagónicas o contradictorias. Demasiadas ideas/soluciones contradictorias anulan cualquier posible impacto de una sola idea/solución, y no se consigue ningún progreso. Por lo tanto, para avanzar en la solución de este lío en el que estamos metidos, tiene que haber un consenso masivo.

Imagina a unos cuantos hombres trabajando duro intentando mover una gran roca de un camino en el pasado, sin ayuda de un animal (por ejemplo, un buey), o herramientas útiles. No importa cuántos hombres haya o lo fuertes que sean: si todos empujan en direcciones alternas u opuestas, es una gran pérdida de tiempo y energía. Sin embargo, si empujan juntos en la misma dirección, la cosa cambia. Se trata de la eficacia de la fuerza, ya que combinan sus esfuerzos. Hay formas eficientes e ineficientes de hacer las cosas, y nuestra búsqueda colectiva de un poco de libertad frente a este monstruo globalista no es diferente. Si todos queremos un mundo mejor, más libre y más sano, debemos trabajar juntos en este asunto, ser eficientes y tener consenso.

Considera también, que estamos en un mundo lleno de engaño/propaganda marxista y desmoralización, que siempre está tratando de explotar cualquier debilidad en su oposición, capitalizando cualquier desunión dentro de ella. Por lo tanto, nuestro mensaje debe ser claro y unitario: No al marxismo, Sin excepciones. Una vez que controlemos este problema, podremos ver algunas mejoras en nuestra situación colectiva.

## La importancia de mantener la concentración

Tenemos que centrarnos en este problema y mantenerlo permanentemente, sin distraernos con otras cuestiones. El adoctrinamiento marxista siempre está intentando que nos centremos (y echemos la culpa) en otra parte: las instituciones religiosas (es decir, la Iglesia Católica); el sistema bancario/capitalismo; el "Imperio estadounidense"; la burguesía/élites, o las corporaciones multinacionales, etc. Además, estamos constantemente divididos y conquistados por las diversas iniciativas o "subagendas" apoyadas por el marxismo (algunas de las cuales se mencionaron en el prefacio). Así que toda esta divergencia y falta de enfoque no es propicia para construir una resistencia a este gran sistema internacionalista al que nos enfrentamos. De hecho, el marxismo es bueno en tomar cualquier energía opuesta y difuminarla o desviarla, hasta el punto de que no hay oposición cohesiva a ella en absoluto.

Otra razón por la que deberíamos centrarnos en la ideología marxista (y sus seguidores) es que se trata de un problema que podemos abordar y poner de relieve con relativa facilidad en nuestros países. También ocurre que el marxismo es la primera línea de defensa que utiliza la maquinaria globalista internacionalista para impedir que se desarrolle cualquier resistencia genuina en la sociedad. Si el gran monstruo "globalista" tiene una grieta explotable en la armadura, es ésta...

## Un ingrediente clave del control

El marxismo es un ingrediente clave para el control global y un factor causal masivo de todo el caos mundial, debido a los elementos que componen esta ideología; los conceptos de igualdad, "revolución", internacionalismo (y Gobierno Mundial Único), y la fórmula opresor contra oprimido, por nombrar algunos. Estos han sido sus elementos centrales desde el principio, pero también hay otros. Es importante señalar que es la combinación de estos elementos lo que hace que la mezcla de adoctrinamiento ideológico marxista sea tan potente. La fórmula Opresor contra Oprimido en particular (y sus muchas manifestaciones), combina muy bien con los otros elementos de "revolución" e igualdad.

La dramática, cínica y excesiva simplificación del funcionamiento de la sociedad defendida por Karl Marx (1818-1883) y Friedrich Engels (1820-1895) -la "lucha de clases" de la "burguesía opresora", capitalistas ricos, frente al "proletariado oprimido", trabajadores pobres- fue una simplificación excesiva recogida en *El Manifiesto Comunista* (1848) que resonó hasta la eternidad.[2] Esta simplificación, adulada desde entonces por "intelectuales" y otras personas de todo el mundo, se ha transformado ahora en este monstruo que está destruyendo la civilización y cuyas ramificaciones llevarán al mundo a lugares cada vez más oscuros si no se hace nada para detenerlo. Para que quede claro, no estamos hablando simplemente de lo que se denomina "marxismo cultural" o de la *Escuela de Fráncfort*. *Como* veremos, cualquier forma de marxismo (desde cualquier punto de su historia) es un problema para la sociedad; incluido el socialismo o el socialismo democrático, y la multitud de otras manifestaciones/etiquetas, independientemente de lo benignas que parezcan ser, o de a cuánta gente le gusten.

**Todos los rastros deben desaparecer**

Por lo tanto, todo rastro de marxismo debe desaparecer. Si quieres recuperar el control de tu país deteniendo a este monstruo totalitario globalista, tú y tus compatriotas debéis rechazar y odiar completamente el marxismo en todas sus formas. Necesitamos una postura fuerte, de tolerancia cero, debido a la situación general en la que nos encontramos: debido a cómo funciona la mente humana individual, y debido al paisaje social altamente contaminado en nuestros países en la actualidad. De ahí la palabra "odio": tener ese punzón emocional ayudará a generar la mentalidad necesaria en la población general. Cuanta más gente sienta y exprese hostilidad hacia el marxismo, y cuanta más ideología se considere tóxica, mejor. Entonces, os daréis una oportunidad de luchar...

Comprender los efectos de esta ideología parasitaria en nuestro mundo -y esforzarse por ser "inmune" a ella- es una tarea ingente. Tiene una naturaleza insidiosa, y lo expresa utilizando una variedad de métodos. Es una amenaza siempre presente y transformadora que tiene una larga y orgullosa tradición de adaptación y subversión. Existen varias "cepas" y sigue adaptándose, incluso hoy en día. En los últimos tiempos, se ha adaptado para subvertir los movimientos patrióticos/nacionalistas en todo el mundo. Por lo tanto, cuanto más unida esté una población en su hostilidad hacia ella, mejor.

**¿No puede una sociedad ser, y seguir siendo, inmune?**

Sin este rechazo unificado, hostil, casi alérgico, ¿tiene el ciudadano de a pie la capacidad de mantenerse inmune a ella? ¿Por eso ha sido tan eficaz a la hora de proliferar y atrincherarse en nuestras sociedades, a pesar de su horrendo currículum? ¿No puede una sociedad ser inmune sin estar vigilante? Básicamente, ¿puede una sociedad tener algo menos que una postura de

---

[2] Marx y Engels, *El Manifiesto Comunista* (1848).

tolerancia cero contra la ideología y no verse afectada en general? Son preguntas importantes.

Teniendo en cuenta el modus operandi del marxismo (pasado y presente), tal vez muchas personas tendrían dificultades para encontrarse con esta ideología sin ser llevadas por mal camino; ser "absorbidas por el culto", por así decirlo. No se trata de descartar el discernimiento de muchas personas porque sí, sino de ilustrar lo bueno que es el marxismo para introducirse en la sociedad y en la mente de las personas, y establecerse allí, como haría cualquier buen parásito. Infecta a los que no son psicológicamente inmunes, y luego se propaga de una persona "vulnerable" a otra.

Las muchas formas en que esta ideología puede distorsionar las percepciones de una persona y empezar a dictar sus respuestas emocionales podrían hacer muy difícil que alguien no se viera afectado, especialmente si se encontraba en un entorno pro-marxista (por ejemplo, una Universidad infectada).

Para algunos, tratar de mantenerse inmunes en un entorno así sería como caminar por la cuerda floja psicológicamente, tratando de mantenerse en el camino recto. Para algunos, puede que tengan que elegir entre conformarse o ser condenados al ostracismo, o simplemente decidir salir de ese entorno lo antes posible.

La exposición a esta ideología puede ser arriesgada para cualquiera, pero especialmente para los jóvenes. Podemos ver claramente cómo la política de adoctrinamiento de esta secta se dirige al público desprevenido a edades cada vez más tempranas. En los últimos tiempos, han estado utilizando el demencial movimiento del cambio climático para convertir a los adolescentes y preadolescentes en pequeños revolucionarios. Esto no es casual: cuanto más joven es una persona, más susceptible es de ser adoctrinada, especialmente por una ideología emocionalmente manipuladora como el marxismo. La experiencia vital, el control emocional y la madurez general pueden ayudar a mantener inmune a una persona, y estas son cosas que los jóvenes generalmente no tienen en grado suficiente. Necesitan orientación y protección de aquellos que son más maduros para evitar estas trampas, y ahí es donde entran (se supone que deben entrar) los padres y los profesores. Por supuesto, si estos "adultos" están ellos mismos adoctrinados, entonces los niños no tienen ninguna posibilidad... En otros casos, basta con que los padres ignoren el marxismo para que se produzca un desastre.

Esta ideología puede introducirse en las blandas cabezas de los estudiantes a cualquier edad. Hay varios otros medios a través de los cuales puede llegar a las mentes de las personas, y la "educación"/academia es sólo uno de ellos. Sin embargo, quizá sea el más eficaz, ya que puede disfrazarse de "educación" para ocultar su verdadero rostro: el adoctrinamiento.

**Prioridades...**

Prioricemos y pongamos las cosas en una perspectiva racional, desde el punto de vista de la gestión nacional. Teniendo en cuenta el daño que se está haciendo a los países occidentales gracias a las actitudes internacionalistas/marxistas, ¿no es un poco absurdo centrarse en los problemas internos olvidando el panorama general? En el caso de Irlanda, por ejemplo, centrarse en cuestiones como el precio de la vivienda o los alquileres, la delincuencia, el estado de la sanidad, la salud mental, los fondos buitre o las personas sin hogar es irrelevante si el país está siendo conducido progresivamente hacia un precipicio debido a la ideología marxista. ¿Es una buena priorización centrarse en esas cosas en primer plano, mientras que las diversas consecuencias de una grave infección marxista (y las diversas "subagendas" que apoya) están destrozando el tejido de la sociedad en segundo plano?

Por ejemplo, la inmigración masiva en un país (que se debe a la infección marxista presente en primer lugar) lo destruirá todo, y los problemas domésticos ya presentes se agravarán en extremo (por ejemplo, la disponibilidad y el coste de la vivienda, el servicio sanitario, la economía, la escolarización, etc.). Si damos prioridad a esos problemas domésticos e intentamos solucionarlos en una sociedad con una demografía racial en constante cambio y niveles de población en aumento (debido a que el marxismo tiene el control), ¡simplemente estamos perdiendo el tiempo! Prioridades. También hay que tener en cuenta que a los diversos movimientos marxistas de un país determinado les encanta implicarse en este tipo de cuestiones nacionales, como parte de su ADN de señalización de virtudes; ¡sin saber que la ideología a la que se adhieren garantizará que estas cuestiones nunca se resuelvan! Ingenuidad al máximo.

### Por qué debemos decir #Notomarxismo

> "No puedes dar a los izquierdistas de mierda ni una pulgada, si les das una pulgada, ¡la usarán para destruirte!"
>
> El Presidente argentino Javier Milei durante una entrevista televisiva[3]

Si el patriotismo/nacionalismo/soberanía nacional (elija su etiqueta) es la idea de que un país tiene el derecho soberano a decidir su propio futuro, entonces se trata de una respuesta ideológica racional al totalitarismo internacionalista que se impone a nuestros países hoy en día. Estas posturas "de derechas" generalmente permiten que un país tenga más libertad para negarse a participar en los planes de los internacionalistas. Esto se debe a que defienden que un país debe tener un grado razonable de separación del resto del mundo (es decir, independencia). Esto debería ser obvio para todos.

Por el contrario, una ideología internacionalista -como el marxismo- hace que un país tenga menos capacidad para decidir su propio futuro. ¿Por qué? Porque

---

[3] *Milei, J., "Javier Milei: you can't give sh\*t l3ftards an inch!",* YouTube.

el marxismo (en general) defiende que un país debe ser "igual" a otros países y no debe/debe tener cierto grado de separación del resto del mundo. En esencia, los países deberían mostrar "unidad" o "solidaridad" con otros países, y cada uno se moldearía según la ideología/culto. Pensemos en la mentalidad ingenua de "¿quién necesita fronteras de todos modos? Además, basta con suscribir esta ideología (aunque sea parcialmente) para que tu país sea arrastrado por la ola roja ideológica internacionalista; y esto es exactamente lo que está ocurriendo en todo el mundo en estos momentos. La secta, en general, quiere una federación "socialista" del mundo.

Si un país está infectado por el marxismo en un grado significativo, esto significa simplemente que una parte importante de la población está psicológicamente contaminada por la ideología. Esto conduce a una falta de voluntad, creencia (¡y consenso!) de que este país debería tener independencia e incluso identificarse como una entidad separada y distinta en absoluto. A estos tipos adoctrinados les suele gustar la idea de que el país forme parte del colectivo internacional y que ceda su soberanía a organizaciones como la Unión Europea y las Naciones Unidas. Todo porque el marxismo es una ideología internacionalista. Por supuesto, los apologistas del marxismo podrían replicar que no todas las formas de marxismo son internacionalistas, pero esto es irrelevante. El marxismo conduce inevitablemente a que un país se una al movimiento sectario internacional, sea arrastrado por la "revolución" y pierda el control de sus asuntos.

El marxismo es la ideología de base más peligrosa, casi universal, del mundo actual. Es verdaderamente global y ha destruido todos los lugares donde ha arraigado a lo largo de su historia. Es extremadamente tóxico para un país. El marxismo (o su consecuencia, el socialismo) no es un sistema económico o político alternativo, ni un sistema de "filosofía" o análisis. Es una ideología de culto que hace lo contrario de lo que afirma: sirve a las verdaderas "élites" burguesas internacionalistas, no se opone a ellas; reprime a las "clases trabajadoras" proletarias, no las libera; no fortalece un país ni a su pueblo, sino que los debilita.

El marxismo es el drenaje interno de la energía soberana y patriótica de un país. Es la antítesis de la verdadera, sana y natural libertad y patriotismo, saboteando un país desde dentro hacia fuera. El patriotismo es el antídoto contra el internacionalismo globalista, y el marxismo es el veneno que neutraliza el antídoto, manteniéndolo ocupado-ocupado el tiempo suficiente para que la máquina global imponga su agenda en un país determinado.

Basta con ver cómo los miembros de la secta marxista en todo el mundo han estado tratando de suprimir la resistencia no marxista/patriótica al "globalismo" en los últimos tiempos, esa es toda la evidencia que realmente necesitas. No importa lo que piensen que son, o lo que digan ser, ¿qué nos dicen sus acciones? Nos dicen que son esencialmente traidores, en términos nacionales.

El marxismo es el control totalitario internacional. No se opone a cosas como el sistema bancario internacional, sino que lo complementa muy bien; no se opone al sistema de control mundial, sino que es un aspecto críticamente importante del mismo; no es la antítesis del dominio imperialista oligárquico, sino que le sirve.

Esta ideología es el tema central de este libro, porque es el hilo rojo común en todo el mundo: es el elefante rojo en la zona VIP de la discoteca gay con forma de consolador de color arco iris LGBTQIXYZ+ en la que estamos todos.

El marxismo es la ideología raíz de las diversas agendas anticivilización activas en nuestras sociedades: ya sea que examinemos el movimiento marxista antiblanco en Sudáfrica, o la legalización del aborto en Irlanda, o los disturbios de Black Lives Matter en Estados Unidos o Londres, o el problema de la inmigración masiva en los países occidentales, o los problemas económicos de los países socialistas, o la subagenda del cambio climático a nivel mundial, el marxismo es la ideología a nivel de sociedad en el corazón de todo ello. Sin los millones de adeptos a este culto rojo en todo el mundo, esos movimientos destructivos y destructores de la sociedad no existirían.

Hay otras ideologías en juego detrás del marxismo, que se remontan a la historia de la humanidad, pero ésta en particular es la clave para combatir el caos. El concepto de revolución sigue siendo tan eficaz hoy como lo fue en los prolegómenos de la *Revolución Francesa* (1787-1799), como herramienta incendiaria y de manipulación psicológica. (El eslogan de entonces era "¡Liberté! Égalité, Fraternité!", que equivale a "¡Libertad, Igualdad, Fraternidad (Solidaridad)!").[4] En cuanto a la fuerza de la ideología, si se intentara, sería difícil encontrar una forma más eficaz de lavado de cerebro. Es un sistema fantástico y (al principio) difícil de identificar y neutralizar en una población.

El marxismo es el ingrediente central del guiso del totalitarismo globalista (¡mmm, guiso totalitario!). Para ser más precisos, si este totalitarismo global es una poción alquímica, entonces el marxismo es el aglutinante que mantiene unidos todos los demás ingredientes. Sin este aglutinante, la poción no funcionará. Entonces, ¿cuál es la ecuación de la libertad? La fórmula de oro, la llave maestra, la bala mágica es la siguiente: cuanto menos marxismo haya en tu país, más posibilidades tendrás de detener a este monstruo globalista. A la inversa, cuanto mayor sea el nivel de contaminación, más te costará detenerlo.

### Trazar esa línea en la arena ...

Si eliminamos el factor de adoctrinamiento marxista en una sociedad más

---

[4] "Unidad e Indivisibilidad de la República. Libertad, Igualdad, Fraternidad o Muerte", Wikipedia.

grande, y sólo tuviéramos a la clase política y a algunos otros fanáticos globalistas tratando de imponernos su voluntad, ¡serían ampliamente superados en número (mucho más de lo que son ahora)! Además, como la mayoría sería gente racional, antiglobalista y antimarxista, esta minoría de traidores sobresaldría como un pulgar dolorido. Al igual que sus puntos de vista, agendas, etc. Sería mucho más fácil vigilarlos y asegurarse de que no tienen poder. Dicho de otro modo, sería fácil trazar esa clara línea en la arena.

Pero, por desgracia, no es tan sencillo, y aquí es donde entra en juego la ideología marxista. Es el factor que inclina la balanza a favor de los globalistas.

No sólo puede fomentar una mentalidad pro-globalismo en la población en general, sino que de hecho convierte a la gente en mini-globalistas. Como los números importan, tenemos que reducir progresivamente el número de personas en la sociedad con esa mentalidad.

### Este es un libro de "odio", ¿verdad?

Sin duda, los que tienen el cerebro lavado lo describirían como un libro de odio. "¡Esto es un discurso de odio!" y "¡es un horrible libro de malvados fascistas, racistas, malvados, inútiles, malvados, asquerosos, horribles malvados, malvados!" (inserte aquí la lista de 'insultos' marxistas). Cuando sabemos lo que el marxismo es realmente, lo que ya ha hecho y lo que sigue haciendo a nuestro mundo, esto se vuelve divertido; debería hacernos reír ante la hipocresía de tal pseudo-lógica infantil y odiosa de señalización de virtudes.

Es como si un pedófilo criticara a un padre por gritar a uno de sus hijos. O como un violador tratando de avergonzar a un hombre por no abrir caballerosamente la puerta a una dama. O como una mujer superficial y narcisista regañando a una amiga por hacerse demasiados selfies. Psicótica. Hipócrita. Doble. Estándar.

### Como polillas rojas a la llama nazi

¿Alguna vez has notado cómo, cuando alguien expresa públicamente opiniones que contradicen las narrativas "PC" (políticamente correctas/marxistas), atraen el comportamiento parásito de los zánganos marxistas? Se ven obligados a volar hacia esa persona, como polillas que vuelan hacia la proverbial bombilla. Están programados, a través del adoctrinamiento marxista, para enjambrar (consciente o inconscientemente) cualquier fuente de luz (verdad). Pululan para intentar bloquear o difuminar la luz. Aquellos de nosotros que decimos la verdad, que denunciamos el comportamiento de la secta: somos la luz, somos la verdad, e inevitablemente atraeremos a estas pequeñas polillas rojas marxistas. "¡Esta es una bombilla fascista nazi racista! A por ella!"(insertar SFX de polilla golpeando bombilla y gritos de rabieta inducidos por la soja). "¡Esta bombilla es odiosa!... ¡Emana luz racista y odiosa!". (etc. etc. ad nauseam)

Cuando criticamos la secta/ideología (o sus iniciativas y efectos) somos objeto de críticas: representamos una amenaza que debe ser tratada y silenciada lo antes posible. Como este es un campo de batalla ideológico, tu voz debe ser ahogada con más retórica marxista, permitiéndoles dominar. Esto puede implicar que te contradigan, te "debatan" o incluso te griten. El acoso mezquino y malintencionado de sus oponentes políticos/ideológicos es una tradición marxista; el uso del "ridículo". Cualquier amenaza se contrarresta con represalias colectivistas de los miembros de la secta. Esto es extremadamente importante para sofocar cualquier opinión disidente a las diversas subagendas/iniciativas de la secta/ideología, a menudo en el momento en que aparecen en el discurso público.

Estas represalias suelen ser de naturaleza infantil y pueden ir desde simples ataques ad hominem a otros más elaborados. Puede tratarse de abusos sobre el aspecto del objetivo, su forma de hablar/acento, su vida social/familiar, burlarse de sus hijos/familia/parejas, etc.; o puede incluir cosas como desinformación, desprestigio, difamación profesional, intentos de conseguir que despidan a alguien (o que afecten de otro modo a su empleabilidad o ingresos), o simplemente mentir. Para los marxistas, el fin justifica los medios. Es la hipocresía habitual de este culto a la "compasión", el "humanitarismo", la "tolerancia" y los "derechos humanos".

## Se requiere una nueva solicitud periódica

Este mensaje antimarxista debe repetirse, hasta que todo el mundo (que sea capaz) lo entienda. Las advertencias han sido suprimidas o desoídas. Independientemente de lo que se haya dicho o escrito antes, demasiada gente sigue cayendo en la estafa y se adoctrina, por lo que este mensaje debe repetirse con regularidad, hasta que se convierta en una segunda naturaleza para una sociedad reaccionar de esta manera. En la historia del mundo, siempre que se ha escrito este mensaje antimarxista en una pared, una vez que se ha olvidado la pintada (¡o, de hecho, en cuanto se le quita la vista de encima!), aparece un esbirro marxista zombificado para aplicar obedientemente la pintura roja... Parece que el mensaje antimarxista necesita volver a aplicarse con regularidad. El filósofo George Santayana (1863-1952) dijo una vez "Aquellos que no pueden recordar el pasado están condenados a repetirlo"[5] ; una variante relevante es - "Aquellos que no pueden entender el pasado están condenados a repetirlo".

Un error que se comete en los últimos tiempos, es que algunos no creen que los horrores de los últimos siglos puedan repetirse en su época. Es una presunción muy peligrosa. Si no se comprende la historia, pueden repetirse y se repetirán, de una forma u otra. La ingenuidad será el fin para todos nosotros. Es una actitud razonable en general, pero sobre todo cuando nos enfrentamos a una ideología peligrosa con el horrible historial del marxismo. Es una

---

[5] Santayana, G., *Vida de la razón, La razón en el sentido común* (1905), P. 284.

ideología que no es simplemente parte de nuestra historia, o que ha decaído de alguna manera, sino una ideología que se está volviendo más poderosa que en cualquier momento anterior.

## Gafas de sol Magic Anti-Red

El marxismo es un programa ideológico para lavar el cerebro a la gente. Por lo tanto, se trata de una cuestión psicológica, tanto como política, geopolítica, etc. No podemos descartar lo primero; es de vital importancia. Centrarse sólo en la política/geopolítica no es suficiente. Tenemos que ser más inteligentes y profundos y abordar este problema con una nueva mentalidad.

Para ser los mejores defensores de la libertad/patriotas/nacionalistas/soberanistas/antiglobalistas que podamos ser, necesitamos combatir el adoctrinamiento marxista; y por lo tanto, necesitamos comprender plenamente a qué nos enfrentamos todos aquí; cómo funciona todo el proceso. Idealmente, deberíamos esforzarnos por comprender mejor el programa, lo programado y los programadores. Tenemos que analizar esta cuestión desde un amplio punto de vista social, al tiempo que examinamos detenidamente a los individuos afectados que contiene. Con una nueva perspectiva y los conocimientos necesarios, podemos identificar fácilmente quién está adoctrinado y quién no, y en qué grado. Y lo que es más importante, también podemos identificar cuándo alguien corre el riesgo de ser adoctrinado, basándonos en un análisis de su personalidad, entorno, antecedentes, edad, etc. Con la práctica, podemos hacer todo esto en cuestión de segundos. Esencialmente, podremos ver quién está infectado y quién no, y hasta qué punto serán un problema para el resto de nosotros.

En la película *They Live* (1988)[6] el personaje central descubre que las élites que gobiernan la sociedad son en realidad extraterrestres disfrazados de humanos (dos palabras: David Icke). ¿Y cómo lo hace? Poniéndose esas increíbles gafas de sol que te muestran qué es realmente el ser que estás viendo bajo su disfraz. Esto es lo que debemos hacer colectivamente en nuestras respectivas sociedades: ponernos las gafas antimarxistas.

---

[6] *Viven* (1988).

# Sección I-Definiciones

"El comunismo es una enfermedad del intelecto. Promete la fraternidad universal, la paz y la prosperidad para atraer a humanitarios e idealistas a participar en una conspiración que obtiene el poder mediante el engaño y la decepción y se mantiene en el poder con la fuerza bruta. El comunismo promete una utopía. Ha provocado hambruna masiva, pobreza y terror policial a su propio pueblo y ha promovido la lucha y el odio en todo el mundo enfrentando a razas, clases y religiones. La traición, el terror, la tortura y las guerras de "liberación nacional" dirigidas por Moscú propagan la "fraternidad, paz y justicia social" comunistas por todo el mundo.[1]

John A. Stormer, *Nadie se atreve a llamarlo traición* (1964)

## Introducción

Dado que el marxismo es un cliente escurridizo, es prudente que repasemos algunas definiciones en esta sección; incluso la propia palabra "marxismo" es problemática en el sentido de que puede hacer divergir las opiniones (en beneficio de la secta/ideología). En la siguiente sección también repasaremos algunos de los antecedentes y elementos relevantes de la ideología. Siempre debemos esforzarnos por no dejarnos llevar por la palabrería pseudointelectual que rodea a esta ideología, pero es necesario examinar algunos elementos. Se trata de preparar al lector para las secciones posteriores, en las que veremos cómo la infección marxista está destruyendo la civilización actual. Al examinar las definiciones en esta sección, recuerda que nuestras percepciones previas de lo que es el marxismo pueden estar basadas en definiciones, interpretaciones y análisis que han venido del sistema, que a su vez está plagado de marxismo/marxistas (en particular de "educación").

En la sección III ("Nuestra historia de infección global") veremos la propagación geográfica de la ideología/infección, además de un resumen general de su presencia a lo largo de la historia. Más adelante, en la sección "Los pasos rojos hacia la utopía", examinaremos los méritos de la teoría marxista en términos económicos (también conocida como socialismo), para no estancarnos en esta sección. Es un error común interpretar que el marxismo trata principalmente de sociología, economía y política, pero no es así. Esto es sólo una cortina de humo que le da legitimidad, para ocultar su verdadera naturaleza, como veremos.

---

[1] Stormer, J., *None Dare Call It Treason* (1964), p. 16.

## Teoría y realidad

El problema Teoría vs Realidad es una herramienta que podemos utilizar para entender por qué algunas personas defienden el marxismo, a pesar de su naturaleza malévola, su historia y sus efectos. Muchos apologistas marxistas (casuales o fanáticos) que intentan convencernos de que estamos equivocados con respecto a la ideología, no entienden que no debería ser defendida. Del mismo modo, no entienden (algo irónicamente) que es de nuestro interés colectivo no hacerlo (al contrario, como afirma este libro, la ideología debe ser activamente criticada, suprimida y eliminada). Pero, ¿por qué es así? ¿Por qué esta gente está tan equivocada? ¿Cómo puede alguien estar tan equivocado? ¿Es simplemente porque tienen una percepción distorsionada de su naturaleza?

El problema, para algunos, es que la realidad y los resultados del marxismo no coinciden con lo que ellos piensan que es el marxismo y lo que da como resultado. Están atrapados en el análisis teórico, hipotético y académico de lo que algunos tipos muertos (o sus admiradores) han dicho. Ciertamente, el adoctrinamiento marxista desempeña aquí el papel clave. Nos referiremos a este concepto en todo momento como el problema Teoría vs Realidad.

## Definiciones

Es importante que dediquemos un poco de tiempo a las definiciones porque existen varias percepciones distorsionadas de diversos conceptos relacionados con este tema, lo que podría resultar problemático para algunos lectores. Problemático no sólo en términos de entenderlo por uno mismo, sino también problemático cuando se intenta analizar la secta/ideología en el mundo que nos rodea y, lo que es más importante, exponerla activamente. Hay literalmente montones de definiciones e interpretaciones del marxismo, así que cubriremos una selección de las que son comunes y/o relevantes. También será beneficioso para los lectores que son totalmente nuevos en este tema, que pueden no estar familiarizados con los diversos términos. Serán breves, y muchas/la mayoría serán ampliadas en secciones posteriores.

Antes de enumerar las definiciones, hay que señalar que incluso las diversas etiquetas/nombres asociados con el marxismo pueden confundir. Hacen un buen trabajo distrayendo a la gente de la verdad básica: es una ideología peligrosa y subversiva a la que debemos prestar toda nuestra atención, y estas diversas etiquetas ayudan a evitar que la población en general llegue a esta conclusión. Es bastante apropiado que incluso estas diversas etiquetas del marxismo puedan inducir a confusión, lo que ayuda a uno de los atributos centrales de la ideología: la subversión. Este atributo implica a menudo la ofuscación: ocultar intencionadamente el verdadero significado de algo.

Entonces, ¿cómo podemos resolver un problema si primero no podemos identificarlo claramente? Para empezar, ¿cómo podemos demostrar a los demás que existe si no nos ponemos de acuerdo en cómo llamarlo? (por no hablar de convencerles de la gravedad del problema, de sus efectos negativos, etc.). Mientras hacemos definiciones....

## ¿Qué es una ideología?

En primer lugar, vayamos al grano: una ideología es un sistema de creencias, una forma de ver el mundo que nos rodea, una manera de percibir la realidad, una determinada forma de percibirnos a nosotros mismos, a los demás, la vida, etc. Pero, ¿son malas las ideologías? Depende de si son positivas o negativas. Podemos juzgar esto basándonos en el efecto o efectos que tienen. Suena sencillo, ¿verdad? Para no profundizar demasiado, he aquí una definición de *Dictionary.com*:

*"1.* El cuerpo de doctrina, mito, creencia, etc., que guía a un individuo, movimiento social, institución, clase o gran grupo". Esta definición es suficiente. Así que cuando decimos "el marxismo es una ideología" estamos diciendo que es una creencia(s) sostenida(s) por un grupo. Es curioso, la segunda definición es esta "2. tal cuerpo de doctrina, mito, etc., con referencia a algún plan político y social, como el del fascismo, junto con los dispositivos para ponerlo en funcionamiento".[2] El uso de la palabra "fascismo" aquí es divertido. No hay escapatoria, ¿verdad? Incluso los diccionarios en línea están sesgados a favor del marxismo, y su viejo enemigo se menciona aquí en su lugar. (El fascismo y el marxismo no son lo mismo. Hay algunas similitudes generales, pero no son la misma ideología. Este punto se desarrolla más adelante).

## ¿Qué es un marxista?

Aquí hay cierta confusión con las etiquetas. Verás/escucharás otros términos como "socialista" o comunista" o incluso "liberal" (a veces se utiliza el término "neocon" en Estados Unidos). No dejes que esto te confunda y deja a un lado cualquier idea preconcebida; vamos a construir esto desde la base.

Dado que nos centramos en la ideología en sí (y en sus adeptos) en el mundo moderno, la etiqueta de "marxista" es perfectamente correcta. En aras del consenso y la eficacia (como se ha señalado anteriormente) y para simplificar la resolución de este problema, deberíamos llamarlos "marxistas".

Un "miembro de la secta" marxista es alguien que, consciente o inconscientemente, defiende o apoya cualquier corriente de la ideología marxista (enumerada más adelante) y, por lo tanto, contribuye a la infección ideológica general del marxismo en nuestro mundo. Debido a sus creencias, están dando energía a la ideología, y por lo tanto la apoyan en un grado u otro (se den cuenta de ello o no). Sus creencias ayudan a que la infección prolifere. Cuanta más gente así haya en el mundo, más influyente y poderosa se vuelve la ideología, más gente puede ser potencialmente influenciada, y más influyente y poderosa se vuelve la ideología, etc. ad infinitum. De ahí lo de

---

[2] https://www.dictionary.com/browse/ideology

"pandemia" ideológica.

Estas personas pueden ser de todas las formas y tamaños, y pueden estar sólo ligeramente infectadas/ adoctrinadas o gravemente infectadas/ adoctrinadas, y todos los niveles intermedios. No se trata de una cuestión de blanco o negro, sino de matices; una escala móvil de fanatismo y adoctrinamiento. Pueden ser defensores a ultranza o apologistas. Puede ser un ávido apologista, o un apologista poco entusiasta (algunos pueden ser apologistas sin darse cuenta, o incluso sin saber lo que es el marxismo). Pueden tener conocimientos políticos y ser activos, o no. Pueden ser jóvenes o viejos, ricos o pobres, educados o no, y de cualquier nacionalidad, etnia o credo religioso. Puede ser un tendero, un policía, un profesor, un médico, un carpintero, un actor, un estudiante, tu novia/novio, un familiar, un primo perdido, un compañero de trabajo, un vecino, etc. La secta/ideología no discrimina en este sentido. No es exigente.

El término "marxista" no sólo incluye a aquellos a los que les gusta/defienden/apoyan la interpretación tradicional y superficial del marxismo, es decir, aquellos que ven el marxismo como una forma de revolución contra el sistema o como un sistema político o económico alternativo (también conocido como "socialismo"). También incluye a aquellos a los que les gustan/defienden/apoyan los aspectos sociológicos más modernos del marxismo, más comúnmente conocidos como "marxismo cultural" (que es donde, posiblemente, las teorías basadas en el marxismo impactan realmente en la sociedad y causan el verdadero daño). A estos tipos se les suele etiquetar erróneamente como "liberales" (más sobre esto más adelante).

Aunque todos esos tipos de personas están conectados, al ser partidarios del marxismo, ¿significa esto que todos son idénticos? Por supuesto que no. Si consideramos que se trata de una gran secta o cuasi-religión internacional, no todos son "verdaderos creyentes"; algunos sólo siguen un poco a la multitud. Y tampoco es cierto que todas esas personas sean degeneradas, malvadas, nihilistas, poco éticas, destructivas, etc. Sin embargo, todos están equivocados (en un grado u otro), sea cual sea el aspecto del marxismo que suscriban. Dado que el marxismo tiene muchas variedades/interpretaciones diferentes, pueden equivocarse de muchas maneras diferentes (¡tantas como quieran! ¡Es un buffet libre de creencias erróneas!).

Es tradición marxista desconcertar a los enemigos ideológicos y políticos utilizando términos confusos o que distraen, incluso para describirse a sí mismos. Puede que no utilicen el término "marxista", sino otros términos como (entre otros): Izquierda, Progresistas, Antirracistas, Radicales, Revolucionarios, Antifascistas, Partidarios Antifascistas, Partidarios; u otros términos como Activistas de la Justicia Social, Activistas de Black Lives Matter, Feministas/Feministas Radicales; u otras combinaciones de las palabras "Radical", "Activista", "Progresista", "Revolucionario", "Izquierda", "Socialista", etc. Otros términos como "Trabajadores" o "Liga" o "Partido" o "Antifascista" aparecerán especialmente cuando se etiqueten clubes, organizaciones, sindicatos, etc. La realidad, por supuesto, es que se trata de un gran movimiento. El resultado de que la secta/ideología tenga tal variedad de etiquetas ha ayudado a mantener esta verdad suficientemente oculta, hasta ahora...

## ¿Qué es el marxismo?

Esta es muy importante. Es básicamente cualquier forma de loco activismo "revolucionario".

Algunos que se hayan limitado a leer el libro y su título se sentirán desanimados o perplejos por la palabra "marxismo". La palabra "marxismo" significa cualquier variación de: socialismo, comunismo, marxismo cultural, neomarxismo, marxismo clásico (que a su vez contiene marxismo ortodoxo y marxismo revisionista), marxismo libertario, socialdemocracia (relacionada con el marxismo revisionista y considerada una corriente "favorable al capitalismo" por algunos), socialismo democrático, socialismo fabiano, el marxismo occidental, el leninismo, el marxismo-leninismo, el maoísmo, el castrismo, el guevarismo, el hoxhaísmo, el eurocomunismo, el titoísmo, el jruschovismo, el hochi-minhismo (también conocido como pensamiento Ho Chi Minh), el comunismo juche, el comunismo gulash, el trotskismo, el luxemburgismo, el anarcocomunismo, el socialismo libertario, el progresismo, la corrección política, etc... etc. hasta la saciedad.

(El anarquismo también merece una mención aquí; es un movimiento contaminado por el marxismo/marxistas. Si bien se puede argumentar que el anarquismo "puro" es, en teoría, la idea de tener una sociedad sin gobernantes (lo que suena bastante bien), también sucede que sirve en gran medida al marxismo al querer que las estructuras de la civilización se rompan para lograrlo. El anarquismo "puro" es utópico en el sentido de que prevé una sociedad muy diferente y mejor sin gobernantes. Muchas variantes del anarquismo son simplemente destructivas y nihilistas porque sí.)

Todas ellas están conectadas, ya que son diferentes interpretaciones/variaciones de la misma ideología central; algunas son más fieles a las ideas originales de Karl Marx y Friedrich Engels que otras (lo cual es irrelevante; todas son parte del problema). Otras tienen raíces más lejanas en la historia, ya que las ideas socialistas no empezaron con esos dos hombres, por supuesto; de hecho, plagiaron muchos conceptos.

Algunas de ellas son cepas engendradas por cepas anteriores. El marxismo-leninismo, por ejemplo, que es una fusión/interpretación de las ideas de Karl Marx y Vladimir Lenin (1870-1924), engendró varias corrientes. En general, todas se reducen a lo mismo: son distintos matices de la misma mierda, como decimos en Irlanda. Los seguidores de una variedad concreta pueden insistir en que son diferentes del resto, y que cualquier crítica que se haga del marxismo, el socialismo o el comunismo no se aplica a su marca particular (pequeños enigmas como estos se enumeran en la sección "Excusas que pone la gente (marxista)").

Tengamos en cuenta que todas estas etiquetas son sólo la interpretación o las ideas de una persona basadas en la interpretación o las ideas de otra persona. Algunas de las cepas, son ideas basadas en las ideas de las ideas de otra persona acerca de las ideas de otra persona (no, no realmente).

En términos lógicos, si las ideas fundacionales originales son defectuosas, es como construir un muro de mala calidad, una capa sobre otra: la primera capa de "ladrillo" son barras de helado, la segunda son sándwiches B.L.T., la tercera son plátanos podridos, la cuarta son pequeñas bolsas de vómito del tamaño de una fiambrera, etc. Mucha suerte con el muro, sobre todo en un caluroso día de verano.

Piensa en todos los innumerables "géneros" diferentes que algunos de los locos con el cerebro lavado inventan hoy en día: ¡el hecho de que se utilicen montones de etiquetas no aumenta la legitimidad del concepto erróneo fundacional (es decir, que haya algo más que "masculino" y "femenino")! Lo mismo ocurre con el marxismo: pueden inventar un millón de nombres para él si quieren, eso no cambia el hecho de que es veneno ideológico.

Algunas de las corrientes son reinterpretaciones de la misma ideología central (por ejemplo, el "marxismo cultural" de la Escuela de Fráncfort); o diversos métodos para difundir esa ideología (por ejemplo, el socialismo fabiano). Algunos también pueden representar diferentes fases del mismo proceso por el que el marxismo se apodera de un país: este proceso comienza con una ligera infección hasta llegar a la dominación del marxismo en ese país (por ejemplo, la "corrección política" es un signo de una infección leve).

¿Qué impresión nos da todo este etiquetado? Que se está experimentando mucho, como si hubiera que experimentar con la propia civilización y con los que formamos parte de ella. Se ha dicho que la locura consiste en cometer repetidamente los mismos errores y esperar resultados diferentes. Teniendo en cuenta su currículum de constantes fracasos, ¿en qué se convierte el marxismo? Si las teorías marxistas tuvieran algún valor real, no necesitarían ser modificadas constantemente y luego reintentadas, ad infinitum. Los enormes egos fanáticos del control tradicionalmente dominantes en este culto intentan eternamente convencernos de lo contrario.

Es posible, teniendo en cuenta el modus operandi de la secta, que los marxistas hayan inventado/utilizado (consciente o inconscientemente) términos como "estalinismo", "leninismo" y "maoísmo" como formas de distraernos de la verdad subyacente (que la propia ideología siempre ha sido el problema subyacente). Dado que esta compartimentación de términos protege a la secta/ideología, al ocultarnos esta verdad, es un problema grave. Nos impide atacarla y suprimirla.

**Marxismo, socialismo, comunismo: ¿cuál es la diferencia?**

Primero, algunas interpretaciones básicas:

El "marxismo" es el núcleo, la ideología fuente y el fundamento de todas las demás variantes; el hilo (rojo) común que las atraviesa a todas. No se trata sólo de lo que autores como Marx y Engels dijeron en sus escritos. Es el motor ideológico de todo el sentimiento revolucionario marxista.

"Socialismo" **es** el método político, económico y sociológico de poner en práctica las teorías marxistas; de construir una sociedad según los principios marxianos. Según algunas interpretaciones, el socialismo es la fase que atraviesa una sociedad en su hipotética "transición" del capitalismo al comunismo.

"Comunismo" es la sociedad igualitaria 'utópica' prevista por Marx y sus discípulos una vez que el socialismo se haya implantado plenamente y el capitalismo haya sido sustituido por completo. Por supuesto, según el marxismo en general, se requiere una "revolución" de algún tipo para llevar a cabo estos cambios y alcanzar esta "utopía". El "comunismo" es el objetivo último del marxismo.

En el Manifiesto Comunista (1848), Marx y Engels se refieren a este "nuevo" movimiento revolucionario y a sus seguidores como "comunismo" y "comunistas".[3] También es correcto, en cierto modo, llamar "comunistas" a los marxistas, pero dado que las palabras "comunista" y "comunismo" se equiparan mayoritariamente a ciertos regímenes a lo largo de la historia, y a esta hipotética 'utopía' futura, no nos resulta tan beneficioso utilizar esos términos en su lugar (además de otras razones, como veremos). Además, el propio Marx es el principal origen de la ideología.

Para mantener nuestra atención colectiva en el problema (la secta/ideología en general), es más eficaz utilizar los términos "marxismo" y "marxistas" (independientemente de si son o no auténticos discípulos de Marx). Son la opción superior.

### ¿Qué es el socialismo?

El socialismo, oficialmente, es un sistema político, sociológico y económico revolucionario, antisistema y alternativo. Su objetivo es crear una sociedad "socialista" en la que los medios de producción, distribución e intercambio sean propiedad de la comunidad ("el pueblo") en su conjunto, y no de particulares. En la práctica, esto significa un liderazgo central y la propiedad gubernamental de estos medios de producción, distribución e intercambio (en nombre del "pueblo"). Según algunas interpretaciones (por ejemplo, el marxismo clásico), el socialismo es una fase de transición entre el capitalismo y el comunismo, por lo que una sociedad socialista, en teoría, "progresaría"

---

[3] Marx y Engels, *El Manifiesto Comunista* (1848).

hacia su destino final, el comunismo.

El socialismo se presentó como una mejora de los sistemas anteriores en términos de ética, especialmente para el "proletariado" de la clase trabajadora, que generalmente formaba la mayoría de la población. Es la idea de que debería haber una propiedad pública colectiva de los "medios de producción", los recursos, la tierra, etc. para beneficiar a esta mayoría, en contraposición a la propiedad privada/control de esas cosas por parte de unos pocos "burgueses" ricos. Marx creía que el nuevo sistema capitalista industrial que surgió en el siglo XIX, gracias a los avances en las tecnologías industriales, estaba creando una situación intolerable en la que los ricos empresarios capitalistas podían explotar a los trabajadores (a escala industrial). Este concepto tan importante de "lucha de clases" fue una manifestación temprana del principio de opresor contra oprimido (uno de los pilares fundamentales y siempre presentes de la ideología).

Hay que señalar en este punto que nunca se ha demostrado que el socialismo sea un sistema eficaz y que funcione en la práctica (aunque la propaganda marxista insista en lo contrario). Examinaremos el socialismo en una sección siguiente ("Pasos rojos hacia la utopía", bajo el subtítulo "La destrucción del sistema capitalista").

### ¿Qué es el socialismo democrático?

Oficialmente, el socialismo democrático pretende establecer una sociedad democrática con un modo de producción de tipo socialista. Significa simplemente que el socialismo se implanta en un país a través del sistema democrático, en contraposición a un golpe militar, una dictadura o una invasión de fuerzas exteriores. Por supuesto, no importa cómo se implemente este sistema, los resultados finales destructivos -sus impactos sociales y económicos- son los mismos. Así que sigue siendo socialismo, pero se mantiene la ilusión de democracia, ya que este tipo de socialismo permite elecciones "imparciales" (en teoría). La democracia, cuando el marxismo está implicado, significa realmente "democracia", una situación en la que, aparentemente, "el pueblo" puede elegir quiénes son sus líderes y cómo se estructura la sociedad; pero en la práctica, el marxismo domina.

Entonces, la pregunta es: si los marxistas tienen el control, ¿se permitirá cualquier oposición antimarxista real? Es evidente que no. Podemos ver este proceso en acción en todo el mundo hoy en día en los países "democráticos" que tienen una infección marxista significativa (por ejemplo, los países occidentales en general).

### Comunismo

El comunismo (la "meta" del socialismo) es el objetivo de crear una sociedad basada en los principios marxistas: una sociedad igualitaria ("igualitaria") sin clases sociales, en la que se supriman la propiedad privada y los derechos de herencia, la religión y el sistema capitalista (incluido el propio dinero). Una "utopía".

Una vez más, todo esto no es más que teoría, y los miembros de la secta dirán que, históricamente, el comunismo (tal y como lo concibieron Marx y Engels et al) nunca se ha alcanzado realmente. Si consideramos que esto es cierto, entonces los diversos regímenes "comunistas" del siglo XX no fueron "comunistas".

Se trata de un argumento extremadamente problemático, irrelevante y erróneo que permite a la ideología del marxismo sobrevivir en el presente, "librándose" constantemente del problema (esto se amplía en la sección "Excusas que ponen los (marxistas)").

Estos regímenes "comunistas" eran muy represivos con los habitantes de sus respectivos países, de ahí que el comunismo tenga fama de ser de naturaleza ultratotalitaria. Esto implicaba una centralización del poder, un estado de partido único y la inevitable abolición de la democracia, la libertad, etc. Los asesinatos masivos de civiles y las guerras también eran resultados típicos de estos países con un alto nivel de infección (ya que la infección trata de propagarse, naturalmente). Los ejemplos figuran en la sección histórica.

El término "comunismo lite" significa una dictadura totalitaria "blanda". Si el "comunismo" es un control totalitario abierto por parte del Estado, el comunismo lite es más encubierto. Es decir, no la versión dura, de bota en la cara, sino una variedad más "amable" y sutil. En general, el mismo sistema de control y los mismos resultados, pero con métodos diferentes. Un término algo relacionado es "socialismo progresivo": una toma de poder gradual, incremental y relativamente lenta, en contraposición a una toma de poder repentina o instantánea (es decir, una invasión militar por parte de fuerzas "socialistas" o "comunistas").

## Interpretaciones oficiales

Definición de "marxismo" en *Dictionary.com*: "El sistema de pensamiento económico y político desarrollado por Karl Marx, junto con Friedrich Engels, especialmente la doctrina de que el Estado a lo largo de la historia ha sido un dispositivo para la explotación de las masas por una clase dominante, que la lucha de clases ha sido la principal agencia del cambio histórico, y que el sistema capitalista, conteniendo desde el principio las semillas de su propia decadencia, será inevitablemente, después del período de la dictadura del proletariado, sustituido por un orden socialista y una sociedad sin clases".[4]

Es curioso, allí no se menciona que sea una ideología... ¿Significa esto que estoy equivocado? ¿Qué tal otra? Esta vez, usaremos *Merriam-webster.com*: "Los principios y políticas políticos, económicos y sociales defendidos por

---

[4] https://www.dictionary.com/browse/Marxism

Marx especialmente: una teoría y práctica del socialismo, incluyendo la teoría laboral del valor, el materialismo dialéctico, la lucha de clases y la dictadura del proletariado hasta el establecimiento de una sociedad sin clases."[5] De acuerdo, todavía no se menciona la ideología... ¿Quizás debamos hacer las maletas y dejarlo ahora mismo? No, creo que no.

Mirando las definiciones, ¿qué impresión nos dan hasta ahora? Ambas dicen esencialmente que el marxismo son conceptos de naturaleza política, económica y sociológica, ideados por un tipo llamado Karl y otro llamado Friedrich. Hay un término rebuscado llamado "materialismo dialéctico" y un concepto agresivo de "dictadura del proletariado" que emite esas vibraciones de venganza. Esa es más o menos la impresión que estamos recibiendo aquí. Se sugiere un gran cambio, con un tono casi incendiario.

Entonces, ¿por qué insisto en que se trata de una ideología? He aquí las definiciones de "ideología" de antes, pero sustituyamos la palabra "marxismo" por "fascismo": *1. El cuerpo de doctrina, mito, creencia, etc., que guía a un individuo, movimiento social, institución, clase o gran grupo. 2. tal cuerpo de doctrina, mito, etc., con referencia a algún plan político y social, como el del marxismo, junto con los dispositivos para ponerlo en funcionamiento".*

Ahora bien, si nos fijamos en lo que ocurre en el mundo actual, ¿qué palabra parece más apropiada en ese lugar? ¿Es el marxismo el cuerpo de doctrina/mito/creencia que está guiando a individuos/movimientos sociales/instituciones/clases/grandes grupos? Sí, absolutamente, eso es más evidente que nunca.

¿Tiene el marxismo algún tipo de plan político y social, y existen mecanismos para ponerlo en práctica? Sí, innegablemente; la mayoría de los órganos del Estado en todo el mundo están consagrados a su causa. Como veremos, según estas definiciones de lo que es una ideología, el marxismo encaja muy bien.

En cuanto a esas definiciones de lo que es el marxismo (según *Dictionary.com* y *Merriam-webster.com*), reflejan la percepción oficial, "políticamente correcta" y cotidiana de lo que es el marxismo. La verdad es que el marxismo es una ideología que va mucho más allá de lo político, financiero o sociológico. Afecta a los individuos y a la sociedad de muchas maneras que antes no se examinaban. Además, un gran lío ideológico rojo y sangriento como éste no puede encapsularse completamente en un par de frases dentro de una simple definición, por desgracia.

Además, no se trata sólo de lo que Marx o Engels pensaban o decían, o de lo que aparecía en El Manifiesto Comunista y *Das Kapital* (Marx, 1867),[6] o de lo que haya dicho cualquier otro apologista marxista/marxista (pasado o presente);

---

[5] https://www.merriam-webster.com/dictionary/Marxism

[6] Marx, K. *Das Kapital* (1867).

tampoco se trata sólo de los diversos regímenes llamados comunistas, la Escuela de Frankfurt, o el socialismo democrático, etc. ¡Es mucho más grande que todo eso! La mayoría de las definiciones o artículos oficiales que encontrará en Internet describiendo lo que es el marxismo estarán contaminados por el propio marxismo. Sesgada no es la palabra.

## "Culto"

La palabra "culto" procede del latín "cultus", que significa "culto", y de la palabra "colere", que significa "cultivar". De *Dictionary.com* (editado en las partes relevantes. Subrayado para enfatizar): "un caso de gran veneración de una persona, ideal o cosa, especialmente como se manifiesta por un cuerpo de admiradores; un grupo o secta unidos por la veneración de la misma cosa, persona, ideal, etc.; un grupo que tiene una ideología sagrada y un conjunto de ritos en torno a sus símbolos sagrados; una religión o secta considerada falsa, poco ortodoxa o extremista".[7]

Mirando al colectivo marxista en general, ¿muestran gran veneración por ciertas personalidades históricas y las enarbolan como cuasi profetas (Marx, Lenin, Trotsky, Guevera, Mao, etc.)? Sí.

¿Utilizan determinados símbolos e imágenes sagradas universales (el puño cerrado, el color rojo, la hoz y el martillo, la estrella roja)? Sí.

¿Les une el culto colectivo a ciertos ideales (revolución, igualdad, solidaridad, "compasión", internacionalismo, lucha de clases/principio del opresor contra el oprimido, etc.)? Sí. ¿Son extremistas/fanatizados y se consideran diferentes (y superiores) a los que no pertenecen a la secta? Sí.

Otra definición de "secta" de *merriam-webster.com* (editadas las partes relevantes): "religión considerada poco ortodoxa o espuria. También: su cuerpo de adeptos. El culto vudú. Un culto satánico; una gran devoción a una persona, idea, objeto, movimiento u obra (como una película o un libro); un grupo generalmente pequeño de personas caracterizado por dicha devoción".[8]

Podemos utilizar estas definiciones y combinarlas con nuestras percepciones generales de lo que son las sectas. ¿Es el marxismo una religión considerada poco ortodoxa o espuria (lo que significa "exteriormente similar o correspondiente a algo sin tener sus cualidades genuinas" y "de naturaleza o cualidad engañosa")? ¿Coincide la idea de "utopía" (y la promesa de la misma) con la parte de "naturaleza engañosa"? Por ejemplo, el marxismo promete la utopía, por lo que entra en la categoría de religión "espuria" (también conocida como secta).

¿Es el marxismo una "gran devoción a una persona (Marx y otros), idea

---

[7] https://www.dictionary.com/browse/cult

[8] https://www.merriam-webster.com/dictionary/cult

(socialismo/comunismo) u obra, como un libro" (El Manifiesto Comunista, Das Kapital, el *Pequeño Libro Rojo* (Mao Zedong, 1964), etc.?[9] ¿Podríamos llamar "sectas" a todas las diversas cepas/interpretaciones del marxismo?

¿Cuáles son los atributos de una secta? Una secta suele ser un grupo que tiene complejo de superioridad. También puede tener un fuerte sentimiento de fraternidad o "amor" entre sus miembros que no se aplica a los que están fuera de él (independientemente de lo que afirmen). Un grupo que tiene delirios de grandeza, que apela a los delirios de grandeza de los individuos que se sienten atraídos por él (y que lo componen). Un grupo que siente que está "luchando" por algún tipo de problema importante y sin resolver del que el mundo debe ser consciente, ¡o por algún otro noble propósito! Por lo tanto, suele ser de naturaleza "revolucionaria": quiere influir en el mundo o cambiarlo, obligándolo a cambiar.

En las sectas, pueden decirte que eres especial y llenarte la cabeza de nociones elevadas: que vas a cambiar/salvar el mundo, que entiendes cosas que los demás no entienden (sobre todo los que no pertenecen a la secta). Es un método de lavado de cerebro muy eficaz porque utiliza/estimula el ego, ¡y todos tenemos ego! Además, a muchas personas les gustaría sentirse especiales y/o poderosas en algún nivel de su ser.

Las sectas pueden tener cánticos o mantras, como "poder para el pueblo", "¡una raza, raza humana!", "¡viviendas para las personas, no para los beneficios!" o "¡escoria nazi fuera de nuestras calles!". Además, están los términos marxistas tan utilizados: "igualdad", "diversidad", "solidaridad", etc. Es como un canto religioso, un trance... Magia roja (por oposición a magia negra). Los términos y eslóganes que la secta utiliza en todo el mundo son una especie de conjuro para invocar el "espíritu" de la revolución.

Los miembros de la secta pueden ser de todas las clases sociales: ricos/pobres, negros/blancos/asiáticos, altos/bajos, hombres/mujeres/otros/no binarios/terciarios/hermafroditas trans bi gay queer/te gusta probar a meterte el extremo grueso de una botella de champán por el culo una vez a la semana para demostrar que no eres homófobo. Los miembros vienen en todas las formas y tamaños porque esta es una ideología que lava el cerebro.

Todo lo que se necesita es un cerebro capaz de ser sometido a un lavado de cerebro; no hay otros requisitos, y la ideología (claramente) no es quisquillosa con el cerebro que infecta. En un sentido pseudoespiritual, todos son uno dentro de la secta.

## Trotskismo

El trotskismo es otra corriente del marxismo, llamada así por un "hombre" llamado Lev Davidovich Bronstein o León Trotsky (1879-1940), como prefirió

---

[9] Zedong, M. *El pequeño libro rojo* (1964).

que le llamaran. Trotsky fue uno de los principales protagonistas de la Revolución Rusa de 1917, junto con Vladimir Lenin. El trotskismo suele estar vinculado al concepto de "revolución permanente" y a la idea de que el socialismo debe ser un asunto internacional y no meramente nacional. Los seguidores de esta corriente en particular son trotskistas (o coloquialmente denominados "trots" en Gran Bretaña).

## Marxismo-leninismo

Esta cepa es una fusión de ideas de dos personajes diferentes -Karl Marx y Vladimir Lenin- y de las dos interpretaciones distintas del marxismo que llevan su nombre: Marxismo y Leninismo. Combina la idea de Marx de una economía centralizada (y la propiedad de los recursos y medios de producción por "el pueblo"), con la idea de Lenin de una "vanguardia proletaria" (grupo dirigente de miembros de la secta marxista). Esta monstruosidad ideológica fue ayudada a existir por una monstruosidad biológica conocida como Joseph Stalin (1878-1953), que llegó al poder siguiendo la estela de Lenin. Esta corriente suele ser la más criticada por la reputación totalitaria del "comunismo".

Es un término importante porque es problemático para entender la naturaleza de la infección marxista en todo el mundo. ¿Por qué? Porque las consecuencias catastróficas y francamente malvadas del arraigo del marxismo en un país se atribuyen a menudo a esta cepa "marxista-leninista" del marxismo.

Esto permite a los miembros de la secta desvincularse de estos regímenes, alegando que no tienen nada que ver con el "verdadero" marxismo/comunismo, etc.

Esencialmente, el marxismo-leninismo es lo que se obtiene cuando se combinan las ideas de dos personalidades perturbadas. Es difícil saber cuál de estos personajes merece más culpa por establecer la ideología en el mundo: aunque el propio Marx fue anterior en el proceso, la contribución de Lenin condujo a la creación de la Unión Soviética (y todo lo que ello conllevó), además de las posteriores emulaciones por parte de personajes como Mao Zedong (1893-1976) y su China Roja (que condujeron a acontecimientos como la Guerra de Corea (1950-1953), la Guerra de Vietnam (1954-1975) y otras numerosas manifestaciones). Si la Unión Soviética nunca hubiera existido, es posible que la ideología no se hubiera extendido globalmente como lo hizo.

## Marxismo "centrista

Se trata de un término descriptivo generalmente utilizado para denotar un tipo de marxismo que se sitúa entre dos tipos de estrategia típicamente utilizados por la secta: Revolución - el asalto y destrucción del sistema establecido existente, para luego sustituirlo por uno marxista. Y el Reformismo, que infunde marxismo al sistema establecido existente para convertirlo en marxista. Este último es a menudo más insidioso y podría decirse que es una estrategia mucho más difícil de contrarrestar. El marxismo centrista no es menos destructivo que otras corrientes/interpretaciones. Centrista en este contexto no significa "moderado", por supuesto, ya que el marxismo no puede calificarse de moderado en ninguna de sus formas.

## Marxismo occidental

Esto está relacionado con el "neomarxismo". No es más que otro nombre para otra corriente o interpretación de las ideas marxistas, que empezó a alejarse del formato/estrategia de la revolución obrera sangrienta para adoptar un formato más "civilizado" y finalmente académico. El periodo posterior a la Primera Guerra Mundial y a la Revolución Rusa marcó una nueva fase en el marxismo, con miembros de culto como el italiano Antonio Gramsci (1891-1937), el alemán Karl Korsch (1886-1961) y el húngaro Gyorgy Lukacs (1885-1971) que tomaron fuerza, propugnando sus propias interpretaciones. Más tarde, un infame grupo cripto-marxista llamado Escuela de Frankfurt aparecería en escena para hacer lo mismo, proliferando aún más la infección ideológica.

## El "culto" en la "cultura": Marxismo cultural

Se trata de un término a menudo acuñado para referirse al legado de los "marxistas occidentales" de la Escuela de Fráncfort u otros individuos/grupos que tuvieron/tienen una influencia claramente marxiana en los países occidentales. El término puede utilizarse cuando alguien describe las iniciativas/conceptos promulgados por este tipo de individuos/grupos y sus efectos, como lo que se denomina multiculturalismo, corrección política y teoría crítica, etc.

Los marxistas/apologistas afirman (como era de esperar) que esta aparente agenda para destruir los países occidentales es una teoría conspirativa. Otros intentan desacreditar o descartar este término "marxismo cultural", diciendo que no es exacto, etc. Nada de eso importa: es muy real independientemente de cómo se llame. Podríamos llamarlo "marxismo de grupo social" o "marxismo de conflicto de grupo" o "marxismo de lucha de clases sociales", pero no suenan tan bien, ¿verdad? No podemos llamarlo "marxismo social" porque las primeras encarnaciones del marxismo también tenían un elemento social.

El "marxismo cultural" toma la fórmula opresor contra oprimido de la lucha de clases y la aplica a otros grupos de la sociedad. Así, en lugar de tratarse de ricos contra pobres (como en el marxismo tradicional), ahora se trata de hombres contra mujeres (feminismo), negros contra blancos ("racismo"), heterosexuales contra homosexuales/bisexuales (derechos de los homosexuales), "trans" contra no trans (derechos de los trans), "género cis" contra "género no binario" (derechos de los trans), animales contra humanos (veganismo), humanos contra el planeta (cambio climático), etc. Esto tiene el eterno y omnipresente efecto marxiano de crear conflicto entre diferentes grupos para que se destruyan mutuamente (divide y vencerás).

## PC" y "discurso del odio

Tal y como existe hoy en día, éste es otro aspecto importante del totalitarismo marxista. Es un mecanismo para mantener al público bajo control, particularmente a aquellos que tienen opiniones que desafían el status quo (que el marxismo ha creado). En pocas palabras, si expresas una opinión que no es aprobada por el sistema, tú (y tu opinión) seréis el blanco de la supresión.

"Políticamente correcto" (PC) o "Political correctness" es también una forma muy eficaz para el culto marxista de vigilar a sus oponentes políticos, mediante el control del uso del lenguaje en la sociedad. Esto permite identificar a estos oponentes políticos potenciales literalmente en el momento en que abren la boca. También es una forma de terrorismo psicológico sutil, ya que puede hacer que una persona tenga miedo (consciente o inconscientemente) de expresar cualquier opinión que no se ajuste al programa marxista. Esto puede crear estrés en las mentes de los oponentes potenciales de la secta en la sociedad y ahogar la generación de moral en cualquier movimiento antimarxista que pueda desarrollarse.

Éste es un clásico. Hoy en día, el "discurso del odio" es esencialmente cualquier opinión que no sea de naturaleza marxista; a menudo significa simplemente decir la verdad. Encarna muy bien la ideología, la señalización de virtudes y el doble rasero hipócrita característico, ¡todo ello contenido en sólo dos palabras! Magnífico, ¿verdad? La ideología es alérgica a la verdad; no puede funcionar en su presencia, por lo que debe ser destruida. Ergo, la carga de propaganda lingüística "discurso del odio".

Es una forma de controlar el discurso público, etiquetando cualquier opinión no marxista como mala/negativa/malvada. Una forma de programar y convencer a las masas dormidas (que pueden no estar ni a favor ni en contra del marxismo) de que las opiniones no marxistas son malas (y por sugerencia, de que las opiniones marxistas son buenas). Lo hace controlando emocionalmente su percepción de esas opiniones.

Obviamente, la introducción de leyes de "incitación al odio" en un país es la creación de leyes pro-marxismo, y por lo tanto una clara señal de que la secta/ideología se está convirtiendo en dominante dentro de ese país.

Hemos oído a miembros de sectas comentar sobre la "extrema derecha", pronunciando palabras como "no estamos de acuerdo con la política del odio"; esto es como si un pirómano dijera "comprueba regularmente tus alarmas de incendio". Para ellos, todo lo que sea "de derechas" o nacionalista es la política del odio, lo que implica que el marxismo es la política del amor (¡!). Ser pro-genocidio, pro-conflicto racial, anti-cultura, y pro-Gobierno Mundial Único es 'amor', ¿no? Ah, ya veo, ahora lo entiendo (palma de la mano). En cierto sentido, el marxismo es amor: amor por la ideología, por la revolución; amor por los miembros de la secta (por los miembros de la secta); amor por el ego, la ilusión, el conflicto, la anarquía, la degeneración, el desequilibrio, etc. La frase "política del odio" es el típico engaño marxista de lobo vestido de oveja. Es un clásico, y la gente cae en él todo el tiempo.

## Relativismo cultural o moral

Son conceptos que podemos rastrear hasta otra manifestación del marxismo llamada posmodernismo. Relativismo" proviene de la idea de subjetividad: que la realidad está abierta a la interpretación individual, ya que no está necesariamente grabada en piedra. (El posmodernismo se examina más a fondo en su propia sección). De Wikipedia: "El relativismo cultural es la idea de que las creencias y prácticas de una persona deben entenderse en función de su propia cultura. Los defensores del relativismo cultural también tienden a argumentar que las normas y valores de una cultura no deberían evaluarse utilizando las normas y valores de otra".[10]

El relativismo cultural es la idea, inspirada en el marxismo, de que todas las culturas son iguales y deben ser consideradas como tales. Insiste, sobre todo, en que no debemos decidir que algunas culturas/prácticas culturales son superiores a otras (en particular si consideramos que la(s) cultura(s) occidental(es) es(son) superior(es) a las no occidentales de alguna manera). Además, la secta/ideología se opone a las jerarquías, por lo que no puede permitir que nadie piense así. Obviamente, podemos ver que conceptos como estos se utilizan para adoctrinar a las masas para que acepten subagendas marxianas como el "multiculturalismo" y la migración masiva.

De Wikipedia: "Relativismo moral o relativismo ético (a menudo reformulado como ética relativista o moral relativista) es un término utilizado para describir varias posturas filosóficas preocupadas por las diferencias en los juicios morales entre los distintos pueblos y sus culturas particulares".[11] Así que "relativismo moral" es otro término inventado para impedir que la gente juzgue cualquier comportamiento en culturas o grupos diferentes a los suyos.

Por ejemplo, si una persona de un país occidental expresa su opinión en contra de la mutilación genital femenina que tiene lugar en su país, sus objeciones pueden desestimarse utilizando estos términos de relativismo cultural y moral. Pueden enfrentarse a cosas como: "no está mal, sólo piensas que está mal, ¡porque tu cultura es diferente a la suya!". Esto no tiene ningún sentido: la mutilación genital femenina está mal.

Curiosamente, en otros casos (cuando les conviene), la secta insistirá a menudo en que todas las culturas son iguales (por ejemplo, en el "multiculturalismo"), pero en casos como éste (MGF) destacarán que son diferentes, y que estas diferencias sólo necesitan ser aceptadas. En este caso, es evidente que se han

---

[10] https://en.wikipedia.org/wiki/Cultural_relativism

[11] https://en.wikipedia.org/wiki/Moral_relativism

tomado algunas decisiones.

Por supuesto, esta aceptación de las diferencias culturales no es una vía de doble sentido: Los países occidentales deben aceptar cualquiera de estas "diferencias culturales" y adaptar su comportamiento/actitudes en consecuencia, pero a los no occidentales que emigran a países occidentales no se les exige que adapten su comportamiento/actitudes (porque eso sería plegarse a los caprichos de los "racistas", ¿no?). La selección y la doble moral son temas recurrentes en la ideología. El primero está interrelacionado con la propaganda: el uso selectivo y creativo de la información/inteligencia.

### "Socialista del champán"

Un tema común a lo largo de la historia de la ideología es que personas de entornos privilegiados se alían con causas socialistas, afirmando ser "defensores de los pobres", etc. Como ya se ha señalado, el culto marxista ha atraído a personas de todas las clases sociales, no sólo a los pobres o a los privilegiados. Aparte de eso, ha habido una presencia significativa de estos tipos "burgueses".

¿Son estas personas verdaderos humanitarios, que realmente se preocupan por los menos afortunados? ¿Sienten verdadera empatía o se limitan a idealizar la pobreza y la depravación? ¿Creen realmente que el marxismo es benévolo? ¿O acaso son conscientes de que, de hecho, mantiene a las masas bajo control?

A la hora de entender la ideología, puede existir la percepción en algunos de que el capitalismo y el socialismo/comunismo son polos opuestos, y que si participas en/apoyas uno debes estar rechazando sin duda el otro al cien por cien. En la práctica, esto sugiere que una persona no puede ser rica y servir/apoyar/alentar el marxismo.

Es evidente que esto no es cierto si observamos a los miembros de la secta en todo el mundo. El mundo de la política, por ejemplo, está repleto de personajes hipócritas que abrazan conceptos marxistas y, sin embargo, se enriquecen a manos llenas (normalmente mientras se involucran en comportamientos traidores y otras empresas criminales). Lo mismo ocurre con la interminable cinta transportadora de celebridades y portavoces de los medios de comunicación que se prostituyen ideológicamente para promover causas marxistas en público, durante todo el año (más sobre esto más adelante). A la ideología en sí no le importa si eres rico o no, sólo que ayudes a difundirla.

Esta aparente contradicción ha sido, de hecho, una piedra angular de la ideología desde que asomó por primera vez su fea cabeza. De hecho, cuando se examinan los diversos movimientos de todo el mundo que impulsan los conceptos marxistas, a menudo los instigadores proceden de entornos relativamente privilegiados; Marx y Engels incluidos. Así que no, el marxismo no es un movimiento de "los pobres" o "los trabajadores" poblado únicamente por las "humildes" clases trabajadoras.

## "Idiota útil"

Este término implica dos partes: el manipulador y el manipulado. A menudo se utiliza para describir a aquellos que están siendo utilizados para promover una causa (ideológica o política), sin ser plenamente conscientes de ello (o quizá ni siquiera parcialmente). Describe a la perfección a los ingenuos que contribuyen a propagar la infección marxista, consciente o inconscientemente, incluso en su propio detrimento.

## ¿Qué es un "SJW"?

Acrónimo de Social Justice Warrior (Guerrero de la Justicia Social): una persona que cree que se comporta en beneficio de la sociedad; un héroe de los oprimidos. La cultura SJW sólo existe gracias al marxismo, por lo que un SJW podría clasificarse como un idiota útil de la ideología.

Todos los manifestantes que salieron a las calles en ciudades y pueblos de todo el mundo en esta época, con sus puños cerrados, pancartas y megáfonos, apoyando subagendas marxistas, encajan en esta categoría.

Curiosamente, la página de Wikipedia sobre el Guerrero de la Justicia Social tiene un obvio sesgo marxista en su "definición": "Guerrero de la Justicia Social" (SJW, por sus siglas en inglés) es un término peyorativo y un meme de Internet que se utiliza principalmente para referirse a una persona que promueve opiniones socialmente progresistas, de izquierdas o liberales, como el feminismo, los derechos civiles, los derechos de los homosexuales y transexuales, la política de identidad, la corrección política y el multiculturalismo. La acusación de que alguien es un SJW implica que persigue la validación personal en lugar de una convicción profundamente arraigada y que participa en argumentos poco sinceros".[12] Bienvenidos al infierno, amigos. Obsérvese cómo se utiliza "liberal", pero "marxismo/marxista" no aparece por ninguna parte. Como ya se ha dicho, la ideología intenta controlar la narrativa mediante el control de las percepciones.

## "Woke"

> "Eres una infección, la definición de debilidad. Todo lo que está mal en el mundo, es por tu puta culpa. El mundo no se traga tu puta mierda. Este tipo es el puto enemigo. Si quieres ver al enemigo de nuestro mundo, es ese hijo de puta de ahí."[13]
>
> Sean Strickland, luchador de la UFC, responde a un periodista "despierto" en rueda de prensa, enero de 2024

Del sitio web *del diccionario macmillan*: "Consciente de los problemas

---

[12] https://en.wikipedia.org/wiki/Social_justice_warrior

[13] MMAWeekly.com, "Sean Strickland SLAYS Reporter 'You are an INFECTION'", 18 de enero de 2024.

sociales y políticos relacionados con la raza, el género, la clase, etc.".[14]

El uso del término "woke" es un intento de la secta/ideología de comercializarse como una forma de inteligencia y conciencia superiores. Sugiere que apoyar la ideología (y sus subagendas) es señal de una persona con un sentido superior de la ética, especialmente en cuestiones sociales (lo cual es exactamente lo contrario de la verdad; una inversión). Por extensión, sugiere que ser miembro de una secta es en realidad una forma de conciencia superior o "despertar" (aquí hay un vínculo con la "espiritualidad" y el movimiento de la "nueva era", por supuesto). Si estás "despierto", básicamente eres un miembro de una secta "espiritualmente evolucionado" (pone los ojos en blanco).

Es sólo otro ejemplo de cómo la secta/ideología intenta controlar cómo se la percibe, a través de un lenguaje propagandístico. Este término también es utilizado como un término peyorativo por los no miembros de la secta, mientras que al mismo tiempo es una fuente indirecta de orgullo para algunos sectores de la secta.

## ¿Qué es un "ideólogo fundamentalista"?

Básicamente, se trata de un fanático. Alguien que tiene una visión de túnel sobre la ideología a la que se adhiere, que es intolerante con otros puntos de vista y puede expresarse con fervor religioso cuando defiende su "fe".

No todos los infectados por el marxismo (en uno u otro grado) son ideólogos fundamentalistas, pero hay muchos en la secta que lo son; muchos niveles diferentes de fanatismo dentro de ella.

Sin embargo, el hecho de que no todos los implicados sean fanáticos en toda regla es irrelevante cuando se trata del impacto general de la secta en la sociedad, porque los ideólogos fundamentalistas que ocupan posiciones de dominio/influencia dictarán cómo se comporta el movimiento en general. Además, cada persona infectada/ adoctrinada que apoya cualquier aspecto de la ideología (independientemente de su nivel de adoctrinamiento), está dando a la ideología su apoyo/energía de alguna manera. Cada contribución de este tipo, grande o pequeña, aumenta el poder general de la secta/ideología.

## Disonancia cognitiva

La disonancia cognitiva es un estado mental absolutamente relevante para el tema del adoctrinamiento marxista. Alguien puede caer en este estado mental cuando mantiene simultáneamente creencias contradictorias en su mente, lo que puede dar lugar a un "conflicto psicológico". Del sitio web *psychologytoday.com* "La disonancia cognitiva es un término que designa el estado de malestar que se siente cuando dos o más modos de pensamiento se

---

[14] https://www.macmillandictionary.com/dictionary/british/woke_2

contradicen. Las cogniciones en conflicto pueden incluir ideas, creencias o el conocimiento de que uno se ha comportado de una determinada manera".[15]

Tal vez si una persona sólo está ligeramente adoctrinada y/o es joven, puede caer en este estado con bastante facilidad, ya que el cemento cerebral (la ideología en el cableado del cerebro) no está completamente "fijado", por así decirlo. Por el contrario, tal vez para alguien que ha sido adoctrinado durante bastante tiempo y que es mayor, es mucho menos probable que suceda. Para algunos, puede que pierdan esa 'plasticidad neuronal' más con el tiempo. De ahí que "a perro viejo no se le enseñan trucos nuevos". El orgullo y/o el miedo también pueden ser un problema en este caso y, obviamente, que una persona utilice conscientemente su libre albedrío para atrincherarse y ser testaruda es algo muy poderoso.

En otras palabras, cuando estás tratando con alguien que tiene el cerebro totalmente lavado, no tendrá ninguna duda de que tiene razón y de que tú estás equivocado (si no estás de acuerdo con él). Estas personas son lo que yo llamo cariñosamente "descartables" (como un coche destrozado). Una personalidad arruinada, probablemente insalvable: el adoctrinamiento ha hecho su trabajo en ellos. Están acabados como auténticos seres humanos. Un no-individuo. Por desgracia, el mundo se está llenando de ellos debido a la infección...

Para ver este concepto de disonancia cognitiva desde una perspectiva optimista, al tratar con miembros de una secta, ¿quizás una persona que muestra signos de esto (cuando intentamos hacerla entrar en razón) no está más allá de la salvación?

¿Quizá esto se aplica a los jóvenes en particular, por ese factor de plasticidad neuronal? Futuros estudios y experimentos con los adoctrinados responderán a estas (y otras) preguntas.

## "¿No querrá decir "liberalismo"?

"Cuando nos dispongamos a tomar los Estados Unidos, no lo haremos bajo la etiqueta de comunismo; no lo haremos bajo la etiqueta de socialismo. Estas etiquetas son desagradables para el pueblo estadounidense y han sido demasiado alanceadas. Tomaremos los Estados Unidos bajo las etiquetas que hemos hecho muy amables; los tomaremos bajo el "liberalismo", bajo el "progresismo", bajo la "democracia". Pero, lo tomaremos"[16]

Discurso del millonario miembro de la secta Alexander Trachtenberg, miembro del Comité Central de Control del CPUSA, en la Convención Nacional de los

---

[15] "Disonancia cognitiva". https://www.psychologytoday.com/us/basics/cognitive-dissonance

[16] "Bella Dodd explica los patos del comunismo", https://www.YouTube.com/watch?v=VLHNz2YMnRY

Partidos Comunistas, Madison Square Garden, 1944 (relatado por la denunciante Bella Dodd en una conferencia en la Universidad de Fordham en 1953).

No. A menudo se atribuye al liberalismo una infección marxista y las consecuencias resultantes. Se trata de un diagnóstico erróneo muy común. A menudo puede ocurrir cuando algunos de los efectos del "marxismo cultural" se están haciendo evidentes en la sociedad, como: el énfasis constante en la "igualdad" (que muchos piensan erróneamente que tiene algo que ver con el humanitarismo genuino); los efectos de la migración masiva/multiculturalismo y la "diversidad"; la prevalencia del movimiento LGBTQ y el feminismo, etc. Para algunos, estos efectos (entre otros) pueden hacer que parezca que la causa es el "liberalismo", pero en realidad es el marxismo. Si una persona/sociedad no entiende la ideología y no es capaz de identificar dónde y cómo está teniendo un impacto, a menudo llegará a esta conclusión errónea.

Este etiquetado incorrecto puede deberse a varias razones, pero se debe principalmente a esta falta de conocimiento/comprensión (que, para ser justos, es muy común). Se puede utilizar esta etiqueta incorrecta de "liberalismo" cuando se intenta explicar los cambios sociales mencionados utilizando únicamente la inadecuada definición oficial y superficial de lo que es el marxismo (es decir, no una ideología malévola y subversiva, sino una escuela de pensamiento político y socioeconómico revolucionaria y benévola, etc.).

En otras palabras, en la mente de esa persona pueden pensar "Bueno, el marxismo/socialismo trata de la igualdad económica y de cómo la sociedad en su conjunto está estructurada políticamente, etc., y no tanto de los derechos civiles modernos y de la libertad de elegir nuestras propias creencias, comportamiento sexual, etc., así que estos cambios sociales que estamos viendo aquí se deben al liberalismo, no al marxismo". Y esa es la conclusión que sacan. Luego otros les copian. (Una vez más, si no sabemos qué es el marxismo (en realidad), ¿cómo sabremos de qué culparlo? ¿Cómo podremos distinguirlo de otras cosas (como el liberalismo)? ¿Cómo podremos ver los efectos que produce? Las etiquetas son importantes. Etiquetas equivocadas = identificación incorrecta).

Vinculado al problema de conocer sólo la interpretación oficial del marxismo, hay otro factor: si alguien ni siquiera conoce la Escuela de Frankfurt y el "marxismo cultural", puede ser incapaz de identificar al marxismo como responsable de estos cambios sociales. No entienden la naturaleza subversiva del marxismo, de ahí que el "liberalismo" parezca una etiqueta adecuada. No pueden ver cómo el marxismo podría ser responsable de esos cambios sociales porque el liberalismo es algo oficialmente reconocido y abiertamente discutido en la educación/sociedad dominante, mientras que la influencia subversiva marxista no lo es.

Además, el término "liberalismo" también puede ser utilizado por agentes de desinformación intencionados (miembros de la secta) con el fin de desviar la atención y la culpa del marxismo (una táctica mencionada anteriormente).

El liberalismo y el marxismo son muy diferentes (dejando a un lado las diferentes corrientes/interpretaciones de lo que son estas cosas). El liberalismo puede describirse como una filosofía política, mientras que el marxismo (en verdad) es un movimiento revolucionario que pretende cambiar la sociedad obligándola a cambiar. Es cierto que el liberalismo pudo considerarse revolucionario para su época, pero el marxismo tiene un aspecto revolucionario perdurable que nunca se satisface.

El liberalismo hace hincapié en ciertas ideas asociadas a la libertad personal, como la propiedad, el derecho a elegir una religión o a no ser religioso y, a nivel social, en aspectos como la paz, la democracia, la libertad de expresión, la igualdad ante la ley, el gobierno limitado, la tolerancia y otros derechos civiles. Esta sería la definición general del liberalismo "clásico".

En los últimos - "tolerancia" y "derechos civiles"- puede estar la confusión para algunos. ¿Acaso el marxismo no aboga por la tolerancia y los derechos civiles? No, sólo lo parece, para lograr la "igualdad". ¿No defiende el marxismo la democracia? No, pero se complace en utilizar el sistema democrático para lograr el dominio político. En general, el marxismo se opone a la idea de los derechos de propiedad. También, como hemos visto recientemente, se opone a la idea de la libertad de expresión una vez que es suficientemente dominante. En términos económicos, el liberalismo apoya la idea del libre mercado, mientras que el marxismo es totalmente anticapitalista.

Una diferencia clave entre el marxismo y el liberalismo es que el primero (como veremos) utiliza la "revolución" para atacar los pilares fundacionales de la civilización occidental -el capitalismo, el cristianismo y la cultura-, además de otros componentes relacionados (por ejemplo, la unidad familiar tradicional).

Otra es que el liberalismo defiende la libertad del individuo, mientras que el marxismo quiere imponer la igualdad y el cambio en la sociedad; y sólo se te permite la libertad si te ajustas al marxismo. Crear una sociedad "igualitaria" requiere la aplicación de un control totalitario, ya que la igualdad es un concepto artificial creado por el hombre (es decir, no refleja cómo funciona la sociedad en la práctica).

A este respecto, el liberalismo no es despiadado ni militante en su actitud, por lo que no persigue activamente la supresión de la oposición política. El liberalismo tampoco tiene una larga herencia de subversión profesional y sistemática, con una red mundial de organizaciones que intentan forzar al mundo a ajustarse a su ideología. (De nuevo, este punto pasa desapercibido para alguien que desconozca la naturaleza subversiva del marxismo). Por último, el liberalismo es la idea de una persona libre del control totalitario/gubernamental, mientras que el marxismo (como el mundo está descubriendo ahora, pero los miembros de la secta también lo ignoran) es en realidad pro-totalitarismo.

Lo más importante de todo, siendo un punto muy pertinente para este trabajo: el liberalismo no puede explicar el nivel de adoctrinamiento sistémico y coordinado que estamos viendo en el mundo. No explica cómo nos enfrentamos a un culto masivo y global que ejemplifica el fanatismo. Si eso no está claro para el lector a estas alturas, lo estará a medida que avancemos en el tema.

¿Se esconde el marxismo detrás del liberalismo? Es decir, ¿se camufla la naturaleza destructiva de la ideología con la máscara del liberalismo social? El marxismo finge benevolencia, por lo que el liberalismo proporciona este agradable barniz. En otras palabras, el marxismo puede aparentar estar a favor de la "libertad del individuo", etc., pero sólo lo hace porque sabe que esas "libertades" sólo producen efectos destructivos. El aborto encaja en esta categoría. La subagenda marxista del feminismo lo promueve/apoya bajo la apariencia de querer lo mejor para las mujeres en nombre de la "igualdad", pero lo que el marxismo realmente quiere es la destrucción de la unidad familiar, la reducción de la población, el fomento del feminismo "radical", la destrucción de la masculinidad, etc., ya que todo ello contribuye a destruir la civilización.

Una de las armas humeantes para demostrarnos que se trata de marxismo y no de liberalismo, es cuando estos movimientos aparentemente "humanitarios" o de "derechos civiles" son muy exagerados y parecen causar destrucción intencionadamente. Esto nos muestra que la idea de que el movimiento en cuestión está realmente ayudando a alguien es sólo una cortina de humo; la verdadera intención es la destrucción. Un ejemplo muy claro de esto fue el movimiento marxista Black Lives Matter en EE.UU. en 2020. Pretendía ser sobre derechos civiles, pero solo termina siendo destructivo y llama a la revisión completa de la sociedad. Algunos erróneamente llamarían a eso liberalismo OTT o los llamarían "Liberales". Esto es un error. Es la ideología haciendo lo que mejor sabe hacer: encuentra una causa y reúne a los incautos útiles para promover su propia agenda; entonces, sobreviene el caos y la destrucción.

Comienza con un acontecimiento catalizador (la muerte de George Floyd), y luego afirman que su respuesta es todo acerca de la justicia, los derechos humanos, la igualdad, etc. (y algunos lo atribuirán al "liberalismo"); ¡pero pronto tienes a gente hablando de la destrucción del malvado y opresivo estado policial fascista capitalista, propietarios de negocios y propiedad privada siendo atacados/destruidos, y llamadas a destruir y reestructurar todo el país, etc! Eso es marxismo, no liberalismo.

Debemos ser conscientes de la aplicación de las tácticas marxistas en este caso. Los engañadores marxistas lanzarán alegremente el término "liberalismo" en la mezcla para evitar que las masas se den cuenta de quién es el verdadero enemigo. Vemos que esto ocurre todo el tiempo en Internet en multitud de debates, incluso en círculos conservadores/de derechas/nacionalistas/patrióticos. Consciente o inconscientemente, los miembros de la secta no quieren que hablemos de marxistas/marxismo, y que los identifiquemos como el problema, ya que es el principio del fin para ellos...

Como se ha dicho, este etiquetado incorrecto es un problema grave. Tenemos que tener en cuenta que esta palabra "liberalismo" se puede utilizar en el discurso público por varias razones, incluyendo la torpeza, la costumbre, la falta de comprensión/conciencia de la secta/ideología, o el uso deliberado de ese término por los miembros de la secta por las razones antes mencionadas. Recuerda, ellos no se llaman a sí mismos marxistas, y con razón (porque es ventajoso para ellos). Por la misma razón, no quieren que les llamemos así.

## Bolchevique

Este término describía a los miembros de una facción política rusa que se creó a principios del siglo XX, en tiempos de Vladimir Lenin. Bolchevique significa simplemente "mayoría" en ruso (bolshinstvo), y surgió de una escisión con los mencheviques ("minoría"); ambos grupos eran esencialmente facciones del Partido Laborista Socialdemócrata, un partido marxista en la Rusia de la época.[17] Los bolcheviques saltaron a la infamia por ser la fuerza motriz de las dos revoluciones transformadoras de Rusia en 1917. Bolchevismo es el término utilizado para describir el modus operandi de esta gentuza.

Entonces, ¿es exacto llamar "bolcheviques" a los marxistas de todo el mundo hoy en día? No. Tampoco es constructivo/práctico, ya que a los marxistas les encanta distanciarse de lo que ocurrió en esos grandes estados "socialistas" desastrosos como Rusia después de 1917.

Así que sí, hay una conexión entre los bolcheviques, el bolchevismo y el marxismo; pero el marxismo es más el núcleo de la cuestión. En lo que nos centramos aquí es en la ideología central y omnipresente, no en un grupo, movimiento, régimen, etc.

## Términos malignos

Aquí tienes algunas definiciones de términos que no gustan a los miembros de la secta. La propaganda de la secta durante décadas ha hecho un trabajo realmente bueno en distorsionar cómo se perciben los conceptos no marxistas (¡no es ninguna sorpresa!). De hecho, en este libro consideramos que el marxismo ha garantizado una percepción constantemente distorsionada de estos conceptos en gran parte del mundo moderno, incluyendo conceptos que podrían beneficiarnos (es decir, ideologías de "derechas" como el

---

[17] "Bolchevismo",
https://www.oxfordreference.com/display/10.1093/oi/authority.20110803095516209

"nacionalismo"). Pero vayamos por partes... Además, en beneficio del lector, debemos aclarar el significado de estos términos. Es posible que ampliemos (algunos de) estos términos en secciones posteriores, pero de momento es prudente mencionarlos al menos.

## ¿Qué es la "derecha"?

No marxista. Esto incluye tener opiniones políticas o sociales que puedan considerarse nacionalistas, conservadoras o tradicionales. Más adelante analizaremos la dicotomía política izquierda-derecha. Baste decir por ahora que "izquierda" y "derecha" no son iguales. La "izquierda" son los verdaderos alborotadores del mundo actual, no la "derecha" (como la secta quiere hacernos creer, por supuesto). La "izquierda" es la que más conduce, no la "derecha", y todos nos dirigimos hacia el precipicio.

## ¿Qué es el "nacionalismo" y el "patriotismo"?

El nacionalismo es la idea de que un país puede tener independencia y soberanía como nación, y que puede ser una entidad distinta y separada de otros países. Es decir, que puede gobernarse a sí mismo sin tener que ceder su control a una entidad extranjera. Por ejemplo, un país europeo que no esté controlado por la Unión Europea y que, por tanto, decida su propio destino. Debido a la confusión que inspira el marxismo, algunos pueden pensar que se puede ser nacionalista y a la vez "de izquierdas" en ciertas cosas (por ejemplo, un movimiento marxista "republicano", que afirma ser nacionalista y a la vez socialista/marxista; más sobre esto más adelante).

Tendríamos que examinar esto persona por persona para entender qué significa exactamente esta interpretación. Sin embargo, lo único que importa es hasta qué punto esa persona apoya el marxismo. El resto son meras etiquetas y discusiones.

¿Qué es el patriotismo? La mentalidad de un individuo/grupo que quiere la soberanía para su pueblo, su país. Un patriota es también alguien que está orgulloso de su identidad nacional (cultura, tradiciones, etc.) y quiere preservarla, que quiere lo "mejor" para su país/pueblo, y que se preocupa por las condiciones en él. Desgraciadamente, no todo el mundo tiene la percepción correcta de lo que es "mejor"; en realidad depende de si alguien tiene conciencia o no. Por supuesto, si alguien es un miembro adoctrinado de una secta, con una percepción distorsionada del bien y del mal (una conciencia inferior), su percepción de lo que es mejor para un país/grupo/individuo va a ser inferior a la de alguien que no esté adoctrinado.

Esta es una cuestión central de enorme importancia en toda nuestra lucha con la secta/ideología: la importancia de que lo que es éticamente "correcto" se manifieste en nuestra realidad.

## La interpretación marxista de esas cosas

Más adelante haremos un análisis más profundo de los diversos términos (e "insultos") marxistas. Por ahora, ésta es la versión resumida: La propaganda marxista ha intentado convencernos a lo largo de su historia de que ciertas cosas son francamente malas. Todo lo que se opone a la secta/ideología es "malo", básicamente. Seguro que todo esto les resulta familiar, gracias al patético comportamiento reciente de los miembros de las sectas de todo el mundo.

Según la secta, si eres "de derechas" significa que no eres marxista y por lo tanto eres malo. Eres fascista, autoritario, potencialmente asesino y genocida, etc. Naturalmente, "de izquierdas" significa humanitarismo, paz, amor, compasión, etc. Básicamente, si eres de derechas eres malo, y si eres de izquierdas eres un ser humano fantástico. Así que la izquierda es buena y la derecha es mala. Cualquiera que no guste a la secta es etiquetado como "de derechas" ("malo"), o incluso peor: "de extrema derecha" ("muy malo"). Esencialmente, es una forma muy infantil de que la secta llame malos a sus enemigos. Eso es todo. Aquí no hay nada intelectualmente complejo: sólo insultos psicológicamente elementales al estilo del patio de recreo, con una pizca de infantilismo y de señalamiento de virtudes, además de una gran bolsa económica de ego. Es muy triste que una gran parte de la población mundial parezca haber caído en este juego de palabras. Mentira juvenil.

Si eres "nacionalista" significa que no eres marxista y eres igual que los nazis que querían apoderarse del mundo así que tú también quieres apoderarte del mundo porque eres nazi y vas a invadir Polonia y empezar la tercera guerra mundial y gasear a 666 millones de judíos (y respira y relájate). ¡¡Que es todo el mal!! ¡Mal, mal, eeeeeviiiiiiilllllll!

Si eres "nacionalista" (según los marxistas) significa que crees que tu país y tu gente son tan grandes, que inevitablemente querrás empezar a atacar a otros países, etc. Ergo, "nacionalismo" = maldad. Obviamente, los millones de seres humanos cuerdos, inteligentes y bondadosos de todo el mundo que se llaman a sí mismos "nacionalistas", "patriotas" o con otra etiqueta (y que se niegan a conformarse con el "globalismo"/marxismo) no pretenden ser asesinos militaristas y trotamundos como insinúa la secta. Sólo quieren que les dejen en paz.

# Sección II: Panorama general y aspectos relevantes

"El capital es una fuerza internacional. Para vencerlo, se necesita una alianza internacional de trabajadores, una hermandad internacional de trabajadores. Nos oponemos a las enemistades y discordias nacionales, a los exclusivismos nacionales. Somos internacionalistas".[1]

Lenin, "Carta a los obreros y campesinos de Ucrania", 1919

"El marxismo es internacionalismo. Nuestro objetivo no es erigir nuevas fronteras, sino disolver todas las fronteras en una federación socialista del mundo"[2]

Artículo en *socialist.net* (*Socialist Appeal*)
por Alan Woods, julio de 2001

### Cosas a favor o en contra

Teniendo en cuenta las diversas corrientes del pensamiento marxista, he aquí la postura de la secta internacionalista sobre diversas cuestiones en general (aquí estamos examinando la ideología, no las opiniones particulares de ningún individuo o grupo).

**El marxismo está a favor de:** La revolución y el cambio de la sociedad de acuerdo con su voluntad; fronteras "abiertas" o inexistentes, ya que los países ni siquiera deberían existir de todos modos, y, por extensión, que los países/regiones formen parte de grandes organizaciones internacionales (por ejemplo, la ONU, la UE); "igualdad"; dividir a la gente en grupos; colectivismo y uniformidad; "multiculturalismo"/sociedades multiétnicas; gobierno de estilo socialista y que "el pueblo" debería tener la "propiedad colectiva" de la propiedad, los recursos, la infraestructura, los servicios públicos, etc. de un país (también conocido como "propiedad comunal"). (también conocida como "propiedad comunal"); tener una postura "progresista" en cuestiones sociales y causas de "derechos civiles", incluidos el feminismo, las cuestiones LGBTQ, el aborto, etc.; la degeneración (en salud, relaciones, comportamiento social,

---

[1] Lenin, V.I., "Carta a los obreros y campesinos de Ucrania", 28 de diciembre de 1919.

[2] Woods, A., "Marxism versus feminism - The class struggle and the emancipation of women", 18 de julio de 2001. https://socialist.net/marxism-feminism-class-struggle-emancipation-women/

consumo de drogas, ley y orden, etc.); la libertad de expresión (cuando no está en control/en su ascenso a la dominación).

**El marxismo está en contra de:** tener fronteras/separación de otros países; el capitalismo, el libre mercado, la riqueza, los beneficios, la propiedad privada y los derechos de herencia; todo lo que se considere de derechas, fascista etc., incluyendo todo lo que se considere "racista", xenófobo, etc.; los "teóricos de la conspiración" y todo lo que el sistema considere una "teoría de la conspiración"; el nacionalismo, la identidad nacional y la cultura (la idea de que un país tenga soberanía, orgullo de su identidad única, étnica o de otro tipo); la libertad de expresión (o para ser más precisos, cualquier punto de vista no marxista) cuando está en control; la religión (en general, pero en particular el cristianismo); la homogeneidad racial (un país/su población que sigue siendo predominantemente de un grupo racial. Esto sólo se aplica a los países tradicionalmente/predominantemente blancos); cualquier crítica o maltrato percibidos hacia cualquier persona/criatura perteneciente a un grupo "oprimido" (incluidas las mujeres, las personas no blancas, las pertenecientes a las categorías LGBTQ, ciertos animales, etc.); la privatización de los servicios (en oposición a la propiedad/nacionalización estatal); las jerarquías; el "imperialismo"/política exterior estadounidense.

## La promesa de "Utopía

El marxismo promete ofrecer la "utopía" una vez que se produzca la "revolución" necesaria, lo cual es una enorme zanahoria psicológica para colgar delante de la gente. Es la promesa de un mundo mejor en un hipotético futuro lejano. Algunas formas de la ideología impulsan ostensiblemente el "reformismo", que no deja de ser un tipo de revolución: es un cambio deliberado del orden establecido en una sociedad para hacerla más marxista. Sea cual sea el método elegido por la secta/ideología, esta utopía siempre está a la vuelta de la esquina, como un espejismo en el desierto.

¿Ha existido alguna vez realmente una "utopía" en el mundo? ¿Suele gustarnos la idea de utopía como seres humanos? Desde luego, suena muy bien. Y es por esta tendencia que la idea de utopía crea una oportunidad para la manipulación emocional en las mentes de cualquiera que esté expuesto a la ideología. Los miembros de una secta sienten que están iniciando una hermosa revolución, que al final lo que queda es una sociedad casi utópica (siempre que la revolución tenga éxito y sea completa). Esta noble búsqueda puede dar a una persona un "propósito" en su vida. Como escribió una vez el gran profeta marxista bolchevique León Trotsky: "La vida no es un asunto fácil... No puedes vivirla sin caer en la frustración y el cinismo a menos que tengas ante ti una gran idea que te eleve por encima de la miseria personal, por encima de la debilidad, por encima de todo tipo de perfidia y bajeza". Eso es muy cierto, pero no da derecho a una persona a ser miembro de una secta marxista degenerada, por supuesto.[3]

## Destrucción para crear una utopía

"Un marxista comienza con su verdad primordial de que todos los males son causados por la explotación del proletariado por los capitalistas. De ahí procede lógicamente a la revolución para acabar con el capitalismo en un nuevo orden social de la dictadura del proletariado, y...(luego) el paraíso político del comunismo".

Saul Alinsky, *Alerta para radicales* (1946)[4]

"La revolución no es una manzana que cae cuando está madura. Hay que hacerla caer"[5]

El culto argentino Ernesto "Che" Guevara

El concepto de destruir la estructura de la sociedad para crear una utopía comunista igualitaria y libre de injusticias siempre ha estado en el centro de la revolución marxista, aunque los métodos exactos para lograrlo (según los profetas de la secta) han evolucionado con el tiempo.

Karl Marx y Friedrich Engels predijeron que los trabajadores se levantarían y derrocarían a sus señores capitalistas en una revolución sangrienta y establecerían una dictadura del proletariado. En el Manifiesto Comunista escribieron: "Los comunistas desdeñan ocultar sus opiniones y objetivos. Declaran abiertamente que sus fines sólo pueden alcanzarse mediante el derrocamiento por la fuerza de todas las condiciones sociales existentes. Que tiemblen las clases dominantes ante una revolución comunista. Los proletarios no tienen nada que perder, salvo sus cadenas. Tienen un mundo que ganar. Trabajadores de todos los países, ¡uníos!".[6]

Más tarde, uno de los principales protagonistas de la Revolución Rusa de 1917 - Vladimir Lenin - se dio cuenta de que los trabajadores del proletariado no se "levantarían" sin más sin recibir alguna "orientación".

Entonces se le ocurrió la idea de una "vanguardia proletaria" (también conocida como "vanguardia revolucionaria" y otros nombres), que significaba que un grupo de miembros dedicados a la secta marxista dirigiría el camino hacia la revolución.

---

[3] Trotsky, L., *Diario en el exilio* (1935). https://libquotes.com/leon-trotsky/quote/lbq4f3f

[4] Alinsky, S., *Reveille for Radicals* (1946). https://libquotes.com/saul-alinsky/quote/lbt7s4h

[5] Habla el Che Guevara: Selección de discursos y escritos (1967). https://libquotes.com/che-guevara/quote/lbi9v5x

[6] Marx y Engels, *El Manifiesto Comunista* (1948), sección 4, párrafo 11.

Luego gobernarían (inevitablemente) una vez derrocado y destruido el establishment anterior. Esta idea empezó a aparecer en su panfleto de 1902 "¿Qué hacer? Cuestiones candentes de nuestro movimiento". En él Lenin afirmaba que era necesario crear un partido político que encarnara este movimiento revolucionario. Así podría "influir"/ adoctrinar a la clase proletaria para que participara en la revolución.

Escribió: "Todo el mundo está de acuerdo en que es necesario desarrollar la conciencia política de la clase obrera. La cuestión es cómo hacerlo y qué se necesita para ello".[7] Habló de la idea de "ir entre los trabajadores" y de que "la conciencia política de clase sólo puede llegar a los trabajadores desde fuera, es decir, desde fuera de la esfera de las relaciones entre trabajadores y empresarios".[8]

Habló de subversión (subrayado para enfatizar): "Debemos "ir entre todas las clases de la población" como teóricos, como propagandistas, como agitadores y como organizadores",[9] y "Lo principal, por supuesto, es la propaganda y la agitación entre todas las capas de la población".[10] Por último: "Debemos asumir la tarea de organizar una lucha política global bajo la dirección de nuestro Partido, de tal manera que todos los sectores de la oposición puedan prestar su máximo apoyo a la lucha y a nuestro Partido. Debemos formar a nuestros trabajadores prácticos socialdemócratas para que se conviertan en dirigentes políticos capaces de guiar todas las manifestaciones de esta lucha global".[11]

El 14 de noviembre de 1917, en su Discurso sobre la Cuestión Agraria dijo: "Un partido es la vanguardia de una clase, y su deber es dirigir a las masas y no simplemente reflejar el nivel político medio de las masas".[12]

Así que, esencialmente, después de todos esos discursos y grandilocuencia, y toda esa agitación y derramamiento de sangre, sólo te queda un régimen de partido único que no rinde cuentas a nadie, y que va a arrasar el lugar con teorías marxistas destructoras de la civilización.

En su libro de 2008 *The World on Fire: 1919 and the Battle with Bolshevism (El mundo en llamas: 1919 y la batalla contra el bolchevismo)*, el historiador Anthony Read escribió: "El bolchevismo se fundó sobre una mentira, sentando

---

[7] Lenin, V. I. "¿Qué hacer? Cuestiones candentes de nuestro movimiento", 1902, p. 48.

[8] Ibid. P. 48.

[9] Ibid. P. 50.

[10] Ibid. P. 50.

[11] Ibid. P. 52-53.

[12] Lenin, V.I., "Discurso sobre la cuestión agraria", 14 de noviembre de 1917.

un precedente que se seguiría durante los noventa años siguientes. Lenin no tenía tiempo para la democracia, ni confianza en las masas, ni escrúpulos en el uso de la violencia. Quería un partido pequeño, estrechamente organizado y estrictamente disciplinado de revolucionarios profesionales de línea dura, que hicieran exactamente lo que se les ordenara".[13]

Así que Lenin, como figura marxista importante, empezó a promover esta idea de que había que "guiar" (empujar) al "proletariado" hacia la revolución. Una desviación en cierto modo de las ideas de Marx y Engels de que sería un proceso natural, evolutivo (recordemos "ideas basadas en ideas basadas en ideas").

Las ideas de Lenin sobre la revolución y la clase proletaria evolucionaron con el tiempo. Al principio pensaba que los obreros se alzarían espontáneamente, como Marx y Engels; pero en la época de su folleto de 1920 El comunismo de izquierdas: An Infantile Disorder. A Popular Exposition of Marxist Strategy and Tactics" se dio cuenta de que sus opiniones anteriores sobre cómo se comportaría la clase proletaria eran demasiado "optimistas" (es decir, no se comportaban como querría un marxista).[14] Y aquí tenemos la idea de que estos trabajadores estaban demasiado bajo el hechizo del sistema capitalista burgués como para querer la revolución. Bueno, ¡qué jodidamente conveniente!

Más adelante en la evolución de la ideología, los miembros de la secta desarrollaron la idea de que las masas no querían elevarse o abrazar plenamente el socialismo porque estaban demasiado apegadas e influidas por los pilares percibidos de Occidente: el capitalismo, el cristianismo y la cultura. Por lo tanto, para que las masas aceptaran el socialismo (y finalmente el comunismo), primero había que destruir la civilización occidental. Estas ideas fueron ampliadas por figuras como Herbert Marcuse (1898-1979) y Theodore Adorno (1903-1969) de la Escuela de Frankfurt.

Esta naturaleza "crítica" destructiva del marxismo explica gran parte del comportamiento anticivilización que estamos experimentando en el mundo de hoy. Esta naturaleza es evidente en el producto del marxismo, el socialismo. El socialismo ayuda a lograr la destrucción de la civilización occidental atacando al capitalismo y ofreciendo una "alternativa" inviable a éste; una alternativa que podría conducir a una sociedad más "justa" (utópica). También hay que tener en cuenta que los movimientos "socialistas" no son sólo anticapitalistas, sino que por lo general también son anticristianos y anticulturales.

## "El fin justifica los medios "

"Para hacer el mal, un ser humano debe creer, en primer lugar, que lo que hace

---

[13] Read, A. El mundo en llamas: 1919 y la batalla contra el bolchevismo (2008). P. 5.

[14] El comunismo "izquierdista" de Lenin: Un trastorno infantil. Una exposición popular de la estrategia y la táctica marxistas", 1920.

es bueno, o bien que se trata de un acto bien meditado y conforme a la ley natural. Afortunadamente, está en la naturaleza del ser humano buscar una justificación para sus acciones... La ideología es lo que da al malhechor su justificación largamente buscada y le da la firmeza y determinación necesarias".[15]

Aleksandr Solzhenitsyn, *El archipiélago Gulag:*
*Un experimento de investigación literaria* (1973)

La idea de que "el fin justifica los medios" es otro aspecto importante del marxismo que está interrelacionado con su proclividad a la destrucción para crear una "utopía". Esto significa esencialmente que cualquier sufrimiento, muerte y depravación que se experimente mientras tiene lugar toda esta destrucción no sólo es completamente justificable, ¡sino que en realidad es positivo! Es la inversión de lo que es ético/moral (según cualquier persona cuerda y racional), así que lo que antes se consideraba un mal comportamiento, ahora es realmente bueno. Si alguna vez te has preguntado por qué, a diario, marxistas de todo el mundo y de todas las tendencias pueden cometer los imperdonables crímenes que cometen contra sus compatriotas (a sabiendas o no), ésta es la razón. Lo hacen "por un bien mayor".

Lo que debemos entender de los miembros de la secta es que la mayoría son creyentes en la fantasía utópica marxista (socialista/comunista) ostensiblemente benévola, pero no perciben el efecto malévolo real de la ideología en el mundo real (el problema de la teoría frente a la realidad). Algunos son incapaces de procesar la realidad desde un punto de vista consciente, pragmático y ético. Es posible que estos tipos estén simplemente adoctrinados y que, a pesar de todo, carezcan de algo como seres humanos.

Para otros, pueden ver que es destructivo, pero no les importa y, de hecho, pueden disfrutar con la destrucción. Estos tipos son psicóticos sádicos. El marxismo abastece a muchos tipos de personas dañadas, y su naturaleza destructiva da a los tipos de personalidad destructiva la excusa que necesitan... para destruir. Podemos ver este proceso en acción al observar estos disturbios "justos" en los que participan grupos marxistas a lo largo de la historia.

La idea de hacer una revolución para destruir el orden existente y sustituirlo por una sociedad utópica -o incluso "reformar" la sociedad para hacerla más "utópica"- es un aspecto central de la ideología. El caos que estamos experimentando en nuestras sociedades ahora, existe debido a este principio erróneo. La secta/ideología cree que nos está llevando al cielo, pero, de hecho, nos está arrastrando a todos al infierno (no necesariamente en el sentido de "vida religiosa después de la muerte", sino a una existencia literal de mierda aquí en la Tierra, en esta vida).

Resumiendo: el marxismo va a destruir o transformar todo lo que es bueno o

---

[15] Solzhenitsyn, A., *El archipiélago Gulag: An Experiment in Literary Investigation* (1973).

funciona, para luego reconstruir la sociedad basándose en un montón de teorías erróneas. En otras palabras, va a destruirlo todo sin ninguna buena razón, como siempre ha hecho.

## Alguna mierda que Karl y Freddy dijeron

Entre Marx y Engels produjeron muchas obras escritas, siendo la más famosa El Manifiesto Comunista en 1848 (el otro escrito más famoso de Marx sería Das Kapital o "El Capital" en 1867). En general, sus opiniones sobre cómo el capitalismo emergente estaba dando forma a su mundo eran negativas, y sus opiniones sobre los motivos de los hombres de negocios, los terratenientes, los ricos (la "burguesía") eran cuando menos cínicas. Ese cinismo es el origen del odio de la secta al capitalismo, y a todo lo que se asocie con él, incluidos los beneficios, la propiedad de la tierra, las jerarquías empresariales y cualquier "explotación" percibida en ellas, etc. La idea de que una persona podría estar agradecida por tener la capacidad de ganar algo de dinero y mantenerse a sí misma y a su familia (o, de hecho, simplemente sobrevivir) no se enfatizaba en general.

Marx y Engels pensaban que no era ético que una persona pudiera beneficiarse del trabajo de otra de la forma en que lo hacían los capitalistas de su época. Marx se sumaría más tarde a esta noción promoviendo conceptos erróneos como la "teoría del trabajo del valor" y la ridícula teoría de la "alienación" en su libro El Capital (que muchos consideran una obra de genio). Por mierdas como ésta, vemos la mentalidad de "¡los beneficios son el mal!" que emana de los miembros de las sectas.

Según ellos, debido a las deficiencias del capitalismo y a la "explotación desnuda, desvergonzada, directa y brutal"[16] en su seno, este sistema -y los empresarios/terratenientes burgueses que se enseñoreaban de él- estaban destinados a ser derrocados violentamente por las clases trabajadoras ("el proletariado") de las que (aparentemente) se habían estado aprovechando los capitalistas.

Este concepto negativo, excesivamente simplificador e incendiario de dividir la sociedad en dos clases distintas -Opresor (rico) contra Oprimido (pobre)- fue la semilla que ha crecido hasta convertirse en este monstruo del caos que ahora destruye la civilización; es la base de mala calidad sobre la que se construyen todas las "revoluciones" e instituciones marxistas.

Hay que señalar que en el marxismo las "clases medias" se han considerado tradicionalmente vinculadas a la clase "burguesa", lo que inevitablemente las convertía en un objetivo; cualquiera con riqueza, básicamente. (Obviamente, la definición de lo que es la "clase media" ha cambiado con el tiempo).

Analizaremos y utilizaremos en profundidad este concepto de "opresor contra

---

[16] Marx y Engels, *El Manifiesto Comunista* (1848). P. 16.

oprimido". Por ahora, baste decir que este concepto ha dado a innumerables personas en los últimos dos siglos una salida para sus sentimientos de privación de derechos, y una excusa para "rebelarse" y destruir: "¡Somos los pobres e inocentes oprimidos, y nos vengamos del opresor!".

## Hegel

Algunos componentes del trabajo teórico de Marx y Engels estuvieron influidos por la obra del filósofo alemán G.W.F. Hegel (1770-1831). El dialecto hegeliano, por ejemplo, ha sido identificado con razón como parte del ADN del marxismo. Este dialecto fue descrito utilizando la tríada de términos tesis, antítesis y síntesis, aunque no por el propio Hegel (la descripción procedía de otro filósofo alemán llamado Heinrich Moritz Chalybaus (1796-1862)). Hegel utilizó los términos abstracto, negativo y concreto (otra interpretación de esto es Problema-Reacción-Solución) La manipulación dialéctica, esencialmente, es cuando se presenta una "elección" a un sujeto (individuo o grupo) con un motivo ulterior, y la parte que presenta esta "elección" desea un determinado resultado. El principio del opresor contra el oprimido se basa en esto: te anima a "elegir un bando" mediante la manipulación emocional (explicado en otro lugar). Otros conceptos familiares también eran evidentes en la obra de Hegel: "Los católicos habían estado en la posición de opresores, y los protestantes de oprimidos".[17]

Aunque fuertemente influenciado por la obra en gran medida filosófica de Hegel, el trabajo de Marx y Engel conservó menos de lo filosófico, poniendo más énfasis en una perspectiva materialista de cómo se estructura la sociedad y la dinámica entre estos componentes (trabajo, clase, economía, etc.). Es interesante que para Marx, la civilización se basara sobre todo en cosas materialistas, incluido el dinero (probablemente porque nunca trabajó realmente ni generó riqueza en su vida y tenía complejos al respecto).

Su trabajo combinaba el elemento dialéctico y la idea de "lucha de clases" con sus opiniones sobre la historia, la sociedad y la economía. Su análisis principalmente materialista de esos temas (y del tema de la naturaleza) condujo a la creación final del "materialismo dialéctico" y el "materialismo histórico" *como* una especie de subideologías dentro del marxismo.

También podemos decir que Marx y Engels reinterpretaron las ideas de Hegel de una manera menos idealista; su trabajo se volvió más "científico". Este es un punto muy significativo, y en parte explica la naturaleza de la ideología: carente de verdaderas cualidades humanas (incluida la empatía genuina); carente de aprecio por la singularidad, la desigualdad y la diversidad que ocurren naturalmente; excesivamente "lógica" en ciertas cuestiones, como la

---

[17] Hegel, G.W.F., *La Constitución alemana* (1802). https://libquotes.com/georg-wilhelm-friedrich-hegel/quote/lbr3v8e

religiosidad, etc.

Otro concepto influyente de Hegel fue la relación amo-esclavo. Este concepto sentó las bases del principio opresor-oprimido en el marxismo.

Podemos ver el ADN marxiano cuando Hegel escribió: "El amo está en posesión de un excedente de lo que es físicamente necesario; el siervo carece de ello, y de tal manera que el excedente y la carencia no son aspectos accidentales sino la indiferencia de las necesidades necesarias".[18]

Podemos cambiar "amo" por "opresor" o "burguesía", y "siervo" por "oprimido" o "proletariado". Además, esa cita está relacionada con la "teoría del valor del trabajo" que Marx utilizó en su obra Das Kapital: la idea de que el "amo" se queda injustamente con la "plusvalía" del trabajo del obrero.

## Opresor contra oprimido

Este es un aspecto original del marxismo que sigue existiendo hoy en día, como base de la mayoría de los submovimientos y agendas marxistas. Originalmente, "opresor" frente a "oprimido" eran términos utilizados para describir a la clase rica capitalista/empresaria (la burguesía) y a la clase trabajadora pobre (el proletariado). También podemos decir: el usuario frente a los utilizados; el controlador frente a los controlados; el dominante frente a los dominados; o amo y esclavo.

Y lo que es más importante, esta fórmula juega con las emociones de las personas, utilizando cualquier sentimiento de resentimiento o privación de derechos que puedan sentir hacia los demás, la vida, etc. Saca y fomenta la mentalidad de víctima, utilizándola para manipular a la persona para que participe activamente (o al menos apoye) la acción "revolucionaria" (marxista). El resultado final es la destrucción, a través del caos. Una gran parte de la población mundial ha estado experimentando este proceso durante muchas décadas, y muchos ni siquiera saben que existe.

Todos, a lo largo de nuestra vida, nos hemos sentido desvalidos o víctimas en algún momento; es una tendencia psicológica que tenemos los seres humanos, ¡pero hay que controlarla! Sin embargo, a veces puede estar justificado que nos sintamos así (si realmente hemos sido maltratados de alguna manera), pero a veces sacamos conclusiones convenientes, y tenemos que controlarnos; está claro que algunas personas no tienen la constitución necesaria para hacerlo. Hasta que controlamos esta tendencia en nuestras vidas, con el tiempo y la madurez, puede ser un verdadero acto de equilibrio decidir si estamos justificados al sentirnos víctimas. Basta un empujón en la dirección equivocada (en el momento adecuado) para que una persona decida elegir el victimismo como su mentalidad "por defecto", en cierto sentido.

---

[18] Hegel, G.W.F., *Sistema de la vida ética y Primera filosofía del espíritu* (1802).

Por eso muchos caen en la trampa psicológica y emocional del adoctrinamiento marxista del opresor contra el oprimido. (Debería ser de dominio público que las personas que se maltratan entre sí han sido una característica natural de la existencia de la humanidad; tratar de evitar de alguna manera que esto ocurra a nivel social puede interpretarse como un comportamiento "utópico" y revolucionario).

La ideología se alimenta de este mecanismo proporcionando una salida conveniente para nuestras emociones. Si no comprendemos este mecanismo en nosotros mismos y somos incapaces de controlarlo, absorber la ideología puede hacer que estemos cargados emocionalmente, además de ser potencialmente tontos e irracionales. En este estado mental de "baja frecuencia", somos más predecibles, más fáciles de manipular y, por tanto, más fáciles de controlar.

Si nos fijamos en el movimiento global de activistas marxistas y miembros de sectas "revolucionarias", ¿no son estas personas el ejemplo perfecto de esto? Si tuviéramos que elegir un término para describirlos, palabras como "controlado" y "predecible" serían tan apropiadas como "marxista" o "miembro de una secta" o cualquier otra cosa.

Este elemento de manipulación emocional siempre ha sido una característica del marxismo. Tanto si nos imaginamos una turba de obreros descontentos en algún lugar de Europa en el siglo XIX, enloquecidos a las puertas de la fábrica; o las turbas agresivas durante los disturbios de Black Lives Matter en 2020, asaltando a propietarios de tiendas o parando el tráfico y dañando coches; es el mismo mecanismo en funcionamiento. Simplemente: inyecta algo de marxismo en las mentes de la gente (a través de iniciativas gubernamentales, académicas, medios de comunicación, grupos comunitarios, etc.); diles lo que quieren oír ("¡estáis oprimidos!") y acaricia su ego; diles quién es el enemigo; ¡siéntate y observa la carnicería!

El comienzo del Manifiesto Comunista muestra claramente el énfasis en la división entre grupos en la sociedad; encapsulado en el concepto central, destructivo y omnipresente de Opresor contra Oprimido (subrayado para énfasis): "La historia de todas las sociedades existentes hasta ahora es la historia de la lucha de clases. El hombre y el esclavo, el patricio y el plebeyo, el señor y el siervo, el maestro del gremio y el jornalero, en una palabra, el opresor y el oprimido, se opusieron constantemente el uno al otro, llevaron a cabo una lucha ininterrumpida, ahora oculta, ahora abierta, una lucha que cada vez terminó, ya sea en una reconstitución revolucionaria de la sociedad en general, o en la ruina común de las clases contendientes".[19]

Además de dividir a la sociedad en grupos/clases, también sugiere conflicto, y que o habrá revolución, o todos los grupos serán aniquilados. ¡Uno de los eslóganes de la Revolución Francesa era "La Liberté ou la mort!", ¡Libertad o

---

[19] Marx y Engels, *El Manifiesto Comunista* (1848), p. 14.

muerte! Imagínense cuántas mentes impresionables han leído ese pasaje en el último siglo. Justo al principio del Manifiesto. ¿Se lo imaginan? Hasta el lector más perezoso lo habría asimilado, a pesar de que el conjunto sólo tiene 68 páginas.

Los marxistas también enseñan que las fuerzas históricas son la causa de la opresión, ya que les han sido impuestas sin su consentimiento, lo que les lleva a la necesidad de una revolución social completa para deshacerse de estas fuerzas. Del prefacio de la edición alemana de 1883, escrito por Engels: "esta lucha, sin embargo, ha llegado ahora a una etapa en la que la clase explotada y oprimida ya no puede emanciparse de la clase que la explota y oprime, sin liberar al mismo tiempo para siempre a toda la sociedad de la explotación, la opresión y la lucha de clases".[20] Eso sí que es beberse su propio Kool-aid. Esto sugiere que toda la sociedad debe ser "liberada" y que la revolución debe ser total.

Piensa en los miembros de la secta marxista ("activistas") de hoy: ¿siguen repitiendo estos conceptos como loros constantemente? Sí, de forma nauseabunda. De nuevo, esta es la razón por la que todo esto debe ir a la basura. Los principios básicos que han formado parte de esto desde el principio son el problema, no simplemente cualquier interpretación o facción particular.

Una vez más, hay que evitar dejarse absorber por la palabrería pseudointelectual en torno al marxismo, sobre todo las partes no útiles. No son más que hombres con opiniones, teorías. No hay nada necesariamente malo en ello, pero los problemas empiezan cuando los miembros de una secta con el cerebro lavado quieren construir la sociedad en torno a esas opiniones. Si las teorías son defectuosas (o si son útiles pero se interpretan incorrectamente), pueden llegar a ser perjudiciales. Sobre todo si hay que forzar su aplicación en la sociedad (por ejemplo, tratando de imponer los conceptos artificiales de uniformidad e igualdad).

### La centralización del poder

La colectivización es uno de los principios fundamentales de esta ideología. El marxismo (a través de su vehículo, el socialismo) insiste en que si se quiere transformar una sociedad en una más "justa" e igualitaria, hay que dar más poder y riqueza al "pueblo" (es decir, a las personas que no son ricas y/o no tienen "libertad" o "poder"). Este es el camino hacia la "igualdad". El concepto de "comunismo", en cierto sentido, es la comunidad de estos tipos relativamente "desempoderados" que podrían formarse en un colectivo (según la ideología).

La teoría es que se puede crear un sistema de gobierno para poner de manifiesto

---

[20] Engels, F., *El Manifiesto Comunista* (1848), prefacio a la edición alemana de 1883, p. 6.

este ideal, con una propiedad/dirección colectiva procedente del "pueblo". Inevitablemente, en la práctica, alguien o algún grupo tiene que dirigir el espectáculo. Obviamente, "el pueblo" -como población de millones de individuos- no puede dirigir un país; cualquier otra idea no es más que una ridícula tontería colectivista. La realidad no funciona así. Si la sociedad es un barco, alguien controla el timón.

Dondequiera y cuandoquiera que el marxismo haya ganado suficiente impulso para hacerse con el control de un país, esto da lugar a un sistema de control marxista de partido único (o un sistema similar). Incluso si no se ajusta a este formato exacto, la ideología sigue estando en el asiento del conductor. El control de la economía, la nacionalización de industrias e infraestructuras, la confiscación de tierras y recursos, etc., suelen ser la consecuencia. Dejando a un lado cualquier ansia de poder personal e individual (entre los miembros de la secta implicados), la propia ideología, en cierto sentido, exige el control de estas cosas.

Así que, históricamente, aunque se suponía que el marxismo consistía en dar "el poder al pueblo", inevitablemente dio lugar a esta centralización del poder, normalmente en manos de violentos matones/delincuentes/terroristas marxistas de un tipo u otro, que (¡sorprendentemente!) carecían de las habilidades necesarias para gestionar un país una vez que adquirían el control del mismo. ¿Por qué? Porque no están cualificados para ello; el único conocimiento que tienen de las economías y los negocios son percepciones y teorías marxistas erróneas sobre ellos. Participar en una revolución destructiva no te dota contradictoriamente, como por arte de magia, de habilidades constructivas.

Los miembros de la secta pueden estar en desacuerdo con que esto no sea comunismo real, insistiendo en que un gobierno totalitario de partido único no es lo que preveían Marx y Engels (y sus fieles discípulos), que debería ser un gobierno compuesto por "el pueblo". ¡A quién le importa lo que pudieran o no haber previsto! En la práctica, cuando los revolucionarios marxistas toman el poder, acaban controlándolo, naturalmente. Cuando hay un vacío de poder, siempre hay alguien que lo cubre: así es como ha funcionado siempre, mucho antes de que el marxismo apareciera en escena.

Si se destruye el orden establecido, se crea un vacío de poder. Y cuando la sociedad está sumida en el caos, es cuando entran en escena los psicópatas brutos..

La historia del poder y el control en el mundo se remonta milenios atrás, a los albores del hombre. Siempre hemos tenido psicópatas fanáticos del control en la sociedad, mucho antes de que apareciera el marxismo. Sin embargo, desde que se manifestó, ha proporcionado un vehículo conveniente para que estos tipos se hicieran con las riendas del poder. Cuando hablamos de los muchos regímenes marxistas a lo largo de la historia -Lenin y Trotsky (luego Stalin) en

Rusia, Mao Zedong en China, Fidel Castro (1926-2016) en Cuba, Nicolae Ceausescu (1918-1989) en Rumanía, Pol Pot (1925-1998) en Camboya, Robert Mugabe (1924-2019) en Zimbabue, y los muchos otros regímenes en África y Sudamérica- todos ellos (en un grado u otro) tienen el mismo patrón.

El patrón es: el marxismo convence a suficientes personas de que el marxismo es la respuesta, lo que significa una destrucción de toda oposición (no marxista) por parte del grupo marxista líder implicado. Este dominio conduce entonces a una situación en la que el líder psicópata de este grupo podrá gobernar todo un país. (También es cierto que no todas estas revoluciones fueron al cien por cien movimientos populares, y no hubo partidos externos implicados. Por ejemplo, los bolcheviques fueron financiados y alentados por partidos de fuera de Rusia; el ascenso de Mao y el nacimiento de la China Roja fueron apoyados por partidos similares, etc.).

Cualquier tipo de centralización del poder plantea este riesgo inherente, por supuesto, pero depende de quién lleve las riendas, ¿no? Desde luego, tener al mando a un puñado de fanáticos ultrapartidistas con tendencias destructivas es una mala noticia, sobre todo para cualquiera que no forme parte de la banda/secta. Dado que el marxismo ha estado operando en nuestro mundo de forma consistente desde hace bastante tiempo, debemos estar siempre alerta, porque el poder y el control es el nombre del juego.

A escala global, cuando buscamos señales de estas cosas, cualquier gran organización internacional que esté intentando consolidar el poder debería ser vista con sospecha (usando nuestras gafas especiales antimarxistas). Obviamente, cuando una entidad como las Naciones Unidas -una gran organización intergubernamental global con 193 países miembros- empieza a hablar de "unidad" o "solidaridad", deberíamos verlo como una enorme bandera roja comunista. La ideología está presente y será mejor que tú -y tu país- tengáis cuidado.

Por supuesto, intentar crear una sociedad "igualitaria" requiere coerción, ya que la igualdad es un concepto artificial y marxista. Actualmente estamos viendo cómo esta coerción se manifiesta en todo el mundo, a través de la imposición del control sobre nuestras vidas. La "igualdad" es el código marxista para la uniformidad y la conformidad (que conduce a la pasividad y el control de las masas). No tiene nada que ver con la benevolencia o la caridad de ningún tipo, ni con el "humanitarismo". Decenas de millones de personas en todo el mundo -que son miembros de la secta, se den cuenta o no- son controladas con este simple engaño de señal de virtud. ("Igualdad" se desarrolla más adelante).

### Conspiración y subversión: una tradición marxista

"El comunismo se describe a menudo como una filosofía, pero no es una filosofía en la que los hombres intelectualmente honestos puedan creer durante mucho tiempo. Es una conspiración en la que participan hombres impulsados por el odio. Lenin lo confirmó. En su importante y autorizada obra "¿Qué hacer?", escrita en 1902, expuso sus puntos de vista sobre la estructura del Partido Comunista y dijo: "La conspiración es una condición tan esencial de una organización de este tipo que todas las demás condiciones... deben ajustarse a ella". En otras palabras, la filosofía del comunismo debe doblarse y retorcerse según sea necesario para adaptarse a las necesidades conspirativas de la situación".[21]

John A. Stormer, *Nadie se atreve a llamarlo traición* (1964)

"Es necesario aceptar todos y cada uno de los sacrificios, e incluso -si es necesario- recurrir a todo tipo de estratagemas, maniobras y métodos ilegales, a la evasión y a los subterfugios para penetrar en los sindicatos, permanecer en ellos y llevar a cabo en ellos la labor comunista a toda costa"[22]

Vladimir Lenin, *V.I. Lenin Obras Escogidas* (1938)

Veámoslo desde un punto de vista racional: ¿es ridícula la noción misma de "conspiración"? ¿O es algo inventado que debería hacernos reír? ¿Es algo propio de paranoicos histéricos o es algo que deberíamos tomarnos en serio? En los últimos tiempos, el término "teórico de la conspiración" ha desempeñado un papel en cómo se percibe ahora el concepto de "conspiración".

El concepto de conspiración está recogido en el derecho penal. De Wikipedia: "En derecho penal, una conspiración es un acuerdo entre dos o más personas para cometer un delito en algún momento en el futuro".[23] Del sitio web del *Instituto de Información Jurídica*: "Un acuerdo entre dos o más personas para cometer un acto ilegal, junto con la intención de lograr el objetivo del acuerdo". La mayoría de las jurisdicciones de EE.UU. también requieren un acto manifiesto para promover el acuerdo".[24] Hay que señalar que la traición es un delito, y eso es lo que es la subversión y el activismo marxista: traición. Este es un punto que a menudo se pasa por alto en la niebla de la guerra, gracias al efecto de la ideología en las percepciones de la gente (sobre temas como la nación, la ley, la ética, etc.).

La conspiración y la subversión están en el corazón del marxismo. Originalmente, era un movimiento para ir contra el sistema, y los primeros proponentes eran conspiradores y subversivos en su mentalidad. Para celebrar sus reuniones y desarrollar un movimiento, era una necesidad. Por lo tanto, esta fue una característica de las actividades de la secta durante todo el tiempo. El movimiento socialista temprano en Alemania contiene un ejemplo: Marx y Engels sugirieron que este grupo formara una alianza con los demócratas liberales. Esto les permitiría ganar poder a los conservadores que estaban en el

---

[21] Stormer, John A., *None Dare Call It Treason* (1964), p. 16.

[22] Lenin, V.I., Obras Escogidas, vol. 10, (p. 95), 1938.

[23] https://en.wikipedia.org/wiki/Criminal_conspiracy

[24] "Conspiración". https://www.law.cornell.edu/wex/conspiracy

poder en aquel momento. Una vez conseguido esto, el plan consistía en volverse contra sus "aliados".[25]

La Sociedad Fabiana se fundó sobre el principio del socialismo "reformista" subversivo (ampliado posteriormente). La *Tercera Internacional* o *Comintern era* una organización subversiva internacional profesional, financiada por el Estado soviético. Los posteriores intentos de (algunos) estadounidenses de librar a su país de la podredumbre marxista pusieron de relieve las cuestiones conspirativas y subversivas ("macartismo"). Todas las diversas revoluciones y regímenes inspirados en el marxismo en la historia de la ideología han implicado conspiración y subversión. Nos extenderemos sobre estos elementos/grupos en otro lugar. Todo esto debería hacer obvio por qué el término "teórico de la conspiración" es una valiosa herramienta defensiva para la secta/ideología.

## Un caballo de Troya (rojo)

"Camaradas, recordaréis la antigua historia de la toma de Troya... El ejército atacante fue incapaz de lograr la victoria hasta que, con la ayuda del famoso Caballo de Troya, consiguió penetrar hasta el corazón mismo del campamento enemigo. Los obreros revolucionarios no debemos tener reparos en utilizar la misma táctica frente a nuestro enemigo fascista".[26]

George Dimitrov, Secretario General de la Comintern, agosto de 1935

Una metáfora adecuada de la ideología -y de su impacto en la sociedad- es el Caballo de Troya de la mitología griega, y un incidente que al parecer tuvo lugar durante la *Guerra de Troya* (hacia los siglos 13th y 12th a.C.).

Cuenta la historia que la antigua ciudad de Troya fue atacada por los griegos, quienes, tras una década de asedio, idearon un astuto plan para burlar las defensas de la ciudad: construyeron un enorme caballo de madera lo bastante grande para contener a algunos soldados y lo dejaron a las puertas de la ciudad. Al parecer, se trataba de una considerada ofrenda de paz.

Cuando los griegos parecían haberse dado por vencidos y zarpar, los troyanos introdujeron el caballo en la ciudad, sin saber que en su vientre ocultaba un cargamento de guerreros enemigos. Cuando llegó el momento, los hombres salieron del caballo y abrieron las puertas de la ciudad. Esto permitió al ejército griego entrar y tomar la ciudad, ya que habían regresado a la zona al amparo de la oscuridad. El incidente fue decisivo y puso fin a la guerra.[27]

---

[25] Marx y Engels, "Discurso del Comité Central a la Liga Comunista", marzo de 1850 (*MESW*, vol. 1, pp. 175-85).

[26] Dimitrov, G., "La ofensiva fascista y las tareas de la Internacional Comunista en la lucha de la clase obrera contra el fascismo", 2 de agosto de 1935.

[27] https://www.britannica.com/topic/Trojan-horse

El modus operandi común de la ideología es un tipo similar de ataque furtivo y penetrante en cualquier sociedad. Se presenta como algo benigno: un regalo, un salvador, una solución a cualquier problema (real o percibido). Se convierte en parte del entorno, del mobiliario. No se ve como lo que es y luego se olvida. Sin que lo sepa la sociedad a la que se dirige, es un parásito que se introduce en el corazón de una nación, pudriendo el organismo anfitrión de dentro a fuera. Tras la gestación, corroe la sociedad como un cáncer, devorando los órganos del organismo esenciales para su salud: relaciones sanas, familia, tradición, identidad cultural, patriotismo, soberanía, salud física y psicológica, formas constructivas de religiosidad y espiritualidad, etc. Puede infectar y destruir muchas sociedades del mundo, de ahí el término "pandemia". En un sistema informático, un troyano es un tipo de virus malicioso; la sociedad es el "sistema" en este caso.

El principio del Caballo de Troya Rojo es crucial para comprender la eficacia de la subversión de la ideología en una sociedad determinada. Este concepto está presente en todo el proceso.

# Sección III - Nuestra historia de la infección mundial

"Somos invencibles, porque la revolución proletaria mundial es invencible"

Vladimir Lenin, "Carta a los obreros americanos", agosto de 1918[1]

## Introducción

La infección marxista es global y lo ha sido durante bastante tiempo. Históricamente, ha tenido una presencia fácilmente identificable, de una forma u otra, en: Europa y Rusia, Asia, África, Oriente Medio, Estados Unidos y América Central y del Sur. Ni que decir tiene que sigue estando presente en esos lugares, independientemente del estatus o la postura política oficial de los países de esas zonas en la actualidad (ya que una ideología reside en las mentes de la población, no meramente en la esfera política de un país). También ha tenido presencia en otros países/regiones fuera de estas zonas, como Canadá y Australasia, aunque no de forma tan identificable a primera vista. Australia y Nueva Zelanda, por ejemplo -aunque no figuran en la lista de países considerados históricamente marxistas- son importantes focos de infección del "socialismo fabiano" y el "marxismo cultural". Lo mismo puede decirse de Canadá: es obvio, incluso para el profano, que este país está plagado de "marxismo cultural" o "progresismo" en la actualidad.

## Las ideologías no tienen fronteras

Mientras incorporamos algunas cuestiones geográficas en esta sección, tengamos en cuenta que no se trata sólo de países. Se trata de ideología, mentalidad, adoctrinamiento, creencias, etc. La ideología ha estado presente en casi todo el planeta en un grado u otro, de una forma u otra, durante más de dos siglos; y hace caso omiso de las fronteras creadas por el hombre (como hacen las pandemias). Planteo este punto por la forma en que este asunto puede ser percibido por algunos, en particular cuando oyen las palabras "socialismo" o "comunismo". Algunos (sobre todo las generaciones mayores) pueden identificar esta cuestión con determinados países, por ejemplo, los regímenes más comúnmente denominados "comunistas": URSS, China, Corea del Norte, Cuba, Vietnam, Camboya, etc.; o los casos menos conocidos de África, Sudamérica, India, Rumanía, Albania, etc.; o cualquier otro ejemplo en el que una persona pueda pensar cuando oye las palabras "marxismo", "socialismo" o "comunismo".

Una ideología puede existir en distintos tipos de individuos, lugares, culturas,

---

[1] Lenin, V.I., "Carta a los obreros norteamericanos", 20 de agosto de 1918.

etc. Puede ser omnipresente y prosperar a pesar de los cambios desfavorables en su entorno. Puede existir en la mente de alguien dondequiera que se encuentre o sea cual sea su demografía.

## Acontecimientos del calendario histórico comunista

He aquí una selección de acontecimientos notables en la historia del marxismo. Esto dará al lector una idea de lo que estamos tratando aquí; un punto de vista más panorámico.

Aunque El Manifiesto Comunista puede considerarse un hito en el desarrollo del marxismo y la revolución, un pensamiento revolucionario similar se remonta más atrás. De hecho, dado que estamos tratando con la ideología del marxismo (y sus conceptos centrales/relacionados, incluido el "socialismo"), el "marxismo" abarca algo más que la obra de Marx y Friedrich Engels, y es bastante anterior a ella.

No vamos a remontarnos a la historia porque nos llevaría demasiado tiempo y es contraproducente para nuestros propósitos. Dicho esto, el filósofo ateniense Platón incluye ideas como una sociedad "justa" cuasi utópica en *República* (hacia 375 a.C.). [2]

Alejandro Magno de Macedonia, alumno de Aristóteles, quería crear una especie de utopía.[3] Tomás Moro escribió *Utopía* en 1516.[4] El filósofo francés Jean Janques-Rosseau (1712-1778) escribió *Discurso sobre la igualdad* (1755) y *El contrato social* (1762).[5]

Volviendo a la época de Karl Marx, se vio influido por los proto-marxistas de su tiempo, incluidos los socialistas franceses Charles Fourier (1772-1837), Rousseau y Pierre-Joseph Proudhon (1809-1865). Estudió en *el Instituto Trier*, en *la Universidad de Bonn* y, más tarde, en *la Universidad de Berlín; fue* educado por personas influidas por la Revolución Francesa. [6]

Además, Marx nació en 1818 en una época de grandes cambios revolucionarios en Europa, poco después de las *guerras napoleónicas* (1801-1815) y el posterior *Consejo de Viena* (1814-1815). Las ideas de Hegel influyeron mucho en el pensamiento académico de la época (sobre todo tras su muerte en 1831). Naturalmente, el propio Marx era un SJW (guerrero de la justicia social) que fue "radicalizado" durante su "educación", al igual que

---

[2] Platón, *República* (circa 375 a.C.).

[3] https://www.britannica.com/biography/Alexander-the-Great

[4] More, T. *Utopía* (1516).

[5] https://www.britannica.com/biography/Jean-Jacques-Rousseau

[6] https://en.wikipedia.org/wiki/Karl_Marx#Influences

Vladimir Lenin y los millones de miembros del culto marxista desde entonces.

Sobre esta "revolución" de la era moderna y su longevidad, la escritora británica Nesta Webster (1876-1960) dijo lo siguiente en su libro de 1921 *World Revolution: El complot contra la civilización* (subrayado para mayor énfasis)*:* "La verdad es que durante los últimos ciento cuarenta y cinco años el fuego de la revolución ha ardido constantemente bajo la antigua estructura de la civilización, y ya en algunos momentos ha estallado en llamas amenazando con destruir hasta sus cimientos el edificio social que dieciocho siglos han dedicado a construir. La crisis actual no es, pues, un desarrollo de los tiempos modernos, sino una mera continuación del inmenso movimiento que comenzó a mediados del siglo XVIII. En una palabra, se trata de la misma revolución, la revolución que encontró su primera expresión en Francia en 1789. Tanto en su naturaleza como en sus objetivos, difiere completamente de las revoluciones anteriores, que tuvieron como origen alguna causa localizada o temporal. La revolución por la que estamos pasando ahora no es local sino universal, no es política sino social, y sus causas deben buscarse no en el descontento popular, sino en una conspiración profundamente urdida que utiliza al pueblo para su propia perdición".[7]

Webster escribió esto cuando la secta/ideología empezaba realmente a proliferar en la era posterior a la Primera Guerra Mundial. No hay duda de que las actividades de la secta en Rusia y en toda Europa en ese momento la inspiraron.

### La Revolución Francesa

> "Castigar a los opresores de la humanidad es clemencia; perdonarlos es cruel-dad"[8]

> Maximillien Robespierre, *Principios de moral política,* 1794

¿Qué tiene que ver este acontecimiento histórico con el marxismo? Además de tener notoriedad internacional como hito revolucionario, merece una mención ya que ciertos aspectos del mismo tuvieron eco en la historia posterior de la ideología. También es muy significativo por ser una importante fuente de inspiración para las primeras figuras del movimiento comunista en las décadas siguientes.

Algunos aspectos relevantes de esta revolución fueron: violencia popular; robo de propiedad privada; masacre de sacerdotes y monjas católicos; y, por supuesto, eslóganes pegadizos. El eslogan "Unity et Indivisibilite de la République. Liberté, Égalité, Fraternité ou la Mort", que significa "Libertad, Igualdad, Fraternidad o Muerte". Como el lenguaje marxista de hoy:

---

[7] Wester, N., La *revolución mundial: El complot contra la civilización* (1921)

[8] Robespierre, M. "Sobre los principios de la moral política" (1794).

Solidaridad (unidad e indivisibilidad), igualdad, colectivismo/'amor'/hermandad (fraternidad) y tener que conformarse o enfrentarse a la muerte (mort). La "Conjuration des Égaux" (Conspiración de los Iguales), que tuvo lugar durante la revolución de 1796, fue uno de los varios intentos de golpe de Estado para sustituir al comité del Directorio ('le Directoire'). Este grupo quería un tipo de república socialista e igualitaria.[9]

La Revolución Francesa condujo a las Guerras Napoleónicas, que convirtieron al propio Napoleón en una especie de dictador proto-marxista antimonárquico y pro "República". Llegó al poder tras un periodo de "revolución" y la inestabilidad que provoca, un tema común con los dictadores marxistas a lo largo de la historia de la ideología.

## 1800s

[th]El siglo XIX fue testigo de una gran agitación revolucionaria, ya que la era de los sistemas tradicionales imperiales, oligárquicos y religiosos vinculados al Estado empezó a ser sustituida por la democracia y el liberalismo. Las guerras napoleónicas, surgidas de las secuelas de la Revolución Francesa (y del gran ego del pequeño Napoleón), marcaron la pauta de este cambio. El Congreso de Viena reestructuró Europa tras la derrota de Napoleón.[10]

El 1 de junio de 1847 se crea la Liga Comunista. Se formó al fusionarse otras dos organizaciones: la *Liga de los Justos* y el *Comité de Correspondencia Comunista*.[11] Marx y Engels redactan para este grupo el Manifiesto Comunista. El año 1848 marcó un año clave de agitación revolucionaria en toda Europa, pero estas revoluciones tuvieron diversos grados de éxito.[12] En 1850 se publicó en Gran Bretaña un periódico socialista llamado *The Red Republican*. Más tarde continuó con el nombre de *El Amigo del Pueblo*.[13]

La Primera Internacional (1864-1876) fue una organización creada para unir a diversos grupos marxistas de todo el mundo.[14] Marx publica en 1867 el primer volumen de su famosa obra Das Kapital (dos volúmenes más en 1885 y 1894).[15] En abril de 1870, Vladimir Ilich Ulianov (alias V.I. Lenin) sale de las

---

[9] https://www.britannica.com/event/French-Revolution

[10] https://www.britannica.com/event/Napoleonic-Wars

[11] https://www.history.com/this-day-in-history/marx-publishes-manifesto

[12] https://en.wikipedia.org/wiki/Revolutions_of_1848

[13] https://en.wikipedia.org/wiki/The_Red_Republican

[14] https://www.britannica.com/topic/First-International

[15] https://www.britannica.com/money/Das-Kapital

entrañas del infierno.[16]

En 1871, tras la derrota de Francia a manos de las fuerzas germanas en la *Guerra Franco-Prusiana* (1870-1871), un grupo denominado *Los Comuneros* creó *La Comuna de París*. [17]

Este grupo vio la oportunidad de intentar una revolución proletaria, con la guerra como telón de fondo (otro tema recurrente en estas "revoluciones"); la comuna duró de marzo a mayo de ese año. Fue uno de los únicos ejemplos de "revolución" inspirada en el socialismo que el propio Marx pudo presenciar. Comentó: "Si se destruyera la Comuna, la lucha sólo se aplazaría. Los principios de la Comuna son eternos e indestructibles; se presentarán una y otra vez hasta que la clase obrera sea liberada". [18] El miserable bastardo malvado tenía razón cuando dijo "eternos" -todavía hoy estamos lidiando con esta mierda eterna (incorrecto, sin embargo, cuando dijo "indestructibles").

El martes 5 de septiembre de 1882 *se* celebra en Nueva York el primer *Día del Trabajo en Estados Unidos, organizado* por la *Central Labor Union*.[19] La Segunda Internacional eligió el primer día de mayo como "Día Internacional del Trabajador" en 1889, y la mayoría de los países del mundo lo celebran en esta fecha, de ahí el "Primero de Mayo".[20] (Por cierto, esta fecha marca *la Walpurgisnacht* en el folclore alemán, y la fecha fundacional de los ahora infames Illuminati bávaros en 1776).[21] En marzo de 1883, Karl Marx (vuelve) al infierno. [22] En Enero de 1884, menos de un año después, cuando una monstruosidad demoníaca ha abandonado la Tierra, otra toma su lugar en la forma de la Sociedad Fabiana. [23]

En 1886, el hermano y el padre de Lenin murieron cuando éste sólo tenía quince años. El hermano de Vladimir, Alexander, siendo él mismo un activista alborotador, formó parte de un complot para matar al zar Alejandro Romanov III (1845-1894). Fue ahorcado por su participación en esta conspiración, y la ejecución tuvo lugar en mayo de ese año. [24] Al parecer, Lenin no estaba

---

[16] https://www.britannica.com/biography/Vladimir-Lenin

[17] https://www.britannica.com/event/Commune-of-Paris-1871

[18] Marx, K. "Acta de un discurso sobre la Comuna de París", 1871.

[19] "Historia del Día del Trabajo". https://www.dol.gov/general/laborday/history

[20] Chase, E. "Los breves orígenes del Primero de Mayo", 1993. https://archive.iww.org/history/library/misc/origins_of_mayday/

[21] https://www.britannica.com/topic/Walpurgis-Night

[22] https://www.britannica.com/biography/Karl-Marx

[23] https://www.britannica.com/topic/Fabian-Society

[24] https://www.britannica.com/biography/Vladimir-Lenin

interesado en la política en ese momento y no se "radicalizó" con ella (se vengaría muchos años después del hijo de Alejandro, el zar Nicolás Romanov II, y su familia tras la revolución bolchevique de 1917). En 1889 se crea la *Segunda Internacional* (que se disuelve en 1916).[25]

## 1900s

En junio de 1908 tuvo lugar en Tokio (Japón) una manifestación denominada el *Incidente de la Bandera Roja*. Este acontecimiento fue una muestra de solidaridad de los miembros de la secta japonesa hacia la liberación de su camarada "anarquista" Koken Yamaguchi (1883-1920). El Estado logró reprimir esta reunión de culto y detuvo a varios asistentes.[26]

Poco después se produjo el *Incidente de Alta Traición* en 1910. Se centró en el complot de la secta para asesinar al emperador japonés Meiji (1852-1912), y varios de ellos fueron ejecutados.[27] (Es un tema histórico común que las leyes sean creadas por el Estado para hacer frente a tales actividades de los miembros de la secta, y los implicados en el incidente de Alta Traición fueron procesados en virtud del Código Penal japonés de 1908, que la propia secta había provocado esencialmente).

No es cierto, como algunos creen, que Japón haya conseguido mantenerse relativamente indemne a la infección. De hecho, el *Partido Comunista Japonés (PCJ) cuenta* hoy con unos 250.000 afiliados y es el partido más antiguo del país.[28] Entre las primeras figuras clave de ese grupo se encontraban Hitoshi Yamakawa (1880-1958), que fue detenido por el Incidente de la Bandera Roja, y Fukumoto Kazuo (1894-1983), que se infectó/ adoctrinó mientras estudiaba en Europa en 1922.[29]

Saltando hacia delante cronológicamente, la historia de Japón contiene un acto simbólico y brutal de anticomunismo. El 12 de octubre de 1960, en directo por televisión, el estudiante de 17 años Otaya Yamaguchi (1943-1960) mató con una espada samurái al presidente del *Partido Socialista de Japón*, Inejirō

---

[25] https://www.britannica.com/topic/Second-International

[26] https://en.wikipedia.org/wiki/Red_Flag_Incident

[27] Mackie y Yamaizumi, "Introducción: Japón y el incidente de alta traición", 2013.https://ro.uow.edu.au/lhapapers/832/

[28] "¿Qué es el PCJ? A Profile of the Japanese Communist Party", 1 de noviembre de 2022.

https://www.jcp.or.jp/english/what-jcp.html

[29] https://en.wikipedia.org/wiki/Fukumoto_Kazuo;
https://en.wikipedia.org/wiki/Hitoshi_Yamakawa

Asanuma (1898-1960).[30] Esto equivale a que un irlandés "elimine" al líder del partido más abiertamente marxista de Irlanda -la presidenta *del Sinn Fein*, Mary Lou McDonald- con una pinta de Guinness.

## Rusia

En 1905, fracasa un intento de revolución en Rusia (un ensayo general de los tejemanejes de 1917).[31] La Revolución *de Febrero de* 1917 y la *Revolución de Octubre* de 1917 de los bolcheviques de Vladimir Lenin, inician un importante periodo revolucionario en Rusia, que duró hasta 1923, cuando se estableció la *Unión Soviética*. La revolución marcó el fin del gobierno monárquico *de* la Casa Romanov y del zar Nicolás II (1868-1918).[32] Por orden clandestina de Lenin, el zar y su familia fueron conducidos a un sótano por los bolcheviques, que los fusilaron. Elimina siempre a los parientes/descendientes de tu objetivo, o algún día se vengarán (como hizo Lenin).[33]

En diciembre de 1917 se forma una brutal fuerza policial llamada la *Cheka*. El nombre completo en ruso se traduce como "Comisión Extraordinaria de Toda Rusia para Combatir la Contrarrevolución y el Sabotaje" (en otras palabras, "silenciar/matar a cualquiera que se oponga a la secta"). Activa hasta 1922, fue la primera de una serie de fuerzas policiales secretas soviéticas. Bajo el mando de Felix Dzerzhinsky (1877-1926), este grupo se encargaba de aplastar cualquier oposición política a los bolcheviques, además de asesinar a cualquier culpable de "pensamiento antisocial" (es decir, cualquiera que discrepara de ellos).[34]

La Revolución de 1917 implicó a varias facciones en una lucha por el control. Finalmente desembocó en un conflicto a gran escala en el que participaron varios grupos, entre ellos el *Ejército Rojo* bolchevique, marxista y pro-Lenin, y el *Ejército Blanco*, que a su vez estaba compuesto por diversas posturas políticas, como la prodemocrática, la procapitalista y la promonárquica. Un tercer grupo -compuesto por una mezcla de socialistas no bolcheviques y milicias no partidistas, etc.- luchó contra ambos bandos. - luchó contra ambos bandos. Por desgracia para Rusia (y para la humanidad), los bolcheviques salieron victoriosos. El Ejército Rojo -dirigido por el psicópata "intelectual" León Trotsky- infligió entonces el "Terror Rojo" al pueblo ruso. Esto provocó la muerte de millones de personas y fue posteriormente encubierto por los

---

[30] https://en.wikipedia.org/wiki/Otoya_Yamaguchi

[31] https://www.britannica.com/event/Russian-Revolution-of-1905

[32] https://www.britannica.com/event/Russian-Revolution

[33] Remnick, D., "Historian says Lenin Ordered Tsar's death", 20 de noviembre de 1990. https://www.washingtonpost.com/archive/politics/1990/11/21/historian-says-lenin-ordered-/

[34] "La Cheka". https://alphahistory.com/russianrevolution/cheka/

escritores de historia infectados de marxismo.[35]

La invasión bolchevique de Polonia -la *guerra polaco-soviética-* tiene lugar en 1920. Lenin y Stalin creían que Polonia separaba la revolución rusa de la europea, y que la Polonia cristiana estorbaba; por tanto, había que liquidarla.[36]

Este periodo posterior a la Revolución Rusa incluyó un acontecimiento poco comentado pero significativo: la invasión de la Unión Soviética por fuerzas militares estadounidenses (1918-1920). El presidente Woodrow Wilson (1856-1924) envió tropas para lograr diversos objetivos, entre ellos contener al régimen bolchevique. El fracaso de la misión y la injerencia general de Estados Unidos y sus aliados (y su alineamiento con el ejército blanco contra los bolcheviques en la guerra civil rusa) catalizaron la actitud adversaria de Lenin hacia el gigante capitalista.[37]

## La Comintern

La *Tercera Internacional* o *Internacional Comunista* (o "Comintern") existió entre 1919-1943. Se trata de un grupo de importancia crítica en la historia de la subversión marxista en todo el mundo. Lenin, en su arrogancia, no se contentaba con probar sus teorías marxistas sólo en Rusia (y con ello hundirla); quería exportar esta locura internacionalmente. Para ello se creó la Comintern. Entre otras funciones, era responsable de establecer (y controlar) varios partidos comunistas en todo el mundo. Estos partidos actuarían entonces como ramas/divisiones locales de la Comintern en sus respectivos países. (Como esta organización se creó en 1919, obviamente esto no se aplica a ningún partido/grupo marxista creado antes de esta fecha; sin embargo, estos grupos seguían siendo creados por miembros de la secta, por supuesto).[38]

La Comintern fue una entidad pionera, profesional y financiada por el Estado con un mandato inequívoco: exportar esencialmente la "revolución" -la ideología- e infectar a otros países desde dentro, utilizando todos los medios necesarios, incluida la subversión. También engendró una miríada de otras organizaciones internacionales. Más adelante veremos los grupos marxistas enumerados país por país, continente por continente, incluyendo qué partidos

---

[35] https://www.britannica.com/event/Russian-Revolution

[36] Centek, J., "Guerra polaco-soviética 1920-1921", 8 de octubre de 2014.

https://encyclopedia.1914-1918-online.net/article/polish-soviet_war_1920-1921

[37] Hoslter, Roderick A., "La intervención estadounidense en el norte de Rusia, 1918-1919".

https://armyhistory.org/the-american-intervention-in-north-russia-1918-1919/

[38] "La Internacional Comunista (1919-1943), historia organizativa".

https://www.marxists.org/history/usa/eam/ci/comintern.html

fueron creados y/o controlados por ellos (primero los grupos nacionales, luego los internacionales).

## La masacre de los plátanos

Un ejemplo interesante de otra "protesta" marxista ocurrió en Colombia en 1928. En ella participaron trabajadores de la *United Fruit Company* y una huelga supuestamente por las condiciones de trabajo. Participaron el *Partido Liberal Colombiano* y el *Partido Socialista Colombiano*, además de miembros del *Partido Comunista Colombiano, que* pronto surgiría (Mariá Cano, miembro de la secta, fue encarcelada a raíz de los hechos). Estados Unidos estaba al corriente de los acontecimientos y ejerció cierta presión diplomática para que se resolviera la situación, amenazando al parecer con invadir el país si no se resolvía.

Tras identificar que la protesta tenía un componente ideológico, el gobierno colombiano llamó al ejército para que se ocupara de los manifestantes. [39]

Como en todos los casos en los que la secta se siente agraviada/rechazada, se afirma que hasta 2.000 personas fueron asesinadas, que los cuerpos fueron enterrados en fosas comunes, que se fusiló a niños, etc. Es un ejemplo de la táctica marxista de convertir a los trabajadores en idiotas útiles para hacer avanzar la ideología.

## La Rusia de Stalin

> "El camarada Stalin, convertido en Secretario General, tiene una autoridad ili-mitada concentrada en sus manos, y no estoy seguro de que siempre sea capaz de utilizar esa autoridad con suficiente cautela"[40]

> Vladimir Lenin, "Carta al Congreso", 1922

### Ha nacido un hombre de acero

En 1878, en una tierra encajonada entre Europa, Oriente Próximo y Asia, entre los mares Negro y Caspio, nace otro crédito marxista para la humanidad. Ioseb Dzhugashvili surge de las entrañas del infierno en la ciudad de Gori, Georgia, en el Imperio ruso. De joven, mientras asiste a un seminario ortodoxo ruso, Ioseb comienza a leer las obras de influyentes escritores revolucionarios como Marx y Nikolay Chernyshevsky (1828-1889). Alrededor de los veinte años se convierte en activista marxista. Más tarde se involucra en movimientos obreros industriales para fomentar el malestar y se alinea con los bolcheviques. En 1905 conoce a Vladimir Lenin, que le encarga recaudar fondos para la revolución. A continuación, se dedica a diversas actividades delictivas, como

---

[39] https://www.britannica.com/event/Banana-Massacre

[40] Lenin, V.I., "Carta al Congreso", 1922.
https://www.marxists.org/archive/lenin/works/1922/dec/testamnt/congress.htm

el atraco a bancos, la extorsión, el asalto, el robo e incluso la explotación de burdeles ("el fin justifica los medios").

Tras muchos cambios de nombre a lo largo de su vida (para evitar a las autoridades de la Rusia zarista), acabaría adoptando el nombre de José Stalin a los treinta años ("Stalin", "hombre de acero" en ruso). Seguiría siendo partidario de Lenin, se mantuvo cerca de él y esperó su momento en su ansia de poder. Con sus 162 centímetros de estatura, sufría el "síndrome del hombre pequeño".[41]

### Líder de la Rusia Roja

En 1924, tras la muerte de Lenin, Stalin -ahora Secretario General del Partido Comunista- maniobra para convertirse en el líder de facto de la Unión Soviética, marcando el inicio de lo que se convertiría en la tiranía más despótica de la historia. Uno de sus primeros objetivos fue neutralizar a sus rivales políticos, incluido León Trotsky (a quien exilió y luego hizo asesinar en México en 1940).[42]

En 1929, Stalin tiene su primera gran idea brillante, que se manifiesta a través de las habituales obsesiones marxistas dementes con la lucha de clases, la propiedad privada, los trabajadores, la agricultura y cualquier atisbo de riqueza. Identifica a los kulaks -agricultores propietarios de tierras- como una clase apta para el exterminio. Entonces son aniquilados en masa.

Con los kulaks despiadadamente eliminados de la ecuación, Stalin fuerza entonces la colectivización sobre la clase campesina, utilizando a sus matones para obligarles a trabajar en grandes zonas agrícolas ahora propiedad del Estado. Los productos son confiscados y utilizados en otros lugares. Inevitablemente, el sistema fracasa y millones de personas mueren.[43] La situación se ocultó al mundo occidental, gracias a mentirosos miembros de una secta de basura como el periodista Walter Duranty (1884-1957). En su lugar, informó sobre los grandes éxitos de los experimentos comunistas y fue galardonado con el Premio Pulitzer en varias ocasiones por su "trabajo". Duranty fue corresponsal del New York Times y jefe de la oficina del periódico en Moscú.[44]

---

[41] https://www.britannica.com/biography/Joseph-Stalin

[42] https://www.britannica.com/biography/Leon-Trotsky/Exile-and-assassination

[43] https://www.britannica.com/topic/kulak

[44] "Declaración del New York Times sobre la concesión del Premio Pulitzer 1932 a Walter Duranty".

https://www.nytco.com/company/prizes-awards/new-york-times-statement-about-1932-pulitzer-prize-awarded-to-walter-duranty/

## El Holodomor

Bajo la dirección de Stalin, la Unión Soviética comete un horrible crimen contra el pueblo ucraniano en 1932 y 1933. Se trató de un genocidio, por hambruna forzada, que llegó a conocerse como el *Holodomor*. [45] Las estimaciones sobre el número de muertos varían, y debido al hecho de que la secta marxista encubre o miente continuamente sobre sus crímenes, no existe un amplio consenso sobre las cifras. Parece razonable situar la estimación entre cinco y diez millones.

El crimen de los ucranianos fue que se resistieron a la colectivización. El culto también se encargó de que las masas hambrientas no pudieran hacerse con ningún grano de las granjas colectivas. Se introdujo la "Ley de las Tres Espigas": los que fueran sorprendidos robando grano serían fusilados o encarcelados durante diez años.[46] El 16 de noviembre de 1933, la *Unión de Repúblicas Socialistas Soviéticas (URSS) es* reconocida internacionalmente.[47]

## El Gulag

El régimen también incluyó el uso de un brutal sistema de campos de trabajos forzados repartidos por toda Rusia, conocidos como el *Gulag* ("La palabra es rusa, de G(lavnoe) u(pravlenie ispravitel'no-trudovykh) lag(ereĭ) 'Administración Principal de Campos de Trabajos Correctivos').[48] Millones de personas trabajaron hasta la muerte en los campos, murieron de enfermedad o inanición o fueron ejecutadas (algunas en tránsito). Muchos campos estaban en zonas aisladas e inhóspitas del país, lo que disuadía (a la mayoría) de los que contemplaban la posibilidad de escapar. Este sistema de Gulag fue idea de V.I. Lenin, construido con el propósito de intimidar o encarcelar a cualquier enemigo de la secta, pero fue Stalin quien realmente puso a prueba su capacidad. Otros miembros de sectas psicópatas activos durante la época de Stalin intentarían emular este sistema, como Enver Hoxha (1908-1985) en Albania, y Mao Zedong en China.

Este estilo de sistema carcelario de campo de trabajos forzados sigue en uso hoy en día: la red *Laogai* de China. Acoge a felices inquilinos de todo tipo, incluidos disidentes políticos (por ejemplo, críticos del Partido Comunista Chino, el partido gobernante permanente de China). Existen más de 1.000 de estas prisiones y, según la *Fundación de Investigación Laogai*, en 2008 había

---

[45] https://www.britannica.com/event/Holodomor

[46] https://en.wikipedia.org/wiki/Law_of_Spikelets

[47] "Reconocimiento de la Unión Soviética, 1933".
https://history.state.gov/milestones/1921-1936/ussr

[48] "Gulag", Oxford Reference.
https://www.oxfordreference.com/display/10.1093/oi/authority.20110803095912832

entre 500.000 y 2.000.000 de presos.[49]

## China Roja

En 1917, un Mao Zedong (alias Mao Tse Tung) de 24 años empieza a leer literatura marxista, incluido el Manifiesto Comunista. Durante su estancia en *la Universidad de Pekín* recibe más lavados de cerebro y en 1921 es miembro fundador del *Partido Comunista Chino* (PCCh). En 1927, la dirección del PCCh le otorga el título simbólico de "Comandante en Jefe del Ejército Rojo".

Este pequeño grupo (más parecido a una milicia) recorre entonces el campo propagando la infección ideológica, avivando el fervor revolucionario entre los campesinos desprevenidos: adoctrinándolos, fomentando el odio a los terratenientes, ganando apoyos, reclutando nuevos miembros, etc. Estos fueron los pequeños comienzos que decidirían el destino de China. (Dirigirse intencionadamente a los incultos, a los "oprimidos", es una táctica habitual).[50]

A principios del siglo XX, China estaba atravesando grandes convulsiones: la transición de su pasado imperial y el gobierno de la *Dinastía Qing* (1644-1912); la formación de la *República de China* (1912-1949); la guerra de facciones de la *Era de los Señores de la Guerra* (1916-1928 aproximadamente); la invasión de Japón y el posterior conflicto (1937-1945); y, por último, la *Guerra Civil China* (1945-1949), que acabaría decidiendo el destino permanente del país, creando la China de hoy.[51]

Los miembros del culto en la Unión Soviética estaban muy interesados en sacar provecho de los disturbios durante este periodo. Participaron en la creación del PCCh -a través de la Comintern y del *Buró del Lejano Oriente del* Partido Comunista de la Unión Soviética- utilizando figuras como Li Dazhao (1888-1927) y Chen Duxiu (1879-1942). Mao acabaría maniobrando para llegar a la cima del PCCh.[52]

La proximidad de China a los miembros de la secta bien arraigados en la Unión Soviética significaba que siempre iba a estar muy infectada. A pesar de todas las facciones enfrentadas en China en esas primeras décadas inestables del siglo XX, fue la influencia y el apoyo de los miembros de la secta soviética lo que permitió que los miembros de la secta china emergieran en lo alto. Es un buen ejemplo de cómo la ideología prolifera por sí misma.

---

[49] https://en.wikipedia.org/wiki/Laogai

[50] https://www.britannica.com/biography/Mao-Zedong

[51] "Cronología de la historia moderna de China", 30 de abril de 2012. https://www.chipublib.org/timeline-of-chinas-modern-history/

[52] Jianyi, L., "The Origins of the Chinese Communist Party and the role played by Soviet Russia and the Comintern", marzo de 2000. https://etheses.whiterose.ac.uk/9813/1/341813.pdf

En 1949, tras décadas de conflicto y después de la derrota de las fuerzas nacionalistas *del Kuomintang* dirigidas por Chiang Kai Shek, Mao anuncia *la República Popular China*. Por fin, los miembros del Kuomintang controlaban militarmente China y las fuerzas nacionalistas se retiraban a la isla de Taiwán (también conocida como *República de China*).[53]

Esta toma marxista del país creó un segundo gran punto de origen/infección mundial de la ideología (además de la URSS). Esto significó que China apoyaría incondicionalmente la toma del poder por los marxistas en otros países cercanos, como Corea, Camboya, Vietnam, etc., además de en zonas más lejanas, como África. La China Roja también tendría violentas disputas fronterizas con India. La infección en ese país marcó no sólo un punto importante en la historia de China, sino también en la historia mundial, ya que ahora es posiblemente el principal foco de infección del planeta. Una situación de consecuencias potencialmente catastróficas...

**El gran liderazgo de Mao**

El gobierno de Mao condujo al periodo más horrible de la historia china a través de décadas de gobierno despótico. Uno de ellos fue el *Gran Salto Adelante* (de finales de los años cincuenta a principios de los sesenta). Este "gran" salto supuso la aplicación del colectivismo marxista a la infraestructura de China, para moldearla según los deseos de Mao y el Partido Comunista Chino.

Supuso poner un gran énfasis en la producción industrial, obligar a los chinos a trabajar en sistemas agrícolas colectivistas de trabajo esclavo y la apropiación gubernamental de recursos y productos agrícolas (también conocido como robo de la propiedad privada).[54]

Los miembros de la secta que operaban en todo el país, deseosos de complacer a Mao, pusieron en marcha los planes, robando productos agrícolas a las masas que dependían de ellos para alimentarse. Mao gobernaba por miedo, así que en lugar de informarle sobre las cantidades reales de productos agrícolas, sus fieles comisarios recurrieron a robar algunos, dando a Mao la impresión de que abundaban. Además, se obligó a la población a participar en los planes de industrialización de Mao (que incluían centrarse en la producción de acero), en lugar de dejarla cultivar la tierra. Por supuesto, el acero no es comestible (es duro para los dientes).

Otra idea de Mao fue la campaña de las "cuatro plagas". Consistía en atacar a ciertos roedores, moscas, mosquitos y gorriones (a los que se culpaba, respectivamente, de la peste, la malaria y de comerse las semillas de los

---

[53] "La Revolución China de 1949". https://history.state.gov/milestones/1945-1952/chinese-rev

[54] https://www.britannica.com/event/Great-Leap-Forward

cereales). Los chinos se movilizaron solidariamente para matar a los gorriones en masa, creyendo que así mejorarían el rendimiento de las cosechas de arroz. Idiotas.

En realidad, hizo exactamente lo contrario, ya que los gorriones también comen insectos. Como resultado, los bichos -incluidas las orugas y langostas que diezman las plantas- hicieron su agosto (juego de palabras), limpiando los cultivos de todo el país. Al menos los chinos lograron algo de solidaridad, ¿no?[55] Estos acontecimientos desencadenaron un periodo de hambruna masiva llamado la *Gran Hambruna China*, que causó la muerte de aproximadamente 30 millones de personas.[56]

Estas insensatas iniciativas eran ejemplos de lo que ocurre cuando las teorías/ideas se encuentran con la realidad; si se fuerzan, perturban el equilibrio natural que existe en la sociedad y la naturaleza. El resultado es la destrucción de la vida (otro patrón común con la ideología). La matanza de los gorriones, además de ser increíblemente tonta y corta de miras, también es casi divertida, ya que encaja con el modus operandi chiflado de la ideología: ¡destruir/matar cosas para mejorar la vida! De hecho, es sorprendente que Mao no ordenara a las masas que empezaran a matar las semillas de arroz con espadas samurai para que crecieran más rápido. O que empezaran a machacar el mineral de hierro para fabricar acero. Estereotipos asiáticos racistas aparte, lo que hicieron estuvo mal.

### Flores y Revolución Cultural

La *Campaña de las Cien Flores* de finales de la década de 1950 fue un intento de consolidar el control del culto sobre el país. Mao lo consiguió sugiriendo taimadamente que las críticas al régimen no sólo eran aceptables, sino deseables.

La expulsión de los disidentes funcionó cuando un miembro de la secta llamado Wang Shiwei (1906-1947) habló. Fue brutalmente torturado y ejecutado, sirviendo de ejemplo a cualquier otro que desafiara a los dirigentes.[57] Mao no era más que un furtivo y astuto cabrón.

Otra fue la *Gran Revolución Cultural Proletaria* (o *Revolución Cultural*), desde mediados de los años sesenta hasta mediados de los setenta. El régimen lavó el cerebro a las generaciones más jóvenes para purgar el país de las

---

[55] https://en.wikipedia.org/wiki/Four_Pests_campaign

[56] Brown, Clayton D. "El gran salto adelante de China", 2012.

https://www.asianstudies.org/publications/eaa/archives/chinas-great-leap-forward/

[57] King, G. "The Silence that Preceded China's Great Leap into Famine", 26 de septiembre de 2012. https://www.smithsonianmag.com/history/the-silence-that-preceded-chinas-great-leap-into-famine-51898077/

generaciones mayores (y no adoctrinadas) (¡toma nota!). Se dio carta blanca a una organización llamada *Guardias Rojos* para aterrorizar, agredir y matar. Cualquiera que no formara parte de la secta era presa fácil. Se fomentaba el vandalismo y la destrucción de cualquier elemento cultural o histórico. Este proceso de "limpieza" también incluyó la purga de los rivales políticos de Mao dentro del Partido Comunista.[58] Recuerden, se trata de chinos con el cerebro lavado que se matan unos a otros en masa, incluso matan a otros miembros de la secta, ¡por nada!

## Mao el hombre

Mao fue uno de los líderes más brutales de la historia de la secta. Un psicópata desalmado, manipulador, sádico y fanático. Definitivamente uno de mis nominados para el premio a la "peor basura humana de la historia", a la altura de su inspirador, Stalin. Sabía cómo crear muerte y terror al por mayor; un auténtico discípulo de la máxima marxista "el fin justifica los medios".

El régimen de Mao era conocido por la táctica de neutralizar a los oponentes políticos antes de que se materializaran, utilizando campos de trabajo, tortura y el asesinato de la "intelligentsia" (gente "educada") del país. En cuanto al número de muertos del régimen, la estimación más alta, de más de setenta millones, procede de un libro de los autores Jung Chang y Jon Halliday titulado *Mao: The Unknown Story* (2006). Esta estimación fue más o menos respaldada por el profesor R.J. Rummel (1932-2014), un especialista en la estimación de las muertes causadas por el comunismo (ampliada más adelante). (Al parecer, según Chang y Halliday, la secta recibió cierta financiación del opio. Acérquense y reciban su bofetada comunista, amigos).[59]

Obviamente, la secta restará importancia al número de muertos cuando se trate de regímenes "comunistas". Es todo control de daños de relaciones públicas. Tratar de obtener una estimación honesta y precisa de cuántos murieron realmente es casi imposible, ya que a la secta le encanta mentir y barrer las cosas debajo de la alfombra. Obviamente, el Partido Comunista Chino no va a permitir una investigación real.

El gobierno de Mao también conduciría a la creación de otra interpretación/cepa de la ideología: el maoísmo. En 1964, Mao publicó una recopilación de sus parloteos y discursos en el *Pequeño Libro Rojo*. Se publicaron miles de millones de ejemplares y, naturalmente, se dirigió especialmente a los jóvenes.[60] Estas generaciones, a las que se les lavó el

---

[58] Lamb, S. "Introducción a la Revolución Cultural", diciembre de 2005.

https://spice.fsi.stanford.edu/docs/introduction_to_the_cultural_revolution

[59] Chang y Halliday, *Mao: La historia desconocida* (2006).

[60] https://en.wikipedia.org/wiki/Quotations_from_Chairman_Mao_Tse-tung

cerebro siendo niños vulnerables, llevarían adelante la ideología en las décadas siguientes, ayudando a crear la China del futuro. Mao sobrevivió hasta los ochenta y dos años. Extraordinario, ¿verdad? Podría decirse que fue el peor asesino de masas de todos los tiempos. Deberían haberlo quemado vivo utilizando unos cientos de ejemplares de su libro como leña.

## Las guerras de Indochina

Se trata de una serie de conflictos en Asia -fomentados por el culto- que comenzaron en el periodo posterior a la Segunda Guerra Mundial, en 1946, y duraron aproximadamente hasta 1991 (el más famoso fue la *Guerra de Vietnam, 1955-1975).*[61] Estos conflictos se extendieron por los territorios de varios países de la región, como Camboya, Laos, Tailandia y Vietnam. En general, las partes en conflicto estaban divididas entre marxistas y antimarxistas. La ideología fue clave para convencer a los posibles miembros de la secta de que era deseable lograr la independencia de las potencias coloniales en declive (es decir, Francia). Algunos de estos conflictos (por ejemplo, la guerra entre Camboya y Vietnam) también ilustran cómo las distintas facciones de la secta a veces se eliminan entre sí.

Esencialmente, todo el conflicto en esa región fue el resultado de la podredumbre marxista que se desarrollaba en esos países, con el apoyo de las mayores entidades previamente infectadas del norte (Rusia y China). Por ejemplo, en el caso de Vietnam, Mao se alió con el miembro de la secta vietnamita Ho Chi Minh (1890-1969) en Vietnam del Norte.[62] El conflicto allí enfrentó en un momento dado al Ejército Nacional Vietnamita, apoyado por Francia, con las fuerzas comunistas de Ho Chi Minh. Minh combatió al ENV durante muchos años, hasta aproximadamente 1954. Fue la primera guerra de Indochina y terminó con un Acuerdo de Ginebra. Los franceses y los chinos llegaron a un acuerdo y Vietnam se dividió en dos. Aunque obtuvieron el control del norte, obviamente la secta/ideología no estaba satisfecha con esto y buscó el control del sur; el resultado es la Guerra de Vietnam. El resto es historia.

## La guerra de Corea

Conflicto provocado por la infección de lo que hoy es Corea del Norte. Duró de 1950 a 1953 y dio lugar a la división de Corea en norte y sur (división que dura hasta hoy): en el norte está la *República Popular Democrática de Corea* y en el sur la *República de Corea.*[63] Este conflicto no fue ajeno a las Guerras de Indochina, ya que la podredumbre marxista se extendió por toda Asia, más o menos. Al igual que en las guerras de Indochina y Vietnam, las partes en

---

[61] https://www.britannica.com/event/Indochina-wars

[62] https://www.britannica.com/biography/Ho-Chi-Minh

[63] https://www.britannica.com/event/Korean-War

conflicto se dividieron entre marxistas y antimarxistas, y China Roja y la URSS ayudaron a la infección en el norte.

Corea del Norte fue entonces gobernada por la dinastía Kim (un linaje de miembros de la secta). Incluso dio lugar a su propia interpretación de la ideología llamada *Comunismo Juche*[64] (China y Corea del Norte tienen el mismo sistema: oficialmente, es un sistema multipartidista, pero en realidad, un solo partido gobierna permanentemente. ¿No le hace esto gracia al uso de "democrático" en el título?).

En Corea del Sur gobernaba un destacado antimarxista llamado Syngman Rhee (1875-1965). Tuvo que enfrentarse a un grave problema de activismo y subversión marxista durante su mandato como presidente de la *Primera República* (1948-1960). Esto condujo a la *Revolución de Abril* de 1960, que acabó derrocándolo del poder. Los miembros de sectas traidoras dentro de Corea del Sur (en las universidades, sobre todo) fueron la fuerza motriz de los constantes disturbios.[65]

La *Segunda Guerra de Corea tuvo lugar* entre 1966 y 1969. Fue un intento de la secta norcoreana de apoderarse de Corea del Sur, ya que el grueso de las fuerzas estadounidenses se encontraba en Vietnam y parte de sus recursos se habían reasignado allí. Fue un conflicto a escala relativamente pequeña en comparación con otras incursiones de la secta en Asia. Resultó infructuoso, y la infección no se extendió al sur del país.[66] Es un ejemplo de cómo la ideología, independientemente de los desacuerdos entre las distintas facciones del culto, siempre intenta encontrar formas de propagarse.

En la actualidad, Corea del Norte tiene el "Juche" *como* ideología oficial del Estado, que no es más que la interpretación que la dinastía Kim hace del marxismo fusionado con su interpretación del nacionalismo. Juche significa "autosuficiencia".[67] La Constitución fue modificada en 2009 para eliminar los términos y pasajes tradicionales normalmente asociados a la ideología marxista, como la palabra "comunismo". Pero, ¿por qué molestarse? ¿Quizás se hizo para evitar que cualquier norcoreano dormido se diera cuenta de que vive en un estado comunista carcelario? O también podría ser porque las apariencias externas son importantes para el líder del régimen-Kim Jong Un (alias Fatboy

---

[64] "Breve introducción y evaluación de la ideología Juche", noviembre de 1980.

https://digitalarchive.wilsoncenter.org/document/brief-introduction-and-assessment-juche-ideology

[65] "Primera República de Corea del Sur".
https://countries.fandom.com/wiki/First_Republic_of_South_Korea

[66] Lerner, M. "La Segunda Guerra de Corea".
https://digitalarchive.wilsoncenter.org/essays/second-korean-war

[67] https://en.wikipedia.org/wiki/Juche

Kim). (No su apariencia personal, obviamente).

## La Rumanía de Ceausescu

Otro fiasco marxista, esta vez en la región del Conde Dracul (¿juego de palabras?) en Europa del Este, en un lugar que una vez se llamó el Reino de Rumanía. Este espectáculo de mierda estaba dirigido por otro loco sectario llamado Nicolae Ceausescu, que caería en la infamia (y en una lluvia de balas).[68] Las cosas, como de costumbre, empezaron a cambiar cuando la podredumbre marxista apareció en escena a principios del siglo XX. Había varios grupos de culto implicados, el más importante de los cuales era el *Partido Comunista Rumano (Partidul Comunist Roman)* o PCR. Se creó en 1921 y estaba bajo el control de la Comintern, aunque no destacó durante muchos años.[69]

Por supuesto, Rumanía formó parte de las potencias del Eje en la Segunda Guerra Mundial, con Ion Antonesu al mando. Fue apartado del poder y ejecutado en 1944. En ese momento, Rumanía caería progresivamente bajo el control de la secta. Ahora, el PCR podría expandirse abiertamente y sin ser molestado (porque nadie quiere ser molestado por nazis). El rey Miguel fue obligado a abdicar en diciembre de 1947, bajo la presión de la secta (más tarde afirmó que amenazaron con matar a mil estudiantes, a los que tenían bajo custodia, si no accedía). El Reino de Rumanía se convertiría en la *República Socialista de Rumanía* y en un estado satélite de la Unión Soviética. En los años siguientes se produjo una gran reestructuración del gobierno.

Los miembros de la secta se dedicaron a reprimir por la fuerza a los opositores políticos (no miembros de la secta) con la ayuda de la Securitate, un cuerpo de policía secreta del Estado creado en 1948 siguiendo el modelo de la NKVD rusa. La Securitate disponía de una extensa red de espías y ratas entre la población rumana, para vigilar cualquier disidencia contra el régimen. Era uno de los mayores grupos de su clase (en relación con el tamaño de la población a la que aterrorizaba): Rumanía tenía una población de veintidós millones de habitantes a mediados de los años ochenta y, al parecer, la Securitate contaba con unos 500.000 informadores que delataban a sus compatriotas. La Securitate destacó por su brutalidad, y muchos rumanos han dado fe de ello.[70]

Desde principios de los años cuarenta hasta principios de los cincuenta, en la prisión de Pitesti, los miembros de la secta intentaron "liberar" a los antimarxistas de su aparente "lavado de cerebro". Entre los presos había muchos cristianos, como era de esperar, porque la nueva Rumanía comunista

---

[68] https://www.britannica.com/biography/Nicolae-Ceausescu

[69] https://dbpedia.org/page/Romanian_Communist_Party

[70] https://balkaninsight.com/2019/12/25/keys-mikes-spies-how-the-securitate-stole-romanias-privacy/

iba a imponer el ateísmo de Estado. Fueron torturados y "bautizados" por los miembros de la secta con orina y heces.[71] Como era de esperar, la secta también impuso la colectivización en la agricultura, con consecuencias para aquellos que desafiaban la revolución; cualquier grupo de resistencia antimarxista, elemento religioso o campesino era tratado con tortura, encarcelamiento, asesinato y traslados forzosos o exilio.

## Al día con el Ceausescus

El año 1965 fue un punto de inflexión para el PCR, ya que murió el Secretario General Gheorghiu-Dej. Aunque al principio hubo un "liderazgo colectivo", Nicolae Ceausescu -como suele ocurrir con los miembros fanáticos de una secta- empezó a maniobrar para ocupar el puesto más alto. Tras una lucha por el poder, se convirtió en el líder y anunció que Rumanía era ahora una República Socialista (en lugar de una "democracia popular"). Entonces empezó a proyectar al pueblo rumano la imagen de un líder comunista "nacionalista", independiente de Moscú. Esto le granjeó cierto apoyo popular y el número de miembros del PCR aumentó considerablemente.[72]

Con el tiempo, Ceausescu se convirtió en un fanático del control extremo, con un férreo control sobre el pueblo rumano. Su mujer, Elena (1919-1989), otra devota de la secta, le ayudó en su empeño. Durante su reinado, los Ceausescu llevaron una vida de extrema opulencia. Su palacio de Primaverii, en Bucarest, tenía paredes de madera tallada, alfombras de seda, un cine y un baño con incrustaciones de oro.[73] Muy elitista, muy "burgués", me parece. Así, mientras la mayoría del pueblo rumano se veía obligado a racionar y vivir una vida de extrema opresión e indigencia, los miembros de alto rango de la secta hacían justo lo contrario. Esto no es atípico cuando la secta se apodera de un país, pero en el caso de Rumanía, Ceausescu y su esposa lo llevaron a un nivel completamente nuevo.

El nivel de ego que emanaba de este hombre era irreal. En 1974 se autoproclamó Presidente de la República Socialista, además de Secretario General del PCR. Insistió en recibir multitud de honores y títulos tanto en su país como en el extranjero, llegando a convertirse esencialmente en presidente vitalicio.

Las decisiones que tomó el nuevo presidente a partir de los años setenta provocaron la aparición de grietas, y las políticas de austeridad y el

---

[71] Mihai, S.A.R. el Rey, "Lo que se hizo a Rumanía entre 1945 y 1947 se ha hecho desde 1989" (artículo en rumano), 23 de agosto de 2000.

[72] https://www.britannica.com/biography/Nicolae-Ceausescu

[73] Euronews, "Vea el baño de oro de Nicolae Ceausescu", 20 de junio de 2016. https://www.YouTube.com/watch?v=M4XLXzUmZHw

racionamiento se convirtieron en el tema de desarrollo en los años ochenta.[74] Esto se debió, en parte, a la insistencia de Ceausescu en reducir la deuda internacional, además de simplemente malgastar efectivo. Sus decisiones innecesarias y derrochadoras incluyeron la *Sistematizarea* (Sistematización), una reconstrucción masiva de estilo socialista del paisaje urbano y rural que supuso la demolición de ciudades, pueblos y aldeas, y la construcción de bloques de pisos uniformes y feos. En el espíritu del socialismo, éstos serían más "eficientes" e "iguales" para los felices camaradas que vivieran dentro. Un terremoto en 1977 y los daños resultantes proporcionaron a Ceausescu una excusa para arrasar estructuras culturales e históricas.

A pesar de que Rumanía tenía acceso a grandes cantidades de petróleo y, por tanto, podía refinarlo a gran escala, tuvo que racionarlo. Incluso servicios básicos como la electricidad empezaban a escasear, y había graves niveles de contaminación (¡de nuevo, demasiado énfasis en la industrialización!). El régimen dijo a las masas que racionar la comida era bueno para combatir la obesidad (palma de la mano). Rumanía tenía el nivel de vida más bajo de Europa. Un puto desastre de despilfarro. [74]

**Fin**

En 1989, los rumanos ya estaban hartos. Crecía el sentimiento anticomunista, dirigido contra los Ceausescu y el PCR. Sin duda, esto se vio acelerado por los crecientes niveles de opresión que tenían que soportar a manos de la Securitate. Ceausescu, sintiendo el creciente descontento (y en lugar de hacer lo noble y tirar una tostadora enchufada en su baño de burbujas nocturno), empujó a sus matones a ampliar su red de informantes y mejorar sus técnicas de vigilancia. Menudo cabrón.

A pesar del esfuerzo del Estado por aislar a la opinión pública rumana de la información no aprobada por el culto, la conciencia del descontento empezaba a difundirse entre las masas. Se organizaron protestas y huelgas. Irónicamente, uno de los catalizadores de esta nueva revolución para deponer al régimen fue una huelga en la que participaron trabajadores de Trucks Brasov. Como estos proletarios en particular se mostraban hostiles al culto, fueron rápidamente reprimidos. Siguieron varias protestas y disturbios más, lo que provocó que la policía y las fuerzas de la Securitate se ensañaran aún más con ellos. En las protestas de Timisoara, el 17 de diciembre, muchos manifestantes fueron tiroteados. [74]

Como era de esperar, debido al lavado de cerebro, Ceausescu se mostró incrédulo ante los disturbios y pronunció un increíble y delirante discurso en

---

[74] https://www.britannica.com/place/Romania/Communist-Romania

el edificio del Comité Central el 21 de diciembre (¡disponible en YouTube!).[75] Fue abucheado por la multitud. Los militares se pusieron del lado de los manifestantes y Ceausescu fue derrocado. Él y su esposa Elena fueron juzgados y ejecutados el 25 de diciembre. ¡Qué regalo más festivo para el pueblo rumano! Por fin se había roto el hechizo comunista, ¡gracias a Dios!

Ceausescu fue uno de los pocos líderes de culto de la historia que recibió su merecido; la mayoría de ellos suelen escapar al castigo mediante una muerte relativamente agradable. Lo más fascinante de su final es que siguió desafiando y protestando casi hasta el momento de su ejecución, mientras cantaba el himno comunista "La Internacional". Un ejemplo de cómo los adoctrinados no pueden entender lo que son, ni siquiera cuando están a punto de morir.[76]

### Albania comunista

> "Ninguna fuerza, ninguna tortura, ninguna intriga puede erradicar el marxismo-leninismo de la mente y del corazón de los hombres"[77]
>
> Enver Hoxha, *El eurocomunismo es anticomunismo* (1980)

> "El sistema socialista mundial... se ha convertido hoy en el factor decisivo en el desarrollo de la historia mundial. Ejerce una tremenda influencia sobre el mundo; se ha convertido en una gran fuerza atractiva y revolucionaria... (está) demostrando cada día que pasa su indiscutible superioridad sobre el sistema capitalista. Se ha convertido en el escudo de todas las fuerzas progresistas del mundo, en el baluarte inexpugnable de la libertad y de la paz, de la democracia y del socialismo".[78]
>
> Enver Hoxha, 20[th] Discurso del aniversario del Partido (1961)

En los Balcanes, a orillas del Adriático, se produjo otra infección monstruosa: la *República Socialista Popular de Albania*. Existió de 1946 a 1992.[79] El psicópata marxista en jefe era Enver Hoxha (pronunciado "hoe-ja". J de "Jennifer"). Este tipo recibe cinco estrellas comunistas por su fanatismo.

Lo único que le impidió crear un gran número de víctimas mortales fueron los límites de su poder e influencia, debido a la ubicación relativamente aislada de Albania, y su tamaño/población (en comparación con otros países comunistas

---

[75] "El último discurso de Nicolae Ceausescu". https://www.YouTube.com/watch?v=TcRWiz1PhKU

[76] TVR (Radiotelevisión Pública Rumana), "Juicio y ejecución". https://artsandculture.google.com/story/HQVhRMp6MAUA8A?hl=en

[77] Hoxha, E., "El eurocomunismo es anticomunismo", 1980. https://www.marxists.org/reference/archive/hoxha/works/euroco/env2-1.htm

[78] Hoxha, E., Discurso del 20º aniversario del Partido, 1961. https://en.wikiquote.org/wiki/Enver_Hoxha

[79] https://www.britannica.com/topic/history-of-Albania/Socialist-Albania

de la época). De hecho, si hubiera un gran botón rojo para iniciar la 3ª Guerra Mundial, este tipo habría apretado ese botón muchas veces si hubiera tenido la oportunidad. Personificaba la tendencia de la ideología a manifestar versiones cada vez más extremas de sí misma, ya que acabaría considerando otras formas de comunismo demasiado "blandas", ¡incluso traidoras a la causa! En un momento dado, Hoxha incluso se refirió a Mao Zedong (posiblemente el peor comunista de la historia) como un "cerdo capitalista", para que se hagan una idea de lo extremista que era este tipo.[80]

## Los inicios de la infección

Ayudado por otros miembros de la secta en el ya infectado "país" vecino de Yugoslavia, ayudó a fundar el *Partido Comunista de Albania* en 1941 (más tarde rebautizado como *Partido del Trabajo de Albania* (o PLA) en 1948); el catalizador para ello fue la invasión alemana de Yugoslavia ese mismo año. El líder de la secta en Yugoslavia era Josip Broz (alias "Tito"), y su ayuda para extender la infección a Albania fue alentada por la Comintern soviética.

Hoxha fue también el líder del *Movimiento de Liberación Nacional*, un grupo marxista que se opuso a la ocupación nazi de Albania durante la Segunda Guerra Mundial.[81] Aunque Albania se unió al partido comunista mundial relativamente más tarde que otros países europeos (en términos de cuándo se convirtieron en un partido marxista de buena fe), Hoxha se aseguró de que se pusieran al día rápidamente. Las acciones iniciales de la secta incluían, como era de esperar, la eliminación de cualquier oponente, muchos de ellos convenientemente etiquetados como "colaboradores nazis" o "enemigos del pueblo". Otro movimiento predecible fue el ataque a la religión. Una de las primeras declaraciones típicas de los miembros de la secta -en el Comité Central del EPL- incluía la idea de que debían "luchar contra el intento del fascismo de dividir al pueblo albanés por medio de la religión".[82] Cierto (pone los ojos en blanco), ese viejo tópico comunista.

Al igual que en la creación de la República Federativa Socialista de Yugoslavia, que estaba al lado, en Albania se organizaron elecciones ficticias para dar la ilusión de que su creación era la elección del "pueblo".

*El hoxhismo* es la interpretación/cepa de la ideología que lleva el nombre de Enver Hoxha.[83]

Se caracteriza por ser una variante de naturaleza "antirrevisionista" y fiel a las

---

[80] https://www.britannica.com/biography/Enver-Hoxha

[81] https://en.wikipedia.org/wiki/National_Liberation_Movement_(Albania)

[82] Tonnes, B., "Albania: Un Estado ateo". https://biblicalstudies.org.uk/pdf/rcl/03-1_3_04.pdf

[83] "Hoxhaism". https://en.prolewiki.org/wiki/Hoxhaism

interpretaciones de José "Pequeño Bastardo" Stalin. Dicho de otro modo, Hoxha se suscribió a la versión dura.

## El régimen

Fue un régimen especialmente brutal y represivo, incluso para los estándares de la secta. Los ejecutados directamente y los "presos políticos" (que tuvieron destinos diversos) se contaban por decenas de miles. Muchos también murieron intentando escapar, ya fuera nadando hasta Grecia (a través de la isla de Corfú) o caminando por las montañas hasta Yugoslavia. Pobres bastardos desesperados. Revolución o muerte. La población de Albania es relativamente pequeña: en 1946 era de aproximadamente 1,2 millones de habitantes, y en 1991 de casi 3,3 millones.[84]

En este caso, el escuadrón de matones/la fuerza policial no tan secreta era la infame *Sigurimi*. Vigilaron, aterrorizaron, torturaron y "hicieron desaparecer" a albaneses durante todo el reinado de Hoxha. El régimen incluía las cosas habituales, como el dominio asegurado de la ideología, impuesto por el Estado mediante la intimidación, la coacción, la violencia y el asesinato.

También se dedicó a la vigilancia de la población, la "reeducación" forzosa de los disidentes, el desvío de recursos para construir infraestructuras militares, lo que contribuyó a la hambruna de la población, la construcción de viviendas precarias "de estilo socialista", el racionamiento de recursos y alimentos, y el uso de campos de trabajo al estilo Gulag, donde se enviaba a los prisioneros a trabajar en las minas (el campo de trabajo de Spac fue uno de los más famosos). Muchos "desaparecieron" o fueron torturados hasta la muerte, y luego enterrados en masa en fosas secretas, *con el* uso de bolsas de plástico negras.[85]

A los albaneses no se les permitía viajar -salvo en misión oficial- y eran detenidos si intentaban salir; los movimientos de los visitantes extranjeros al país eran controlados y vigilados. Durante este encarcelamiento virtual, los miembros de la secta -incluido el propio Hoxha- disfrutaban de una existencia relativamente burguesa en el acomodado barrio de Ish-Blloku, en Tirana. Estaban rodeados por un muro que los separaba de las zonas circundantes (y, por tanto, de la población en general de la que se aprovechaban). Además, el régimen prohibió la propiedad privada de automóviles (a menos que se fuera miembro del partido). ¿Una secta burguesa "antiburguesa"?

## Antirreligión y libertad de expresión

En la más pura tradición del culto, Hoxha era extremadamente antirreligioso,

---

[84] https://www.statista.com/statistics/1076307/population-albania-since-1800/

[85] Abrahams, F., "Communist-Era Disappearances Still Haunt Albania", 17 de marzo de 2021. https://www.hrw.org/news/2021/03/17/communist-era-disappearances-still-haunt-albania

y el ateísmo fue impuesto por el aparato estatal, prohibiéndose de hecho la práctica religiosa en 1967. En un discurso de ese mismo año, declaró con confianza que Albania era el "primer Estado ateo del mundo". De forma similar a lo que Mao fomentó en la China Roja durante la Revolución Cultural, Hoxha alentó la destrucción de mezquitas e iglesias en todo el país por parte de organizaciones juveniles (sectarias).[86]

Por supuesto, dado que Albania tuvo que soportar su versión de una "revolución cultural", naturalmente las artes necesitaban ensalzar la brillantez del marxismo. Hablando en una entrevista con *NBC Left Field* en 2018, un destacado artista albanés llamado Maks Velo habló de su acoso por parte del régimen de Hoxha.[87] Estaba siendo vigilado por miembros de la secta en 1978, que luego se acercaron a él. Velo no producía el tipo de obra pro-marxista que se esperaba de los artistas: la suya se consideraba "hostil" al régimen. Como castigo, fue enviado a un campo de prisioneros, donde recibió una condena de diez años. La escoria ahorcable de la Sigurimi intentó sin éxito reclutarlo como informante sobre sus compatriotas. La secta elimina cualquier disidencia percibida intentando controlar todas las formas de expresión.

## Los Sigurimi

Un grupo tan fanático y cruel como sus homólogos de la policía estatal de Rumanía (Securitate), Alemania Oriental (Stasi), Hungría (AVH) o la U.R.S.S. (KGB), los Sigurimi arruinaron la vida de generaciones de albaneses. Eran algo diferentes a esos otros grupos, ya que sus poderes eran relativamente ilimitados: cualquier acción cometida era aceptable si apoyaba al régimen. Otra diferencia -debido a la pequeña población/área de Albania- era que realmente podían cumplir sus intenciones de vigilar (y controlar) a toda la población (mientras que sus homólogos antes mencionados tenían que proyectar la ilusión de que tenían esa capacidad, mediante el adoctrinamiento, la propaganda, el miedo, etc.).[88][89]

La organización estaba dividida en diferentes departamentos, que se ocupaban

---

[86] Bezati, V., "Cómo Albania se convirtió en el primer país ateo del mundo", 28 de agosto de 2019. https://balkaninsight.com/2019/08/28/how-albania-became-the-worlds-first-atheist-country/

[87] "¿Qué pasaría si la traición de tus seres queridos te llevara a prisión? | NBC Left Field", julio de 2018.

https://www.YouTube.com/watch?v=OHfg2mog2sk

[88] https://www.wikiwand.com/en/Sigurimi

[89] Gjoka, B. "Declassified Documents Show Power of Albania's Communist Secret Police", 16 de noviembre de 2021.

https://balkaninsight.com/2021/11/26/declassified-documents-show-power-of-albanias-communist-secret-police/

de todo, desde la censura hasta el contraespionaje, pasando por los registros públicos, los interrogatorios, etc. Incluso investigaban a compañeros de secta en las filas del EPL para purgar a cualquier miembro del partido ideológicamente desleal. Entre los perseguidos se encontraban, por ejemplo, los que tenían simpatías pro-soviéticas, pro-yugoslavas o pro-chinas. Esto incluía a miembros del Comité Central y del Politburó.

Además de las escuchas telefónicas convencionales, utilizaron micrófonos ocultos para vigilar las conversaciones del público en general, incluso en sus propios hogares. Se colocaron miles de estos dispositivos por todo el país, a veces en zapatos, bolsos, corbatas, muebles, jarrones, joyas e incluso pipas de fumar (en todas partes menos en el culo de Hoxha, básicamente). Las conversaciones se grababan en el cuartel general de Sigurimi, el edificio de la Casa de las Hojas. Estos cabrones animaban a los albaneses a delatar a sus propios amigos y parientes, utilizando la coacción en algunos casos. En resumen, intentaban crear una sociedad de culto de ratas. Esta forma de control aprovecha la tendencia que tiene mucha gente a criticar o quejarse de los demás cuando no está justificado. La ideología saca a relucir la maldad de las personas, animándolas a destruirse unas a otras.

Todo esto es bastante sorprendente si tenemos en cuenta esta frase de Hoxha: "Un país en el que un hombre tiene miedo de criticar a otro no es un país socialista".[90] Obviamente, Hoxha no toleraba ninguna crítica real contra sí mismo. En el Primer Congreso del Partido Comunista, en noviembre de 1948, Hoxha se refirió al Sigurimi como el "arma amorosa" del partido. ¡P.s.y.c.h.o! Al final de la Albania comunista, demasiados albaneses habían sido aterrorizados por ellos. Demasiadas vidas arruinadas.

**Legado**

El 11 de abril de 1985, Hoxha partió de este reino hacia las llamas del infierno, para ser violado amorosamente por Marx y otros (probablemente la fantasía de toda su vida). Con el colapso mundial del comunismo a partir de 1988, tal vez un poco en el espíritu del desafío (loco) de Hoxha, el régimen de Albania "aguantó" un poco más que en otros países no soviéticos. Otro factor fue que, como el régimen seguía controlando férreamente el flujo de información - incluidas las noticias del mundo exterior-, ¡los albaneses ni siquiera se enteraron de la caída del Muro de Berlín! Finalmente, el EPL permitió la celebración de elecciones libres y la existencia de partidos de la oposición en diciembre de 1990. La estatua de Hoxha en Tirana fue derribada en 1991.[91]

Por desgracia, dado que muchos miembros de la secta consiguieron seguir

---

[90] https://www.azquotes.com/quote/770880

[91] Cavendish, R., "Death of Enver Hoxha", 4 de abril de 2010.
https://www.historytoday.com/archive/months-past/death-enver-hoxha

presentes en la política albanesa tras la caída del régimen (y sus intentos de mantener la verdad enterrada), el proceso de búsqueda e identificación de todas las víctimas se ha visto gravemente obstaculizado. Los intentos de acceder a la información acumulada por los Sigurimi han sido tema de debate político.

En 2008, el Partido Socialista de Albania obstaculizó tales intentos en el Parlamento albanés (lo que no es de extrañar, ya que el Partido Socialista de Albania es una continuación del EPL, que gobernó durante el Estado unipartidista de Hoxha). Las cosas pueden estar cambiando: el sitio web *Balkaninsight* informó en junio de 2023 de que se estaba planeando una investigación sobre las víctimas del campo de trabajo de Spac.[92]

Casi increíblemente, como otro insulto descarado al pueblo albanés, un grupo llamado *Partido Comunista de Albania* todavía existe allí y se les ha permitido participar en las elecciones. También se hacen llamar "Voluntarios de Enver".[93] Estos capullos deberían ser enterrados vivos en enormes y duraderas bolsas de plástico negro, ¡en honor a las víctimas de Hoxha! Al igual que otros países poscomunistas, Albania aún se está recuperando de los estragos causados por la secta/ideología. Era -y sigue siendo- uno de los países más pobres de Europa.[94]

### Revolución húngara

El 4 de noviembre de 1956, las fuerzas soviéticas invaden la República Popular Húngara, poniendo fin a la *Revolución Húngara*.[95] Los descontentos húngaros vivían descontentos con el único partido del país, *el Partido Obrero Popular Húngaro, que estaba bajo el* control directo del Kremlin.

Inspiradas por el discurso de Nikita Jruschov a principios de año, en el que denunciaba el régimen de Stalin, las protestas comenzaron en serio, exigiendo democracia y liberarse de la opresión soviética. El líder de la rebelión fue Imre Nagy (1896-1958), miembro de la secta de toda la vida. Nagy tenía intenciones de permitir elecciones multipartidistas e incluso de sacar a Hungría del Pacto de Varsovia.[96] El grueso del conflicto duró sólo doce días, antes de que los rebeldes fueran derrotados por el muy superior ejército soviético.

---

[92] Erebara, G., "Albania to Start Searching for Remains of Communist Camp Victims", 2 de junio de 2023. https://balkaninsight.com/2023/06/02/albania-to-start-searching-for-remains-of-communist-camp-victims/

[93] https://en.wikipedia.org/wiki/Communist_Party_of_Albania_(1991)

[94] https://worldpopulationreview.com/country-rankings/poorest-countries-in-europe

[95] "Soviets put a brutal end to Hungarian revolution", 24 de noviembre de 2009. https://www.history.com/this-day-in-history/soviets-put-brutal-end-to-hungarian-revolution

[96] https://www.britannica.com/event/Hungarian-Revolution-1956

Como consecuencia, Nagy fue ejecutado y miles de personas fueron juzgadas y encarceladas; también hubo una ejecución masiva. Dio lugar a la creación del *Partido Socialista Obrero Húngaro,* que gobernó como partido único hasta la caída del comunismo en 1989.

Posteriormente, los soviéticos afirmarían que lo que comenzó como una protesta honesta y razonable fue secuestrado por fuerzas fascistas respaldadas por Occidente. Los soviéticos sólo invadieron a petición de los "auténticos patriotas" (es decir, miembros de la secta marxista prosoviética), a los que se unieron para aplastar esta contrarrevolución. Ah... así que la culpa fue del fascismo y del imperialismo occidental, ¿no? (ojos en blanco). (Por cierto, en los últimos tiempos, el presidente ruso Vladimir Putin ha afirmado que Ucrania está llena de "nazis": ....).

### El gran muro del comunismo

"Hay que reconocer que la desaparición de la Unión Soviética fue la mayor catástrofe geopolítica del siglo"[97]

El Presidente ruso Vladimir Putin, discurso en el Parlamento ruso, 25 de abril de 2005

En 1961 comienza la construcción del infame *Muro de Berlín,* que dividió Alemania en la ostensiblemente democrática "Alemania Occidental" (*República Federal de Alemania*) y la comunista "Alemania Oriental" (*República Democrática Alemana*).[98]

El muro, que acabó apareciendo debido a la división de Berlín al final de la Segunda Guerra Mundial, fue una manifestación simbólica y física de la naturaleza divisoria y controladora de la ideología. Cumplía la doble función de mantener alejados a los no marxistas e impedir que los habitantes de Alemania Oriental se marcharan a su antojo. Formaba parte de lo que se llamó el *Telón de Acero, una* barrera física e ideológica que aprisionaba a todos los que se encontraban al este del "Bloque del Este", separándolos del Occidente "libre".

Como barrera física, esta "cortina" se extendía por casi toda Europa -desde la costa alemana en el norte hasta Yugoslavia en el sur- y medía unos 7.000 kilómetros de longitud. Los vídeos en línea que muestran a personas intentando escapar a través del alambre de espino ilustran la desesperación mejor de lo que podrían hacerlo las palabras. El muro cayó en noviembre de 1989, simbolizando el final de la Guerra Fría y liberando a los pueblos al este del estancamiento económico y la opresión ideológica.

---

[97] Associated Press, "Putin: Soviet Collapse a 'genuine 'tragedy'", 25 de abril de 2005. https://www.nbcnews.com/id/wbna7632057

[98] https://www.britannica.com/topic/Berlin-Wall

## La ruptura chino-soviética

Una diferencia ideológica de opiniones dentro de la secta, entre los miembros de la Unión Soviética y China. En la URSS posterior a Stalin, el primer ministro Nikitia Jruschov denunció públicamente muchos aspectos del régimen del Tío Joe en un discurso que pronunció en 1956 (en realidad no se refirió a él como el Tío Joe; no eran parientes). Esto marcó lo que se llamaría el proceso de "desestalinización" de la Unión Soviética. Este alejamiento del enfoque/sistema anterior (denominado estalinismo), causó un efecto dominó en el culto mundial; lo más inmediato fue que el líder de la China Roja -Mao Zedong- lo calificara de "revisionismo".[99]

En este contexto, el revisionismo significaba una desviación de los principios marxistas tradicionales; una especie de "ablandamiento" en ciertas cuestiones (particularmente en la idea de que las naciones comunistas tuvieran relaciones pacíficas con las no comunistas, en las que ambas pudieran coexistir). Esta evolución tuvo repercusiones en otros países comunistas y condujo al desarrollo de nuevas cepas/interpretaciones de la ideología (enumeradas en otro lugar).

El discurso que Jruschov pronunció en 1956 se titulaba "Sobre el culto a la personalidad y sus consecuencias".[100] La ideología/culto en sí es el culto a Marx. Curiosamente, el título alternativo de este libro que estás leyendo era "El culto de los coños y sus consecuencias coñazo".

## La Primavera de Praga

En 1968, se llevaron a cabo intentos internos para reformar la *República Socialista Checoslovaca;* un estado satélite de la Unión Soviética en aquel momento. Este periodo de reformas políticas, junto con las protestas masivas que tuvieron lugar en el país, se conoce como la *Primavera de Praga.*[101] El catalizador de este levantamiento fue el entonces líder del *Partido Comunista Checoslovaco,* Alexander Dubcek. Al igual que en la Revolución húngara de 1956, los checoslovacos querían una liberalización de su sociedad: libertad de expresión, de movimiento, descentralización de la economía, etc. Como en el caso anterior, los fanáticos del Kremlin no estaban de acuerdo y la noche del 20 de agosto se produce la invasión de Checoslovaquia.

A diferencia de la Revolución Húngara, no hubo combate entre los residentes y los invasores. Sin embargo, hubo un éxodo masivo, con más de un cuarto de

---

[99] https://www.britannica.com/topic/20th-century-international-relations-2085155/The-Sino-Soviet-split

[100] Jruschov, N. "Discurso ante el XX Congreso de la U.P.C.", 1956.https://www.marxists.org/archive/khrushchev/1956/02/24.htm

[101] https://www.britannica.com/event/Prague-Spring

millón de personas que huyeron (me pregunto por qué la gente huiría del heroico y glorioso Ejército Rojo). El 25 de agosto de 1968, ocho personas protestaron contra la invasión en la Plaza Roja de Moscú.[102] Obviamente, el gobierno soviético la consideró una traición y fue reprimida con extremo prejuicio. Algunos manifestantes fueron enviados a los brutales campos de prisioneros del Gulag en Siberia, otros a hospitales psiquiátricos. Cuando la secta/ideología tiene el control total, no se permiten las protestas.

## Kampuchea Democrática y los Jemeres Rojos

> "¿Soy violento? No. En lo que respecta a mi conciencia y mi misión, no había ningún problema".
>
> La entrevista final de Saloth Sar (alias Pol Pot), 1979[103]

Otra monstruosidad absoluta, incluso para los estándares marxistas, tuvo lugar en lo que ahora se llama Camboya, en el sudeste asiático. Durante un tiempo, este país fue un Estado "marxista-leninista" de partido único llamado *Kampuchea Democrática*, que existió entre 1975 y 1979. Estaba gobernado por el *Partido Comunista de Kampuchea (*también conocido como los *Jemeres Rojos*).[104] Este grupo apareció en escena cuando la podredumbre marxista se extendió por Asia en la era posterior a la Segunda Guerra Mundial y al colonialismo. Sus aliados en distintos momentos fueron la China de Mao Zedong, el Viet Cong, Corea del Norte y el *Pathet Lao* (*Ejército Popular de Liberación de Laos*) en la vecina Laos.

El nombre "Jemeres Rojos" significa "Jemeres Rojos": "Rouge" es "Rojo" en Français, por supuesto, y el pueblo "Khmer" era el grupo étnico dominante en esa zona. Así que, básicamente, otro grupo de culto.

La cúpula de los Jemeres Rojos estaba formada por miembros de la secta camboyana, muchos de los cuales fueron expuestos al marxismo mientras recibían "educación" en Francia. El psicópata al mando en este caso era un camboyano llamado Saloth Sar (que más tarde pasó a llamarse Pol Pot).[105] El Sr. Pot procedía de un entorno agrícola relativamente rico y acabó recibiendo una educación socialista de champán. Aprendió sobre figuras históricas como Maximillian Robespierre (1758-1794) de la Revolución Francesa) y se hizo fan del Tío Joe Stalin. Tras recibir su lavado de cerebro en París como

---

[102] Kramer, M. "La protesta de la Plaza Roja de agosto de 1968 y su legado", 24 de agosto de 2018. https://www.wilsoncenter.org/blog-post/the-august-1968-red-square-protest-and-its-legacy

[103] "La última entrevista con Pol Pot (subtítulos en inglés)". https://www.YouTube.com/watch?v=CQ9_BMshyiw

[104] "Jemeres Rojos". https://www.britannica.com/topic/Khmer-Rouge

[105] "Pol Pot", 21 de agosto de 2018. https://www.history.com/topics/cold-war/pol-pot

estudiante, regresó a Camboya en 1953 para hacer lo que suelen hacer los miembros de una secta: infectar su país de origen.

Cuando los Jemeres Rojos tomaron el control, Pol Pot vació la capital, Phnom Penh, y obligó a la población a desplazarse a las zonas rurales, divididas en zonas. Quería que todos fueran campesinos, para que todos recibieran el mismo trato (ya estamos otra vez...). [106] A los ricos que intentaban llevarse sus posesiones se les denegaba la entrada. El régimen se caracterizó por el autoritarismo marxista habitual: "igualdad" forzada, trabajo forzado, colectivización, liquidación de muchos ricos (es decir, de clase media o superior), intelectuales y disidentes políticos, etc. Como era de esperar, cuando el jodido sistema que el régimen impuso no funcionó, Pol Pot no aceptó la culpa. En su lugar, culpó a los enemigos políticos y a los infiltrados de arruinarlo todo. Los propios ex miembros de los Jemeres Rojos fueron asesinados en los centros de interrogatorio. Es uno de los regímenes de culto marxista con mayor número de muertos en relación con su población. Las estimaciones sobre el número de muertos varían entre 1,5 y 3 millones.[107] Fue otra manifestación de la ideología, resultado de la inestabilidad y el conflicto que generó en toda Asia.

Como preludio de este fiasco, la *Guerra Civil de Camboya* se desarrolló simultáneamente a la Guerra de Vietnam entre 1968 y 1975. Fue entre los Jemeres Rojos y sus aliados marxistas (Viet Cong y Vietnam del Norte, etc.), y el Reino de Camboya y sus aliados (Vietnam del Sur, Estados Unidos, etc.).[108] Por desgracia, prevaleció la secta y los Jemeres Rojos se hicieron con el control. Dado que las fuerzas marxistas se retiraron a menudo a través de la frontera con Camboya y Laos durante la guerra de Vietnam, la acción estadounidense al otro lado de la frontera era inevitable, oficial o extraoficialmente. Aunque sus fuerzas incursionaron en Camboya (a medias) con la *Operación Menú* (1969-1970) y *la Operación Acuerdo de Libertad* (1970-1973), desgraciadamente no se ocuparon debidamente de los Jemeres Rojos. Naturalmente, la secta utilizó estas acciones militares para generar simpatía por su "causa", tanto a nivel regional como internacional. Los comunistas se hacen las víctimas quejándose de que alguien intenta detenerlos. Intentando culpar a Estados Unidos de ser el malo de la ecuación. Típico.

La presión política generada por los miembros de la secta a escala internacional -incluido el movimiento "pacifista" en suelo estadounidense- contribuyó a la

---

[106] Deth, S.U., "Auge y caída de la Kampuchea democrática", 2009.

https://www.asianstudies.org/publications/eaa/archives/the-rise-and-fall-of-democratic-kampuchea/

[107] "Camboya". https://cla.umn.edu/chgs/holocaust-genocide-education/resource-guides/cambodia

[108] https://www.britannica.com/place/Cambodia/Civil-war

retirada de Estados Unidos de la región, y el menguante apoyo público resultante hizo que, por supuesto, nunca se produjera una invasión a gran escala de Camboya.

La infección permaneció y los camboyanos quedarían a merced de la secta, que no sólo masacró a millones de sus propios civiles sino también a los vietnamitas a lo largo de la frontera. Así que todos esos hippies imbéciles con el cerebro lavado y los estudiantes de las protestas "pacifistas" estadounidenses tenían las manos manchadas de sangre... igual que todos los traidores marxistas de Estados Unidos en aquella época.

El régimen de los Jemeres Rojos fue finalmente derrocado por los vietnamitas en 1978 en la *guerra camboyano-vietnamita*, en los años posteriores a la retirada de las fuerzas estadounidenses de la región.[109] El conflicto entre estos dos grupos continuó mucho después de que los primeros fueran desalojados del poder, y las hostilidades siguieron hasta 1989, cuando los vietnamitas se retiraron del país. Curiosamente, la ONU reconoció a Kampuchea Democrática como gobierno legítimo durante la ocupación vietnamita.

Esa situación demuestra la capacidad de la ideología para engendrar diferentes regímenes que luego competirán por el control de la región y se eliminarán entre sí. También es una lección sobre los horrores que pueden producirse cuando no se interviene a fondo y se eliminan los regímenes sectarios.

**Rodesia/Zimbabue**

Otro espectáculo de horror marxista, esta vez en Zimbabue, en el sudeste de África. Esta tierra tenía los atributos típicamente complejos de muchas naciones africanas poscoloniales, incluida la división dentro de la población no blanca (los pueblos shona y ndebele). Controlada formalmente por la *Compañía Británica de Sudáfrica*, acabó declarando su independencia como Rodesia en 1965, y fue Rodesia Zimbabue en 1979.[110] Durante gran parte de este periodo, el gobierno de la minoría blanca tuvo el control, aunque de un país no reconocido internacionalmente. Esta situación era el resultado de la política británica de sólo conceder la independencia a sus colonias africanas si había un gobierno mayoritario. En otras palabras, la minoría blanca no tuvo suerte.

La minoría blanca tuvo que hacer frente por sí sola a la creciente oleada asesina del marxismo negro, recibiendo cierto apoyo de la vecina Sudáfrica. Este conflicto constituyó la *Guerra de Rodesia* o *Guerra de Liberación de Zimbabue* ("Liberación" para ser marxistas; también podemos llamarla la

---

[109] "Vietnam-Camboya War | Overview, Background & History".
https://study.com/learn/lesson/vietnam-cambodia-war-causes-effects.html

[110] https://www.britannica.com/place/Zimbabwe

"toma marxista de Rodesia").[111] La guerra enfrentó a dos facciones marxistas principales -Z.A.N.L.A. (*Ejército de Liberación Nacional Africano de Zimbabue*) y Z.I.P.R.A. (*Ejército Revolucionario Popular de Zimbabue*)- *contra* la minoría blanca. El ZANLA era el ala militar de la ZANU (*Unión Nacional Africana de Zimbabue*); el ZIPRA era el ala militar de la ZAPU (*Unión Popular Africana de Zimbabue*).

Tanto ZANU como ZAPU formaron una coalición denominada *Frente Patriótico*. Las facciones marxistas contaban con el apoyo *del FRELIMO* (del vecino Mozambique) y del *Consejo Nacional Africano* (de la vecina Sudáfrica), así *como del FROLIZI* (*Frente para la Liberación de Zimbabue*). Mercenarios como los estadounidenses *Crippled Eagles* lucharon para las Fuerzas de Seguridad de Rodesia.

El ZANLA lanzó su campaña desde Mozambique, situado al este de Zimbabue. Estaba compuesto en su mayoría por la etnia shona y recibía suministros de China Roja. El ZIPRA, compuesto en su mayoría por ndebele, tenía su base en Zambia (norte/noroeste de Zimbabue). Este grupo tenía a los soviéticos como patrocinadores. El cubano Fidel Castro también ofreció su apoyo.

En esencia, se trataba de varios grupos sectarios por un lado y las Fuerzas de Seguridad de Rodesia (y sus aliados) *por* otro. Las facciones marxistas a veces luchaban entre sí. El conflicto duró aproximadamente quince años, de 1964 a 1979, y terminó en tablas. Los británicos intervinieron al final de la guerra como mediadores entre todas las partes implicadas, lo que dio lugar al *Acuerdo de Lancaster House.* [112]

Esto condujo finalmente a un gobierno de mayoría negra, en el que el partido marxista *ZANU-PF* ganó las primeras elecciones celebradas en el Zimbabue ahora reconocido internacionalmente. Por tanto, no fue realmente un "estancamiento": el culto salió victorioso. Como resultado, un hombre llamado Robert Mugabe se convirtió en el primer líder del país, con el cargo de Primer Ministro.

### Entra Mugabe

Robert Gabriel Mugabe fue otro africano "educado" en la universidad que tomaría el destino de su país por el cuello y lo arrastraría hacia una deliciosa utopía marxista. Este idiota asistió becado a la *Universidad de Fort Hare*, en Sudáfrica, en 1949. Fue allí donde Mugabe se infectó inicialmente, contrayéndolo de los miembros de la secta de allí. Se afilió al *Congreso Nacional Africano* y conoció las ideas del "nacionalismo africano". Más tarde se interesó por los escritos de los camaradas Marx y Engels. Tras licenciarse

---

[111] "La guerra de Bush". https://www.rhodesianstudycircle.org.uk/bush-war/

[112] https://en.wikipedia.org/wiki/Lancaster_House_Agreement

en historia y literatura inglesa, regresó a Rodesia del Sur en 1952.[113]

Comenzó entonces su carrera docente en varios lugares (¡pobres niños!), y finalmente acabó en Ghana en 1958. Allí recibió su segunda dosis de marxismo, cuando asistió al *Instituto Ideológico Kwame Nkrumah* de Ghana. Kwame Nkrumah (1909-1972) fue otro miembro de la secta "educado" en la universidad que se convirtió en el primer Presidente de Ghana en 1960. Nkrumah creó un Estado unipartidista y llevó a su país a la ruina imponiendo el "socialismo africano".[114]

Mugabe comenzó su participación en política durante la década de 1960, y fue encarcelado en 1964 debido a sus actividades, pasando los siguientes diez años en prisión, siendo liberado en 1974. Huyó a Mozambique, donde pasó unos años en el exilio mientras se desarrollaba la Guerra de Rodesia. Tras el conflicto, una vez que asumió el poder, Mugabe pasó a crear una dictadura de partido único y comenzó la inevitable persecución de la minoría ndebele.

Sus políticas condujeron a nuevos controles gubernamentales sobre la economía y las empresas estatales, y a la confiscación (sin compensación, por supuesto) de las propiedades de los granjeros blancos. Esta apropiación de tierras siguió la fórmula marxista del "anticolonialismo"/"anticapitalismo", en nombre de la "igualdad". Nadie tuvo en cuenta que los granjeros blancos eran los más indicados para dirigir las granjas (por su experiencia y saber hacer, entre otras cosas), y la producción de alimentos se paralizó, lo que provocó una hambruna generalizada. Millones de personas huyeron. El miope y torpe fanatismo del marxismo ataca de nuevo.

(Otro ejemplo de esta visión de túnel idiota y típicamente marxista ocurrió durante la Guerra de Rodesia, cuando las fuerzas marxistas asentadas al otro lado de la frontera, en Zambia, se quedaron perplejas porque se habían cortado a sí mismas el suministro de agua procedente de Zimbabue, un suministro de agua construido y mantenido por esos malvados, opresores, no marxistas, blancos colonizadores).

Más tarde, el *Ejército Nacional de Zimbabue* llevaría a cabo las masacres *de Gukurahundi*, principalmente contra la minoría ndebele (de 1982 a 1987 aproximadamente).[115] Además del elemento de genocidio étnico, los ndebele solían ser partidarios del ZAPU; dejando a un lado las etiquetas de los partidos y la política interna, se trataba de la represión política de quienes se oponían al gobierno marxista (típica de la secta cuando estaba en el poder). Las estimaciones razonables de las masacres variaron, oscilando entre ocho y

---

[113] https://www.britannica.com/biography/Robert-Mugabe

[114] https://en.wikipedia.org/wiki/Kwame_Nkrumah_Ideological_Institute

[115] Boddy-Evans, A. "¿Qué fue Gukurahundi en Zimbabue?", 12 feb 2019. https://www.thoughtco.com/what-is-gukurahundi-43923

veinte mil. Otro ejemplo de cómo se les cae la máscara: en este caso, a la secta/ideología no le importaban los derechos de los negros/africanos.

Conocido en su día como la "Joya de África", el reinado de Mugabe convirtió Zimbabue en un relativo infierno. A los que lucharon por el culto o lo apoyaron de otro modo nunca se les pasó por la cabeza que no era sensato destruir la infraestructura que había construido la minoría blanca. Es realmente un nivel de estupidez alucinante, ya que literalmente lucharon a muerte durante unos quince años con este objetivo en mente. Es otro buen ejemplo de lo que ocurre cuando el orden orgánico de la infraestructura se sustituye por teorías marxistas.

**Perestroika**

Durante la segunda mitad de la década de 1980, hacia el final de la era de la U.R.S.S., la administración soviética hizo un esfuerzo evidente por modificar su forma de dirigir sus asuntos. Esto implicó cambios en diversas áreas. El objetivo ostensible no era abandonar el socialismo, sino incluir aspectos de la "economía liberal". El término "Perestroika" lo hizo famoso el primer ministro soviético Mijaíl Gorbachov (1931-2022) y significa "reconstrucción" o "reestructuración".[116]

Otro término utilizado fue "Glasnost", que significa "apertura" o "transparencia" (suena encantador, ¿verdad?). En mi opinión, se trataba de un intento de la secta de ocultar sus intenciones, fingiendo que el "comunismo" se suavizaba, se volvía más benévolo y reflejaba mejor la cultura occidental. Este tema se trata en *The Perestroika Deception: Memoranda to the Central Intelligence Agency* (1998), escrito por un destacado desertor del KGB llamado Anatoliy Golitsyn.

Para poner todo esto en contexto, el régimen ruso de hoy tiene una imagen en algunos sectores de ser mucho más "amable" que los regímenes anteriores, pero no debemos hacer suposiciones. Está claro que la Rusia de Putin tiene alianzas con China y Corea del Norte y otros países, lo cual es preocupante. En el momento de escribir estas líneas, las fuerzas rusas se encuentran actualmente en Ucrania. Rezo para que, cuando lean esto, no se hayan anexionado el país. Esto significaría que la alianza "comunista" ha dado otro paso hacia el oeste, y otra pieza en el tablero de ajedrez...

**Resumen de la sección histórica**

Algunos podrían pensar que estos regímenes "comunistas" del pasado no tienen ningún paralelismo en las sociedades actuales; que era una época pasada. Esto es erróneo: hay muchas similitudes. Puede haber diferencias en los métodos de la secta/ideología, pero lo importante es su nivel de influencia/dominio ideológico en general.

---

[116] https://www.britannica.com/topic/perestroika-Soviet-government-policy

Algunas de las cosas que están ocurriendo en los últimos tiempos recuerdan a esos regímenes: el control de la circulación dentro de un país, y la capacidad de salir/entrar en un país sólo bajo ciertas condiciones (es decir. el Estado decide qué tipos de alimentos, servicios y trabajos son "esenciales" (bloqueos por Covid); el acoso y castigo por parte de los servicios policiales del Estado si se critica abiertamente a los miembros de la secta (aplicación de la "incitación al odio"), y/o la protección de los miembros de la secta por parte del Estado; la creación de sociedades de ratas con el cerebro lavado y "políticamente correctas", y el uso de la tecnología para vigilar al público en general.

También: los medios de comunicación dominantes que bombardean constantemente propaganda, y la censura de cualquier cosa que la contradiga; el control de la secta de los sistemas educativos y el adoctrinamiento de los jóvenes utilizando diversos métodos; los intentos de ganar más influencia sobre los jóvenes separándolos "legalmente" de sus padres; el control del habla/lenguaje en la sociedad; el control de las artes/cultura/entretenimiento, y la marxificación del mismo; el ataque a la religión y la espiritualidad, en particular al cristianismo; los intentos de imponer la igualdad; la promoción/uso del socialismo como sistema económico; el constante énfasis en el aparente imperialismo de los Estados Unidos/países de la OTAN (como forma de distracción y propaganda, etc.). etc.).

**La culpa es de la ideología en su conjunto.**

No se han incluido todos y cada uno de los casos de infección; sólo se ha hecho un breve repaso. Se han examinado en otros lugares y requerirían libros y libros. Tengamos en cuenta un punto clave aquí: si el marxismo "revolucionario" no existiera -o al menos, si se tratara como la ideología tóxica que es- entonces todos esos regímenes/incidentes no habrían ocurrido.

Toda esa intimidación, tortura, robo, terror, violencia, hambre y muerte no habría afectado a todas esas decenas de millones ni destruido todas esas tierras. Estoy incluyendo los impactos negativos de cualquier cepa de la ideología, ya sean las consecuencias de la catástrofe económica creada por el socialismo, o la invasión/guerra de las fuerzas marxistas, etc.

Los miembros de las sectas modernas de todo el mundo intentarán constantemente distanciarse de esta historia de acontecimientos. Pueden identificarse como cualquier tipo de "izquierdista", socialista, marxista, trotskista, etc., y afirmar que están separados de todo eso. No dejes que se salgan con la suya. Gríteselo, métaselo por los oídos y hágaselo tragar. No es una perdida de tiempo solo porque no te escuchen o no entiendan, porque otros no miembros de la secta te escucharan y se uniran.

En muchos casos, no tratamos de convencer, sino de criticar y reprimir. Es absolutamente su / nuestro derecho a desahogarse con ellos de esta manera, por apoyar estúpidamente esta ideología. Es su ideología/secta.

Esto es lo que intentan imponernos hoy. Esta es su causa, consciente o inconscientemente, y de lo que están orgullosos. Este es su legado marxista, y nosotros les sostendremos el espejo.

## Diferentes cepas (para diferentes personas)

"A partir del revolucionario Marx, se establece un grupo político con ideas concretas. Basándose en los gigantes, Marx y Engels, y desarrollándose a través de pasos sucesivos con personalidades como Lenin, Stalin, Mao Tse-tung y los nuevos gobernantes soviéticos y chinos, establece un cuerpo de doctrina y, digamos, ejemplos a seguir"[117]

El fanático culto argentino Ernesto "Che" Guevara,
Apuntes sobre la Revolución Cubana (1960)

Echemos un vistazo a las "cepas" marxistas -varias interpretaciones, "marcas" o sectas del culto- que han surgido globalmente en distintos momentos de la historia de la ideología. Céntrate en la idea de que la infección ideológica ha estado presente en todas estas situaciones (de una forma u otra y en un grado u otro), sea cual sea la etiqueta que estos grupos se pongan a sí mismos, o como quiera que se llamen ahora. La propia ideología desempeñó el papel fundamental, así que no se deje confundir ni engañar por nadie que le diga lo contrario. Lo importante aquí es dónde ha estado presente la infección ideológica, no las diferencias entre cada sistema, régimen, grupo, etc., en las que a otros (especialmente a los miembros de las sectas) les gusta centrarse.

A continuación se presenta una tabla de algunas de las distintas cepas, en la que se indica: el nombre variante, su homónimo, el lugar de origen y el periodo aproximado de origen y/o existencia.[118]

| Variante/Estrés | Namesake | Origen | Periodo de tiempo |
|---|---|---|---|
| Socialismo fabiano | Sociedad Fabiana | REINO UNIDO | A partir de 1884 |
| Leninismo | Vladimir Lenin | Rusia | pre/post 1917 |
| Luxemburgismo | Rosa Luxemburgo | Alemania | anterior a 1919 |
| Marxismo-leninismo | Karl Marx, V.I. Lenin (Stalin) | Rusia | antes/después de 1924 |

---

[117] Guevara, E., *Notas sobre la Revolución Cubana* (1960). https://libquotes.com/che-guevara/quote/lbd0b8u

[118] https://en.wikipedia.org/wiki/List_of_communist_ideologies

| Trotskismo | León Trotksy | Rusia | A partir de 1927 |
|---|---|---|---|
| Estalinismo | José Stalin | Rusia | A partir de 1927 |
| Maoísmo | Mao Ze Dong | China | A partir de 1920 |
| Titoísmo | Josip Broz (alias "Tito") | Yugoslavia | 1945- 1980 |
| Castrismo | Fidel Castro | Cuba | 1959-2008 |
| Guevarismo | Ernest "Che" Guevara | N/A | 1960s |
| Hoxhaism | Enver Hoxha | Albania | 1978 en adelante |
| Ho Chi Minh pensó | Ho Chi Minh | Vietnam | 1991 en adelante |

## Mesas continentales

¿Cómo podemos intentar cuantificar una infección ideológica que existe en la mente de las personas? ¿Es esto posible? A menos que nos sentemos con cada persona de la Tierra y la entrevistemos, ¿cómo vamos a saber quién está infectado y en qué grado? Tal vez en el futuro podríamos adoptar un enfoque similar al de *Star Trek*, con un sistema automatizado de algún tipo, que incluya ciertas preguntas de sondeo, etc. Una persona se sienta en una silla y ¡bam! obtiene inmediatamente los resultados de su infección. O un artilugio como una pistola de velocidad, con la que apuntas a alguien y te da la información, diciéndote hasta qué punto es un loco con el cerebro lavado.

Desgraciadamente, no nos podemos dar ese lujo. Sin embargo, sabemos que este culto es global. Bueno... ¿cómo de global? Esta sección sólo pretende dar al lector una idea general de la expansión geográfica e histórica de la ideología. Como no se trata de un libro histórico, intentar documentar toda la historia del marxismo no forma parte del resumen, ni es necesario (sin embargo, puede abrir el apetito para un estudio más profundo).

En las siguientes tablas, por tanto, hay una selección de grupos políticos marxistas en cada país para mostrar una clara presencia cronológica, desde aproximadamente su aparición hasta la actualidad. Esto demuestra que el "comunismo" no sólo existió y alcanzó su apogeo en el siglo XX (una percepción de lo más errónea); ¡está vivito y coleando hoy en día y es más fuerte que nunca! De hecho, ningún otro movimiento de la historia se le puede comparar, en términos de escala y estructura.

Además, utilizar grupos políticos es una forma fácil de mostrar una clara presencia organizativa marxista en cada país, y (en muchos casos) la implicación de grupos internacionales subversivos (por ejemplo, la Comintern soviética). Por supuesto, los grupos políticos (por muy importantes que sean) son sólo la parte más visible de todo el movimiento sectario internacional.

Si analizamos un país concreto en este contexto, es obvio que el tipo de individuos que están creando grupos u organizaciones marxistas no son marxistas de salón (es decir, no están sentados en casa leyendo la literatura de la secta y guardándose sus ideas para sí mismos, o simplemente influyendo o infectando a los que les rodean, lo cual ya es bastante malo). Se unen a otras personas infectadas y pretenden infectar al resto de la población de su país. Por lo tanto, centrarnos primero en estos grupos es un buen punto de partida para nuestros propósitos, a la hora de comprender el alcance global de la ideología.

Además, la presencia (o falta de ella) de organizaciones marxistas puede mostrar el nivel de tolerancia que la población tiene hacia el marxismo/los marxistas: una sociedad vehementemente antimarxista no permitirá que estos individuos se organicen y procedan con su contaminación/destrucción del país (poco común en el mundo actual); por el contrario, una sociedad ingenua les permitirá organizarse, ganar impulso, crecer en fuerza, llegar al gobierno, etc. (común, por desgracia). Probablemente no sorprenda al lector (como mostrarán las tablas) que casi todas las partes de la Tierra han sido infectadas en algún momento de esta era marxiana. El "punto de infección" de un país, es cuando las ideas marxistas aparecen inicialmente allí (por ejemplo, individuos en una sociedad escribiendo o escupiendo marxismo).

Como ya se ha mencionado, parece que a la secta/ideología le gusta atacar cuando los países se encuentran en un estado de transición, inestabilidad y debilidad; en otras palabras, condiciones muy favorables para una toma del poder (por ejemplo, Europa después de la Primera Guerra Mundial). A menudo, él mismo crea esas condiciones favorables (ampliado en otro lugar). Como ya se ha dicho, el marxismo ha venido a sustituir al imperialismo tradicional. Los movimientos "independentistas" de muchos países fueron a menudo creados por el marxismo. Los nombres de los grupos enumerados -y el periodo de tiempo- lo reflejarán.

**Fusible retardado e influencia externa**

El impacto de una infección marxista suele tener una espoleta retardada. Si, por ejemplo, se funda una organización marxista (por ejemplo, un partido político socialista/comunista, o un sindicato, etc.) en un país sudamericano en el año 1920, pueden pasar años, a menudo décadas, hasta que la infección se extienda a escala nacional lo suficiente como para empezar a ejercer una influencia real en sus asuntos. Hay muchas variables que afectan a este proceso en un país determinado, incluido su nivel de estabilidad política y lo susceptible/vulnerable que es una población a una toma del poder marxista. Además, el progreso de un país hacia una infección mayor puede verse acelerado por la influencia de otros países que se encuentran en una fase posterior y más avanzada de la infección. Esto se manifiesta cuando el país más grande ayuda a la "revolución" ofreciéndole asistencia/ayuda, ya sea consultiva y diplomática, personal, financiera, entrenamiento militar y material, etc. Ejemplos de este proceso serían la U.R.S.S. o la China Roja creando/apoyando/influenciando la multitud de levantamientos marxistas en África y Sudamérica en el siglo XX.

### Una infección persistente

Una vez que la infección de un país se establece, si no se detiene, entonces comienza a proliferar, luego gana el control, y comienza el proceso de arruinar inevitablemente el país con el socialismo (entre otras cosas). A menudo, hay un retroceso de la "derecha", cuando el público en general ha entrado en razón; una vez que el hechizo se ha desvanecido, y la promesa que los marxistas les hicieron sobre una utopía socialista no se materializa, entonces empiezan a despertar a lo que (¡y quién!) es el problema. Cualquiera que sea el régimen que se establezca, si es suficientemente antimarxista, podrá mantener a raya la infección.

Desgraciadamente, este periodo puede no durar indefinidamente y, tarde o temprano, la infección resurge. Esto es precisamente lo que ocurrió en España en el periodo comprendido entre la formación de la pro-marxista *República Española* en 1931; el gobierno del Generalísimo antimarxista Francisco Franco desde el final de la Guerra Civil Española en 1939 hasta su muerte en 1975; y el inevitable resurgimiento del marxismo en ese momento. Otro ejemplo es lo que ocurrió antes, durante y después del régimen de Augusto Pinochet en Chile durante la mayor parte de las décadas de 1970 y 1980.

Otro es la historia del socialismo y de *Bela Kun* en Hungría desde 1919 hasta el periodo final de la Unión Soviética en 1989: fue la *República Socialista Húngara* brevemente en 1919, después de algunos trastornos en el periodo de entreguerras, y de ser aliada de *las Potencias del Eje* en la Segunda Guerra Mundial, estuvo bajo el control total de los soviéticos durante décadas. Otro ejemplo obvio es Italia antes, durante y después del reinado de Mussolini. Hay muchos otros ejemplos y variaciones de este patrón de infección, desinfección y reinfección. Los partidos/grupos pueden ser prohibidos en un país por un régimen concreto y quizás incluso obligados a pasar a la clandestinidad (pueden estar inactivos o activos ilegalmente, durante este periodo), para luego resurgir en un momento posterior. Lo vemos con frecuencia con los grupos marxistas a lo largo de la historia.

Y aquí hay un punto de suma importancia para este tema (y me atrevería a decir, para la humanidad): una vez que los no miembros de la secta están en una posición de dominio, si la voluntad de mantener la infección suprimida no es lo suficientemente fuerte en una sociedad dada, inevitablemente reaparece. Tenemos que romper este ciclo, de una vez por todas...

A menudo, como demuestra la historia, cuando los países salen de un período catastrófico de infección marxista total (es decir, teniendo un gobierno socialista, que inevitablemente arruina el lugar), luego caen en una dictadura militar. Esto ocurrió en varias ocasiones en Sudamérica. Un ejemplo famoso es la presidencia del marxista chileno Salvador Allende (1908-1973), miembro de culto elegido democráticamente.

Tras unos años de destrucción, fue sustituido por una junta militar, con Augusto Pinochet como líder. Que esto sea malo o no depende de la postura del nuevo régimen ante el marxismo/la secta (Pinochet era anticomunista acérrimo).

## Qué incluyen las tablas

El principal objetivo de esta sección es mostrar la presencia/influencia/dominio de la ideología en estos países/estados, ya sea históricamente o en la actualidad. Aunque la elaboración de estas tablas ha llevado bastante tiempo, no se trata de una lista exhaustiva; hay innumerables grupos de corta vida o grupos fracasados que no están incluidos.

Tampoco se incluyen las innumerables alas juveniles de cada uno de estos grupos (muchas de las cuales influyen activamente en la juventud actual). Se incluyen algunos de los grupos guerrilleros terroristas marxistas "revolucionarios" o de "liberación" activos en todo el mundo durante el siglo XX. También se incluyen algunos partidos "verdes" y algunos partidos feministas, ya que estos movimientos no existirían sin el marxismo.

No se incluyen los grupos anarquistas, aunque muchos (si no todos, en algún nivel) pueden estar contaminados con el marxismo hasta cierto punto (a nivel ideológico/en términos de personal/ambos). Además, si participan activamente en el ataque al "sistema", pueden estar (consciente o inconscientemente) al servicio del marxismo. Por tanto, podríamos considerar que este tipo de grupos forman parte de la estructura marxista mundial de organizaciones infectadas por la ideología.

Se incluyen algunos partidos que se etiquetan a sí mismos como "Liberales" o "Progresistas", ya que también pueden estar contaminados. De hecho, hay una presencia significativa de marxismo/marxistas en este tipo de grupos, y pueden estar (consciente o inconscientemente) sirviendo al marxismo con ideas de "justicia social", igualdad, etc. Tanto si el partido o sus miembros se identifican oficialmente con la ideología como si no, pueden estar contribuyendo con su mentalidad o enfoque marxista. La podredumbre marxista se complace en proliferar mientras se esconde tras esas etiquetas. Se trata de un embrollo muy serio, común y complejo que debemos desenredar un poco. Lo hacemos comprendiendo la ideología e identificando a quienes la propugnan como marxistas, independientemente de cómo se llamen a sí mismos o a qué grupos pertenezcan. No se incluyen las muchas organizaciones/federaciones de trabajadores o sindicatos, u otros tipos de organizaciones que se han utilizado como "organización de fachada comunista" que pueden estar/han estado presentes en un país.

### ¿Importa si un partido marxista está en el poder o no?

Se trata de una red casi clandestina de influencia ideológica mundial, abierta y encubierta a la vez. Está lo suficientemente oculta como para mantener desprevenidas a las masas.

Independientemente de si un partido marxista está en el poder, o si incluso forma parte del gobierno/parlamento, puede seguir ejerciendo influencia en los asuntos de un país. Esto es posible gracias a sus conexiones con otras entidades ideológicamente contaminadas (universidades, sindicatos, ONG, etc.). En Irlanda, por ejemplo, grupos políticos marxistas como *Solidarity-People Before Profit* operan en la periferia y nunca estarán "en el gobierno", pero contribuyen de otras maneras a la marxificación de Irlanda en general. Grupos como éste también actúan como "oposición" a los principales partidos (oficialmente no marxistas) en el discurso político general.

De nuevo, estamos hablando de la ideología del marxismo y todas sus variantes. Por lo tanto, también puede estar presente en grupos que se identifican como "conservadores" o "de derechas" debido a las tácticas marxistas de "subversión ideológica" o lo que se denomina "entrismo": la infiltración de grupos contrarios (la primera se describe en la sección Varios grupos y encarnaciones).

### ¿Puede un grupo no marxista estar contaminado o ser pro-marxista?

Sí, esto es posible. Para añadir otra capa de complejidad a nuestras percepciones aquí, es posible que grupos (que oficialmente no son marxistas) puedan parecer relativamente indemnes a la subversión/entrismo directo, sin embargo estos individuos/grupos pueden estar ya contaminados con una mentalidad marxista/socialista. Esto se debe a que los propios miembros están contaminados (tal vez incluso totalmente inconscientes de que están saboteando los esfuerzos de sus grupos en general).

Esto puede aplicarse independientemente de la posición oficial de un individuo o grupo (por ejemplo, si son oficialmente "nacionalistas" o "patrióticos"); si son capitalistas ricos; o incluso si son oficialmente "anticomunistas" en algunos casos. El hecho de que un grupo se comercialice como "patriótico" o "nacionalista" no significa que no esté vendiendo marxismo de una forma u otra, consciente o inconscientemente. Realmente depende de la mentalidad y la vigilancia de las personalidades que dirigen el rumbo del grupo. Esto es lo que hace que tratar con la infección marxista sea tan complejo: las cosas no son lo que parecen en la superficie, y desafortunadamente muchos en la sociedad toman las cosas al pie de la letra (para nuestro perjuicio colectivo).

Por tanto, aunque en las tablas siguientes sólo se enumeran los grupos abiertamente socialistas y comunistas, eso no significa que no haya contaminación marxista en los partidos de "centro" o "derecha" de un país determinado. Enumerar todas las incidencias de este tipo llevaría bastante tiempo, sospecho...

En la República de Irlanda, dos de los partidos más grandes -*Fianna Fáil* y *Fine* Gael- no se consideran organizaciones marxistas (oficialmente, son de "centro a centro-derecha" y de "centro-derecha", respectivamente; etiquetas sin sentido), pero también están plagados de pensamiento marxista, y de marxistas que se hacen pasar por no marxistas, o por "internacionalistas"/"globalistas". Otro partido importante, *el Sinn Fein* -un partido marxista pseudopatriótico- ha sido considerado a menudo "oposición". ¡No hay oposición al marxismo internacionalista en el gobierno irlandés! Como se ha mencionado anteriormente, por desgracia, todo lo que se necesita es que los grupos parezcan diferentes para hacer creer a las masas que hay alguna variedad en el sistema, o que tienen una opción cuando llega el momento de acercarse a la urna comunista con forma de estrella roja.

## Los nombres de estos grupos

En lo que a marketing se refiere, la secta se lleva la palma (Karl). La naturaleza de señalización de virtudes de la ideología es evidente incluso en los nombres que crea para sí misma. Muchos de los nombres de partidos/grupos intentan promocionarlos como humanitarios benévolos, salvadores, "radicales", guerreros, etc.

Además de los términos más previsibles de "socialista", "obrero", "comunista", "revolucionario", "popular" o "laborista" que se utilizan, veremos otros términos: términos como "obrero", "pueblo trabajador", "laborista". (Por supuesto, "Populares" es una forma sugerente de decir "¡Os apoyamos! El pequeño, impotente, de bajo estatus, pobre oprimido!". Obviamente, siempre hay mucha gente así, en cualquier sociedad, por lo que utilizar estos términos tiende a engatusar a una parte significativa de la población). El término "democrático" es importante e irónico, ya que el marxismo manipula el sistema democrático para introducir a los suyos (donde no se permiten voces disidentes (no marxistas)).

Para el ciudadano de a pie, términos como "progresista" sugieren un cambio constructivo o un movimiento benévolo hacia adelante; que este grupo pretende mejorar las cosas de alguna manera. Muchos partidos "progresistas" son miembros de la *Internacional Progresista* (que incluso un novato puede ver que es una organización claramente marxista).[119] Así que sí, "progresista". Progresista en una dirección marxista. Progreso para el marxismo.

Esto enlaza con lo dicho anteriormente sobre los grupos u organizaciones marxistas que se etiquetan a sí mismos de cualquier manera excepto "marxista". Podemos ver nombres de grupos que incluyen las palabras "socialdemócrata" y "republicano". Otros términos clave incluyen Liberación, Libertad, Lucha, Unidad, Solidaridad, Radical, Independencia, Justicia, Revolución. Ah, ¿y he mencionado "Pueblo"? (Lo sé, ya lo he hecho). No podemos olvidarlo.

---

[119] "Quiénes somos". https://progressive.international/about/en

"Pueblo" esto y "Pueblo" aquello multiplicado por mil (irónico para una ideología anti-humanidad). ¿No son todos estos términos manipuladores y engañosos, cuando aceptamos que la ideología es en realidad malévola (en lugar de ser benévola, que es como se comercializa a sí misma)? El factor Caballo de Troya es evidente aquí: es manipulación emocional utilizando el lenguaje.

En algunas partes de las tablas, donde se mencionan estados/países marxistas de partido único totalmente infectados, se denominan: (insertar nombres de países) _____ República Socialista, República Democrática de _____, República Federal de _____, República Unida de _____, República Popular de _____, República Democrática Popular de _____, República Socialista Democrática de _____, República Revolucionaria Popular de _____ etc. etc.

Imagínese, un mundo lleno de países totalmente marxistas, ¡qué aburrido! Por supuesto, incluso si un estado/país ha cambiado su nombre (de uno de los enumerados anteriormente), esto no significa que este lugar esté ahora libre de marxismo. A pesar del daño que la infección marxista hace a los países, algunos seguirán, sorprendentemente, sintiéndole afecto (de hecho, este es el caso de todo el mundo).

### ¿Partidos patrióticos nacionalistas marxistas?

Algunos grupos utilizan palabras como "patriótico" y "nacionalista" en sus títulos. Es la pintura de "derechas" que esconde el motor marxista bajo el capó. Han utilizado términos como estos con gran efecto en países que estaban (hasta un momento dado) controlados por una potencia/imperio extranjero.

El término "nacionalista" es una buena elección, porque puede unir a las masas de ese país como un grupo, haciéndoles creer que están participando en algo beneficioso para ellos mismos. Desgraciadamente, en este caso, acaban de ser engañados para que participen/apoyen una toma de poder marxista de su propio país (que inevitablemente lleva a su destrucción/su destrucción). Su país -como ha sucedido a tantos en el siglo XX en todo el mundo- pasará entonces de estar bajo el control imperial oligárquico a estar bajo el control de la ideología/culto marxista (ejemplo: la República de Irlanda).

Casi todo el continente africano, en general, pasó de estar bajo un cierto nivel de control imperial, a estar bajo la influencia del marxismo. Este patrón se repitió una y otra vez allí, cuando los países se independizaron de los diversos imperios oligárquicos europeos, entre ellos Gran Bretaña, Francia, Países Bajos, Portugal, España e Italia. De hecho, muchos países parecían estar cada vez más bajo las garras del marxismo una vez que la potencia colonial en cuestión concedía al país su independencia. Obviamente, se creó un vacío de poder cuando las potencias coloniales decidieron retirarse de esos lugares; un vacío que el marxismo siempre pretendió llenar.

Como ya se ha mencionado, el propio marxismo fue el responsable de desencadenar los llamamientos a la "independencia" en primer lugar. Para resumir este punto (con nuestra nueva perspectiva antimarxista) cuando los movimientos marxistas de estos países utilizaron el término "nacionalismo" para sus propios fines, no significaba "libertad e independencia para ser libre", significaba "libertad e independencia para hacerse marxista" (y perder tu libertad e independencia). Gran diferencia.

## Notas técnicas para las tablas

"Desconocido": A veces verá que el periodo activo de un grupo aparece, por ejemplo, como "1928-desconocido". Cuando digo "desconocido" no significa que la información no se encuentre en ninguna parte, sino más bien que no he sido capaz de encontrarla con la suficiente rapidez. También es muy posible que no me haya molestado en hacerlo. Significa "no me consta", básicamente. Además, resulta inquietante comprobar cuántos grupos siguen existiendo hoy en día (por ejemplo, "1928-presente").

Partidos de la Comintern: La mayoría de los grupos/partidos creados por/vinculados a la Comintern se subrayarán con "(Com)".

Geolocalización: no dude en mirar un mapamundi mientras lee estas tablas, para hacerse una idea de la cobertura de la ideología.

## Norteamérica y Groenlandia

La historia del marxismo en Estados Unidos es larga y ya se ha tratado suficientemente en otros lugares. Aunque la ideología se abrió camino en ese país durante el siglo XIX (como en la mayoría de los demás lugares), no fue hasta el periodo posterior a la Primera Guerra Mundial cuando el país fue blanco directo de la subversión ideológica del régimen de Vladimir Lenin. Se han escrito muchos libros sobre el tema.

Estados Unidos está gravemente infectado; un vistazo de cinco minutos al estado de la actualidad allí lo confirma. La magnitud del movimiento socialista se refleja en cierto modo en el gran número de partidos que aparecen en la tabla siguiente, que se remonta a mediados del siglo XIX. La historia de los movimientos obreros y sindicales en Estados Unidos, además de otros ámbitos relevantes de la sociedad (mundo académico, medios de comunicación, etc.), apuntan a un alto nivel de infección. Canadá, al formar parte de la Commonwealth británica, siempre iba a estar muy infectado, debido a su proximidad y similitud con Estados Unidos, y a sus vínculos con la sociedad y la política británicas.

México, siendo el principal puente terrestre hacia EE.UU. para América Central y del Sur, estaba destinado a sucumbir a una infección. Fíjense en los grupos de Hawai, en el Pacífico. Ni siquiera Groenlandia, en el Atlántico Norte, ha permanecido intacta. Es interesante que consiguiera el autogobierno de Dinamarca en 1979, más o menos en la misma época en que se establecieron los partidos marxistas. Muchos países han seguido este modelo.

| Ubicación | Grupos destacados |
|---|---|
| Canadá | *Partido Socialista Laborista* (1898-2005); |
| | *Partido Socialista de Columbia Británica* (1901-1905); |
| | *Partido Socialista de Canadá* (1904-1925); |
| | *Partido Laborista Canadiense* (1917-1942); |
| | *Partido Comunista de Canadá* (1921-presente); (Com) |
| | *Partido Socialista de Canadá* (1931-presente); |
| | *Federación de Cooperativas de la Commonwealth* (1932-1962); |
| | *Nuevo Partido Democrático* (1961-presente); |
| | *Partido de la Democracia Socialista* (1963-2002); |
| | *Partido Comunista de Quebec* (1965-presente); |
| | *Partido Comunista de Canadá-Marxista-Leninista* (desde 1970); |
| | *Partido Comunista Revolucionario de Canadá* (2000-presente); |
| | *Solidaridad Quebequense* (2006-presente) |
| Groenlandia | *Comunidad para el Pueblo* (1976-presente); |
| | *Delantero* (1977-presente); |
| | *Partido Laborista* (1979-1983) |
| | Groenlandia consiguió la autonomía de Dinamarca en 1979. |
| México | *Partido Comunista Mexicano* (1917-1981); |
| | *Partido Comunista Bolchevique* (1963-desconocido); |
| | *Partido Revolucionario del Proletariado* (1964-desconocido); |
| | *Partido Socialista Unido de México* (1981-1987); |
| | *Partido Socialista Mexicano* (1987-1989); |
| | *Partido Comunista de México* (1994-presente) |
| EE.UU. | *Partido Socialista Laborista* (1876-presente); (Com) |
| | *Partido Socialdemócrata de América* (1898-1901); |
| | *Partido Socialista de América* (*SPA*. 1901-1972); |
| | *Liga de Propaganda Socialista de América* (1915-desconocido); |
| | *Partido Socialista Mundial de Estados Unidos* (1916-presente); |

*Partido Comunista de EEUU* (1919-presente);

*Partido Mundial de los Trabajadores* (1959-presente);

*Partido Laborista Progresista* (1962-presente);

*Partido Socialista de la Libertad* (1966-presente);

*Partido Marxista-Leninista de EEUU* (1967-1993);

*Socialdemócratas* (1972-presente);

*Partido Comunista de los Trabajadores* (1973-1985);

*Partido Socialista de los Estados Unidos de América* (1973-presente);

*Partido Comunista Revolucionario* (1975-presente);

*Democratic Socialists of America* (organización sin ánimo de lucro creada por el *SPA*. 1982-presente);

*Partido Laborista Estadounidense* (2008-presente)

Estado estadounidense de Hawai:

*Partido Demócrata de Hawai* (1900-presente);

*Partido Comunista de Hawai* (1937-1958);

*Partido Verde de Hawai* (1992 aprox.-actualidad)

## América Latina y el Caribe

América Latina y el Caribe se han visto acribillados desde el siglo XIX, siguiendo así un patrón de infección típico. Dado que esta región tiene un extenso pasado imperial colonial, y el legado resultante, fue fácil para la ideología atrincherarse aquí (es decir, las hazañas de los españoles y portugueses en esta región en siglos pasados, además de los franceses, holandeses y británicos, en menor medida). Sin embargo, es diferente a África, ya que los países de esta región lograron la independencia de los imperios extranjeros mucho antes en general que sus homólogos africanos.

La proximidad de América Latina a Estados Unidos significaba que Lenin y la Comintern estaban muy interesados en encender fuegos ideológicos en sus puertas geográficas. En general, a partir de la década de 1920 se aceleró la infección, sumiendo a estas regiones en un caos "revolucionario". Las falsas promesas del socialismo a los menos afortunados, como de costumbre, fueron la zanahoria que se colgó delante de los menos ricos, y así crecieron las llamas. [th]Desgraciadamente, la guerra civil, los asesinatos, los golpes militares y la miseria económica fueron la historia de América Latina durante la mayor parte del siglo XX y más allá.

La ideología desempeñó un papel en: el liderazgo de Juan Perón en Argentina; el impacto "progresista" de Jorge Gaitán en Colombia y su asesinato, seguido de una década de disturbios-La Violencia; la historia de Jacobo Arbenz en

Guatemala; la colaboración de Fidel Castro y el Che Guevara, y la Crisis de los Misiles en Cuba (que casi lleva al mundo a la guerra atómica); el régimen antimarxista de Alfredo Stroessner en Paraguay; los Contras apoyados por EEUU que se oponían a la Junta Sandinista en Nicaragua; la presidencia del miembro de la secta Salvador Allende en Chile, seguida por el régimen de Augusto Pinochet; un esfuerzo masivo, multinacional y transfronterizo para combatir la infección en toda América Latina llamado Operación Cóndor; las zonas autónomas rebeldes zapatistas en México; la Revolución Bolivariana y Hugo Chávez en Venezuela; y tantos otros ejemplos.

América del Sur también destaca por el número de grupos terroristas marxistas -llamados "luchadores por la libertad" o "revolucionarios"- y el drama resultante durante el siglo XX. Incluir todo esto requeriría una tabla adicional.

### América Central y del Sur

| Ubicación | Grupos destacados |
| --- | --- |
| Argentina | *Unión Cívica Radical* (1891-presente); |
| | *Partido Socialista* (1896-presente); |
| | *Partido Comunista de Argentina* (1918-presente); |
| | *Partido de los Trabajadores* (1964-presente); |
| | *Partido Comunista Revolucionario* (1968-presente); |
| | *Partido Intransigente* (1972-presente); |
| | *Movimiento por el Socialismo* (1982-2003); |
| | *Partido Socialista de los Trabajadores* (1988-presente); |
| | *Partido Comunista-Congreso Extraordinario* (1996-actualidad); |
| | Movimiento *Libres del Sur* (2006-presente); |
| | *Proyecto Sur* (2007-presente) |
| Belice | *Asociación de Negros Unidos para el Desarrollo* (1969-1974); |
| | *Frente Popular de Belice* (2012-presente) |
| Bolivia | *Partido Revolucionario de los Trabajadores* (1935-presente); |
| | *Partido de la Izquierda Revolucionaria* (1940-1979); |
| | *Partido Comunista de Bolivia* (1950-presente); |
| | *Partido Revolucionario de Izquierda Nacionalista* (1963-1985/desconocido); |

*Frente Revolucionario de Izquierda* (1978-presente);

*Partido Socialista-1* (1978-2003);

*Movimiento al Socialismo* (1995-presente);

*Movimiento Sin Miedo* (1999-presente)

Brasil

*Partido Comunista Brasileño* (1922-presente);

*Partido Comunista de Brasil-Marxista-Leninista* (1922-actualidad); (Com)

*Partido Socialista Brasileño* (1947-presente);

*Partido de los Trabajadores* (1980-presente);

*Partido Verde* (1986-presente);

*Ciudadanía* (1992-presente);

*Partido Socialista Obrero Unificado* (desde 1994);

*Partido de la Causa Obrera* (1995-presente);

*Unidad Popular* (2016-presente)

Chile

*Partido Demócrata* (1887-1941);

*Partido Socialista de los Trabajadores* (1912-1922);

*Partido Comunista de Chile* (1922-presente); (Com)

*Partido Socialista de Chile* (1933-presente);

*Partido Socialista Obrero* (1940-1944);

*Partido Humanista* (1984-presente);

*Partido para la Democracia* (1987-presente);

*Partido Revolucionario de los Trabajadores* (1999-2018);

*Partido Ecologista Verde* (2008-presente);

*Partido por la Igualdad* (2009-presente);

*Partido Progresista* (2010-presente);

*Revolución Democrática* (2012-presente);

*Unión Patriótica* (2015-presente);

*Frente Amplio* (2017-presente);

*Federación Regionalista Verde Social* (2017-presente)

Colombia

*Partido Liberal Colombiano* (1848-presente);

*Partido Socialista Colombiano* (1860-1936);

*Partido Comunista Colombiano* (1930-presente); (Com)

*Fuerzas Armadas Revolucionarias de Colombia-Ejército del Pueblo* (1964-2017 aprox.);*

*Ejército de Liberación Nacional* (1964-presente);*

*Partido Comunista de Colombia-Marxista-Leninista* (1965/2009-actualidad);

*Movimiento Laborista Revolucionario Independiente* (1970-presente);

*Liga Marxista Leninista de Colombia* (1971-1982);

*Tendencia marxista-leninista-maoísta* (1974-1982);

*Partido Revolucionario de los Trabajadores de Colombia* (1982-1991);

*Grupo Comunista Revolucionario de Colombia* (1982-presente);

*Unión Patriótica* (1985-presente);

*Partido Comunista Clandestino Colombiano* (2000-2017);

*Alianza de los Verdes* (2005-presente);

*Polo Democrático Alternativo* (2005-presente);

*Fuerza Revolucionaria Alternativa Común* (2017-presente)

\* Grupos terroristas marxistas infames, conocidos como *ELN* y *FARC/FARC-EP*

| | |
|---|---|
| Costa Rica | *Partido Popular de Vanguardia* (1943-presente); |
| | *Partido de Liberación Nacional* (1951-presente); |
| | *Partido Popular Costarricense* (1984-2006); |
| | *Fuerza Democrática* (1996-2010); |
| | *Partido de Acción Ciudadana* (2000-presente); |
| | *Frente Amplio* (2004-presente); |
| | *Partido de los Trabajadores* (2012-presente) |
| Ecuador | *Partido Comunista de Ecuador* (1925-presente); |
| | *Partido Socialista Ecuatoriano* (1926-presente); |
| | *Partido Comunista Marxista Leninista* (1964-presente); |
| | *Movimiento Popular Democrático* (1978-2014); |
| | *Movimiento de Unidad Plurinacional Pachakutik-Nuevo País* |

(1995-actualidad);

*Partido de los Trabajadores de Ecuador* (1996-presente);

*Partido de la Sociedad Patriótica* (2002-presente);

*Alianza PAIS* (2006-presente);

*Movimiento de Unidad Popular* (2014-presente)

El Salvador  *Partido Comunista de El Salvador* (1930-1995);

*Fuerzas Populares de Liberación Farabundo Martí* (1970-1995)\*.

*Resistencia nacional* (1975-1992);

*Partido Revolucionario de los Trabajadores Centroamericanos* (1975-1995);

*Frente Farabundo Martí para la Liberación Nacional* (1980-presente)

\* Grupo terrorista marxista, conocido como el FPL

Guatemala  *Partido de Acción Revolucionaria* (1945-1954);

*Partido Guatemalteco del Trabajo* (1949-1998);

*Partido Socialista* (1951-1952);

*Unidad Revolucionaria Nacional Guatemalteca* (1982-1998);

*Unidad Nacional de la Esperanza* (2002-presente);

*Encuentro por Guatemala* (2007-2020);

*Winaq* (2007-presente);

*Movimiento Nueva República* (2009-2015)

Guyana  *Comisión de Asuntos Políticos* (1946-1950);

*Partido Laborista de la Guayana Británica* (1946-1950);

*Partido Popular Progresista-Cívico* (desde 1950)

Honduras  *Partido Revolucionario Democrático de Honduras* (1948-1955);

*Partido Comunista de Honduras* (1954-1990);

*Partido Revolucionario Hondureño* (1961-1993);

*Partido para la Transformación de Honduras* (1967-1992);

*Movimiento por el Socialismo* (1976-1978);

*Partido Socialista de Honduras* (1978-1983);

*Fuerzas Populares Revolucionarias Lorenzo Zelaya* (1980-1990);

*Partido de Renovación Patriótica* (1990-1992);

*Partido de Unificación Democrática* (1992-presente);

*Frente Amplio* (2012-presente)

Nicaragua  *Partido Socialista Nicaragüense* (1944-presente);

*Frente Sandinista de Liberación Nacional* (1961-presente);

*Partido Marxista Leninista de Nicaragua* (1967-presente);

*Partido Comunista de Nicaragua* (1967-presente);

*Liga Revolucionaria Marxista* (1971-presente);

*Movimiento de Unidad Revolucionaria* (1988-presente);

*Movimiento Renovador Sandinista* (1995-presente);

*Ecologista Partido Verde de Nicaragua* (2003-presente)

Panamá  *Partido Laborista* (1927-1930);

*Partido Popular de Panamá* (1930-1991);

*Partido de los Trabajadores* (1934-presente);

*29 de noviembre Movimiento de Liberación Nacional* (1970-presente);

*Frente Socialista de los Trabajadores-Marxista-Leninista* (1973-1980);

*Partido Revolucionario Democrático* (1979-presente);

*Partido Comunista de Panamá Marxista-Leninista* (1980-presente);

*Frente Amplio por la Democracia* (2013-presente)

Paraguay  *Partido Socialista* (1860-1936);

*Partido Comunista Paraguayo* (1928-presente);

*Partido Revolucionario Febrerista* (1951-presente);

*Partido de los Trabajadores* (1989-presente);

*Partido por un País Solidario* (2000-actualidad);

*Partido Democrático Progresista* (2007-presente)

| | |
|---|---|
| Perú | *Partido Comunista Peruano* (1928-presente); |
| | *Vanguardia Revolucionaria* (1965-1984); |
| | *Partido Comunista del Perú-Sendero Luminoso* (1969-presente); |
| | *Partido Comunista del Perú-Patria Roja* (1970-presente); |
| | *Partido Comunista Revolucionario* (1974-1977); |
| | *Partido Socialista Revolucionario* (1976-presente); |
| | *Partido Revolucionario de los Trabajadores* (1978-presente); |
| | *Partido Comunista del Perú-Marxista-Leninista* (2001-actualidad); |
| | *Partido Socialista* (2005-presente); |
| | *Partido Político Nacional Perú Libre* (2007-actualidad); |
| | *Frente Amplio por la Justicia, la Vida y la Libertad* (2013-presente) |
| Surinam | *Partido Comunista de Surinam* (1973-desconocido); |
| | *Unión Progresista de Trabajadores y Agricultores* (1977-presente); |
| | *Partido Nacional Democrático* (1987-presente) |
| | Surinam se independizó de los Países Bajos hace relativamente poco, en 1975, de ahí que los años de infección sean más tardíos que en la mayoría de los demás países de la lista. |
| Uruguay | *Partido Socialista del Uruguay* (1910-presente); |
| | *Partido Comunista del Uruguay* (1920-presente); |
| | *Movimiento Revolucionario Oriental* (1961-presente); |
| | *Movimiento de Liberación Nacional Tupamaros* (1967-1972). |
| | *Frente Amplio* (1971-presente); |
| | *Movimiento 26 de Marzo* (1971-2013); |
| | *Partido de los Trabajadores* (1984-presente); |
| | *Movimiento de Participación Popular* (1989-presente); |
| | *Asamblea de Uruguay* (1994-presente); |
| | *Nuevo Espacio* (1994-presente); |
| | *Comisión Unitaria Antiimperialista* (2008-presente); |
| | *Unidad Popular* (2013-presente); |

*Partido Ecologista Radical Intransigente* (2013-presente)

\* Una organización terrorista marxista, conocida como los *Tupamaros*

| | |
|---|---|
| Venezuela | *Partido Revolucionario Venezolano* (1926-1931); |
| | *Partido Comunista de Venezuela* (1931-presente); |
| | *Acción Democrática* (1941-presente); |
| | *Movimiento Electoral Popular* (en la isla de *Aruba*. 1967-2007); |
| | *Partido Bandera Roja* (1970-presente); |
| | *Causa Radical* (1971-presente); |
| | *Movimiento por el Socialismo* (1971-presente); |
| | *Movimiento Revolucionario Tupamaro* (1992-presente); |
| | *Una nueva era* (1999-presente); |
| | *Por la socialdemocracia* (2002-2012); |
| | *Unidad Popular Venezolana* (2004-presente); |
| | *Movimiento Ecológico de Venezuela* (2005-presente); |
| | *Partido Socialista Unido de Venezuela* (2007-presente); |
| | *Vanguardia Republicana del Bicentenario* (2007-presente); |
| | *Voluntad Popular* (2009-presente) |

## Caribe y Bermudas

| Ubicación | Grupos destacados |
|---|---|
| Bahamas | *Partido Laborista* (1962-1987); |
| | *Partido Nacionalista y Socialista de Vanguardia* (1971-1987) |
| Barbados | *Partido Laborista de Barbados* (1938-presente); |
| | *Partido Laborista Democrático* (1955-presente); |
| | *Movimiento Progresista Popular* (1956-1966); |
| | *Partido de los Trabajadores de Barbados* (1985-1986); |
| | *Movimiento Clement Payne* (1988-presente); |
| | *Partido para el Empoderamiento del Pueblo* (2006-presente) |

| | |
|---|---|
| Bermudas | *Partido Laborista Progresista* (1963-presente) |

| | |
|---|---|
| Cuba | *Partido Popular* (1900-1902); |
| | *Partido Socialista de los Trabajadores* (1904-1906); |
| | *Partido Socialista Popular* (1925-1961); |
| | *Partido Unido de la Revolución Socialista Cubana* (1962-1965); |
| | *Partido Comunista de Cuba* (1965-presente); |
| | *Partido Social-Revolucionario Democrático de Cuba* (con sede en Miami. 1992-presente) |
| Dominica | *Partido Laborista de Dominica* (1955-presente); |
| | *Partido Popular de Dominica* (2015-presente) |
| República Dominicana | *Partido Revolucionario Dominicano* (1939-presente); |
| | *Partido Comunista Dominicano* (1944-1996); |
| | *Partido de los Trabajadores Dominicanos* (1979-2019); |
| | *Frente Amplio* (1992-presente); |
| | *Partido Socialista Verde* (2009-presente); |
| | *Alianza de países* (2011-presente); |
| | *Partido Revolucionario Moderno* (2014-presente) |
| Granada | *Partido Laborista Unido de Granada* (desde 1950); |
| | *Congreso Nacional Democrático* (1987-presente) |
| Haití | *Partido Comunista Haitiano* (1934-1936); |
| | *Partido Socialista Haitiano* (1946-desconocido); |
| | *Partido Socialista Popular* (1946-1948); |
| | *Partido Unificado de los Comunistas Haitianos* (1968-1971); |
| | *Organización de Personas en Lucha* (1991-presente); |
| | *Fwon Lespwa* (1995-2009); |
| | *Nuevo Partido Comunista Haitiano-Marxista-Leninista* (2000-presente); |
| | *Fusión de Socialdemócratas Haitianos* (2005-presente); |

*Inite* (2009-presente)

Jamaica       *Partido Nacional Popular* (1938-presente);

*Partido Comunista de Jamaica* (1975-presente);

*Partido de los Trabajadores de Jamaica* (1978-1992)

Puerto Rico       *Partido Socialista* (1899-1956);

*Partido Comunista Puertorriqueño* (1934-1991);

*Partido Independentista Puertorriqueño* (1946-presente);

*Partido Socialista Puertorriqueño* (1959-1993);

*Partido Puertorriqueños por Puerto Rico* (2003-presente);

*Partido del Pueblo Trabajador* (2010-presente)

Puerto Rico es un territorio no incorporado de Estados Unidos.

San Cristóbal    *Partido Laborista de San Cristóbal y Nieves* (1932-
y Nieves       presente)

Santa Lucía      *Partido Laborista de Santa Lucía* (1949-presente)

Trinidad       *Partido Laborista de Trinidad* (1934-1957);

y Tobago      *Partido de Trabajadores y Campesinos* (1966-desconocido);

*Unión Nacional de Combatientes por la Libertad* (1972-1974)\*.

*Frente Laborista Unificado* (1976-1986);

*Partido Comunista de Trinidad y Tobago* (1979-desconocido);

*Movimiento por la Justicia Social* (2009-actualidad);

*Frente Patriótico* (2019-presente)

\* Grupo terrorista marxista, conocido como *NUFF*

## Europa

Bueno... aquí es donde empezó todo en realidad. Europa ha soportado una infección a lo largo y ancho, desde Noruega hasta Malta, y desde Islandia hasta Moldavia. El punto de infección es mucho más temprano que en otros continentes en general.

La ideología desempeñó un papel en: el periodo posterior a la Revolución Rusa y a la Primera Guerra Mundial, cuando el culto intentó hacerse con el control de países de todo el continente; el establecimiento de la Unión Soviética y la creación del Telón de Acero, que dividió Europa en dos hasta la caída del Muro de Berlín; el ascenso del fascismo en Italia bajo Benito Mussolini, y la Guerra Civil italiana; la Guerra Civil española y el régimen de Francisco Franco; el ascenso de Adolf Hitler, la Alemania nacionalsocialista y el estallido de la Segunda Guerra Mundial; las actividades del grupo terrorista marxista ETA en el País Vasco y del Ejército Revolucionario Bretón en Bretaña (Francia); el brutal conflicto de Irlanda del Norte, que duró décadas y en el que participaron varias organizaciones marxistas; el estancamiento económico o la ruina de países debido a su pertenencia a la U..S.S.R, como la República Popular Polaca; la propagación de la ideología en los Balcanes, con la República Federal Socialista de Yugoslavia como pieza central; los brutales regímenes de Nicolae Ceausescu en Rumanía y Enver Hoxha en Albania; los numerosos levantamientos anticomunistas y guerras civiles, como los de Checoslovaquia, Georgia, Grecia y Finlandia; el movimiento paneuropeo, el Tratado de Roma, la Comunidad Económica Europea y la formación de la Unión Europea; las actividades de las numerosas y crueles fuerzas marxistas secretas/estatales de "policía" y "seguridad" utilizadas por la secta en toda Europa, incluidas la KGB en Rusia y la Stasi en Alemania Oriental (y otras mencionadas); la cancillería alemana de Angela Merkel, ex miembro de las Juventudes Comunistas, que sentó el precedente para la inmigración masiva a Europa aprobada por el Estado; y muchos, muchos otros casos.

| Ubicación | Grupos destacados |
|---|---|
| Albania | *Partido del Trabajo de Albania* (1941-1991);* (Com) |
| | *Movimiento de Liberación Nacional* (1942-1945); |
| | *Partido Socialista de Albania* (1991-presente); |
| | *Partido Comunista de Albania* (1991-presente) |
| | * Albania fue *la República Socialista Popular de Albania* - entre 1946 y 1992-, un Estado marxista de partido único. El *Partido del Trabajo de Albania* fue el partido gobernante durante este periodo. |
| Andorra | *Partido Socialdemócrata* (2000-presente); |
| | *Verdes de Andorra* (2003-presente) |
| Austria | *Partido Socialista de Austria* (1889-presente); |
| | *Partido Comunista de Austria* (1918-presente) (Com) |

| | |
|---|---|
| Bielorrusia | *Partido Comunista de Bielorrusia* (1918-1991);* (Com) |
| | *Partido de Izquierda Bielorruso "Un Mundo Justo"* (1991-presente); |
| | *Partido Verde Bielorruso* (1994-presente); |
| | *Partido Comunista de Bielorrusia* (desde 1996) |
| | * Bielorrusia formaba parte de la *URSS,* y este partido era la rama local del *Partido Comunista de la Unión Soviética* (*PCUS/KPSS*). |
| | |
| Bélgica | *Partido Comunista de Bélgica* (1921-1989); |
| | *Partido de los Trabajadores de Bélgica* (1979-presente); |
| | *Partido Comunista de Bélgica* (desde 1989) |
| Bulgaria | *Partido Socialdemócrata Búlgaro* (1891-1894); |
| | *Partido Obrero Socialdemócrata Búlgaro* (1903-1919); |
| | *Partido Comunista Búlgaro* (1919-1990); (Com) * |
| | *Partido de los Socialdemócratas Búlgaros* (1989-presente); |
| | *Partido Socialista Búlgaro* (1990-presente); |
| | *Partido Comunista de Bulgaria* (desde 1996) |
| | * Bulgaria fue *la República Popular de Bulgaria* entre 1946 y 1990, un Estado marxista unipartidista. El *Partido Comunista Búlgaro fue el* partido gobernante durante este periodo. |
| Checoslovaquia | *Partido Comunista de Checoslovaquia* (KSC. 1921-1992) (Com)*. |
| (1918-1993) | República Checa |
| | *Partido Socialdemócrata Checo* (1878-presente); |
| | *Partido Comunista de Bohemia y Moravia* (desde 1990); |
| | *Partido Verde* (1990-presente); |
| | *Futuro de Alternativa Socialista* (1990-presente); |
| | *Partido del Socialismo Democrático* (1997-2020) |
| | Eslovaquia |
| | *Partido Comunista de Eslovaquia* (1939-1990); |
| | *Partido Verde* (1989-presente); |

*Partido de la Izquierda Democrática* (1990-2004);

*Partido Comunista de Eslovaquia* (desde 1992);

*Unión de Trabajadores de Eslovaquia* (desde 1994);

*Amanecer* (2005-presente);

*Partido Verde Eslovaco* (2006-presente);

*Eslovaquia Progresista* (2017-presente)

\* Checoslovaquia se llamó *República Socialista Checoslovaca* -de 1948 a 1990-, un Estado marxista de partido único. El *KSC* fue el partido gobernante durante este periodo.

Dinamarca     *Partido Comunista de Dinamarca* (1919-presente);

*Partido Socialista Popular* (1959-presente);

*Socialistas de Izquierda* (1967-2013);

*Partido Comunista de Dinamarca-Marxista-Leninistas* (1978-2006);

*Política Obrera Socialista* (1979-presente);

*Alianza rojiverde* (1989-presente);

*Partido Comunista de Dinamarca* (1990-presente);

*Partido Comunista de los Trabajadores* (2000-presente)

Estonia     *Partido Socialista Radical de Estonia* (1917-1919);

*Partido Social Travaillista* (1917-1919);

*Partido Comunista de Estonia* (1920-1990); \*(Com)

*Partido de Izquierda Estonio* (1990-2008);

*Partido de la Izquierda Unida de Estonia* (2008-presente)

\* Estonia formaba parte de la *URSS*, y este partido era la rama local del *Partido Comunista de la Unión Soviética* (*PCUS/KPSS*).

Islas Feroe     *Avance para las Islas-Marxista-Leninista* (1968-
(Reino de     desconocido);
Dinamarca)     *Partido Comunista de las Islas Feroe* (1975-1993)

Finlandia     *Partido Socialdemócrata de Finlandia* (1899-presente);

*Partido Comunista de Finlandia (*1918-1992); (Com)

*Partido Socialista de los Trabajadores de Finlandia* (1920-1923);

*Partido Socialista Unificado* (1946-1955);

*Partido Socialista de los Trabajadores* (1973-1990);

*Partido Comunista de Finlandia* (1984-presente);

*Liga Verde* (1987-presente);

*Partido Comunista de los Trabajadores-Por la Paz y el Socialismo* (1988-actualidad);

*Alianza de la Izquierda* (1990-presente);

*Partido Feminista* (2016-presente)

Francia  *Federación de Trabajadores Socialistas de Francia* (1879-1902);

*Partido Obrero Francés* (1880-1902);

*Partido Socialista Obrero Revolucionario* (1890-1901);

*Partido Socialista de Francia* (1902-1905);

*Sección Francesa de la Internacional Obrera* (1905-1969); (Com)

*Partido Republicano-Socialista* (1911-1934);

*Partido Socialista Francés* (1919-1935);

*Partido Comunista Francés* (1920-presente); (Com)

*Unión Comunista* (1939-presente);

*Partido Socialista* (1969-presente)

Dado que se trata de departamentos/regiones de ultramar de Francia, en algunos casos los partidos arriba mencionados tienen presencia en ellos (o sucursales locales), además de los siguientes grupos:

Guayana Francesa (costa norte de Sudamérica)

*Partido Socialista Guayanés* (1956-presente);

*Movimiento de Descolonización y Emancipación Social* (1991-presente);

*Alternative Libertaire Guyane* (2004-presente)

Guadalupe (grupo de islas del Caribe Oriental)

*Partido Comunista de Guadalupe* (1958-presente);

*Movimiento de la Nueva Joya* (1973-1983);

*Partido Democrático Progresista de Guadalupe* (1991-presente)

Martinica (isla del Caribe Oriental)

*Partido Comunista Martinicano* (1957-presente);

*Movimiento Independentista Martinicano* (1978-presente);

*Construir el país de Martinica* (1998-presente)

Reunión (isla de la costa oriental de África, cerca de Madagascar):

*Partido Comunista de Reunión* (1959-presente);

*Organización Comunista Marxista-Leninista de Reunión* (1975-desconocido)

Georgia

*Partido Socialdemócrata de Georgia* (1890-1950);

*Mesami Dasi* (1892-1920);

*Partido Comunista de Georgia* (1920-1991)**\***.

*Partido Comunista de Georgia* (desde 1992);

*Partido Comunista Unificado de Georgia* (desde 1994);

*Nuevo Partido Comunista de Georgia* (2001-presente);

*Socialdemócratas para el Desarrollo de Georgia* (2013-presente)

\* Georgia formaba parte de la *URSS*, y este partido era la rama local del *Partido Comunista de la Unión Soviética* (*PCUS/KPSS*).

Alemania

*Liga Comunista* (1848-1852);

*Asociación General de Trabajadores Alemanes* (1863-1875);

*Partido Obrero Socialdemócrata de Alemania* (1869-1875);

*Partido Socialdemócrata de Alemania* (1875-presente);

*Liga Espartaco* (1914-1919); (Com)

*Partido Comunista de Alemania* (1918-1946/1956); (Com)

*Partido Comunista de Alemania Oriental* (1946-1989)*.

*Partido Socialista Unificado de Berlín Occidental* (1962-1991);

*Partido Comunista Alemán* (1968-presente);

*Partido del Socialismo Democrático* (1989-2007);

*Alianza 90/Los Verdes* (1993-presente)

\* También conocido como *Partido Socialista Unificado de Alemania,* gobernó la marxista *República Democrática Alemana* (o *Alemania Oriental)* hasta la caída del Muro de Berlín.

Gibraltar

(Territorio Británico de Ultramar)

*Partido Socialista de Gibraltar* (desde 1978)

Grecia

*Partido Comunista de Grecia* (1918-presente);

*Partido Socialista de Grecia* (1920-1953);

*Partido Socialista de los Trabajadores de Grecia* (1971-presente);

*Movimiento Socialista Panhelénico* (1974-presente);

*Coalición de la Izquierda Radical-Alianza Progresista* (2004-presente);

*Movimiento de Socialistas Democráticos* (2015-presente)

Hungría

*Partido Socialdemócrata de Hungría* (1890-1948);

*Partido Comunista Húngaro* (1918-1948); (Com)

*Partido Obrero Popular Húngaro* (MDP. 1948-1956).

*Partido Socialista Obrero Húngaro* (MSzMP. 1956-1989).

*Partido Socialista Húngaro* (1989-presente);

*Partido Obrero Húngaro* (1989-presente)

\* Hungría se llamó *República Popular Húngara* -de 1949 a 1989-, un Estado marxista de partido único. El *MDP* y (su sucesor) el *MSzMP* fueron los partidos gobernantes durante este periodo.

Islandia

*Partido Socialdemócrata* (1916-2000);

*Partido Comunista de Islandia* (1930-1938);

*Partido de Unidad Popular-Partido Socialista* (1938-1968);

*Alianza Popular* (1968-1998);

*Partido Socialista Islandés* (2017-presente)

Irlanda

República de Irlanda:

*Partido Republicano Socialista Irlandés* (1896-1904);

*Partido Socialista de Irlanda* (1904-1923); (Com)

*Sinn Féin* (1905-presente);

*Partido Laborista* (1912-presente);

*Liga de Trabajadores Irlandeses* (1923-1933 aprox.); (Com)

*Partido Comunista de Irlanda* (1933-presente);

*Congreso republicano* (1934-1936);

*Partido Comunista de Irlanda-Marxista-Leninista* (1965-2003);

*Partido de los Trabajadores* (1970-presente);

*Red de Trabajadores Socialistas* (1971-presente);

*Partido Republicano Socialista Irlandés* (1974-presente);

*Partido Verde* (1981-presente);

*Partido Socialista* (1996-presente);

*Las personas antes que los beneficios* (2005-presente);

*Alianza de la Izquierda Unida* (2010-2013);

*Izquierda Unida* (2013-2015);

*Solidaridad* (2014-presente);

*Socialdemócratas* (2015-presente);

*RISE* ("Revolucionario Internacionalista Socialista Ecologista"). (2019-presente)

Irlanda del Norte:

*Partido Laborista de Belfast* (1892-1924);

*Sinn Féin* (1905/1970-presente);

*Partido Socialista de Irlanda del Norte* (1935-1940);

*Partido Comunista de Irlanda del Norte* (1941-1970);

*Ejército Republicano Irlandés Oficial/IRA Oficial* (1969-1972/1998 aproximadamente);*

*Ejército de Liberación Nacional Irlandés/INLA* (1974-1998/2009 aproximadamente)*.

* El *Ejército Republicano Irlandés Oficial* o *IRA Oficial,* y el *Ejército de Liberación Nacional Irlandés* (INLA) eran

grupos terroristas marxistas.

Italia

*Partido Socialista Italiano* (1892-1944);

*Partido Comunista de Italia* * (1921-1926); (Com)

*Partido Comunista Italiano* (1943-1991);

*Partido Democrático de Izquierda* (1991-1998);

*Partido Comunista de Refundación* (1991-presente);

*Socialistas italianos* (1994-1998);

*Socialistas Democráticos Italianos* (1998-2007);

*Partido de los Comunistas Italianos* (1998-2014);

*Partido Socialista Italiano* (2007-presente);

*Partido Comunista de Italia* (2014-2016);

*Partido Comunista Italiano* (2016-presente)

Letonia

*Partido Comunista de Letonia* (1904-1991);* (Com)

*Partido Socialdemócrata Obrero Letón* (1918-presente);

*Partido Socialista de Letonia* (desde 1994);

*Partido Socialdemócrata* (2009-presente)

* Letonia formaba parte de la *URSS*, y este partido era la rama local del *Partido Comunista de la Unión Soviética* (*PCUS/KPSS*).

Liechtenstein

*Lista libre* (1985-presente)

Liechtenstein es un principado de 25 km/15,5 m de largo y 40.000 habitantes.

Lituania

*Partido Socialdemócrata de Lituania* (1896-presente);

*Partido Comunista de Lituania* (1918-1991);* (Com)

*Partido Laborista Democrático de Lituania* (1989-2001);

*Partido Socialista de Lituania* (1994-2009);

*Frente Socialista Popular* (2009-presente);

*Partido Verde Lituano* (2011-presente):

*Partido Laborista Socialdemócrata de Lituania* (2018-presente)

* Lituania formaba parte de la *URSS*, y este partido era la

rama local del *Partido Comunista de la Unión Soviética* (*PCUS/KPSS*).

| | |
|---|---|
| Luxemburgo | *Partido Socialista Obrero Luxemburgués* (1902-presente); |

*Partido Comunista de Luxemburgo* (1921-presente);

*Partido Socialista Radical* (1925-1932);

*Partido Socialdemócrata* (1971-1984);

*Los Verdes* (1983-presente);

*La Izquierda* (1999-presente)

Luxemburgo tiene una población aproximada de 660.000 habitantes.

Malta      *Partido Laborista* (1920-presente);

*Partido Comunista de Malta* (desde 1969)

Malta tiene una población aproximada de 540.000 habitantes.

Moldavia      *Partido Comunista de Moldavia* (1940-1991)*.

*Partido Socialista de Moldavia* (desde 1992);

*Partido de los Socialistas de la República de Moldavia* (1997-presente)

* Moldavia formaba parte de la *URSS*, y este partido era la rama local del *Partido Comunista de la Unión Soviética* (*PCUS/KPSS*).

Países Bajos      *Liga Socialdemócrata* (1881-1900);

*Partido Socialdemócrata de los Trabajadores* (1894-1946);

*Partido Comunista de los Países Bajos* (1909-1991); (Com)

*Partido Laborista* (1946-presente);

*Partido Socialista Pacifista* (1957-1991);

*Izquierda Verde* (1989-presente)

Noruega      *Partido Laborista* (1887-presente)*; (Com)

*Partido Comunista de Noruega* (1923-presente);

*Partido Socialista de Izquierda* (1975-presente);

*Partido de la Sociedad* (1985-presente);

*Partido Verde* (1988-presente);

*Partido Rojo* (2007-presente)

Polonia      *Partido Social Revolucionario Internacional* (1882-1886);

*Partido Socialista Polaco* (1892-1948);

*Socialdemocracia del Reino de Polonia* (1893-1918);

*Partido Comunista de Polonia* (1918-1938); (Com)

*Partido Obrero Polaco* (1942-1948);

*Partido Obrero Unificado Polaco* (1948-1990)\*.

*Socialdemocracia de la República de Polonia* (1990-1999);

*Sindicato del Trabajo* (1992-actualidad);

*Alianza de la Izquierda Democrática* (1999-presente);

*Izquierda polaca* (2008-presente)

\* Este partido gobernó la *República Popular Polaca* -un Estado marxista de partido único- de 1948 a 1989.

Portugal    *Partido Socialista Portugués* (1875-1933);

*Partido Comunista Portugués* \* (1921-presente); (Com)

*Partido Comunista de los Trabajadores Portugueses* (desde 1970);

*Partido Socialista* (1973-presente);

*Partido Obrero de Unidad Socialista* (1976-presente);

*Bloque de Izquierda* (1999-presente);

*Movimiento Alternativo Socialista* (2000);

*Partido Ecologista* (2004-presente);

*Partido Laborista Portugués* (2009-presente)

Rumanía    *Partido Socialdemócrata de Rumanía* (1910-1916);

*Partido Socialista de Rumanía* (1918-1920);

*Partido Comunista Rumano* (PCR. 1921-1989); \* (Com)

*Partido Socialdemócrata Rumano* (1927-1948);

*Partido Socialdemócrata* (2001-presente);

*Partido Socialista Rumano* (2003-presente);

*Partido Comunista de Rumanía* (2010-presente)

\* El *PCR* también fue conocido durante un tiempo como *Partido Obrero Rumano*. Su Secretario General más famoso fue *Nicolae Ceausescu*, que gobernó Rumanía como dictador hasta 1989. Rumanía fue la *República Socialista de Rumanía* entre 1947 y 1989, un Estado marxista de partido único.

Rusia    *Voluntad Popular* (1879-1884);

*Emancipación del trabajo* (1883-1903);

*S.B.O.R.K.* (1895-1900); #

*Bund General Judío del Trabajo* (1897-1921);

*Partido Laborista Socialdemócrata Ruso* (*RSDLP*, 1898-1912);

*Partido Socialista Revolucionario* (1902-1921);

Facción *menchevique del RSDLP* (1912-21 en Rusia, y hasta 1965 fuera de Rusia);

*Partido Comunista de la Unión Soviética* (de la facción *bolchevique del RSDLP.*'17-'91); \*

*Partido Comunista de la República Socialista Federativa Soviética de Rusia* (1990-1991);

*Partido Comunista de la Federación Rusa* (desde 1993);

*Movimiento Social-Político Panruso* (también conocido como *Legado Espiritual*) (1995-2003);

*Partido Socialista Unido de Rusia* (2003-2008)

\* Partido gobernante de la *Unión de Repúblicas Socialistas Soviéticas* o *U.R.S.S.;* este partido controlaba las ramas locales en otros países soviéticos (destacados en otra parte)

# *SBORK: Liga de San Petersburgo de Lucha por la Emancipación de la Clase Obrera*

San Marino    *Partido Comunista Samarinés* (1921-1990)

España    *Partido Socialista Obrero Español* (*PSOE.* 1879-presente);

*Partido Comunista de España* (1920-1921); (Com)

*Partido Comunista de España* (1921-presente);

*Partido Obrero de Unificación Marxista* (1935-1980);

*Partido Comunista de las Islas Baleares* (Mallorca, 1977-presente);

*Federación Progresista* (1984-1988);

*Partido Comunista de los Pueblos de España* (1984-actualidad);

*Partido Animalista contra el Maltrato Animal* (:)))(2003-presente);

*Unidos Podemos* (2016-presente);

*Partido Comunista de los Trabajadores de España* (2019-presente)

Islas Canarias:

*Movimiento independentista canario* (1964-1979 aprox);

*Células comunistas* (1969-1984);

*Partido Socialista Canario* (rama canaria del *PSOE*. Años 70-actualidad);

*Partido Comunista de Canarias* (1973-1991);

*Partido de Unificación Comunista en Canarias* (1975-2012);

*Unión Popular Canaria* (1979-1986);

*Asamblea de Canarias* (1982-1987);

*Izquierda Unida Canaria* (1986/1993-actualidad);

*Azarug* (1992-presente);

*Partido Socialista Canario* (1995-desconocido);

*Alternativa Nacionalista Canaria* (2006-presente);

*Inekaren* (2008-presente)

Suecia       *Partido Socialdemócrata Sueco* (1889-presente);

*Partido de Izquierda* (1917-presente); (Com)

*Partido Comunista de Suecia* (1924-1926);

*Partido Socialista* (1929-1948);

*Partido Comunista* (desde 1970);

*Partido Comunista de Suecia* (1977-1995);

*Partido Verde* (1981-presente);

*Iniciativa Feminista* (2005-presente)

Suiza       *Partido Socialdemócrata de Suiza* (1888-presente);

*Partido Comunista de Suiza* (1918 aprox.-1940); (Com)

*Partido Laborista Suizo* (1944-presente);

*Partido Comunista de Suiza-Marxista-Leninista* (1969-1987);

*Partido Verde de Suiza* (1983-presente);

*Solidaridad* (1992-presente);

*Izquierda alternativa* (2010-2018)

Turquía

*Partido Comunista de Turquía* (1920-1988); (Com)

*Partido de los Trabajadores de Turquía* (1961-1987);

*Partido Comunista Unido de Turquía* (1987-1991);

*Partido Socialista Unificado* (1991-1995);

*Partido de los Trabajadores* (1992-2015), luego *Partido Patriótico* (2015-actualidad);

*Partido Comunista de Turquía* (desde 1993);

*Partido Popular de Liberación* (2005-presente);

*Partido Democrático Popular* (2012-presente);

*Partido Comunista Popular de Turquía* (2014-2017);

*Partido de los Trabajadores de Turquía* (2017-presente)

Ucrania

*Partido Comunista de Ucrania* (1918-1991);* (Com)

*Partido Socialdemócrata de Ucrania* (1990-1994);

*Partido Socialista de Ucrania* (1991-presente);

*Partido Campesino de Ucrania* (1992-presente);

*Partido Comunista de Ucrania* (1993-presente);

*Partido Socialista Progresista de Ucrania* (1996-presente);

*Partido Comunista de Obreros y Campesinos* (2001-2015)

* Ucrania formaba parte de la *URSS*, y este partido era la rama local del *Partido Comunista de la Unión Soviética* (*PCUS/KPSS*).

REINO
UNIDO

*Liga Comunista* (1847-1852);

*Asociación Internacional de Trabajadores* (*AIT* o *Primera Internacional* (1864-1976);*)

*Federación Socialdemócrata* (*FDS*. 1881-1911);

*Sociedad Fabiana* (1884-presente);

*Liga Socialista* (engendrada por el *SDF*. 1885-1901);

*Partido Laborista* (1900-presente);

*Partido Socialista Laborista* (1903-1980);

*Partido Socialista de Gran Bretaña* (1904-presente);

*Partido Socialista Británico* (1911-1920);

*Liga de Propaganda Socialista* (1911-1951); (Com)

*Partido Comunista de Gran Bretaña (*1920-1991); (Com)

*Partido Comunista Galés* (1920-presente);

*Partido Comunista de Gran Bretaña* (1988-presente);

*Izquierda Democrática* (1991-1998);

*Partido Comunista de Escocia* (desde 1992);

*Partido Socialista* (1997-presente);

*Partido Socialista Escocés* (desde 1998)

*Sede en Londres hasta 1873, y luego en Nueva York de 1873 a 1876.

| | |
|---|---|
| Yugoslavia<br>(1918-1992) | *Liga de los Comunistas de Yugoslavia* (*SKJ/CKJ*. 1919-1990). (Com)<br><br>Bosnia y Herzegovina:<br><br>*Liga de los Comunistas de Bosnia y Herzegovina* (1943-1990); *<br><br>*Partido Socialdemócrata de Bosnia y Herzegovina* (desde 1992);<br><br>*Partido Socialista* (1993-presente);<br><br>*Partido Comunista de los Trabajadores de Bosnia y Herzegovina* (2000-presente);<br><br>*Verdes de Bosnia y Herzegovina* (2004-presente);<br><br>*Partido Comunista* (2012-presente)<br><br>Croacia:<br><br>*Liga de los Comunistas de Croacia* (1937-1990).<br><br>*Partido Socialdemócrata de Croacia* (desde 1990);<br><br>*Partido Serbio Democrático Independiente* (1997-presente);<br><br>*Partido Socialista Laborista de Croacia* (desde 1997); |

*Laboristas Croatas-Partido Laborista* (2010-presente);

*Frente de los Trabajadores* (2014-presente);

*Nueva Izquierda* (2016-presente);

*¡Zagreb es nuestra!* (2017-presente);

*¡Podemos! Plataforma política* (2019-presente)

Macedonia (también conocida como Macedonia del Norte):

*Liga de Comunistas de Macedonia* (1943-1991).

*Partido Comunista de Macedonia* (desde 1992);

*Unión de Fuerzas de Izquierda de Tito* (2005-presente);

*La Izquierda* (2015-presente)

Montenegro:

*Liga de Comunistas de Montenegro* (1943-1991).

*Partido Democrático de los Socialistas de Montenegro* (1991-presente);

*Partido Socialista Popular de Montenegro* (desde 1998)

Serbia:

*Liga de los Comunistas de Serbia* (1945-1990).

*Alianza Socialista de Trabajadores de Yugoslavia* (1945-1990);

*Partido Socialista de Serbia* (1990-presente);

*Partido Comunista* (2010-presente)

Eslovenia:

*Liga de los Comunistas de Eslovenia* (1937-1990)**\***.

*Socialdemócratas* (1993-presente);

*Iniciativa para el Socialismo Democrático* (2014-2017);

*La Izquierda* (2017-presente)

\* La *Liga de Comunistas de Yugoslavia* (*SKJ/CKJ*) tenía el control general de las 6 repúblicas constituyentes de Yugoslavia. El símbolo \* indica la rama local del *SKJ/CKJ*.

# África

"...el malvado sistema del colonialismo y el imperialismo surgió y prosperó con la esclavitud de los negros y el comercio de negros, y seguramente llegará a su fin con la completa emancipación del pueblo negro"[120]

Líder de la China comunista Mao Zedong, "Declaración de apoyo a los negros norteamericanos en su justa lucha contra la discriminación racial del imperialismo estadounidense", 8 de agosto de 1963.

"En África no tenemos más necesidad de que nos 'conviertan' al socialismo que de que nos 'enseñen' la democracia. Ambos están enraizados en nuestro pasado, en la sociedad tradicional que nos produjo"121

Julius Nyerere, *Uhuru na Umoja (Libertad y unidad): Ensayos sobre el socialismo* (1969)

"La sociedad tradicional africana se fundó sobre principios de igualitarismo.. Cualquier humanismo significativo debe partir del igualitarismo. De ahí el socialismo. De ahí el socialismo científico"[122]

Kwame Nkrumah, *African Socialism Revisited* (1967)

África es el epítome de un lugar que pasó del dominio imperial extranjero al dominio marxista y la autodestrucción. Varias potencias europeas tenían presencia allí, entre ellas Gran Bretaña, Francia, Bélgica, Portugal, Italia y los Países Bajos. La percepción de algunos sectores de que el marxismo (a través de su producto, el socialismo) era necesario para África después del colonialismo fue un error muy grave y fatal. La propaganda marxista ha culpado, como era de esperar, al pasado colonial de África o al "imperialismo" occidental moderno.

Es cierto, sin embargo, teniendo en cuenta cómo la ideología elige objetivos inestables, que África era, en general, muy vulnerable en ese momento de su historia. De hecho, era un blanco fácil. No es de extrañar que los académicos africanos que defendían los beneficios del socialismo fueran un factor a tener en cuenta; Julius Nyerere (1922-1999), por ejemplo, que fue el primer presidente de Zambia.

No cabe duda de que hubo algunos individuos imperiales ególatras de estirpe europea, como el infame elitista británico Cecil Rhodes (1853-1902), y esto se menciona a menudo en la cultura PC infectada de marxismo (ya que el imperialismo "colonial" es un mal que a menudo nos recuerdan). Lo que no se destaca es que en el África poscolonial ha habido muchos regímenes africanos

---

[120] Zedong, M. "Statement Supporting the American Negroes In Their Just Struggle Against Racial Discrimination by U.S. Imperialism", 8 de agosto de 1963. https://www.marxists.org/subject/china/peking-review/1966/PR1966-33h.htm

[121] Nyerere, J., *Uhuru na Umoja (Libertad y unidad): Ensayos sobre el socialismo* (1969). https://www.juliusnyerere.org/resources/quotes

[122] Nkrumah, K., *African Socialism Revisited* (1967).

https://www.marxists.org/subject/africa/nkrumah/1967/african-socialism-revisited.htm

horribles dirigidos por africanos, catalizados por una infección marxista casi continental. Las figuras implicadas en esos regímenes eran peores que Rhodes.

De hecho, muchos de los líderes de los países africanos posteriores a la "independencia" eran activistas marxistas, terroristas y dictadores de estirpe africana: Nelson Mandela (1918-2013), Robert Mugabe, Julius Nyerere y el primer Primer Ministro y Presidente de Ghana, Kwame Nkrumah, por nombrar algunos. Cecil Rhodes murió en 1902. El hecho de que los miembros de las sectas de hoy en día nos recuerden constantemente a los personajes de aquella época -al tiempo que ignoran convenientemente a los muchos miembros de las sectas africanas que desde entonces han oprimido a su propio pueblo y han contribuido a destrozar el continente- es tan típico como divertido.

Por supuesto, la división étnica entre blancos y no blancos presente en algunas partes de África, donde la minoría blanca controla el gobierno, las infraestructuras, etc., era un punto de entrada obvio para la secta/ideología. - era un punto de entrada obvio para la secta/ideología. Podía explotar fácilmente esta división, ya que los blancos eran los "opresores".

Este tipo concreto de ideología, el socialismo africano, surgió en las décadas de 1950 y 1960. El resultado fue una inestabilidad y unas penurias casi incuantificables en todo el continente.[123] Otro término importante derivado del culto/ideología es "panafricanismo".[124] Otro es "Ujamaa", término utilizado por el miembro de la secta Julius Nyerere para describir su versión del socialismo en Tanzania. Escribió Ujamaa: Ensayos sobre el socialismo en 1969.

En una carta al *Tanjanyika Standard* de julio de 1943, Nyerere afirmaba que "el africano es un ser socialista por naturaleza".[125] No todos los africanos compraron las voces contrarias, como George Ayittey (1945-2022), que ha escrito, entre otros, *Africa Unchained: the blueprint for development* (2004) y *Defeating Dictators: Fighting Tyrants in Africa and Around the World* (2011).[126]

Las innumerables revoluciones marxistas que se produjeron en ese continente, por supuesto, siguieron el patrón habitual: matar a la "clase opresora" (los blancos); matar a los cristianos; destruir los símbolos de la cultura y la civilización occidentales (incluidas las infraestructuras que los blancos habían construido en África); arrebatar tierras a los blancos para redistribuirlas entre la mayoría negra en nombre de la "igualdad", lo que provocó hambrunas (ya que los blancos tenían los conocimientos y la experiencia agrícolas). Todo esto

---

[123] https://www.britannica.com/money/topic/African-socialism

[124] https://www.britannica.com/topic/Pan-Africanism

[125] https://en.wikipedia.org/wiki/Julius_Nyerere

[126] https://en.wikipedia.org/wiki/George_Ayittey

se hizo en nombre de la "justicia" y la "igualdad" y se justificó por la historia aparentemente oprimida de África.

## La propaganda marxista oculta lo ocurrido en África

Una de las principales causas del estancamiento económico de África es la infección marxista, concretamente la implantación del socialismo en todo el continente. En una maniobra típica de la ideología, nos distrae de su propia culpabilidad culpando a sus enemigos (en este caso el capitalismo, el imperialismo y los blancos).

Al culpar de tales cosas al estado actual de África, la secta/ideología puede proteger su "reputación" al tiempo que promueve su "mensaje" antiblanco, antieuropeo, antiburgués y "antirracista". El caos causado por la ideología es evidente incluso hoy en día: podemos ver cómo su legado ha causado esencialmente el colapso de la civilización en Sudáfrica en las últimas décadas.

En todo el continente, la infección dio lugar a: la "Ley de Supresión del Comunismo" de 1950, que prohibió el *Partido Comunista de Sudáfrica;* los veinticuatro años de dictadura de Julius Nyerere en Tanzania; la llegada al poder del *Consejo Nacional Africano* (hecho famoso por el notable miembro de la secta y terrorista convicto Nelson Mandela); el fin del apartheid en Sudáfrica (que contribuyó en gran medida al estado actual del país); el reinado de Kwame Nkrumah como Presidente de Ghana; Patrice Lumumba en la entonces República del Congo; la llegada al poder del dictador Robert Mugabe en Zimbabue; la Guerra *Civil Etíope* (1974-1991), el *Derg* como Vanguardia Etíope, y el *Terror Rojo Etíope* (1976-1978); la *Guerra Colonial Portuguesa* (1961-1974) en Guinea-Bissau, Angola y Mozambique, y el posterior dominio del marxista *FRELIMO*; la *Revolución de Marzo* en Malí en 1991; la *Guerra Civil de Angola* (1975-2002), un conflicto con un enorme número de víctimas mortales y desplazamientos de población; la discriminación racista (y el asesinato) de granjeros blancos sudafricanos aprobada por el Estado (como tradición marxista en África); y muchos, muchos otros acontecimientos.

Muchos de los movimientos "nacionalistas" y de "liberación" de todo el continente, que impulsaron a tantos a luchar contra las "malvadas y opresoras fuerzas imperiales", no eran más que movimientos marxistas, eso es todo; no era más que una nueva forma de imperialismo que llegaba para hacerse con el poder. Además, la percepción distorsionada de lo que ocurrió allí (gracias al impacto de la ideología) ha contribuido sin duda a una percepción distorsionada del "racismo" en los países occidentales que la secta/ideología vende y perpetúa eternamente hoy en día. Lo que ocurrió en África debido al marxismo ha causado un efecto dominó en todo Occidente, incluso en las tensiones raciales de Estados Unidos.

Nelson Mandela fue venerado como un cuasi-mesías en la última parte de su vida, tras su encarcelamiento, debido al extremo nivel de señalización de virtudes marxianas que exhibió en todo el mundo. Recibió innumerables premios y honores, entre ellos el Premio Nobel de la Paz y el Premio Lenin de la Paz (divertidísimo, es como recibir del diablo un premio por "ser bueno").[127] Su mandato como Presidente de Sudáfrica de 1994 a 1999 fue simbólico del éxito de la secta en el continente. Muchos de los grupos terroristas de la secta operaban en África, recibiendo apoyo exterior de las grandes entidades marxistas, como la China Roja, la URSS y la Cuba de Fidel Castro. El ascenso al poder *del FRELIMO (Frente de Liberación de Mozambique)* fue un buen ejemplo de cómo los grupos marxistas pueden hacerse pasar por "nacionalistas", pero luego revelar sus verdaderos colores (rojos) una vez en el poder. Poco después de que Mozambique se independizara de Portugal en 1975, decidieron seguir el camino comunista y convertir el país en un Estado marxista de partido único.[128]

| Ubicación | Grupos destacados |
|---|---|
| Angola | *Partido de la Lucha Unida de los Africanos en Angola* (1953-1956); |
| | *Partido Comunista de Angola* (1955-1956); |
| | *Movimiento Popular para la Liberación de Angola (MPLA.* 1956-presente);* |
| | *Unión Nacional para la Independencia Total de Angola* (1966-presente); |
| | *Partido Socialdemócrata* (1988-presente); |
| | *Partido Socialista Liberal* (desde 1993) |
| | * Angola fue un Estado marxista de partido único llamado *República Popular de Angola* de 1975 a 1992; el *MPLA* fue el partido gobernante durante este periodo. |
| Argelia | *Partido Comunista Argelino* (1920/1936-1962); |
| | *Frente de Fuerzas Socialistas* (1963-presente); |
| | *Partido Socialista de los Trabajadores* (1989-presente); |
| | *Partido de los Trabajadores* (1990-presente); |
| | *Partido Argelino para la Democracia y el Socialismo* (1993-presente) |

---

127

https://en.wikipedia.org/wiki/Nelson_Mandela#Orders,_decorations,_monuments,_and_honours

[128] https://www.britannica.com/topic/Frelimo

| | |
|---|---|
| Benín | *Partido de la Revolución Socialista de Benín* (1959-desconocido); |
| | *Partido Popular Revolucionario de Benín* (*PRPB*. 1975-1990). |
| | *Partido Comunista de Benín* (1977-presente); |
| | *Partido Socialdemócrata* (1990-presente); |
| | *Unión por la Patria y el Trabajo* (1997-presente) |
| | \* Benín fue un Estado marxista de partido único llamado *República Popular de Benín* de 1975 a 1990; el *PRPB* fue el partido gobernante durante este periodo. |
| Botsuana | *Partido Popular de Botsuana* (1960-presente); |
| | *Frente Nacional de Botsuana* (1965-presente); |
| | *Movimiento MELS de Botsuana* (1984-presente); |
| | *Socialistas Internacionales de Botsuana* (desconocido); |
| | *Partido del Congreso de Botsuana* (desde 1998) |
| Burkina Faso | *Partido de la Independencia Africana* (1963-1999); |
| | *Partido Comunista Revolucionario Voltaico* (1978-presente); |
| | *Grupo Marxista-Leninista* (1983-1984); |
| | *Grupo Comunista de Burkina Faso* (1983-1991); |
| | *Unión de Comunistas de Burkina Faso* (1984-1989); |
| | *Organización para la Democracia Popular-Movimiento Obrero* (1989-1996); |
| | *Partido Socialista de Burkina Faso* (1992-2001); |
| | *Partido Africano de la Independencia* (1999-2011); |
| | *Unión para el Renacimiento-Partido Sankarista* (2000-presente); |
| | *Partido para la Democracia y el Progreso* (2001-presente); |
| | *Partido Socialista Unificado* (2001-presente); |
| | *Partido por la Democracia y el Socialismo* (2002-2012); |
| | *Convergencia para la Democracia Social* (2002-presente); |
| | *Frente Democrático Sankarista* (2004-presente); |
| | *Partido de la Independencia, el Trabajo y la Justicia* (2011- |

presente)

| | |
|---|---|
| Burundi | *Partido Socialista Libre de Burundi* (1961-desconocido); |
| | *Partido de los Trabajadores de Burundi* (1979-1986); |
| | *Frente para la Democracia* (1986-presente); |
| | *Movimiento Socialista Panafricano-Inkinzo* (desconocido) |
| Cabo Verde | *Partido Africano para la Independencia de Guinea y Cabo Verde* (1956-presente); |
| | *Partido Africano de la Independencia de Cabo Verde* (1981-presente); |
| | *Partido del Trabajo y la Solidaridad* (1998-presente) |
| | Cabo Verde se independizó de Portugal en 1975 |
| África Central República | *Movimiento para la Evolución Social del África Negra* (1949-1979); |
| | *Movimiento para la Liberación del Pueblo Centroafricano* (1978-presente); |
| | *Agrupación Democrática Centroafricana* (1987-presente); |
| | *Partido Socialdemócrata* (1991-presente); |
| | *Frente Patriótico para el Progreso* (1991-presente); |
| | *Convergencia Nacional - Kwa na Kwa* (2009-presente) |
| Congo | *Partido Progresista Congoleño* (1945-desconocido); |
| | *Partido de Solidaridad Africana* (1959-1965); |
| | *Partido Lumumbista Unificado* (1964-presente); |
| | *Partido Laborista Congoleño* (*PCT*. 1969-presente);* |
| | *Unión para la Democracia y el Progreso Social* (1982-presente) |
| | * El Congo fue un Estado marxista de partido único llamado *República Popular del Congo* de 1969 a 1992; el *PCT* fue el partido gobernante durante este periodo. |
| Chad | *Partido Progresista Chadiano* (1947-1975); |
| | *Partido Socialista Independiente de Chad* (1950-1956); |
| | *Escisión del Partido Socialista Independiente de Chad-1955* (1955-desconocido); |
| | *Acción Chadiana por la Unidad y el Socialismo* (1981- |

presente);

*Unión Nacional para la Democracia y la Renovación* (1992-actualidad);

*Movimiento Socialista Africano Renovado* (2006-aprox.-presente)

Comoras      *Convención para la Renovación de las Comoras* (2002-presente)

Yibuti      *Partido del Movimiento Popular* (1958-1974 aprox.);

*Agrupación Popular para el Progreso* (1979-presente);

*Frente para la Restauración de la Unidad y la Democracia* (1991-presente);

*Partido Popular Socialdemócrata* (2002-presente)

Guinea Ecuatorial      *IPGE* (1958 aprox-1970);

*Partido Nacional Obrero Unido* (1970-1979);

*Convergencia para la Democracia Social* (1990-presente)

Eritrea      *Frente de Liberación de Eritrea* (1961-presente);

*Partido del Pueblo Trabajador Democrático de Eritrea* (1968-1982);

*Frente Popular para la Democracia y la Justicia* (desde 1994)

Eswatini      *Partido Progresista de Suazilandia* (1959-1973 aproximadamente);

*Congreso Nacional Liberador Ngwane* (1963-1973);

*Movimiento Democrático de los Pueblos Unidos* (1983-presente);

*Partido Comunista de Suazilandia* (1994-presente);

*Partido Comunista de Suazilandia* (2011-presente);

*Partido Democrático Suazi* (2011-presente)

Etiopía      *Movimiento Socialista de Toda Etiopía* (1968-presente);

*Partido Revolucionario del Pueblo Etíope* (1972-presente);

*Organización Revolucionaria Marxista-Leninista Etíope* (1974-1979);

*Frente de Liberación del Pueblo Tigray* (1975-presente);

*Lucha revolucionaria del pueblo oprimido etíope* (1975-1978);

*Llama revolucionaria* (1976-1979);

*Unión de Organizaciones Marxista-Leninistas Etíopes* (1977-1979);

*Comisión de Organización del Partido del Pueblo Trabajador de Etiopía* (1979-1984);

*Liga Marxista-Leninista de Tigray* (1983-1991);

*Partido de los Trabajadores de Etiopía* (WPE. 1984-1991)\*.

*Frente Democrático Revolucionario del Pueblo Etíope* (1988-2019);

*Partido Democrático Somalí* (1998-2019);

*Fuerzas Democráticas Etíopes Unidas* (2005-2008)

\* Etiopía fue un Estado marxista de partido único llamado *República Democrática Popular de Etiopía* de 1987 a 1991; el *WPE* fue el partido gobernante durante este periodo.

Gabón     *Partido de la Unidad Nacional Gabonesa* (1958-desconocido);

*Partido del Progreso Gabonés* (1990-presente);

*Partido Socialista Gabonés* (1991-presente);

*Foro Africano para la Reconstrucción* (1992-presente)

Gambia     *Partido Socialista Revolucionario de Gambia* (1980-1981);

*Organización Democrática Popular por la Independencia y el Socialismo* (1986-actualidad)

Ghana     *Partido Popular de la Convención* (1949-presente);

*Partido Nacional Popular* (1979-1981);

*Partido de la Convención Popular* (1992-1996);

*Partido Popular Democrático* (1992-presente);

*Congreso Nacional Democrático* (1992-presente);

*Convención Nacional Popular* (desde 1992)

Guinea     *Partido Socialista de Guinea* (1946-desconocido);

*Partido Democrático de Guinea-Reunión Democrática Africana* (1947-presente);

*Democracia Socialista de Guinea* (1954-1958);

*Reunión del Pueblo Guineano* (1965 aprox-presente);

*Partido Revolucionario Popular Panafricano* (1968-presente)

Guinea-Bissau  *Partido Africano para la Independencia de Guinea y Cabo Verde* (1956-presente);

*Fuerzas Armadas Revolucionarias del Pueblo* (1964-1973);

*Partido Socialista de Guinea-Bissau* (1994-presente);

*Partido de los Trabajadores* (2002-presente);

*Alianza del Pueblo Unido* (2004);

*Partido Socialista Democrático* (2004-presente);

*Movimiento por la Alternancia Democrática* (2018-presente)

Costa de Marfil  *Partido Comunista Revolucionario de Costa de Marfil* (1965 aprox-desconocido);

*Frente Popular de Costa de Marfil* (1982-presente);

*Partido de los Trabajadores de Costa de Marfil* (1990-presente);

*People's Socialist Union* (1996-presente. Con sede en Londres)

Costa de Marfil se independizó de Francia en 1960

Kenia  *Unión Popular de Kenia* (1966-1969);

*Partido Comunista de Kenia* (1992-presente);

*Partido Verde Mazingira de Kenia* (desde 1997 aproximadamente)

Liberia  *Partido Revolucionario Africano* (1861-1936);

*Partido Comunista de Liberia* (1878-1936);

*Partido Popular Unido* (aprox. 1985-actualidad)

Libia  *Partido Comunista Libio* (1945-1952);

*Partido Baaz Árabe Libio Socialista* (años 1950-1980 aproximadamente);

*Consejo de Mando Revolucionario Libio* (1969-1977);

*Unión Socialista Árabe* (1971-1977);

*Movimiento Nacional Popular Libio* (2012-presente)

Lesotho        *Partido del Congreso de Basutolandia* (1952-presente);

*Partido Comunista de Lesoto* (1962-presente);

*Congreso de Lesotho para la Democracia* (1997-presente);

*Congreso Democrático* (2011-presente)

Madagascar     *Partido Comunista de la Región de Madagascar* (1936-1938);

*Partido Comunista Malgache* (1958-desconocido);

*Partido del Congreso de la Independencia de Madagascar* (1958-presente);

*Movimiento para el Progreso de Madagascar* (1972-presente);

*Asociación para el Renacimiento de Madagascar* (1976-presente)

Mali           *Unión Democrática Sudanesa-Africana* (1945-2010);

*Partido Laborista Maliense* (1965-presente);

*Unión Democrática del Pueblo Maliense* (1975-1991);

*Alianza para la Democracia en Malí* (1990-presente);

*Solidaridad Africana para la Democracia y la Independencia* (1996-presente);

*Rally por Malí* (2001-presente)

Malawi         *Liga Socialista de Malawi* (1964-1991);

*Alianza para la Democracia* (1993-presente)

Mauritania     *Unión de Fuerzas del Progreso* (1991-presente);

*Partido Socialista Democrático Unionista* (1994-presente);

*Alianza Progresista Popular* (2002-presente);

*Agrupación de Fuerzas Democráticas* (2002-presente);

*Alianza por la Justicia y la Democracia* (2007-presente)

Mauricio       *Partido Laborista* (1936-presente);

*Bloque Independiente de Avanzada* (1958-1976 aproximadamente);

*Congreso Hindú de Mauricio* (1964-1967);

*Movimiento Militante Mauriciano* (1969-presente);

*Movimiento Militante Mauriciano-MMMSP* (1973-1980aprox);

*Partido Socialista de Mauricio* (1979-1983);

*Lalit* (1981-presente);

*Movimiento Socialista Militante* (1983-presente);

*Movimiento Socialista Militante de Mauricio* (1995-2008);

*Fraternal Greens* (2002-presente);

*Movimiento Libertador* (2014-presente);

*Plataforma Militante* (2018-presente)

Marruecos     *Partido Comunista Marroquí* (1943-1964);

*Partido de la Liberación y el Socialismo* (1968-1974);

*Adelante* (1970-1974 aprox);

*Movimiento 23 de Marzo* (1970-1983 aprox);

*Partido del Progreso y el Socialismo* (1974-presente);

*Partido de Acción* (1974-presente);

*Unión Socialista de Fuerzas Populares* (1975-presente);

*Partido Socialista Democrático de Vanguardia* (1991-presente);

*Vía Democrática* (1995-presente);

*Frente de Fuerzas Democráticas* (1997-presente);

*Partido del Congreso Nacional Ittihadi* (2001-presente);

*Partido Laborista* (2005-2013);

*Partido Socialista Unificado* (2005-presente);

*Partido Socialista* (2006-2013)

Sáhara Occidental

*Frente Polisario* (1973-presente)

Mozambique — *Frente de Liberación de Mozambique-FRELIMO* (desde 1962 hasta la actualidad)*.

*Partido Comunista de Mozambique* (1995-desconocido);

*Partido de los Verdes de Mozambique* (1997-presente)

* Mozambique fue un Estado marxista de partido único llamado *República Popular de Mozambique* de 1975 a 1990; el *FRELIMO* fue el partido gobernante durante este periodo.

Namibia — *Unión Nacional del África Sudoccidental* (1959-presente);

*Organización Popular del África Sudoccidental* (1960-presente);

*Partido Comunista de Namibia* (1981-1989);

*Partido Revolucionario de los Trabajadores* (1989-presente);

*Congreso de los Demócratas* (1999-presente);

*Partido Popular* (2008-presente);

*Luchadores por la Libertad Económica de Namibia* (2014-presente);

*Reposicionamiento afirmativo* (2014-presente)

Níger — *Unión de Fuerzas Populares para la Democracia y el Progreso* (1956-presente);

*Partido Nigerino para la Democracia y el Socialismo* (1990-presente);

*Partido para el Socialismo y la Democracia en Níger* (desde 1992)

Nigeria — *Unión Progresista de Elementos del Norte* (1950-1964);

*Partido Comunista de Nigeria y Camerún* (1951-desconocido);

*Grupo de Acción* (1951-1966);

*Partido Comunista de Nigeria* (1960-1966 aprox.);

*Partido Socialista de Trabajadores y Agricultores de Nigeria* (1963-presente);

*Partido Comunista de Nigeria* (desconocido-1966 aprox.);

*Partido de la Redención del Pueblo* (1978-presente);

*Partido de la Unidad de Nigeria* (1978-desconocido);

*Movimiento Socialista Democrático* (1986-presente);

*Partido Socialdemócrata de Nigeria* (1989 aprox.-actualidad);

*Partido Socialista de Nigeria* (2013-presente);

*Partido de los Jóvenes Progresistas* (2017-presente)

Ruanda      *Partido Socialista Ruandés* (1991-presente);

*Partido Socialdemócrata* (1991-presente);

*Partido Verde Democrático de Ruanda* (2009-presente)

Santo Tomé      *Movimiento para la Liberación de Santo Tomé y Príncipe* (1960-presente);
y Príncipe

*Partido de los Trabajadores de Sao Taoméan* (2002-desconocido)

La población de estos archipiélagos es de algo menos de 234.000 habitantes.


Senegal      *Partido Republicano Socialista Independiente* (1919-desconocido);

*Partido Socialista Senegalés* (1934-1938);

*Unión Democrática Senegalesa* (1946-1956);

*Partido Senegalés de Acción Socialista* (1957-1958);

*Partido de la Independencia Africana* (1957-presente);

*Partido Socialista de Senegal* (1958-presente);

*Partido Comunista Senegalés* (1965-desconocido);

*Comité para la Iniciativa de Acción Revolucionaria Permanente* (1970 aprox.);

*Movimiento de Jóvenes Marxistas-Leninistas* (1970-desconocido);

*Liga Democrática-Movimiento por el Partido Laborista* (mediados de los años setenta-actualidad);

*Organización Socialista de los Trabajadores* (1973-1991);

*Movimiento Revolucionario de Nueva Democracia* (1974-1991);

*Liga Obrera Comunista* (1977-desconocido);

*Partido de la Independencia y el Trabajo* (1981-presente);

*And-Jef/Partido Africano para la Democracia y el Socialismo* (1991-2014);

*Movimiento de Radicales de Izquierda* (2004-presente);

*Socialistas Unidos por el Renacimiento de Senegal* (2004-presente)

Seychelles

*Frente Popular Progresista de Seychelles* (1978-2009);

*Parti Lepep - Seycheles Unidos* (2009-presente)

Sierra Leona

*Congreso de Todos los Pueblos* (1962-presente);

*Frente Revolucionario Unido* (1991-2002)

Somalia

*Partido Trabajo y Socialismo* (1960-1969);

*Consejo Supremo Revolucionario* (1969-1976);

*Partido Socialista Revolucionario Somalí* (*SRSP*. 1976-1991)*.

*Partido Verde de Somalia* (1990-presente);

*Partido de la Unidad Social Somalí* (2004-presente);

*Partido Laborista Somalí* (2011-presente);

*Partido Democrático Cosmopolita* (2015-presente);

*Partido Wadajir* (2016-presente)

* Somalia fue un Estado marxista de partido único llamado *República Democrática Somalí* de 1969 a 1991; el *SRSP* fue el partido gobernante de 1976 a 1991.

Somalilandia

*Por la Justicia y el Desarrollo* (2001-presente)

Sudáfrica

*Partido Laborista Sudafricano* (1910-1958);

*Congreso Nacional Africano* (1912-presente);

*Partido Comunista Sudafricano* (1921-presente);

*Partido de los Trabajadores de Sudáfrica* (1935-desconocido);

*Congreso Panafricanista de Azania* (1959-presente);

*Convención del Pueblo Negro* (1972-desconocido);

*Organización Popular Azaní* (1978-presente);

*Partido Obrero y Socialista* (1979-presente);

*Partido de la Vanguardia Internacional de los Trabajadores*

(1985-actualidad);

*Manténgase a la izquierda* (1987-presente);

*Organización Obrera de Acción Socialista* (1990-desconocido);

*Partido Ecopeace* (1995-presente);

*Partido Socialista de Azania* (1998-presente);

*Partido Verde de Sudáfrica* (1999-presente);

*Convención Popular Africana* (2007-presente);

*Women Forward* (2008-presente);

*Combatientes por la Libertad Económica* (2013-presente);

*Congreso de los Estados Unidos* (2013-presente);

*Black First Land First* (2015-presente);

*Embajadores Nacionales del Pueblo* (2015-presente);

*Partido Bolchevique de Sudáfrica* (2016 aprox.-actualidad);

*African Content Movement* (2018-presente);

*Bueno* (2018-presente);

*Partido Socialista Revolucionario de los Trabajadores* (2019-presente);

*Partido de la Tierra* (2019-presente)

Sudán del Sur    *Partido Comunista de Sudán del Sur* (2011-presente)

Sudán del Sur se independizó de Sudán hace poco, en 2011, de ahí que solo un grupo

Sudán    *Partido Comunista Sudanés* (1946-presente);

*Frente Antiimperialista* (1952-1958 aprox.);

*Partido Comunista Sudanés-Dirección Revolucionaria* (1965-desconocido);

*Fuerzas Obreras* (1967-desconocido);

*Unión Socialista Sudanesa* (1971-1985);

*Frente Socialista Popular Sudanés* (1984-desconocido);

*Movimiento Sudanés de Comités Revolucionarios* (1985-1987 aprox.)

Tanzania    *Asociación Africana de Tanganica* (1929-1954);

*Unión Nacional Africana de Tanganica* (1954-1977);

*Chama Cha Mapinduzi* (1977-presente);

*Alianza por el Cambio y la Transparencia* (2014-presente)

Zanzíbar

*Partido Afro-Shirazi* (1957-1977);

*Partido Umma* (1963-desconocido)

Togo     *Partido de la Revolución Socialista de Benín* (1959-desconocido);

*Partido Comunista de Togo* (1980-desconocido);

*Convención Democrática de los Pueblos Africanos* (1980-desconocido);

*Partido Socialista Panafricano* (1991 aprox.-desconocido);

*Partido de los Trabajadores* (1998-presente);

*Colectivo Salvemos Togo* (2012-presente)

Túnez     *Partido Comunista Tunecino* (1934-1993);

*Partido Socialista Desturiano* (1964-1988);

*Movimiento de Unidad Popular* (1973-presente);

*Movimiento de Demócratas Socialistas* (1978-presente);

*Partido de Unidad Popular* (1981-presente);

*Partido Unificado de los Patriotas Democráticos* (1981-presente);

*Partido de los Trabajadores* (1986-presente);

*Unión Democrática* (1988-presente);

*Movimiento Ettajdid* (1993-2012);

*Partido Verde Tunecino* (2004-presente);

*Partido Socialista* (2006-presente);

*Corriente demócrata* (2011-presente);

*Camino Socialdemócrata* (2012-presente)

| Uganda | *Congreso Nacional de Uganda* (1952-1960 en adelante); |
|---|---|
| | *Congreso Popular de Uganda* (1960-presente); |
| | *Movimiento Nacional de Resistencia* (1986-presente); |
| | *Partido Popular Progresista* (2004-presente) |
| Zambia | *Partido de la Independencia Nacional Unida* (1959-presente); |
| | *Movimiento por la Democracia Multipartidista* (1990-presente); |
| | *Partido Socialista Revolucionario* (1991-1998); |
| | *Frente Patriótico* (2001-presente) |
| Zimbabue | *Partido Laborista de Rodesia* (1923-1950 aproximadamente); |
| | *Partido Comunista de Rodesia del Sur* (1941-desconocido); |
| | *Unión Nacional Africana de Zimbabue-Frente Patriótico* (1953-presente); |
| | *Unión Popular Africana de Zimbabue* (1961-presente); |
| | *Partido Democrático Popular* (2015-presente); |
| | *Movimiento por el Cambio Democrático* (2018-presente) |

## Oriente Medio (y Asia occidental)

| Ubicación | Grupos destacados |
|---|---|
| Armenia | *Partido Comunista de Armenia* (*CPA*. 1920-1991);* (Com) |
| | *Partido Comunista Armenio* (1991-presente); |
| | *Partido Democrático de Armenia* (1991-presente); |
| | *Partido Popular de Armenia* (desde 1998); |
| | *Renovación del Partido Comunista de Armenia* (2002-2003); |
| | *Partido Comunista Unido de Armenia* (desde 2003); |
| | *Decisión ciudadana* (2018-presente) |
| | * Armenia formaba parte de la *URSS*, y este partido era la rama local del *Partido Comunista de la Unión Soviética* (*PCUS/KPSS*). |

Azerbaiyán    *Partido Comunista de Azerbaiyán* (*CPA*. 1920-1991)\*.

*Partido Comunista Unido de Azerbaiyán* (desde 1993);

*Partido Comunista de Azerbaiyán-CPA-2* (1996-presente)

\* Azerbaiyán formaba parte de la *URSS*, y este partido era la rama local del *Partido Comunista de la Unión Soviética* (*PCUS/KPSS*).

Bahréin    *Partido Árabe Socialista Baaz* (1947-1966);

*Frente de Liberación Nacional-Bahréin* (1955-presente);

*Frente Popular para la Liberación de Bahréin* (1974-2001);

*Asamblea Nacional Democrática* (1991-presente);

*Tribuna Democrática Progresista* (2001-presente)

Chipre    *Partido Progresista de los Trabajadores* (1926-presente);

(Rep. y Norte)    *Movimiento para la Democracia Social* (1969-presente);

*Nuevo Partido Chipriota* (1989-presente);

*Partido Unido Chipriota* (2003-presente);

*Movimiento de Ecología Social de Chipre* (2009-presente);

*ERAS - Comité para una Concentración de la Izquierda Radical* (2011-2014);

*Coalición de la Izquierda Radical-Alianza Progresista* (2012-presente)

Egipto    *Partido Socialista Egipcio* (1921-1923);

*Unión Socialista Árabe* (1962-1978);

*Partido Comunista Egipcio* (1975-presente);

*Partido Nasserista Democrático Árabe* (1984-presente);

*Socialistas Revolucionarios* (1995-presente);

*Partido Alianza Popular Socialista* (2011-presente);

*Partido de Trabajadores y Campesinos* (2012-presente);

*Coalición Democrática Revolucionaria* (2012-2015);

*Partido Pan y Libertad* (2013-presente)

Irán    *Partido Socialdemócrata* (1904-1910);

*Partido Comunista de Persia* (1917-1921);

*Partido Socialista* (1921-1926);

*Partido Republicano Revolucionario de Irán* (1925-desconocido);

*Partido Tudeh de Irán* (1941-presente);

*Partido Iraní* (1941-presente);

*Partido de los Camaradas* (1942-1944);

*Liga de Socialistas Iraníes* (1960-1980 aprox.);

*Partido Laborista de Irán* (con sede en Alemania. 1965-presente);

*Partido de los Trabajadores de Irán* (con sede en Suecia. 1979-presente);

*Partido Comunista de Irán* (1983-presente);

*Partido Obrero-Comunista de Irán* (con sede en Alemania. 1991-presente);

*Partido Verde de Irán* (1999-presente);

*Partido Comunista de Irán-Marxista-Leninista-Maoísta* (2001-presente)

Iraq

*Partido Comunista Iraquí* (1934-presente);

*Adelante* (1942-1944);

*Movimiento de los Trabajadores Árabes* (1962-1964);

*Unión Socialista Árabe Iraquí* (1964-1968);

*Partido de la Unidad Árabe* (1967-1971);

*Partido Socialista Democrático del Kurdistán* (1976-presente);

*Partido de los Trabajadores del Kurdistán* (1985-presente);

*Partido Obrero-Comunista de Irak* (1993-presente);

*Partido Comunista del Kurdistán/Irak* (1993-presente);

*Partido Verde de Irak* (2003-presente);

*Partido Obrero-Comunista de Izquierda de Irak* (2004-presente);

*Unión Popular* (2005-2010)

Israel

*Maki* (1948-1973);

*Partido Comunista Israelí* (1965-presente);

*Partido Laborista Israelí* (1968-presente);

*Moked* (1973-1977);

*Frente Democrático por la Paz y la Igualdad* (1977-presente);

*Partido Obrero Da'am* (1995-presente)

Dado que Israel se formó en 1948, véase más abajo "Palestina" para los grupos anteriores a 1948.

Jordan    *Partido Comunista Jordano* (1948-presente);

          *Partido Democrático Popular Jordano* (1989-presente);

          *Partido Comunista de los Trabajadores de Jordania* (desde 1997)

Kuwait    *Movimiento Progresista Kuwaití* (desde 1975)

Líbano    *Partido Comunista Libanés* (1924-presente);

          *Partido Comunista Sirio-Libanés* (1924-1964);

          *Partido Socialista Progresista* (1949-presente);

          *Líbano socialista* (1965-1970);

          *Liga de Trabajadores* (1968-presente);

          *Organización de Acción Comunista en Líbano* (desde 1970);

          *Partido Comunista Obrero Palestino* (1978-1991)

Omán      *Frente Popular para la Liberación de Omán* (1974-1992)

          Omán es una monarquía absoluta; no se permiten partidos políticos.

Palestina *Partido Socialista de los Trabajadores* (1919-1921 aprox.);

          *Partido Comunista Palestino* (1922-1923);

          *Partido Comunista de Palestina* (1923-1982);

          *Frente Popular para la Liberación de Palestina* (1967-presente);

          *Frente Democrático para la Liberación de Palestina* (1968-presente);

          *Partido Popular Palestino* (desde 1982)

Qatar     N/A

          Qatar es una monarquía absoluta de facto (en transición oficial hacia una monarquía constitucional). Antes no se permitían los partidos políticos.

Arabia Saudí   *Unión Popular de la Península Arábiga* (1959-1990 aproximadamente);

               *Partido de Acción Socialista Árabe-Península Arábiga* (1972-1990);

               *Partido Comunista de Arabia Saudí* (1975-desconocido)

               Arabia Saudí es una monarquía absoluta; no se permiten partidos políticos

| | |
|---|---|
| Siria | *Partido Comunista Sirio* (1924-1986); |
| | *Movimiento Socialista Árabe* (1950-1960); |
| | *Partido Socialista Unionista* (desde 1962); |
| | *Partido Obrero Revolucionario Árabe* (1966-presente); |
| | *Partido Comunista Árabe* (1968-desconocido); |
| | *Partido de Acción Comunista* (1976-presente); |
| | *Partido Comunista Sirio-Unificado* (1986-presente); |
| | *Partido Comunista Sirio-Bakdash* (1986-presente); |
| | *Partido Voluntad Popular* (2012-presente) |
| Emiratos Árabes Unidos | N/A |
| | EAU es una monarquía federal; no hay partidos políticos |
| Yemen | *Partido Socialista Yemení* (desde 1978) |
| | Yemen del Sur (provincia meridional y oriental de Yemen, más la isla de Socotra) |
| | Yemen del Sur fue un Estado marxista de partido único llamado *República Democrática Popular de Yemen* entre 1967 y 1990. |

## Asia

Este continente ha sido absolutamente asolado por la infección, causando muchas divisiones y conflictos a lo largo del siglo XX que persisten hasta nuestros días. También alberga uno de los mayores bastiones de la infección en la actualidad: *la República Popular China*. Además, Asia cuenta con algunos de los países más poblados del mundo: China e India rondan los 1.400 millones de habitantes. Indonesia tiene 273 millones y Pakistán 220 millones.[129]

En realidad, se calcula que la población de China supera los 1.400 millones de habitantes (1.445.327.346). Esto es particularmente inquietante, ya que si decimos que sólo la mitad de esa población son miembros adoctrinados de una secta, se trata de 722.663.673 personas (casi la población actual de Europa). Si es sólo una cuarta parte, son 361.331.836,5 (más que la población actual de EE.UU. de casi 340 millones).

No es de extrañar que, debido a su pasado colonial británico, India también

---

[129] https://www.worldometers.info/world-population/population-by-country/

tenga una larga historia de fascinación por la ideología y cuente (como mostrará la tabla) con un número considerable de grupos sectarios. Se incluyen algunos de los países de Oriente Próximo que limitan con Asia, como Afganistán, Kazajstán, Kirguistán, Tayikistán, Turkmenistán y Uzbekistán; la mayoría de los cuales pasaron la mayor parte del siglo XX formando parte de la Unión Soviética (esto también se aplica a Mongolia).

En Asia, la ideología desempeñó un papel en: la *Guerra Civil China* y la formación de la China Roja; la *Segunda Guerra Sino-Japonesa;* Siam y su transición para convertirse en Tailandia, y el conflicto y las luchas por el poder que continuaron hasta los últimos años; el *Partido Comunista de Malaya,* el *Sindicato General del Trabajo de Malasia* y la infiltración de los sindicatos en Singapur; la *guerra soviético-afgana* (1979-89) durante la Guerra Fría; la *guerra de Corea;* las guerras de Indochina, incluida *la de Vietnam;* el *Pathet Lao* y el establecimiento de otro Estado marxista de partido único: *la República Democrática Popular* Lao (también conocida como Laos); la invasión y anexión del Tíbet por China Roja, llamada *Liberación Pacífica del Tíbet* (risas. 1950-1951); la presidencia de Sukarno en Indonesia, el *Movimiento Gerakan 30 de Septiembre* y una purga antimarxista llamada *Pembunuhan;* los *Jemeres Rojos* y el régimen de Pol Pot en Camboya; la formación del *Estado Wa* en Birmania; el *Partido Comunista de Nepal* y la *guerra civil nepalí* (1996-2006); Velupillai Prabhakaran (1954-2009) y los *Tigres Tamiles* en Sri Lanka; la represión de China contra cualquier inconformista dentro de sus fronteras, su expansionismo y sus planes de convertirse en la primera potencia mundial este siglo.

| **Ubicación** | **Grupos destacados** |
|---|---|
| Afganistán | *Organización de la Juventud Progresista* (1965-1972); |
| | *Partido Democrático Popular de Afganistán* (PDPA. 1965-1992)\*. |
| | *Partido Democrático Progresista de Afganistán* (1966-presente); |
| | *Organización para la Liberación de Afganistán* (1973-presente); |
| | *Organización para la Liberación del Pueblo de Afganistán* (1977-1989); |
| | *Partido Watan de Afganistán* (1997-presente); |
| | *Partido Republicano de Afganistán* (1999-presente); |
| | *Partido Nacional Unido de Afganistán* (2003-presente); |
| | *Partido de la Solidaridad de Afganistán* (2004-presente); |
| | *Partido Comunista de Afganistán-Maoísta* (2004-presente) |

\* Afganistán fue un Estado marxista de partido único llamado *República Democrática de Afganistán* de 1978 a 1992; el *PDPA* fue el partido gobernante durante este periodo.

| | |
|---|---|
| Bangladesh | *Partido Comunista de Bangladesh* (1968-presente); |
| | *Partido Comunista de Bangladesh-Leninista* (1971-1980); |
| | *Partido Nacional Socialista de Bangladesh* (1972-presente); |
| | *Liga Awami Krishak Sramik de Bangladesh* (1975); |
| | *Partido Socialista de Bangladesh* (1980-presente); |
| | *Partido de los Trabajadores de Bangladesh* (1980-presente); |
| | *Partido Nacional Socialista* (2002-presente); |
| | *Partido Revolucionario de los Trabajadores de Bangladesh* (2004-presente) |
| | Bangladesh se convirtió en una nación "soberana" en 1971 |
| Bután | *Partido Popular de Bután* (1990-presente. En el exilio en Nepal); |
| | *Partido Comunista de Bután-Marxista-Leninista* (2003-presente); |
| | *Partido Kuen-Nyan de Bután* (2013-presente); |
| | *Partido de la Gente Común de Bután* (2013-2018) |
| Brunei | *Partido Popular de Brunei* (1956-1962) |
| Birmania/Myanmar | *Partido Comunista de Birmania* (1939-presente); |
| | *Partido Socialista de Birmania* (1945-1964); |
| | *Partido Comunista Bandera Roja* (1946-1978); |
| | *Partido de los Trabajadores de Birmania* (1950-1962); |
| | *Consejo Revolucionario de la Unión* (1962-1974); |
| | *Partido del Programa Socialista de Birmania* (1962-1988); |
| | *Partido de Unidad Nacional* (1988-presente); |
| | *United Wa State Party* (1989-presente); |
| | *Partido Popular de los Agricultores y Trabajadores de Myanmar* (2014-presente); |
| | *Partido Campesino Confederado* (2015-presente) |
| Camboya | *Frente Unido Issarak* (1950-1954); |
| | *Partido Popular Camboyano* (1951-presente); |
| | *Partido Comunista de Kampuchea* (1951-1981)\*. |

*Grupo Popular* (1954-1972);

*Partido de Kampuchea Democrática* (1981-1993);

*Partido de la Unidad Nacional Camboyana* (1992-1997)

\* partido gobernante de *Kampuchea Democrática* (Estado marxista de partido único. Existió 1975-1979)

China (también conocida como República Popular China)

*Partido Comunista Chino* (*PCCh*. 1921-presente);\*

Partidos menores:

*Partido Zhi Gong de China* (1925-presente);

*Unión Democrática de Campesinos y Obreros Chinos* (1927-presente);

*Liga Democrática China* (1941-presente);

*Sociedad Jiusan* (1945-presente);

*Asociación Nacional de Construcción Democrática* (1945-presente);

*Asociación China para la Promoción de la Democracia* (1945-presente);

*Partido Socialista Democrático de China* (1946-2020);

*Liga Democrática de Autogobierno de Taiwán* (1947-presente);

*Comité Revolucionario del Kuomintang chino* (1948-presente)

Otras partes:

*Partido Comunista de China* (1976-1978);

*Partido Comunista Maoísta de China* (2008-presente);

*Partido Zhi Xian* (2013)

\* El PCCh es el partido gobernante en *la República Popular China.* Controla todos los partidos menores a través del Frente *Unido, una* organización que también incluye a otros grupos bajo el control *del PCCh.*

Hong Kong:

*Partido Comunista Revolucionario de China* (1948-presente);

*Federación de Sindicatos de Hong Kong* (1948-presente);

*Quinta Acción de Abril* (1988-presente);

*Partido Comunista de Hong Kong* (desde 1997 hasta la actualidad)\*\*.

*Acción Socialista* (2010-presente);

*Poder Popular* (2011-presente);

*Liga de la Justicia Terrestre* (2011-presente)

** El estatuto territorial de Hong Kong cambió en 1997, al ser transferido a China por el Reino Unido

Timor Oriental  *Frente Revolucionario para un Timor Oriental Independiente* (1974-presente);

*Partido Socialista de Timor* (desde 1990)

India  *Congreso Nacional Indio* (1885-presente);

*Partido Comunista de la India* (1925-presente);

*Partido Socialista del Congreso* (1934-1948);

*Partido Comunista Revolucionario* (1934-presente);

*All India Forward Bloc* (1939-presente);

*Partido Socialista Revolucionario* (1940-presente);

*Partido Bolchevique-Leninista de la India, Ceilán y Birmania* (1942-1947);

*Partido Kisan Mazdoor Praja* (1951-1952);

*Partido Socialista Praja* (1952-1972);

*Frente Nacional Mizo* (1961-presente);

*Partido Comunista de la India-Marxista* (1964-presente);

*Partido Comunista de la India-Marxista-Leninista* (1969-1972);

*Partido Comunista de la India-Liberación Marxista-Leninista* (1974-presente);

*Partido Comunista Marxista de la India* (1983-2005);

*Partido Comunista de la India-Marxista-Leninista Bandera Roja* (1988-2005);

*Frente Democrático de Sikkim* (1993-presente);

*Partido Popular Nacional* (1997-presente);

*Frente Democrático Popular* (2001-presente);

*Janata Dal-United* (2003-presente);

*Partido Comunista de la India-Maoísta* (2004-presente);

*Manithaneya Makkal Katchi* (2009-presente);

*Frente Revolucionario de Sikkim* (2013-presente);

*Janta Congress Chhattisgarh* (2016-presente);

*Apna Dal Sonelal* (2016-presente);

*Partido para el Empoderamiento de las Mujeres de Toda la India* (2017-presente);

*Partido Jannayak Janta* (2018-presente);

*Partido Socialista Progresista-Lohia* (2018-presente)

Indonesia     *Partido Comunista de Indonesia* (1914-1966);

*Frente de Campesinos de Indonesia* (1945-65);

*Unión Popular Marhaen de Indonesia* (1945-1955);

*Partido Socialista de Indonesia* (1945);

*Partido Socialista Popular* (1945);

*Partido Socialista de Indonesia* (1948-1960);

*Partido Murba* (1948-1973);

*Partido Laborista* (1949-1956);

*Partido Acoma* (1952-1965);

*Partido Democrático Popular* (1996-presente);

*Partido de Lucha de la Nueva Indonesia* (2002-presente);

*Partido Verde Indonesio* (2012-presente);

*Partido Indonesio de Solidaridad* (2014-presente)

Japón     *Partido Socialdemócrata* (1901);

*Partido Socialista Japonés* (1906-1907);

*Partido Comunista Japonés* (1922-presente); (Com)

*Partido Laborista Campesino de Japón* (1926-1928);

*Partido Socialista de las Masas* (1932-1940);

*Partido Proletario de Japón* (1937);

*Partido Socialista Japonés* (1945-1996);

*Partido Socialdemócrata* (1996-presente);

*Nuevo Partido Socialista de Japón* (1996-presente);

*Verdes Japón* (2008-presente)

Kazajstán     *Partido Comunista de Kazajstán (QKP. 1936-1991)\**.

*Partido Socialista de Kazajstán* (1991-presente);

*Partido Comunista de Kazajstán* (1991-2015);

*Partido Rukhaniyat (*1995-2013);

*Resistencia Socialista de Kazajstán* (2002-presente);

*Partido Comunista Popular de Kazajstán* (2004-presente);

*Partido Socialdemócrata Nacional* (2006-presente)

\* Kazajstán formaba parte de la *URSS*, y este partido era la rama local del *Partido Comunista de la Unión Soviética* (*PCUS/KPSS*).

Kirguistán     *Partido Comunista de Kirguizistán* (*PCK*. 1924-1991);\*.

*Partido Socialista de la Patria* (desde 1992);

*Partido de los Comunistas de Kirguistán* (1992-presente);

*Partido Socialdemócrata de Kirguistán* (1993-presente);

*Partido Comunista de Kirguistán* (1999-presente)

  \* Kirguistán formaba parte de la *URSS*, y este partido era la rama local del *Partido Comunista de la Unión Soviética* (*PCUS/KPSS*).

Laos     *Nación Lao* (1950-1975);

*Partido Revolucionario Popular Lao* (*LPRP*. 1955-presente);

*Frente Lao para la Construcción Nacional* (LFNC. 1979-presente)

Laos es un Estado unipartidista, y el *LPRP* es el partido gobernante. El *LFNC está* subordinado al *LPRP* como órgano organizador nacional.

Malasia     *Partido Comunista Malayo* (1930-1989);

*Kesatuan Melayu Muda* (1938-1945);

*Partido Popular Malayo* (1955-presente);

*Partido de Acción Democrática* (1965-presente);

*Partido Comunista de Malaya-Facción Revolucionaria* (1970-1983);

*Partido Comunista de Kalimantan del Norte* (1971-1990);

*Partido Comunista de Malaya-Marxista-Leninista* (1974-1983);

*Partido Nacional de la Confianza* (1978-presente);

*Partido Comunista Malayo* (1983-1987);

*Partido Socialista de Malasia* (desde 1998)

Maldivas     *Partido de la Unidad Nacional* (2013-presente);

*Movimiento Comunista Socialista de Maldivas* (2016-presente);

*Partido Laborista y Socialdemócrata de Maldivas* (2019-presente)

Mongolia

*Partido Popular de Mongolia* (MPP. 1920-presente); (Com) *

*Partido Socialdemócrata de Mongolia* (1990-presente);

*Partido Verde de Mongolia* (1990-presente);

*Nuevo Partido Socialista Democrático de Mongolia* (1992-presente)

* Mongolia fue un Estado marxista de partido único llamado *República Popular Mongola* de 1924 a 1992; *el MPP* fue el partido gobernante durante este periodo.

Nepal

*Partido Comunista de Nepal* (1949-1962);

*Congreso Nepalí* (1950-presente);

*Partido de los Trabajadores y Campesinos de Nepal* (1975-presente);

*Partido Comunista de Nepal-Marxista-Leninista Unificado* (1991-2018);

*Frente Nacional Popular* (1999-presente);

*Sanghiya Loktantrik Rastriya Manch* (2007-presente);

*Partido Comunista de Nepal* (2013-presente);

*Foro Federal Socialista* (2015-2019);

*Partido Fuerza Nueva* (2016-2019);

*Partido Socialista Federal de Nepal* (2016-presente);

*Partido Comunista de Nepal* (2018-presente);

*Partido Socialista de Nepal* (2019-2020);

*Partido Socialista Popular* (2020-presente)

Pakistán

*Partido Socialista de Pakistán* (1948-1958);

*Partido Comunista de Pakistán* (1948-presente);

*Partido Comunista de Pakistán Oriental-Marxista-Leninista* (1966-1978);

*Partido Popular de Pakistán* (1967-presente);

*Partido Nacional Awami* (1986-presente);

*Partido Laborista de Pakistán* (1986-2012);

*Movimiento Popular de Pakistán* (1989-presente);

*Partido Comunista Mazdoor Kissan* (1995-2015);

*Partido de los Trabajadores Awami* (2012-presente);

*Partido Barabri* (2018-presente)

Filipinas    *Partido Comunista de Filipinas* (1930-presente);

*Partido Laborista de Filipinas* (1963-presente);

*Partido Comunista de Filipinas* (1968-presente);

*Partido Socialista Democrático Filipino* (1973-presente);

*Partido Democrático-Poder Popular* (1983-actualidad);

*Partido de Acción Ciudadana Akbayan* (1998-presente);

*Bayan Muna* (1999-presente);

*Ang Ladlad LGBT Party Inc* (2003-presente);

*Coalición Patriótica del Pueblo* (2009-presente);

*Partido de las Masas Trabajadoras* (2009-presente)

Singapur    *Partido Comunista de los Mares del Sur* (1925-1930);

*Partido Comunista de Malaya* (1930-1989);

*Partido Laborista* (1948-1960);

*Frente Laborista* (1954-1960);

*Partido Socialista Liberal* (1956-1963);

*Partido de los Trabajadores de Singapur* (1957-presente);

*Alianza Popular de Singapur* (1958-1965);

*Frente Socialista* (1961-1988);

*Partido Democrático Progresista* (1973-presente);

*Frente Socialista* (2010-2011);

*Partido del Poder Popular* (2015-presente)

Sri Lanka    *Partido de la Sociedad Igualitaria de Lanka* (1935-presente);

*Partido Comunista de Sri Lanka* (1943-presente);

*Partido Comunista Maoísta de Ceilán* (1964-presente);

*Frente Popular de Liberación* (1965-presente);

*Partido Comunista de Sri Lanka-Marxista-Leninista* (1972-presente);

*Partido de la Nueva Sociedad Igualitaria* (1977-presente);

*Partido Socialista Unido* (1989-presente);

*Frente Democrático de Izquierda* (1999-presente);

*Alianza por la Libertad de los Pueblos Unidos* (2004-2019);

*Partido Socialista de Sri Lanka* (2006-presente);

*Partido Socialista de Primera Línea* (2012-presente);

*Alianza por la Libertad del Pueblo de Sri Lanka* (2019-presente)

| | |
|---|---|
| Taiwán | *Partido Comunista de Taiwán* (1928-1931); |
| (República de China) | *Partido Laborista* (1989-presente); |
| | *Partido Verde de Taiwán* (1996-presente); |

*Sindicato de Solidaridad de Taiwán* (2001-presente);

*Partido Comunista de Taiwán* (2008-2020);

*Partido Comunista Democrático de Taiwán* (2009-2020);

*Partido Comunista de la República de China* (2009-2018);

*Partido Socialdemócrata* (2015-presente);

*Partido para la Construcción del Estado de Taiwán* (2016-presente)

Tayikistán  *Partido Comunista de Tayikistán* (1918-presente);*

*Partido Socialista de Tayikistán* (1996-presente)

* Tayikistán formaba parte de la URSS, y este partido era la rama local del *Partido Comunista de la Unión Soviética* (*PCUS/KPSS*).

Tailandia  *Partido Comunista de los Mares del Sur* (1925-1930);

*Partido Comunista de Tailandia* (1942-1990 aproximadamente);

*Partido Socialista de Tailandia* (1974-1976);

*Partido Nueva Fuerza* (1974-1988)

Turkmenistán  *Partido Comunista de la República Socialista Soviética de Turkmenistán* (1924-1991)*.

*Partido Comunista de Turkmenistán* (1998-2002)

* Turkmenistán formaba parte de la URSS, y este partido era la rama local del *Partido Comunista de la Unión Soviética* (*PCUS/KPSS*).

El país declaró su independencia de la URSS en 1990. Desde la independencia, ha sido un Estado unipartidista, hasta hace poco

Uzbekistán  *Partido Comunista de Uzbekistán* (1925-1991)*.

*Partido Socialdemócrata de Justicia* (1995-presente);

*Partido Ecologista de Uzbekistán* (2008-presente)

* Uzbekistán formaba parte de la URSS, y este partido era la rama

local del *Partido Comunista de la Unión Soviética* (PCUS/KPSS).

El país declaró su independencia de la URSS en 1991. Desde la independencia, ha sido un Estado unipartidista, hasta hace poco

| | |
|---|---|
| Vietnam | *Partido Comunista de los Mares del Sur* (1925-1930); |
| | *Partido Revolucionario del Nuevo Vietnam* (1925-1930); |
| | *Liga de la Juventud Revolucionaria Vietnamita* (1925-1929); |
| | *Liga Comunista Indochina* (1929-1930); |
| | *Partido Comunista de Annam* (1929-1930); |
| | *Partido Comunista de Indochina* (1929-1930); |
| | *Partido Comunista de Vietnam* (*PCV.* 1930-presente);* |
| | *Partido Comunista Indochino* (1930-1945); |
| | *Unión de la Juventud Comunista de Ho Chi Minh* (1931-presente); |
| | *Liga Comunista Internacional* (1932-1946); |
| | *Partido Democrático de Vietnam* (1944-1988); |
| | *Partido Socialista de Vietnam* (1946-1988); |
| | *Frente Vietnamita de la Patria* (desde 1977) |

\* El *Partido Comunista de* Vietnam (*PCV*) *es el* partido gobernante; Vietnam es un Estado unipartidista.

## Australasia

| Ubicación | Grupos destacados |
|---|---|
| Australia | *Partido Laborista Australiano* (1901-presente); |
| | *Partido Socialista Laborista* (1901-1940/1970); |
| | *Partido Comunista de Australia* (1920-1991); (Com) |
| | *Sociedad Fabiana Australiana* (1947-presente) |
| Fiyi | *Partido Laborista de Fiyi* (desde 1985) |
| Nueva Caledonia | *Frente Canaco y Socialista de Liberación Nacional* (1984-presente) |
| Nueva Zelanda | *Partido Socialista de Nueva Zelanda* (1901-1913); |
| | *Liga Política Laborista Independiente* (1904-1919); |

*Partido Laborista Unido* (1912-1916);

*Partido Comunista de Nueva Zelanda* (1921-1994);

*Partido Socialista Unificado* (1966-1990)

## Organizaciones internacionales

He aquí algunas organizaciones internacionales destacadas. PE = Grupo del Parlamento Europeo. (Com) = Creada/controlada por la Comintern:

| Periodo | Organización |
|---|---|
| 1847-1852 | *Liga Comunista* |
| 1864-1876 | *Primera Internacional o Asociación Internacional de Trabajadores (*AIT) |
| 1889-1916 | *Segunda Conferencia Internacional* |
| 1904-presente | *Movimiento Socialista Mundial (MSM)* |
| 1919-1943 | *Tercera Internacional (*también conocida como Comintern) |
| 1920-1937 | *Internacional Roja de Sindicatos, o "Profintern"* (Com) * |
| 1920-1930s | *Internacional de Mujeres Comunistas* (Com) |
| 1921-1923 | *Unión Internacional de Trabajo de los Partidos Socialistas* (IWUSP) |
| 1922-1938 | *Ayuda Roja Internacional* (MOPR) (Com) |
| 1922-1933 | *Workers International Relief (*WIR) |
| 1923-1939 | *Internacional Campesina o Krestintern* (Com) |
| 1923-1940 | *Internacional Socialista y* Laborista (ISL) |
| 1927-1936 | *Liga contra el Imperialismo y la Opresión Colonial* (Com) |
| 1932-desconocido | *Centro Marxista Revolucionario Internacional o la Oficina de Londres* |
| 1938-Varios | *Cuarta Internacional* (FI) (sufrió varias escisiones) |

| | |
|---|---|
| 1947-1956 | *Oficina de Información de los Partidos Comunistas y Obreros (también conocida como Cominform)* |
| 1951-presente | *Internacional Socialista (IS)* |
| 1973-presente | *Partido Socialista Europeo* (PSE) |
| 1974-presente | *Comité por la Internacional de los Trabajadores* (CIT) |
| 1979-presente | *Conferencia Permanente de Partidos Políticos América Latina Caribe* (COPPPAL) |
| 1984-desconocido | *Movimiento Revolucionario Internacionalista* (MRI) (marxismo-leninismo-maoísmo) |
| 1886-presente | *SAMAK - Comité Mixto del Movimiento Obrero Socialdemócrata Nórdico* |
| 1989-presente | *Liga por la Quinta Internacional* (L5I) |
| 1990-presente | *Foro de São Paulo* (FSP) |
| 1990-presente | *Internacional de Trabajadores para Reconstruir la Cuarta Internacional* (WIRFI) |
| 1992-2014 | *Seminario Comunista Internacional* (SCI) |
| 1992-presente | *Tendencia Marxista Internacional* (TMI) |
| 1993-presente | *Unión de Partidos Comunistas-Partido Comunista de la Unión Soviética* (UPC-PCUS) |
| 1994-presente | *Conferencia Internacional de Partidos y Organizaciones Marxista-Leninistas* (CIPOML) |
| 1995-presente | *Izquierda Unitaria Europea/Izquierda Verde Nórdica* (GUE) PE |
| 1995-desconocido | *Unidad Internacional de los Trabajadores-Cuarta Internacional* |
| 1998-presente | *Conferencia Internacional de Partidos y Organizaciones Marxista-Leninistas* (CIPOML) |
| 1998-presente | *Encuentro Internacional de Partidos Comunistas y* |

*Obreros* (IMCWP)

| 2000-presente | *Izquierda Anticapitalista Europea* (EACL) |
|---|---|
| 2001-presente | *Global Greens* (GG) |
| 2004-presente | *Alianza Bolivariana para los Pueblos de Nuestra América* (ALBA) |
| 2004-presente | *Alianza* Nórdica *de la Izquierda Verde* (NGLA) |
| 2004-presente | *Partido de la Izquierda Europea* (PEL) PE |
| 2004-presente | *Partido Verde Europeo* (PVE) |
| 2010-presente | *Coordinación Internacional de Partidos y Organizaciones Revolucionarias* (ICOR) |
| 2012-presente | *Alianza Progresista* (AP) |
| 2013-presente | *Iniciativa de los Partidos Comunistas y Obreros* |
| 2018-presente | *Progressive International* (PI) |
| 2019-presente | *Comité por la Internacional de los Trabajadores* (CIT) |
| 2020-presente | *Alternativa Socialista Internacional* (AIS) |

# El lema de esta organización es "Internacionalismo o extinción". Una amenaza sutil, quizá involuntaria, oculta a plena vista ("¡comunismo o muerte!").

* La Profintern se creó para reclutar/controlar miembros de la secta a través de los movimientos sindicales laboristas [130]

## La muerte del marxismo

Una de las consecuencias más horribles de la infección marxista mundial ha sido el número de muertos. Se trata de un tema suficientemente examinado en otro lugar, pero debe incluirse brevemente aquí. Normalmente, este punto se plantea al hablar de los efectos catastróficos que se producen cuando la secta controla un país, incluyendo la colectivización forzosa y el igualitarismo en la industria, la agricultura, etc.; y luego están las muertes por otros medios (asesinatos, guerras, limpieza étnica, ejecuciones políticas/partidistas masivas,

---

[130] https://en.wikipedia.org/wiki/Profintern

etc.).

¿Es esta ideología la mayor asesina de todos los tiempos? ¿Ha habido algo en la historia del mundo que haya matado a más gente en un siglo que el marxismo? En términos de impacto, ¿ha habido algo peor? Aunque la ideología es relativamente nueva en el mundo, no tiene parangón en cuanto a número de muertos. Más que las religiones/guerras religiosas, u otras ideologías políticas, etc. Quizá más que muchas de ellas juntas. ¿A cuántos mató el Imperio Romano? ¿El Imperio Otomano o el Británico? En el siglo XIII, el Imperio Mongol de Gengis Khan y las invasiones mongolas, que se extendieron por grandes extensiones de tierra en Eurasia, mataron al parecer a 30 millones de personas o más. El número total de muertos estimado para las Guerras Napoleónicas oscila entre 3,5 y 6 millones. En el siglo XX: la *pandemia de gripe* o *gripe española* de 1918 tiene una estimación media de 50 millones, y una estimación superior de 100 millones. La Segunda Guerra Mundial se estima entre 60 y 85 millones; la primera entre 15 y 20 millones. (todas las cifras de la guerra incluyen las muertes de civiles).[131] [132] [133]

Cuando se plantea el tema de las muertes causadas por el socialismo/comunismo, los miembros de la secta suelen intentar escabullirse alegando propaganda del "miedo a los rojos", o intentan desviar la atención hacia su viejo enemigo -la Iglesia católica- mencionando las Cruzadas (1095-1291 aproximadamente) o la Inquisición española (1478-1834 aproximadamente). Aunque es imposible obtener cifras fiables, en general se estima que las Cruzadas mataron a unos cuantos millones de personas[132]; tres es la cifra más alta (curiosamente, la extravagante cifra de nueve millones fue sugerida por un miembro de una secta escocesa y fanático anti-Jesús, John M. Robertson (1856-1933)).[134] La Inquisición española fue más bien un festival de torturas, pero las estimaciones realistas sólo llegan a los miles.

Obviamente, en la era moderna, la tecnología permite aumentar el número de muertos. La secta también señalará el "imperialismo" estadounidense. Como se ha mencionado en otro lugar, muchos de los conflictos de alto perfil en los que se han visto envueltos los EE.UU. durante el siglo XX (Corea, Vietnam, etc.) no se habrían producido si no hubiera existido el marxismo. En cuanto a las diversas incursiones del ejército estadounidense en Oriente Próximo en la era moderna desde *la Operación Tormenta del Desierto* (1990-1991), las

---

[131] "Recuento de muertos en guerras, masacres y atrocidades antes del siglo XX".

http://necrometrics.com/pre1700a.htm#Mongol

[132] "Lista de guerras por número de muertos".

https://military-history.fandom.com/wiki/List_of_wars_by_death_toll

[133] https://www.britannica.com/event/influenza-pandemic-of-1918-1919

[134] https://en.wikipedia.org/wiki/J._M._Robertson

estimaciones aproximadas sitúan las víctimas mortales (de los conflictos reales) fácilmente por debajo de los dos millones. [132]

Es obvio por qué el culto a menudo hace hincapié en estas cifras de muertos: es una forma de desviar la atención del recuento de cadáveres del culto (que desgraciadamente ha engañado a muchos). La pandemia de peste bupónica -o *peste* negra- de finales del siglo XIV parece ser la única contendiente a la cifra total de muertos del culto; no hay cifras fiables, pero al parecer acabó con hasta 200 millones (aunque un artículo del New York Times de febrero de 2022 destacaba cómo se están cuestionando las estimaciones anteriores sobre el número de muertos) [135] . Eso sí que es una pandemia. Imagínense cuántas máscaras y vacunas se necesitarían para eso.

## Le Petit Livre Noir

Un libro francés titulado *Le Livre noir du communisme: Crimes, terreur, répression* o El libro negro del comunismo*: Crímenes, terror, represión*, se publicó en 1997. Elaborado por un grupo de académicos europeos - encabezados por el profesor francés Stephane Courtois- documentaba la historia de los crímenes contra la humanidad cometidos por los diversos regímenes comunistas. A menudo, con estos regímenes, la colectivización forzosa y la centralización del poder, incluido el control de los medios para producir alimentos, crearon un nivel casi increíble de sufrimiento, horror y muerte.

Un término muy útil aquí es "democidio". Fue acuñado por el fallecido escritor, profesor y politólogo R.J. Rummel (1932-2014) en su libro *Death by Government: Genocide and Mass Murder since 1900* (1997). Se utilizó para describir "el asesinato intencionado de una persona desarmada o desarmada por parte de agentes gubernamentales que actúan con autoridad y de conformidad con la política gubernamental o el alto mando". [136] Según The Black Book of Communism, *la* estimación no oficial de muertes causadas mediante democidio por regímenes comunistas ascendía a casi 100 millones. La estimación de Rummel era más alta.

En el sitio web *de WND* del 15 de diciembre de 2004, aparecían las pertinentes palabras de Rummel: "De todas las religiones, seculares o no, la del marxismo ha sido con mucho la más sangrienta, más sangrienta que la Inquisición católica, las diversas cruzadas católicas y la Guerra de los Treinta Años entre católicos y protestantes. En la práctica, el marxismo ha significado terrorismo sangriento, purgas mortales, campos de prisioneros letales y trabajos forzados asesinos, deportaciones mortales, hambrunas artificiales, ejecuciones

---

[135] https://www.britannica.com/event/Black-Death

[136] Rummel, R.J., *Death by Government: Genocide and Mass Murder since 1900* (1997).

extrajudiciales y juicios fraudulentos, asesinatos en masa y genocidio. En total, los regímenes marxistas asesinaron a casi 110 millones de personas entre 1917 y 1987. Para tener una perspectiva de este increíble número de víctimas, hay que tener en cuenta que todas las guerras nacionales y extranjeras del siglo XX mataron a unos 35 millones de personas. Es decir, cuando los marxistas controlan los Estados, el marxismo es más mortífero que (*sic*) *todas las guerras del siglo XX*, incluidas la I y II Guerras Mundiales y las guerras de Corea y Vietnam. ¿Y qué consiguió el marxismo, el mayor de los experimentos sociales humanos, para sus pobres ciudadanos, con este sangriento coste en vidas? Nada positivo. Dejó tras de sí un desastre económico, medioambiental, social y cultural".[137]

En la página cuatro de El libro negro del comunismo se enumeran los métodos con los que estos regímenes asesinaron a sus víctimas en sus respectivos países, además de las estimaciones (formateadas para ahorrar espacio): "Estos crímenes tienden a ajustarse a un patrón reconocible aunque las prácticas varíen en cierta medida según el régimen. El patrón incluye la ejecución por diversos medios, como el fusilamiento, el ahorcamiento, el ahogamiento, el apaleamiento y, en ciertos casos, el gaseado, el envenenamiento o los "accidentes de coche"; la destrucción de la población por inanición, mediante hambrunas provocadas por el hombre, la retención de alimentos o ambas cosas;

deportación, a través de la cual puede producirse la muerte en tránsito (ya sea por agotamiento físico o por confinamiento en un espacio cerrado), en el lugar de residencia o por trabajos forzados (agotamiento, enfermedad, hambre, frío). Los periodos descritos como tiempos de "guerra civil" son más complejos: no siempre es fácil distinguir entre los sucesos causados por la lucha entre gobernantes y rebeldes y los sucesos que sólo pueden describirse propiamente como una masacre de la población civil. No obstante, hay que empezar por algún sitio.

La siguiente aproximación, basada en estimaciones no oficiales, da una idea de la escala y gravedad de estos crímenes: URSS: 20 millones de muertos; China: 65 millones de muertos; Vietnam: 1 millón de muertos; Corea del Norte: 2 millones de muertos; Camboya: 2 millones de muertos; Europa del Este: 1 millón de muertos; América Latina: 150.000 muertos; África: 1,7 millones de muertos; Afganistán: 1,5 millones de muertos; El movimiento comunista internacional y los partidos comunistas no en el poder: unos 10.000 muertos. El total se aproxima a 100 millones de personas asesinadas".[138] Incluso si reducimos esa cifra a la mitad, ¡sigue siendo absolutamente horrible para una ideología que se supone que es la liberadora de la humanidad!

---

[137] Rummel, R.J. "The Killing Machine that is Marxism", 15 de diciembre de 2004. https://www.wnd.com/2004/12/28036/

[138] Courtois (et al), *El libro negro del comunismo* (1999), p. 4.

La respuesta de la secta al libro fue que obviamente era propaganda anticomunista, lo cual es tan típico como delirante. Siempre habrá una cola interminable de miembros de la secta -académicos o no- que intentarán minimizar estas atrocidades (esto era evidente viendo cómo se recibió el libro en su momento). El hecho de que alguien intente criticar un libro que documenta las atrocidades comunistas le delata como miembro de una secta. La introducción de Courtois también tocó claramente una fibra sensible al sugerir que su amado comunismo era tan malo como su temido enemigo -el nazismo- y esto no podían tolerarlo. Curiosamente, el propio Courtois fue miembro de una secta, un maoísta, pero "despertó" y, admirablemente, optó por este camino.[139]

Sobre este tema hay que añadir (aunque es imposible cuantificarlo) que las cifras reales de la ideología son superiores a las anteriores. Tomemos el aborto, por ejemplo: en la era moderna, la subagenda feminista de la ideología ha contribuido a normalizarlo y popularizarlo, lo que ha llevado al asesinato masivo de no nacidos. Por lo tanto, el aborto es un asesinato resultante de la ideología, pero eso no se incluye en el discurso convencional anterior sobre el número de muertos del "comunismo" (las cifras de aborto/aborto se discuten más adelante). Ten en cuenta que este libro que estás leyendo trata sobre la ideología marxista en su totalidad, no sólo sobre los regímenes "comunistas" y su consiguiente número de muertos (como Le Livre noir du communisme). Los regímenes "socialistas" o "comunistas" son sólo un tipo de manifestación de la ideología.

También está la problemática cuestión de la esterilidad en las poblaciones occidentales -que la secta/ideología exacerba- a través de la subagenda transgénero/género no binario, y la subagenda de los derechos de los animales/veganismo. Combinadas, ayudan a crear sociedades llenas de individuos que no pueden crear vida. Además de que la secta/ideología mata lo que ya vive, también debemos responsabilizarla de cómo impide que la vida comience en primer lugar. Esta es la razón por la que el marxismo es mucho, mucho peor que cualquier otra forma de ideología, guerra, imperialismo o plaga como las enumeradas anteriormente. El marxismo es una plaga única en su género.

Decir que la ideología es contraria a la vida es quedarse corto. La ideología es simultáneamente antivida y creadora de conflicto y muerte. En cierto sentido, no sólo manifiesta la muerte, sino que es la muerte.

**Cuántas vidas destruidas**

El marxismo ha destruido/acabado con un número incuantificable de vidas. Nadie puede saber la respuesta a esto; a menos que tuviéramos la capacidad de viajar en el tiempo y entrevistar a toda la población del mundo de los últimos

---

[139] https://fr.wikipedia.org/wiki/Stephane_Courtois

dos siglos.

También debemos incluir no sólo a los que lucharon contra el comunismo, sino también a los que lucharon por él: recordemos que estamos tratando con una secta agresiva, peligrosa y violenta que ha destruido (y sigue destruyendo) las vidas de todos los que se unieron a ella... Un ejemplo de esto serían todos los marxistas que fueron golpeados, mutilados, encarcelados, torturados, asesinados accidentalmente o ejecutados a lo largo del siglo XX en la multitud de "protestas", "rebeliones" y guerras marxistas (por ejemplo, siendo fusilados por las fuerzas del Estado durante estos acontecimientos o ejecutados después de ellos).p. ej. siendo fusilados por las fuerzas del Estado durante estos acontecimientos, o ejecutados después de los mismos). En la mayoría de estos casos, estas personas se metieron voluntariamente en problemas por su propia credulidad, egoísmo e ignorancia. Este proceso se pudo ver claramente en muchas situaciones en todo el mundo, en las que la secta intentaba hacerse con el control y fracasaba, o lo tenía pero fue desalojada del poder; me refiero a los diversos regímenes de "derechas": Pinochet en Chile, Franco en España, Mussolini en Italia, Hitler en Alemania, Salazer en Portugal, etc.

## "¡El capitalismo es mucho peor!"

Otra respuesta típica de los miembros de la secta a todo esto es que el capitalismo ha matado más que el marxismo. Esta mentalidad se inspira en parte en la obra de V.I. Lenin *"El imperialismo: El Estado Superior del Capitalismo"* (1917) de V.I. Lenin. Los gobiernos de los países capitalistas no se dedican a la democidiocracia a gran escala -¡la destrucción de la población de un país! ¡¿En qué parte del siglo XX se puede aplicar que el capitalismo ha matado a más gente que el marxismo?!

En términos de guerra, en un contexto moderno, los miembros de la secta se referirán a lo que ha ocurrido/está ocurriendo en Oriente Medio como debido a la supuesta naturaleza imperial del capitalismo (Lenin estaría orgulloso). Hablarán de la Guerra del Golfo, *de* la Guerra de Irak, del apoyo estadounidense a Israel, etc. Puede que relacionen todos estos acontecimientos con el capitalismo y proyecten la culpa allí, y no culpen a las acciones de ciertos grupos poderosos. Para utilizar como ejemplo las invasiones de Oriente Próximo dirigidas por Estados Unidos, según esta lógica, no se culpa a las acciones de la familia Bush en Estados Unidos, junto con el lobby pro-Israel y el complejo militar industrial; en su lugar, ¡se culpa a todo el sistema económico del capitalismo! ¡Qué absurdo!

Los marxistas no reconocen que el capitalismo funciona en muchos países de todo el mundo, y que no se requiere ninguna acción militar internacional para mantener su funcionamiento (a pesar de las opiniones del Sr. Lenin en sentido contrario); ¡sólo hay que preguntarle a Suiza! Como sistema económico existiría y funcionaría perfectamente sin las Guerras del Golfo, la Guerra de Vietnam, el establecimiento de Israel, las corporaciones multinacionales, ¡o cualquier otro ejemplo de la aparente naturaleza imperial del capitalismo que los miembros de la secta puedan plantear! Del mismo modo, en un contexto histórico, las acciones de los imperios europeos en todo el mundo son utilizadas por los marxistas para atacar al capitalismo y abogar por el socialismo (como solución).

Seamos racionales: cualquier crimen contra la humanidad o comportamiento injustificable por parte de esos grupos históricamente en cualquier lugar (siempre) no tiene nada que ver con el capitalismo actual. Es decir, ¡no deberíamos sustituir el capitalismo por el sistema marxista del socialismo por lo que ocurrió en el pasado! Cualquier comportamiento verdaderamente codicioso e inhumano por parte de esas fuerzas imperiales fue el resultado de decisiones tomadas por tipos elitistas en sus respectivos países, no por todo el sistema capitalista global.

A lo largo de la historia, los ejércitos imperiales (europeos o no) han estado controlados por un grupo relativamente pequeño (e identificable) de individuos, ¡no por algo tan nebuloso como el capitalismo! Por supuesto, la percepción de la secta de que cualquier tipo de especulación es intrínsecamente mala es la base de todo esto, e ipso facto, todos los que se benefician de ella también son malos (ojos en blanco). ¿Significa esto que un empresario moderno asquerosamente rico es tan malvado como un engendro oligárquico endogámico que se sentó en el trono de un país imperial en siglos pasados? ¿O un loco elitista británico como Cecil Rhodes?

A fin de cuentas, es completamente absurdo decir que el capitalismo ha matado a más gente que la ideología. No hay competencia en absoluto si los comparamos en términos de prosperidad económica o número de muertos. Esto no es más que otra desviación. Además, los países económicamente prósperos no tienen, en circunstancias normales, escasez de alimentos o de servicios sanitarios (a diferencia de los regímenes marxistas), lo que tiende a conducir a la muerte/muerte prematura.

Por último, los miembros de la secta han acusado a veces al capitalismo de tener un alto e incuantificable número de muertos debido al exceso de trabajo, al estrés, a las condiciones de esclavitud y/o a la opresión, o simplemente a morir demasiado jóvenes (debido a ser explotados por la clase burguesa opresora, etc.). Tengo una refutación completa en tres palabras: campo de trabajo comunista.

## La sustitución de la población como genocidio

Puede que algunos no vean cómo el historial genocida de la ideología es aplicable a los tiempos modernos, especialmente a los países occidentales, pero lo es, ya que las agendas modernas etiquetadas como "despoblación" o "reemplazo de población" son formas de genocidio, ¿no es así? (al fin y al cabo, equivalen a lo mismo: la falta de determinadas personas/grupos). Las formas modernas de genocidio se ven favorecidas por la presencia de la secta/ideología en las regiones afectadas.

Cuanto más extendida y arraigada está la ideología a nivel mundial, más tierras/ pueblos participan en iniciativas internacionalistas, raciales, genocidas y transformadoras de la sociedad, como la inmigración masiva "multicultural" (también conocida como antiblanca). Esta agenda genocida antiblanca es un ejemplo excelente de cómo la ideología crea destrucción y muerte -muerte de una raza en este caso. (Analizaremos la "inmigración masiva" en otra sección).

# Sección IV - Los peldaños rojos de Utopía

"Un mapa del mundo que no incluya Utopía no vale la pena ni siquiera mirarlo, porque deja fuera el único país en el que la Humanidad siempre desembarca. Y cuando la Humanidad desembarca allí, mira hacia fuera y, viendo un país mejor, zarpa. El progreso es la realización de las utopías".[1]

El escritor y dramaturgo Oscar Wilde,
"El alma del hombre bajo el socialismo", 1891

## Introducción

En esta sección repasaremos los principales objetivos de la ideología y los métodos con los que planea llevar a cabo su "utopía". Empezaremos repasando algunos artefactos históricos como los Diez Tablones del Manifiesto Comunista y las interesantes observaciones de los "Objetivos comunistas actuales" de Willard Cleon Skousen. A continuación, nos centraremos en las "tres C", los tres ámbitos principales de la sociedad occidental en los que se centra la ideología: el capitalismo, el cristianismo y la cultura. Además de la destrucción de la unidad familiar.

## Markey Marx's n' freaky Freddy's terrible ten red planks

Del Manifiesto Comunista, "Capítulo II-Proletarios y Comunistas", página 26: "Estas medidas serán, por supuesto, diferentes en los distintos países. Sin embargo, en la mayoría de los países avanzados, lo siguiente será de aplicación bastante general.

1. 1. La abolición de la propiedad privada y la aplicación de todas las rentas de la tierra a fines públicos; 2. Un fuerte impuesto progresivo o graduado sobre la renta; 3. La abolición de todos los derechos de herencia; 4. La confiscación de la propiedad de todos los emigrantes y rebeldes; 5. La centralización del crédito en manos del Estado, por medio de un banco nacional con capital estatal y monopolio exclusivo; 6. La centralización de los medios de comunicación y transporte en manos del Estado; 7. La extensión de las fábricas e instrumentos de producción propiedad del Estado, la puesta en cultivo de las tierras baldías y la mejora del suelo en general. Centralización de los medios de comunicación y transporte en manos del Estado; 7. Extensión de las fábricas e instrumentos

---

[1] Wilde, O. "El alma del hombre bajo el socialismo", 1891, P. 3.

https://web.seducoahuila.gob.mx/biblioweb/upload/the_soul_of_man_under_socialis m.pdf

de producción propiedad del Estado, puesta en cultivo de las tierras baldías y mejora general del suelo de acuerdo con un plan común; 8. Igualdad de responsabilidad de todos ante el trabajo. Establecimiento de ejércitos industriales, especialmente para la agricultura; 9. Combinación de la agricultura con las industrias manufactureras, abolición gradual de la distinción entre la ciudad y el campo, mediante una distribución más equitativa de la población en el país; 10. Educación gratuita para todos los niños en las escuelas públicas. Abolición del trabajo infantil en las fábricas en su forma actual. Combinación de la educación con la producción industrial".[2]

## Objetivos comunistas para apoderarse de América

"Occidente, con sus ogros imperialistas, se ha convertido en un centro de oscuridad y esclavitud. La tarea es destruir este centro, para alegría y alivio de los trabajadores"[3]

Joseph Stalin, *Zhizn Narsional' nosti*, n° 6, 1918

Durante las décadas de 1940 y 1950, los patriotas estadounidenses, enfrentados a una grave infección de décadas de antigüedad, tomaron medidas para proteger a su país de la infiltración y la subversión comunistas. Esto dio lugar a investigaciones gubernamentales para abordar el problema, ejemplificadas por los esfuerzos del senador Joseph McCarthy (1908-1957). Aunque esfuerzos como éste -más tarde denominado "McCarthyismo"[4] - no consiguieron detener la infiltración y la podredumbre marxistas en general, algunos estadounidenses siguieron expresando públicamente (y con valentía) un sentimiento anticomunista. Este periodo ha sido analizado ampliamente por otros autores, por lo que no profundizaremos en él aquí. Dicho esto, hay una joya absoluta de análisis de ese periodo que es útil para nuestros propósitos.

El jueves 10 de enero 1963, el congresista de Florida Albert S. Herlong Jr, habló en la Cámara de Representantes. A petición de Patricia Nordman -una electora y destacada voz anticomunista- incluyó en el acta del Congreso una lista de "Objetivos comunistas actuales".[5] Esta lista fue recopilada por el autor estadounidense Willard Cleon Skousen en su libro de 1954 *The Naked Communist (El comunista desnudo)*.

Aunque el *Partido Comunista de EE.UU.* (CPUSA) no se menciona

---

[2] Marx y Engels. *El Manifiesto Comunista* (1848). P. 26.

[3] Suvorov, V., *Icebreaker* (1988).
https://ia801301.us.archive.org/10/items/IcebreakerWhoStartedTheSecondWorldWar/SuvorovVikto r-Icebreaker.WhoStartedTheSecondWorldWar.pdf

[4] https://www.britannica.com/event/McCarthyism

[5] Congressional Record-Appendix, pp. A34-A35, "Current Communist Goals", 10 ene 1963. https://cultureshield.com/PDF/45_Goals.pdf

directamente en la declaración, está implícito por ser una organización clave. Es un excelente análisis del modus operandi de la secta/ideología. Mientras repasamos la lista, pregúntate si este objetivo se ha logrado en tu país (si es relevante). Muchos de ellos ya se han logrado en los países occidentales, y otros están (posiblemente) obsoletos debido a que la Guerra Fría ha desaparecido (por ejemplo, los que se refieren a la guerra atómica).

En el libro de Skousen, "Capítulo 12 - La tarea futura" página 259, la lista dice:[6]

"1. Aceptación por EE.UU. de la coexistencia como única alternativa a la guerra atómica.

2. La voluntad de EE.UU. de capitular antes que entrar en una guerra atómica.

3. Desarrollar la ilusión de que el desarme total [por parte de] Estados Unidos sería una demostración de fuerza moral.

4. Permitir el libre comercio entre todas las naciones, independientemente de su afiliación comunista y de que los artículos puedan o no utilizarse para la guerra.

5. Ampliación de los préstamos a largo plazo a Rusia y a los satélites soviéticos.

6. Proporcionar ayuda estadounidense a todas las naciones independientemente de la dominación comunista.

7. Reconocimiento de China Roja. Admisión de China Roja en la ONU.

8. Estableció Alemania Oriental y Occidental como Estados separados a pesar de la promesa de Jruschov en 1955 de resolver la cuestión alemana mediante elecciones libres bajo la supervisión de la ONU.

9. Prolongar las conferencias para prohibir las pruebas atómicas porque Estados Unidos ha aceptado suspenderlas mientras duren las negociaciones.

10. Permitir a todos los satélites soviéticos una representación individual en la ONU.

11. Promover la ONU como única esperanza para la humanidad. Si se reescribe su carta, exigir que se establezca como un gobierno mundial único con sus propias fuerzas armadas independientes.

12. Resistir cualquier intento de ilegalizar el Partido Comunista.

13. Suprimir todos los juramentos de lealtad.

14. Seguir dando acceso a Rusia a la Oficina de Patentes de Estados Unidos.

---

[6] Skousen, W.C., *El comunista desnudo* (1954). P. 259.

15. Capturar uno o ambos partidos políticos en Estados Unidos.

16. Utilizar las decisiones técnicas de los tribunales para debilitar las instituciones básicas estadounidenses alegando que sus actividades violan los derechos civiles.

17. Obtener el control de las escuelas. Utilícenlas como correas de transmisión del socialismo y de la propaganda comunista actual. Suavizar el plan de estudios. Controlar las asociaciones de profesores. Poner la línea del partido en los libros de texto.

18. Obtener el control de todos los periódicos estudiantiles.

19. Utilizar los disturbios estudiantiles para fomentar protestas públicas contra programas u organizaciones que son objeto de ataques comunistas.

20. Infiltrarse en la prensa. Conseguir el control de las reseñas de libros, la redacción de editoriales y los cargos políticos.

21. Obtener el control de puestos clave en la radio, la televisión y el cine.

22. Seguir desacreditando la cultura estadounidense degradando todas las formas de expresión artística.

23. Controlar a los críticos de arte y a los directores de museos de arte. "Nuestro plan es promover la fealdad, el arte repulsivo y sin sentido".

24. Eliminar todas las leyes que regulan la obscenidad calificándolas de "censura" y de violación de la libertad de expresión y de prensa.

25. Romper las normas culturales de moralidad promoviendo la pornografía y la obscenidad en libros, revistas, películas, radio y televisión.

26. Presentar la homosexualidad, la degeneración y la promiscuidad como "normales, naturales, sanas".

27. Infiltrarse en las iglesias y sustituir la religión revelada por la religión "social". Desacreditar la Biblia y hacer hincapié en la necesidad de madurez intelectual, que no necesita una "muleta religiosa."

28. Eliminar la oración o cualquier fase de expresión religiosa en las escuelas alegando que viola el principio de "separación de la Iglesia y el Estado."

29. Desacreditar la Constitución estadounidense calificándola de inadecuada, anticuada, desfasada con respecto a las necesidades modernas, un obstáculo para la cooperación entre naciones a escala mundial.

30. Desacreditar a los Padres Fundadores de Estados Unidos. Presentarlos como aristócratas egoístas que no se preocupaban por el "hombre común".

31. Menospreciar todas las formas de cultura estadounidense (inserte aquí su país) y desalentar la enseñanza de la historia estadounidense (inserte aquí lo mismo) con el argumento de que sólo era una parte menor del "panorama

general". 32. Dar más importancia a la historia rusa desde que los comunistas tomaron el poder.

32. Apoyar cualquier movimiento socialista para dar control centralizado sobre cualquier parte de la cultura-educación, agencias sociales, programas de bienestar, clínicas de salud mental, etc.

33. Eliminar todas las leyes o procedimientos que interfieran con el funcionamiento del aparato comunista.

34. Eliminar el Comité de Actividades Antiamericanas de la Cámara de Representantes.

35. Desacreditar y finalmente desmantelar el FBI.

36. Infiltrarse y hacerse con el control de más sindicatos.

37. Infiltrarse y hacerse con el control de las grandes empresas.

38. Transferir algunos de los poderes de detención de la policía a las agencias sociales. 39. Tratar todos los problemas de conducta como trastornos psiquiátricos que sólo los psiquiatras pueden entender [o tratar].

39. Dominar la profesión psiquiátrica y utilizar las leyes de salud mental como medio para obtener un control coercitivo sobre quienes se oponen a los objetivos comunistas.

40. Desacreditar a la familia como institución. 41. Fomentar la promiscuidad y el divorcio fácil.

41. Insistir en la necesidad de criar a los hijos lejos de la influencia negativa de los padres. Atribuya los prejuicios, los bloqueos mentales y los retrasos de los hijos a la influencia supresora de los padres.

42. Crear la impresión de que la violencia y la insurrección son aspectos legítimos de la tradición estadounidense; que los estudiantes y los grupos con intereses especiales deben sublevarse y utilizar ["]la fuerza unida["] para resolver problemas económicos, políticos o sociales.

43. Derrocar todos los gobiernos coloniales antes de que las poblaciones nativas estén preparadas para el autogobierno.

44. Internacionalizar el Canal de Panamá.

45. Derogar la reserva Connolly para que Estados Unidos no pueda impedir que el Tribunal Mundial se haga con la jurisdicción [sobre problemas internos. Dar jurisdicción al Tribunal Mundial] sobre naciones e individuos por igual".

## La destrucción del sistema capitalista

"En una fase superior de la sociedad comunista, después de la subordinación esclavizante del individuo a la división del trabajo, después de que el trabajo se haya convertido no sólo en un medio de vida, sino en el deseo primordial de la vida, después de que las fuerzas productivas hayan aumentado también con el desarrollo integral del individuo, y todos los manantiales de la riqueza cooperativa fluyan más abundantemente -sólo entonces se podrá cruzar en su totalidad el estrecho horizonte del derecho burgués y la sociedad podrá inscribir en sus estandartes: De cada cual según su capacidad, a cada cual según sus necesidades".[7]

Karl Marx, "Crítica del Programa de Gotha", 1875, parte 1

De los tres pilares principales de la civilización occidental antes mencionados -capitalismo, cristianismo y cultura-, quizá el capitalismo sea el más frecuente y abiertamente atacado por la secta. De hecho, estoy seguro de que te habrás dado cuenta de lo críticos que son los miembros de la secta con él (y de forma dramática, nauseabunda), y de cómo se le culpa de todo (excluyendo, por supuesto, las cuestiones que se achacan únicamente a la religión, el racismo, la "extrema derecha", el nacionalismo, el fascismo, etc.).

Y como ya se ha mencionado, el marxismo -como ideología- se presenta a sí mismo como una especie de alternativa política, sociológica y económica a cómo ya están estructuradas las cosas. Una antítesis benévola y rebelde al orden establecido, ¿no? Por lo tanto, muchos de sus seguidores creen que el sistema "científico" marxiano del socialismo es la respuesta a los males percibidos por la sociedad y, de hecho, por el mundo. De hecho, el socialismo no sólo se presenta como una alternativa al capitalismo, sino como superior a él. ¿Es esto cierto? ¿Tiene algún mérito, o es sólo más propaganda marxista? En esta sección, examinaremos algunas de las repercusiones del socialismo. Por supuesto, analizar a fondo los entresijos del pensamiento socialista marxista no sólo está fuera del alcance del libro, sino que es una pérdida de tiempo. Ya estamos escudriñando suficiente basura.

### Puede salvarnos de los males del capitalismo

Algunos creen que el marxismo tiene un gran valor porque nos dio el socialismo, que es (entre otras cosas) un sistema económico alternativo. Se ha demostrado muchas, muchas veces que la aplicación de las teorías marxistas (a través del socialismo) garantiza la destrucción del país, especialmente desde el punto de vista económico. Esto se debe a que estas teorías, aunque atractivas y valiosas para algunos, son erróneas cuando se trata de la naturaleza humana y de lo que motiva a la gente a trabajar, a sobrevivir y, de hecho, a superarse.

La posición de los autores es que la percepción de que el marxismo (a través del socialismo) es un sistema económico alternativo no es más que una cortina de humo, otra distracción. Como se ha dicho, el verdadero objetivo de la ideología es destruir la civilización occidental para reconstruirla a su imagen.

---

[7] Karl Marx, "Crítica del Programa de Gotha", 1875, parte 1.

https://www.marxists.org/archive/marx/works/1875/gotha/

El argumento económico sólo se utiliza como la zanahoria, que se cuelga delante de las masas desprevenidas, como el cebo, para que la gente acepte la ideología en su conjunto: "¡Si hacemos esta revolución, nuestras vidas serán mejores! Conseguiremos más cosas gratis y tendremos más dinero sin ninguna razón!", etc. Es un Caballo de Troya que se cubre con una miríada de "hechos" que convencen al lector desprevenido de los males del capitalismo y de por qué el socialismo es la respuesta. A medida que el lector lee, los demonios de su interior afilan sus cuchillas.

## Qué es realmente el socialismo

Antes de continuar, ¿qué es el "socialismo"? Como ya se ha dicho, es un sistema teórico que implica la aplicación de principios marxistas. Un sistema que puede aplicarse a los distintos sectores de una sociedad, incluida la economía (recursos, comercio, industria, comercio, etc.) y, obviamente, también el gobierno. Los principios incluyen cosas como el igualitarismo/igualdad/"justicia social", el colectivismo/solidaridad, la "propiedad comunal de los medios de producción y distribución", un gobierno al servicio del "pueblo" (una "dictadura del proletariado"), la distribución equitativa de la riqueza, la lucha de clases/opresor contra oprimido, la oposición a las jerarquías, etc. Se presenta como un sistema aparentemente más benigno en comparación con el orden establecido. En cierto sentido, el socialismo representa supuestamente la idea de una distribución más ética de los recursos y la riqueza.

Uno de los eslóganes más famosos asociados al comunismo y a Karl Marx es "De cada uno según su capacidad, a cada uno según sus necesidades".[8] Marx tenía la idea de que en esta sociedad "utópica" las masas tendrían acceso a bienes y servicios gratuitos, según sus necesidades. Esto sería posible gracias a la abundancia de recursos a los que supuestamente tendría acceso una sociedad construida en torno al socialismo. La ironía de conceptos como éste es que el socialismo produce exactamente lo contrario: escasez. El comunismo (según la mayoría de las definiciones) es el estado final de una sociedad que pasa con éxito de ser un país capitalista, a la etapa del socialismo y luego a la etapa final (comunismo). Una sociedad sin los "males" de las clases, el dinero, la religión, la propiedad privada, los beneficios, etc. Una "utopía".

## La propiedad comunal de bienes, recursos, etc.

Las obsesiones definitorias de la secta con el colectivismo y el igualitarismo dejan a la ideología/secta ciega ante ciertas realidades de la sociedad, como la importancia y la necesidad de las jerarquías. Si el socialismo es "una sociedad

---

[8] Marx no fue el creador de la frase, pero está en su "Crítica del Programa de Gotha", 1875.

https://www.marxists.org/archive/marx/works/1875/gotha/index.htm

en la que los medios de producción, distribución e intercambio son propiedad de la comunidad en su conjunto, en lugar de los particulares" (¡que quieren esos malvados beneficios!), ¿cómo funcionaría? ¿Quién tomaría las decisiones? ¿Cómo se pueden tomar decisiones si no hay una *jerarquía/cadena* de mando? De nuevo, en la práctica, alguien tiene que tomar las riendas.

La comunidad que intenta poseer/gobernar esas cosas como comunidad (esté o no representada por una "vanguardia proletaria") no es más que una fantasía marxista. No todos somos iguales ni tenemos la misma capacidad de decisión. Existen dinámicas y equilibrios naturales que pueden desarrollarse en una sociedad cuando se trata de cosas como el liderazgo, la infraestructura, los recursos, la propiedad, los logros y la ambición personal/profesional, los negocios, la producción, etc. La historia del marxismo ilustra las catastróficas consecuencias de interferir en estas dinámicas.

## El marxismo y la narrativa anticapitalista

¿Debemos fiarnos de la opinión de la secta sobre el capitalismo? Si le pidieras a una persona una opinión imparcial sobre otra -a la que sabes que odia-, ¿podrías fiarte de esa opinión? No, tendrías que tener en cuenta su actitud hacia ellos (también conocida como parcialidad), ¿verdad? ¿Confiarías en una ideología que ha sido abiertamente hostil al capitalismo desde su nacimiento cuando se trata de analizar el sistema capitalista?

En otras palabras, si tenemos este culto marxista global -con millones de portavoces anticapitalistas con el cerebro lavado por todo el mundo en nuestros respectivos países-, ¿no está ahora nuestro entorno saturado de opiniones marxianas anticapitalistas?

He aquí un aspecto irónico de la presencia de la ideología en las sociedades actuales, en particular en los países occidentales relativamente prósperos: todas estas sociedades contienen cantidades significativas de estos miembros de la secta con el cerebro lavado que (en general) dicen odiar la idea de los beneficios, la propiedad privada, las grandes empresas y la desigualdad financiera, etc. Sin embargo, la capacidad de obtener beneficios o de tener la propiedad privada de empresas/propiedades, o la capacidad de tener grandes industrias y empresas, es lo que garantiza el éxito de una economía y de un país. Son aspectos clave de la economía que permiten el funcionamiento de la civilización. (Incluso la existencia de la (¡malvada!) desigualdad económica es parte integrante de una economía sana, ya que refleja el hecho de que las personas no son iguales por naturaleza).

Es irónico porque las vidas/placeres/libertades de las que disfrutan estos miembros de la secta durante su estancia en países prósperos (occidentales o no), incluida la libertad de expresión (y por tanto de criticar), sólo existen porque la ideología no ha contaminado completamente ese país.

Así pues, promueven constantemente una ideología que arruinaría sus vidas/placeres/libertades, y las de sus seres queridos, amigos, etc. Por supuesto, son totalmente inconscientes de lo que están haciendo. Es contradictorio, porque el lavado de cerebro anticapitalista hace que las personas de los países capitalistas tengan actitudes anticapitalistas y, al mismo tiempo, estén inconscientemente contentas de vivir en un sistema capitalista (¡y de todos los beneficios que éste les proporciona!). Es una actitud ingrata, irrespetuosa y corta de miras.

Es un elemento muy divertido del lavado de cerebro marxista cuando vemos a miembros desafiantes de la secta intentando "ir por libre" y estar "separados del sistema" en diversas manifestaciones, a menudo promoviendo el socialismo. Es extremadamente ingenuo, alejado de la realidad. (Durante los disturbios inspirados por BLM en Portland durante 2021, después de que los miembros de la secta intentaran divertidamente establecer su pequeña comunidad marxista "independiente", creo que vi en los medios de comunicación cómo intentaban cultivar verduras para mantenerse, en una zona urbana con muy poca tierra. No hay nada como tener que hacer el trabajo uno mismo para apreciar/respetar el trabajo que conlleva producir algo).

Desde un punto de vista más serio, estas actitudes anticapitalistas deben tener un impacto en los asuntos de un país. Sólo se puede especular hasta qué punto estas actitudes extrañas y contradictorias afectan al nivel de prosperidad y a los resultados económicos generales de un país. Aunque esto es imposible de cuantificar, para mí es otra razón por la que la ideología debe ser eliminada de la sociedad: ayudará a un país a alcanzar mayores niveles de prosperidad.

### ¿Hay que "sustituir" el capitalismo?

Si el capitalismo se considera una de las piedras angulares de la civilización occidental y el socialismo nunca ha tenido éxito como sistema económico (más adelante hablaremos de ello), ¿es sensato sustituir el primero por el segundo? ¿Si no fuera por la ideología, habría llamamientos a sustituir el sistema capitalista por cualquier otra cosa? Debemos tener en cuenta que el marxismo ha estado intentando convencernos desde el principio de que el capitalismo es el problema; y hemos estado expuestos a una propaganda cada vez más intensa con este fin.

Esto se suma al hecho de que la secta/ideología ha estado tratando de sabotear el sistema desde fuera y desde dentro durante todo ese período, a través de: la manipulación del movimiento sindical por parte de la secta; la infiltración de las grandes empresas; el impuesto progresivo sobre la renta/castigo de la riqueza; los intentos de robar beneficios a las industrias a través del impuesto sobre el carbono; el fomento y la expansión del estado del bienestar (que desangra económicamente a un país); la canalización de fondos hacia el complejo marxista de ONGs/sin ánimo de lucro que derrocha dinero; el envío de ayuda exterior por razones humanitarias; y la facilitación de la inmigración masiva por parte de la secta, etc.

Marcos y Engels creían que el capitalismo contenía las semillas de su propia destrucción, y cuando han surgido situaciones negativas en ese sistema desde que el culto llegó a la escena (crisis, depresiones, colapsos, rescates financieros, etc.), éstas son vistas como "pruebas" de que las predicciones eran correctas; haciendo que Marx y sus discípulos parezcan profetas (además, como otros han señalado, ese tipo de acontecimientos pueden haber sido realmente fabricados, y no necesariamente normales en un sistema capitalista).

Nótese cómo, en general, como movimiento, no están interesados en intentar resolver ningún problema percibido dentro del capitalismo; simplemente insisten en que debe ser destruido, reemplazado o transformado severamente. ¿No es extraño? ¿Es más inteligente/eficiente destruir y reemplazar por completo todo un sistema (en torno al cual se construye actualmente la sociedad) que limitarse a repararlo/modificarlo? No lo creo. La secta/ideología no quiere construir, mejorar o reparar; sólo destruir.

### "Funcionará esta vez..."

He aquí un importante tema recurrente: siempre habrá una nueva oleada de miembros adoctrinados de la secta que piensen que ellos serán los que harán que funcione. Ellos son los especiales que pueden tomar las teorías defectuosas del socialismo y de alguna manera crear prosperidad. El socialismo no se puede "arreglar" o modificar para que funcione. Una vez más, los propios principios del marxismo son defectuosos, y no importa qué variante se intente, resultará en un fracaso. En lo que respecta a la nueva generación de marxistas, el nivel de inteligencia (para los estándares de la secta), experiencia o talento que posean es irrelevante. Para usar una analogía asquerosa - no importa lo buen cocinero que seas y cuántos postres deliciosos hayas hecho - si los ingredientes que usas son literalmente bolsas de mierda sucias y podridas, entonces todo el pastel va a apestar.

### Tirar el socialismo a la basura

Tenemos que tirar el socialismo a la basura, repetidamente, ya que esto es crucial para impedir que la infección marxista siga proliferando. Esto es crucial, y una de mis más altas recomendaciones.

El socialismo -y la sociedad casi utópica a la que conducirá (según los miembros de la secta)- es la zanahoria siempre apetecible que se cuelga delante de las masas (sobre todo de los miembros potenciales de la secta). Promete una sociedad mejor, un modo de vida mejor, más prosperidad para "el pueblo", etc. El socialismo es la zanahoria que actúa como una cuña que se utiliza para abrir una sociedad (en un país determinado) a esta ideología "revolucionaria". Una vez que esta cuña está en su lugar, y la gente en general piensa que el marxismo/socialismo es benigno, se abre la brecha para permitir la entrada del marxismo total (y todo lo que ello conlleva). Es el principio del Caballo de Troya en acción. Esto se aplica especialmente a los jóvenes e impresionables. La secta se dirige constantemente a ellos, diciéndoles que el socialismo es guay, especialmente a través de las universidades.

Por estas razones, debemos atacar/destruir el socialismo como concepto y tirarlo a la basura, donde pertenece. Esto reduce masivamente la comerciabilidad -y por lo tanto la potencia- del marxismo como ideología en general, al disminuir sus beneficios percibidos.

El marxismo es todo farsa y engaño, y el socialismo -que se presenta como una especie de alternativa superior al capitalismo- es un chiste malo que has oído un millón de veces. La secta/ideología ataca al capitalismo porque sabe que proporciona a los países occidentales un cierto grado de fuerza, estabilidad, calidad de vida, etc., además de una sensación de separación de los países no occidentales. Como la ideología quiere destruir y luego reconstruir la civilización a su imagen, el capitalismo se convierte en uno de los principales pilares que hay que destruir primero. Sólo un idiota alejado de la realidad podría sugerir que un puñado de teorías que han fracasado prolíficamente -y que no han hecho más que causar penurias, inestabilidad, caos y muerte- deberían sustituir a todo un sistema en la columna vertebral de la civilización.

**Un sistema más ético que el capitalismo ?**

Las cosas que los marxistas acusan al capitalismo de ser - opresivo, esclavizante, violento, ineficiente, autoritario, inhumano, etc. - son aún más pronunciadas en un sistema socialista. Todo lo malo que hace el capitalismo, el socialismo lo hace peor. A modo de ejemplo, la secta/ideología en general (interpretaciones/formaciones variables aparte) trata de convencernos de que el capitalismo es un sistema inherentemente opresivo; insinuando que el socialismo no lo es. Tres palabras para ti: Olla. Olla. Negro. Más señales de virtud, dobles raseros y propaganda.

¿Quién, en un país civilizado, estable y occidental hoy en día, puede realmente afirmar que está (o ha estado) genuina y horriblemente oprimido por vivir bajo un sistema capitalista? A la inversa, ¿cuántos nos han contado sus historias de auténtica opresión mientras vivían en un país con la secta a la cabeza? el capitalismo permite cierta libertad para ganar dinero, tener propiedades, etc. Estas libertades no existen en un sistema socialista; en teoría, habría propiedad colectiva de la tierra, los recursos, los medios de producción por parte del pueblo, etc., pero en la práctica nunca funciona así.

Por supuesto, la secta tratará continuamente de eludir esta crítica afirmando que el socialismo o comunismo real nunca se ha probado o ha existido, y entonces nos quedamos atrapados de nuevo en el mismo ciclo en el que pueden promover continuamente su sistema alternativo (de nuevo el problema de "Teoría contra Realidad"). Sean cuales sean los problemas que surjan en un sistema capitalista, la secta/ideología llamará continuamente la atención sobre ellos para promover la alternativa marxista. Quizás estos problemas se experimentarían independientemente del sistema que utilicemos. La diferencia es que en un sistema capitalista tenemos mucha más libertad para evitar las trampas.

## "¡Necesitamos el socialismo!"

Los miembros del culto insinúan que necesitamos aferrarnos al pensamiento marxista debido a los defectos y males percibidos del capitalismo. Por supuesto, si un número suficiente de personas está de acuerdo con esto, y el pensamiento marxista no se considera tóxico, es obvio que no se eliminará de la sociedad. Esto, a su vez, conduce a todas las demás cuestiones descritas en este libro.

Además, algunos de los problemas que se perciben como resultado del capitalismo se deben en realidad al hecho de que vivimos en un mundo altamente controlado, internacionalista y globalizado (que es inherentemente antagónico a la prosperidad a nivel nacional). Un paso importante para cambiar esta situación sería eliminar el marxismo de nuestras sociedades en la medida de lo posible.

No necesitamos ninguna forma de marxismo para resolver los problemas de una nación. Cualquier problema asociado con el sistema capitalista podría resolverse con gobiernos patrióticos, soberanos y nacionalistas. No habría necesidad de volver a dejar entrar al marxismo por la puerta.

Por eso debemos centrarnos en la composición ideológica de una nación: es más importante que la economía. Si tienes un gobierno internacionalista y pro-globalismo en tu país, siempre tendrás problemas persistentes (económicos o de otro tipo). Teniendo en cuenta que la economía no importa si el país se está destrozando a sí mismo debido a los otros efectos del culto/ideología mencionados en otra parte (Irlanda, por ejemplo, se está hundiendo como nación debido a la inmigración masiva; ella misma debido a la pertenencia a la UE. Muchos alegarían razones económicas para permanecer en la UE, lo que en este caso es una mala priorización). Esencialmente, los beneficios de la ideología son nulos, pero el daño que causa es catastrófico. Por lo tanto, no hay que darle cuartel.

## El socialismo destruirá tu país económicamente

¿No es obvio que una ideología que promueve el odio a los beneficios, la propiedad privada de las empresas y las propiedades privadas (y los medios de producción, etc.), va a destrozar una economía? Por supuesto, debemos juzgar los méritos del socialismo basándonos en sus efectos en el mundo real, no en sus aplicaciones teóricas o hipotéticas. Por lo tanto, el impacto del socialismo (pasado o presente) es abrumadoramente negativo.

Obviamente, los miembros de las sectas tratarán de ocultárnoslo, suprimiendo cualquier énfasis en ese hecho; o bien, como era de esperar, harán hincapié en los aparentes beneficios. Un ejemplo de ello es cuando las voces marxistas destacan la existencia de países socialistas "exitosos".

El político "progresista" estadounidense Bernie Sanders hizo famosas algunas afirmaciones vacuas sobre el éxito del socialismo, en particular en los países escandinavos: "Cuando hablo de socialismo democrático, no me refiero a Venezuela. No me refiero a Cuba. Estoy mirando a países como Dinamarca y Suecia",[9] citando sus políticas de Estado del bienestar, etc. Podemos ver cómo les ha funcionado. Sanders es un ávido miembro de una secta que ha frecuentado Moscú, y es conocido por tener opiniones antiestadounidenses sobre diversos temas, como la política exterior de Estados Unidos, el control de armas, etc.

Implantar el socialismo en la economía de un país sólo conduce a su destrucción. La única forma de que se mantenga a flote es que viva de los beneficios de la riqueza acumulada cuando no era socialista o que reciba ayuda financiera del exterior. Lo primero se aplica a Suecia, que generó su riqueza cuando era capitalista, antes de que los miembros de la secta empezaran a dirigir sus asuntos. Esencialmente, sólo tuvo éxito como país temporalmente debido al progreso previo que realizó. Empezaron a inclinarse hacia el socialismo después de la Segunda Guerra Mundial. Sólo pudo funcionar gracias a los avances del PIB que lograron cuando tenían un enfoque más capitalista de libre mercado.

Esto último se aplica a muchos países en la historia del marxismo, que luego recibirían ayuda de otros países (¡incluso capitalistas!). La Rusia de Lenin recibió ayuda extranjera, y finalmente se vio obligado a empezar a permitir una empresa privada limitada. Esto permitió que la maquinaria industrial volviera a funcionar con normalidad.[10] [11]

La Cuba de Castro necesitaba el patrocinio financiero de la Unión Soviética para mantenerse a flote (en realidad, no es sorprendente, ya que creo que, en un momento dado, el psicótico Che Guevera (1928-1967) estuvo a cargo de la economía. Una gran elección, ya que estudió medicina en la universidad).[12]

Un ejemplo de país altamente contaminado que aligera su actitud hacia la economía es China. A partir de 1979, quizá motivado por el poderío económico de Hong Kong (entonces colonia británica), relativamente no marxista, el Partido Comunista Chino decidió permitir la adopción de principios capitalistas, lo que permitió a China modernizarse y convertirse en lo que es

---

[9] MSNBC, "Hillary Clinton-Bernie Sanders Town Hall Part 1 | MSNBC", 19 de febrero de 2016. https://www.YouTube.com/watch?v=w1cuTmJh8xM

[10] "Revelaciones de los archivos rusos".
https://www.loc.gov/exhibits/archives/sovi.html

[11] https://www.britannica.com/money/New-Economic-Policy-Soviet-history

[12] Anderson, J. "Soviet aid to Cuba: $11 million a day", 18 de junio de 1983.
https://www.upi.com/Archives/1983/06/18/Soviet-aid-to-Cuba-11-million-a-day/2328424756800/

hoy.[13]

En 1989, la (pronto ex) República Soviética de Estonia contribuyó a iniciar el efecto bola de nieve que provocó el colapso de la URSS. Los estonios se dieron cuenta de que el desarrollo de su economía se veía limitado por su pertenencia a la "unión". Había muchas razones por las que los países miembros querían liberarse de las garras de Moscú durante la era soviética; la libertad económica y la prosperidad eran una de ellas. [14]

Otros países de la era soviética, aunque no formaban parte de la U.R.S.S. como repúblicas soviéticas miembros, se consideraban estados satélites. Entre ellos se encontraban Polonia, Alemania Oriental, Rumanía, Hungría, Bulgaria, Albania y Checoslovaquia. Todos ellos atravesaron graves periodos de adaptación tras el comunismo, y algunos tardaron décadas en recuperarse de los efectos de la centralización.

El socialismo destrozó América Latina. Desde ejemplos anteriores, como la Argentina de Juan Perón en los años cuarenta y cincuenta, hasta Cuba, Chile, Colombia y muchos otros.

Un ejemplo más reciente de alto perfil es la Venezuela de Hugo Sánchez y otros, incluso con todo el petróleo que tienen. India, tras independizarse de Gran Bretaña, decidió seguir el camino socialista, con resultados desastrosos. Incluso la propia Gran Bretaña -bajo el liderazgo del miembro de la secta Clement Atlee- decidió hacer algunos experimentos después de la Segunda Guerra Mundial, que la llevaron a la ruina económica.

**El socialismo es un robo**

Dado que la adquisición de riqueza "injustificable" -a través de los beneficios- por parte de particulares y propietarios de empresas es inmoral según el dogma marxista, las ganancias de dichas empresas deben ser confiscadas, aparentemente por el "bien mayor". Esta es la razón por la que la secta/ideología vende la idea de que los beneficios son malos. Es una de las muchas cosas en las que se equivocan: los beneficios no son malos, sino que permiten que la economía de un país funcione.

Esta mentalidad fomenta la destrucción, la violencia y el robo de la propiedad privada en nombre de la "justicia" y la "igualdad". También permite a los que no tienen riqueza descargar sus emociones sobre los que sí la tienen; sus inseguridades personales se manifiestan en sentimientos y acciones asesinas.

---

[13] Coase y Wang, "How China Became Capitalist", enero/febrero de 2013. https://www.cato.org/policy-report/january/february-2013/how-china-became-capitalist

[14] El colapso de la Unión Soviética - Un documental (2006).

https://www.YouTube.com/watch?v=OYD6ouVHXbo

La historia de la secta ilustra cómo es esto cuando se pone en práctica: el encarcelamiento y/o asesinato de cualquiera que no forme parte de la clase pobre/proletaria. Esto suele ir acompañado de la eliminación de los "intelectuales", que pueden convertirse en disidentes u opositores políticos si no son suprimidos/eliminados.

He aquí los puntos uno a cinco del Manifiesto Comunista: Abolición de la propiedad privada y aplicación de todas las rentas de la tierra a fines públicos; Un fuerte impuesto progresivo o graduado sobre la renta; Abolición de todos los derechos de herencia; Confiscación de la propiedad de todos los emigrantes y rebeldes; Centralización del crédito en manos del Estado, mediante un banco nacional con capital estatal y monopolio exclusivo.[15]

Los puntos uno a cuatro -confiscación de la propiedad, impuestos y "abolición de todos los derechos de herencia"- son formas de robo. El quinto es el control/dominio financiero centralizado en nombre del "pueblo". Aunque no es robar directamente, sí ayuda a impedir la adquisición de riqueza por parte de quienes no están aliados con el gobierno (que puede ser marxista; así que básicamente no se debe permitir que se reúna cualquier riqueza o poder que no pertenezca al culto). Un ejemplo contemporáneo de robo marxiano, oculto a plena vista, es el impuesto sobre el carbono, a través del movimiento contra el cambio climático.

### Los problemas de DiLorenzo con el socialismo

> "Ser un defensor moderno del socialismo es ignorar por completo toda lógica económica sólida, más de un siglo de historia y las palabras de honestos intelectuales socialistas como Heilbroner que finalmente se vieron obligados a enfrentarse a la realidad después de ignorarla durante la mayor parte de su vida adulta"[16]

Thomas DiLorenzo autor y profesor de Economía,
*El problema con el socialismo* (2016)

Veamos con más detalle por qué el socialismo es destructivo. Mi analista favorito en este ámbito es Thomas DiLorenzo. DiLorenzo es autor y profesor de economía en *la Universidad Loyola de Maryland,* en Baltimore (Maryland, EE.UU.). También se le considera de la disciplina económica de la Escuela Austriaca (es decir, "laissez-faire" o intervención mínima del gobierno).[17] Sus ponencias en el *Instituto Mises* de Alabama se pueden encontrar fácilmente en Internet. Sus obras escritas abarcan una gran variedad de temas, pero las más relevantes para este libro son *The Problem With Socialism* and *How Capitalism saved American* (2004). También es relevante un artículo suyo titulado "Why

---

[15] Marx, Engels. *El Manifiesto Comunista* (1848). P. 26.

[16] Di. Lorenzo, T., *El problema con el socialismo* (2016), p. 28.

[17] https://en.wikipedia.org/wiki/Thomas_DiLorenzo

Socialism Causes Pollution" (Por qué el socialismo causa contaminación).

Recomiendo encarecidamente El problema del socialismo a quienes deseen un resumen exhaustivo del impacto económico de la ideología en el mundo real. El libro también destaca los efectos negativos del socialismo en otros ámbitos, como el político, el social, el medioambiental, etc.

Es muy útil para nuestros propósitos enumerar los puntos principales que Lorenzo esboza en su obra. Cuando proceda, los relacionaré con el "panorama general", por supuesto (ya que no se trata sólo de economía o socialismo). Lo que hacemos en esta subsección es destacar el socialismo como producto de la ideología, una manifestación física de la misma aplicada al gobierno, la economía, las infraestructuras, los servicios públicos, la educación, la sanidad, etc.

DiLorenzo mencionó una vez que, a principios del siglo XX, el socialismo se definía generalmente como la propiedad gubernamental de los medios de producción (en nombre del "pueblo"), pero la definición incluiría más tarde el Estado del bienestar (y sus instituciones) y el impuesto progresivo sobre la renta. Así lo puso de relieve el economista Friedrich von Hayek (1899-1992) en *Camino de servidumbre* (1944).[18]

Dado que el marxismo consiste en controlar a través de la imposición de un igualitarismo (artificial), estos son sólo varios métodos para lograr este objetivo. Los tres problemas centrales del socialismo. Aunque él no originó estos conceptos, el trabajo de DiLorenzo se refiere a los tres problemas principales de tener un sistema socialista, y por qué inevitablemente resulta en un fracaso en un grado u otro, independientemente de cómo se implemente:

**El problema de los incentivos**

En un sistema socialista igualitario, no hay incentivos para ser ambicioso, tener éxito o prosperar fiscalmente o de otro modo. Si el Estado niega al público en general la libertad de crear/producir a través de sus propios métodos, esto causa un grave problema. Sin el incentivo de poder enriquecerse mediante la explotación de su propio trabajo (¡o incluso de ganarse la vida!), ¿por qué iba nadie a molestarse en destacar en el mundo empresarial, de los negocios, etc.? El éxito se castiga en un sistema socialista, por lo que no hay incentivo para triunfar.

La secta replicará que, en una sociedad más socialista, la gente no sería tan "egoísta" y haría esas cosas por la bondad de su propio corazón, en beneficio de sus compañeros, de forma gratuita (ojos en blanco. Típica señal de virtud y condescendencia). Da igual; aunque eso fuera práctico/posible, no es la realidad lo que motiva a la gente. Su insistencia en que obtener beneficios personales (privados) es de alguna manera inmoral (según el dogma marxista)

---

[18] Hayek, F., *Camino de servidumbre* (1944).

les hace ciegos a este hecho.

El problema de los incentivos es parte de la explicación de por qué todos los diversos regímenes de culto marxista de la historia tuvieron que utilizar la coerción (incluida la intimidación, la violencia, el asesinato, etc.) para obligar a la gente a trabajar y a hacer otras cosas; cosas que una persona no querría hacer en esas situaciones si no estuviera obligada. Un ejemplo de ello es el trabajo esclavo en las granjas colectivistas de la Unión Soviética, China, Camboya, Corea del Norte, Albania, etc.

## El problema del conocimiento

Cuando un Estado centralizado (con un puñado de miembros de la secta marxista al timón), empieza a centralizar el poder en nombre del "pueblo", se produce otro problema. Los individuos implicados en este Estado centralizado (y todos sus talentos individuales) no pueden sustituir a la multitud de habilidades, talentos, conocimientos, profesiones, etc. que aportan las masas (en un sistema capitalista), en forma de empresarios, emprendedores, proveedores de servicios y multitud de especialistas en todos los sectores. Este es un concepto que Friedrich Von Hayek destacó en su artículo de 1945 "El uso del conocimiento en la sociedad".[19]

DiLorenzo profundiza en esta idea y subraya que incluso algo tan sencillo como la producción de una porción de pizza (compuesta a su vez de muchos ingredientes) implica a varias industrias y procesos, cada uno de los cuales requiere conocimientos especializados, tecnología y equipos. Obviamente, en todo ese proceso intervienen muchas personas y empresas (agricultura, logística, marketing, etc.), que interactúan entre sí para que usted pueda tener su porción de pizza. "La lección aquí es que lo que hace posible el mundo económico -de hecho, la propia civilización humana tal como la conocemos- es la división internacional del trabajo y el conocimiento en la que todos nos especializamos en algo en el mercado, ganamos dinero haciéndolo y utilizamos ese dinero para comprar cosas a otros "especialistas".[20]

Continúa diciendo que todo el proceso se produce espontáneamente sin necesidad de planificación gubernamental alguna. La palabra clave es "espontáneamente", lo que significa que todo esto ocurre de forma natural dentro de la sociedad, y que funciona a pesar de todo.

Esto se relaciona con la tendencia de la ideología a interferir (y potencialmente arruinar) cosas que funcionan perfectamente (ya sean infraestructuras, economía, naturaleza, interacciones sociales, etc.). Cualquier instancia en la que los miembros de la secta ganen poder inevitablemente se traduce en niveles

---

[19] Hayek, F., "El uso del conocimiento en la sociedad", septiembre de 1945. https://www.cato.org/sites/cato.org/files/articles/hayek-use-knowledge-society.pdf

[20] Di. Lorenzo, T., *El problema con el socialismo* (2016), p. 24.

crecientes de interferencia destructiva. Por supuesto, su habitual arrogancia intrínseca (combinada con el adoctrinamiento de visión de túnel), refuerza su creencia de que ya tienen todo lo necesario para dirigir las cosas, incluido el conocimiento, ¡lo cual es una absoluta tontería!

## El problema del cálculo

El "problema del cálculo" implica el hecho de que la propiedad privada y los precios de mercado tienen que existir para que haya un cálculo económico racional y eficiente. En un sistema socialista, puesto que el gobierno posee todos los recursos (y la tierra), no habría comercio ni precios para los recursos, los bienes de capital, etc. Esto a su vez significa que no hay forma de calcular los precios de los bienes y servicios. Los analistas financieros (en una economía de mercado) pueden utilizar los precios de mercado para determinar si un proyecto/iniciativa es financieramente razonable o rentable, por ejemplo. En resumen, tener un sistema socialista (que no incluye la propiedad privada ni los precios de mercado, etc.) elimina los elementos fundamentales de una economía, lo que conduce al caos.

La obra del economista Ludwig von Mises (1881-1973) puso de relieve esta cuestión en *Socialism: An Economic and Sociological Analysis* (1922). Señaló las relaciones entre los actores de una economía de libre mercado: empresarios, promotores, especuladores (y los consumidores), y el hecho de que tienen intereses personales en sus inversiones, que asignan el capital en una economía de mercado.

Como señala DiLorenzo "Su herramienta indispensable son los precios de mercado, que les guían para invertir de forma racional y rentable, satisfaciendo la demanda de los consumidores". Y añade que en el socialismo, "donde el gobierno es propietario de todos los medios de producción "de capital", los mercados son inexistentes, y los recursos son asignados por burócratas para cumplir "planes" que pueden no tener ninguna base en la realidad económica".

Además, la demanda de los consumidores era un factor importante: "En una economía capitalista, los empresarios tienen que satisfacer la demanda de los consumidores o quebrar... Este incentivo, sin embargo, está totalmente ausente en una economía socialista".[21]

De nuevo, al igual que el "problema del conocimiento" (si nos alejamos un momento), se trata de un caso en el que la ideología interfiere en los procesos orgánicos y funcionales que tienen lugar en la sociedad. Como dijo una vez DiLorenzo: "si los precios los dicta arbitrariamente el gobierno, y no reflejan la escasez o la oferta y la demanda en general, entonces todo es aleatorio. Es como intentar conducir por una ciudad extraña sin señales de tráfico y

---

[21] Ibid. P. 27.

encontrar adónde vas. Es imposible".[22] (Dejando a un lado los mapas de Google o la tecnología GPS).

## El problema de la "elección pública

Otro problema ligado al control de la sociedad por el Estado (con el culto a la cabeza), es la falta de poder de los ciudadanos. Friedrich Von Hayek puso de relieve este problema. Dado que toda libertad para tener éxito o adquirir poder y riqueza como individuo está prohibida, entonces la única vía abierta a alguien que busque esas cosas es formar parte del aparato estatal de la secta. No puedes decidir acumular riqueza o sobresalir como empresario, dueño de un negocio o hombre/mujer de negocios, etc., ya que esas no son opciones.

Esto se hace evidente al observar a todos esos voluntariosos comisarios, activistas, operativos, organizadores, soldados y políticos que estuvieron ocupados trabajando para el sistema a lo largo de la historia de la secta. Para un ejemplo moderno, podemos fijarnos en los norcoreanos. Fíjese en la cantidad de patéticos servidores del régimen que hay allí, muchos de los cuales podrían haber tenido, en algún momento de sus vidas, sueños de ser otra cosa.

## Destruccionismo

Este es un aspecto fundamental del socialismo destacado por Ludwig Von Mises en *Socialism: an Economic and Sociological Analysis* (1922): "De hecho, el socialismo no es en absoluto lo que pretende ser. No es el pionero de un mundo mejor y más bello, sino el destructor de lo que miles de años de civilización han creado. No construye, destruye. La destrucción es su esencia. No produce nada, sólo consume lo que ha creado el orden social basado en la propiedad privada de los medios de producción".[23] En otras palabras, el socialismo no es un generador de riqueza y prosperidad, sino su destructor; incluso un parásito. El resultado inevitable para cualquier país que estructure su economía en torno a políticas socialistas, incluye el vaciado de las arcas y la disminución de las cifras del PIB.

Luego vienen los intentos de poner varias tiritas financieras temporales sobre los problemas -más impuestos, imprimir más dinero, etc.-, que conducen a aún más inestabilidad y problemas. Es un tema recurrente en la historia del socialismo que una vez que empiezan a estrellarse, intentan salir del problema imprimiendo dinero, lo que lleva a niveles catastróficos de inflación, aumento del coste de la vida, etc. Esta situación caótica se ve agravada por la tendencia de los gobiernos/políticas socialistas a dar cosas "gratis" (por ejemplo, bienestar, servicios, ayuda exterior, vivienda, etc.), con el fin de apaciguar las

---

[22] Misesmedia, "Diez cosas que deberías saber sobre el socialismo | Thomas J. DiLorenzo 20 de julio de 2018. https://www.YouTube.com/watch?v=hTvQBhYoJms

[23] Von Mises, L. *Socialismo* (1922), p. 458.

frustraciones de construcción del público en general.

## La mentalidad anticapitalista

Alejándose brevemente de la economía y volviendo a la cuestión del adoctrinamiento, DiLorenzo utilizó un buen argumento sobre el sentimiento anticapitalista y la envidia. Aquí destaca el libro de Ludwig von Mises de 1956 *La mentalidad anticapitalista*. Mises atribuyó esta mentalidad a varias cosas, incluyendo el hecho de que algunas personas son más ricas y tienen más éxito en la sociedad, y que esto crea envidia y odio en los que no lo son.

En su libro, Mises también señalaba que, en una economía de libre mercado en la que el nivel de éxito de una persona (en teoría) no está limitado, ésta es responsable de su propio éxito o fracaso. Los menos exitosos pueden entonces expresar odio hacia el sistema capitalista, convirtiéndolo en un chivo expiatorio fácil para ellos. Esta mentalidad también está relacionada con el aspecto "oprimido/víctima" de la ideología: es mucho más fácil culpar a alguien/algo más de tus fracasos que aceptar la responsabilidad por ellos.

Está claro que este es un factor en el mundo actual. Sólo hay que dedicar cinco segundos a escuchar el venenoso vitriolo que sale de las bocas de los miembros de una secta hacia cualquiera que consideren "burgués" (a menos, claro está, que ese burgués esté haciendo alguna señal de virtud marxista, al estilo socialista del champán. Entonces se les perdona. De hecho, algunos de estos tipos pueden sentirse culpables por ser ricos; un sentimiento que la ideología/culto ayuda a manifestar). Por supuesto, todo esto enlaza con la mentalidad de "cosas gratis" de los partidarios del socialismo: es un sentimiento de derecho que complementa muy bien la envidia antes mencionada. La gente debería obtener cosas gratis como una forma de "venganza" contra la burguesía, dice esta lógica.

Sobre este chivo expiatorio, Mises escribió "...otra cosa es en el capitalismo. Aquí la posición de cada uno en la vida depende de sus propias acciones... La influencia del principio "a cada uno según sus logros" no permite ninguna excusa para los defectos personales".[24] Como existe esta mentalidad de "cosas gratis", los políticos tienen la oportunidad de manipular psicológicamente a la gente ofreciéndole cosas como asistencia sanitaria gratuita, educación gratuita, etc.

DiLorenzo hace un gran comentario sobre este chivo expiatorio (subrayado para enfatizar): "Quizá los chivos expiatorios más populares de todos sean los "capitalistas codiciosos", a los que a menudo se acusa de obtener buenos resultados financieros por medios nefastos, sin escrúpulos o ilegales. Por supuesto que hay gente así, pero no es una característica general de los mercados. Hay pecadores en todos los ámbitos de la vida, no sólo en el mundo

---

[24] Von Mises, L. *La mentalidad anticapitalista* (1956), P.11-12.

de los negocios; y en una economía de mercado (a diferencia de una economía socialista, de monopolio gubernamental, donde los sobornos suelen ser un hecho), nadie quiere hacer negocios con gente deshonesta, por lo que el mercado penaliza a los tramposos, y los productos con mala reputación no se compran".[25]

Esta mentalidad anticapitalista malhumorada y a regañadientes es una opinión de perdedores, y se remonta al mismísimo Karl Marx. Un hombre amargado, miserable, relativamente mimado e inútil que no podía tener éxito, por lo que insistía en que el mundo tenía que cambiar y no él.

## Las cosas no pueden ser "gratis

Las voces marxistas impulsan a menudo esta idea de lo gratuito, pero ¿pueden las cosas ser realmente "gratuitas"? ¿Desde cuándo algo que vale algo no cuesta nada? (no te hagas el listillo y digas "amor" o "paz", etc.:). La verdad es que nada (que cueste algo) puede regalarse sin consecuencias para la economía. Los costes se notan en alguna parte.

Sobre el tema de las empresas públicas frente a las privadas, DiLorenzo escribió: "Se nos dice que cuando el gobierno presta un servicio es gratis, pero por supuesto nada es gratis, porque alguien tiene que pagar a todos los empleados públicos, sus gastos generales y todo lo demás que el gobierno hace, compra o se apropia. Ese "alguien" son, por supuesto, los contribuyentes. Siempre que los políticos de mentalidad socialista hablan de servicios "gratuitos", lo que realmente quieren decir es que el servicio estará oculto en los impuestos".[26]

Esto también se aplica a los sistemas sanitarios, educativos, etc. gestionados por el gobierno: todo y todos los que participan en estos sistemas cuestan dinero o reciben un salario/pago. Los servicios públicos (electricidad, agua, etc.), el mantenimiento de los edificios, los equipos, las materias primas, los recursos, etc.

El resultado de todo esto es una presión añadida sobre estos servicios "gratuitos", puesto que son gratuitos, y eso sólo para la población nacional; tengamos en cuenta que la secta es una fanática defensora de la inmigración masiva, lo que tiende a añadir aún más. El resultado son graves retrasos y la reducción de la disponibilidad de servicios para la población normalmente residente.[27]

## Las cosas de ser "libre" y ser mimado van juntas

---

[25] Ibid. P. 39.

[26] Ibid. P. 46.

[27] Ibid. P. 47.

Aunque hay sectarios para todos los gustos, lo cierto es que el socialismo es muy popular entre las nuevas generaciones. Tal vez esta mentalidad de "cosas gratis" esté relacionada con el hecho de que el marxismo y el ser mimado a menudo van de la mano. De hecho, la ideología fomenta la superficialidad, el egoísmo y el materialismo en los jóvenes de hoy, cosas que favorecen la mentalidad de mocoso mimado.

Existe una correlación entre este problema y el sentido del derecho que lleva a la gente a creer que podemos tener cosas "gratis" (es decir, cuando alguien paga por ellas). No todos los individuos de las generaciones más jóvenes están mimados o adoctrinados, por supuesto, pero no obstante, estas razones combinadas deben ser un factor para que los más mimados de entre ellos se sientan atraídos por el socialismo. ¿Es porque piensan que las cosas materiales caen del cielo?

De hecho, aunque la ideología ha afectado a todo tipo de personas, hace tiempo que se sabe que los que proceden de entornos más "privilegiados" suelen ser los más ávidos defensores del socialismo. Hay una correlación entre esto y el adoctrinamiento de los jóvenes privilegiados de hoy: su propia percepción ignorante de la procedencia de las cosas físicas y materiales les hace pensar que las cosas (servicios, etc.) pueden regalarse.

Además de todo esto, tener una personalidad mimada a menudo lleva a una persona a carecer de aprecio y respeto por cómo se producen y organizan las cosas en la sociedad. Por lo tanto, les encanta insistir en que los recursos/riqueza o productos/servicios que otros producen (con su propio esfuerzo) deberían regalarse a cambio de nada, sin ninguna recompensa. En resumen, aprender a hacer cosas/ganar cosas por uno mismo puede infundir cierta humildad, una virtud que falta por defecto en los miembros de las sectas en general.

Otro factor es el adoctrinamiento anticapitalista mencionado anteriormente que proviene de la ideología. Podemos añadir esto a todos los factores anteriores en lo que respecta a los jóvenes adoctrinados: tendrán tanta estúpida animadversión hacia el capitalismo, el dinero, la riqueza, la propiedad privada, etc., que estarán encantados de ver que cualquiera/todas esas cosas se regalan, independientemente de quién las posea; especialmente si (aparentemente) conducirá a la "igualdad" y a un mundo "mejor" (marxista). Es un regalo utópico. Consideran que este proceso es justo y recto, incluso humanitario, sobre todo si beneficia de algún modo a los "oprimidos".

## El bienestar perjudica a los proletarios

Hablando de cosas "gratis", en El problema con el socialismo DiLorenzo afirma que las ayudas sociales en realidad perjudican a los pobres, en lugar de beneficiarlos. Antes de continuar, entiendo perfectamente que en el mundo haya gente que no pueda o no quiera trabajar por diversas razones y que reciba ayuda económica del Estado. No hay necesidad de que nadie se tome esto como algo personal y (consciente o inconscientemente) utilice esa energía para justificar el socialismo (¡!).

Lo que hay que recordar aquí es que en una sociedad más sana, próspera y equilibrada, los individuos serían económicamente autosuficientes y prósperos si pudieran elegir. El socialismo (quizás de forma bastante contraintuitiva para algunos) no beneficia al "pueblo", sino que le niega la prosperidad.

Uno de los puntos principales que plantea este libro es que la sociedad mejoraría mucho si se suprimiera en gran medida el marxismo (aunque siempre con el objetivo de erradicarlo por completo). Esto tendría un impacto positivo en muchas áreas, incluyendo los niveles de entusiasmo, productividad, ambición, oportunidad y confianza personal, etc. Esto, a su vez, tendría multitud de efectos positivos en cadena. En otras palabras, ¡no habría necesidad del Estado del bienestar tal y como existe hoy en día en una sociedad más sana y libre de marxismo!

En una nota al margen, tuvimos los pagos Covid durante el scamdemic Covaids. Así que el culto marxista mundial es fundamental para causar el engaño Covid en primer lugar (China comunista, nuestros gobiernos contaminados, fronteras abiertas, los miembros del culto en los principales medios de comunicación de todo el mundo, etc.), y luego empieza a hacer cosas como: negar a la gente el derecho a trabajar y a ganar dinero, negándoles el viaje de ida y vuelta al trabajo a menos que sean trabajadores "esenciales"; negarles el derecho a abrir sus negocios, lo que les lleva a la quiebra; obligarles a aceptar pagos estatales para sobrevivir mediante el pago de Covid; llamar "teóricos de la conspiración" a quienes se resisten a la presión del gobierno para conseguir vacunas; decir que cualquier protesta/disturbio por todo esto está alimentado por individuos de pensamiento "equivocado de extrema derecha", etc. Obviamente, negar a la gente el derecho a ir a trabajar o a tener su propio negocio, y animarles/obligarles a aceptar los pagos Covid, son ataques al capitalismo y a la independencia financiera de un individuo frente al Estado.

En realidad, no es más que otro ejemplo de los efectos nocivos de la ideología en la psique humana, incluida la reducción de la soberanía personal. De hecho, si aceptamos que el socialismo no es más que la aplicación de los destructivos principios revolucionarios marxianos al tejido social, no sólo es destructivo para los individuos que lo componen, sino también para el "malvado" sistema capitalista en sí.

Aunque este siguiente punto de DiLorenzo se centra en el impacto del estado del bienestar en una sociedad capitalista, también refuerza los puntos que he expuesto anteriormente: que la ideología está aumentando su poder y control mientras ataca simultáneamente a su viejo enemigo, el capitalismo: "El estado del bienestar ha hecho un excelente trabajo paralizando una importante piedra angular de una sociedad capitalista emprendedora y de libre mercado: el incentivo para trabajar. En su lugar, ha creado una clase dependiente a la que sirve (con programas), y de la que se beneficia (justificando los programas gubernamentales y los puestos de trabajo)".[28]

### El Estado del bienestar y la destrucción de la familia

DiLorenzo plantea un punto muy importante que vincula el estado del bienestar con otras subagendas procedentes de la ideología. Esencialmente, la introducción de ayudas sociales para las familias monoparentales ha contribuido al ataque de la secta a la unidad familiar nuclear tradicional (aunque DiLorenzo no dice que ése fuera necesariamente el objetivo pretendido, sino más bien una consecuencia): "Entre 1960 y 2000, los nacimientos fuera del matrimonio aumentaron en más de un 400%, y uno de los principales factores, especialmente en las comunidades negras, fue que la monoparentalidad conlleva beneficios gubernamentales. En 1950, antes de la "guerra contra la pobreza", alrededor del 88% de las familias blancas y el 77% de las familias negras de Estados Unidos estaban formadas por el marido y la mujer.

En 1980, la proporción de familias negras formadas por marido y mujer había descendido al 59%; entre las familias blancas era del 85%. Y las cifras siguen empeorando. En 1960, el 73% de los niños vivía en una familia biparental tradicional. En 2013, la cifra era del 46%".[29]

También escribió que las ayudas sociales pueden sustituir esencialmente los ingresos procedentes de un marido/pareja con trabajo. También plantea la cuestión del estigma y su efecto en toda la situación: además de la ausencia del estigma de recibir prestaciones sociales del Estado (en lugar de trabajar), ahora también ha desaparecido el estigma de tener hijos fuera del matrimonio ("ilegitimidad"). Todos estos son ataques marxianos a lo que es tradicional a través del socialismo: el sistema de prestaciones fomenta la desintegración de la sociedad a través de la ruptura de la unidad familiar tradicional.

DiLorenzo añadió que los niños procedentes de familias monoparentales tienen más probabilidades de sufrir diversos problemas, como "problemas de comportamiento o emocionales", tener hijos fuera del matrimonio, verse implicados en delitos, etc. La dependencia de la asistencia social "tiene un efecto dominó que no sólo perjudica a la sociedad, sino que destruye la vida de las personas".[30] La ideología destruye.

### La relación entre las familias exclusivamente maternas y la ideología

En términos de adoctrinamiento y propagación de la ideología, las ayudas sociales monoparentales también son destructivas de otras formas más

---

[28] Ibid. P. 47.

[29] Ibid. P. 91.

[30] Ibid. P.92.

insidiosas. Fomentan que los niños nazcan fuera del matrimonio, y el principal resultado general es que los niños se crían con la mujer como progenitora principal (la mayoría de las familias monoparentales son de este tipo). Esta situación también contribuye a feminizar la sociedad en general, ya que las mujeres son obviamente incapaces de proporcionar la dinámica masculina que puede proporcionar un hombre.

Esto es especialmente significativo en las sociedades plagadas de esta ideología, ya que los varones suelen ser más aptos para proteger a sus hijos de los efectos del adoctrinamiento marxista. Esto está relacionado con el a menudo destacado "ataque a la masculinidad". Cuanto más carente de masculinidad sea una sociedad, más susceptibles serán sus miembros al adoctrinamiento marxista (ya que éste se basa en gran medida en la manipulación emocional, a través del principio opresor contra oprimido). Planteo este punto porque si es cierto, entonces este fenómeno monoparental es creado por la ideología, apoyado por ella, y en última instancia ayuda a crear una sociedad que es pro-marxismo a largo plazo. Sus iniciativas a corto plazo alimentan sus objetivos a largo plazo.

Para ilustrar este punto, podemos ver cómo la cuestión de la familia monoparental femenina encaja perfectamente con otras subagendas marxistas como el movimiento de "liberación de la mujer", y las cosas que promueve, incluyendo: la promiscuidad femenina, las relaciones no monógamas, el sexo fuera del matrimonio, el ataque a la institución del matrimonio, el ataque a la masculinidad, etc.

Una vez más, esto no es un ataque a las personas. Obviamente, hay muchas madres solteras fantásticas que hacen un gran trabajo con sus hijos. Es cierto que no todas las familias monoparentales (masculinas o femeninas) son iguales, o que los implicados tienen las mismas personalidades/intenciones, o que cada situación tiene el mismo impacto en el desarrollo de los niños (o, por lo tanto, que cada situación tiene el mismo impacto en la sociedad, etc.). No es necesario afirmar estas cosas. Sin embargo, las familias monoparentales no son ideales para ninguno de los implicados ni para la sociedad, y la ideología se beneficia enormemente de ello de varias maneras.

Por el contrario, lo que es más ideal para crear sociedades fuertes, sanas, felices y prósperas, es el énfasis en los valores más tradicionales, incluida la unidad familiar nuclear. El hecho de que tales cosas den fuerza y estabilidad a una sociedad es precisamente la razón por la que la ideología busca destruirlas. (Examinaremos la unidad familiar tradicional más adelante).

### Empresas públicas frente a empresas privadas

En cuanto a la diferencia entre empresas públicas y privadas, DiLorenzo explica que no hay consecuencias negativas ni "castigos" para las empresas públicas si toman malas decisiones financieras (a diferencia de las empresas privadas). Sólo tienen que pedir más fondos para pagar más a su personal, recurrir a los ingresos fiscales, etc. El resultado es que las empresas públicas suelen ser muy inferiores a las privadas. Básicamente, no hay ningún incentivo (o "presión") para que las empresas públicas funcionen bien. Las empresas privadas que no hacen un buen trabajo (proporcionando productos o servicios a los consumidores) no obtienen beneficios y quiebran. Esto no se aplica a las empresas públicas, que reciben presupuestos independientemente de su rendimiento. De hecho, si pierden dinero, a menudo recibirán más: "En las empresas públicas no existe tal mecanismo, ya que no hay cuentas de pérdidas y ganancias, en sentido contable, sólo hay presupuestos". Así es.[31]

### Tener un sistema sanitario socialista

DiLorenzo señala que los sistemas sanitarios socialistas de lugares como el Reino Unido (el *Servicio Nacional de Salud*) y Canadá (*Medicare)* son inferiores a otros tipos de sistemas, porque están nacionalizados y bajo el control del gobierno (nota: podemos incluir también al *Health Service Executive* (HSE) irlandés). Suelen tener: una calidad de servicio inferior, tiempos de espera más largos en general (para ver a especialistas, para recibir operaciones que salvan vidas), menor esperanza de vida, menos equipos médicos especializados disponibles, tasas de mortalidad más altas, "fuga de cerebros" (empleados cualificados que se van al extranjero en busca de mejores oportunidades de empleo). Algunos podrían replicar "claro, no es perfecto, pero es gratis, ¿no?". En este contexto, seguramente tener algo bueno es mejor que tener algo "gratis".

### "Gratis" = racionamiento

Tener un servicio "gratuito", aunque suene bonito, humano y atractivo a primera vista (sobre todo para los pacientes/clientes), conduce inevitablemente a desequilibrios en el sistema, lo que a su vez crea un ciclo de efectos en cadena, cuyo producto final suele ser el racionamiento (típico de la ideología). DiLorenzo explica que, dado que existe la percepción de que el servicio es "gratuito", tiene una miríada de efectos negativos, y que "declarar que cualquier cosa es un bien o servicio "gratuito" provocará una explosión de la demanda, que a su vez disparará los costes de proporcionar el bien o servicio". Otros efectos son el despilfarro imprudente de tiempo y recursos, etc.[32]

La siguiente etapa del ciclo es la respuesta del gobierno (de los miembros de la secta) al evidente aumento de los gastos de este servicio "gratuito": "Para encubrir estos costes, los gobiernos socialistas suelen imponer precios máximos a todo, desde las visitas médicas y los salarios hasta las tarifas de las habitaciones de hospital y la tecnología. Un precio máximo es un precio

---

[31] Ibid. P. 94.

[32] Ibid. P. 95.

impuesto por el gobierno que está por debajo del precio existente".[33]

Esto enlaza con la imposición de precios gubernamentales artificiales para las cosas, que no reflejan la realidad de la situación, incluido su valor real (mencionado anteriormente en el "problema de cálculo").

DiLorenzo afirma que el efecto de estos precios máximos impuestos es "estimular aún más la demanda de servicios sanitarios", y como la oferta no puede cubrir la demanda, se produce escasez "de todo, desde médicos a máquinas de resonancia magnética"; además del factor "fuga de cerebros": el éxodo de personal cualificado al extranjero, donde pueden recibir mejores salarios por su trabajo. Y entonces llega lo inevitable: "Los gobiernos siempre responden a la escasez creada por sus políticas imponiendo algún tipo de racionamiento".

Lorenzo señala que los pacientes de edad avanzada son los que más sufren el impacto de este racionamiento. Destaca cómo el SNS niega a los pacientes mayores servicios vitales como el cribado del cáncer si superan un determinado umbral de edad (65 años). Y añade: "Algunos comentaristas han acusado al Servicio Nacional de Salud británico de practicar la "eutanasia". Aunque la eutanasia no era la intención del Gobierno británico, ha sido el efecto del socialismo sanitario en ese país".[34] Un punto muy interesante. Teniendo en cuenta el historial de la ideología en lo que se refiere a la muerte, nada debería sorprendernos. También se esfuerza por sustituir a las generaciones mayores por generaciones más jóvenes a las que se puede moldear más fácilmente (para que apoyen/se unan al culto/ideología). Además, la ideología/culto apoya la inmigración masiva/subagenda de "reemplazo de población" en los países occidentales, que esta práctica (de descuidar a los ancianos) apoya. Esencialmente, esto acelera el proceso, ya que las generaciones más jóvenes de emigrantes llegan al país en cuestión, mientras que a las generaciones más viejas se les deja morir.

### Servicio "sanitario" nacionalizado y Covid

Otro problema de tener un sistema sanitario controlado por el gobierno se ha manifestado durante el fiasco del Covid. El NHS británico, el HSE irlandés (y sus homólogos en otros países) obviamente seguirán las instrucciones del gobierno y de los "expertos" o "especialistas" sobre cómo tratar la plandemia de Covid, sin hacer preguntas, sin voces discordantes (al menos no cerca de la cima de las estructuras de liderazgo). Y muchos (si no todo) el personal que dirige y controla estas organizaciones son ellos mismos miembros de la secta, que han pasado por el sistema educativo marxista. Organizaciones como ésta son parte integrante del sistema de control, más que dispuestas a inyectar a

---

[33] Ibid. P. 96.

[34] Ibid. 101.

millones de personas en sus respectivos países, sin pararse a preguntar si deben hacerlo.

## Sistemas educativos socialistas

Obviamente, el control de los sistemas educativos es un objetivo estratégico importante para la secta, y siempre lo ha sido (la primera parte de la plancha diez del Manifiesto Comunista es "Educación gratuita para todos los niños en las escuelas públicas"). Permite la creación de generaciones de zánganos serviles y obedientes al Estado que serán infectados con la ideología. Podemos verlo claramente hoy en día con la "enseñanza" de la "educación" sexual degenerada, además de la promoción del feminismo, el cambio climático, la programación de la "diversidad", etc. Básicamente, intentarán meter tanta basura como la vulnerable mente de un niño pueda soportar. En un sistema educativo socialista controlado por el gobierno, explicó DiLorenzo, las escuelas públicas dependen económicamente del Estado y, por tanto, están controladas por él. El Estado puede dictar lo que enseñan y cómo lo enseñan. Por decirlo de otra manera, no tienen la capacidad de apartarse de los planes del gobierno y no enseñar basura marxista.

Además, DiLorenzo explica cómo estas instituciones tienen problemas similares a los de otras empresas o servicios gestionados por el gobierno: "Una escuela privada tiene que competir por los alumnos...(de lo contrario)... pierde dinero, y podría acabar quebrando. Una escuela pública disfruta de un monopolio virtual, especialmente entre los pobres, que no pueden permitirse una escuela privada; y como en todos los monopolios, la conveniencia de los administradores y empleados está por encima de las necesidades de los clientes, porque los clientes siempre estarán ahí. No tienen elección".[35]

De hecho, las escuelas públicas pueden recibir más dinero por hacer un trabajo mediocre o incluso deficiente, porque siempre se puede alegar "necesitamos más fondos/personal" (a diferencia de lo que ocurre en las escuelas privadas). DiLorenzo señaló que el aumento del gasto no mejora necesariamente el nivel educativo. Por lo tanto, afirmó, lo que están haciendo es aumentar sus costes, ¡por no "dar la talla" ellos mismos!

Sobre esta cuestión, escribe: "Sería difícil encontrar alguna empresa privada que haya experimentado un descenso de la producción, el rendimiento o las ventas, tras masivas inyecciones de capital. Sólo en empresas monopolísticas y socialistas como las escuelas públicas se da el absurdo de pagar más por el servicio y no obtener nada a cambio".[36] Añadió que las escuelas privadas tienen que "gastar su dinero eficientemente" porque intentan obtener beneficios; mientras que las escuelas públicas tienden a gastar más para justificar los

---

[35] Ibid. 173, 174.

[36] Ibid. P. 175-176.

aumentos presupuestarios.

## El impuesto progresivo sobre la renta

"La teoría de los comunistas puede resumirse en una sola frase: Abolición de la propiedad privada"[37]

Marx y Engels, *El Manifiesto Comunista* (1848)

El impuesto progresivo sobre la renta figura en el Manifiesto Comunista (segundo punto) y es, entre otras cosas, una forma de robo, además de un intento de imponer la igualdad. La mayoría de la gente dentro de este sistema está literalmente obligada a pagar impuestos o habrá consecuencias para ellos, incluyendo el encarcelamiento (o la amenaza del mismo). DiLorenzo escribió que se trata de un "impuesto sobre la renta discriminatorio" que "penaliza la productividad gravando las rentas más altas con tipos impositivos progresivamente más altos" porque es "su negación de la realidad de la desigualdad humana". ¡Una observación fantástica! Es increíble que este impuesto exista en (la mayoría de) nuestras sociedades desde hace más de un siglo (de una forma u otra), sin que la mayoría sea consciente de sus orígenes ideológicos. Simplemente se acepta como parte normal de la vida.[38]

Aunque se nos dice que este impuesto progresivo sobre la renta es justo y razonable, no lo es. Una vez más, el adoctrinamiento convence a las masas de lo contrario, y de que los que más ganan (también conocidos como "opresores burgueses") merecen ser penalizados. Como explica DiLorenzo "El ideal de un impuesto sobre la renta "progresivo" es crear una mayor "igualdad" tratando a la gente de forma desigual".[39] Y añade que es exactamente lo contrario del "principio fundamental de equidad en una sociedad, que es la igualdad ante la ley". Un impuesto progresivo sobre la renta es una política de desigualdad ante la ley". Forma parte de la desestabilización de las sociedades capitalistas, explica, y que la explotación de la envidia es una gran forma de hacerlo.

El impuesto progresivo sobre la renta se aplica basándose en la idea siempre presente de que el proletariado/las clases trabajadoras están siendo explotados por la burguesía/la clase adinerada.[40] Este impuesto también va en contra del principio del "desarrollo del capital humano" (que menciona DiLorenzo): la idea de que el aumento de la productividad en una economía capitalista se recompensa con salarios más altos porque "los empresarios competirán por sus servicios".[41] Esto crea un incentivo para que las personas desarrollen sus

---

[37] Marx y Engels, *El Manifiesto Comunista* (1848). P. 22.

[38] DiLorenzo, T., *El problema con el socialismo*, p. 123.

[39] Ibid. P. 124.

[40] Ibid. P. 124.

[41] Ibid. P. 124.

habilidades como empleados, etc.; en resumen, "el capitalismo fomenta la movilidad ascendente".[42] El impuesto progresivo sobre la renta va activamente en contra de esta característica positiva del capitalismo, al penalizar a los que más ganan (ipso facto, es un ataque al capitalismo).

## Un sistema bancario centralizado

> "La banca central es uno de los principales pilares del Manifiesto Comunista. Hablamos de que Estados Unidos es un país capitalista, pero al mismo tiempo tenemos un banco central"[43]
>
> El fallecido productor de cine estadounidense Aaron Russo
> sobre el sistema de la Reserva Federal, 2009

¿Existe un "banco comunista" o es un oxímoron? Aunque el sistema de banca central pueda considerarse capitalista, en realidad tiene su origen en la ideología, algo que se pasa por alto. El punto número cinco del Manifiesto Comunista es "Centralización del crédito en manos del Estado, por medio de un banco nacional con capital estatal y monopolio exclusivo". Esto significa que cuando se estableció la *Reserva Federal* en 1913 (después de la ahora infame reunión en Jekyl Island de los magnates de la banca en 1910), se logró el quinto tablón del Manifiesto Comunista.

DiLorenzo escribió que hasta ese momento había una economía que funcionaba en Estados Unidos, con competencias entre varios bancos: "La Fed, como todos los bancos centrales, es esencialmente una agencia socialista de planificación central que pretende "estabilizar" y "afinar" la economía. No existió tal agencia de planificación central durante gran parte de la historia estadounidense... Hubo cierta regulación de la banca de sucursales... pero en su mayor parte, Estados Unidos disfrutó de un sistema de capital de libre mercado, sin ejército de planificadores centrales".[44]

También destacó la percepción errónea de que la Fed estabiliza la economía, y que en realidad creó los diversos ciclos de auge y caída, incluyendo la "burbuja (y caída) bursátil de 2000 y la burbuja inmobiliaria que explotó en la Gran Recesión de 2008". Sus políticas durante la década de 1920 "generaron una burbuja bursátil seguida del famoso crack de octubre de 1929".[45] La existencia (y el poder) de un banco central en un país conduce a este tipo de problemas.

Al igual que los demás elementos socialistas mencionados en esta sección (sanidad, educación, tierra y gestión de recursos, etc.), los problemas que

---

[42] Ibid. P. 125.

[43] TruthTube1111, "Alex Jones Interviews Aaron Russo (Full Length)", 8 de junio de 2011. https://www.YouTube.com/watch?v=N3NA17CCboA

[44] Ibid. P. 162.

[45] Ibid. P. 163.

causan se deben a la centralización, un control central que crea restricción e inestabilidad dentro del sistema. Hay una falta de libertad dentro de este sistema para que se desarrolle una verdadera prosperidad, resultado de la competencia del libre mercado. Por supuesto, esta socialización de los bancos es internacional, no sólo en Estados Unidos.

Como punto final para este tema: fíjese cómo los problemas enumerados anteriormente, causados por estos sistemas centralizados comunistas, son achacados al capitalismo por los miembros de la secta? ¿Cuántas veces les has oído culpar de las crisis financieras, etc. a su viejo enemigo, mientras claman por "un sistema alternativo"?

Lo exclaman porque creen que el capitalismo lleva en sí las semillas de su propia destrucción, ignorando felizmente que desde que el marxismo apareció en escena en el siglo XIX , rara vez se ha permitido que el capitalismo funcione sin ser molestado por él. Esencialmente, ven lo que esperan -y quieren- ver, pero están ciegos a todo lo demás (incluida la verdad del asunto). Debido al adoctrinamiento, muchos no pueden ver que el capitalismo ha sacado a tantos de la pobreza en la era moderna.

## La destrucción de la Iglesia y la religión

"El socialismo es precisamente la religión que debe arrollar al cristianismo"46

Antonio Gramsci, Cuadernos de la cárcel, 1929-1935

"Los comunistas somos como Judas. Nuestro trabajo sangriento es crucificar a Cristo. Pero este trabajo pecaminoso es al mismo tiempo nuestra vocación: sólo a través de la muerte en la cruz Cristo se convierte en Dios, y esto es necesario para poder salvar al mundo. Nosotros, los comunistas, cargamos con los pecados del mundo para poder salvar al mundo".47

Gyorgy Lukacs en la Hungría comunista de 1919

"El comunismo es esa etapa del desarrollo histórico que hace superfluas todas las religiones existentes y las sustituye"48

Friedrich Engels, La cuestión comunista de la fe, 1847

---

46 *Selecciones de los cuadernos de la cárcel* (1999), (escritos entre 1929 y 1935). https://abahlali.org/files/gramsci.pdf

47 López, D., "La conversión de Georg Lukács". https://www.jacobinmag.com/2019/01/lukacs-hungary-marx-philosophy-consciousness

48 (48) Engels, F., "Borrador de una confesión de fe comunista", 9 de junio de 1847.

https://www.marxists.org/archive/marx/works/1847/06/09.htm

> "La religión es el suspiro de la criatura oprimida, el corazón del mundo sin co-
> razón y el alma de las condiciones sin alma. Es el opio del pueblo".49
>
> Karl Marx, "Crítica de la filosofía del derecho de Hegel", 1844

El marxismo es tan anticristiano como anticapitalista. ¿Por qué? Sí, porque el marxismo quiere destruir la civilización occidental, y el cristianismo (como el capitalismo) ha sido considerado tradicionalmente como uno de sus pilares. Pero, ¿hay otras razones? De hecho, el aspecto antirreligioso de la ideología fue una característica desde el principio.

Moses Kiessel Marx El propio Mordechai Levi (alias Karl Marx) era un tipo inquietante y satanista. Era innegable, amarga y fanáticamente anti-Dios, y escribió varios artículos expresando sus puntos de vista, lo que casi parece extraño ya que descendía de una larga línea de rabinos judíos.

En su poema "Orgullo humano" (anterior a 1837) escribió: "Enseño palabras todas mezcladas en un endiablado embrollo. Así, cualquiera puede pensar lo que quiera. Con desdén lanzaré mi guante de lleno a la cara del mundo, y veré el colapso de este gigante pigmeo cuya caída no sofocará mi ardor. Entonces vagaré divino y victorioso por las ruinas del mundo. Y, dando a mis palabras una fuerza activa, me sentiré igual al Creador".50 Hmm, suena como un tipo demente y amargado con un enorme problema de ego, que se cree un Dios, decidido a arruinar la Tierra... Es interesante que las dos primeras frases sugieran que sus obras son sólo un galimatías manipulador, y que el lector puede elegir su propia interpretación (pensamiento posmodernista; explorado más adelante) y alucinar. Es cierto. Eso resume perfectamente la secta/ideología actual. Así que, después de todo, era un profeta. Además, el título "Orgullo humano" se refiere al ego, principal motor psicológico de la secta.

Extracto de otro poema suyo titulado "El violinista" (anterior a 1837): "Hasta que el corazón está embrujado, hasta que los sentidos se tambalean: Con Satanás he hecho mi trato. Él marca las señales, marca el tiempo para mí, yo toco la marcha de la muerte rápido y libre".51 Un pacto con Satanás, ¿eh? Yo diría que es genial tomarse una cerveza con él. Hay muchos ejemplos de este tipo de escritos. Tengamos en cuenta que este tipo es mundialmente conocido en muchos círculos, considerado una especie de genio, y el dios (ejem) padre de la sociología, etc. ¿Así que ahora adoramos a los satanistas? Al parecer,

---

[49] Marx, K. "Crítica de la filosofía del derecho de Hegel", 1844.
https://www.marxists.org/archive/marx/works/download/Marx_Critique_of_Hegels_P hilosophy_of_Right.pdf

[50] Marx, K. "Orgullo humano" (primeras obras de KarlMarx libro de versos, anterior a 1837).

[51] Marx. K. *Canciones salvajes", "El violinista"*, (primeras obras de Karl Marx: libro de versos, anterior a 1837).

Moses Hess fue el responsable de introducir a Marx y Engels en el satanismo.

Es interesante señalar que, a juzgar por los escritos de Marx, no era ateo (como la secta/ideología se anuncia a sí misma) - claramente creía en Dios, pero lo odiaba, eligiendo ponerse del lado de Satanás. Que alguien crea o no en Dios o en el Diablo es irrelevante aquí, si la ideología/secta tiene orígenes satánicos y destructivos (y los tiene), esto nos concierne a todos. Conoce a tu enemigo humano.

Con el tiempo, Marx se centraría en el aspecto económico y sociológico de las cosas, y su obra se centró ostensiblemente en el trabajo, la lucha de clases, etc. Además, Marx era un admirador de Charles Darwin (1809-1882), que publicó *El origen de las especies por medio de la selección natural* en 1859 (11 años después del Manifiesto comunista). A Marx le gustaba la teoría de Darwin porque negaba que hubiera una creación (otro desafío a Dios). Legitimaba un enfoque "científico" y el ateísmo en un libro popular. Quizás el marxismo y el darwinismo fueron los factores que más contribuyeron al ateísmo en esta época. En correspondencia con el socialista alemán Ferdinand Lasalle, Marx escribió que la obra de Darwin "es muy importante y se ajusta a mi propósito en el sentido de que proporciona una base en la ciencia natural para la lucha histórica de clases".[52] Por supuesto, la teoría de la evolución de Darwin es "científica" en el sentido en que lo es la ideología: teórica, basada en suposiciones y que no refleja la realidad, pero también ampliamente aceptada por el establishment intelectual como legítima y brillante.

Este es un tema extenso, pero el punto principal es que el marxismo es exteriormente antirreligioso (en cierto sentido), y específicamente anticristiano. En general, la ideología también es hostil hacia otros tipos de creencias espirituales (a menos que le resulte ventajoso actuar de otro modo). Ejemplos modernos son el trato que China da a los budistas del Tíbet, a Falun Gong y a los musulmanes uigures de Xinjiang.[53]

La ideología tiene una larga historia de no mera crítica o condena de las prácticas religiosas o espirituales, sino un nivel casi increíble de vileza, que resulta en todo, desde el asalto a la tortura a la mutilación a la violación viciosa a la liquidación en masa de los practicantes. Esta violencia anticristiana extrema ha sido una característica de todas las grandes revoluciones marxistas desde la Revolución Francesa. Las nociones de "diversidad" e "igualdad" de la secta, por lo general, no se aplican cuando se trata del cristianismo.

Sin embargo, a pesar de lo anterior, ciertas interpretaciones de la espiritualidad parecen encajar perfectamente con la ideología. Por ejemplo, cualquier tipo de

---

[52] Marx y Engels, *Correspondencia selecta 1846-1895* (1975), Vol. 41: 246-47.

[53] Cook, S. "Falun Gong: Libertad religiosa en China", 2017.

https://freedomhouse.org/report/2017/battle-china-spirit-falun-gong-religious-freedom

prácticas espirituales que giren en torno a falsas interpretaciones del "amor" y la "compasión", todo el concepto de "todos somos uno" (unidad, solidaridad, igualdad), o hacer del hedonismo o la felicidad el centro de tu existencia; cualquier cosa que tenga que ver más con ser emocional que básicamente racional. Esta ideología se complementa perfectamente con falsas alternativas a la espiritualidad o la religiosidad auténticas y benévolas. El movimiento New Age contiene muchos ejemplos de estas alternativas falsas, o pseudo-espiritualidad esencialmente.

Hay que decir aquí que este autor no es cristiano ni está afiliado a ninguna religión, pero es el perfecto aliado no cristiano de los cristianos. Esto se afirma para que el lector no asuma que la postura protectora del autor hacia el cristianismo proviene de prejuicios personales. No, mi razonamiento es mucho más lúcido y estratégico que eso. Adopto una postura protectora porque a todos nos interesa hacerlo, tanto si eres cristiano o religioso como si no; o tanto si te consideras o no una persona espiritual de cualquier tipo. Si no eres cristiano, debes entender y seguir mi ejemplo, y los cristianos también deben entenderlo. Esto permite una poderosa alianza.

Aquellos de nosotros que nos oponemos a la ideología (y al internacionalismo/'globalismo', al gobierno de un solo mundo, etc.) deberíamos resistir el ataque al cristianismo en todo el mundo, seamos cristianos o no. Deberíamos hacerlo porque forma parte de la agenda marxiana para lograr el dominio global. Si nos burlamos abiertamente del cristianismo o de los cristianos, nos estamos comportando como la secta/ideología quiere que nos comportemos. Del mismo modo, si nos mantenemos al margen y permitimos que la secta elimine sistemáticamente el cristianismo de nuestros países/culturas, somos cómplices de esta sub-agenda particular. Las razones se harán evidentes a medida que avancemos. Debes dejar de lado cualquier prejuicio personal para hacer lo correcto.

**Específicamente anticristiano**

La ideología/secta es específicamente anticristiana. Atacará al cristianismo y a los cristianos en cada oportunidad, como siempre lo ha hecho, utilizando diversos métodos. Aunque históricamente hubo una flagrante matanza marxista de este grupo religioso, hoy en día no hay asesinatos descarados en los países occidentales; sin embargo, la mentalidad anticristiana es evidente. La influencia del cristianismo está cada vez más marginada y suprimida.

La secta (en general) afirma ser atea, y que la religión es mala para la humanidad, etc., lo que parece explicar su postura ante el cristianismo; sin embargo, no tratan a las demás religiones de la misma manera. De hecho, la secta no sólo no ataca al judaísmo/judíos ni al islam/musulmanes, sino que te criticarán por hacerlo y soltarán sus temidos insultos, como "antisemita" e "islamófobo". Esencialmente, esto significa que atacar al cristianismo/cristianos está bien, pero atacar a otros grupos religiosos no está permitido.

¿No le parece extraño? ¿No es una flagrante doble moral? Hasta un novato se daría cuenta rápidamente. Todo lo que tenemos que hacer es prestar atención a la cultura pop marxista durante cinco minutos para verlo en acción, incluso en los medios anticristianos producidos por la secta, a través de la industria del "entretenimiento". Ahora se ha abierto la veda contra el cristianismo, pero de nuevo, no se permite el mismo tratamiento para otras denominaciones.

## Comparación entre el cristianismo y el islam

Además, para justificar su postura anticristiana, sacan a relucir constantemente ejemplos de comportamientos malvados inspirados por el cristianismo (por ejemplo, la Inquisición o las Cruzadas), pero no dicen nada de la sangrienta historia (a veces imperial) de la yihad islámica. Se podría argumentar que simplemente no son conscientes de la violenta historia del Islam, pero si son conscientes de las Cruzadas -un conflicto relacionado principalmente entre cristianos y musulmanes- realmente no hay excusa.

Además, probablemente culparían de cualquier sentimiento de yihad islámica al "imperialismo" de EE.UU./OTAN (¡he visto a algunos miembros de sectas hacer estupideces como ésta!), ¡aunque la yihad ya existía mucho antes de que Cristóbal Colón "descubriera" las Américas en 1492! Mahoma murió alrededor del año 632 d.C., y la Yihad estaba en pleno apogeo durante su vida. La Declaración de Independencia de Estados Unidos data de 1776. No estamos criticando al Islam ni a los musulmanes, sólo poniendo de relieve la doble moral.

Cuando se trata del cristianismo, la secta resaltará cualquier punto débil/negativo percibido, como la pedofilia/violación de menores, el crimen y la corrupción, que es opresivo, y que ha sido responsable de tantas guerras, ejecuciones, matanzas, etc. Aunque podríamos decir esas cosas del Islam en igual medida, esto no se pone de relieve. La historia del islam -en la época de su profeta Mahoma- es la historia de la conquista, la conversión forzosa y la matanza de los kafir ("infieles" o "no creyentes" no musulmanes).

Además, la tortura, la mutilación, el asesinato, el extremismo y el terrorismo cristianos no existen en el mundo actual, pero no podemos decir lo mismo del Islam. Esto también se ignora convenientemente, mientras que la secta trata de minimizar o encubrir los incidentes de extremismo islámico en los países occidentales. No es más que el típico doble rasero de la secta. También es traicionero, ya que básicamente se ponen del lado de los que no son de su misma nacionalidad o raza, utilizándolos para progresar.

### ¿Las creencias cristianas son tontas, pero las musulmanas o judías no?

A la chusma marxista le encanta burlarse del cristianismo y de los cristianos, con sus rezos y rituales, y su creencia en Dios o su adulación a Jesucristo, afirmando que se trata de tonterías supersticiosas; pero si algunos musulmanes realizan la Salah (oración) o hablan del Corán o de Alá, de repente, "¡oh, es tan maravilloso, es tan diverso! Quiero decir, no comparto sus creencias, pero las respeto", etc., etc., bla, bla; más "lameculos" (como decimos en Irlanda).

Lo mismo ocurre con la otra religión abrahámica, el judaísmo. Si uno sugiere públicamente que el pueblo "elegido" no es, de hecho, especial o merecedor de un trato especial, o afirma que el Brit Milah (circuncisión de los bebés varones) es una barbaridad, se le tacha de "antisemita". La secta no trata a todas las religiones por igual, y considera al cristianismo -y a la Iglesia Católica Romana en particular- el enemigo.

La secta se hará la "atea" y dirá que Irlanda es ahora mucho más progresista tras la separación de la Iglesia y el Estado, pero no tendrá ningún problema cuando los musulmanes empiecen inevitablemente a dominar los asuntos políticos, y den prioridad al islam y a los musulmanes o no musulmanes en los países occidentales.

Obviamente, el culto apoya la islamización de Occidente, especialmente en Europa. Esto en sí mismo podría interpretarse como un ataque al cristianismo, ya que el islam empezará inevitablemente a dominar el panorama religioso (gracias al rápido aumento de la población). Es cierto que esto no parece contradecir la idea de que su ideología es atea: están programados para apoyar a los musulmanes (según ellos) por razones humanitarias (igualdad, diversidad, compasión, etc.).

La programación de la ideología es la fuerza motriz aquí. Sería interesante interrogar a algunos miembros de la secta sobre si respetan o no las creencias religiosas de un musulmán más que las de un cristiano (especialmente los católicos). En caso negativo, ¿por qué no? Por supuesto, gracias al adoctrinamiento y a la cultura "PC" creada por la podredumbre marxista, si planteas estas cuestiones, eres un "islamófobo". Es cierto que estos miembros ignorantes de la secta no tienen realmente ningún conocimiento y sólo son conscientes de la historia desde una perspectiva pro-marxista; pero aún así, cosas como éstas son dobles raseros más obvios; otra bandera roja (comunista). El sesgo anticristiano es evidente.

### La pedofilia como arma propagandística

Otro ejemplo del doble rasero es la cuestión de la pedofilia. En los ataques de la secta contra la Iglesia católica y el Vaticano, el tema de la pedofilia se destaca una y otra vez. Esto permite a la propaganda equiparar cristianismo/cristianos con pedofilia. Si vamos a equiparar la pedofilia con el cristianismo basándonos en los casos de pedofilia que afectan a la Iglesia católica, entonces también deberíamos equipararla con el judaísmo y el islam, ya que ha habido muchos casos que afectan a esos grupos religiosos, en el pasado y en el presente.

Una vez más, a la ideología no le importan las personas, incluidos los niños, sólo le importa perpetuarse. Así que, en este caso, la fingida preocupación por el bienestar de los niños se utiliza para lograr uno de los objetivos de la ideología/secta (la destrucción del cristianismo).

## Por qué necesita destruir el cristianismo

La razón más importante por la que la ideología ataca al cristianismo (sin profundizar demasiado ni entrar en esoterismos por ahora), es porque se trata de un adversario ideológico, con un conjunto de creencias bien arraigado. La propagación mundial de la infección siempre se ha visto obstaculizada en cierta medida por la presencia de este sistema de creencias.

En general, el cristianismo genuino -el catolicismo en particular- se ha opuesto a muchas de las cosas degeneradas y destructoras de la civilización que promueve la ideología/culto, al tiempo que ha estado a favor de las cosas sanas y constructoras de la civilización a las que se opone la ideología/culto (enumeradas más adelante). Esencialmente, el cristianismo y el marxismo tienen una relación antagónica y no pueden coexistir.

## Por qué ataca al catolicismo

El catolicismo romano y el Vaticano han sido tradicionalmente un objetivo prioritario de la secta/ideología. El cristianismo es la religión más popular del mundo, con un 30% de la población mundial, es decir, 2.360 millones de personas (la población mundial total en el momento de redactar este informe es de 7.880 millones de personas).[54]

Aunque existen muchas denominaciones del cristianismo, la inmensa mayoría son católicos, con aproximadamente 1.300 millones de fieles.[55] Esto convierte a la Iglesia Católica, con sede en el Vaticano, en la organización cristiana más grande, influyente y poderosa del planeta. Aunque la Iglesia y el propio Vaticano se han desvirtuado de muchas maneras, por diversas razones (un amplio tema de investigación y debate tratado por otros autores), el cristianismo sigue siendo muy influyente, conservando adeptos en América, Europa, África subsahariana, Rusia y Australasia.

Esta arraigada presencia mundial del cristianismo plantea un importante problema estratégico para el marxismo, simplemente por el número de adeptos de que se trata (y, por tanto, por su influencia mundial). A título ilustrativo, la población de cristianos en el mundo, con 2.300 millones, es superior a la población de China. Incluso si suponemos que cada persona de ese país de aproximadamente 1.400 millones tiene el cerebro totalmente lavado por la

---

[54] Hackett y McClenon. "Christians remain world's largest religious group, but they are declining in Europe", 5 de abril de 2017. https://www.pewresearch.org/fact-tank/2017/04/05/christians-remain-worlds-largest-religious-group-but-they-are-declining-in-europe/

[55] https://en.wikipedia.org/wiki/List_of_religious_populations

ideología (lo que no es cierto), podemos ver que el cristianismo representa un problema.

Aunque los cristianos están repartidos por todo el mundo, también lo están los miembros de sectas marxistas (sean o no chinos). En cierto sentido, se trata de una guerra religiosa global, con el equipo Dios/Yahweh/Alá en un bando y el equipo Lucifer/Satán en el otro. Hablando de cifras, uno sólo puede especular cuántas personas hay en el mundo que puedan clasificarse como miembros de sectas marxistas...

## El cristianismo/religiosidad se opone a la ideología

Ahora podemos entrar en más detalles sobre cómo el cristianismo (y otras religiones en general) se opone a la ideología. Tradicionalmente, el cristianismo está a favor de cosas como el matrimonio (y, por tanto, de la unidad familiar tradicional), pero también está en contra de la anticoncepción, el aborto, el matrimonio homosexual, etcétera. Todas estas posturas son positivas en cualquier sociedad, ya que ayudan a fomentar una cultura en la que hombres y mujeres se unen y mantienen relaciones monógamas y significativas para tener hijos. Es bueno para la integridad de las naciones, los pueblos y las culturas, por no hablar de la satisfacción vital a largo plazo de las personas.

La ideología, por supuesto, ha estado promoviendo lo contrario de esas cosas a través de sus diversas subagendas, incluyendo el feminismo y la "liberación" de la mujer (que a su vez ha asegurado una gran aceptación de la anticoncepción y el aborto), y el movimiento LGBTQ que trata de impulsar la idea de que las relaciones no heterosexuales son iguales a las heterosexuales (que obviamente no lo son en un contexto de crianza); además de otras subagendas, como incluso difuminar las líneas entre "masculino" y "femenino" por completo (!).

Así que, básicamente, la influencia religiosa promueve tasas de natalidad más altas y fomenta la madurez personal y el deber (alentando las relaciones monógamas, con hijos y el matrimonio); mientras que el marxismo promueve todo lo demás menos eso. Incluso en este ámbito -que implica tasas de natalidad y entornos familiares estables- está claro que no hay competencia entre el cristianismo y el marxismo en lo que se refiere a cuál de los dos es malo para la civilización.

En otro nivel, podemos ver cómo la secta/ideología se opone a Dios/el creador/naturaleza en general, con sus diversas subagendas. El veganismo contradice la idea de que Dios/el creador nos dio dominio sobre otras formas de vida, y que es más que aceptable que utilicemos animales para fines agrícolas, ya que para eso están aquí.

Obviamente, apoyar el aborto y la anticoncepción es lo más contrario a la vida/creación que se puede ser: impide directamente que se cree vida humana como parte del "plan de Dios". (Por cierto, ambos son también actos simbólicos en el sentido de que ponen la gratificación personal y el ego de alguien por encima de la "voluntad" de Dios (lo que es mejor para la humanidad), lo cual es una forma de satanismo, la religión del ego, de la adoración de uno mismo).

Y luego está el hecho de que la religión y la espiritualidad pueden fomentar el pensamiento no materialista. Por supuesto, dado que el marxismo se basa en el materialismo sin alma, los aspectos espirituales del cristianismo también plantean problemas para la ideología; incluida la creencia de que la moral/ética no son algo que podamos inventarnos como seres humanos, sino que son un componente incorporado de la vida, de la creación.

Además, la idea de que la humanidad es el resultado de una creación, y no sólo un accidente materialista ateo "científico" (también conocido como evolución, entropía, etc.), es otra cosa en conflicto con el dogma marxiano. La idea de que algo divino (si somos receptivos a ello) puede guiar nuestras vidas y nuestras acciones es otro problema para la ideología.

Por último, muchas religiones (incluida la cristiana) han sugerido tradicionalmente que lo que hacemos en nuestras vidas aquí en la Tierra -utilizando nuestro propio libre albedrío- importa y que seremos juzgados después; también, que estamos siendo observados por el creador. Naturalmente, esto insinúa que existe una norma universal y objetiva de moralidad a la que la persona debe ajustarse de algún modo.

Obsérvese cómo ésta era una creencia muy extendida en todo el mundo antes de que surgiera el marxismo, particularmente en Occidente, y tales sentimientos obviamente desaparecen en las sociedades que se vuelven "ateas" gracias a la infección ideológica. Obviamente, al estar "libre" de la preocupación de este juicio, un humano puede elegir un camino de degeneración, o convertirse en un traidor a la humanidad de una forma u otra. Los miembros de las sectas, voluntaria o involuntariamente, a menudo encajan en esta categoría por defecto. El marxismo, por así decirlo, elimina el incentivo de ser una buena persona según las normas morales tradicionales, que forman parte del "plan de Dios".

### El cristianismo contiene normas morales

Ésta es crucial. Como ya se ha dicho, la ideología distorsiona la percepción de la gente sobre muchas cosas, incluida la percepción del bien y el mal objetivos, universales y reales (también conocidos como "el bien y el mal"). Observando el comportamiento psicótico e inmoral de la secta en todo el mundo, podemos ver los efectos de esta distorsión. La ideología viene con un conjunto preempaquetado de creencias poco éticas, contenidas en el adoctrinamiento. No hace falta decir que contradicen el conjunto de creencias que proporciona el cristianismo. (Y antes de continuar, por supuesto que una persona puede tener conciencia sin ser cristiana/religiosa, espiritual, etc., pero ese no es el tema aquí).

La religión suele venir acompañada de ciertas interpretaciones del bien y del mal, ciertas normas y reglas sobre cómo comportarse. El marxismo necesita imponerte sus propias reglas de comportamiento (incluyendo cómo piensas, hablas, sientes, en qué debes creer, etc.), por lo tanto, necesita eliminar cualquier ideología competidora que esté intentando hacer el mismo trabajo. Una persona sólo puede tener un sistema de creencias que dirija sus pensamientos, palabras, acciones y creencias a la vez. Podemos comparar esto con cambiar un sistema operativo (SO) por otro en un sistema informático (por ejemplo, Windows o Mac por Linux, o viceversa).

Entonces, ¿creen los miembros de una secta en la moralidad/ética, en la idea del "bien" y el "mal"? He visto/escuchado a miembros de sectas burlarse del cristianismo/cristianos sobre el tema de la moralidad objetiva. La interpretación cristiana general es que existe un sistema objetivo, universal, dado por Dios, que forma parte de la propia creación; una noción que los miembros de la secta consideran ridícula e "irracional". Otros miembros de la secta simplemente parecen no creer en la idea de una moral objetiva, dejando a un lado el cristianismo.

Sin embargo, el fanatismo y el activismo de la secta se basan en su creencia de que conocen la diferencia entre el bien y el mal. No sólo eso, sino que incluso se creen con derecho a imponerlo a la sociedad. Esto es contradictorio en el sentido de que ¿quién debe saber lo que está bien y lo que está mal? ¿Según quién? ¿Bajo la autoridad de quién? ¿Otros miembros de la secta? ¿Los "expertos" marxistas? ¿Quizás su punto de referencia es que se está cometiendo un error cuando alguien grita "opresión"?

## El ateísmo y la agenda antiblancos

Curiosamente, una de las muchas subagendas que apoya el marxismo es la subagenda racista contra los blancos. De hecho, muchas de las otras subagendas de la ideología apoyan ésta: el feminismo, el aborto, el multiculturalismo/programación de la diversidad, etc., todos ayudan a reducir las tasas de natalidad principalmente en los países occidentales; ellos mismos principalmente caucásicos (estamos viendo la inmigración masiva y el multiculturalismo con más detalle en otra parte).

Antes de que apareciera el marxismo, la mayoría de las poblaciones blancas de todo el mundo eran cristianas de algún tipo. Desde que el marxismo entró en escena y empezó a tener un impacto cultural significativo (durante el siglo XX), se ha producido un aumento masivo del ateísmo entre estas poblaciones. Este ateísmo ha sido un factor importante en el dominio de la ideología, que a su vez ha llevado a las muchas consecuencias destructivas y destructoras de la civilización/raza que estamos experimentando hoy en día en los países occidentales (predominantemente blancos, cristianos). Esto no es una coincidencia.

Sabiendo cómo funciona la ideología, sería una tontería que permitiera que esta ideología opuesta del cristianismo existiera y tuviera que competir con ella por la influencia sobre las masas. Es mucho más eficiente tácticamente eliminar su influencia de la ecuación por completo. Y eso es precisamente lo que ha estado haciendo. Desafortunadamente, debido a la falta de comprensión/conciencia, millones y millones de personas en el mundo (miembros de sectas o no) han estado ayudando a la ideología en esta eliminación durante sus vidas, dando así poder a la secta/ideología y precipitando su propia destrucción.

## Ser asesinos de cristianos

"Los principales bolcheviques que tomaron Rusia no eran rusos. Odiaban a los rusos. Odiaban a los cristianos. Impulsados por el odio étnico, torturaron y masacraron a millones de rusos sin una pizca de remordimiento humano. No se puede exagerar. El bolchevismo cometió la mayor matanza humana de todos los tiempos. El hecho de que la mayor parte del mundo sea ignorante e indiferente ante este enorme crimen es prueba de que los medios de comunicación mundiales están en manos de los perpetradores"

Aleksandr Solzhenitsyn, *Archipiélago Gulag,* 1973[56]

¿No es extraño que siempre parezcan atacar directamente al cristianismo? Si se supone que estas revoluciones pretenden mejorar la sociedad, hacerla más igualitaria, etc., ¿por qué tienen como prioridad matar a los cristianos? Es una gran bandera roja comunista cuando observamos este aspecto de las revoluciones marxistas. Podemos ver que no se trata sólo de economía o política: hay un elemento religioso/antirreligioso en su agenda.

Desde la época de la Revolución Francesa, los revolucionarios siempre han atacado violentamente a los cristianos para genocidarlos por todos los medios disponibles (al clero y a la población cristiana en general). Además de ser un adversario ideológico del marxismo, el cristianismo ha sido a veces un adversario físico y militar. Dado que los marxistas siempre estaban dispuestos a liquidar a los cristianos en cualquier oportunidad, era prudente que contraatacaran físicamente cuando era posible, o que al menos se pusieran del lado de un aliado protector: las fotos de la Guerra Civil española, por ejemplo, muestran a hombres de la secta armados luchando con los nacionalistas españoles contra la secta internacional. En otras ocasiones, los miembros de la secta han instigado a la violencia atacando a la Iglesia a través de la política, fomentando la separación de Iglesia y Estado: en México, durante las décadas de 1920 y 1930, las acciones del Presidente Calles (miembro de la secta) desembocaron en la *Guerra Cristera* (1926-1929).[57]

Otros ejemplos de ataques de la secta al cristianismo: una característica bien conocida de la Revolución Francesa fue el despiadado ataque no sólo a la

---

[56] Solzhenitsyn, A. *El archipiélago Gulag* (1973).

[57] https://www.britannica.com/biography/Plutarco-Elias-Calles

propiedad privada perteneciente a la iglesia, sino la matanza del clero;[58] poco después de que los bolcheviques tomaran el poder en Rusia, estalló una guerra civil, con el Ejército Rojo de Trotsky por un lado y el Ejército Blanco Cristiano por otro. La persecución y el asesinato de cristianos por parte de los bolcheviques fue habitual; [59] durante la Guerra Civil española, la Iglesia católica y las fuerzas nacionalistas de Francisco Franco lucharon contra las fuerzas marxistas nacionales e internacionales;[60] en la Ucrania soviética, entre 1932 y 1933, millones de cristianos murieron de hambre a manos del régimen de Joseph Stalin en el *Holodomor* (mencionado anteriormente). Hay innumerables ejemplos más.

Se trata tanto de un enfrentamiento entre el "ateísmo" y el cristianismo como de cualquier otra cosa, y la secta ha estado intentando erradicar el cristianismo y a los cristianos. Y no estamos hablando simplemente de opresión o ejecución: estamos hablando de torturas y mutilaciones terriblemente inhumanas, con un elemento casi satánico (es decir, abominaciones sangrientas y antinaturales).

La obra de Richard Wurmbrand (1909-2001) detalla este tipo de cosas. Sacerdote luterano y crítico del culto, Wurmbrand fue encarcelado durante 14 años en la Rumanía comunista posterior a la Segunda Guerra Mundial.

Es autor de varios artículos, entre ellos *Marx y Satán* (1976), que documenta crímenes brutales cometidos contra cristianos por miembros de sectas, incluido un caso de "crucifixión".[61] Aquí se pone de manifiesto una enorme dosis de odio. ¿Por qué? Los miembros más fanáticos de la secta insistirán en que este genocidio mejora las cosas, que forma parte del maravilloso efecto de "limpieza" de la revolución marxista. También repetirán la noción de que el cristianismo es una ideología intrínsecamente asesina, así que lo que va, vuelve, en cierto sentido. Ojo por ojo, ¿no?

### El marxismo como cuasi-religión

La ironía de la actitud de la secta hacia los adeptos religiosos se les escapa. Se burlan de las personas religiosas, considerándolas irracionales, que sus creencias no están respaldadas por la ciencia, la verdad o la realidad. Pero según estos criterios, su ideología también es un sistema de creencias casi religioso irracional.

Las ideas de la secta -sobre todo, desde la dinámica social a la economía, pasando por la biología, la ciencia o la propia revolución- son tan poco científicas y alejadas de la realidad como acusan de serlo a las creencias

---

[58] https://www.britannica.com/event/French-Revolution

[59] https://www.britannica.com/event/Russian-Civil-War

[60] https://www.britannica.com/event/Spanish-Civil-War

[61] Wurmbrand, R. "La hora del tiempo/Marx y Satán" (1976).

religiosas tradicionales. Acusarán a los adeptos religiosos de pensar que tienen la verdad, pero los miembros de las sectas son iguales. Creen que tienen un sistema de creencias superior que les hace éticamente superiores a los demás (lo admitan abiertamente o no), que es exactamente de lo que acusan a los adeptos religiosos (especialmente a los cristianos).

También se burlan de cómo estos adeptos pueden respetar o incluso seguir ciegamente a sus respectivos sacerdotes, pastores, etc., afirmando que esto se debe a que están cegados por su autoridad. Mientras tanto, su ideología también tiene su clase sacerdotal: los innumerables miembros de la secta en todo el mundo que se hacen pasar por maestros/profesores en escuelas, colegios y universidades, por ejemplo. Es su posición como figuras de autoridad -hablando en aulas llenas de mentes jóvenes, vulnerables e ingenuas- lo que conduce al fanatismo de fe ciega de la secta.

Otros -amigos, compañeros, familiares- pueden ser quienes les "inicien" en la secta, si existe esa autoridad, siempre que crean ciegamente lo que les dicen. Estas personas influyentes pueden incluso ser consideradas como seres humanos maravillosos por este nuevo miembro, ¡aunque esencialmente les hayan infectado con la ideología (y por lo tanto les hayan arruinado potencialmente la vida)! Imagínate admirar a alguien que te ha arruinado la vida mientras no eres consciente de este hecho...

### Profetas y mártires

La secta se burla de la adoración de ídolos religiosos, perpleja ante la pregunta de por qué alguien veneraría a una persona muerta que dijo o hizo algunas cosas. Es obviamente estúpido venerar a alguien como Jesucristo, ¿verdad? Sin embargo, en todos los regímenes comunistas de la historia, podemos ver la veneración de los profetas comunistas Marx, Lenin, Mao, etc. Incluso Leon Trotsky (Lev Bronstein) ha sido venerado por el subculto trotskista. Venerar a un Jesús (que no era un matón asesino que creó muerte masiva a su alrededor) es triste y retrógrado, pero ¿venerar a un psicópata asesino como Bronstein no lo es? Hemos visto el culto al Che Guevera -el Jesús marxista- cuyo rostro ha adornado un millón de camisetas baratas y paredes cubiertas de graffiti (otro fanático asesino).

A la secta también le encanta venerar a otros "revolucionarios" muertos hace tiempo como Rosa Luxemburgo y Antonio Gramsci, o incluso a intelectuales influyentes y de moda como Noam Chomsky, Herbert Marcuse o Christopher Hitchens (1949-2011). Incluso hoy en día, vemos la adoración de ídolos por parte de fanáticos miembros de la secta, como el primer ministro chino Xi Jinping y el "líder" norcoreano Kim Jong Un. A la secta le encanta adorar a sus propios ídolos, y siempre ha sido así.

### Quiere ser una religión

La secta se burla de los cristianos por querer creer en algo más grande (un poder superior, etc.) y estar unidos a otros cristianos, pero ellos mismos tienen creencias "religiosas" y también quieren formar parte de algo más grande. Si la palabra "religión" viene del latín "religare" o "religio", que significa "atar" o "unión" (¡solidaridad!), entonces los propios miembros de la secta están en una unión y quieren que el mundo se una a esta unión, unidos ("¡Una raza, raza humana!"; uno de sus eslóganes de protesta).

¿Será porque (muchos) seres humanos quieren pertenecer a algo más grande? Quieren sentirse conectados a otros que quieren sentir lo mismo. No veo ningún problema en ello. Si el único efecto es benévolo, ¿por qué no? Es interesante que la ideología también permita este tipo de religiosidad/conexión, excepto que no se trata de un poder superior o de la divinidad, sino de creer en una "utopía" igualitaria, de un solo mundo, y de estar conectado con otros que creen lo mismo. Se trata de estar unidos en esta creencia de un mundo mejor y más ético (desde un punto de vista marxiano). Obviamente, las interpretaciones marxianas de estas ideas no son bellas; son feas y equivocadas (¡y peligrosas!).

### Diez tablones y diez mandamientos

Curiosamente, la ideología tiene su versión de los Diez Mandamientos, los diez puntos del Manifiesto Comunista. Además, la ideología/secta también actúa abiertamente desafiando estos mandamientos, que son: No tendrás dioses ajenos delante de mí; no harás ídolos; no tomarás el nombre del Señor tu Dios en vano; santifica el sábado; honra a tu padre y a tu madre; no matarás; no cometerás adulterio; no robarás; no levantarás falso testimonio contra tu prójimo; no codiciarás.[62]

Desafiando a éstos, la ideología/secta fomenta ostensiblemente el ateísmo, pero promueve lo que podemos llamar satanismo o luciferianismo (anti-Dios/anti-creador/anti-naturaleza, y el yo/ego); fomenta la adoración de ídolos (incluyendo ídolos marxistas); tiene una historia de citar abiertamente la religión como un mal mayor; siempre ha tratado de separar a los niños de sus padres y anima a los niños a desafiarlos; en cuanto a ideologías, es la mayor asesina de todos los tiempos libra por libra; ha intentado destruir el matrimonio, la monogamia y las relaciones normales; fomenta el robo en muchas formas en nombre de la "justicia social" y la "igualdad"; anima a la gente a delatarse unos a otros mediante la calumnia y el engaño (especialmente si cuestionan la ideología), y convierte a la gente en traidores contra la raza humana; fomenta la codicia, la envidia y los celos, especialmente de cualquier cosa o persona con éxito, rica, etc.

Una vez más, esto muestra la táctica malvada y satánica de la inversión: pone las cosas al revés, desafiando lo que es bueno.

---

[62] "Lista de los Diez Mandamientos". https://www.bibleinfo.com/en/topics/ten-commandments-list

## Hipocresía y pedofilia

Dado que el marxismo necesita destruir la religión, y el cristianismo en particular, ha tratado de explotar cualquier debilidad (percibida o no) para lograr su objetivo. Este es el modus operandi típico de la ideología en términos tácticos. Cuando se trata de la Iglesia Católica en particular, un tema que la ideología utiliza en su beneficio es la pedofilia. Se utiliza de manera similar a como la subagenda feminista utiliza el tema de la violación y lo amplifica, para hacer parecer que todos los hombres son violadores/potenciales violadores, o que es un acto que ocurre con más frecuencia de lo que es en realidad. En una palabra: propaganda. Si nos fijamos en el número de hombres que hay en el mundo, es evidente que una cantidad insignificante de ellos ha cometido violaciones. Es el caso de los sacerdotes que han practicado la pedofilia a lo largo de la historia del cristianismo. Ya que estamos analizando las tácticas marxianas, ¿qué mejor manera de atacar a tu enemigo que hacerlo ver como repugnante, malvado, dispuesto a abusar de los niños, etc.?

El tema de la pedofilia eclesiástica está vinculado al de la infiltración de la secta en la Iglesia católica, tratado por otros autores. Además, la masonería está vinculada al marxismo, y aunque ese tema está fuera del alcance de este libro, se puede afirmar aquí que el "Dios" de ambos es Lucifer. La infiltración masónica en la Iglesia se esboza en varias obras, entre ellas *La instrucción permanente de la Alta Vendita* (John Vennari, 1999) y *La masonería y el Vaticano: una lucha por el reconocimiento* (Leon De Poncins, 2000). Se trataba de una agenda para inyectar en la Iglesia ideas y prácticas "liberales", degenerativas y anticristianas. Los católicos serán conscientes de los extraños cambios de dirección y alejamientos de las prácticas tradicionales de la Iglesia, como el Concilio Vaticano II (1962-1965). Parece haber una clara correlación entre esta infiltración y la cuestión de la pedofilia.

Dejando eso a un lado por un momento, incluso si fuera cierto que la pedofilia es una piedra angular de la religión organizada, es hipócrita por parte de la secta destacar esto, ¡como si se opusieran a la degeneración sexual! No hay más que ver la influencia que están teniendo en la sociedad actual con respecto al sexo, la sexualidad y las relaciones, incluyendo la promoción/normalización de: la homosexualidad (para los heterosexuales); el poliamor (tener más de una pareja); la promiscuidad (especialmente en las mujeres); el género "no binario" (que en sí mismo equivale al abuso infantil a través de la automutilación), etc. Todas estas cosas, aunque han logrado ciertos objetivos en sí mismas, también han sido escalones "progresivos" hacia cosas más siniestras. La secta/ideología ahora va a promover y apoyar activamente la pedofilia, al tiempo que defiende a los pedófilos y tacha a los que se oponen a la agenda de "homófobos" o "poco compasivos" u otras tonterías extrañas e irracionales. Resulta revelador que Pat Corcoran, ex funcionario y fundador de Antifa en Irlanda, fuera sorprendido en 2009 con miles de imágenes de pornografía infantil. Compareció ante el tribunal, pero no ingresó en prisión.[63]

Como ya se ha dicho, la secta/ideología no está poniendo de relieve ningún problema (percibido o no) con la pedofilia en la Iglesia Católica debido a la "compasión" por los niños. Se hace porque ayudará a destruir la Iglesia, destruyendo su imagen pública. Es sólo su método probado y fiable de hipócrita señal de virtud para lograr ciertos objetivos tácticos. Han decidido aferrarse a (y destacar constantemente) la cosa más controvertida y repugnante que el público en general atribuye a la Iglesia Católica en sus mentes: la pedofilia. Luego, los miembros de la secta lo repiten constantemente, hasta que finalmente, a través del condicionamiento, es lo primero que uno piensa cuando alguien dice "Iglesia Católica" (como lo que acaba de ocurrir en este momento cuando algunos lectores leen esas dos palabras).

## La destrucción de la cultura y la identidad nacional

"La cultura revolucionaria es una poderosa arma revolucionaria para las amplias masas populares. Prepara ideológicamente el terreno antes de que llegue la revolución y es un frente de lucha importante, de hecho esencial, en el frente revolucionario general durante la revolución"[64]

Mao Zedong, "Sobre la nueva democracia", Obras Escogidas, Vol. II, (1940)

"Todos los registros han sido destruidos o falsificados, todos los libros se han reescrito, todos los cuadros se han pintado de nuevo, todas las estatuas y edificios han cambiado de nombre, todas las fechas se han alterado. Y el proceso continúa día a día y minuto a minuto. La Historia se ha detenido. Nada existe excepto un presente interminable en el que el Partido siempre tiene razón".[65]

George Orwell, 1984 (1949)

La destrucción de la cultura y la identidad nacional es otro de los principales objetivos estratégicos de la secta, lo que la convierte en una secta anticultural. Este es un tema extenso que merecería un análisis separado y profundo, pero debe ser enumerado aquí brevemente. También esto, al igual que el ataque al capitalismo y al cristianismo, ha sido una característica del comportamiento de la ideología a lo largo de su historia. Del Libro negro del comunismo: "El comunismo ha cometido multitud de crímenes no sólo contra seres humanos individuales, sino también contra la civilización mundial y las culturas nacionales. Stalin demolió... decenas de iglesias en Moscú; Nicolae Ceausescu destruyó el corazón histórico de Bucarest para dar rienda suelta a su

---

[63] "Un ex funcionario pillado con 7.000 imágenes de porno infantil evita la cárcel", 14 de noviembre de 2013. https://www.independent.ie/irish-news/courts/former-civil-servant-caught-with-7000-child-porn-images-avoids-jail/29755182.html

[64] Zedong, M, "Sobre la Nueva Democracia", Obras Escogidas, Vol. II, (1940). https://www.marxists.org/reference/archive/mao/works/red-book/ch32.htm

[65] George Orwell, G. (Eric Blair), 1984 (1949).

megalomanía; Pol Pot desmanteló piedra a piedra la catedral de Phnom Penh y permitió que la jungla se apoderara de los templos de Angkor Wat; y durante la Revolución Cultural de Mao, tesoros de valor incalculable fueron destrozados o quemados por los Guardias Rojos".[66]

Este ataque marxiano a la cultura indígena está relacionado con otros objetivos de la ideología, entre los que se incluyen: la sub-agenda de la inmigración masiva/multiculturalismo a través de la destrucción de la identidad nacional; la imposición de la igualdad a nivel cultural (el mito de "todas las culturas son iguales"); la obliteración de la comprensión de un pueblo de su propia historia para sustituirla por narrativas históricas aprobadas por la secta/ideología; la supresión del arte, ya que puede ser una forma de expresión política (y, por tanto, una fuente potencial de disidencia contra la secta/ideología); la creación de sociedades aburridas, uniformes y sin vida para literalmente drenar la humanidad de las personas eliminando cualquier apariencia de belleza de su entorno (en edificios, viviendas, infraestructuras, etc.); y la destrucción de la civilización occidental en general.

Otro objetivo interrelacionado del culto es la erosión de cualquier sentimiento soberano, patriótico y nacionalista genuino que inspire/permita a la población de un país resistir al culto/ideología a escala internacional. Este es quizás el efecto más crucial de la destrucción de la cultura/identidad nacional. Cultura/nacional", en este caso, incluye el entierro de los recuerdos de cualquier actividad de rebelión nacionalista genuinamente patriótica en el pasado. Con la inmigración masiva, el multiculturalismo y la diversidad, es obvio que la cultura y las creencias religiosas autóctonas de cualquier país deben quedar relegadas a un segundo plano frente a las de los inmigrantes que llegan.

Por eso, por ejemplo, en los países de Europa occidental, las instituciones dominadas por el marxismo permiten simultáneamente la destrucción del cristianismo (y todo lo que ello conlleva) y, al mismo tiempo, dan cabida (o prioridad) al islam. Esto se simboliza en la construcción de mezquitas, combinada con los ataques físicos e ideológicos contra el cristianismo, incluida la destrucción física y la profanación de propiedades, monumentos, artefactos, etc. cristianos.

## La destrucción de edificios cristianos

El ataque marxiano a la cultura occidental también conecta con la destrucción de la religión antes mencionada, ya que la religión (concretamente el cristianismo) también se ha convertido en una parte importante de la cultura occidental. Esto se ejemplifica con el vandalismo y la destrucción de la propiedad eclesiástica en los países occidentales.

---

[66] Courtois et al, *El libro negro del comunismo*, p. 3.

Un artículo publicado en el sitio web *de la Agencia Católica de Noticias* el 4 de mayo de 2021 (  ) destacaba este asunto, que incluía las opiniones del presidente del *Observatoire du Patrimoine Religieux*, Edouard de Lamaze. Al parecer, Lamaze afirmaba que en Francia desaparece un edificio religioso cada dos semanas por término medio.[67] El artículo afirmaba, según Lamaze, que aunque había varias razones por las que estos edificios desaparecían -incluidas la demolición, el incendio accidental, la transformación y el derrumbe- "cerca de dos tercios de los incendios en edificios religiosos se deben a incendios provocados". Estoy seguro de que muchos de los incendios "accidentales" sólo lo parecen. El artículo también incluye cifras de inteligencia criminal de las autoridades francesas, que indicaron que "877 ataques contra lugares de culto católicos se registraron en todo el país en 2018" solamente. Quizás el incendio más destacado fue el de la catedral de Notre Dame en abril de 2019.[68]

El odio engendra negligencia y actos destructivos. No es difícil adivinar quién y qué alimenta el odio. Parece que el espíritu de Maximilien Robespierre sigue vivo.

## Por qué destruyen la cultura y la identidad nacional

Cuando la secta toma el control, es importante destruir cualquier conexión con el pasado. Esto debe hacerse para destruir cualquier noción de que el grupo/la nación/el pueblo es único y diferente de los demás. Esto, a su vez, hace que el grupo esté más dispuesto a aceptar formar parte de la secta internacional, ya que el mismo proceso ocurre también en otros países infectados. Es igualitarismo y uniformidad forzados, a nivel cultural. Obviamente, según el dogma marxista en general (dejando a un lado las diferentes interpretaciones), la noción de separación nacional de otros grupos/países no sólo es indeseable, sino francamente malvada (y fascista, racista, _____fóbica, supremacista blanca, etc.).

Dado que cada país tendrá su propia historia, estatuas/monumentos, artefactos, arte, música, idiomas, etc., que pueden ser exclusivos de ese país, todos ellos deben ser destruidos, cooptados o reinterpretados desde una perspectiva marxista. Para lograr la máxima eficacia, desde la perspectiva de la secta, esto debe hacerse internacional y simultáneamente (como viene ocurriendo desde hace décadas en todo el mundo). Un ejemplo de acontecimiento histórico famoso En Irlanda, el *Alzamiento de Pascua* de 1916 entra en esta categoría - ahora es interpretado por muchos en la corriente dominante infectada por el marxismo a través de una lente marxiana (es decir, la revolución contra el

---

[67] Tadie, S, "Por qué Francia pierde un edificio religioso cada dos semanas", 4 de mayo de 2021. https://www.catholicnewsagency.com/news/247514/why-france-is-losing-one-religious-building-every-two-weeks

[68] Gray, Shamsian. "Haunting photos of the Notre-Dame Cathedral's charred remains show what's left on the inside", 17 de abril de 2019.

imperio es buena). Esto también puede aplicarse a otras rebeliones históricas.

La verdad subyacente de que las rebeliones de esta naturaleza tenían que ver con que Irlanda tuviera verdadera soberanía -que incluye la libertad de ser verdaderamente irlandés y diferente de otros países, y libre de ideologías extranjeras (¡!)- obviamente no se enfatiza (ya que esto puede cultivar potencialmente la idea del nacionalismo: el eterno enemigo del marxismo). Una vez más, la ideología escoge los elementos que necesita para promover su propia agenda.

Los objetos físicos -como las estatuas- pueden destruirse, sustituirse, desfigurarse, etc. Las cosas inmateriales, como el lenguaje, se tratan de forma diferente: los cambios en la cultura -a través de cambios en las actitudes (por influencia marxista)- consiguen los resultados deseados.

## La lengua irlandesa

La destrucción completa de la lengua irlandesa (gaélico) en Irlanda será otra víctima de la infección marxista, aunque la ocupación de Irlanda por el Imperio Británico inició el proceso. Aunque el irlandés sigue siendo oficialmente una asignatura obligatoria en general, el Ministerio de Educación ha introducido cambios progresivos en los últimos años. Está permitiendo exenciones para ciertos estudiantes.

Esto conducirá inevitablemente a más y más exenciones, sobre todo porque la demografía racial de las escuelas irlandesas seguirá cambiando gracias a la migración masiva (de la que es responsable la ideología/culto). Como era de esperar, los padres e hijos no irlandeses no tendrán ningún interés en hablar irlandés. Con el tiempo, a medida que aumente el número de alumnos no irlandeses en las escuelas, se considerará completamente inviable que se enseñe en absoluto.

La sensación de que "no es práctico" ha sido (y será) impulsada con entusiasmo por la corriente marxista dominante en el país. ¿Es práctico el irlandés para el uso diario? A menos que una persona viva en una de las zonas de habla irlandesa "Gaeltacht" de Irlanda o cerca de ella, no, no lo es. No es práctico ni necesario, pero no se trata de eso. El gaélico irlandés es uno de los aspectos que hacen que los irlandeses (e Irlanda) sean relativamente únicos en el panorama mundial de los países occidentales. Los escoceses y los galeses, además de la Isla de Man (manés) y partes de Inglaterra (córnico) también tienen sus dialectos e influencias celtas. Las raíces de estas lenguas se remontan a muchos miles de años. Naturalmente, hay que acabar con esta singularidad si se quiere lograr el igualitarismo y la uniformidad. En un artículo publicado en enero de 2024 en el sitio web *rte.ie*, titulado "¿Debería seguir siendo el irlandés una asignatura obligatoria en las escuelas?", se afirmaba que "el futuro de cómo enseñamos la lengua irlandesa en las escuelas está bajo escrutinio". Y añadía que casi "60.000 escolares recibieron una exención de la asignatura entre 2022 y 2023, según el Departamento de Educación".[69]

## De G.A.A. a G.A.Y.

Otro aspecto único de la cultura irlandesa son los deportes gaélicos, como el fútbol gaélico, el hurling y el camogie. Siguen siendo tan populares como siempre en Irlanda, e incluso tienen clubes en otros países (Estados Unidos en particular). La *Asociación Atlética Gaélica* es la principal organización de estos deportes. Tradicionalmente, ha sido principalmente nacionalista, conservadora y católica.

Dado que los deportes gaélicos forman parte de la cultura irlandesa tanto como la lengua irlandesa, esto ha colocado a la G.A.A. en una posición central de influencia. No es sorprendente que esta organización esté sucumbiendo progresivamente a la podredumbre marxista, tras haber estado firmemente en el punto de mira durante décadas.

En los últimos años, se ha pedido más "diversidad" e "inclusión" de los grupos LGBTQ en la G.A.A. y los deportes gaélicos. La organización participó (por primera vez) en el desfile del Orgullo de Dublín el 29 de junio de 2019.[70] Ese mismo año, se creó el *Grupo de Trabajo de Diversidad de Género* (giggles) como parte de la G.A.A., junto con otras organizaciones similares como la *Ladies Gaelic Football Association* (L.G.F.A.). Su presidente es Gearóid Ó Maoilmhichíl, que también es el Responsable Nacional de la Infancia de la GAA (otra persona en posición de influencia sobre los niños que colabora con la ideología). A finales de 2020 se informó en los medios irlandeses de que se registraría en la G.A.A. un club respetuoso con el colectivo LGBTQ.[71] El nombre elegido fue Na Gaeil Aeracha, que se traduce como "Gaeles del arco iris" (pronunciado "Gayles"); está claro que intentan poner el "gay" en "Gael".

### Parque de la Meca

Este artículo podría ir en la sección "Destrucción de la religión/cristianismo", pero como afecta a la G.A.A. se coloca aquí. La sede de la Asociación Atlética Gaélica -y principal escenario de los deportes gaélicos en Irlanda- es Croke Park. Es el mayor estadio deportivo del país, con capacidad para más de 82.000

---

[69] Upfront, "¿Debe seguir siendo el irlandés una asignatura obligatoria en las escuelas?", 10 de enero de 2024.
https://www.rte.ie/news/upfront/2024/0108/1425307-should-irish-still-be-a-compulsory-subject-in-schools/

[70] "La GAA participará en el Festival del Orgullo LGBTQ+ de Dublín", 24 de mayo de 2019.

https://www.gaa.ie/hurling/news/gaa-to-take-part-in-dublin-lgbtq-pride-festival

[71] "Los Galos del Arco Iris: El primero de su clase", noviembre de 2020.

https://www.rte.ie/gaeilge/2020/1123/1179874-the-rainbow-gaels-the-first-of-its-kind/

espectadores. Este emblemático recinto deportivo ha sido sinónimo de deportes gaélicos desde 1891 y es, por tanto, un símbolo de la cultura irlandesa. Al igual que la propia G.A.A., Croke Park siempre iba a convertirse tarde o temprano en objetivo de la secta. El viernes 31 de julio de 2020 se llevó a cabo una maniobra marxiana muy simbólica y descarada; y no en un salón de actos en algún lugar del recinto, sino allí mismo, en medio del terreno de juego.

Según los MarxiStMedia de Irlanda, unos 200 musulmanes asistieron a este "histórico" servicio de oración con motivo de la festividad de *Eid al-Adha*.[72] Por supuesto, los miembros de la secta irlandesa defendieron el acontecimiento como una maravillosa muestra de "unidad" y "diversidad", etc. Símbolo de la islamización de los países occidentales, incluida Irlanda, este acto mostró la voluntad de la G.A.A. de ajustarse al "progresismo" que destruye el país. Al parecer, la persona a la que se le ocurrió la idea (de acercarse a la G.A.A.) fue el Dr. Shaykh Umar Al-Qadri, miembro destacado de la comunidad musulmana de Irlanda y presidente del *Consejo Musulmán Irlandés de Paz e Integración*. No es significativo; si no fuera él, sería otra persona. Lo importante aquí es que estas cosas no ocurrirían (ni deberían ocurrir) si el país no fuera institucionalmente marxista (y, por tanto, más patriota/nacionalista).

## Profanación y destrucción de monumentos

¿No resulta extraño que durante los disturbios de Black Lives Matter en Estados Unidos y el Reino Unido se atacaran monumentos? ¿Qué demonios tiene que ver la muerte de George Floyd con las estatuas? Naturalmente, si hacemos caso a los que tienen el cerebro lavado, todo esto tiene que ver con la malvada cultura del racismo institucional contra los no blancos, ¿verdad? ¿Así que se trata de racismo? (pone los ojos en blanco). No, no lo es, esa es sólo la excusa. Como se ha dicho, el daño a la propiedad / vandalismo es parte de la herencia de clase de la secta. El objetivo principal del marxismo es destruir primero la civilización occidental antes de poder construir su utopía; la destrucción o sustitución de la cultura establecida es, por tanto, crucial. Por eso atacan cualquier símbolo de ella, incluidos los monumentos.

Durante las "protestas" marxistas de BLM, los disturbios y el caos, etc., comenzó una tendencia a derribar o destrozar estatuas en el Reino Unido, Estados Unidos y otros lugares. Las estatuas atacadas por los miembros de la secta eran de cualquiera que estuviera remotamente relacionado con la "opresión institucional blanca", etc. En Londres, se atacó una estatua de Winston Churchill (1874-1965). En Oxford, una estatua de Cecil Rhodes. En Washington DC, la estatua de Albert Pike (1809-1891). Otras fueron las estatuas de Cristóbal Colón (1451-1506), el traficante de esclavos Edward

---

[72] Ní Aodha, G, "Muslims pray at Croke Park for the first time in celebration of Eid al-Adha", 31 de julio de 2020. https://www.thejournal.ie/eid-celebrations-in-croke-park-5164698-Jul2020/

Colston (1636-1721) y el rey Leopoldo II de Bélgica (1835-1909). Aparentemente, se hace porque estas personas son malvadas y derribar las estatuas es por el bien de la sociedad, ¿verdad? ¿O hay algún motivo oculto?

Hay un sitio web en el Reino Unido llamado *toppletheracists.org*. [73] El encabezamiento de la página de inicio: "Un mapa colectivo de estatuas y monumentos del Reino Unido que celebran la esclavitud y el racismo". ¿Estatuas que celebran la esclavitud y el racismo? ¿Qué? Las iniciativas de este grupo incluyen la retirada de estatuas, el cambio de nombre de edificios y la retirada de placas y señales de todo el Reino Unido. Entre ellas (en el momento de escribir estas líneas): una estatua de un africano arrodillado sosteniendo un reloj de sol en Cheshire; el cambio de nombre del Gladstone Hall de la Universidad de Liverpool (que lleva el nombre de William Gladstone); el cartel del pub The Black Boy en East Retford, Nottinghamshire; el cambio de nombre del Colston Hall de Bristol (que lleva el nombre de Edward Colston); la estatua de Robert Milligan en el este de Londres; y una placa azul en nombre de Edward Codrington en Brighton.

¿Cómo debemos sentirnos cuando estas estatuas son desfiguradas, dañadas, retiradas o derribadas? ¿Acaso estos hombres no eran individuos podridos? Churchill era un criminal de guerra, aparentemente con sangre real elitista (su madre era hija de la reina Victoria y Nathan Meyer Rotschild). Fue una pieza clave en el desencadenamiento y la prolongación de la Segunda Guerra Mundial, y aprobó el bombardeo con bombas incendiarias y la incineración de varios cientos de miles de civiles alemanes durante ese conflicto; Cecil Rhodes era un imperialista arrogante, que quería que Gran Bretaña dominara el mundo. La Mesa Redonda se creó como parte de su legado (que contiene grupos como el Instituto Real de Asuntos Internacionales, y el Consejo de Relaciones Exteriores, etc.); Albert Pike fue un general confederado durante la Guerra Civil Americana y un destacado francmasón. Fue el autor de *Morals and Dogma* (1871) -un libro masónico de gran influencia- y ocupó simultáneamente los tres cargos de líder mundial, nacional y estatal de la masonería.

Ahora bien, ¿debería molestarnos que se ataquen estatuas de hombres como estos? A cada cual lo suyo, pero a mí personalmente no, no me molesta, contexto aparte. Sin embargo, debemos entender, como se ha dicho antes, que la ideología exige que se hagan estas cosas para dominar/aniquilar el paisaje. Por lo tanto, todos deberíamos estar muy preocupados cuando vemos que estas cosas suceden ante nuestros ojos. Por la razón anterior, ¡no se debe permitir que la secta haga estas cosas! Es otra forma de señalización de virtudes combinada con un comportamiento violento y destructivo y, lo que es más importante, alimenta el culto y la ideología. Las estatuas (o las personas a las que rinden homenaje) no son un problema en el presente, ¡lo es la secta

---

[73] https://www.toppletheracists.org/

marxista!

Por supuesto, si alguien obstaculiza a los miembros de la secta en su comportamiento destructivo, como era de esperar, se les tacha de aprobar las vidas, acciones o ideologías de los hombres estatua. Buen intento, chiflados. Un típico y arraigado intento de táctica manipuladora de control mental. Una vez más, los propios idiotas que derriban las estatuas no están en posición de juzgar a los demás. Yo claramente impediría que derribaran las estatuas, aunque tampoco respetaría especialmente a quienes las estatuas representan, y estoy seguro de que muchos otros serían de la misma opinión. Los rodearía y los detendría inmediatamente.

**Doble rasero**

Una vez más, vemos el doble rasero marxiano: desfigurarán o derribarán estatuas de Cecil Rhodes o Winston Churchill, pero, obviamente, las estatuas de figuras pro-marxistas saldrán indemnes. Los miembros de la secta obviamente no derribarían la escultura del marxista Martin Luther King Jr. (1929-1968) en Washington DC; o la estatua de bronce del terrorista comunista y antiblanco del A.N.C. Nelson Mandela en Parliament Square, Londres. Este es otro ejemplo del racismo antiblanco y del doble rasero de la chusma marxista, combinado con su evidente tendencia a atacar a cualquiera que forme o no parte de su secta.

Cuando veamos a las turbas derribando estos monumentos, recordemos que esas personas existieron en el pasado; pero estos marxistas están causando destrucción en el ahora. Sólo necesitan una excusa; sus egos y el adoctrinamiento activista SJW hacen el resto. Puede parecer que tienen conciencia y sentido de la justicia, pero esto es sólo en apariencia. Esto forma parte de la señalización de virtud manipuladora de la secta: intentan embaucarte para que estés de acuerdo con ellos; te convencen de que tienen intenciones nobles. Quieren que digas "Oh, sí, tienes razón. Rhodes era una basura imperialista" o "¡Albert Pike era un bastardo masón esclavista!", etc., y parece razonable que estés de acuerdo con ellos, a nivel superficial. Sin embargo, la verdad es que estás fomentando su apetito de "activismo" destructivo, que nunca se verá satisfecho.

Por supuesto, cuando empiezan a destruir cosas con las que no estás de acuerdo, te das cuenta y ya es demasiado tarde: ¡el monstruo rojo ya ha tomado impulso! Cuando empiecen a insistir en que el asfalto negro de las carreteras es racista y que hay que pintarlo con los colores del arco iris LGBTQ o con el rojo comunista (¡!), o que el color de la leche es racista (no me lo estoy inventando), te arrepentirás de no haberles plantado cara antes. Y será culpa tuya. Nunca dejes que los mocosos se salgan con la suya.

No debemos dejar de ver el bosque por los árboles. No debemos distraernos con debates que nos hacen perder el tiempo, mientras la secta sigue avanzando. Si hablamos de la destrucción de estatuas, hablamos de estatuas de personas muertas, ¿no? No me preocupan demasiado los muertos ni lo que hicieron o creyeron; me preocupa el presente. El culto utilizará cualquier razón de señalización de virtudes que pueda para justificar la destrucción de cosas que no aprueban, así que no debemos distraernos con ellas. Recuerda, todo esto se trata de la dominación de la secta/ideología. Un excelente y flagrante ejemplo de esto ocurrió en Alemania...

**Mientras tanto ... En Alemania ...**

En junio de 2020 se erigió una estatua del gran perro comunista Vladimir Lenin en la ciudad de Gelsenkirchen, al oeste de Alemania.[74] El responsable de este lavado de cerebro fue el *Partido Marxista-Leninista de Alemania (*MLPD).[75] Hubo cierta resistencia a su instalación por parte de otros grupos. Esto ocurrió durante la moda de derribar estatuas que recorrió Occidente. Coincidencia, ¿verdad? El comisario Gabi Fechtner, representante del MLPD, se refirió a ello en una declaración: "El tiempo de los monumentos a racistas, antisemitas, fascistas, anticomunistas y otras reliquias del pasado ha pasado claramente". Lenin, en comparación, fue "un pensador adelantado a su tiempo de importancia histórica mundial, un luchador temprano por la libertad y la democracia". Eso lo dice todo. Bienvenidos al infierno, amigos...

Como ya se ha mencionado, las actividades de Lenin fueron muy significativas en la proliferación y evolución de la ideología. Si no fuera por él, quizás este libro no necesitaría existir. El impacto destructivo de las actividades de Lenin sobre la humanidad es sencillamente incalculable; su legado es el epítome del sufrimiento, el hambre, la esclavitud y la muerte. Si lo comparamos con los personajes mencionados anteriormente, en lo que se refiere a crímenes contra la humanidad, Lenin ocupa el primer puesto.

Los comentarios del miembro de la secta de arriba son más que ridículos. No soy fan de estos tres, pero no se puede argumentar que Churchill, Rhodes o Pike hayan creado más sufrimiento en este planeta que Lenin (debido al alcance, toxicidad y número de muertos de la secta/ideología). Imposible, ¡incluso si combinamos sus cuentas! (nota: el autor es consciente de las aparentes conexiones entre las logias masónicas, las sociedades secretas y los cuatro hombres, etc.).

Este acto de erección de estatuas comunistas fue una declaración obvia por parte de la secta de que están tomando el control: derriban las estatuas que no les gustan y erigen otras que sí les gustan. Están marcando su territorio, justo ahí, obvio, ¡a la vista de todos! Oculto a plena vista. En el mismo artículo se

---

[74] "Controversial Lenin statue unveiled in Germany", 20 de junio de 2020. https://www.dw.com/en/controversial-lenin-statue-unveiled-in-germanys-gelsenkirchen/a-53880002

[75] https://www.mlpd.de/english

afirmaba que, ese mismo mes, la estatua del primer canciller de Alemania, Otto von Bismarck (1815-1898), en Hamburgo, había sido destrozada con pintura roja (comunista). La criptocomunista Angela Merkel era la canciller en aquel momento.

## Desenterrar cadáveres

He aquí dos pruebas más de que este asunto de las estatuas tiene que ver con el dominio de la secta. El rencor hacia sus enemigos es palpable y se ve en sus acciones. Una de sus figuras "fascistas" más odiadas es el Generalísimo Francisco Franco. Franco no dio cuartel a la secta en España hasta su muerte, tratándola como se merecía durante décadas (tras derrotarla en una guerra total). Obviamente, esto desencadena su eterna amargura. Sus estatuas han sido sistemáticamente retiradas a lo largo de las décadas, la última en Marruecos fue retirada en febrero de 2021, para regocijo del partido socialista PSOE local.[76]

En España, en 2019, sus restos fueron exhumados del gran mausoleo del Valle de los Caídos y trasladados al cementerio estatal de Mingorrubio.[77] El Presidente del Gobierno de España - el socialista Pedro Sánchez - estuvo involucrado. No es de extrañar que las protestas por esta maniobra marxiana no fueran permitidas por el gobierno (seguro que los calificaron de extremistas de "extrema derecha"). Sánchez describió el acto como "un homenaje a todas las víctimas del odio". ¡Trasladar cadáveres porque su lugar de descanso original ofende a la secta! Esta "gente" es más que patética. De forma reveladora, Sánchez también fue citado diciendo "La España de hoy es completamente opuesta a la que representó el régimen de Franco". Así es.

## Shek en Taiwán

Otro ejemplo lo encontramos en Taiwán. Como se informó en septiembre de 2021, el gobierno de izquierdas tenía previsto retirar una estatua del líder nacionalista y dictador Chiang Kai Shek.[78]

Al igual que Franco, Shek mantuvo Taiwán libre de marxismo hasta su muerte,

---

[76] "Se retira la última estatua pública del dictador español Franco", 23 Feb 2021.

https://www.theguardian.com/world/2021/feb/23/last-public-statue-of-spanish-dictator-franco-is-removed

[77] Booker, B, "España traslada los restos del dictador Francisco Franco, tras meses de batallas legales", 24 de octubre de 2019.

https://www.npr.org/2019/10/24/773022042/spain-moves-dictator-francisco-francos-remains-after-months-of-legal-battles?t=1632821666327

[78] Hale, E, "Taiwan axes symbols of authoritarian past in push to rebrand", 26 de septiembre de 2021. https://asia.nikkei.com/Politics/Taiwan-axes-symbols-of-authoritarian-past-in-push-to-rebrand

suprimiendo la secta desde 1949 hasta 1975. Franco hizo lo mismo desde 1939 hasta su muerte en 1975 (del mismo modo, ambos libraron una guerra civil contra la secta, pero Shek perdió la suya, y las fuerzas nacionalistas huyeron a Taiwán en 1949, mientras la China continental sucumbía a la niebla roja).

La iniciativa corre a cargo del *Partido Democrático Progresista* y su líder, la presidenta Tsai Ing-wen, que llevan al frente del país desde 2016. Hoy en día, Taiwán necesita un personaje como Shek, teniendo en cuenta lo que está haciendo la República Popular China, controlada por el PCCh.

No se trata de simple mezquindad y fanatismo, no. Intentan enterrar las huellas históricas de los movimientos antimarxistas para evitar que nos inspiremos en ellas, asegurando así el dominio de la secta en el futuro. Las estatuas sirven de recordatorio, y una vez que se retiran, pronto son olvidadas (junto con lo que representan) por todos menos por las generaciones mayores, y ese es todo el objetivo. El objetivo es que las generaciones más jóvenes sólo conozcan el marxismo y los ídolos marxistas. Obviamente, cuando se llega a este punto por completo, se pierde toda esperanza...

## La destrucción de la familia tradicional

"El Estado debe competir con los particulares -especialmente con los padres- en la provisión de hogares felices para los niños, de modo que cada niño pueda tener un refugio contra la tiranía o la negligencia de sus custodios naturales"[79]

George Bernard Shaw, *A Manifesto, Fabian Tracts No. 2.*, 1884

Un artículo del 5 de diciembre de 2023 en el Irish Times informaba de la inminencia de más "referendos" marxistas en Irlanda; posiblemente se celebren en la fecha feminista marxista del 8 de marzo de 2024-Día Internacional de la Mujer.

El objetivo oficial de estos referendos es "eliminar la referencia constitucional al papel de la mujer en el hogar; y ampliar el concepto de familia dentro de la Constitución".[80] Al parecer, también quieren introducir el término "relaciones duraderas" (para erosionar aún más el concepto de que las familias se construyen en torno a un matrimonio).

Le recuerdo al lector que estos locos están llevando a cabo esta mierda en un país plagado de una miríada de otros problemas genuinos y graves. (A modo de apunte, en 2012 se celebró en Irlanda un referéndum constitucional sobre

---

[79] *Shaw, G.B., "A Manifesto. Fabian Tracts No. 2", 1884.*
https://oll.libertyfund.org/page/shaw-s-fabian-manifesto-1884

[80] Horgan-Jones, J, "Referendums on women in the home and the concept of the family to be held next March", 5 dic 2023.
https://www.irishtimes.com/politics/2023/12/05/referendums-on-women-in-the-home-and-the-concept-of-the-family-to-be-held-next-march/

los "derechos de los niños" impulsado por los miembros de la secta, que básicamente aumentó la interferencia del gobierno en los asuntos familiares. Su exitosa maniobra se comercializó, a través de la señalización de la virtud, como "protección de la infancia").[81]

La destrucción de la unidad familiar nuclear tradicional tiene varios efectos beneficiosos para la ideología, entre ellos:

(a) Controlar las mentes de los individuos a las edades más tempranas posibles. Dado que la secta/ideología pretende conseguir el control total de la sociedad, la mejor manera de lograrlo es adoctrinando a los individuos a las edades más tempranas posibles. Obviamente, aquellos que sólo conocen la ideología -y están totalmente adoctrinados desde el principio- no pueden resistirse a ella.

Al eliminar a los padres de la ecuación y sustituirlos por "educadores" (profesores), asesores sociales, asistentes sociales, etc. aprobados por el Estado (que a su vez están adoctrinados), los jóvenes son moldeados directamente a imagen y semejanza de la ideología, y pueden empezar a servir a la gloriosa revolución lo antes posible. Trágico.

Este grado de control crea generaciones de individuos completamente subordinados y dependientes del Estado. Esta ha sido una característica de los regímenes de culto, pasados y presentes. Los sistemas educativos son fundamentales para crear nuevas generaciones de miembros de sectas con el cerebro lavado, desde la guardería hasta la universidad.

(b) Eliminar cualquier protección psicológica que los padres puedan proporcionar de cualquier iniciativa depredadora impulsada por el sistema (es decir, cualquier forma de activismo marxista). Esto es además de protegerlos de todas las diversas fuentes tóxicas de influencia que arrojan la ideología (medios de comunicación/entretenimiento, medios de comunicación online, medios sociales, industria musical, etc.), e individuos contaminados (por ejemplo, celebridades, activistas), grupos (O.N.G./sin ánimo de lucro, grupos comunitarios o políticos, etc.). La ideología también pretende sustituir los puntos de vista potencialmente "problemáticos" (no marxianos) de los padres por los de los miembros de la secta. La propia secta/ideología -a través del sistema y del Estado- se convierte en el "padre" cariñoso y orientador.

La subagenda de la destrucción de la unidad familiar utiliza la fórmula opresor contra oprimido de la manera más extraña y despreciable, que está saliendo a la luz aún más en los últimos tiempos. La secta -a través de la subagenda del transexualismo/"no binario"- ha estado intentando convencer a las masas de que el Estado "compasivo" es más adecuado para criar a los hijos que los propios padres. Sin duda, los niños están siendo "oprimidos" por sus padres en

---

[81] https://en.wikipedia.org/wiki/Thirty-first_Amendment_of_the_Constitution_of_Ireland

lo que respecta a su identidad sexual, por lo que el "heroico" Estado depredador debe intervenir. Un artículo del Irish Independent del 2 de junio de 2020 informaba sobre los planes para permitir que los menores de dieciséis años "cambien de género" legalmente.[82] Naturalmente, el gender-bender-en-jefe irlandés Leo Varadkar estaba involucrado, siendo miembro del comité LGBTQ de su partido Fine Gael.

(c) Reducir/eliminar la posibilidad de cualquier castigo y disciplina de la vida de un joven. Estas cosas son indispensables a la hora de educar a los niños. Esto es crucial, ya que ser miembro de una secta y ser un mimado van de la mano. Cuantos más mocosos mimados tengamos en la sociedad, más débiles mentales ególatras controladores tendremos, y más fuerte se hará la secta/ideología. La ausencia general de este tipo de crianza crea generaciones de individuos que están predispuestos a dejarse llevar principalmente por lo que quieren/sienten, y que tienen rabietas cuando no se salen con la suya. Si observamos cómo se comportan los miembros de una secta, ¿no nos resulta familiar? Este punto está relacionado con el siguiente.

(d) Eliminar la influencia beneficiosa de un equilibrio masculino y femenino sano y natural que puede proporcionar una pareja formada por un hombre y una mujer. La unidad familiar tradicional mantiene potencialmente el mejor equilibrio desde el punto de vista de la crianza en beneficio de los niños, con un hombre y una mujer heterosexuales en sus respectivos papeles. La secta/ideología promoverá y normalizará cualquier tipo de relación/paternidad/familia menos ésta, ofreciendo alternativas falsas/inferiores para ocultar esta verdad fundamental (por ejemplo, padres homosexuales que adoptan niños o utilizan formas artificiales de concepción o gestación subrogada; hombres que "están embarazados"; "parejas" poliamorosas con parejas adicionales, etc.).

(e) Crear una situación en la que los jóvenes empiecen a considerar a la sociedad/la población mundial/el culto marxista como su "familia". Las familias pueden proporcionar un sentido de unidad y un vínculo con los demás que a menudo se convierten en los cimientos de la vida de una persona; por lo tanto, deben eliminarse de la ecuación. Las familias (incluidas las familias nucleares tradicionales), por definición, pueden ser simultáneamente pequeños colectivos en sí mismos, al tiempo que son claramente diferentes y están separadas de otras familias hasta cierto punto, dejando a un lado las relaciones (y esas otras familias son a su vez colectivos similares, etc.).

Es la "separación" lo que no le gusta a la ideología; ¡simplemente no sirve! El

---

[82] "Fine Gael seeking law change to let under-16s legally change gender", junio de 2020.

https://www.independent.ie/irish-news/fine-gael-seeking-law-change-to-let-under-16s-legally-change-gender/39252644.html

objetivo de la ideología es hacer de la humanidad un gran colectivo. No puede haber "diferentes" y "separados", sólo existe el todo, el "pueblo", la unidad, la igualdad, la solidaridad, etc. Es toda la mierda de "¡todos somos uno!" impulsada por el Movimiento de la Nueva Era.

(f) Retirar a los varones heterosexuales como cabeza de la unidad familiar tradicional de su posición de autoridad/influencia dentro de ella. Esto ayuda a eliminar de la ecuación cualquier tipo de energía agresiva, combativa y resistente que pudiera oponerse a la secta/ideología (incluida cualquier "masculinidad tóxica"). Además, los hombres son apartados de sus papeles tradicionales como protectores y sostén de la familia. Esto se materializa en la máxima feminista (marxiana) de que las mujeres no necesitan a los hombres para ser madres con éxito.

Como ya se ha dicho, los padres solteros pueden hacer un trabajo relativamente bueno, por supuesto, y cada situación es diferente, pero no es lo ideal para ninguno de los implicados ni para la sociedad en su conjunto (además de beneficiar a la propia ideología). El difunto historiador, periodista y escritor británico Paul Johnson (1928-2023) dijo una vez: "La institución socialmente más subversiva de nuestro tiempo es la familia monoparental".[83] Por supuesto, al eliminar a los hombres de estas funciones, de alguna manera se crea "igualdad", al tiempo que se combate a ese temido enemigo del feminismo: el "patriarcado".

(g) La eliminación de otra cosa que es tradicional, cultural (y por tanto conecta con el pasado). La unidad familiar ocupa un lugar en el trío tradicional de elementos para una sociedad sana y próspera: familia, nación y religión. Al transformar la sociedad a su imagen, la secta/ideología necesita eliminar las conexiones con las sociedades del pasado. Todo lo tradicional debe desaparecer.

(h) Controlar el comportamiento sexual de los jóvenes. La secta/ideología pretende sustituir a los padres a la hora de educar (programar) a los jóvenes sobre el sexo, la sexualidad y las relaciones (se amplía más adelante).

**Otras subagendas a las que se vincula**

La subagenda de la destrucción de la unidad familiar es promovida por el sistema infundido por el marxismo mediante el adoctrinamiento antitradicionalista (a través de las "correas de transmisión de la cultura": educación, medios de comunicación, industria del entretenimiento). Por supuesto, el objetivo general es reducir al mínimo el número de familias estables y tradicionales. Está entretejido con varias otras subagendas y conceptos originados y promovidos por la ideología:

---

[83] Citado en el Sunday Correspondent, 24 de diciembre de 1989.

https://libquotes.com/paul-johnson/quote/lbd3o0d

-el movimiento "igualitario" de "liberación" de la mujer (feminismo) ha lavado el cerebro/entrenado a las mujeres para que abandonen sus roles tradicionales de madres y amas de casa y pasen a formar parte del colectivo proletario de la mano de obra (y, por tanto, a empezar a pagar impuestos). Esta subagenda combinada con los sistemas educativos marxianos crea una situación en la que el estado tiene más control sobre el desarrollo psicológico de los niños. Este fue un desarrollo trascendental para la sociedad durante el siglo XX y, de hecho, el destino de la raza humana: las mujeres pasan más tiempo trabajando y menos tiempo en compañía de sus hijos que en ningún otro momento de la historia.

Evidentemente, el aborto desempeña un papel clave a la hora de disuadir o impedir que las mujeres tengan hijos y formen familias, y obviamente no tendría el estatus que tiene ahora sin el movimiento feminista (el aborto en sí forma parte de otra agenda para crear separación entre sexo/sexualidad y procreación; que el sexo es sólo por placer (también conocido como hedonismo).

-la subagenda LGBTQ/transgenerismo/no binario intenta destruir el desarrollo sexual normal (biológica y psicológicamente) de los jóvenes, impidiéndoles fundar familias más adelante (debido a problemas mentales/de relación/de identidad, o a daños fisiológicos -incluida la esterilidad- causados por la cirugía de "reasignación" de género/extirpación de órganos sexuales, hormonas, bloqueadores de la pubertad, etc.).

-La subagenda anticristianismo está relacionada con esto porque el cristianismo (el catolicismo romano en particular) ha desempeñado tradicionalmente un papel en el fomento del matrimonio, la institución en la que se ha basado la unidad familiar tradicional desde hace siglos. Obviamente, la popularización y normalización del divorcio (gracias, en parte, al feminismo) también desempeña un papel: contribuye a trivializar el concepto de matrimonio.

-la destrucción de la familia tradicional conecta con la subagenda de la inmigración masiva (también conocida como la agenda antiblanca y del mestizaje), ya que estas subagendas (además de las enumeradas anteriormente) se están imponiendo en países principalmente occidentales y mayoritariamente caucásicos. Todas ellas se combinan para reducir la cantidad de población blanca en ellos.

### La influencia beneficiosa de un equilibrio natural masculino y femenino (continuación)

La unidad familiar tradicional se basa en la asociación natural y milenaria entre el hombre y la mujer. Para atacar esto, la secta/ideología ha estado tratando de impulsar la idea errónea de que todas las formas de sexualidad son iguales y deben ser tratadas como tales; incluso cuando se trata de cuestiones de paternidad. Esto también incluye la noción de que todas las orientaciones sexuales tienen el mismo valor para la sociedad, lo que significa que la sexualidad de un hombre gay tiene el mismo valor que la de un hombre heterosexual; ¡no, no es así! Cuando se trata de tener hijos, los hombres heterosexuales obviamente contribuyen más; lo mismo puede decirse de las mujeres heterosexuales (en comparación con las mujeres lesbianas).

En lo que respecta a la procreación, una cuestión de vital importancia, las relaciones heterosexuales son muy superiores a otros tipos de relaciones porque pueden producir hijos de forma natural (dejando aparte las formas artificiales de procreación, que pueden resultar caras para algunos). No hay competencia entre las relaciones heterosexuales y homosexuales en este departamento. Cero. Sólo en un mundo tan jodido es necesario que alguien señale estas cosas. Esto no es un ataque personal a nadie, es sólo biología. La secta ha creado términos como "heteronormatividad" para ayudar a ofuscar esta verdad, intentando hacer que todas las sexualidades/orientaciones sexuales parezcan iguales; el término sugiere que la heterosexualidad es sólo lo que percibimos como normal. Buen intento. Es otro juego de manos marxiano, diseñado para distorsionar nuestra percepción de la realidad.

Las diferencias biológicas (y, por tanto, psicológicas) entre padres heterosexuales y homosexuales también son importantes a la hora de criar a los hijos. Obviamente, los padres homosexuales tendrían que recurrir a formas artificiales de concepción y gestación subrogada, pero en lo que me centro aquí es en lo que ocurre tras el nacimiento del niño. La combinación ideal es un hombre y una mujer, tal y como la naturaleza/creación pretendía, si la intención es tener hijos normales y heterosexuales.

Vuelvo a plantear este punto porque, por ejemplo, en el caso de que, digamos, una pareja de hombres homosexuales tuviera una niña, ¿qué demonios sabrían ellos de ser mujeres? Lo mismo se aplica si tienen un niño que no resulta ser gay: ¿qué sabrían sobre ser un hombre heterosexual? Lo mismo se aplica a las parejas de lesbianas: ¿qué van a saber de ser hombres? ¿O una mujer heterosexual? De nuevo, a menos que tengan una hija homosexual, ¿serán realmente capaces de ser padres correctamente y de relacionarse con su "descendencia"?

Por supuesto, podrían decidir "animar" (criminalmente) a su hijo a ser gay para relacionarse mejor con él. Desde luego, no van a disuadir a su hijo de expresar cualquier tendencia gay (en el caso de que el niño sea heterosexual y pueda o no tener problemas de identidad de género durante su desarrollo). Hay muchos testimonios en Internet de personas a las que se les "animó" de esta manera y que más tarde acabaron teniendo problemas de identidad perjudiciales, catastróficos en algunos casos.

No todos los padres homosexuales en todas las situaciones serían malos padres, por supuesto, y la idea de que todos los padres heterosexuales son automáticamente buenos padres en todas las situaciones es falsa: ¡todos sabemos que hay padres podridos y estúpidos!

Ser un buen padre tiene que ver con la personalidad/actitud, la dedicación, la responsabilidad, la paciencia, la inteligencia, el amor, el uso de la disciplina, etc.; y cualquiera, independientemente de su género/orientación sexual, puede ofrecer esas cosas. Sin embargo, los padres heterosexuales tienen ventaja en general, ya que pueden relacionarse mejor con sus hijos. Además, tener un padre y una madre permite a ambos progenitores ofrecer diferentes tipos de información (en circunstancias normales), desde diferentes puntos de vista a cada niño: el masculino y el femenino; y ambos progenitores son físicamente diferentes entre sí. Esto tampoco ocurre con las parejas del mismo sexo.

Además, ¿no es también un factor que los padres homosexuales tienen más probabilidades de criar hijos más "liberales" (es decir, más propensos a crecer como miembros de una secta)? Eso significa que incluso en lo que se refiere a cómo criar a nuestros hijos, la ideología intenta imponer su voluntad. En resumidas cuentas, en este caso no todos los tipos de parejas parentales son iguales. La propaganda de la secta intenta decirnos lo contrario.

**Retrasos en las relaciones**

Además de atacar a la familia tradicional por medios directos, la ideología también lo hace indirectamente. Apoya la degeneración, que a su vez contribuye a destruirla, sobre todo en lo que se refiere a las relaciones humanas. Apoya: el hedonismo excesivo; la promiscuidad (la mentalidad de "el sexo es para el placer, no para la procreación"); la superficialidad; las actitudes egocéntricas irresponsables ("mi cuerpo, mi elección"); el poliamor y otros tipos extraños de "relaciones"; la androginia, el género no binario y la transexualidad; la cultura del ego impulsada por las redes sociales (incluida la manipulación/dependencia de la dopamina y la serotonina que se produce), etc. Y como ya se ha mencionado, dado que los más jóvenes son ahora el objetivo, estarán saturados de esta basura desde la infancia hasta la adolescencia y más allá.

Un entorno lleno de estos elementos tóxicos ayuda a crear individuos que acaban siendo retrasados en sus relaciones, es decir, incapaces de tener relaciones adultas funcionales, estables y significativas. Cuanto más tiempo pasa una persona en entornos degenerados como los mencionados, menos tiempo pasa aprendiendo a tener relaciones estables en torno a las cuales pueda construirse una familia. Todo esto obviamente disminuye el número de familias estables en la población general, creando sociedades/naciones débiles, lo que sirve a la ideología. El término adecuado "retrasado" significa esencialmente "menos avanzado en el desarrollo mental, físico o social de lo que es habitual para su edad".

Curiosamente, ¿en qué momento de nuestras vidas podemos aprender a tener este tipo de relaciones? En casa. Primero aprendemos de nuestros propios padres. Si no tenemos ese ejemplo, más vale que recibamos alguna influencia positiva de algún sitio. Así que, ¿imagina en qué estado se encontrarán las futuras generaciones de jóvenes si la unidad familiar tradicional se aleja aún más de la sociedad, además de crecer en este tipo de entorno tóxico? Predicción: generaciones de retrasados en sus relaciones. Muchas de las generaciones recientes del siglo XXI -que se están contaminando e influenciando a edades cada vez más tempranas- nunca aprenderán a tener relaciones significativas.

## Crear una familia por motivos patrióticos, religiosos o étnicos

La ideología neutraliza cualquier sentido del deber dentro de una población de formar familias por el bien de su nación, grupo religioso o raza, debido a su oposición a -o negación total de- tales cosas. Según su dogma, los países no deberían existir, la religión es un engaño y la raza es una construcción social; por lo tanto, la idea de formar una familia y tener hijos por estas razones es ridícula, ¿no? La ideología/secta (en general) promueve estas falacias como parte de su sub-agenda anti- familia tradicional, y su sub-agenda anti-nación (además de otras). Estos son los tipos de ataques sutiles e in-directos que ayudan a la ideología a lograr esta sub-agenda en particular (destrucción de la familia tradicional).

La idea de formar una familia por los motivos mencionados puede sonar como una idea extraña en las sociedades modernas, infectadas ideológicamente, ¡sin embargo ha sido una característica de innumerables culturas a lo largo de la historia desde los albores del hombre! Por supuesto, estas razones no deberían ser las únicas para formar una familia, pero es algo positivo cuando están presentes; el adoctrinamiento se encarga de que no lo estén. De nuevo, esta subagenda se aplica principalmente a los países occidentales que tradicionalmente han sido predominantemente blancos y cristianos. La ideología es la que más ha influido en estos países en esta cuestión.

## Controlar a las personas mediante programación sexual

Otro gran tema, tratado por otros investigadores y autores. Dado que el objetivo último de la secta/ideología es el dominio total y la destrucción de todo lo bueno, busca formas cada vez más eficaces de conseguirlo. Por lo tanto, controlar a las personas a través de su comportamiento sexual es deseable. Por supuesto, tradicionalmente ha sido responsabilidad de los padres educar a sus hijos en materia de sexualidad. Por lo tanto, esta es otra razón por la que la secta/ideología necesita eliminar su influencia.

Esta iniciativa prevalece en las diversas subagendas que impulsa la secta a través del "sistema" (medios de comunicación, entretenimiento, educación, gobierno, etc.). El sistema educativo es el más eficaz en este sentido, ya que los niños están cara a cara con sus adoctrinadores y no pueden "desconectarlos" como ocurre con la televisión o el teléfono, ni escapar.

De hecho, ahora mismo se está produciendo en el mundo una lucha de influencias entre los miembros de una secta decididos a infectar a los jóvenes a través de la "educación", y los padres que intentan proteger a sus hijos del "material didáctico" que saben que es inapropiado o directamente maligno. Obviamente, nada de esto se aplica si los padres no son hostiles al marxismo, o peor aún, si son miembros de una secta, en cuyo caso no hay lucha (y el destino de sus hijos está más o menos sellado).

En nuestras sociedades, gracias a la infección, hemos visto: el énfasis excesivo en la sexualidad (también conocido como "hipersexualización"); el sinsentido trans/no binario; la hora del cuento de la drag queen en las escuelas; hacer que los niños escriban cartas de amor gay; la educación sexual "radical" y la promoción del sexo anal; la programación de las relaciones; la normalización del aborto; la promoción del feminismo que deforma las mentes de mujeres y hombres; y la normalización/aliento de la homo/bi-sexualidad. Todos ellos tienen un elemento sexual o están relacionados con el sexo. Paneles de miembros de sectas ("expertos") en cada país infectado nos explicarán lo que los niños deben aprender en la escuela.

Controlar la programación/comportamiento sexual de los jóvenes contribuye a crear generaciones de jóvenes que crecen siendo hedonistas, mentalmente inestables, superficiales, retrasados en sus relaciones, que no pueden o no quieren formar una familia. Además, no tendrán la voluntad de resistirse a la secta/ideología, aunque de alguna manera tuvieran el impulso de hacerlo. Tomar el control de la programación sexual de los jóvenes puede ayudar a conseguir todo esto.

A escala nacional, estas diversas iniciativas se impulsan a través de los sistemas educativos. En Irlanda, el Irish Times informó en julio de 2023 de que las "clases de educación sexual" iban a ser obligatorias para los estudiantes de ciclo superior de secundaria (bachillerato). [84] La iniciativa se denomina "Educación Social, Personal y Sanitaria", en la que se va a lavar el cerebro a los alumnos durante una hora a la semana. La contrapartida en la escuela primaria es "Relaciones y Educación Sexual (RSE)".

A nivel internacional, las subinstituciones de las Naciones Unidas (marxistas) (por ejemplo, la UNESCO) desempeñan un papel central a la hora de dictar estas iniciativas, y los serviles gobiernos de los "estados" (países) miembros están "obligados" a cumplirlas. Se han creado plantillas globales sobre cómo se debe "educar" a los niños, especialmente en lo que respecta a la "educación" sexual. Algo muy extraño y pedófilo...

Del prólogo del documento de 138 páginas de la UNESCO "Orientaciones Técnicas Internacionales sobre Educación en Sexualidad" (2018): "demasiados jóvenes siguen haciendo la transición de la infancia a la edad adulta recibiendo información inexacta, incompleta o cargada de juicios que afectan a su

---

[84] O'Brien, C, "Sex education classes to be mandatory for Leaving Cert students", 12 de julio de 2023. https://www.irishtimes.com/ireland/education/2023/07/12/sex-education-classes-to-be-mandatory-for-leaving-cert-students/

desarrollo físico, social y emocional... Esto representa el fracaso de los garantes de derechos de la sociedad en el cumplimiento de sus obligaciones con toda una generación".[85] Ya veo, así que la ONU tiene que intervenir. El activismo requiere crear un problema de la nada que hay que "arreglar", que es lo que han hecho aquí. Obsérvese que "responsables" es una indirecta a los padres.

En la página 71, en la sección "Comportamiento sexual y respuesta sexual", los "objetivos de aprendizaje" para niños de 5 a 8 años incluyen que comprendan "que la gente muestra amor y cuidado por otras personas de diferentes maneras, incluyendo besos, abrazos, caricias y, a veces, a través del comportamiento sexual".[86] Es un milagro que la humanidad haya procreado hasta este punto sin la sabia aportación de la ONU.

Debo decir que es una lectura divertida e inquietante: aborda las interacciones humanas, las relaciones y la sexualidad desde un punto de vista ultraanalítico, estructurado, casi robótico. (voz de robot) "A esta edad de desarrollo te tocarás los genitales"... "A esa edad elegirás tu estado de género por defecto para hoy... beep bop boop".

Los niños (según la ONU, etc.) "sufren" debido a la incapacidad de los padres para criar a sus hijos. Por lo tanto, en esta sub-agenda, los niños son los "oprimidos", los padres son los "opresores", y los raros miembros de la secta de los padres tienen que venir al rescate. ¡Niños del mundo, uníos!

---

[85] "Orientaciones técnicas internacionales sobre educación sexual: un enfoque basado en pruebas", UNESCO 2018. https://unesdoc.unesco.org/ark:/48223/pf0000260770

[86] Ibid. P. 71.

# Sección V-Varios grupos y encarnaciones

"Hay algunos de los nuestros que siguen pensando que los comunistas son el ala izquierda del movimiento socialista. No es así. El movimiento socialista era un movimiento por la libertad en su sentido más amplio. Desde el punto de vista de la libertad, los comunistas están en la extrema derecha"[1]

Miembro de la Sociedad Fabiana y Primer Ministro británico
Clement Atlee, discurso en Glasgow, 1949

## Introducción

Las percepciones de muchos han sido distorsionadas para que acepten el internacionalismo, con el propósito último de arrastrarlos hacia la esclavitud totalitaria global. Esto se ha denominado la agenda del Gobierno Mundial Único, con la que el marxismo está inextricablemente vinculado. Se trata de las ambiciones de dominio global de la ideología.

Es cierto que el marxismo es un leopardo que nunca cambia sus manchas; pero también es una serpiente... una serpiente que -una vez que se reconoce fácilmente por lo que es- mudará su vieja y desgastada piel, sustituyéndola por una nueva, hermosa y brillante capa. Mientras se desliza por el mundo sin ser molestada, el tiempo pasa y su aspecto anterior se olvida, al igual que su naturaleza depredadora. Este ciclo de rejuvenecimiento y reinvención constantes es quizá la principal defensa, la más utilizada, que tiene esta ideología obstinada y, por supuesto, puede ser abierta o encubierta en sus métodos. No podemos repasar toda la historia, pero sí algunos puntos.

## Socialismo fabiano

"Hay que esperar el momento oportuno, como hizo Fabio con mucha paciencia... pero cuando llegue el momento hay que golpear con fuerza o la espera será en vano e infructuosa".2

Folleto fabiano

"Contamos con la guía de un experto: George Bernard Shaw, de la Sociedad Fabiana, que llamó a Lenin "el mayor fabiano de todos". Formuló y describió la metodología fabiana: utilizaba "métodos de sigilo, intriga, subversión y el

---

[1] Clement Attlee, discurso en Glasgow (10 de abril de 1949), citado en *The Times* (11 de abril de 1949), P. 4. https://en.wikiquote.org/wiki/Communism

[2] https://fabians.org.uk/about-us/our-history/

engaño de no llamar nunca al socialismo por su nombre correcto"3

Stormer, John, *Ninguno se atreve a llamarlo traición*,1964

"El patriotismo es, fundamentalmente, la convicción de que un determinado país es el mejor del mundo porque has nacido en él"4

G.B. Shaw, *El mundo*, 1893

La *Sociedad Fabiana* o Socialistas Fabianos (FS) es un subtema crucial para un estudioso de la subversión marxista y el "Nuevo Orden Mundial". Esto se debe a que esta organización muestra claramente la conexión entre las sociedades cuasi secretas, el socialismo subversivo y el mundo de la política. El FS creó -y posteriormente controló- el *Partido Laborista británico*. Además, este grupo muestra un claro vínculo entre esas estructuras y el mundo académico: crearon una universidad para promover sus objetivos llamada *London School of Economics*.[5]

Los fabianos pretendían instaurar el socialismo utilizando medios subversivos, a través del sistema democrático ("socialismo democrático"), la educación, los grupos comunitarios, etc. [6] Los conceptos de *comunitarismo* (ampliados posteriormente) y aspectos de la política de la "Tercera Vía" (una "fusión" de ideas de izquierda y derecha) pueden relacionarse con el fabianismo. El FS también nos muestra claramente el principio "socialista del champán" en acción también a nivel organizativo: un puñado de elitistas que afirman ser campeones de los pobres, mientras sirven a la tiránica agenda internacionalista (consciente o inconscientemente). Dado que muchos de los fabianos eran ellos mismos "burgueses", no se centraron en el aspecto tradicional de la lucha de clases de la teoría marxista tradicional (como hicieron los leninistas); de lo contrario, tendrían que designarse a sí mismos como el enemigo.

## Información básica

Originalmente, se trataba de un conjunto con sede en Londres formado a partir de una organización anterior llamada *The Fellowship of the New Life*. Ahora es una poderosísima organización internacional con presencia en el Reino Unido, Canadá (*Douglas-Coldwell Foundation*, luego *League for Social Reconstruction)*, Australia (*Australian Fabian Society*) y Nueva Zelanda (*New Zealand Fabian Society)*, y en Sicilia, Italia de todos los lugares (*Societa Fabiana Siciliana*). Actualmente, la Sociedad Fabiana del Reino Unido cuenta

---

[3] Stormer, J, *None Dare Call It Treason* (1964), p. 26.

[4] Shaw, G.B., *El mundo* (1893). https://en.wikiquote.org/wiki/George_Bernard_Shaw

[5] https://www.britannica.com/topic/Fabian-Society

[6] Diniejko, Litt, "The Fabian Society in Late Victorian Britain", 16 de septiembre de 2013. https://victorianweb.org/history/fabian.html

con más de 7.000 miembros.[7]

La sociedad se fundó el 4 de enero de 1884 (casi 10 meses después de la muerte de Karlie Karl Marx). Los miembros fundadores eran "radicales" de clase media atraídos por las ideas socialistas: Frank Podmore, Edward R. Pease, William Clarke, Hubert Bland, Pervical Chubb, Frederick Keddell, H.H. Champion, Edith Nesbit y Rosamund Dale Owen. Hubert Bland reclutó más tarde a George Bernard Shaw (1856-1950), que también era su amigo y colega periodista. Todos los nuevos miembros debían firmar un documento similar a una constitución llamado "The Basis" (1887). Este programa incluía propuestas como "la utilización de las instituciones, el partido y la maquinaria parlamentaria existentes para la realización de reformas sociales", para lograr "la eliminación de la tierra de propiedad privada y el establecimiento de la propiedad comunitaria de los medios de producción".[6]

### Los Fabianos

Los miembros destacados y dirigentes del FS fueron: El dramaturgo, escritor y premio Nobel irlandés G.B. Shaw; el matrimonio formado por Sidney (1859-1947) y Beatrice Webb (1858-1943); Graham Wallas, y Sidney Olivier. Sidney Webb fue economista, politólogo y escritor. Se casó con Beatrice Potter en 1892 (Potter era hija de Richard Potter, un rico financiero del ferrocarril británico y canadiense). Wallas era psicólogo social y pedagogo. Sidney Olivier era un funcionario con buenas conexiones y más tarde fue Gobernador de Jamaica y Secretario de Estado para la India.

Otros miembros de la Sociedad Fabiana fueron: el famoso escritor Herbert George Wells; el filósofo y matemático Bertrand Russell; el economista John Maynard Keynes; Eleanor Marx (hija de Karlie Karl); el historiador y profesor Arnold Toynbee; la teósofa y activista por los derechos de la mujer Annie Besant; la activista por los derechos de la mujer y organizadora del movimiento sufragista británico Emmeline Pankhurst; el masón y político Clement Atlee; el editor de la revista *New Age* y masón Alfred Richard Orage; y el autor de *Brave New World* Aldous Huxley (hermano del notable eugenista Julian Huxley).

### Las perlas de sabiduría de G.B.

Quizá el fabiano más famoso sea George Bernard ("G.B.") Shaw. He aquí algunas de sus citas más célebres. La primera es de *La guía de la mujer inteligente sobre el socialismo y el capitalismo* (1928): "Socialismo significa igualdad de ingresos o nada. En el socialismo no se te permitiría ser pobre. Se te alimentaría, vestiría, alojaría, enseñaría y emplearía a la fuerza, te gustara o no. Si se descubriera que no tienes suficiente carácter e iniciativa para merecer todas estas molestias, posiblemente serías ejecutado de una manera amable;

---

[7] "Afiliación". https://fabians.org.uk/membership/

pero mientras se te permitiera vivir, tendrías que vivir bien. En el "Estado niñera" definitivo, sin libre albedrío ni derecho a elegir, eres propiedad de las élites y descartado cuando ya no sirves para nada".[8]

Esta es de un discurso filmado el 5 de marzo de 1931 (disponible en YouTube): "No quiero castigar a nadie, pero hay un número extraordinario de personas a las que quiero matar. No con ningún espíritu cruel o personal, todos ustedes deben conocer al menos media docena de personas que no sirven para nada en este mundo. Sería bueno hacer que todos comparecieran ante una junta debidamente designada... y cada cinco o siete años ponerlos allí y decirles: "Señor o señora, ¿tendría la amabilidad de justificar su existencia? Si no puede justificar su existencia, si no está haciendo su parte en el voto social, si no está produciendo tanto como consume, o quizás un poco más, entonces, claramente, no podemos usar la gran organización de nuestra sociedad con el propósito de mantenerle vivo, porque su vida no nos beneficia y no puede ser de mucha utilidad para usted mismo".[9]

En una edición del periódico dublinés *Evening Herald* del 3 de febrero de 1948 se le citaba diciendo lo siguiente: "Soy comunista, pero no miembro del Partido Comunista. Stalin es un fabiano de primera clase. Soy uno de los fundadores del fabianismo y, como tal, muy amigo de Rusia".[10]

El historial genocida/demicida de los regímenes de culto en el siglo XX adquiere un significado diferente cuando consideramos la eugenesia (crianza para producir determinados resultados). El hecho de que Shaw fuera un admirador del régimen soviético y de Stalin no es sorprendente. En una conferencia en la *Sociedad de Educación Eugenésica* en 1910 Shaw declaró: "Deberíamos encontrarnos comprometidos a matar a un gran número de personas a las que ahora dejamos vivir... Una parte de la política eugenésica nos llevaría finalmente a un uso extensivo de la cámara letal. Muchas personas tendrían que ser eliminadas de la existencia simplemente porque cuidar de ellas hace perder el tiempo a otras personas".[11]

---

[8] Shaw, G.B., *The Intelligent Woman's Guide to Socialism and Capitalism* (1928). https://ia904704.us.archive.org/33/items/in.ernet.dli.2015.276240/2015.276240.The-Intelligent.pdf

[9] "George Bernard Shaw: Hay un número extraordinario de personas a las que quiero matar", 27 de junio de 2020. https://www.YouTube.com/watch?v=Ymi3umIo-sM

[10] Shaw, G.B., periódicos Evening Herald, 3 de febrero de 1948.

https://quotepark.com/quotes/2066840-george-bernard-shaw-i-am-a-communist-but-not-a-member-of-the-communis/

[11] Rose, E. "Eugenics Rises Again", 14 de noviembre de 2019.

https://medium.com/@finnishrose/eugenics-rises-again-1f5421aba5ba

Un extracto de None Dare call it Treason de John A. Stormer (1928-2018) (subrayado para énfasis): "Shaw se describía a sí mismo como "comunista", pero difería con Marx sobre cómo se llevaría a cabo la revolución y por quién. Explicó estas diferencias en 1901 en su *Who I am, What I think* cuando escribió: "El Capital de Marx no es un tratado sobre el socialismo; es una jeremiada contra la burguesía (clase media). Se suponía que estaba escrito para la clase obrera; pero el obrero respeta a la burguesía y quiere ser un burgués; Marx no se apoderó de él ni por un momento. Fueron los hijos revoltosos de la propia burguesía, como yo, los que pintaron de rojo la bandera. Las clases media y alta son el elemento revolucionario de la sociedad: el proletariado es el elemento conservador'". [12]

Interesante y revelador. Como ya se ha dicho, los propios Marx y Engels procedían de entornos privilegiados.

### Guerra de los Pozos

"Esta nueva y completa Revolución que contemplamos puede definirse en muy pocas palabras. Es el socialismo mundial abierto, científicamente planeado y dirigido... y la expansión sedentaria de la organización educativa a las demandas siempre crecientes del nuevo orden"[13]

H.G. Wells, *Nuevo Orden Mundial*, 1940

El famoso escritor inglés H.G. Wells (1866-1946) fue miembro de la Sociedad Fabiana entre 1903 y 1908. Wells era darwinista y defensor a ultranza del socialismo y la eugenesia. Creía que el colectivismo debía convertirse en el nuevo "opio de las masas", la nueva religión. En un momento dado incluso intentó hacerse con el control de la dirección de la sociedad (de Shaw y Webb) con algunos miembros nuevos.

Entre sus numerosas obras, Wells es autor de: *¿Destruirá el socialismo el hogar?* (1907), *La guerra y el socialismo* (1915), *La conspiración abierta* (1928) y *Nuevo orden mundial* (1940).[14] En Nuevo orden mundial escribió: "Innumerables personas, desde maharajás a millonarios y desde pukkha sahibs a bellas damas, odiarán el nuevo orden mundial... y morirán protestando contra él. Cuando intentemos estimar su promesa, debemos tener en cuenta la angustia de una generación de descontentos".

También: "La reorganización del mundo tiene que ser al principio principalmente obra de un "movimiento" o un Partido o una religión o culto, como queramos llamarlo. Podemos llamarlo el Nuevo Liberalismo o el Nuevo Radicalismo o lo que sea. No será una organización muy unida, que siga la

---

[12] Shaw, G.B., "Who I Am, and What I Think", 11 de mayo de 1901.

[13] Wells, H.G., *Nuevo orden mundial* (1940).

[14] https://www.britannica.com/biography/H-G-Wells

línea del partido y demás. Puede que sea muy poco unida y tenga muchas facetas".[15] Teniendo en cuenta la naturaleza de la secta/ideología actual, ¿no es esta visión casi profética?

## Miembros y ponentes modernos

En tiempos modernos, algunos de los miembros famosos y ponentes de eventos son: el ex líder del Partido Laborista británico Jeremy Corbyn; el ex Primer Ministro del Reino Unido y líder del Partido Laborista británico Tony Blair; el diputado del Partido Laborista británico y alcalde de Londres Sadiq Khan; el ex Primer Ministro del Reino Unido y líder del Partido Laborista Gordon Brown; el político del Partido Laborista británico y presidente de *Policy Network* Peter Mandelson. Otros miembros destacados del FS -que también fueron diputados del Parlamento británico- son Robin Cook, Jack Straw, David Blunkett y Clare Short.[16]

Los fabianos también han estado en las más altas esferas de la política australiana durante décadas. Cuando Julia Gillard asumió el cargo en 2010, siete Primeros Ministros australianos consecutivos eran miembros de FS: Gough Whitlam (1972 a 1975); Robert Hawke (1983 a 1991); Paul Keating (1991 a 1996); Kevin Rudd (2007 a 2010); y luego la propia Gillard (2010 a 2013). Otros fabianos que se convirtieron en políticos de primera fila son John Cain, Neville Wran y Jim Cairns, y los miembros del Partido Laborista australiano Bob Carr y Kelving Thompson.[17] Curiosamente, Jim Cairns estuvo muy implicado en el *Consejo Mundial de la Paz* (una creación de Joseph Stalin), además de ser un notable activista contra la guerra de Vietnam.[18]

## Un nuevo orden mundial fabiano

En un discurso pronunciado en Washington DC el 21 de abril de 2008, el entonces Primer Ministro británico (fabiano) Tony Blair dijo: "La asociación transatlántica nunca fue sólo la base de nuestra seguridad. Fue la base de nuestra forma de vida. Se forjó en la experiencia más amarga y angustiosa. De ella surgió una nueva Europa, un nuevo orden mundial, un nuevo consenso sobre cómo debe vivirse la vida".[19]

El 2 de abril de 2009, durante una cumbre del G20 en Londres, el entonces

---

[15] Wells, H.G. *Nuevo orden mundial* (1940), P.111.
http://www.telelib.com/authors/W/WellsHerbertGeorge/prose/newworldorder/newworldorder008.html

[16] https://en.wikipedia.org/wiki/Category:Members_of_the_Fabian_Society

[17] McGrath, A, *Wolves in Sheep's clothing* (2012), p. 20.

[18] https://en.wikipedia.org/wiki/Jim_Cairns

[19] "Tony Blair - Nuevo Orden Mundial", 9 de noviembre de 2010.
https://www.YouTube.com/watch?v=Jv17gVF9kMA

primer ministro británico (fabiano) Gordon Brown dijo: "Creo que está surgiendo un Nuevo Orden Mundial, y con él los cimientos de una nueva y progresista era de cooperación internacional... juntos gestionaremos el proceso de globalización, para garantizar la responsabilidad de todos y la justicia para todos... construiremos una sociedad global más sostenible más abierta y más justa". [20] "Más justa" = igualitarismo, justicia social, etc. También "responsabilidad de todos y justicia para todos" es la versión fabiana de "de cada uno según su capacidad a cada uno según sus necesidades" (gracias Karl). ¿Alguien quiere el Nuevo Orden Mundial?

### Cronología de acontecimientos y logros de FS

En 2012, la autora australiana Dra. Amy McGrath (1921-2019) publicó un libro titulado *Wolves in Sheep's Clothing*. El libro es una colección de extractos de la obra de otros autores sobre el tema del comunismo, etc. Incluye piezas que relacionan organizaciones extragubernamentales como las Naciones Unidas, el Club de Roma, el Consejo de Relaciones Exteriores y el Grupo Bilderberg, etc. Como sugiere McGrath, estas organizaciones han trabajado juntas para promover la agenda del Gobierno Mundial Único, a través de agendas de nivel inferior que incluyen la Agenda 21 y sus objetivos de "desarrollo sostenible". La Agenda 21 trata aparentemente de cómo reestructurar el mundo y el comportamiento humano en beneficio del planeta. En realidad, se trata de controlar a las masas (cómo y dónde viven, qué comen, cómo viajan, qué posesiones pueden tener y en qué cantidad, etc.).

Como se enumera a lo largo del libro del Dr. McGrath, he aquí un resumen cronológico de algunos logros de los fabianos desde la fundación de la sociedad el 4 de enero de 1884. Crearon el *Partido Laborista Independiente* (ILP). Se fundó en enero de 1893 mediante la fusión de más de 70 grupos fabianos locales, y estaba dirigido por el fabiano Kier Hardie (que antes había cofundado la Segunda Internacional con el compañero de letras y patrocinador de Karl Marx, Friedrich Engels); fundó la London School of Economics and Political Science en 1895; ayudó a crear el *Labour Representative Committee* en 1900; promovió la introducción de un salario mínimo en 1906; fundó la *Pan-Fabian Organization* en 1907; promovió la idea de un Servicio Nacional de Salud en 1911; fundó *Fabian Research* en 1912 (más tarde conocida como *Labour Research Bureau); fundó* la *University Socialist Federation* en 1912 (más tarde conocida como University Labour Clubs); fundaron la revista socialista *New Statesman* en 1913 (que sigue activa hoy en día); ayudaron a la revolución bolchevique de Lenin en Rusia; participaron en la creación del *Royal Institute of International Affairs* en 1919 (una de las "6 grandes" orgs que aparentemente "dirigen" el mundo); participaron en la creación de la *Sociedad de Naciones* en 1920 (precursora de la ONU); crearon el *New Fabian*

---

[20] CNN, "New world order is emerging", 2 de abril de 2009.
https://www.YouTube.com/watch?v=ZD5Yy9Iq7lg

*Research Bureau* en 1931; participaron en la creación de las *Naciones Unidas* y fundaron *el Tribunal Internacional de Justicia de* La Haya en 1945; y participaron en la creación de la *Internacional Socialista* en 1951.[21] [22]

Una obra titulada "Gobierno internacional" (1916) fue escrita por el fabiano, miembro del Partido Laborista y periodista Leonard Woolf (1880-1969). Este libro sirvió de inspiración para la creación de la *Sociedad de Naciones* unos años más tarde, *lo que* se logró gracias a la colaboración de la sociedad con el *Grupo Milner.* La *Oficina Internacional Fabiana se dedicó* a la investigación y la propaganda en asuntos internacionales y promovió diversos planes internacionalistas, como la unión del Imperio Británico con América y Rusia.

La Internacional Socialista (IS) se creó para controlar una red de organizaciones socialistas. Su objetivo era coordinar el socialismo internacional e impulsar la agenda del Gobierno Mundial Único a través de estos grupos. Además, y con este fin, estos grupos ayudarían a reforzar el control de las Naciones Unidas. En junio de 1962, en la *Conferencia del Consejo de la Internacional Socialista* celebrada en Oslo, la IS declaró que "la pertenencia a las Naciones Unidas debe hacerse universal".[23]

### ¿Por qué la Sociedad Fabiana?

El nombre "Fabian" fue sugerido por un miembro fundador de FS (probablemente Frank Podmore). Quinto Fabio Máximo Verruco (280-203 a.C.) fue un general romano encargado de defender Roma del general cartaginés Aníbal (247-181 a.C.) durante la *Segunda Guerra Púnica* (218 a.C.-201 a.C.). Aníbal se hizo legendario por tácticas tan innovadoras como el uso de elefantes para atacar a los romanos por los Alpes. Los cartagineses superaban ampliamente en número a los romanos, pero Fabio derrotó a Aníbal empleando un enfoque de guerra de guerrillas: tácticas de golpear y huir, sin batallas directas, destruyendo las líneas de suministro, etc. Como contuvo el avance cartaginés, se le conoció como Fabio "Cuncatator" (latín para "retardador"). Sus esfuerzos permitieron a Roma reorganizarse.[24] Un punto clave aquí, para nuestros propósitos: los Fabios eran/son superados en número por las masas. Cuando te enfrentas a números superiores, es mejor atacar utilizando medios subversivos e indirectos para lograr la victoria.

---

[21] McGrath, A, *Wolves in Sheep's clothing* (2012), p. 20.

[22] https://fabians.org.uk/about-us/our-history/

[23] *"Declaración de la Internacional Socialista, Conferencia de Oslo, 2-4 de junio de 1962".*

https://www.socialistinternational.org/councils/oslo-1962/

[24] https://fabians.org.uk/about-us/our-history/

## Simbología fabiana

> "Guardaos de los falsos profetas, que vienen a vosotros con vestidos de ovejas, pero por dentro son lobos rapaces" Mateo 7:15[25]

> "Me he dado un festín con la sangre de los santos, pero los hombres no sospechan que soy su enemigo, porque mi vellón es blanco y caliente mis dientes no son los dientes de uno que desgarra la carne mis ojos son suaves, y no me conocen como el jefe de los espíritus mentirosos"[26]

El ocultista británico Aleister Crowley, La visión y la voz, 1911

### Escudo de armas

La tradicional y maquiavélica táctica marxiana de la malevolencia, disfrazada de benevolencia, está perfectamente simbolizada por el escudo de armas fabiano: un lobo con piel de cordero. El lobo es negro, lleva su disfraz de oveja blanca y sostiene una bandera roja (comunista). ¿Se te ocurre una imagen más apropiada para simbolizar este concepto? Viene disfrazado como uno de los tuyos, como un amigo, pero su objetivo es matarte a ti y a todos los de tu especie. Un depredador despiadado disfrazado de presa inofensiva. En resumen, se trata de un ataque hostil contra víctimas desprevenidas, utilizando el sigilo. Al parecer, G.B. Shaw diseñó este escudo de armas. Más tarde se retractó por considerarlo demasiado descarado (¿no me digas?).

### El logotipo de Fabian

Los fabianos también utilizaban la tortuga sobre un fondo rojo (comunista), representando un proceso lento y sigiloso. En la parte inferior de este logotipo aparece el texto de su lema "Espero mucho, pero cuando golpeo, golpeo fuerte". Simboliza el estilo paciente y subversivo de los fabianos: un proceso lento de instauración del socialismo, en lugar de un derrocamiento violento e inmediato.

De su primer panfleto: "Debes esperar el momento oportuno, como hizo Fabio pacientemente, cuando luchó contra Aníbal, aunque muchos censuraron sus retrasos; pero cuando llegue el momento debes golpear con fuerza, como hizo Fabio, o tu espera será en vano e infructuosa". Una gran cita del autor estadounidense Jon Perdue: "El logotipo de la Sociedad Fabiana, una tortuga, representaba la predilección del grupo por una transición lenta e imperceptible hacia el socialismo, mientras que su escudo de armas, un "lobo con piel de cordero", representaba su metodología preferida para alcanzar su objetivo".[27]

### Una ventana fabiana "religiosa

---

[25] Mateo 7:15; Biblia King James. https://biblehub.com/matthew/7-15.htm

[26] Crowley, A, *La visión y la voz* (1911).

[27] Perdue, J, *La guerra de todo el pueblo: El nexo entre el radicalismo latinoamericano y el terrorismo de Oriente Medio* (2012).

La Ventana Fabiana es una vidriera situada en la London School of Economics. Diseñada por G. B. Shaw, fue encargada en 1910. La vidriera ha cambiado varias veces de propietario y de ubicación desde entonces, hasta llegar a su emplazamiento definitivo en la Biblioteca Shaw de la LSE. Tony Blair la inauguró en una ceremonia el 20 de abril de 2006.[28] En el escaparate, tres fabianos (Shaw, Webb y ER Pease) aparecen "forjando" la Tierra sobre un yunque, utilizando martillos (masónicos). La están "rompiendo en pedazos", para remodelar el mundo a su antojo... para construir "el nuevo mundo". Encima del mundo, podemos ver el escudo fabiano.

Este "reforjamiento" del mundo representa el concepto marxiano tradicional de destrucción deliberada del orden social antes de reconstruirlo como una "utopía". En la parte inferior hay otros miembros de FS "rezando" a sus "escrituras". La escena evoca el concepto de religiosidad y culto. Los fabianos querían que su ideología totalitaria internacionalista y colectivista fuera la nueva "religión".

¿Acaso no vemos este culto al "conocimiento"/escrituras marxistas hoy en día, especialmente en círculos académicos/intelectuales? Esta imagen, y de hecho la intención de los fabianos en general, refleja uno de los mensajes centrales de este libro: es un culto subversivo. La ventana es probablemente el mejor artefacto físico para simbolizarlo. El texto que aparece en la parte superior de la ventana dice: "Moldeadlo cerca del deseo del corazón". *Es una* cuarteta del filósofo y poeta persa medieval Omar Khayyam (1048-1131): "¡Ah Amor! Si tú y yo pudiéramos conspirar con el Destino, para comprender todo este triste esquema de cosas, no lo romperíamos en pedazos, y luego, ¡volveríamos a moldearlo más cerca del deseo del corazón!".[29]

## La estrategia fabiana

Los fabianos no suscribían el modus operandi de los bolcheviques para la toma del poder revolucionario. No eran tan anti'burgueses', siendo burgueses ellos mismos. Rechazaban la idea de una "lucha de clases" violenta para instaurar una sociedad socialista. Consideraban que la reforma era mejor que la revolución. Por lo tanto, el objetivo de los fabianos era instaurar el socialismo mediante la evolución y no la revolución. Esto debía lograrse no mediante una acción política directa e instantánea, para obtener resultados inmediatos, sino mediante una influencia consistente y sutil que se extendiera durante un periodo más largo. Se trataba de un método diferente e indirecto de implantar el colectivismo en comparación con otros métodos que empleaban la revolución violenta (por ejemplo, el derrocamiento militar/golpe de estado de

---

[28] Donnelly, S., "Hammering out a new world-the Fabian Window at LSE", 13 de septiembre de 2017.

[29] Khayyam, O., cuarteta XCIX https://en.wikiquote.org/wiki/OmarKhayyam

los "marxistas-leninistas").

A diferencia de otras interpretaciones del marxismo -en las que se manipulaba y controlaba principalmente a las clases trabajadoras-, los fabianos pretendían controlar también a las demás clases. En particular, querían utilizar a las clases medias para impulsar sus programas, no al "proletariado", y era típico del modus operandi de los fabianos dirigirse a los tipos de la "burguesía". En los escritos de Beatrice Webb hablaba de estafar a la gente; de "atrapar millonarios". En general, querían adoctrinar a la sociedad en su conjunto, crear "una opinión común a favor del control social... etc.". En otras palabras, preparar psicológicamente a nuestros países para la toma del poder por la secta marxista. Durante los primeros años de la sociedad, los Fabianos daban 700 conferencias al año, promoviendo su "filosofía" del "Gradualismo" o "Permeabilización".[30]

Los fabianos están especializados en utilizar el sistema democrático para instaurar un Estado totalitario. Este método gradual suele ser adecuado para los países occidentales del "primer mundo". Fueron pioneros en el concepto de socialismo democrático, utilizando el sistema democrático para garantizar una mentalidad favorable al socialismo en sus países objetivo. La infiltración en los "centros de poder" es clave, incluidos los sindicatos, los partidos políticos, las instituciones y grupos religiosos (incluido el movimiento *New Age*), el sistema jurídico, los medios de comunicación, los sistemas educativos, las instituciones cívicas y financieras, las empresas industriales, etc. Sobre la educación en particular, Shaw afirmó que deben hacerse con "el control de todo el sistema educativo, desde la escuela primaria hasta la universidad... y de las dotaciones educativas en general".[31]

¿No le suena todo esto cuando observamos cómo se han transformado los países occidentales en las últimas décadas? ¿Se ha dado cuenta de la velocidad y el ritmo al que han cambiado las cosas en su país en los últimos tiempos; no de la noche a la mañana, sino a través de un proceso gradual de cambio casi constante? Ese es el estilo fabiano. Progreso gradual y constante, como una tortuga que camina.

**Permeación**

Aquí está G.B. Shaw hablando de cómo el Partido Liberal Británico fue atacado utilizando la Permeabilización:

"Permeamos las organizaciones del partido y tiramos de todos los cables que pudimos con nuestra mayor habilidad y energía; y tuvimos tanto éxito que en 1888 ganamos la sólida ventaja de una mayoría progresista, llena de ideas que nunca habrían llegado a sus cabezas si los fabianos no las hubieran puesto

---

[30] McGrath, A, *Lobos con piel de cordero* (2012).

[31] Shaw, G.B., "La reforma educativa", 1889.

allí".[32] Nótese que esto fue apenas cuatro años después de que se formara la sociedad.

De *The History of the Fabian Society* (1918) por Edward R. Pease (1857-1955), que fue secretario durante varias décadas: "... un Comité de Universidades, con Frank Podmore como Secretario para Oxford y G. W. Johnson para Cambridge, había comenzado la 'penetración' de las Universidades, que siempre ha sido una parte importante de la propaganda de la Sociedad".[33] (Los lectores pueden comprender la importancia de que se mencione aquí a Oxford y Cambridge. Algunos investigadores del "nuevo orden mundial" los consideran una parte importante del aparato de control académico).

Los fabianos engendraron muchas organizaciones para extender su alcance. De *Occult Theocracy* (1933) de Lady Queenborough (1887-1933): "Los fabianos forman numerosas sociedades independientes, comités, clubes de estudio, asociaciones, ligas, escuelas, con el fin de obtener el apoyo de los no socialistas para las secciones del programa socialista que podrían no recibir la aprobación pública si se revelara la conexión con el esquema socialista-comunista mundial. De este modo, se ponen a disposición de Inglaterra las "listas de chupópteros" de los partidarios capitalistas del socialismo. El sistema es el mismo en América".[34] (Me vienen a la mente las declaraciones de Beatrice Webb sobre estafar a los empresarios burgueses).

## El Partido Laborista

"Los laboristas se mantuvieron fieles a su creencia a largo plazo en el establecimiento de una cooperación este-oeste como base para unas Naciones Unidas reforzadas que avancen hacia un gobierno mundial. Para nosotros el gobierno mundial es el objetivo final y las Naciones Unidas el instrumento elegido".[35]

Manifiesto electoral del Partido Laborista británico ("The New Britain"), 1964

"El Partido Laborista odia el concepto de lo inglés... lo han odiado durante mucho tiempo, ni siquiera soportan el concepto de patriotismo. Piensan que la bandera de alguna manera es desagradable, retrógrada y antipática. Gente como Emily Thornberry preferiría que tuviéramos esa bandera azul con 12 estrellas que nos llega de Bruselas"-Político británico Nigel Farage, artículo de BBC

---

[32] Shaw, G.B., Fabian Tract 41 ("La Sociedad Fabiana: qué ha hecho y cómo lo ha hecho"), 1892.

[33] Pease, Edward R., *The History of the Fabian Society* (1918). https://www.voltairenet.org/IMG/pdf/Pease_Edward_R_- _History_Of_The_Fabian_Society.pdf

[34] Miller, E.S. (Lady Queensborough), *La teocracia oculta* (1933).

[35] Manifiesto electoral del Partido Laborista de 1964 "The New Britain".http://www.labour-party.org.uk/manifestos/1964/1964-labour-manifesto.shtml

News, noviembre de 2014.[36]

El Partido Laborista británico evolucionó a partir del *Comité de Representación Laborista* (que los fabianos ayudaron a crear). Antes de su fundación en 1900, había dos partidos principales en la política británica: los conservadores y los liberales. El Partido Laborista se formó a partir de aquellos que pertenecían a una tercera categoría de "rebeldes" y atípicos que no pertenecían a los dos principales (¡y en ese momento de la historia, puede estar seguro de que había muchos miembros de sectas decididos deambulando por el lugar!) Sidney Webb redactó gran parte de la constitución del partido de 1918, además del programa *Laborista y del Nuevo Orden Social* del mismo año.[37]

De la página "Nuestra historia" del sitio web *fabians.org.uk*: "A medida que la importancia electoral del Partido Laborista crecía en el periodo de entreguerras, la contribución de la sociedad seguía el mismo ritmo. En 1923, más de veinte fabianos fueron elegidos al parlamento, con cinco fabianos en el primer gabinete laborista de Ramsay McDonald. El futuro primer ministro y fabiano Clement Attlee recibió su primer cargo ministerial en esta época". El propio periodo de guerra vio "el florecimiento de las sociedades fabianas locales. En 1939 sólo había seis sociedades locales, en 1945 había 120 sociedades locales en todo el país". En 1945, el primer Primer Ministro fabiano del Reino Unido, Clement Attlee, destacado miembro de la secta, asumió el cargo en sustitución de Winston Churchill. Los investigadores de FS estiman que había 200 fabianos en el Parlamento británico durante el mandato de Attlee. Bajo su liderazgo, el Reino Unido entró en un periodo de declive económico debido a la experimentación de políticas socialistas. Como se ha mencionado, la secta/ideología a menudo presiona para tomar el control de los países cuando se encuentran en un estado debilitado, como en un período de posguerra.

## Escuela de Economía de Londres

La London School of Economics (o LSE) fue fundada en 1895 por los principales miembros de FS, Sidney y Beatrice Webb, G.B. Shaw y Graham Wallas. Sede de la Ventana Fabiana, se creó para promover la ideología a través del mundo académico. Su nombre oficial es "The London School of Economics and Political Science", y no hace falta ser un genio para imaginar el sesgo ideológico que imprime a estas materias. El nombre también es divertido, ya que una institución económica marxista es un oxímoron. La LSE es conocida por su radicalismo de extrema izquierda, y en su día se la

---

[36] "Miliband: Thornberry's 'white van, flag' tweet faltó al respeto", 21 de noviembre de 2014. https://www.bbc.com/news/uk-politics-30148768

[37] https://fabians.org.uk/about-us/our-history/

denominó "Escuela Londinense de Extremistas".[38] Entre sus antiguos alumnos destacan George Soros y David Rockefeller (1915-2017). El político y empresario irlandés Peter Sutherland (1946-2018) también estuvo vinculado a la LSE. Sutherland fue una figura central en la agenda de migración masiva de la ONU, como Representante Especial del Secretario General para la Migración Internacional (2006-2017).[39] A finales de los años veinte y treinta, la LSE recibió millones de dólares de las fundaciones Rockefeller y Laura Spellman, llegando a ser conocida como "el bebé de los Rockefeller".[40]

## Graham Moore

Un analista destacado sobre los fabianos es un investigador afincado en Londres y patriota inglés llamado Graham Moore. En enero de 2018, Moore participó en un intento de arresto ciudadano del alcalde fabiano de Londres, Sadiq Khan. La acción fue intentada por un grupo de "extrema derecha" llamado *White Pendragons* (del que Moore figura como líder), mientras Khan pronunciaba un discurso en una conferencia de la Sociedad Fabiana sobre igualdad de género (pone los ojos en blanco).

El trabajo de Moore ha abarcado varias áreas, incluido un excelente trabajo sobre los fabianos. En el momento de escribir este artículo (febrero de 2021), su canal de YouTube no aparece por ninguna parte, pero su sitio web *daddydragon.co.uk* sigue activo.[41] En sus largos y detallados vídeos hizo algunas observaciones muy interesantes sobre los fabianos. Aquí están algunos de los puntos clave recogidos (a través de notas) de ellos cuando el canal todavía estaba activo.

## Fabianos en el Gobierno

En 1945 fueron elegidos 393 candidatos laboristas al Parlamento, de los cuales 229 eran miembros del FS. En 1997, fueron elegidos 418 candidatos laboristas, de los cuales 200 eran miembros del FS. Los fabianos han mantenido una presencia constante en el parlamento británico y no solo están presentes en el Partido Laborista. Según las cifras de 2012, había aproximadamente 7000 miembros del FS en el Reino Unido.

De los 7.000, el ochenta por ciento (5.600) eran miembros del Partido

---

[38] Syal y Hasting, "Al-Qa'eda terror trio linked to London School of 'Extremists'", 27 de enero de 2022. https://www.telegraph.co.uk/news/uknews/1382818/Al-Qaeda-terror-trio-linked-to-London-School-of-Extremists.html

[39] https://en.wikipedia.org/wiki/Peter_Sutherland

[40] Cox, M. "LSE - Rockefeller's baby?", 24 de junio de 2015.
https://blogs.lse.ac.uk/lsehistory/2015/06/24/lse-rockefellers-baby/

[41] "¿Quiénes son los Pendragones Blancos?", 22 de enero de 2018.
https://medium.com/@RidgewayInfo/who-are-the-white-pendragons-ba75af92d5eb

Laborista (lo que supone sólo un tres por ciento de los miembros del Partido Laborista en general). El otro veinte por ciento del total de afiliados al FS (1400) pertenecen a otros partidos, como el Liberal Demócrata y el Conservador.

En los escalones más altos de la dirección laborista, el porcentaje de fabianos aumenta drásticamente, y alrededor del cincuenta por ciento de los candidatos laboristas desde los años cuarenta han sido miembros de FS. Cuando llegamos a la propia dirección del partido laborista, la proporción de fabianos se acerca al cien por cien. En 1966, el gabinete laborista tenía 21 miembros, de los cuales 17 eran miembros de FS.

Esta proporción se ha mantenido constante hasta hoy. Casi todo el gabinete laborista de 1997 (incluido el Primer Ministro Tony Blair) estaba compuesto por fabianos. Todos los gobiernos laboristas desde 1924 hasta 1997-2010, han estado formados casi exclusivamente por miembros del FS. Casi todos los líderes del Partido Laborista han sido fabianos. Todos los líderes adjuntos del Partido Laborista han sido fabianos.[42]

De la página "About Us" del sitio web de la Sociedad Fabiana del Reino Unido: "Todos los primeros ministros laboristas han sido fabianos y, en la actualidad, cientos de políticos laboristas son miembros de la sociedad, incluido el líder laborista Keir Starmer MP y más de la mitad de su gabinete en la sombra, así como altas personalidades de los gobiernos locales y descentralizados. Nuestro comité ejecutivo electo incluye actualmente a cinco diputados laboristas".[43]

**Actividades de Fabian en el mundo**

Moore también comentó que: los Fabianos desempeñaron un papel en el desmantelamiento del Imperio Británico, utilizando una organización de fachada llamada *The Fabian Colonial Bureau*, ya que el imperio era un obstáculo para el comunismo mundial; Shaw y Webb fueron pioneros en el uso de la Dialéctica Hegaliana en términos prácticos, con el fin de manipular la opinión pública; el famoso libro *1984*, escrito por George Orwell (1903-1950) en 1949, se tituló así en homenaje al centenario de la fundación de la Sociedad Fabiana en 1884; los fabianos participaron en la redacción de las constituciones de varios países, entre ellos Irlanda (República de) e India.

Moore afirmó que la famosa figura cuasi mesiánica de Mahatma Gandhi (1869-1948) estuvo relacionada con la Sociedad Fabiana y pudo haber sido miembro; y que los fundadores de Pakistán -que se estableció tras la partición de la India y su independencia del Imperio Británico- eran fabianos.

El mundialmente famoso George Orwell (de nombre real Eric Blair) estudió

---

[42] Crace, J., "The Fabian Society: a Brief History", 13 de agosto de 2001.

https://www.theguardian.com/politics/2001/aug/13/thinktanks.uk

[43] https://fabians.org.uk/about-us/

en el Eton College, un elitista colegio privado para adolescentes de Berkshire (Reino Unido). Allí fue alumno del fabiano Aldous Huxley (1894-1963), autor en 1932 de la novela distópica Un *mundo feliz*.[44] Mahatma Gandhi, que fue presentado al mundo como otra figura mesiánica de la justicia social, puede recordar al lector a Nelson Mandela, venerado de forma similar. Gandhi, por supuesto, fue fundamental para el movimiento de "liberación" indio. G.B. Shaw conoció a Gandhi en Londres en 1931, y ambos eran admiradores del trabajo del otro.[45]

## La Escuela de Fráncfort

"La obscenidad es un concepto moral en el arsenal verbal del establishment, que abusa del término aplicándolo, no a las expresiones de su propia moral, sino a las de otra"[46]

Herbert Marcuse, "Ensayo sobre la liberación", 1969

"Lo que puede oponerse a la decadencia de Occidente no es una cultura resucitada, sino la utopía silenciosamente contenida en la imagen de su decadencia"[47]

Theodor Adorno, *Prismas*, 1967

"El socialismo nunca y en ninguna parte ha sido al principio un movimiento de la clase obrera... Es una construcción de teóricos, derivada de ciertas tendencias del pensamiento abstracto con las que durante mucho tiempo sólo los intelectuales estaban familiarizados; y requirió largos esfuerzos por parte de los intelectuales antes de que las clases trabajadoras pudieran ser persuadidas de adoptarlo como su programa"[48]

Friedrich Von Hayek, *Los intelectuales y el socialismo* (1949)

Otra manifestación muy importante del marxismo subversivo es el ahora infame "think tank" llamado Escuela de Frankfurt. Si alguna vez te has preguntado por qué el mundo occidental está plagado de corrección política, "multiculturalismo", políticas identitarias y activismo "radical"; o por qué

---

[44] Heitman, D., "El talentoso Sr. Huxley", noviembre/diciembre de 2015.

https://www.neh.gov/humanities/2015/novemberdecember/feature/the-talented-mr-huxley

[45] "George Bernard Shaw". https://www5.open.ac.uk/research-projects/making-britain/content/george-bernard-shaw

[46] Marcuse, H. "Un ensayo sobre la liberación", 1969. P. 12.

https://www.marxists.org/reference/archive/marcuse/works/1969/essay-liberation.pdf

[47] Adorno, T., *Prismas* (1967). P. 72.

[48] Hayek, F., "Los intelectuales y el socialismo", 1949.

https://cdn.mises.org/Intellectualsand20Socialism_4.pdf

conceptos como Teoría Crítica, Teoría Crítica de la Raza son ahora populares, o de dónde surgió el "Marxismo Cultural"; por qué los grupos de "protesta" marxistas no son inmediatamente aplastados y encarcelados por el Estado; y por qué los sistemas "educativos" parecen estar muy implicados en todo esto; este grupo es de vital importancia. Encarnaba la esencia de la basura tóxica pseudocientífica marxista de la que el mundo (no sólo Estados Unidos) está ahora enfermo terminal. Se le conoce con razón como la "Escuela del PC".

La Escuela de Fráncfort (EF) contribuyó a propagar la infección principalmente a través de medios académicos y literarios, sobre todo en sociología, psicología y "filosofía". La "intelectualización" de la ideología ha sido una forma muy eficaz de legitimarla. En este sentido, el FS se diferenció de otros tipos de grupos marxistas. Si observamos históricamente la difusión de la ideología en Estados Unidos, desde una perspectiva panorámica, ésta desempeñó un cierto papel. Los tipos de organizaciones tradicionalmente utilizados por la secta (partidos políticos, sindicatos, etc.), ya estaban funcionando y creciendo en fuerza incluso antes de que se estableciera el FS.

Teniendo en cuenta este contexto, echemos un vistazo a este grupo. Aunque no existió durante mucho tiempo, tuvo un enorme impacto, a través de un miembro en particular. Su legado es uno de los principales factores por los que Estados Unidos (y Occidente en general) nunca ha estado tan dividido e inestable como ahora. (Utilizo el mismo acrónimo "FS" para la Escuela de Fráncfort que para la Sociedad Fabiana).

**Fondo**

La Europa posterior a la Primera Guerra Mundial resultó ser un punto de inflexión para el marxismo. Según la teoría y las predicciones marxistas, las clases trabajadoras proletarias de Europa, en caso de guerra, se levantarían y derrocarían al capitalismo; los proletarios de un país se unirían con sus homólogos de otros países, etc. Sin embargo, esto no se materializó tras el estallido de la guerra en 1914. Aunque la ideología ya se estaba extendiendo por Europa en ese momento, a la hora de la verdad, en general, las clases trabajadoras de cada país seguían separándose de las clases trabajadoras de otros países; esto dio lugar a que se vistieran sus respectivos uniformes y lucharan entre sí.

Durante este período, los "intelectuales" marxistas tuvieron que conciliar esta realidad con las presunciones. Su solución fue adaptar la teoría fracasada (como de costumbre), y aquí el fanatismo obstinado entró en acción, de una manera particular. Teorizaron que la razón por la que los obreros no estaban siendo buenos pequeños proletarios revolucionarios -y apasionados por la "lucha de clases", etc.- era la influencia negativa/control mental de la cultura occidental y el cristianismo (un concepto expresado por primera vez por V.I. Lenin en su obra de 1904 "¿Qué hay que hacer?").

La secta llegó a la conclusión de que la creación de un mundo comunista no podría llevarse a cabo hasta que no se destruyeran primero las estructuras de la civilización occidental. Destacados defensores de esta teoría fueron Antonio Francesco Gramsci y Gyorgy Lukacs.

En 1922, Lukács y Willi Muezenberg (el cerebro de la subversión soviética) asistieron a una reunión de comunistas europeos en el Instituto Marx-Engels de Moscú para debatir esta cuestión.[49] Esta reunión dio forma a las iniciativas globales que la Comintern pondría en marcha para difundir la ideología. Estas interpretaciones del marxismo posteriores a la Primera Guerra Mundial marcaron el inicio de lo que se denomina marxismo occidental (misma ideología; diferente etiqueta). En sus "Cuadernos de la cárcel", Gramsci defendió la idea de La larga marcha a través de las instituciones (aunque en realidad no acuñó él mismo esta frase), o "colonizar la superestructura"; infiltrar y saturar las estructuras de la sociedad con la secta/ideología.[50]

## Orígenes

La Escuela de Fráncfort surgió en 1923 en Alemania, asociada a la Universidad de Fráncfort. El nombre original de este grupo era "Instituto de Marxismo", pero era un poco obvio, ¿no? El nombre elegido fue Instituto de Investigación Social (Institut fur Sozialforschung), que suena un poco mejor. El miembro de la secta argentino-alemana Felix Weil financió su creación. En 1922, Gyorgy Lukács presidió una reunión de intelectuales y sociólogos que simpatizaban con la causa.[51]

Dado que los miembros de FS se situaban a la izquierda del espectro político y eran intelectuales judíos, el ascenso de los nacionalsocialistas en Alemania les obligó a establecerse en otro lugar. La escuela se trasladó de Fráncfort a Ginebra, huyó de Europa y se instaló en Nueva York en 1934, principalmente en la Universidad de Colombia. Fueron recibidos por John Dewey (1859-1952), que formaba parte del personal de la universidad (él mismo era miembro de la secta y estaba vinculado a la Sociedad Fabiana). Estos "intelectuales" estarían entonces en una posición de influencia, estableciendo conexiones con los principales colegios y universidades de todo el país.[52]

---

[49] Parrhesia Diaries, "The Marxist "long march" into the age of identity politics", 1 de febrero de 2020. https://theparrhesiadiaries.medium.com/the-marxist-long-march-through-the-institutions-and-into-the-age-of-identity-politics-6a7042b235dc

[50] Gramsci, A. *Cuadernos de la cárcel*, 1950.

https://archive.org/details/AntonioGramsciSelectionsFromThePrisonNotebooks/page/n7/mode/2up

[51] Corradeti, C. "La Escuela de Fráncfort y la teoría crítica".
https://iep.utm.edu/critical-theory-frankfurt-school/

[52] Ibid.

Como eran intelectuales marxistas, ¿qué posibilidades había de que, una vez en Estados Unidos, fueran capaces de ver las cosas positivas de este nuevo país capitalista, relativamente estable y próspero, en el que se encontraban? Ninguna posibilidad. No podían limitarse a disfrutar de un lugar agradable que les había acogido y mostrar algo de gratitud; tenían que empezar a criticar y deconstruirlo todo para rehacerlo a su imagen y semejanza. Eran nihilistas y la personificación del cinismo. Obviamente, Estados Unidos no se parecía en nada al agujero de mierda relativamente miserable e inestable del que huyeron (la Alemania de Weimar).

De *El hombre unidimensional* de Herbert Marcuse (1964): "Bajo el dominio de un todo represivo, la libertad puede convertirse en un poderoso instrumento de dominación. La libre elección de los amos no suprime ni a los amos ni a los esclavos. La libre elección entre una amplia variedad de bienes y servicios no significa libertad si estos bienes y servicios sostienen los controles sociales sobre una vida de trabajo y miedo, es decir, si sostienen la alienación. Y la reproducción espontánea de las necesidades superpuestas por el individuo no establece la autonomía; sólo atestigua la eficacia de los controles".[53] Menudo galimatías sin sentido. Nótese la obvia alusión al capitalismo y al consumismo, y cómo una sociedad así es "represiva". (La palabra "alienación" hace referencia a la ridícula teoría de Karlie Marx de la "alienación del trabajo" ("trabajo enajenado"). Esencialmente, es la idea de que una vez que produces algo (por ejemplo, un producto o artículo en tu línea de trabajo/empleo), se separa de ti; te vuelves "alienado" de ello. Cosas de genios (pone los ojos en blanco). ¿Has oído alguna vez algo tan estúpido?).

## Miembros

Entre los miembros del FS en diversas épocas se encontraban: Theodor Adorno (1903-1969), Max Horkheimer (1895-1973), Erich Fromm (1900-1980), Henryk Grossman (1881-1950), Otto Kirchheimer (1905-1965), Leo Lowenthal (1900-1993), Herbert Marcuse, Franz Neumann (1900-1954), Friedrich Pollock (1894-1970); además de Hannah Arendt (1908-1975), y Paul Lazarsfeld (1901-1975).

En cuanto a sus influencias, las ideas de la Escuela de Fráncfort se han relacionado con las obras de Karl Marx, Sigmund Freud (1856-1939), G.W.F. Hegel, Antonio Gramsci y Friedrich Nietzsche (1844-1900). En concreto, fusionaron las ideas de Marx, Freud y Gramsci.[54] Para simplificar, esta fusión consistía en la aplicación de los principios de Marx a la sociedad utilizando las técnicas psicológicas de Freud, en combinación con las ideas tácticas de Gramsci. La influencia del grupo se extendió muy rápidamente por Estados

---

[53] Marcuse, H., *El hombre unidimensional* (1964), p. 7. https://libquotes.com/herbert-marcuse

[54] https://www.britannica.com/topic/Frankfurt-School

Unidos, ayudada por The *New School for Social Research,* otro dispensador de basura marxista establecido en Nueva York en 1919 (como parte de *The New School*).[55]

## Su modus operandi

Con la formación del FS, la ideología haría ahora la transición (transexenal) de ser teoría política-sociológica-económica a extenderse a lo "filosófico"-psicológico-cultural a través de la academia. Para ello, los intelectuales del FS tuvieron que aplicar la ideología de una determinada manera. Se apartaron de los conceptos tradicionales de "lucha de clases" y revolución violenta del proletariado; de forma similar a los fabianos. Y al igual que los fabianos, no tenía sentido promover una revolución obrera violenta contra la burguesía, ya que ellos mismos eran (y se asociaban con) tipos burgueses. Sin embargo, seguiría siendo necesario un ingrediente "revolucionario". Para encontrar un sustituto a esos pobres trabajadores proletarios olvidados de Dios, buscarían crear clases "oprimidas" en toda la sociedad, que proporcionaran el elemento activista/revolucionario que necesitaban. El trabajo de Herbert Marcuse sugería que esto podría ser una coalición de varios grupos "oprimidos": "el sustrato de los parias y los marginados, los explotados y perseguidos de otras razas y otros colores, los desempleados y los que no tienen trabajo".[56]

El impacto de la Escuela de Fráncfort llegó a través de la crítica a los pilares de la civilización occidental -capitalismo, cristianismo y cultura-, que luego tendría un impacto destructivo en la sociedad estadounidense. El "trabajo" de los miembros de esta secta introdujo subversivamente actitudes autodestructivas en la psique estadounidense. Sugerían la idea (¡racista!) de que las mayorías relativamente no tienen derechos (por ejemplo, los blancos en Estados Unidos), pero las minorías sí.

(Por supuesto, aunque una persona pertenezca a la mayoría blanca, puede decidir unirse al grupo minoritario "oprimido" de su elección y cambiar así su estatus (por ejemplo, que un hombre o una mujer blancos sean gays, bisexuales, transexuales, etc.); o podría cambiar su estatus siendo activista de la secta, obviamente). Otra idea destructiva que sugirieron (complementaria a la anterior) es que los blancos no deberían preocuparse por convertirse en minoría en sus propios países.[57]

## Conceptos que popularizó

Su trabajo allanó el camino para conceptos destructivos como la Teoría Crítica,

---

[55] https://en.wikipedia.org/wiki/The_New_School

[56] Marcuse, H, *El hombre unidimensional* (1964), p. 260.

[57] Corradeti, C. "La Escuela de Fráncfort y la teoría crítica". https://iep.utm.edu/critical-theory-frankfurt-school/

la Teoría Crítica de la Raza y el llamado "relativismo cultural". Estos términos se han utilizado para popularizar la crítica (y la inevitable destrucción) de varios aspectos de la sociedad que eran obstáculos para la secta/ideología: los pilares de la civilización occidental, además de la unidad familiar y las relaciones estables y monógamas, heterosexuales, etc. La "teoría crítica" fue un arma creada para atacar aspectos "problemáticos" de la cultura de sus países objetivo. Por supuesto, se pueden destruir los méritos de muchas cosas con la crítica. ("Postmodernismo", en la siguiente sección, es el asalto a todo lo tradicional, básicamente).

No es más que un galimatías marxista para ocultar lo que realmente es: la crítica de todo lo que la ideología considera enemigo. Esta nueva y retorcida forma de lógica tóxica se convertiría en parte del discurso dominante, como así ha sido. Entonces se abriría la veda contra todo aquello de la cultura estadounidense que diera fuerza o estabilidad al país: la unidad familiar, la religión, el patriotismo, la tradición del servicio militar, etc.

Esta normalización de las actitudes autodestructivas es fundamental para entender el caos interno de Estados Unidos en la actualidad. El brillante autor estadounidense Michael Walsh dijo lo siguiente sobre este concepto: "La teoría crítica fue la noción, promulgada por los marxistas culturales de la Escuela de Frankfurt, que simplemente afirma que no hay nada -ninguna costumbre, institución o precepto moral- que esté más allá de ser criticado y destruido. Es una licencia para el vandalismo, y el hecho de que el mundo académico estadounidense la adoptara tan rápidamente después de la Segunda Guerra Mundial sigue siendo una vergüenza nacional".[58] En efecto. Dicho de otro modo, la Teoría Crítica es antipatriotismo: destruye una nación, una cultura o un pueblo. Si la utilizan los ciudadanos de un país contra su propio país, es una forma de traición; si la utilizan los de fuera, es un ataque contra la nación.

**El viejo truco de "si no eres marxista, debes estar loco".**

Esencialmente, todo lo que seguía adelante con su agenda era "lógico", y todo lo que iba en contra era "ilógico". En términos políticos, lo que esto significaba era: si crees/apoyas ideas que fomentan/manifiestan la destrucción de la civilización occidental estás siendo "lógico", y si intentas justificar/defender/apoyar cualquiera de las instituciones o tradiciones de Occidente estás siendo "ilógico". La Teoría Crítica fue, esencialmente, la politización de la lógica. En otras palabras, convertir la propia lógica en pro-marxista. En cierto sentido, la ideología era la lógica, según la Teoría Crítica. Partidario al máximo, pero inteligente, ¿no? Su objetivo en este sentido era que si una persona defendía cualquier aspecto de la civilización occidental -capitalismo, religión, familia, cultura, nacionalismo, patriotismo, etc.- debía

---

[58] Walsh, M. *El palacio del placer del diablo: el culto a la teoría crítica y la subversión de Occidente* (2017).

ser considerada una persona ilógica, no evolucionada. No "progresistas". ¡Así que, básicamente, cualquiera que creyera en lo que decían estas serpientes acabaría teniendo una percepción distorsionada de la realidad (es decir, estando loco), mientras que simultáneamente vería a las personas sanas y racionales (por ejemplo, tú, yo) como dementes o "extremistas", etc.! Literalmente, ¡dándole la vuelta a la realidad (inversión)!

Por desgracia, su influencia se ha extendido por todo el mundo, especialmente a través de los sistemas educativos. No es casualidad que las universidades estén produciendo ahora una cinta transportadora interminable de activistas marxistas psicóticos que se hacen pasar por estudiantes, completamente desvinculados de la realidad. Este nivel de psicosis desproporcionada de individuos con educación universitaria no es natural. Es el resultado del adoctrinamiento, y las serpientes marxistas tienen la culpa de ello.

### Herbert Marcuse

> "Se puede hablar con razón de revolución cultural, ya que la protesta se dirige contra todo el establishment cultural...La idea tradicional de revolución y la estrategia tradicional de revolución han terminado. Estas ideas están pasadas de moda...lo que debemos emprender es un tipo de desintegración difusa y dispersa del sistema"[59]

> Herbert Marcuse, *El carácter afirmativo de la cultura,* 1937

Quizás el miembro más influyente del FS fue Herbert Marcuse, en parte debido a la longevidad de su presencia en los EE.UU. Cuando la mayoría de los miembros regresaron a Alemania una vez finalizada la Segunda Guerra Mundial (para ayudar a "desnazificar"/marxificar a las masas alemanas), Marcuse se quedó. Con el tiempo se convirtió en el icono académico de la "nueva izquierda" estadounidense de las décadas siguientes, asegurándose de que el virus "cultural-marxista" calara hondo en el corazón de Estados Unidos. En un momento dado, Marcuse trabajó para la predecesora de la CIA, la Oficina de Servicios Estratégicos (OSS), en proyectos antinazis. Después de Columbia, colaboró con las universidades de Yale, Harvard y Brandeis en Massachusetts, y con la Universidad de California en San Diego. Básicamente, pasó gran parte de los años 50 y 60 difundiendo su intelectualismo marxista y contaminando a innumerables empleados y estudiantes universitarios.[60]

La famosa frase "Haz el amor, no la guerra", que surgió durante el movimiento (marxista) "antibelicista" de EE.UU. en la década de 1960, se popularizó a raíz de *Eros y civilización* (1955), de Marcuse. Además de explorar la idea

---

[59] Marcuse, H, *El carácter afirmativo de la cultura (1937).*

https://monoskop.org/images/1/11/MARCUSE_Herbert_-_Coll._papers_4_-_Art_and_liberation.pdf

[60] https://www.britannica.com/biography/Herbert-Marcuse

freudiana de las tendencias reprimidas (y cómo repercutían en la sociedad), el libro era una crítica del consumismo y del propio capitalismo. Naturalmente, sugería que el capitalismo oprimía a la sociedad.

El autor estadounidense Daniel J. Flynn resumió brillantemente esta farsa degenerada, marxiana y distorsionadora de la realidad en su libro de 2004 *Intellectual Morons*: "Marx argumentaba contra la explotación del trabajo; Marcuse, contra el trabajo mismo. No trabajes, ten sexo. Este era el sencillo mensaje de Eros y civilización, publicado en 1955. Sus ideas resultaron extraordinariamente populares entre la incipiente cultura hippie de la década siguiente. Proporcionaba una justificación para la pereza y transformaba los vicios personales degradantes en virtudes".[61]

¿No es un mensaje magnífico y poderoso (no trabajes, ten sexo)? Golpear dos pájaros de un tiro animando a los jóvenes (el principal grupo demográfico objetivo) a ser perezosos y negarse a apoyar el malvado sistema capitalista, siendo al mismo tiempo hedonistas, egocéntricos, etc. Exactamente lo que los discípulos del movimiento hippie "radical" consumidor de drogas querían oír (curiosamente, la palabra "Radical" era un término popular utilizado durante la época hippie, que significaba "guay", "genial", etc. ¿"Radical"?). Cultivar esta mentalidad de pereza, hedonismo e irresponsabilidad en los jóvenes les impulsa hacia la degeneración y el Estado del bienestar.

(Como apunte, en referencia a la sección histórica anterior: las Guerras de Indochina estaban a punto de comenzar cuando se lanzó *Eros*, lo que pronto se convertiría en la Guerra de Vietnam. No podría haber sido más oportuno para la secta/ideología global que Estados Unidos (su principal oponente militar) se viera envuelto en una ola interna de anticapitalismo, hedonismo (degeneración interpersonal/sexual, consumo de drogas, etc.) y pasividad antiamericana contra la guerra).

**Liberar la tolerancia**

> "Sigo creyendo que nuestra causa (que no es sólo nuestra) está mejor asumida por los estudiantes rebeldes que por la policía, y, aquí en California, me lo de-muestran casi a diario"[62]
>
> De la carta de Marcuse a Adorno en 1969 sobre el
> caos que ayudaron a crear durante la época de las protestas de los 60

La serpiente intelectual Marcuse es famosa por abogar por un entorno político

---

[61] Flynn, Daniel J., *Intellectual Morons: How Ideology Makes Smart People Fall for Stupid Ideas* (2004).

[62] Marcuse, H., Carta a Adorno, 1969.

https://cominsitu.wordpress.com/2021/08/17/correspondence-on-the-german-student-movement-adorno-marcuse-1969/

tendencioso y pro-marxista. En su ensayo de 1965 "Tolerancia represiva", sostenía que era necesario un sistema de "tolerancia liberadora" en la sociedad. En la práctica, esto significaba que los no marxistas no deberían tener derecho a protestar (partes subrayadas): "Sugerí en "Tolerancia represiva" la práctica de discriminar la tolerancia en sentido inverso, como medio de cambiar el equilibrio entre la Derecha y la Izquierda restringiendo la libertad de la Derecha..... La tolerancia liberadora, entonces, significaría intolerancia contra los movimientos de la Derecha y tolerancia de los movimientos de la Izquierda. Incluiría la retirada de la tolerancia de expresión y reunión a los grupos y movimientos que promueven políticas agresivas, el armamentismo, el chovinismo, la discriminación por motivos de raza y religión, o que se oponen a la ampliación de los servicios públicos, la seguridad social, la atención médica, etc.".[63]

Esencialmente, ¡sólo se permitiría abrir la boca a los "oprimidos" o a aquellos que apoyaran a los oprimidos (miembros de la secta)! Por otro lado, simultáneamente, habría una promoción extremadamente sesgada de las causas marxianas, discursos, grupos, etc. El objetivo general era no dejar que esos malvados derechistas se congregaran en absoluto, por no hablar de que crecieran en fuerza y se convirtieran en oponentes políticos.

Marcuse también recomendó que se adoctrinara a los estudiantes para que percibieran la cuestión de la "libertad de expresión" de esta manera. De ahí la mentalidad de "¡sólo puedes tener libertad de expresión si no dices cosas llenas de odio!"; en otras palabras, decir cualquier cosa que contradiga las percepciones distorsionadas de la ética de la secta/ideología. Esta estrategia es exactamente lo contrario de lo que defiende este libro: reprimir por completo a la secta/ideología negándoles el derecho a hacer cualquier cosa, incluso protestar.

### Entrevista con Bryan Magee

En 1977 Marcuse hizo una entrevista a Bryan Magee, miembro de la secta británica y diputado del Partido Laborista, en la serie "Modern Philosophy"; esto fue dos años antes de que Marcuse muriera.[64] En un momento dado, Magee le pregunta qué "defectos" le parecía que había desarrollado la 'nueva izquierda'. La respuesta de Marcuse fue doble: en primer lugar, destacó la "estrategia totalmente irrealista" de algunos, y "la negativa a reconocer que no estamos en una situación revolucionaria en los países industriales avanzados

---

[63] Marcuse, M, *La tolerancia liberadora* (1965). P. 14.

https://www.marcuse.org/herbert/publications/1960s/1965-repressive-tolerance-fulltext.html

[64] Manufacturing Intellect, "Herbert Marcuse interview with Bryan Magee" (1977).

https://www.YouTube.com/watch?v=0KqC1lTAJx4

(es decir, los países occidentales)... ni siquiera en una situación prerrevolucionaria... y que la estrategia tiene que adaptarse a esta situación".

En segundo lugar, dijo que había un "rechazo a reexaminar y desarrollar las categorías marxianas", y a "hacer un fetiche de la teoría marxista". También que los conceptos marxistas "no pueden ser simplemente transmitidos...(tienen) que ser reexaminados de acuerdo con los cambios de la propia sociedad". Su respuesta resume bastante bien la serpiente desolladora que es el marxismo.

Magee también cuestionó las críticas de Marcuse al marxismo y en qué se había convertido; que Marcuse lo consideraba un tanto "antilibertario", y que "no tenía suficientemente en cuenta al individuo". En su respuesta, Marcuse dijo que la naturaleza del "proletariado" y su relación con el capitalismo habían cambiado (desde la época de Marx); que el "proletariado" ya no es lo que era. Esbozó que ahora había una "integración a gran escala de una mayoría de la población... en el sistema capitalista existente". De hecho, que la "clase obrera ya no tiene nada que perder salvo sus cadenas... sino mucho más".

Explicó que esto se aplicaba "no sólo sobre una base material, sino también psicológica", por lo que las masas eran ahora psicológicamente algo dependientes. Esencialmente, la "conciencia de la población dependiente había cambiado". (Esto nos remite a un punto anterior: así es como los marxistas "neo"/"occidentales" podían explicar por qué el proletariado no quería la revolución: ¡demasiado apegado al capitalismo!)

Culpó de ello a la "estructura de poder dominante", y a su influencia negativa sobre las masas, que era capaz de "manipular, manejar y controlar, no sólo la conciencia, sino también el subconsciente y el inconsciente de los individuos". Por ello, él y sus colegas de la Escuela de Fráncfort "consideraban la psicología... una de las principales ramas del saber que había que integrar con la teoría marxiana". Así pues, volvemos otra vez a los miembros de la secta pensando que saben lo que es mejor para las masas: que la revolución era necesaria y obligatoria, ¡aunque los proletarios no lo supieran ni lo pidieran! Esto significa que Marcuse y sus colegas de FS se sentían la "vanguardia proletaria" de la "nueva izquierda".

El propio Marcuse, debido a su mente adoctrinada, era un hombre tóxico y peligroso. Exactamente el tipo de personalidad académica que hay que eliminar del sistema educativo actual. Sólo podemos especular sobre cuántas mentes contaminó.

### Intelectuales tóxicos

Grupos como la Escuela de Fráncfort se aprovechan de la ingenuidad de algunos tipos de individuos; aquellos que respetan automáticamente a los académicos y a los "intelectuales". Personas a las que les encanta el conocimiento en un sentido convencional, les encanta absorber información y luego enzarzarse en discusiones pomposas, básicamente. Es pseudointeligencia. Incluso los tontos pueden absorber conocimientos e ir por ahí recitándolos.

El daño causado por este grupo al mundo académico estadounidense -y, por filtración, al mundo académico mundial- es casi inconmensurable. Desde luego, no fueron la única fuerza subversiva activa en el país durante su periodo, pero sí una fuerza crucial. Si los estadounidenses de a pie hubiesen comprendido lo que tramaban estos locos marxistas y el impacto que su "trabajo" acabaría teniendo en la psique del país, seguramente habrían sido linchados o, como mínimo, se les habrían retirado sus derechos (de influir en cualquiera) (la táctica sugerida por Marcuse). De hecho, si las autoridades supieran quién/qué era esta gentuza, les habrían negado el privilegio de entrar en Estados Unidos en primer lugar, antes de que pudieran hacer su daño. Inmigrantes marxistas tóxicos.

¿Qué podemos aprender de este episodio de la historia marxista? Debería hacernos más conscientes del poder hipnótico del "conocimiento", el intelectualismo, las credenciales académicas, etc. A la ideología le sigue gustando utilizar este cóctel en particular; es muy eficaz para lavar el cerebro a la gente, especialmente a los jóvenes e impresionables.

## Postmodernismo

"(El postmodernismo) genera una filosofía de la resistencia de la negación.. (no) es un sistema lógicamente coherente, es desconfianza sistemática, escepticismo organizado, sospecha sistemática"[65]

Dr. Michael Sugrue, presentación sobre
Postmodernismo y Jean-Francois-Lyotard

"Los posmodernos rechazan por completo la estructura de la civilización occidental. No creen en el individuo, en la lógica, en el diálogo. Creen que su identidad fundamental está fomentada por el grupo. Para los posmodernos el mundo es un campo de batalla hobbesiano de grupos de identidad"[66]

El psicólogo canadiense Jordan Peterson,
Conferencia del Centro Manning, 2017

Otro elemento relacionado -y potente- de la ideología relacionada con el mundo académico es el posmodernismo. Mantiene una presencia significativa en las áreas temáticas infectadas habituales, incluidas las humanidades, las ciencias sociales, etc. Para ser más precisos, en este momento, las dirige. Como afirmó Jordan Peterson en esa misma conferencia "Las humanidades y gran

---

[65] "Jean-François Lyotard: La condición posmoderna".

https://www.YouTube.com/watch?v=Xdf41gsESTc

[66] Peterson, J., "2017/02/25: Jordan Peterson: Postmodernism: How and why it must be fought", 5 de junio de 2017.https://www.YouTube.com/watch?v=Cf2nqmQIfxc

parte de las ciencias sociales se han convertido en un patio de recreo neomarxista posmoderno para radicales".[67]

Por supuesto, "posmodernismo" es un término con una amplia variedad de usos, como en el arte, la arquitectura, etc.; aquí nos centramos en él en un contexto "filosófico". A primera vista, parece algo enredado con lo "políticamente correcto"; incluso que hay una simbiosis entre ambos. También se podría decir que el pensamiento posmodernista es lo que se está convirtiendo en la norma; en cierto sentido es lo políticamente correcto. También explica por qué la secta está llena de individuos con la cabeza llena de cables cruzados, incapaces de razonar correctamente y de enfrentarse a la realidad. Esto es importante porque (definiciones convencionales aparte) estar alejado de la realidad es una de las dos principales características interrelacionadas de la locura (la otra es la falta de conciencia -que el posmodernismo fomenta-; la incapacidad de distinguir entre el bien y el mal).

Al igual que otros elementos de la ideología, el posmodernismo puede ser difícil de precisar al principio, y puede parecer bastante nebuloso, e incluso vago en su mensaje/propósito. Como de costumbre, esto no es más que un intento de ofuscar su propósito. Básicamente, es otra maraña en el ovillo más grande de cuerda roja que es el marxismo. Como es de esperar, los miembros de la secta harán gimnasia intelectual e intentarán deslumbrarnos con "conocimiento", escupiendo montones de basura absoluta (normalmente con el lenguaje más extravagante posible), para justificar o legitimar esta "filosofía". Buen intento, zombis. Vamos a simplificarlo.

### ¿De qué se trata?

Surgió como una forma de "filosofía" durante la segunda mitad del siglo XIX para cuestionar las perspectivas filosóficas comunes formuladas durante siglos anteriores en los ámbitos de la ciencia, la identidad y la cultura, la lingüística, la historia, etc. Abarca los avances de la *Ilustración de los* siglos XVII[th] y XVIII[th] .

Esencialmente, esta "filosofía" adoptó una posición principalmente contradictoria (revolucionaria) con lo que había antes, siendo sus principales características: subjetivismo, relativismo, escepticismo, rechazo general de la lógica y la razón, y una visión cínica de lo que antes se consideraba valioso para el progreso humano. [6869] En otras palabras, se opone a lo que ha

---

[67] Ibid. "2017/02/25: Jordan Peterson: Postmodernism: How and why it must be fought". https://www.YouTube.com/watch?v=Cf2nqmQIfxc

[68] "Postmodernismo", 2001.
https://www.sciencedirect.com/topics/psychology/postmodernism

[69] https://www.britannica.com/topic/postmodernism-philosophy/Postmodernism-and-relativism

existido/existe actualmente, y duda, critica y de-construye; desmantela o destruye. El pensamiento posmodernista está obviamente relacionado con la Teoría Crítica impulsada por la Escuela de Frankfurt et al.

**Puntos clave**

Algunas de las perspectivas filosóficas comunes a las que se opone el posmodernismo en general son:

Que existe una realidad y una verdad objetivas que operan independientemente de las opiniones personales de cada uno; la idea de que la lógica y la razón existen (y que hay normas universalmente aceptadas sobre estas cosas); que existen comportamientos y atributos psicológicos inherentes y naturales que los seres humanos simplemente contienen al nacer (también conocida como naturaleza humana; o que existe una diferencia entre hombres y mujeres a nivel psicológico, inherente desde el nacimiento).

El posmodernismo afirma que el comportamiento humano está programado principalmente a través del condicionamiento social, en contraposición a la "naturaleza humana" (por ejemplo, el género es una construcción social). También afirma que cosas como la razón o la lógica no pueden tener estándares universalmente aceptables, porque la percepción de estas cosas depende del contexto -o entorno intelectual- en el que se utilizan. Ciertas cosas que se consideraban positivas y edificantes para la humanidad -como los avances tecnológicos y científicos- se ven con cinismo. De *La condición postmoderna* (1979) de Jean-François Lyotard: "En el discurso de los actuales financiadores de la investigación, el único objetivo creíble es el poder. Los científicos, los técnicos y los instrumentos no se compran para encontrar la verdad, sino para aumentar el poder".[70] (Este perverso cinismo "intelectual" puede recordar al lector a Herbert Marcuse).

Utiliza términos como "metarrelatos" o "grandes relatos" para describir conceptos previamente adoptados, y términos como "racionalidad de la Ilustración" para describir el uso científico moderno de la razón y la lógica (insinuando que estas cosas no son "progresistas" de algún modo y pertenecen al pasado). Conceptos inventados como "hiperrealidad", "huella" y "univocidad del ser" se utilizaron básicamente para criticar y descartar los conceptos previamente adoptados (más galimatías intelectual e invención de términos para distorsionar la realidad).

También argumenta que las perspectivas filosóficas tradicionales proceden de la clase dirigente, y deben ser vistas con recelo, ya que sirven para mantener su nivel de control (¡esos malditos y malvados burgueses, controlando nuestras vidas a través de nuestros pensamientos! Lo sabía!). Esto explica en parte por qué no creen en el diálogo constructivo con los que tienen puntos de vista

---

[70] Lyotard, J.F., *La condición postmoderna* (1979), p. 46.

opuestos (es decir, los que no son miembros de la secta). Puede que nos consideren a los demás como miembros de una secta con el cerebro lavado, ¡básicamente! (risas)

Niega la verdadera independencia como individuo, pero promueve la idea de identidad de grupo. Es decir, lo que nos define es el grupo al que pertenecemos. Por ejemplo: un hombre blanco y heterosexual puede ser identificado como parte de una clase "opresora", mientras que una mujer inmigrante negra forma parte de una clase "oprimida". Otro: una persona blanca tiene automáticamente 'privilegios' (blancos) porque es blanca, y una persona no blanca automáticamente no los tiene, etc. Qué nauseabundo.

## Una explicación simplificada

Veamos cómo puede deformar las mentes y la sociedad en general (que es lo único que importa en realidad): es el concepto de que todas las opiniones/ideas/perspectivas tienen mérito; dice que la subjetividad es buena, y que todas las opiniones tienen algún valor, o tienen el mismo valor (a menos que tengas opiniones antimarxistas, naturalmente); puesto que no existe una verdad universal, todo -incluida la propia realidad- puede interpretarse de infinitas maneras; todo es subjetivo y no objetivo.

"Subjetivo": que procede del interior de uno mismo, que existe en la mente o que procede de la perspectiva individual de una persona. Significa ser "interno" -en contraposición a ser "externo"- en lo que respecta a las percepciones de un individuo. "Objetivo": existente fuera de la mente o procedente de una fuente ajena a la mente/perspectiva personal del individuo; ser externo al individuo. Desde la perspectiva posmodernista, no existe una verdad objetiva/externa/universal; no existe una verdad que esté fuera del yo, que no se vea afectada por tus interpretaciones personales.

¿Por qué debería importarnos? ¿Qué significa todo esto en la práctica? Significa que puedes inventarte tu propia versión de la realidad, ¡básicamente! El producto final de todo esto es el engaño en las mentes de aquellos adoctrinados con el pensamiento posmodernista.

La noción de que todas las ideas son "iguales" no es más que igualitarismo marxista aplicado a la lógica. Si comparamos a dos personas -una es muy tranquila, informada, sin adoctrinamiento, intelectualmente hábil; y la otra es maniática, ignorante, adoctrinada, intelectualmente anodina, crédula-, ¿las opiniones de ambas tienen el mismo valor? Esto es -objetiva e intelectualmente hablando- un montón de mierda. Un completo disparate.

En cierto modo, tenemos una idea estúpida y destructiva (la igualdad), que influye en el pensamiento intelectual y conduce a la creación de otra (el posmodernismo). Como el lector sabe a estas alturas, la noción de esta "igualdad" de opiniones diferentes no es algo que la secta/ideología quiera realmente (lo que realmente quiere es sólo pensamiento/opiniones marxistas).

La noción de igualdad de percepciones diferentes (que pregona el posmodernismo) no es más que una excusa para permitir que ideas destructivas, estúpidas, insensatas y distorsionadoras de la realidad tengan mérito, lo que les permite afianzarse en la psique humana. Permite poner la realidad patas arriba y patas abajo, en beneficio de la ideología/secta. "Posmodernizar, desestabilizar, destruir"-Vladimir Lenin, probablemente.

## Ayuda a la difusión de la ideología

Las diversas subagendas del marxismo (exploradas en otra parte) se basan en una percepción distorsionada de la realidad y/o de la historia para funcionar. Por supuesto, la "historia" es sólo la realidad en el pasado, por lo que "una percepción distorsionada de la historia" es en realidad "una percepción distorsionada de lo que ocurrió en el pasado"; de lo que realmente ocurrió. Todas las subagendas que promueve/apoya la secta se adhieren a este principio.

Además, la mentalidad general de la secta nos muestra que no creen en las ideas de moralidad objetiva, es decir, que exista un concepto universal y preexistente de lo que está bien y lo que está mal. Sin embargo, parecen suscribir la idea de la subjetividad: que todo depende de tu interpretación personal de lo que crees que está bien y lo que está mal. Por ejemplo, así es como la secta/ideología ha convencido a millones de personas de que el aborto no está mal. Todo lo que importa, según ellos -en lo que concierne a la mujer embarazada- es lo que es "correcto" para ella. (Este concepto de Relativismo Moral es uno de los conceptos centrales dentro del Satanismo -lo que piensas que es "correcto" gira alrededor de tu ego y felicidad, básicamente).

Otro ejemplo sería esta absurda tontería del género no binario. Si un varón siente, por la razón que sea, que no es varón, entonces aparentemente esto tiene mérito (postmodernismo), ¡aunque en realidad sea varón y sus "sentimientos" sobre el asunto sean irrelevantes! Además, aunque esté objetivamente equivocado, ¡debemos respetar su "opinión" ("corrección política")! De lo contrario, podemos ser tachados de _____ phobe (control del lenguaje para suprimir la oposición).

Podemos ver cómo estos ingredientes combinados de posmodernismo, corrección política y supresión partidista son peligrosos; conducen a la locura manifiesta. La ideología inyecta locura en cada etapa del proceso. No es sorprendente que estos patrones de comportamiento/reacciones en la sociedad conduzcan a percepciones distorsionadas de la lógica y la moralidad, lo que a su vez conduce finalmente a la desintegración de la sociedad.

Así que, si quieres identificarte como "no binario", lo que significa que no eres ninguno de los dos sexos que antes todos pensábamos que había (sarcasmo), entonces esto es verdad porque tú crees que es verdad. Suena a chorrada mental, ¿verdad? Pues lo es. Desde el punto de vista posmodernista, el hecho biológico de que el sexo que eres está impreso en el ADN dentro del núcleo de cada célula relevante de tu cuerpo no es la cuestión aquí; la cuestión es lo que tú crees que es la verdad. Recuerda que el posmodernismo rechaza la lógica (¡!), por no hablar de la ciencia.

Una persona que piensa que, de alguna manera, está en el cuerpo del sexo equivocado necesita primero ayuda mental; pero esto requiere admitir de alguna manera por parte del individuo que puede tener algunos problemas; lo que requiere algo de cordura, agallas y amor propio. El pensamiento posmodernista permite a una persona evitar este desafío/problema/miedo, y en su lugar ofrece una opción mucho más fácil: ¡simplemente cambia la realidad a lo que tú quieres que sea! Sencillo y cómodo, ¿verdad? Sin embargo, enterrar la cabeza tan profundamente en la arena tiene un precio muy alto: el engaño y la locura. Es una comodidad a corto plazo para una degeneración a largo plazo.

## Heteronormatividad

El término "heteronormatividad", de reciente invención, es otra degenerada excrecencia posmodernista del marxismo 'intelectual'; es teoría crítica aplicada al sexo y al género (Teoría Queer).[71][72] El objetivo es insinuar la peligrosísima idea, pro-eugenesia y destructora de la sociedad, de que las relaciones heterosexuales no son "normales" -ya que no puede existir tal cosa como "normal"- y que otros tipos de relaciones (no heterosexuales) son iguales a ellas. Por supuesto, esto no es más que más basura postmodernista distorsionadora de la realidad.

Una definición de la *Agencia de los Derechos Fundamentales de la Unión Europea*: "La heteronormatividad es lo que hace que la heterosexualidad parezca coherente, natural y privilegiada. Implica la suposición de que todo el mundo es 'naturalmente' heterosexual, y que la heterosexualidad es un ideal, superior a la homosexualidad o la bisexualidad".[73] Y otra de Wikipedia: "La heteronormatividad es la creencia de que la heterosexualidad, basada en el binario de género, es el modo por defecto, preferido o normal de orientación sexual. Asume que las relaciones sexuales y matrimoniales son más adecuadas entre personas de sexo opuesto. Una visión heteronormativa implica, por tanto, la alineación del sexo biológico, la sexualidad, la identidad de género y los roles de género. La heteronormatividad suele ir unida al heterosexismo y la homofobia".

Hasta ahora, la sociedad creía que la no heterosexualidad era "anormal". Eso ha cambiado progresivamente desde que el marxismo apareció en escena, lo

---

[71] https://en.wikipedia.org/wiki/Heteronormativity

[72] https://en.wikipedia.org/wiki/Queer_theory

[73] "Homofobia y discriminación por motivos de orientación sexual e identidad de género en los Estados miembros de la UE", FRA, (2009). P. 25.
http://fra.europa.eu/sites/default/files/fra_uploads/397-
FRA_hdgso_report_part2_en.pdf

que significa que la ideología, una vez más, está poniendo las cosas patas arriba. Así pues, el término "heteronormatividad" cuestiona ese "gran relato" y es, por tanto, posmodernista. Nótese el divertido término "heterosexismo".

**Cifras clave**

Aunque se trata de un movimiento amplio, he aquí algunas de las figuras más destacadas históricamente. En su mayoría académicos, sus áreas de estudio suelen ser la filosofía, la filosofía política, la sociología, la psicología, etc. Algunos nombres importantes son Jean Francois Lyotard (1924-1998), Jacques Derrrida (1930-2004) y Michel Foucault (1926-1984).[74]

Jean Francois Lyotard nació en 1924. En 1950 se licenció en Filosofía en la Universidad de la Sorbona de París. Comenzó su carrera docente en Argelia y más tarde participó en un grupo socialista llamado Socialismo o Barbarie (Socialism ou Barbarie). Sus escritos durante este periodo fueron muy críticos con el colonialismo francés (qué sorpresa), y como firme partidario de la independencia de Argelia, participó en varios grupos marxistas, entre ellos el *Frente de Liberación Nacional*. Más tarde participó en el movimiento revolucionario marxista de *mayo de 1968* (un intento de toma del poder en Francia).

Lyotard continuó su carrera en 1966 en Francia, en la Universidad de París (Nanterre y Vincennes-Saint-Denis), pasando a enseñar en otros lugares durante las décadas de 1980 y 1990, incluyendo la Universidad de California y la Universidad de Emory en Atlanta, Georgia. Posteriormente renunció al activismo revolucionario, pero es evidente que pasó la primera mitad de su vida muy implicado, conservando actitudes marxianas durante el resto de su vida.[75]

Su obra más famosa es *The Postmodern Condition: Un informe sobre el conocimiento* (1979). Se elaboró a petición del *Conseil des Universites (Consejo de Universidades)* canadiense del gobierno de Quebec. En él sugería que las "metanarrativas" tradicionales (verdad, razón, lógica) eran demasiado dominantes (casi totalitarias) y debían ser cuestionadas y sustituidas por pequeñas narraciones ("petits récits") que compitieran entre sí. En la introducción, afirma: "Simplificando hasta el extremo, defino lo posmoderno como incredulidad hacia las metanarrativas".[76]

Su obra contenía algunas de las habituales actitudes cínicas hacia la modernidad y el capitalismo. En la página cinco, afirmaba que "los poderes económicos han llegado al punto de poner en peligro la estabilidad del Estado

---

[74] https://www.britannica.com/topic/postmodernism-philosophy

[75] https://www.britannica.com/biography/Jean-Francois-Lyotard

[76] Lyotard, J.F., *La condición postmoderna* (1979), (introducción, xxiv).

a través de nuevas formas de circulación del capital que reciben el nombre genérico de empresas multinacionales".[77] Esto recuerda la creencia de Marx de que el capitalismo contiene en sí mismo las semillas de su destrucción.

## Michel Foucault

> "Existe una ciudadanía internacional que tiene sus derechos, y tiene sus deberes, y que se compromete a levantarse contra todo abuso de poder, sea quien sea el autor, sean quienes sean las víctimas. Al fin y al cabo, todos somos gobernados, y como tales, somos solidarios"[78]

Michel Foucault, rueda de prensa de junio de 1981

Michel Foucault nació en 1926 en Poitiers, Francia, en el seno de una familia acomodada. Durante sus estudios secundarios en el prestigioso *Liceo Henri-IV*, recibió la influencia de Jean Hyppolite (él mismo un entusiasta estudiante de Marx y Hegel). En 1946 ingresó en la *Escuela Normal Superior* (ENS) y en la Universidad de *la Sorbona* de París, donde estudió psicología y filosofía, obteniendo los títulos equivalentes a una licenciatura y un máster. Durante su estancia en la ENS, su tutor (y miembro de la secta) Louis Althusser animó a Foucault a afiliarse al *Partido Comunista Francés, al que perteneció* durante algunos años.[79] A finales de la década de 1950 trabajó en el extranjero, en Suecia, Polonia y Alemania Occidental, y más tarde enseñó psicología en la Universidad de Túnez. Regresó a Francia en 1968, donde trabajó en el *Centro Experimental de Vincennes*. Tras incorporarse al *College de France* en 1970, debido a su escaso calendario de conferencias, viajó por todo el mundo hasta mediados de la década de 1980, e impartió conferencias en varios países, entre ellos Brasil, Canadá, Japón y Estados Unidos.

Entre sus obras destacan *Locura y civilización* (1960) y *La historia de la sexualidad* (1976). Foucault hizo especial hincapié en la sexualidad en su obra. Promovió la idea de que se trataba de poder. También se le considera una de las principales influencias de lo que se convirtió en la "teoría queer". Como era de esperar, no era hostil a la pedofilia y participó en peticiones para rebajar la edad de consentimiento en Francia. [80]

La Historia de la Sexualidad es una magnífica pieza de propaganda marxiana, que trata de distorsionar la percepción que tiene la gente del comportamiento sexual normal y saludable. Sugirió que los comportamientos sexuales

---

[77] Ibid. P. 5.

[78] "Los derechos y deberes de la ciudadanía internacional", noviembre de 2015.

https://www.opendemocracy.net/en/can-europe-make-it/rights-and-duties-of-international-citizenship/

[79] https://www.britannica.com/biography/Michel-Foucault

[80] https://en.wikipedia.org/wiki/French_petition_against_age_of_consent_laws

normalmente clasificados como negativos -el "mundo de la perversión"- no sólo estaban injustamente clasificados como tales, sino que en realidad eran positivos, ¡ya que eran la búsqueda de la verdad! Siguiendo esta lógica, me gustaría señalar que si uno practica sexo con un animal de corral, con una roca escarpada o quizá con una bolsa de basura apestosa en un vertedero de un callejón, eso pasa a formar parte de su "verdad", ¿no? "¡Follarme a esta vaca es parte de mi verdad!", o "¡recibir sexo oral de esta bolsa de basura es parte de lo que soy!". Puedes percibirlo y describirlo como quieras; eso no cambia el hecho de que eres un asqueroso maníaco degenerado. También promovía la idea de que el sistema era opresivo y manipulador (bostezo), y que el "conocimiento científico" utilizado por el sistema/autoridades era en realidad una forma de control social (típica actitud posmodernista).

**Activismo marxista**

Foucault participó activamente en las iniciativas de la secta a lo largo de su vida, entre ellas: movimientos de "liberación" y "antirracistas"; protestas estudiantiles contra el Estado; protestas por el asesinato de personas no blancas o miembros de la secta (tanto en Francia como en el extranjero); apoyo al islamismo; protestas por el encarcelamiento y extradición de miembros de la secta; campañas para que los miembros extranjeros de la secta recibieran asilo en Francia. Además de la promoción de la pedofilia, etc. De hecho, era un auténtico fanático.[81] De nuevo, el argumento de que pudo haber renunciado oficialmente al comunismo más tarde en su vida no significa nada. En 1967, durante su estancia en la Universidad de Túnez, durante los disturbios propalestinos en los que la secta desempeñó un papel, Foucault ayudó y protegió activamente a los estudiantes implicados, y más tarde expresó su admiración por su conducta durante la represión del Estado. Participó en las reformas universitarias llevadas a cabo por el Ministro de Educación Christian Fouchet en 1967, formando parte de una comisión.[82]

Durante la remodelación del sistema educativo francés en 1968, se fundaron nuevas universidades "autónomas" ("autónomas" = con el sesgo ideológico rojo). Foucault fue nombrado director del departamento de filosofía del *Centro Experimental de Vincennes*, cerca de París, y contrató a otros miembros de la secta para que enseñaran allí, como los fanáticos abiertamente comunistas Judith Miller (1941-2017) y Alain Badiou (1937-). Los cursos de este departamento de filosofía "radical" tenían un claro sesgo marxista-leninista. Casi inmediatamente después de su fundación, esta "universidad" roja chocó agresivamente con la clase dirigente, ya que atraía a los estudiantes y al

---

[81] https://en.wikipedia.org/wiki/Michel_Foucault

[82]

https://en.wikipedia.org/wiki/Michel_Foucault#University_of_Tunis_and_Vincennes:_1966-1970

personal más fanáticos.

Foucault estuvo directamente implicado en varios enfrentamientos con la policía: fue detenido en 1972 por su participación en las protestas por el asesinato de un trabajador argelino a manos de la policía (¿le suena?); fue detenido y deportado en 1975 cuando intentaba protestar por la ejecución de miembros de la secta por parte del gobierno español; protestó por el encarcelamiento y extradición del espía y terrorista marxista de Alemania Oriental Klaus Croissant (1931-2002), junto con su compañero de secta y académico Jean-Paul Sartre (1905-1980). Incluso llegó a resultar herido físicamente en un altercado con la policía. [81]

**Muerte por homosexualidad**

Foucault era un personaje perturbado (no es de extrañar, ya que "Fou" significa 'loco', en francés). Como homosexual, tuvo muchas "interacciones" a lo largo de su vida, incluida una relación con un travesti durante su estancia en Hamburgo. Mantuvo una "relación abierta" con su amante Daniel Defert (1937-2023) durante gran parte de su vida (que a su vez era miembro de una secta y fan de Mao Zedong). [79]

En su juventud, Foucault participó en la escena gay de París, y continuó con este tema durante toda su vida, manteniendo relaciones sexuales sin protección con desconocidos. Durante su estancia en Estados Unidos, cuando dio conferencias en UCLA y Berkeley (California), se sintió atraído por el bullicioso ambiente gay de San Francisco. Murió de SIDA en 1984. [79] El hombre que toda su vida había promovido una actitud arrogante de "todo vale" hacia el sexo y la sexualidad (el enfoque satánico de "haz lo que quieras"), literalmente se jodió a sí mismo hasta la muerte. Menudo modelo. Es un intelectual célebre en los círculos académicos de culto.

Otros personajes implicados en la escena del posmodernismo fueron Jacques Derrida y Jean-Paul Sartre. Derrida era un ferviente miembro de la secta, implicado en muchos temas de "izquierdas", como la lucha antinuclear y contra el apartheid en Sudáfrica. Derrida firmó la petición (junto con Foucault) para despenalizar las relaciones sexuales entre menores en Francia.[83]

**La "contradicción" del posmodernismo**

¿Cómo es que el posmodernismo es también marxista? Puesto que el postmodernismo afirma no creer en nada concreto, y el marxismo tradicionalmente sí (igualdad, lucha de clases, etc.), ¿cómo puede el postmodernismo proceder del marxismo? Porque el propósito del posmodernismo es deconstruir y destruir lo que ya está establecido en la civilización, para luego permitir que el marxismo entre en escena como

---

[83] https://en.wikipedia.org/wiki/Jacques_Derrida

"reemplazo".

El relativismo, la crítica y el cinismo que impulsa el posmodernismo no se van a aplicar, obviamente, a la ideología, la secta o los propios miembros de la secta. Pueden repartir críticas, pero no aceptarlas (muy de niño mimado). Según la secta, su ideología es la respuesta, y ellos son los salvadores, y cualquier percepción contraria no será tolerada. En este caso no se aplicará la "subjetividad".

### No es lógica, sino "lógica" marxiana

El postmodernismo es la perversión y la basurización de la lógica. Otra forma de deconstruir lo existente para sustituirlo por el pensamiento marxista, eso es todo. El resto no es más que la habitual mierda intelectual de rascarse la barbilla. Sirve para crear individuos psicóticos alejados de la realidad y sin conciencia, que no pueden razonar ni ser razonados. Criaturas como estas son un recurso que alimenta la secta/ideología, por lo tanto le interesa crear tantos como sea posible.

También adoctrina a los individuos para que sean egocéntricos en extremo. Fíjense cómo se relaciona con una de las principales características de la secta/ideología que he destacado en todo momento: el factor de mocoso inmaduro. El proceso de pensamiento posmodernista de "invéntate tu propia realidad" equivale a ser un mocoso mimado a nivel perceptivo. "Lo único que importa es cómo me siento, qué pienso, cuáles son mis sentimientos y cuáles son mis opiniones/percepciones".

A los mocosos les encanta salirse con la suya; que les digan que son geniales; que nunca les digan que están equivocados; creerse extremadamente inteligentes, etc. El pensamiento posmodernista les permite inventar todo tipo de tonterías y creer en ellas, sin que nunca se les diga que son tontos o que tienen que madurar (y Dios no lo quiera, hacer algo constructivo con sus vidas). También les permite creer/apoyar/idolatrar todo tipo de tonterías creadas por otros (incluidos otros miembros de la secta). Les permite sentir ese cosquilleo cálido y cultista que sienten al vivir su delirante existencia de miembros de una secta.

El componente prominente del posmodernismo que sugiere que todo -incluida la realidad misma- puede interpretarse de infinitas maneras, es otra tontería para sentirse bien. Retrasa el desarrollo psicológico de una mente, ya que impide el desarrollo de auténticas habilidades perceptivas; de aprender a ver las cosas como realmente son. Recompensa el pensamiento estúpido y loco, tratándolo igual que el pensamiento excelente. Es todo eso de "querer una medalla sólo por haber participado en la carrera" encapsulado en una escuela de pensamiento. Es otra de las cosas que hay que prohibir y eliminar de la academia y la literatura, etc.

**Yuri Bezmenov**

"Comprende lo que ocurre a tu alrededor: estás en estado de guerra... y tienes muy poco tiempo para salvarte".[84]

El desertor soviético Yuri Bezmenov,
entrevista con G. Edward Griffin, 1983

¿Es su país un objetivo receptivo cuando se trata de subversión marxista, o "subversión ideológica"? ¿Qué es la "subversión ideológica"? ¿Su país tiene esencialmente fronteras abiertas que cualquiera -incluidos enemigos potenciales- puede cruzar? ¿Tiene un fuerte sentimiento de independencia/soberanía, de que es diferente de otros países? Un hombre llamado Yuri Besmenov (1939-1993) fomentó la formulación de este tipo de preguntas.

Yuri Alexandrovich Bezmenov (alias Tomas Schuman) fue un agente del KGB ruso y periodista activo principalmente durante la década de 1960. Nació en un suburbio de Moscú en 1939, en el seno de una familia de militares. Su padre era un oficial de alto rango del Estado Mayor del Ejército soviético e inspector de las fuerzas terrestres allí donde los soviéticos tenían tropas estacionadas (Mongolia, Cuba, Europa del Este, etc.).

Hablando de sus primeros años de vida muchos años después, dijo que fue relativamente acomodada en comparación con otros que vivían bajo el régimen soviético (debido a que se crió en una familia de militares), y que "la mayoría de las puertas estaban abiertas" para él. Estudió en el *Instituto de Lenguas Orientales de la Universidad Estatal de Moscú*, donde se hizo experto en lenguas indias (hindi y urdu) y cultura, además de estudiar periodismo, historia, literatura y música. También recibió una amplia formación militar y de defensa civil, y afirmó que "cada estudiante tiene que graduarse como Leftenant Junior, y en mi caso se trataba de un servicio de inteligencia administrativo y militar".[84][85]

Se incorporó a la *agencia de prensa Novesti*, que describió como "un frente de propaganda y subversión ideológica del KGB", antes de graduarse en 1963 (Yuri explicó más tarde que el 75% de los miembros de Novesti eran oficiales comisionados del KGB, y el otro 25% eran agentes como él, cooptados y asignados a operaciones específicas). Los estudiantes que se graduaban "eran posteriormente empleados como diplomáticos, periodistas extranjeros o espías". Su primer destino fue India, donde trabajó como traductor para el grupo soviético de ayuda económica *Soviet Refineries Constructions*, que construía complejos de refinerías en los estados de Bihar y Gujarat. Al final de su primera misión allí, fue ascendido a oficial de relaciones públicas. Su último

---

[84] Entrevista a G. Edward Griffin, "Yuri Bezmenov - Deception Was My Job (entrevista completa)". https://www.YouTube.com/watch?v=UrS1qDcgdTk

[85] "Entrevista y conferencia de Yuri Bezmenov 1983 (1080p HD)". https://www.YouTube.com/watch?v=Z0j181tR5WM

puesto fue en la embajada soviética de Nueva Delhi como jefe de prensa.

Yuri desertó a Estados Unidos en 1970, huyendo de la India y mezclándose con el movimiento hippie. Finalmente se instaló en Canadá bajo la identidad falsa de Tomas Schuman, y aceptó varios trabajos para salir adelante. El punto de inflexión llegó en 1973, cuando consiguió un empleo en la *Canadian Broadcasting Corporation* (CBC) de Montreal, en su servicio exterior en ruso. Los soviéticos se dieron cuenta de ello y las presiones consiguientes -a través del embajador soviético Alexander Yakovlev- hicieron que le despidieran. Alegó que el Primer Ministro canadiense, Pierre Trudeau, hizo una llamada al presidente de la CBC, lo que provocó su despido. Al parecer, Trudeau y Yakovlev mantenían una relación amistosa.[86]

También enseñó Ciencias Políticas en la *Universidad de Toronto*, Estudios Eslavos en *la Universidad McGill de* Montreal y Periodismo en *la Universidad Carleton* de Ottawa. En una de sus presentaciones, Yuri dijo que le sorprendía la cantidad de libros marxistas y otros artículos de "propaganda izquierdista" que podía encontrar asociados a universidades estadounidenses y canadienses. Entre ellos había obras de Marx y Engels, Lenin, los "intelectuales" de la Escuela de Frankfurt Erich Fromm y Herbert Marcuse, y *La historia de Indochina* (1970). [85]

Tras su deserción, criticó abiertamente el marxismo de la Unión Soviética, escribió libros y dio entrevistas y conferencias. También fue analista político del semanario *Panorama*. Entre sus obras destacan *Love Letter to America* (1984)*; Black is Beautiful, Communism is not* (1985); *No "Novosti" is Good News* (1985)*;* y *World Thought Police* (1986). Murió relativamente desconocido y aislado mientras vivía en Windsor, Ontario, en 1993, a la edad de 54 años (debido al alcohol, al parecer, y a problemas familiares). [86][87] Su deserción, su vida fue esencialmente un sacrificio en nuestra lucha contra el marxismo.

Es un personaje muy significativo porque habló abiertamente de algunos conceptos de importancia crítica dentro de la ideología. Gran analista y divulgador en la materia, fue un experto en propaganda soviética, popularizando conceptos como "Subversión Ideológica". En retrospectiva, podemos ver que sus predicciones fueron casi proféticas. Yuri incluso nos habla desde la tumba: apareció en el tráiler de la popular serie de juegos *Call of Duty*, en su versión de 2020 titulada *Call of Duty: Black Ops Cold War*. El

---

[86] Barrera, J., "Agente del caos", 5 feb 2022.
https://www.cbc.ca/newsinteractives/features/yuri-bezmenov-soviet-defector-canada

[87] "Soviet Defector had passion for homeland", The Windsor Star, 6 de enero de 1993, P. 5. https://www.newspapers.com/clip/53029092/yuri/

eslogan del tráiler era "Conoce tu historia".[88]

En 1984, Yuri realizó una larga entrevista con G. Edward Griffin titulada "Subversión soviética de la prensa del mundo libre".[84] También realizó una entrevista en Los Ángeles en 1983 para el Summit University Forum (SUF), a la que siguió una excelente presentación de una hora de duración sobre el tema de la subversión ideológica. [85] (Estos dos vídeos son las fuentes principales de toda esta sección).

## Por qué desertó

"Una de las razones para no desertar era que vivía en una relativa opulencia. ¿Quién demonios en su mente normal, desertaría y haría qué? ¿Ser maltratado por los medios de comunicación? ¿Para ser llamado macartista, fascista y paranoico? o para conducir un taxi en Nueva York. ¿Para qué? ¿Por qué demonios debería desertar? Para ser maltratado por los americanos, para ser insultado a cambio de mi esfuerzo por llevar la información veraz sobre el peligro inminente de subversión"[84]

En la entrevista de 1984, enumeró las cosas que le hicieron cuestionarse el comunismo, entre ellas: la dicotomía entre cómo Estados Unidos fue aliado de la URSS durante la II Guerra Mundial, en comparación con cómo la propaganda soviética lo pintó después como enemigo; cuando los crímenes genocidas de Stalin salieron a la luz, gracias a Jruschov; y la invasión soviética de Checoslovaquia en 1968 (que reprimió una revuelta anticomunista).

Cuando se le preguntó qué objetaba específicamente del régimen soviético, habló de su comportamiento, diciendo que era: "...un millón de veces más opresivo que cualquier potencia colonial o imperialista de la historia de la humanidad. Mi país no trae a la India la libertad, el progreso y la amistad entre las naciones, sino el racismo, la explotación y la esclavitud y, por supuesto, la ineficacia económica".

En la entrevista del SUF de 1983, habló de su deserción: "La decisión, por supuesto, fue muy dolorosa y difícil... pero, por otra parte, no me hacía ilusiones sobre el sistema comunista o socialista... como el sistema más podrido e inoperante del mundo... No importa la etiqueta que se le ponga al sistema. Básicamente, si eres una persona religiosa, es un sistema diabólico, satánico, que sólo apela al lado más primitivo y negativo de la naturaleza humana. La base de ese sistema es la negación de la propiedad privada, la dignidad humana y la responsabilidad personal y, por supuesto, cualquier afiliación religiosa... a Dios como ser supremo".

En la misma entrevista, al hablar de los métodos de subversión, esbozó el

---

[88] "Conoce tu historia | Tráiler oficial de Call of Duty®: Black Ops Cold War", agosto de 2020.

https://www.YouTube.com/watch?v=zsBRGCabaog

objetivo del sistema marxista soviético (subrayado para énfasis): "Los métodos básicos no son muy diferentes de las actividades de cualquier responsable de relaciones públicas de cualquier gran empresa... pero el objetivo final es diferente. El fin último del sistema soviético no es vender nada (y menos ideología). Es destruir la civilización en la que se basa la riqueza y la libertad y sustituirla por un sistema de control total sobre la vida de los seres humanos. El sistema de explotación total: ése es el objetivo final".

## Creación soviética de movimientos de "liberación" en todo el mundo

Los soviéticos tenían una escuela en Moscú llamada *Universidad de la Amistad Lumumba.* Estaba bajo el control directo del KGB y del Comité Central. En su entrevista de 1984, Yuri explicó que era allí donde "se educaba y seleccionaba cuidadosamente a los futuros líderes de los llamados movimientos de "Liberación Nacional"". Luego eran "enviados de vuelta a sus países para ser líderes de los llamados movimientos de "Liberación Nacional", o para ser traducidos al lenguaje humano normal: líderes de grupos terroristas internacionales".

(Nota: en la sección de tablas, vimos todos estos movimientos de "libertad" surgiendo en todo el mundo durante el siglo XX, particularmente en tierras (formalmente) controladas por potencias coloniales europeas. Se trataba simplemente de grupos marxistas que aparentemente estaban en contra del control extranjero/imperial, pero que, en realidad, estaban llevando a su país hacia una forma de control aún más extrema: el imperialismo marxista internacional). [84]

Sobre sus funciones en Lumumba, Yuri dijo que "la enseñanza de idiomas era mi llamada actividad extraescolar", una función que normalmente se daba a "jóvenes comunistas como trabajo no remunerado para demostrar su lealtad al partido". Impartía clases de ruso a estudiantes de Asia, América Latina y África. Luego los estudiantes entraban en una clase de adoctrinamiento, que les lavaba el cerebro en la ideología marxista-leninista, durante un periodo de dos a tres años.

Tras un periodo de investigación, si los estudiantes eran aptos, recibían dos años más de formación por parte del KGB. A continuación, eran enviados a sus países de origen para convertirse en "durmientes". Permanecerían inactivos, por así decirlo, centrándose normalmente en su trabajo o carrera habitual mientras tanto. Durante la fase de "desestabilización" de sus países (explicada más adelante), los agentes pasarían a ser activos, ayudando al marxismo a tomar el poder.

Yuri explica: "Por eso, de repente, descubres abogados bien establecidos en un país como Nicaragua, que por alguna extraña razón están amargamente en contra del "imperialismo americano" e idealistamente a favor del imperialismo marxista-leninista soviético".

## Espiritualidad" marxista

He aquí una fascinante conexión entre el mundo de la 'espiritualidad' y la subversión llevada a cabo por la secta/ideología. Durante su estancia en la India, Yuri afirmó que el KGB estaba muy interesado en un "gurú" llamado Maharishi Mahesh Yogi. Este gurú se hizo famoso en los años sesenta y setenta por sus asociaciones con famosos, entre ellos The Beatles, The Beach Boys y miembros de The Rolling Stones, por nombrar algunos; también con actores: "Mia Farrow y otros idiotas útiles de Hollywood visitaron su escuela y regresaron a Estados Unidos absolutamente enloquecidos con marihuana, hachís y locas ideas sobre la meditación".

Yuri explicó que este tipo de entrenamiento "espiritual" y meditación era algo que impactaba en Estados Unidos de un modo deseable para los soviéticos: "Meditar, es decir, aislarse de los problemas sociales y políticos actuales de tu país. Meterse en tu propia burbuja; olvidarse de los problemas del mundo... Obviamente, el KGB estaba muy fascinado con una escuela tan bonita, un centro de lavado de cerebro así... Fui enviado por el KGB para comprobar qué clase de estadounidenses VIP asistían a esta escuela".[84]

La función de Yuri era "descubrir qué tipo de personas de Estados Unidos asisten a esta escuela, y descubrimos que sí hay algunos miembros influyentes de la familia, creadores de opinión pública de Estados Unidos, que vuelven con historias disparatadas de filosofía india. Obviamente, un VIP -digamos, la esposa de un congresista o una personalidad destacada de Hollywood-, después de recibir formación en esa escuela, es mucho más instrumental en manos de los manipuladores de la opinión pública y del KGB, que una persona normal que se asoma a este tipo de formación religiosa falsa". Esto se debía a que "una persona que está demasiado involucrada en la meditación introspectiva..." (es decir, una persona que asistió a la escuela del Yogui), era más apta mentalmente para servir a la causa soviética" (siendo adoctrinada y ayudando a los soviéticos a subvertir a EEUU). Esto es cierto hoy en día; se puede sustituir la palabra "soviético" por "marxista".

Señala que el Maharishi enseñaba a la gente -incluidos sus ingenuos alumnos estadounidenses- que "los problemas candentes de hoy pueden resolverse simplemente meditando". No agites el barco. No te involucres. Siéntate, mírate el ombligo y medita. Y que las cosas (los problemas) -por alguna extraña lógica, por alguna "vibración cósmica"- se arreglarán solas". (Esto recuerda al concepto de "desapego" en el mundo de la espiritualidad, incluido el budismo).

Yuri continuó: "Esto es exactamente lo que la KGB y la propaganda marxista-leninista quieren de los estadounidenses: distraer su opinión, atención y energía mental de los problemas reales de Estados Unidos hacia un no problema, hacia un no mundo, hacia una "armonía" inexistente... Obviamente, es más beneficioso para los agresores soviéticos tener un montón de estadounidenses engañados que estadounidenses conscientes de sí mismos, sanos, en buena forma física y atentos a la realidad".

Señalando que aunque el Maharishi Mahesh Yogi no estaba en nómina del KGB, Yuri dijo que "lo sepa o no, contribuye en gran medida a la desmoralización de la sociedad estadounidense, y no es el único: hay cientos de esos gurús que vienen a su país para sacar provecho de la ingenuidad y la estupidez. Está de moda meditar, está de moda no implicarse".

De hecho, el movimiento de la "nueva era" ha complementado muy bien la propagación de la infección marxista. Está lleno hasta los topes de individuos que hablan de estar "despiertos" sin tener ni idea de lo que realmente está pasando en el mundo (además de no entenderse a sí mismos ni a sus propias creencias, comportamientos, etc.). Si eso es estar "despierto", me esfuerzo por ser la persona menos despierta de la historia. Te deseo el mismo nivel de "ignorancia espiritual".

Ser ignorante y moralmente irresponsable no es sinónimo de un verdadero y genuino "despertar/conciencia superior", ¡es exactamente lo contrario! Además, el tipo de mentalidad psicológica que fomenta la pseudo-espiritualidad en realidad acelera el adoctrinamiento marxista: percepción excesivamente femenina/emocional; pensar que la ira es negativa; creer que todas las formas de conflicto/fuerza física/matar están mal; creer que todos somos uno (colectivismo, solidaridad) e iguales (igualdad), etc.

### Enemigos, reclutas y traición

Yuri habló del *Departamento Secreto de Investigación y Contrapropaganda*. Este grupo recopilaba información sobre cualquier persona que pudiera influir en la opinión pública: periodistas, actores, pedagogos y profesores, miembros del parlamento, representantes de los círculos empresariales. Los dividían en dos grupos: los que "apoyaran la política exterior soviética serían promovidos a puestos de poder mediante la manipulación de los medios de comunicación y de la opinión pública", y "los que rechazaran la influencia soviética en su propio país serían asesinados o ejecutados físicamente cuando llegara la revolución".[84]

Como ejemplo, Yuri habló de asesinatos como éste durante la guerra de Vietnam, en la ciudad de Hué. Donde los comunistas vietnamitas fueron capaces de acorralar y ejecutar a miles de no marxistas en pocas noches. La CIA se quedó perpleja ante la rapidez con la que se ejecutó esta masacre. Yuri explicó: "La respuesta es muy sencilla: mucho antes de que los comunistas ocuparan la ciudad, existía una amplia red de informadores, ciudadanos vietnamitas locales" que lo sabían todo sobre sus compatriotas no marxistas. Este es un factor recurrente en la secta: pone a las personas de la misma nacionalidad/grupo en contra de los demás, de la forma más asesina. Los infectados matarán a sus propios compatriotas cada vez que puedan.

Otro grupo que figuraba en la lista de objetivos de los soviéticos eran los "periodistas prosoviéticos con los que tenía amistad personal". Estos tipos eran "izquierdistas de mentalidad idealista que hicieron varias visitas a la U.R.S.S... pero el KGB decidió que, llegada la revolución... tendrían que irse...". Cuando le preguntaron por qué, respondió "porque saben demasiado". Los idiotas útiles, los izquierdistas que creen idealistamente en la belleza del sistema socialista soviético o comunista o lo que sea... cuando se desilusionan se convierten en los peores enemigos...", razón por la que finalmente hay que eliminarlos (de lo contrario, lo que han aprendido en sus tratos con los soviéticos podría plantear un problema más adelante). [84]

Continuó, sobre el tipo de personas que el KGB quería que fueran el objetivo de sus operativos: "Por eso mis instructores del KGB me dijeron específicamente "nunca te molestes con los izquierdistas, olvídate de esas prostitutas políticas, apunta más alto", esa fue mi instrucción. "Intenta entrar en los medios conservadores de gran tirada y establecidos. Llega a cineastas asquerosamente ricos, intelectuales, supuestos círculos académicos; gente cínica egocéntrica que puede mirarte a los ojos con expresión angelical y decirte una mentira". Esta (sic) es la gente más reclutable". Gente sin conciencia esencialmente, aquellos que "carecen de principios morales". Personas que son "demasiado codiciosas o... sufren de prepotencia... Estas son las personas que el KGB deseaba mucho reclutar".

Refiriéndose a los periodistas de izquierda que la KGB tenía en su lista negra, el Sr. Griffin pregunta: "pero para eliminar a los otros, para ejecutar a los otros... ¿no sirven para algo... no sería en ellos en quienes confiarían?". Yuri responde: "No, sólo sirven para algo en la fase de desestabilización de una nación. Por ejemplo, sus izquierdistas en Estados Unidos....profesores defensores de los derechos civiles... Son instrumentales en el proceso de la subversión sólo para desestabilizar una nación... Cuando su trabajo está terminado, ya no son necesarios, saben demasiado... Algunos de ellos, cuando se desilusionan, cuando ven que los marxistas-leninistas llegan al poder, obviamente se ofenden... piensan que ellos llegarán al poder". Sonriendo, Yuri continúa: "Eso nunca ocurrirá, por supuesto, serán alineados contra la pared y fusilados... pero pueden convertirse en los enemigos más acérrimos de los marxista-leninistas cuando lleguen al poder".[84]

Como ya se ha dicho, la infección marxista prolifera en oleadas, en lo que se refiere al nivel de fanatismo encarnado por los miembros de la secta. En otras palabras, los marxistas de una oleada siempre son sustituidos por marxistas más fanáticos en las oleadas siguientes.

Yuri enumeró ejemplos de este patrón: "En Nicaragua, la mayoría de estos antiguos marxistas-leninistas fueron encarcelados o uno de ellos se escindió y ahora trabaja contra los sandinistas. El caso de Maurice Bishop en Granada: "ya era marxista, fue ejecutado por un nuevo marxista, que era más marxista que este marxista (refiriéndose a Bishop). El mismo patrón de nuevo en Afganistán "primero estaba Taraki, fue asesinado por Amin, luego Amin fue asesinado por Babrak Karmal con la ayuda de la KGB y en Bangladesh "cuando Mujibur Rahman-muy pro-izquierda soviética-fue asesinado por sus propios camaradas militares marxistas-leninistas... Es el mismo patrón en todas partes". Según Yuri, una vez que desempeñaran su papel, todos estos idiotas útiles serían "ejecutados por completo (todos los marxistas de mentalidad idealista), o exiliados, o encarcelados como en Cuba" (añadiendo que hay muchos antiguos marxistas en prisión en Cuba). [84]

## La realidad de la "igualdad

Más adelante en la entrevista, Griffin vuelve a preguntar sobre el exterminio de este tipo de individuos, a lo que Yuri responde, con un gran argumento sobre cómo la utopía de la "igualdad" no es más que una fantasía: "La mayoría de ellos, sí. Simplemente porque el choque psicológico cuando vean en el futuro lo que significa en la práctica la hermosa sociedad de la igualdad y la justicia social, obviamente se rebelarán.. Y el régimen marxista-leninista no tolera a esta gente... (serán) simplemente aplastados como cucarachas. Nadie les va a pagar nada por sus hermosas ideas de igualdad y será el mayor shock para ellos, por supuesto".

En su presentación del SUF de 1983, Yuri afirmó: "No se puede legislar la igualdad". Y añadió: "Si ponemos el principio de igualdad en la base de nuestra estructura política social, es lo mismo que construir una casa sobre arena: tarde o temprano, se derrumbará. Y eso es exactamente lo que ocurre".

El régimen soviético y sus aliados (similares a China y sus aliados de hoy) estaban encantados de ver cómo los países occidentales se obsesionaban con la "igualdad", haciéndose más débiles e inestables, lo que facilitaba que la secta entrara y tomara el poder (en palabras de Napoleón Bonaparte "Nunca interrumpas a tu enemigo cuando está cometiendo un error"). Yuri añadió: "La igualdad absoluta existe en la Unión Soviética... todo el mundo es igual en (la) mugre". [85]

## Subversión ideológica

> "Un proceso largo...que a veces es imperceptible para una persona normal...Es imperceptible como el movimiento de una manecilla pequeña de un reloj: sabes que está dando vueltas, pero aunque lo observes intensamente no ves el movimiento"
>
> Conferencia de Yuri Besmenov en el SUF de 1983 en Los Ángeles

Quizá el dato más importante que nos dio Yuri -y el más pertinente en relación con el mensaje de este libro- es algo llamado Subversión Ideológica. Ya hemos hablado de lo que es la ideología, pero ¿qué hay de la "subversión"?

En su presentación de 1983, Yuri nos dio la definición soviética del término "subversión": es "una actividad destructiva y agresiva destinada a destruir el país, la nación o la zona geográfica de tu enemigo", señalando que la mayor parte de la actividad subversiva es "abierta, legítima y fácilmente observable", pero también legal: "según la ley, ¡no es un delito!".[85]

Además (¡toma nota!), la subversión es una calle de doble sentido: "No se puede subvertir a un enemigo que no quiere ser subvertido". (es decir, una nación). Tiene que haber conformidad, indiferencia o aquiescencia hasta cierto punto. El proceso sólo puede tener éxito cuando existe un "objetivo receptivo" (éste es el quid de la cuestión en el mundo actual). Curiosamente, Yuri declaró que los fundamentos de la subversión se enseñaban a "todos los estudiantes de la escuela de la KGB en la URSS y a los oficiales de las academias militares", y que el Arte de la Guerra estaba en la lista de lecturas recomendadas/obligatorias (el Arte de la Guerra fue escrito por el filósofo chino Sun Tzu en el siglo 5[th] a.C.).[89]

La subversión es una forma mucho más eficaz de destruir a un enemigo: "El arte más elevado de la guerra es no luchar en absoluto, sino subvertir cualquier cosa de valor en el país de tu enemigo". Con el tiempo, esto llevaría a que las percepciones de tu enemigo estuvieran tan distorsionadas que "no te percibiera como un enemigo".[85] ¿No resume esto el predicamento global que este libro pone de relieve, en lo que se refiere a cómo los miembros de las sectas son percibidos por la población en general? ¿No estamos rodeados de enemigos dentro de nuestros propios países? (es decir, traidores e invasores adoctrinados).

En su entrevista de 1984, Yuri explicaba la Subversión Ideológica como "el proceso que es legítimo, abierto y manifiesto -puedes verlo con tus propios ojos... No hay misterio; no tiene nada que ver con el espionaje... el énfasis principal del KGB no está en el área de la inteligencia en absoluto. Según mi opinión y la de muchos desertores de mi calibre, sólo un 15% del tiempo, dinero y mano de obra se dedica al espionaje como tal. El otro 85% es un proceso lento que llamamos "Subversión ideológica" o "Medidas activas" (активные мероприятия) en el lenguaje del KGB, o guerra psicológica".[84]

Y aquí está quizá la parte más profunda con respecto a nuestra lucha contra la secta: "Lo que significa básicamente es cambiar la percepción de la realidad de cada estadounidense* hasta tal punto que, a pesar de la abundancia de información, nadie sea capaz de llegar a conclusiones sensatas en aras de defenderse a sí mismo, a su familia, a su comunidad y a su país. Es un gran proceso de lavado de cerebro que va muy despacio y se divide en cuatro etapas básicas". (sustituya la palabra "estadounidense" por su propia nacionalidad).

**Fase 1. Desmoralización Desmoralización**

Yuri explicó que en esta primera fase del proceso, la ideología se insertaba en los diversos "ámbitos de aplicación de la subversión", como la religión, la educación, la vida social, la estructura de poder, las relaciones laborales y patronales, y la ley y el orden.

---

[89] https://en.wikipedia.org/wiki/The_Art_of_War

Describió el proceso de esta etapa: "Se necesitan de 15 a 20 años para desmoralizar a una nación, éste es el número mínimo de años que se necesitan para educar a una generación de estudiantes en el país de tu enemigo, expuestos a la ideología del enemigo. En otras palabras, la ideología del marxismo-leninismo está siendo bombeada en.. al menos tres generaciones de estudiantes estadounidenses, sin ser desafiada o contrarrestada por los valores básicos del.. La mayoría de las personas que se graduaron en los años sesenta -abandonados o intelectuales de medio pelo- ocupan ahora puestos de poder en el gobierno, la administración pública, las empresas, los medios de comunicación y el sistema educativo".

Aquí Yuri esboza la gravedad del adoctrinamiento en este tipo de personas: "Estás atascado con ellos, no puedes deshacerte de ellos, están contaminados. Están programados para pensar y reaccionar a ciertos estímulos según un patrón determinado. No puedes hacerles cambiar de opinión, aunque les expongas a información auténtica... sigues sin poder cambiar la percepción básica y el comportamiento lógico. En otras palabras, (en) estas personas... el proceso de desmoralización es completo e irreversible. Para librar a la sociedad de esta gente, se necesitan otros 20 o 15 años para educar a una nueva generación de personas con mentalidad patriótica... que actúen en interés de la sociedad de Estados Unidos". [84]

Yuri continúa: "El proceso de desmoralización en Estados Unidos ya se ha completado básicamente, durante los últimos veinticinco años en realidad se ha sobrecumplido", explicando que la desmoralización ha alcanzado áreas que la inteligencia soviética ni siquiera soñó que alcanzaría: "La mayor parte la hacen los americanos a los americanos, gracias a la falta de normas morales". Esto resume la situación actual en Estados Unidos.

**Etapa 2: Desestabilización**

La siguiente fase del proceso, explicó Yuri, es la "desestabilización", afirmando que "sólo se tarda entre dos y cinco años en desestabilizar una nación". Durante esta fase, se atacan determinadas estructuras del país objetivo, como la economía, las relaciones exteriores y los sistemas de defensa. Curiosamente, ya en 1984 (el año de George Orwell) Yuri dijo "se puede ver con bastante claridad... en áreas tan sensibles como la defensa y la economía la influencia de las ideas marxista-leninistas en Estados Unidos es absolutamente fantástica... Nunca pude creer hace 14 años, cuando aterricé en esta parte del mundo, que el proceso fuera tan rápido".

En su presentación del SUF de 1983, dijo que el objetivo es "desestabilizar todas las relaciones, todas las instituciones y organizaciones aceptadas en un país de tu enemigo". Los ámbitos de aplicación de la desestabilización son mucho más reducidos (que en la desmoralización), centrándose en áreas específicas como la economía, las relaciones laborales, la ley y el orden (incluido el ejército), y los medios de comunicación (aunque de forma diferente a la etapa de desmoralización).

## Se generan conflictos entre grupos

En esta fase se produce una "radicalización de las relaciones humanas". Esto se hace para desencadenar el conflicto entre diferentes grupos e individuos - incluso entre familiares, vecinos, etc.- que "no pueden llegar a un compromiso a menos que inicien una pelea". No hay "más compromiso", sólo "lucha, lucha, lucha". ¿Algo de esto le suena familiar, lector? Puede que lo experimentes o no con miembros cercanos de tu familia, pero sin duda debería resonar a nivel social. Esencialmente, la ideología crea división, polarizando las interacciones humanas.

Yuri continuó: "Las relaciones normales, tradicionalmente aceptadas, se desestabilizan: las relaciones entre profesores y alumnos, en escuelas y colegios; las relaciones entre obreros y patronos se radicalizan aún más, ya no se acepta la legitimidad de las reivindicaciones de los trabajadores". Yuri mencionó las huelgas de la red de autobuses *Greyhound Lines* en 1983.[90] Aunque estas huelgas pudieron parecer normales y razonables en su momento, Yuri explicó: "Los violentos enfrentamientos entre pasajeros, piquetes y huelguistas se presentan como algo normal. Hace 10, 15, 20 años estaríamos enfadados y diríamos "¿Por qué tanto odio? Hoy no, decimos "Bueno, es algo habitual". La ley y el orden se radicalizan: "donde antes la gente resolvía sus diferencias pacífica y legítimamente", ahora hay más tensión y falta de resolución. Es cuando "la sociedad en general se vuelve cada vez más antagónica: entre individuos, entre grupos de individuos y la sociedad en general". Añadió que los medios de comunicación en general se alejan cada vez más de la sociedad y se oponen a ella.

## Los "durmientes" se despiertan

Durante la desestabilización, los "durmientes" se vuelven activos. Estos reclutas entrenados por los soviéticos se vuelven activos en sus respectivos países, para participar en su desestabilización. Se implican en todo el movimiento marxista, a menudo abiertamente, como activistas o líderes de grupos, y se vuelven activos en el proceso político, etc. En la época de Yuri, estos "durmientes" eran a menudo agentes del KGB (en nuestra época, pueden ser operativos/infiltrados de otras fuentes; o traidores dentro de sus respectivos países).

Yuri menciona a los miembros de grupos "oprimidos" (por ejemplo, homosexuales o feministas). Mientras que antes eran más silenciosos y menos activos, en esta fase del proceso se vuelven más activos, ruidosos y exigentes (la sociedad debe cambiar para adaptarse a ellos, etc.). Ahora, sus vidas personales/elecciones vitales se convierten en "una cuestión política". Exigen

---

[90] https://en.wikipedia.org/wiki/1983_Greyhound_Bus_Lines_strike_in_Seattle

"respeto, reconocimiento, derechos humanos" y generan malestar, lo que inevitablemente desemboca en conflictos, incluidos enfrentamientos violentos con la policía, grupos contrarios, etc. Este tipo de grupos (feminismo, movimiento LGBTQ+/'trans', Black Lives Matter, etc.) generan tensión y conflicto, lo que se suma al proceso general de desestabilización. Lo único que importa, según Yuri, es que haya conflicto y malestar entre los distintos grupos. El proceso de desestabilización conduce directamente a la "crisis".

**Etapa 3: Crisis**

La tercera etapa del proceso es la "Crisis", y Yuri explicó que puede llevar "sólo hasta seis semanas llevar a un país al borde de la crisis", refiriéndose a lo que estaba ocurriendo en Centroamérica en ese momento como ejemplo (es decir, las sectas maniobrando en esa región). Esto podría implicar un "cambio violento de la estructura de poder y de la economía" (por ejemplo, un golpe militar o una invasión).

En la fase de crisis, los efectos acumulados de las fases de desmoralización y desestabilización llegan a su punto álgido. La sociedad se derrumba. Los grupos artificiales y burocráticos creados al principio del proceso, repletos de miembros de la secta, pueden empezar a reclamar el poder, utilizando la fuerza si es necesario: "En el caso de los países en desarrollo, el proceso comienza cuando los órganos legítimos de poder, la estructura social, se derrumba y deja de funcionar. Así que en su lugar, tenemos organismos artificiales inyectados en la sociedad, como comités no electos (por ejemplo, comités 'revolucionarios', grupos de trabajadores sociales o gubernamentales, ONGs/sin ánimo de lucro, organizaciones de medios de comunicación, etc.)".

Debido al caos, la población en general puede estar buscando un salvador en este momento. Puede que se pida un gobierno "más fuerte" o más autoritario; quizás incluso un "gobierno socialista" centralizado. Este "salvador" puede venir en forma de un grupo marxista local interno que tome el control, o de la invasión del país por una fuerza marxista externa. Según Yuri, esto puede desembocar en una guerra civil o en una invasión.

El escenario de la guerra civil implica básicamente a la secta luchando por el poder contra grupos opuestos. O los no marxistas impiden que la secta se haga con el poder, o no. Si no existe un grupo marxista interno capaz de hacerlo, entonces la fuerza vendrá del exterior. Yuri utilizó el Líbano como ejemplo del escenario de guerra civil, que "fue implantado artificialmente en el Líbano por (la) inyección de fuerza de la OLP".

En cuanto a la invasión, mencionó las operaciones soviéticas en Afganistán, además de las diversas ocasiones en que invadieron países de Europa del Este. (La OLP (*Organización para la Liberación de Palestina*), que contaba con el apoyo de Moscú, estuvo activa en Líbano desde finales de los sesenta hasta principios de los ochenta).[91] Intentar revertir todo el proceso de subversión ideológica en esta fase, sólo es posible mediante un fuerte apoyo de todo el país, impidiendo la guerra civil/invasión, e impidiendo el ascenso del "gobierno fuerte". Cualquiera que sea el camino que tome la crisis -guerra civil o invasión- conduce a la siguiente etapa: La normalización.

**Etapa 4: Normalización**

La cuarta etapa es la "Normalización", que según Yuri, puede durar indefinidamente. El término "Normalización" es otra forma de decir "bajo control marxista". Yuri explicó que se trataba de un término irónico, utilizado por los soviéticos tras su invasión de Checoslovaquia en 1968, cuando el primer ministro soviético Leonid Brézhnev (1906-1982) dijo que la situación allí estaba "Normalizada".

Esta etapa de "normalización" es esencialmente opuesta a la segunda etapa ("desestabilización") porque "los autoproclamados gobernantes de la sociedad ya no necesitan ninguna revolución (y) radicalismo". Ahora quieren estabilidad, calma. Cualquier cosa o persona que no cumpla con esto es sofocada y eliminada con extremo prejuicio. En esencia, se trata de "estabilizar el país por la fuerza".

En la práctica esto significa que "todos los activistas "durmientes", trabajadores sociales, liberales, homosexuales, profesores y marxistas y leninistas... están siendo eliminados, a veces físicamente. Ya han hecho su trabajo, ya no son necesarios. Los nuevos gobernantes necesitan estabilidad para explotar la nación, para explotar el país, para aprovecharse de la victoria".[85] De nuevo, la ideología se impone en oleadas cada vez más extremas, arrasando con las anteriores. Es en este momento cuando todos los miembros de la secta de traidores marxistas -que han contribuido a desestabilizar o subvertir sus propias patrias- se llevan la merecida sorpresa de su vida.

**Soluciones para las distintas etapas**

En esta fase tan tardía y crítica de todo el proceso, cuando una nación ha llegado tan lejos (Normalización), sólo la fuerza militar desde el exterior (por parte de una fuerza no marxista) puede revertirlo. La invasión estadounidense de Granada en 1983 fue un ejemplo (entonces reciente) de ello: "Revertir este proceso requiere un enorme esfuerzo, hoy Estados Unidos tuvo que invadir Granada para revertir el proceso de subversión". Aunque muchos en Estados Unidos se habrían opuesto a ello, Yuri argumentó que Estados Unidos debería haber intervenido antes en todo el proceso, durante la primera fase de "desmoralización" (en lugar de esperar a que llegara la "normalización").

---

[91] Brand, W.E., "La Rusia soviética, creadora de la OLP y el pueblo palestino".

https://www.readcube.com/articles/10.2139/ssrn.2387087

Las objeciones 'PC' de los 'amantes de la paz' y miembros de sectas en EE.UU. se habrían opuesto a esto: "¿Por qué no impedir en primer lugar que Maurice Bishop llegue al poder?... ¿Por qué no detener el proceso antes de que llegue a la crisis? Oh no, los intelectuales no lo permitirán: es una injerencia en los asuntos internos. Se cuidan mucho de que la administración norteamericana no interfiera en los asuntos internos de los países latinoamericanos; no les importa que la Unión Soviética interfiera en sus asuntos". Así es. ¡Doble rasero partidista! Durante años nos dijeron (en partes infectadas del mundo) que sólo Estados Unidos hace cosas así porque es una potencia horrible e imperialista. En retrospectiva, podemos ver que Estados Unidos habría hecho bien en impedir la aparición de otro país infectado por el comunismo cerca de sus fronteras. ¡Claro que sí! Por supuesto, una vez que Estados Unidos esperó hasta las últimas etapas para invadir, descubrió que Granada era una base militar de los soviéticos.

Para reiterar el punto de Yuri: en la etapa de "Normalización" "se necesita sólo y siempre la fuerza militar. Ninguna otra fuerza sobre la Tierra puede revertir este proceso en este punto".[85] Esto refleja la gravedad de la situación: cuando un país está bajo el control del culto marxista, es una amenaza peligrosa para cualquier país que aún no esté totalmente infectado.

Yuri explicó que en la fase de 'crisis' "no hace falta una invasión militar del ejército de Estados Unidos (nota: o de cualquier otra fuerza liberadora no marxista), hace falta una acción enérgica como en Chile: una participación encubierta de la CIA para impedir que el 'salvador' de fuera llegue al poder y estabilizar el país antes de que estalle en una guerra civil... Apoyar a las fuerzas conservadoras de derechas con dinero, por medio de estafas o por amor, no importa. Estabiliza el país, no dejes que la crisis se convierta en guerra civil o invasión". También señaló que, como era de esperar, habría un alboroto "políticamente correcto" (marxista) por parte de algunos estadounidenses, que dirían que las intervenciones tempranas son ilegales, etc.; pero la alternativa a esas intervenciones tempranas sería esperar a que las cosas empeorasen mucho, lo cual está mal, diga lo que diga la ley. (Arriba se hace referencia a la *Operación Cóndor* en Chile y a Augusto Pinochet. Cóndor fue una operación anticomunista justa y justificable respaldada por la CIA y contó con la colaboración de varios gobiernos de derechas sudamericanos).

He aquí un punto muy útil para nuestra situación actual: ¿cómo podríamos detener el proceso en una fase aún más temprana? Reprimiendo a los "revolucionarios". En la fase de desestabilización, dijo Yuri, no hacen falta operaciones encubiertas ni invasiones militares: "¿Sabes lo que hace falta aquí? Restringir algunas libertades a pequeños grupos autoproclamados enemigos de la sociedad. Tan sencillo como eso".[85] ¡Qué gran idea! De nuevo, se produciría el alboroto histérico irracional, citando la constitución del país y los derechos civiles de estos traidores/miembros de sectas/criminales. Desde una perspectiva racional, si una persona está destruyendo activamente su civilización de origen (porque son jóvenes/estúpidos/ adoctrinados), ¡renuncian a sus derechos de libertad en la sociedad! Como mínimo, estas personas deberían ser vigiladas y consideradas delincuentes en potencia. Tenemos esta actitud con los criminales, así que debería aplicarse también a los miembros de sectas activistas marxistas.

Nuestra máxima al respecto debería ser: si formas parte de un movimiento de culto destructivo y antihumano, entonces agitas tus derechos humanos. De nuevo, el espectro marxista de la "igualdad" entra en juego de forma problemática. A los ojos de algunos, estos falsos revolucionarios marxistas destructores de la civilización deberían tener los mismos derechos que los ciudadanos normales y corrientes, no adoctrinados y respetuosos de la ley. ¡Qué tontería! Un error de juicio fatal.

Yuri continúa: "Vale, si permites que los criminales tengan derechos civiles, adelante... y lleva al país a la crisis. Es una forma incruenta de hacerlo. Limitar los derechos. No me refiero a meterlos en la cárcel.. No hablo de meter a todos los gays de San Francisco en el campo de concentración... ¡No les permitáis tomar fuerza política! No los elijan para los puestos de poder... Hay que meter en la cabeza de los votantes estadounidenses que una persona así, en los escaños del poder, es un enemigo".

En la fase más temprana del proceso, para evitar la desmoralización, Yuri recomendó en primer lugar no permitir la entrada en el país de propaganda extranjera o tóxica: "Si en ese momento la sociedad es lo suficientemente fuerte, valiente y consciente, para detener la importación de ideas que son extranjeras, entonces toda la cadena de acontecimientos podría prevenirse... El proceso de desmoralización podría detenerse aquí mismo... tanto como exportación como importación". En otras palabras, como se dijo al principio: "No al marxismo. Sin excepciones". Curiosamente, podemos ver cómo países como China y Corea del Norte controlan estrictamente cualquier ideología o medio de comunicación extranjero para que no llegue -y pueda influir- a sus poblaciones, mientras que exportan activamente la ideología (el primero en particular).

**Todos estamos en estado de guerra**

En la entrevista de 1984 con G. Edward Griffin, Yuri hizo una declaración que debería ser más fácil de entender ahora que entonces (subrayado para enfatizar): "La mayoría de los políticos estadounidenses, los medios de comunicación y el sistema educativo forman a otra generación de personas que creen que viven en tiempos de paz. Falso. Estados Unidos está en estado de guerra, guerra total no declarada contra los principios básicos y los fundamentos de este sistema (la ideología/culto marxista)". (Por supuesto, esto se aplica a la civilización en general, o a cualquier lugar que esté infectado con la ideología no sólo a los EE.UU.). Este sistema es "aunque suene ridículo el "Sistema Comunista Mundial" o la "Conspiración Comunista Mundial". Que asuste o no a algunos, me importa un bledo, si a estas alturas no estás asustado, nada podrá asustarte".[84]

Hablando de la inminente catástrofe hacia la que se dirigía Estados Unidos (y, de hecho, el resto del mundo), dijo: "Os quedan literalmente varios años de vida... a menos que Estados Unidos despierte... la bomba de relojería está haciendo tic-tac, a cada segundo, el desastre se acerca más y más... a diferencia de mí, no tendréis ningún lugar al que desertar... Esto es todo... este es el último país de libertad y posibilidad".

Cuando el Sr. Griffin le preguntó qué debía hacer el pueblo estadounidense ante todo esto, respondió que había algunas soluciones: en primer lugar, educar, a escala nacional, en "el espíritu del verdadero patriotismo", y en segundo lugar, informar de los peligros del gobierno marxista; añadiendo: "Si la gente no capta el peligro inminente... nada podrá ayudar nunca a Estados Unidos". Y añadió: "Así que... edúquense... entiendan lo que está pasando a su alrededor, no están viviendo en tiempos de paz... están en estado de guerra y tienen muy poco tiempo para salvarse.... Como he dicho, ahora estoy en su barco si nos hundimos juntos, nos hundiremos maravillosamente juntos. No hay otro lugar en este planeta al que desertar". Tick tock, tick tock..

## Saul Alinsky

> "El infierno sería el paraíso para mí. Toda mi vida he estado con los pobres. Aquí, si no tienes nada, te falta dinero. Si no tienes nada en el infierno, te falta virtud. Una vez que llegue al infierno, empezaré a organizar a los desposeídos de allí."[92]
>
> Saul Alinsky, entrevista con la revista Playboy, 1972

Otro personaje notable es Saul Alinsky, un destacado marxista activo en Estados Unidos. Aunque estamos retrocediendo cronológicamente (ya que Alinsky murió en 1972, justo después de que Yuri llegara a Estados Unidos), es apropiado que lo situemos después de la sección de Besmenov. Esto se debe a que Alinsky era el miembro subversivo de la secta que operaba sobre el terreno, implementando los cambios de los que hablaba Yuri durante el proceso de Subversión Ideológica. De hecho, no se me ocurre una persona mejor (o infame) para presentar cuando se examina la aplicación de las tácticas marxistas, especialmente entre los grupos minoritarios "oprimidos" o "proletarios".

Era conocido principalmente por ser un "organizador comunitario", o un "agitador" (marxista) si lo prefieres. El tipo de tácticas que desarrolló inspiró a generaciones de miembros de sectas, como el *movimiento Occupy* de 2011/12 y *Extinction Rebellion*, que surgió en 2018, *Black Lives Matter, Insulate*

---

[92] Norden, E., "Saul Alinsky: Entrevista en Playboy (1972)", 1 de mayo de 2018.

https://scrapsfromtheloft.com/comedy/saul-alinsky-playboy-interview-1972/

*Britain*, *Just Stop Oil* y muchos otros.

## ¿Quién era Saul Alinsky?

Saul David Alinsky nació el 30 de enero de 1909 en Chicago, Illinois, y estuvo activo desde la década de 1930 hasta la de 1960. Estudió sociología y criminología en la Universidad de Chicago, bajo la tutela de Robert Park y Ernest Burgess. También pasó algún tiempo en compañía de la mafia de Al Capone, en particular con uno de sus "matones", Frank Nitti. En un momento dado, Alinsky fue recaudador de fondos para las Brigadas *Internacionales* controladas por la Comintern, *la* fuerza marxista de voluntarios internacionales que luchó contra las fuerzas nacionalistas de Francisco Franco en la Guerra Civil española (1936-1939).[93]

Alinsky ha sido descrito como un "activista" y era conocido sobre todo por ser un "organizador comunitario", que trabajaba con diversos grupos étnicos minoritarios, incluidas las comunidades negra y mexicana, en Rochester (Nueva York) y California, respectivamente. Consideraba que su papel era "organizar a los pobres" (qué tipo más simpático). Participó en la creación de grupos como el *Back of the Yards Council*, en 1939; una red nacional de grupos comunitarios llamada *Industrial Areas Foundation* (IAF), en 1940; y un conjunto de grupos llamado *The Woodlawn Organisation* (TWO), que alcanzó notoriedad en los años sesenta.

En general, el objetivo de estos grupos era atraer, "radicalizar"/manipular y movilizar a residentes de bajos ingresos y del centro de la ciudad (la TWO, por ejemplo, se dirigía a comunidades negras del centro de la ciudad). También participó en una organización llamada F.I.G.H.T. en Rochester, Nueva York. Alinsky cobraba por sus "servicios", por ir a "ayudar" a las comunidades y actuaba como si hubiera sido invitado por "la gente".[93]

El método particular de Alinsky para impulsar la ideología -explotando a estos grupos "oprimidos"- tuvo como resultado el adoctrinamiento de aquellos que normalmente no lo serían, asegurando que el mayor número posible de personas quedara atrapado en la gran red roja de lavado de cerebro. Este método de captación de comunidades fue de gran beneficio estratégico para la secta/ideología: extendió su influencia a ciertas áreas que antes eran inalcanzables con el sistema educativo, particularmente a nivel universitario. De las propias palabras de Alinksy en *Rules for Radicals* (1971) se desprende claramente que los manifestantes no blancos a los que "animaba" estaban siendo adoctrinados a través del activismo que él propugnaba. Ergo, "Quéjate y recibirás". Su otra obra notable (similar) fue *Reveille for Radicals* (1946).

Alinsky murió en California en 1972, pero su legado perduró, inspirando a personas como Barrack Obama y Hillary Clinton. Obama, conocido socialista,

---

[93] https://www.britannica.com/biography/Saul-Alinsky

fue un protegido del movimiento de Alinsky en Chicago, donde realizó un "trabajo comunitario" similar antes de ascender en el mundo. Admiradora de Alinksy, Clinton hizo una tesis sobre Rules for Radicals cuando estaba en la universidad (al parecer, no quería que la tesis se diera a conocer ampliamente durante la campaña presidencial de Bill Clinton). Era una gran admiradora y mantuvo correspondencia con él en varias ocasiones.[94]

**Lo que era**

Este tipo era una serpiente marxista fácilmente identificable, y un maestro de la manipulación. Debería haber sido obvio que no tenía ni un hueso de empatía/simpatía genuina en su cuerpo, particularmente cuando se trataba del bienestar de aquellos que no tenían nada en común con él (es decir, negros, mexicanos, irlandeses católicos, etc.). ¿Era más probable que se preocupara de verdad por esos "oprimidos" (que le eran totalmente extraños)? ¿O que tenía una agenda y estaba fingiendo preocupación, luego señalando virtudes, etc.? Sus entrevistas son reveladoras, pero sus acciones y escritos realmente lo exponen tal y como era.

Escribió Rules for Radicals en 1971, no mucho después de la era del macartismo, a la que se refiere al principio del libro. Por esta razón, entre otras, no se refiere abiertamente a sí mismo como "marxista" o "comunista"; formó parte de la ola de "no te llames comunista". En el libro escribió: "Ahora son la vanguardia, y tuvieron que empezar casi de cero. Pocos de nosotros sobrevivimos al holocausto de Joe McCarthy a principios de la década de 1950, y entre ellos había aún menos cuya comprensión y perspicacia se hubieran desarrollado más allá del materialismo dialéctico del marxismo ortodoxo. Mis compañeros radicales (nota: ¡no se llama a sí mismo marxista!), que se suponía que iban a pasar la antorcha de la experiencia y las ideas a una nueva generación, simplemente no estaban allí".[95] Está claro que, a pesar de la ofensiva anti-sectas de McCarthy y otros, los miembros de sectas como Alinsky siguieron desafiando.

En un discurso pronunciado en el Kirby Centre del *Hillsdale College* de Washington D.C. en julio de 2010, David Horowitz habló de la actitud de Alinksy hacia la Nueva Izquierda de los años sesenta: "(Alinsky) criticaba a la Nueva Izquierda. Yo formaba parte de la Nueva Izquierda... Teníamos una gracia redentora: decíamos lo que queríamos. "¡Queremos la revolución y la queremos ahora! Queremos que Estados Unidos pierda en Vietnam", decíamos estas cosas. Alinsky pensó que estábamos locos por decir eso ... (él) dijo "lo que estás haciendo cuando dices esas cosas es que estás telegrafiando a la gente

---

[94] https://www.lincolninstitute.org/hillary-clinton-saul-alinsky-and-lucifer/

[95] Alinsky, S., *Rules for Radicals* (1971) (xiii, prólogo).

lo que vas a hacer ... y van a entender que eres una amenaza y eso es malo".[96]

Ipso facto, Alinsky se consideraba a sí mismo una amenaza, y una amenaza subversiva. Era simplemente un agente oculto a plena vista. Para quienes llevaban puestas sus gafas antimarxistas, habría sido fácil descubrirlo; para otros, era un benévolo ayudante de los pobres, etc.

**Reglas para radicales**

En 1971, Alinsky lanzó al mundo su malvado libro Reglas para radicales: Un manual pragmático para radicales realistas. Nos da una gran idea de lo que era: psicótico, manipulador y moralmente degenerado. Es fácil ver cómo este libro ha contribuido a la psicosis fanática que muestran los miembros de las sectas hoy en día. Era básicamente un manual de instrucciones para ellos, que podría haberse titulado "Cómo ser un activista marxista y subvertidor". "Radical" era obviamente una buena elección, en lugar de usar marxista (además de que sería atractivo para cualquiera con tendencias hippies). Este libro fue lectura obligatoria en la Universidad de Texas en 1972, en el curso de "Introducción al comportamiento político", según el autor tejano Richard Pennington.[97] David Horowitz mencionó en la misma conferencia (arriba) que el libro tenía una presencia notable en las muchas universidades que frecuentaba.

He aquí la lista de contenidos por capítulos: "El propósito; De medios y fines; Unas palabras sobre las palabras; La educación de un organizador; La comunicación; En el principio; La táctica; La génesis de la delegación táctica; y El camino por recorrer". Estoy seguro de que resonarán y desencadenarán algunas curiosidades en el lector (y nótese las obvias referencias a la Biblia).

En el capítulo "De medios y fines", Alinksy dedica una sección a convencer al lector de que no debe preocuparse por las consecuencias de sus acciones si cree que sus objetivos son nobles (es decir, objetivos marxistas). Obviamente, si están leyendo su libro, es probable que ya crean que sus objetivos son nobles. Por lo tanto, leyendo entre líneas, Alinsky les está diciendo "no te preocupes, haz lo que quieras, porque tienes razón. Ignora a esos tontos críticos que dicen que estás siendo inmoral/no ético". ¿No es evidente esta actitud en los miembros de las sectas hoy en día? En la página 126, Alinsky enumera sus reglas:

1 "El poder no es sólo lo que tienes, sino lo que el enemigo cree que tienes".

---

[96] "David Horowitz: What Conservatives Should Know About Saul Alinsky", Kirby Centre, Hillsdale College, 2010. https://www.YouTube.com/watch?v=GxHrbGPIQ-o

[97] Pennington, R., "Saul Alinsky's "Rules for Radicals"-Required Reading at UT in 1972", 5 de abril de 2019.

https://richardpennington.com/2019/04/saul-alinskys-rules-for-radicals-required-reading-at-ut-in-1972/

2 "Nunca salgas de la experiencia de tu pueblo".

3 "Siempre que sea posible, sal de la experiencia del enemigo".

4 "Haz que el enemigo cumpla sus propias reglas".

5 "El ridículo es el arma más potente del hombre. Es casi imposible contraatacar al ridículo. Además, enfurece a los adversarios, que reaccionan entonces a tu favor".

6 "Una buena táctica es aquella con la que tu gente disfruta".

7 "Una táctica que se alarga demasiado se convierte en un lastre".

8 "Mantener la presión".

9 "La amenaza suele ser más aterradora que la cosa en sí".

10 "La premisa principal de la táctica es el desarrollo de operaciones que mantengan una presión constante sobre la oposición".

11 "Si empujas un negativo con fuerza y profundidad suficientes, se abrirá paso hacia su contracara; esto se basa en el principio de que todo positivo tiene su negativo".

12 "La duodécima regla: El precio de un ataque exitoso es una alternativa constructiva.

13 "Elige el objetivo, congélalo, personalízalo y polarízalo".[98]

La primera regla resume muy bien el culto: "finge hasta que lo consigas". Básicamente, hacen mucho ruido y actúan a lo grande para intimidar a la posible oposición, al tiempo que generan confianza en la organización, etc. Esto recuerda a cómo juegan a pelearse los gatos jóvenes: a veces corren hacia ti de lado, para parecer más grandes de lo que son en realidad. Esto es crucial para que la parte no adoctrinada de la civilización lo entienda: les superamos fácilmente en número y la secta no es tan grande como parece, así que no hay nada que temer.

La quinta regla resume su comportamiento en el discurso público cuando se enfrentan a sus enemigos, especialmente en Internet. Los miembros de la secta que se dedican a difamar a sus personajes en los medios de comunicación son otra manifestación. La regla ocho es su intento de quebrar mentalmente a sus objetivos. La novena regla es más una táctica de guerra psicológica, ejemplificada en cómo los miembros de la secta amenazan constantemente a sus oponentes, pero no hacen nada físicamente en la mayoría de los casos. La regla trece es más de lo mismo, intentar aislar y calumniar a los oponentes.

---

[98] Alinsky, S. *Rules for Radicals* (1971), p. 126.

## Enunciado taimado

Una de las formas más fáciles de ver que Alinsky no era más que un marxista bajo la máscara eran los términos que utilizaba. Describía a los pobres, a la clase media y a los ricos como "los que no tienen", "los que tienen poco y quieren más" y "los que tienen" (respectivamente). Cuando decía "los que tienen" se refería a los ricos/burgueses (opresores); cuando decía "los que no tienen" se refería a la clase 'oprimida' o proletariado. Un intento descarado -y claramente eficaz- de revivir el principio de opresor contra oprimido. Patético.

Hay una pequeña sección titulada "Distinciones de clase: La Trinidad": "El escenario del drama del cambio nunca ha variado. La humanidad ha estado y está dividida en tres partes: los que tienen, los que no tienen y los que tienen poco, los que quieren más".[99] El uso de la palabra "Trinidad" es sólo uno de los muchos ataques partidistas al cristianismo que contiene el libro, típico de un judío marxista como Alinsky.

Naturalmente, evocando el poder de la sugestión, los "desposeídos" son representados como los revolucionarios potenciales oprimidos, echando espuma por la boca por la revolución (marxista): "En el fondo están los que no tienen. En la escena mundial son, con diferencia, los más numerosos. Están encadenados por la miseria común de la pobreza, la vivienda podrida, la enfermedad, la ignorancia, la impotencia política y la desesperación; cuando tienen empleo, sus trabajos son los peor pagados y sufren privaciones en todas las áreas básicas para el crecimiento humano. Enjaulados por el color, físico o político, se les impide la oportunidad de representarse a sí mismos en la política de la vida. Los que tienen quieren conservar; los que no tienen quieren conseguir. Cuando empiece la fiebre, seguirá la llama. No tienen otro sitio adonde ir que hacia arriba". Nótese el uso de "encadenados". Y esto último es divertido: es un guiño semicríptico a lo que se escribió en el Manifiesto Comunista: "¡Proletarios de todos los países, uníos! No tenéis nada que perder, salvo vuestras cadenas".[100]

## Dirigirse a los jóvenes

Escribía de un modo que complacía a la ingenua juventud y alimentaba sus egos, fingiendo respeto y utilizando un lenguaje y unos sentimientos de señal de virtud: "Saludo a la generación actual. Aferraos a una de vuestras partes más preciadas de la juventud, la risa, no la perdáis como muchos de vosotros parecéis haber hecho, la necesitáis. Juntos podemos encontrar algo de lo que buscamos: la risa, la belleza, el amor y la oportunidad de crear".[101] Escribió para los "radicales de hoy" (en 1971), diciendo: "Espero que estas páginas

---

[99] Ibid. P. 32.

[100] Ibid. P. 33.

[101] Ibid. P. 18.

contribuyan a la educación de los radicales de hoy, y a la conversión de las pasiones ardientes, emocionales e impulsivas, que son impotentes y frustrantes, en acciones que sean calculadas, decididas y eficaces".[102]

Fomentó el comportamiento irrespetuoso que vemos en muchos jóvenes de hoy hacia las generaciones mayores. Sobre la brecha generacional y cómo las generaciones mayores podrían hacer frente a las tendencias revolucionarias de la juventud: "Incapaces de enfrentarse al mundo tal como es, retroceden ante cualquier confrontación con la generación más joven con ese cliché exasperante: "cuando seas mayor lo entenderás". Uno se pregunta cuál sería su reacción si algún joven respondiera: "Cuando seas más joven, que nunca lo serás, lo entenderás, así que claro que nunca lo entenderás". [103] Qué manipulador: es altamente destructivo para un joven leer que la frase "cuando seas mayor lo entenderás" es de alguna manera negativa, ya que a menudo, esta frase es exactamente lo que necesitan oír; puede infundirles algo de humildad, evitando que se les infle el ego (y que crean que saben lo que es mejor para la humanidad, entonces se convierten en activistas, etc.).

**Una revolución permanente**

Alinsky presentó hábilmente al lector su interpretación de la "revolución permanente": "Si pensamos en la lucha como una escalada a una montaña, entonces debemos visualizar una montaña sin cima.... Y así continúa, interminablemente... Simplemente, esta es la naturaleza misma de la vida: que es una escalada, y que la resolución de cada problema crea a su vez otros problemas, nacidos de situaciones difíciles que hoy son inimaginables. La búsqueda de la felicidad no tiene fin; la felicidad está en la búsqueda". Y: "La historia es un relevo de revoluciones; la antorcha del idealismo es llevada por el grupo revolucionario hasta que este grupo se convierte en un establecimiento, y entonces la antorcha se deja en silencio a la espera de que un nuevo grupo revolucionario la recoja para la siguiente etapa de la carrera. Así continúa el ciclo revolucionario".[104] Estaba lavando el cerebro a los jóvenes e ingenuos que leyeran esto para que crearan una "revolución" permanente durante toda su vida; convirtiéndose así en odiosos problemas que el resto de nosotros debemos resolver.

**Formación de agitadores marxistas**

Se refirió a la formación de activistas marxistas: "La construcción de muchas organizaciones de poder de masas para fusionarse en una fuerza nacional de poder popular (nota: movimiento comunista) no puede darse sin muchos organizadores. Dado que las organizaciones son creadas, en gran parte, por el

---

[102] Ibid. P. 21.

[103] Ibid. P. 9.

[104] Ibid. P. 35.

organizador, debemos averiguar qué es lo que crea al organizador. Este ha sido el principal problema de mis años de experiencia organizativa: la búsqueda de organizadores potenciales y su formación. Durante los dos últimos años he tenido una escuela especial de formación de organizadores con un programa de quince meses a tiempo completo".[105]

Sobre cómo el agitador marxista debe comunicarse y mezclarse con sus comunidades objetivo: "Aprende las leyendas locales, anécdotas, valores, modismos. Escucha las conversaciones triviales. Se abstiene de la retórica ajena a la cultura local: sabe que palabras tan gastadas como "racista blanco", "cerdo fascista" e "hijo de puta" han sido tan escupidas que utilizarlas ya forma parte de la experiencia negativa de la población local, sirviendo sólo para identificar al orador como "uno de esos locos" y para cerrar cualquier comunicación posterior".[106] Se trata de una astuta subversión marxista, que oculta su naturaleza comunista a los miembros de las comunidades mientras los manipula.

## Por qué la secta necesita tener muchos temas/subtemas

Destacó la importancia de que la secta se ocupe de varios temas a la vez, para que siempre haya algo en marcha: "No sólo una organización monotemática o incluso dual te condena a una organización pequeña, sino que es axiomático que una organización monotemática no durará. Una organización necesita acción como un individuo necesita oxígeno. Con sólo uno o dos temas habrá sin duda un lapso de acción, y entonces llega la muerte. Los temas múltiples significan acción constante y vida".[107] Entonces la secta es como un tiburón en el sentido de que necesita seguir nadando para obtener su oxígeno. Imagínese a un tiburón rojo comunista nadando permanentemente de forma revolucionaria.

Esta lógica puede aplicarse al movimiento marxista en su conjunto, globalmente. ¿Es ésta otra razón por la que tienen tantos temas diferentes ("subagendas") y los apoyan, para poder mantenerse activos? Ciertamente, tener tantas subagendas significa que la gran red roja se puede lanzar bien y a lo ancho, atrayendo a muchos adeptos.

El hecho de que haya muchos tipos diferentes de temas/subtemas para satisfacer todos los gustos (como se indica en otra parte) garantiza esto: "Hay una manera de mantener la acción y evitar que sea un lastre, pero esto significa cortar constantemente nuevos temas a medida que la acción continúa, de modo que para cuando el entusiasmo y las emociones por un tema han empezado a decaer, un nuevo tema ha entrado en escena con la consiguiente reactivación.

---

[105] Ibid. P. 73.

[106] Ibid. P. 80.

[107] Ibid. P. 86.

Con una introducción constante de nuevos temas, la cosa seguirá y seguirá. Mantener esa energía revolucionaria".[108] Una revolución interminable, ¿eh? ¡Qué maravilla!

## Mostrando la mentalidad controladora marxista

Otro ejemplo de la obsesión marxiana por la "revolución": "Uno de los grandes problemas al comienzo de una organización es, a menudo, que la gente no sabe lo que quiere. Descubrir esto despierta, en el organizador, esa duda interior compartida por tantos, de si las masas populares son competentes para tomar decisiones para una sociedad democrática. Es la esquizofrenia de una sociedad libre que, por fuera, abraza la fe en el pueblo, pero por dentro tiene grandes dudas sobre si se puede confiar en el pueblo. Estas reservas pueden destruir la eficacia del organizador más creativo y con más talento".[109] Bueno, si realmente necesitaran algo, ¡ya lo sabrían! Es la lógica marxista: "no saben lo que quieren, pero quieren una revolución marxista de algún tipo... porque son el proletariado, ¡así que simplemente deben hacerlo!". La línea de pensamiento habitual de "el proletariado no sabe lo que le conviene, así que hay que empujarlo hacia la revolución".

## Ser agresivo para que la gente escuche

Insistió en la idea de ser agresivo y amenazar a la gente, de lo contrario no te escucharán: "No te comunicas con nadie basándote únicamente en los hechos racionales o en la ética de un asunto... Sólo cuando la otra parte está preocupada o se siente amenazada te escuchará: en el terreno de la acción, una amenaza o una crisis se convierte casi en una condición previa para la comunicación". En resumen: préstame atención o te haré daño. La combinación de elementos como éstos con el factor del mimado explica la potencia del fanatismo de la secta. La novena regla es: "La amenaza suele ser más aterradora que la cosa en sí".[110]

## Generar descontento en el proletariado

El agitador marxista debe encontrar cosas de las que la comunidad pueda quejarse: "El organizador dedicado a cambiar la vida de una comunidad en particular debe primero frotar en carne viva los resentimientos de la gente de la comunidad; avivar las hostilidades latentes de muchas de las personas hasta el punto de que se expresen abiertamente. Debe buscar la controversia y los problemas, en lugar de evitarlos, porque a menos que haya controversia la gente no se preocupa lo suficiente como para actuar". Resulta revelador que encaje con el modus operandi de la secta de generar problemas, crear tensiones

---

[108] Ibid. P. 163.

[109] Ibid. P. 111.

[110] Ibid. P. 97.

y fomentar la hostilidad. Buscarán y exagerarán literalmente las cosas para hacer proliferar la ideología. Obviamente, fomentar la mentalidad de "oprimido" es fundamental para todo esto.[111]

Y añade: "Un organizador debe suscitar insatisfacción y descontento; proporcionar un canal en el que la gente pueda verter airadamente sus frustraciones. Debe crear un mecanismo capaz de drenar la culpa subyacente por haber aceptado la situación anterior durante tanto tiempo. De este mecanismo surge una nueva organización comunitaria. El trabajo consiste entonces en conseguir que la gente se mueva, actúe, participe; en resumen, que desarrolle y aproveche el poder necesario para entrar efectivamente en conflicto con las pautas imperantes y cambiarlas (nota: también conocido como "revolución"). Cuando los que destacan en el statu quo se vuelven y te tachan de "agitador", tienen toda la razón, porque esa es, en una palabra, tu función: agitar hasta el punto del conflicto".[112]

## El culto actuando a lo grande

Sobre la táctica de los grupos marxistas de presentarse como grandes e intimidatorios: "Para una ilustración elemental de la táctica, toma como punto de referencia partes de tu cara: tus ojos, tus orejas y tu nariz. Primero los ojos; si has organizado una vasta organización popular de masas, puedes exhibirla visiblemente ante el enemigo y mostrar abiertamente tu poder. Segundo, los oídos; si tu organización es pequeña en número, entonces haz lo que hizo Gedeón: oculta a los miembros en la oscuridad, pero levanta un estruendo y un clamor que haga creer al oyente que tu organización es mucho más numerosa de lo que es. Tercero, la nariz: si tu organización es demasiado pequeña incluso para hacer ruido, apesta el lugar".[113]

Como ya se ha dicho, la tradición de protestas públicas regulares de la secta da la impresión visual de que son más poderosos y numerosos de lo que son en realidad. Desafortunadamente, en muchos casos, incluso esto es suficiente para intimidar a la gente normal y corriente no adoctrinada para que no desafíen y dominen a la secta públicamente.

Un ejemplo de ello fue la gran protesta contra la inmigración que tuvo lugar en Dublín el lunes 5 de febrero de 2024. Como de costumbre, los miembros de la secta en Irlanda organizaron una "contraprotesta" ("antirracismo", etc.) frente a la Oficina General de Correos en la calle O'Connell. Miles de manifestantes apoyaron al bando patriótico. El grupo de manifestantes patrióticos empequeñeció considerablemente al grupo de la secta. El YouTuber irlandés Keith Woods retransmitió en directo el evento, lo que lo demuestra

---

[111] Ibid. P. 121.

[112] Ibid. P. 122.

[113] Ibid. P. 131.

claramente.[114]

## Referencias bíblicas u ocultistas

Curiosamente, hay muchas referencias bíblicas u ocultistas en el libro. De hecho, en las primeras páginas, hay una dedicatoria a Lucifer: "Para que no olvidemos al menos un reconocimiento al primer radical: de todas nuestras leyendas, mitología e historia (y quién sabe dónde acaba la mitología y empieza la historia, o cuál es cuál), el primer radical conocido por el hombre que se rebeló contra lo establecido y lo hizo tan eficazmente que al menos ganó su propio reino: Lucifer".[115]

No sólo la propia secta/ideología se inspira en esta famosa/infame entidad, sino que la representa. ¿Y qué representa Lucifer/Satanás? Representa el desafío/oposición al "plan de Dios" (es decir, la naturaleza/el orden natural de las cosas), que la secta/ideología ciertamente es. El "reino" de Satanás no es un infierno inmaterial en la otra vida, sino la Tierra misma si el mal (por ejemplo, el marxismo) sale victorioso. Un reino que desafía a Dios/el Creador. (Nota: hay quienes creen que "Lucifer" no representa el "mal", que se trata de una entidad separada de "Satanás". Este es un tema antiguo, esotérico, colosal fuera del alcance de este libro).

Hay referencias bíblicas en los títulos de las secciones, como "En el principio" y "El Génesis de la Táctica Proxy", además de varias referencias al apocalipsis a lo largo de todo el texto. "Recuerda que hablamos de revolución, no de revelación; puedes errar el blanco disparando tanto demasiado alto como demasiado bajo" ("como es arriba, es abajo").[116] La palabra "apocalipsis" (del latín "apocalypsis") significa esencialmente "revelación". ¿Se refería a la Biblia constantemente para aludir a algún tipo de apocalipsis; uno que la "revolución" marxiana ayudará a provocar? ¿Qué sabía Alinsky que "nosotros" no sabemos? Desde luego, esto parece un apocalipsis, ¿no?

Obviamente, estas conexiones pasarían por alto a la mayoría de la gente (ciertamente a los jóvenes y/o a aquellos que no tienen conocimientos religiosos, esotéricos u ocultistas), lo que me lleva a creer que Alinsky era un satanista. Como se mencionó al principio, el marxismo no es todo, o, de hecho, la cima del tótem - la ideología ha surgido de algo más grande y más siniestro...

## Reflexiones finales

---

[114] Keith Woods, "Día Nacional de la Protesta - Irlanda pertenece a los irlandeses", 5 feb 2024.

https://www.YouTube.com/watch?v=G-LLcv8xW7s

[115] Ibid. preintro (dedicatorias/citas).

[116] Ibid. P. 10.

Alinsky era una verdadera pieza de trabajo: manipulador a todas luces, además de abierto y orgulloso de ello. Como recomendó Yuri Besmenov, la solución para detener la subversión ideológica es restringir las libertades de ciertos tipos de individuos. Los activistas cortados por el patrón Alinsky a menudo hacen cosas que no son ilegales, pero que, sin embargo, son perturbadoras, presionan, etc. La solución para la sociedad, entonces, es hacer ilegal hacer cosas de esa naturaleza; hacer ilegal ser un activista marxista, esencialmente. (como dijo Yuri: "frenar los derechos").

¿Por qué debemos sufrir los demás sólo porque en el mundo haya tontos organizados y equivocados? Obviamente, antes de que esto pueda lograrse, el público en general -en número suficiente- tendría que comprender la sabiduría de este curso de acción. Sería poner el carro delante de los bueyes esperar ese nivel de comprensión colectiva ahora mismo, antes de que el mensaje de este libro llegue a todos los que tiene que llegar. Sigamos adelante.

## Comunitarismo

Ya que acabamos de hablar de los "organizadores comunitarios" comunistas, continuemos con el tema comunitario y veamos otro concepto engañoso (¡a través de nuestras flamantes gafas mágicas antimarxistas!). Otra forma de marxismo disfrazado es el comunitarismo. Al igual que "organizador comunitario" (salud, Saul), es casi "comunista" o "comunismo", con algunas letras de más.

## Definiciones

Como Wikipedia es la fuente común que siempre se le echa en cara a los motores de búsqueda (y, por tanto, está en una posición de enorme influencia sobre la gente), esto es lo que dice. He subrayado algunas palabras para enfatizarlas: "El comunitarismo es una filosofía que enfatiza la conexión entre el individuo y la comunidad. Su filosofía predominante se basa en la creencia de que la identidad social y la personalidad de una persona están moldeadas en gran medida por las relaciones comunitarias, y que el individualismo tiene un menor grado de desarrollo", y "El comunitarismo suele oponerse al individualismo extremo y no está de acuerdo con las políticas extremas que descuidan la estabilidad de la comunidad en general".[117]

Suena encantador, ¿verdad? Recuerda que estamos tratando con una serpiente que arranca pieles. Fíjate en la palabra "filosofía" que se utiliza: una táctica típica marxista para dar al concepto cierto mérito intelectual; esto tiende a engatusar a la gente a la que impresionan las cosas "intelectuales". (Como hemos visto, siempre que se utiliza la palabra "filosofía" en relación con algo "revolucionario" (marxista), suele significar que alguien está conjurando ideas con un sesgo claramente marxiano, a menudo posmodernista). También se

---

[117] https://en.wikipedia.org/wiki/Communitarianism

puede ver el tono de señalización de virtudes hacia el final. La palabra "extrema" sugiere que todo lo que se oponga a esta "filosofía" es negativo/no ético (por ejemplo, todo lo que sea "de derechas"). Esta última parte insinúa cuidadosamente que el comunitarismo es benigno, colectivista, y que quiere lo mejor para el grupo. "Estabilidad" significa "la comunidad es ideológicamente marxista, y este dominio no debe verse amenazado" ("estabilidad" significa "normalizado").

Otra descripción de *Brittanica.com*: "Comunitarismo, filosofía social y política que enfatiza la importancia de la comunidad en el funcionamiento de la vida política, en el análisis y evaluación de las instituciones políticas y en la comprensión de la identidad y el bienestar humanos. Surgió en la década de 1980 como crítica a dos destacadas escuelas filosóficas: el liberalismo contemporáneo, que pretende proteger y mejorar la autonomía personal y los derechos individuales en parte mediante la actividad del gobierno, y el libertarismo, una forma de liberalismo (a veces llamado "liberalismo clásico") que pretende proteger los derechos individuales -especialmente los derechos a la libertad y a la propiedad- mediante límites estrictos al poder gubernamental". [118] Así que es anti-individualismo y pro-colectivismo, básicamente.

## Origen de la palabra

Al parecer, el término comunitarismo fue acuñado por primera vez, en 1841, por John Goodwyn Barmby (1820-1881). Él era otra parte de la turba socialista utópica durante ese período, y al parecer (¡según Wiki!) "afirmó haber introducido la palabra comunista en el idioma inglés como traducción de la palabra francesa 'communiste'". También introdujo a Friedrich Engels en el movimiento "communiste" francés, y fundaron dos organizaciones en 1841: *la Asociación Comunitaria Universal* y la *Sociedad de Propaganda Comunista de Londres* (siete años después aparece el Manifiesto Comunista).[119]

Existen conexiones entre este concepto de comunitarismo y otras áreas que sabemos que están saturadas de marxismo, como la sociología, la socialdemocracia, la filosofía, etc. Curiosamente, muchas de las definiciones en línea explican que este tipo de ideas comunitaristas han existido durante siglos, apareciendo en el Antiguo y el Nuevo Testamento, el Confucianismo, el Islam ("Shura", que significa "consulta") y el Socialismo Fabiano, naturalmente (de nuevo, el viejo truco de "¿Ves? Ya éramos marxistas y no lo sabíamos").

### Elementos del comunitarismo

Uno de los defensores modernos del comunitarismo fue un sociólogo israelí de

---

[118] https://www.britannica.com/topic/communitarianism

[119] https://en.wikipedia.org/wiki/John_Goodwyn_Barmby

origen alemán llamado Amitai Etzioni (1929-2023; nacido Werner Falkin). Fue director del *Instituto de Política Comunitaria de* la Universidad George Washington, en Washington D.C. (¿tiene todo un instituto en una universidad estadounidense? Impresionante). Fue autor de numerosos trabajos académicos y libros sobre el tema, entre ellos: *The Spirit of Community: The Reinvention of American Society* (1993), *The New Golden Rule: Communisty and Morality in a Democratic Society (1998)*, y *From Empire to Community: Un nuevo enfoque de las relaciones internacionales* (2004).[120] Mirando esos títulos, ¿cuánto sentimiento revolucionario y de señalización de virtudes se puede detectar? (pone los ojos en blanco). El último título es un guiño al hecho (señalado anteriormente) de que el marxismo es una nueva forma de imperialismo que simplemente sustituye a la variedad colonial tradicional: "Del imperio a la comunidad" también podría titularse "Del imperio al comunismo".

En 1993 fundó una organización llamada *Communitarian Network*. Etzioni tenía un canal en YouTube, y en su vídeo *The Five Minute Communitarian decía lo siguiente*: "Es un tipo de filosofía social bastante inusual porque el término comunitarista no es muy conocido... de hecho, muy poca gente lo utiliza. Por otro lado, hay un gran número de personas (que) sostienen ideas comunitaristas...". Tras señalar que estas ideas han existido a lo largo de la historia, continúa explicando tres elementos principales de la misma: "Uno, es la noción de que somos miembros los unos de los otros. (!!).. y el segundo (es) que necesitamos una infraestructura moral.. y tercero, que los derechos y las responsabilidades van de la mano".[121]

Explica la primera con el eslogan "El "Yo" necesita un "Nosotros" para ser". Y añade que hay muchos datos de las ciencias sociales, recogidos mediante experimentos psicológicos en diversas situaciones sociales (prisiones, rascacielos, etc.), que demuestran que cuando las personas están aisladas "sufren una gran variedad de daños, muchos de ellos psicológicos, algunos incluso fisiológicos". Nada innovador hasta ahora.

Y continuó: "Así que parece que la esencia de la naturaleza humana no es ese individuo independiente y aislado -que a menudo se aprecia en la historia y la ideología estadounidenses (nota: uh oh.. crítica a Estados Unidos/Americanismo de nuevo..)- sino que es alguien que prospera en la relación significativa y duradera con los demás". La solución es que "hay que oportunizar a las comunidades". Esto se conseguiría fomentando una mayor interacción social y comunitaria cambiando la forma en que construimos las estructuras, lo que obligaría a la gente a interactuar más (aceras más anchas,

---

[120] https://www.amitaietzioni.org/

[121] Etzioni, A., "The Five Minute Communitarian HD", 16 de abril de 2015.

https://www.YouTube.com/watch?v=gKA4JjkiU4A

más porches delanteros y menos traseros, más paseos, tener las escuelas locales abiertas para reuniones comunitarias, etc.). También dijo: "Si las comunidades no se nutren, tienden a morir, y eso nos deja con individuos aislados. Ese es el primer elemento del pensamiento comunitario: necesitamos relaciones duraderas, nos necesitamos unos a otros".

El segundo elemento, explica Amitai, es la dimensión moral: la "infraestructura moral". Esto significa esencialmente que la comunidad fomenta determinados comportamientos en los individuos que la componen. Como él dice, "las comunidades tienen normas, no leyes, entendimientos informales que se hacen cumplir, pero nada más duro que la gente sacudiéndose el dedo unos a otros, o apreciando cuando la gente vive de acuerdo con estas normas. Y bastan -en una comunidad bien asentada- para ocuparse de una enorme cantidad de asuntos sociales". Por eso, según Amitai, estamos mucho, mucho mejor cuando la comunidad decide "cuánta protección medioambiental es correcta; qué debemos hacer si la gente no se vacuna; hasta dónde debemos enviar (*sic*) los límites de velocidad; una vez establecidas estas cosas, cuanto más podamos confiar en nuestro entendimiento mutuo y en el cumplimiento informal de las normas, mejor estaremos todos (*sic*)". [121]

El tercer y último elemento es "Derechos y responsabilidades". Amitai explicó que se trata de la noción de que tenemos derechos individuales, pero que "los derechos van acompañados de responsabilidades sociales y no podemos tener los unos sin las otras", aludiendo una vez más al hecho de que Estados Unidos siempre ha hecho mucho hincapié en los derechos individuales. Para ello pone como ejemplo debates polarizantes como el derecho a la intimidad de los individuos frente al derecho de los Estados a proteger a la nación del terrorismo; también la libertad de prensa, o cuestiones de salud pública, etc. En su opinión, desde el punto de vista comunitario, es importante que la conversación comience "no asumiendo que un bando triunfa automáticamente sobre el otro y prevalece, sino iniciando la conversación argumentando que debemos preocuparnos tanto por el respeto de nuestros derechos como por servir al bien común, por ejemplo, la seguridad". En el fondo, todo esto no es más que promover la solidaridad y el consenso resultante en cuestiones sociales, etc. Está sugiriendo que la idea tradicional estadounidense de soberanía individual no forma parte tanto de la "naturaleza humana" como formar parte de la comunidad.

### ¿Debemos fiarnos?

Por supuesto, se trata de una sola persona, pero su opinión es digna de mención: se le ha considerado una especie de "gurú" del comunitarismo y, desde luego, era una voz respetada. Dicho esto, ¿no suena todo esto un poco sospechoso? ¿Qué dicen estos defensores del comunitarismo? ¿Que necesitamos un movimiento que anime a la gente a ser más social? Menuda sarta de estupideces.

¿Beneficia todo esto al marxismo? ¿Intentan crear comunidades muy unidas de ratas marxistas con el cerebro lavado, que conozcan los asuntos de los demás? ¿Es para que las ovejas puedan controlarse unas a otras, asegurándose de que nadie se desvía de la manada, y de que todos en la sociedad piensan, hablan y actúan de la misma manera? No se trata de ayudar a los aislados/deprimidos/enfermos mentales, se trata de asegurar que todo el mundo permanezca bajo control, sin privacidad de la cultura psico-social colectivista que crea el culto marxista.

# Sección VI - La matriz marxista

"La política es la corriente descendente de la cultura"[1]

Andrew Breitbart, fundador de *Breitbart News*,
*"Courrielche: La próxima frontera de los conservadores"*

## Introducción

En *Matrix* (1999), Morfeo (Laurence Fishburne) y Neo (Keanu Reeves) están a punto de cruzar una concurrida calle de la ciudad. Primero, vemos el semáforo del paso de peatones en rojo (comunista). Cuando cambia a verde y empiezan a caminar entre la multitud, Morfeo habla del adoctrinamiento: "Matrix es un sistema Neo, ese sistema es nuestro enemigo, pero cuando estás dentro, miras a tu alrededor, ¿qué ves? Empresarios, profesores, abogados, carpinteros; las mismas mentes de las personas que intentamos salvar. Pero hasta que no lo hagamos, estas personas siguen siendo parte de ese sistema, y eso las convierte en nuestro enemigo. Tienes que entender que la mayoría de estas personas no están preparadas para ser desconectadas, y muchas de ellas están tan acostumbradas, tan desesperadamente dependientes del sistema, que lucharán para protegerlo. ¿Me estabas escuchando Neo? o ¿estabas mirando a la mujer del vestido rojo?".[2]

Sin embargo, la Matrix real no es verde como en la película, sino roja. La subversión marxista ha sido históricamente un sistema altamente organizado y profesional, que utiliza métodos probados y fiables. Aquí echamos un vistazo a las "correas de transmisión de la cultura" que la ideología/secta utiliza para infectar un país/sociedad.

## Clizbe y sus cómplices

Un libro excelente sobre la subversión marxista en Estados Unidos es *Willing Accomplices: How KGB Covert Influence Agents Created Political Correctness and Destroyed America* (2011); de Kent Clizbe, antiguo oficial de casos de la CIA.

El trabajo de Clizbe abarcaba algunos conceptos relevantes, entre ellos las "correas de transmisión de la cultura"; aquellos difusores de propaganda e

---

[1] Breitbart, A., "Courrielche: Conservatives' Next Frontier", *Daily Wire.*
https://en.wikiquote.org/wiki/Andrew_Breitbart

[2] "Caminando por Matrix". https://www.YouTube.com/watch?v=zDO1Q_ox4vk

influenciadores de las masas: la educación, los medios de comunicación y el entretenimiento. Aunque la secta/ideología ha calado en muchos ámbitos de la sociedad, estas "correas de transmisión" son quizá las más cruciales para facilitar la propagación de la ideología. (El término "correas de transmisión" fue utilizado anteriormente por W. Cleon Skousen en su libro de 1958 *El comunista desnudo;* en su "Objetivos comunistas actuales", n° 17).[3]

El libro de Clizbe destaca brillantemente la fase inicial de la podredumbre roja en EE.UU., y el posterior auge de lo "políticamente correcto". Explica cómo no se trató de un proceso orgánico, sino de un intento deliberado de subversión por parte de los soviéticos, que no comenzó en las últimas décadas ni en los años sesenta (como algunos piensan), sino mucho antes, siendo los años veinte un periodo clave.

Esto corrobora el patrón cronológico de la propagación del marxismo, que se aceleró masivamente tras las revoluciones de 1917 en Rusia (como mostraban antes las tablas históricas). Obviamente, el período del macartismo vendría después, como respuesta a este asalto ideológico a Estados Unidos.

La creación de la Tercera Internacional Comunista/"Comintern" en 1919 fue fundamental para ello, y se dedicaron profesionalmente a la subversión durante la década de 1920.[4] Eran esencialmente expertos en esto mucho antes de que se formaran la *Oficina de Servicios Estratégicos* (OSS) o la *Agencia Central de Inteligencia* (CIA) (en 1942 y 1947 respectivamente).[5] Clizbe expuso el argumento de que la cultura "pc progresista" en los Estados Unidos de hoy existe debido a esta subversión deliberada, y que la mentalidad de "odiar primero a Estados Unidos" -propulsada por el ex presidente socialista Barrack Obama- fue parte de su legado. Esta es la subversión ideológica que señaló Yuri Besmenov. El trabajo de Yuri y Clizbe nos mostró que, con el tiempo, esto se convirtió en una ciencia armamentística para los marxistas.

## Cargas útiles" de influencia encubierta

El trabajo de Clizbe muestra que las operaciones soviéticas -para infectar las mentes estadounidenses- implicaban insertar "cargas útiles" psicológicas de influencia encubierta en la cultura estadounidense. Se trataba esencialmente de conceptos que fomentaban ciertas actitudes destructivas para la integridad de la sociedad estadounidense (autodestructivas si las adoptaban los estadounidenses). Actitudes como: el capitalismo es opresivo; el ejército estadounidense es una fuerza imperial que recorre el mundo y los estadounidenses no deberían apoyarlo; Estados Unidos se fundó sobre la

---

[3] Clizbe, K., *Cómplices voluntarios: How KGB Covert Influence Agents Created Political Correctness and Destroyed America* (2011).

[4] https://www.britannica.com/topic/Third-International

[5] https://www.cia.gov/legacy/cia-history/

violencia, el robo de tierras y la opresión y asesinato de los nativos americanos (lo que infunde culpabilidad); existe un racismo institucional injustificable y está en el corazón de la sociedad estadounidense, y que los estadounidenses no blancos han sufrido históricamente más que los blancos; la idea de que EE.UU es el mejor país del mundo es mala y conduce a la dominación y al sufrimiento fuera de sus fronteras, etc. En resumen, cualquier actitud que, de ser absorbida por los estadounidenses y difundida por toda la sociedad, destruiría cualquier patriotismo sano y la unidad de la nación.

Clizbe escribió: "Utilizando operativos experimentados y operaciones altamente compartimentadas, el KGB trató de insertar "cargas útiles" de influencia encubierta diseñadas para cuestionar las bases fundamentales sobre las que se habían construido la sociedad y la cultura estadounidenses. Muchos progresistas llevaron a cabo con entusiasmo estas operaciones encubiertas para los comunistas. Otros no implicados en las operaciones recibieron los mensajes encubiertos y los aceptaron como el evangelio".[6] ¿Acaso no vemos estas "cargas útiles" por todas partes en la educación, los medios de comunicación y el "entretenimiento"?

**Agentes de influencia y "cultura adversaria"**

Clizbe escribió que los soviéticos seleccionaban a determinadas personas en función de su "potencial como agentes de influencia" y las elegían "para acceder a un canal de comunicaciones deseado (los operadores de inteligencia de la Comintern tenían como objetivo los medios de comunicación, el mundo académico y Hollywood estadounidenses)". Estos "agentes de influencia" serían entonces abordados y manipulados por los operativos de espionaje soviéticos, lo que les llevaría a ser preparados para su uso (las personas manipuladas podían o no saber con quién (y de hecho con qué) estaban tratando). Es en este momento cuando puede entregarse la "carga útil" subversiva (subrayado para enfatizar): "En la operación real, el agente de espionaje proporciona la carga útil al agente de influencia reclutado. El agente de influencia inserta la carga útil en su canal de comunicaciones. Una vez insertada la carga útil, en forma de noticia, editorial, discurso, libro, conferencia, película, programa de radio, canción, obra de teatro o cualquier otra forma de comunicación, la carga útil adquiere vida propia".[7]

Esto es crucial. Estas cargas útiles -que en realidad no son más que fragmentos de información propagandística- pueden cobrar impulso y formar una "bola de nieve" a medida que se propagan. Adquieren vida propia (como la propia ideología). Estas "cargas útiles" de influencia encubierta se relacionaron con otro término utilizado por Clizbe denominado "cultura del adversario" (que procede de una obra de Stephen Koch titulada *Double Lives: Stalin, Willi*

---

[6] Ibid. vi (prefacio).

[7] Ibid. P. 113.

*Muenzenberg*, 2004).[8] Era un término utilizado para describir la mentalidad antipatriótica de los intelectuales que detestaban su propio país/cultura (¿les suena?). Esto significaba que dentro de un país objetivo (por ejemplo, Estados Unidos) los subversores soviéticos podían identificar a estos tipos, que luego serían utilizados para influir en las masas. De hecho, siempre habrá individuos así en todos los países, de los que la secta/ideología puede aprovecharse. ¿Quién mejor que ellos para difundir estas cargas útiles?

## Muenzenberg

Clizbe destacó a un personaje llamado Wilhelm "Willi" Muenzenberg (1889-1940) como pieza clave de estas operaciones de subversión, llamándole "el padre del PC". Siendo una pieza clave de la Comintern, utilizó organizaciones tapadera, frentes y "clubes inocentes" para difundir la podredumbre marxista: "Willi Muenzenberg, el maestro comunista del odio a Estados Unidos, perfeccionó el concepto operativo de "Frente Popular". Él y sus agentes crearon múltiples organizaciones con nombres y razones de ser altisonantes, como el Congreso Internacional contra el Fascismo y la Guerra y la Liga Antinazi de Hollywood. Estos frentes daban a intelectuales, periodistas, artistas y educadores una vocación más elevada, al tiempo que servían de tapadera para introducir cargas útiles de influencia encubierta en las culturas objetivo. La superioridad moral percibida de los mensajes soviéticos de influencia encubierta proporcionaba a los miembros del Frente Popular la oportunidad de demostrar que "eras un ser humano decente", de hecho, un ser humano mejor. Muenzenberg despreciaba a estos miembros del Frente Popular y los llamaba "inocentes".[9]

Clizbe resaltó de forma crucial que incluso entonces cualquier crítico de las actividades de la secta -o cualquier persona que no les gustara- era tachado públicamente de fascista, racista, intolerante, etc. Por lo tanto, su comportamiento en los últimos años no es nada nuevo (por supuesto, Mussolini llegó a la fama antes que Hitler y los nacionalsocialistas, por lo que "fascista" era popular antes que "nazi"). Si la secta utilizó un modus operandi como éste hace un siglo, debemos aceptar que forma parte de su arsenal actual, en términos generales. La ideología no involuciona; evoluciona. Por eso las partes subrayadas resultan familiares al lector; lo mismo ocurre con el tono de señalización de virtudes. El punto sobre el racismo es crucial y muy relevante. Hoy en día cualquiera puede ver que hay una obsesión nauseabunda con la raza/racismo en el discurso público en los EE.UU. Esto no es por accidente ni ocurre naturalmente, es el resultado de las operaciones soviéticas y la podredumbre marxista en general. La secta es experta en encontrar "puntos

---

[8] Koch, S., *Vidas dobles: Stalin, Willi Munzenberg y la seducción de los intelectuales* (2004).

[9] Ibid. vii (prefacio).

débiles" que explotar y, dado que Estados Unidos es multiétnico, el "racismo" era la opción obvia.

Sobre el impacto global de los esfuerzos de Willi, Clizbe escribió (subrayado para énfasis): "El resultado de la difusión de la carga útil de Muenzenberg por toda la sociedad estadounidense es ahora evidente. Una nación sana, feliz y productiva de ciudadanos, mezclados en el gran Melting Pot, habían dejado de lado sus diferencias cuando se convirtieron en americanos. Tras la influencia de Muenzenberg op, las mismas personas se convirtieron en una masa confusa de grupos con intereses propios, desgarrados por las divisiones del PC de raza, género, etnia, ingresos, clase, lengua, sexualidad".[10]

¿No les resuena todo esto? Así es como se destruye un lugar como Estados Unidos, que tradicionalmente ha tenido un fuerte sentido del patriotismo entretejido en su cultura: creando división entre subgrupos, enfrentándolos entre sí, utilizando el principio marxiano de opresor contra oprimido. Por supuesto, esta estrategia se emplea a escala mundial. Eso es lo que hace la ideología: encontrar grietas en la armadura para explotarlas.

## MSM = MarxiStMedia

"Un periódico no es sólo un propagandista colectivo y un agitador colectivo, es también un organizador colectivo"[11]

V.I. Lenin, *¿Qué hacer?*
"El plan para un periódico político para toda Rusia", 1901

"El arte de todo propagandista y agitador consiste en su habilidad para encontrar el mejor medio de influir en un público determinado, presentando una verdad definida, de tal manera que resulte lo más convincente, lo más fácil de digerir, lo más gráfico y lo más fuertemente impresionante"[12]

V.I. Lenin, *Las consignas y la organización del trabajo Socialdemócrata*, 1919

"La prensa debe crecer día a día: es el arma más afilada y poderosa de nuestro Partido"

Joseph Stalin, discurso en el XII Congreso del R.C.P.(B.), 1923 [13]

---

[10] Ibid. P. 116.

[11] Lenin, V.I., *¿Qué hacer?*, "El plan de un periódico político para toda Rusia", 1901. https://www.marxists.org/archive/lenin/quotes.htm

[12] Lenin, V.I., *Las consignas y la organización del trabajo socialdemócrata*, 1919. https://www.marxists.org/archive/lenin/quotes.htm

[13] Stalin, J., discurso en el XII Congreso del R.C.P.(B.), 1923. http://marx2mao.com/Stalin/TC23.html#s2

Todos nos hemos dado cuenta de cómo se han comportado los principales medios de comunicación en los últimos tiempos: a veces promoviendo la "corrección política", a veces señalando virtudes, o ambas cosas. ¿Por qué tenemos en todo el mundo, desde Irlanda hasta Australia, desde Canadá hasta Suecia, desde el Reino Unido hasta Estados Unidos, innumerables bocazas sin cerebro ni talento que emiten constantemente esta bazofia? ¿Siempre han sido así o se ha intensificado este comportamiento demencial? ¿Por qué intentan colar tantas subagendas (causas) marxistas como sea posible en cada conversación? Si no están tratando de reforzar la estafa del cambio climático, están animando a la gente a apoyar la Migración Masiva o Black Lives Matter. Si no están hablando de la "brecha salarial" de género, están hablando de los peligros de la política de derechas, y de esa temida y siempre presente amenaza para la sociedad: la "extrema derecha" (pone los ojos en blanco).

Cada vez que los medios de comunicación hacen su señal de virtud en los temas de su elección, se sugiere (a menudo sutilmente) que se hace por razones humanitarias, "compasivas", etc. En realidad, se hace para promover las diversas subagendas de la ideología. En realidad, lo hacen para promover los diversos subprogramas de la ideología. Los medios de comunicación son la "correa de transmisión de la cultura" que se encarga de tomar los acontecimientos del mundo real y situarlos en nuestra conciencia, a través del medio de comunicación que elijamos -televisión, radio, prensa u online- con un sesgo claramente partidista, por supuesto.

## Recargas de propaganda

Además de promover las distintas subagendas de forma independiente, o las agendas principales en determinados momentos (por ejemplo, la inmigración masiva/el "multiculturalismo" en los años anteriores a Covid, y luego el cambio a Covid), los medios de comunicación pueden "completar" la propaganda sobre otros temas para reforzar los niveles de adoctrinamiento. Esto fue evidente en los medios de comunicación irlandeses durante los cierres de Covid, cuando reforzaron la propaganda feminista. Se informó de que los casos de "violencia doméstica" (es decir, hombres que pegan a mujeres) iban en aumento, como resultado de que la gente estuviera encerrada en sus casas. Esto fue acompañado por estos anuncios de televisión de violencia doméstica cringe-worthy - producido en un estilo de "recreación" como parte de la campaña de abuso doméstico "Siempre aquí", apoyado por los grupos de miembros de culto feminista de Irlanda, naturalmente.[14] Uno de ellos mostraba a una mujer hablando con una amiga por Internet (por Skype o Zoom o algo así) y su "pareja" masculina maltratadora aparecía de la nada, preguntándole con quién estaba hablando, etc.; a continuación se echaba a llorar histéricamente. Lo más gracioso era que el hombre sonaba increíblemente

---

[14] https://www.alwayshere.ie/awareness-campaign/

camp (probablemente era un actor gay). [15]

Esta propaganda se utilizó durante Covid para la sub-agenda del cambio climático: ¡se insinuó en la radio irlandesa que los cierres eran buenos para el medio ambiente, debido a la falta de viajes/desplazamientos, y la resultante reducción de emisiones de vehículos, etc.! Estoy puliendo mi guillotina...

## Expertos y frases hechas

> "Debemos dar una explicación científica de la sociedad y explicársela claramente a las masas. Esa es la diferencia entre marxismo y reformismo"[16]
>
> Leon Trotsky, "Discusiones sobre el Programa de Transición", 1938

Hay "expertos" miembros de sectas dondequiera que mires/escuches/leas. Los vemos constantemente en los medios de comunicación de masas (o de entretenimiento, etc.) como parte de la iniciativa de lavado de cerebro del público. O mienten descaradamente a la audiencia o sueltan un montón de mierda "políticamente correcta" o basura pseudocientífica que han absorbido en otra parte; más propaganda para impulsar las diversas subagendas marxistas. Recuerde, independientemente de cómo se llamen estos "expertos", de dónde vengan, de sus "cualificaciones" o títulos, no son más que portavoces de la ideología y deben ser vistos como tales. Siempre ha habido un flujo constante de estos tipos. Obviamente, algunos les escucharán debido a su estatus. Por supuesto, esto es efectivo sobre todo en aquellos que necesitan que se les diga cómo percibir las cosas.

Los miembros del culto crearon términos como "vacilación vacunal". Lo escuché por primera vez en RTE Radio 1 el 15 de enero de 2021 en *The Clare Byrne Show*.[17] Hablaban de cómo hacer frente a la "desinformación" difundida en las redes sociales, etc., que desalentaba la vacunación. Se trata de un divertido término de doble sentido. Es similar a "negador del holocausto" o "negador del cambio climático". Otra vez la secta inventando eslóganes. Los medios de comunicación también debatieron y promocionaron diligentemente las distintas "variantes" de Covid: la variante inglesa, la sudafricana, la brasileña, la multicultural, la romana, la del imitador no binario de Diana Ross, la de la Revolución del Pueblo Glorioso, la del clan Wutang de Wuhan, la de

---

[15] Departamento de Justicia de Irlanda, "StillHere Domestic Abuse Awareness Campaign TV Advert".

https://www.YouTube.com/watch?v=VTcVbHpCTVQ

[16] Trotsky, L., "Discusiones sobre el Programa de Transición", 1938.

https://www.marxists.org/archive/trotsky/1938/tp/tpdiscuss.htm

[17] https://www.rte.ie/radio/radio1/today-with-claire-byrne/2021/0115/1189998-today-with-claire-byrne-friday-15-january-2021/

Xi Jinping, etc.

## Protesta contra la RTE y vídeo "La verdad importa

La emisora estatal de Irlanda es RTE (*Radio Telifís Eireann,* que significa "Radio Televisión de Irlanda"). Hace tiempo que perdió cualquier tipo de respeto por parte de la gente no adoctrinada de Irlanda y ahora es una cinta transportadora de basura traicionera escupida por putas traidoras (al igual que el resto de los medios de comunicación del país). Los edificios de la sede central de RTE merecen una buena reforma con un camión kamikaze cargado de Semtex y pintura roja.

Tras unos meses del fiasco de Covid, debido al papel central de RTE en el mismo, se organizó una protesta para marchar contra esta organización el sábado 29 de agosto de 2020. A medida que la procesión avanzaba por las calles, los manifestantes gritaban "¡RTE fake news!" y portaban una pancarta en la que se leía "RTE Is The Virus" (RTE es el virus). A continuación llegaron a su destino frente a los estudios de RTE en Donnybrook, Dublín. Era evidente que un número significativo de irlandeses no se tragaba el timo de Covid.[18]

Poco después de este incidente, la RTE realizó una artera estafa marxista, oculta a plena vista. Se trataba de un breve "anuncio" de cuarenta segundos que apareció en televisión, ensalzando la pureza moral de esta organización, llamada "The Truth Matters" (La verdad importa). [19] El mensaje condescendiente y virtuoso era esencialmente el siguiente: que el público no debería informarse en ningún otro sitio (especialmente en Internet) y que la RTE es la única fuente de información fiable. Así que la emisora estatal plagada de marxismo, llena hasta los topes de miembros de la secta que la cagan, es la única a la que "el pueblo" debe escuchar, hmmm. Queue the Soviet National Anthem. ¡Los camaradas proletarios irlandeses deberían estar orgullosos de su gran Departamento Comisarial Jefe para la Gloriosa Propaganda Revolucionaria en Irlanda (R.T.E.)!

Y lo que es más descarado, insinuó que quizá el público en general obtenía su información de fuentes llenas de odio, engañosas y temerosas (¿infofóbicas?). Al mismo tiempo, le decía a la gente cómo sentirse: no sentir rabia ni tener miedo. Hmmm, un puñado de marxistas de mierda intentando controlar la percepción y las reacciones emocionales de la gente, ¡qué original! El verdadero mensaje subyacente era: "¡Obedeced al Estado! ¡Somos buenas personas! ¡No somos mentirosos! No escuchéis a esos otros llenos de odio,

---

[18] "Crowds attend anti-RTÉ protest in Donnybrook", 29 de agosto de 2020.

https://www.rte.ie/news/ireland/2020/0829/1162051-rte-protest/

[19] RTE, "RTÉ News | The Truth Matters", 16 de septiembre de 2020.

https://www.YouTube.com/watch?v=gZhghn9HaCc

mentirosos y _____fóbicos!". (Sí, esto ocurrió de verdad; ¡no me lo estoy inventando!).

Lo más psicóticamente marxista e hipócrita fue la insinuación de que esas otras fuentes de información son negativas y casi apocalípticas, lo que significa que se consideran portadores de noticias edificantes, maravillosas y felices. Y esto después de meses de parlotear al público irlandés sobre esta enfermedad CovAIDS parecida a una plaga, un número de muertos en constante aumento (sin una pizca de evidencia), e incesantemente tratando de infundir miedo. Hay un increíble nivel de psicosis aquí.

La producción del vídeo es muy buena (para los estándares de RTE). Muestra a una chica en una cafetería mirando su teléfono y navegando por Facebook. Ve un post que dice "5G está atacando nuestros sistemas inmunológicos", mientras comienza la nauseabunda voz en off y es "transportada" a un mundo oscuro y lleno de tormentas ante nuestros ojos. La pobre Alicia cae en la madriguera del conejo fascista con bigote hitleriano cargado de teorías conspirativas. Como era de esperar, se utiliza una música siniestra y las imágenes contienen una variedad de personajes sospechosos, agresivos y desquiciados que llevan una variedad de armas corriendo hacia ella (algunos cabezas rapadas, naturalmente. Ni rastro de camisas negras de Mussolini, uniformes nazis o ejemplares de Mein Kampf a la vista, probablemente porque eso es demasiado directo y gracioso).

Aquí está el texto de la voz en off: "Antes de llegar a tu opinión... ¿sabes de dónde procede tu información? No todo lo que aparece en tu feed es de fiar... Tienes que dejar atrás la rabia, el engaño y el miedo; y encontrar la verdad sobre la historia". Justo cuando la multitud de personajes está a punto de alcanzarla, pulsa la aplicación de RTE en su teléfono y es transportada instantáneamente de vuelta a la tranquila cafetería. Está claro que RTE es su salvador en este caso, pues la salva de todos esos revoltosos engañadores y matones de las redes sociales (¡incluidos sus compatriotas!). Entonces aparece un texto en pantalla, mostrando estos tres mensajes de dos palabras en secuencia: "La integridad, la verdad y el periodismo importan". La línea outro VO fue "RTE News - la verdad importa". Traidores degenerados y condescendientes.

Fue una obra de brillantez en el sentido de que demostró cuánta propaganda y control mental puede caber en un videoclip de cuarenta segundos; una contramedida clásica empleada habitualmente por la secta, completada con la habitual inversión de la verdad, la señalización de la virtud y una carga de nauseabundidad PC. Fue una respuesta directa y táctica a la protesta antes mencionada en la que se tachaba a la RTE de mentirosa, lo que puso de relieve su comportamiento traidor y guillotinable durante los tejemanejes de Covaids 1984.

## ¿Qué es "irlandés"?

La secta también es experta en llevar a cabo operaciones psicológicas utilizando la propaganda para distorsionar la percepción de las masas de conceptos normalmente beneficiosos, incluso los que se mantienen desde hace mucho tiempo y son (relativamente) sencillos en términos lógicos, como la nacionalidad y la raza.

Tomando como ejemplo la subagenda del multiculturalismo en Irlanda, la influencia posmodernista puede oírse claramente en el interminable flujo de basura traidora, marxista y antiirlandesa procedente del establishment. Oirás que las diversas piezas de propaganda contienen "cargas" de subversión ideológica como: "...pero, ¿qué es ser irlandés?" o "¿Existe el pueblo irlandés?" o "De todas formas, todas las razas proceden de África, así que los irlandeses y los africanos son prácticamente lo mismo, ¿no?". Estas son algunas de las tonterías psicóticas y relativistas que se proponen.

Estas frases subversivas están diseñadas para distorsionar la percepción de la realidad de la población a la que van dirigidas (en este caso, Irlanda). El objetivo es convencer a la gente de que todas las razas y culturas son iguales (igualdad), y que no importa si estamos todos mezclados étnicamente. Esta percepción distorsionada ayuda al avance de esta subagenda particular (multiculturalismo). *Los* conceptos marxianos de "teoría crítica" y "teoría crítica de la raza" están relacionados: permiten al culto crear la distorsión necesaria de la realidad. Por supuesto, si alguien intenta resaltar el hecho de que ser irlandés no es sólo una cuestión de nacionalidad oficial, ciudadanía y pasaportes (sino una cuestión de historia, etnia y cultura) se utiliza la etiqueta supresora apropiada de "racista".

Los traidores medios de comunicación marxistas de Irlanda han bombardeado constantemente la conciencia del público en general con esta basura. Aparecen africanos y personas de Oriente Medio proclamándose irlandeses o participando en actividades irlandesas (deportes, arte, etc.). Una vez vi brevemente un segmento de entrevista en la emisora estatal irlandesa *RTE* que mostraba a una mujer de claro origen africano explicando lo orgullosa que estaba de ser irlandesa. Otro segmento apareció en el canal de YouTube de RTE en junio de 2020 titulado "Growing up black and Irish" (Crecer siendo negro e irlandés).[20] Mostraba a varias mujeres mestizas y negras hablando de sus experiencias racistas. En 2017, el canal de YouTube del sitio web de noticias The Journal presentó una serie titulada "Yes, I'm Irish" (Sí, soy irlandesa), en la que aparecían varias personas mestizas o negras haciendo lo mismo.[21]

En octubre de 2021, un artículo de RTE informaba alegremente de que Pamela

---

[20] RTE News, "Growing up black and Irish", 16 de junio de 2020. https://www.YouTube.com/watch?v=R_uT58C-wHw

[21] The Journal, "Sí, soy irlandesa: Meet Áine Mulloy", 6 de agosto de 2017. https://www.YouTube.com/watch?v=PzKKCZUV6xM

Uba era la primera mujer negra en ganar Miss Irlanda. El artículo afirmaba que era una ex solicitante de asilo de Sudáfrica y la citaba diciendo: "Es un hito. Estoy muy orgullosa de decir que como mujer negra he allanado el camino para otras que vendrán después de mí".[22]

Está claro que, para cualquier persona con cerebro, los irlandeses no son lo mismo que los africanos subsaharianos o los habitantes de Oriente Medio. No somos iguales ni histórica, ni racial, ni culturalmente. Todo lo que tenemos en común, utilizando la lógica simple, es que somos humanos; pero esa es la cuestión: ¡el marxismo no hace lógica! En el marxismo no hay culturas ni razas. Es "¡Una Raza, Raza Humana!" todo el camino bebé. Esa es la realidad, y por eso es necesario el adoctrinamiento.

El hecho de que ser irlandés tenga un componente étnico y cultural es algo que obviamente necesita ser suprimido por la secta. Estas frases obligan entonces a la gente no contaminada a decir cosas como "¡Ser irlandés no significa sólo vivir aquí!" o "¡Sólo por haber nacido aquí no eres irlandés!". Ese tipo de cosas que son obvias, pero que hay que decir porque la lógica asusta cada vez más, gracias al impacto de la secta/ideología. La secta se abalanza sobre estas reacciones como prueba de "racismo".

En Irlanda abundan los ejemplos de este tipo. Hemos visto estos extraños, falsos y lamentables fragmentos de propaganda que aparecen en televisión, diseñados para hacer tragar al público la agenda del "multiculturalismo". En una ocasión, la RTE emitió un segmento en el que se mostraba a un inmigrante practicando el deporte gaélico del hurling; a continuación, hizo una entrevista en la que mostraba lo mucho que amaba la cultura irlandesa, etc.

Estas pequeñas mini estafas están diseñadas para que el espectador diga "¡justo para él integrarse en la sociedad irlandesa!" y "¡ahora es prácticamente uno de los nuestros!". Estoy seguro de que han presentado (o presentarán): Somalíes que bailan irlandés, afganos que tocan el violín, pequeños indios vestidos de duendes, monjes tibetanos puritanos que beben Guinness y se drogan, etc.

Un artículo del Irish Independent de diciembre de 2016 ensalzaba las grandes contribuciones de los inmigrantes a los deportes gaélicos. Afirmaba que la Asociación Atlética Gaélica (GAA) estaba "deseosa de adaptarse" a los cambios en la población de Irlanda.[23]

---

[22] Okoh, J. "History-making Miss Ireland proud to 'pave the way", 14 de octubre de 2021.

https://www.rte.ie/news/2021/1014/1253565-history-making-miss-ireland/

[23] Crowe, D. "From Laois hurler Paddy Ruschitzko to Mayo's Shairoze Akram: How immigrants are playing increasing role in GAA", 18 dic 2016.

En otro divertido reportaje de noticias falsas de la RTE (imposible de localizar) aparecía un inmigrante polaco que aprendía la lengua irlandesa. ¿Están los miembros de la secta de los medios de comunicación irlandeses intentando convencernos de que los inmigrantes van a Irlanda a aprender artes y oficios locales? ¿O a estudiar historia, poesía o lengua irlandesas? ¿O a practicar deportes irlandeses? ¿Alguien de la opinión pública se lo cree? Si es así, es divertidísimo. Me gustaría entrevistarles yo mismo.

## Educación y adoctrinamiento

"La educación es un arma cuyos efectos dependen de quién la tenga en sus manos y a quién apunte"

Joseph Stalin explica a su entrevistador fabiano H. G. Wells (1934)[24]

"¡Y vuestra educación! ¿No es también social, y determinada por las condiciones sociales en que se educa, por la intervención, directa o indirecta, de la sociedad, por medio de las escuelas, etc.? Los comunistas no han inventado la intervención de la sociedad en la educación; lo único que pretenden es alterar el carácter de esa intervención y rescatar la educación de la influencia de la clase dominante."[25]

Marx y Engels, *El Manifiesto Comunista* (1848)

"En todo Occidente hay un gran número de profesores en la mayoría de las disciplinas que enseñan marxismo de un tipo u otro. Un gran número de libros de texto, incluidos muchos utilizados en las escuelas, reflejan conceptos marxistas. Limpiar este veneno, humano e impreso, llevará mucho tiempo"[26]

El historiador y escritor británico Paul Johnson

Muchos de los profetas y líderes del culto -Markey Marx, Vladimir Lenin, Mao Zedong, Fidel Castro, Ho "Hoe" Chi Minh, Pol Pot y otros miembros de los Jemeres Rojos- fueron infectados ("radicalizados") en los sistemas educativos. Este adoctrinamiento "revolucionario" a través de la educación ha sido un problema desde principios del siglo XIX. Así que no es de extrañar que estemos viendo lo mismo hoy en día: innumerables secuaces de mente roja saliendo de la línea de producción. Las mismas mentes, con las mismas personalidades, todos siguiendo la misma fórmula. Todos "educados",

---

https://www.independent.ie/sport/gaelic-games/gaelic-football/from-laois-hurler-paddy-ruschitzko-to-mayos-shairoze-akram-how-immigrants-are-playing-increasing-role-in-gaa/35302328.html

[24] Stalin, J. "Marxism Versus Liberalism An Interview With H.G. Wells", *23 de julio de 1934.*

https://www.marxists.org/reference/archive/stalin/works/1934/07/23.htm

[25] Marx y Engels, *El Manifiesto Comunista* (1848), p. 24.

[26] https://www.quotetab.com/quotes/by-paul-johnson

perdedores sin originalidad y sin ideas propias que se aparten del dogma marxista. Qué triste manera de existir: tener una mente llena de cables cruzados, carente de la maravilla y la magnificencia de la creación.

Tradicionalmente, las universidades eran el principal punto de adoctrinamiento de los estudiantes. A medida que la infección se extiende por toda la sociedad, el culto se envalentona aún más, lo que les permite promover la ideología (a través de sus subagendas) en las escuelas secundarias/preparatorias y en las escuelas primarias (no estoy incluyendo aquí a los países "socialistas"/"comunistas", donde el adoctrinamiento de los estudiantes en todos los niveles era una práctica común). El sitio web de noticias alemán *jungefreiheit.de* informó en enero de 2023 de lo que se estaba vendiendo en una escuela alemana. Afirmaba que a los alumnos de sexto curso del estado de Renania del Norte-Westfalia "se les obligaba a tratar la transexualidad y la "pansexualidad" en clase", y que "se promovía agresivamente la cirugía de reasignación de género".[27]

El sistema educativo irlandés también apesta a "podredumbre roja", e inculca a los niños las diversas subagendas: el sinsentido trans y de "género no binario", el feminismo, el cambio climático, etc. Por supuesto, adoctrinar a los niños es una conducta criminal imperdonable, ya que puede que nunca se recuperen de ello; por no mencionar que es una violación del principio de libre albedrío.

**Marxismo para niños**

El viernes 20 de septiembre de 2019 una multitud de (aparentemente) unos 10.000 niños celebró una "protesta" en la ciudad de Dublín sobre el tema del cambio climático. Formaba parte de la *Huelga Mundial por el Clima* organizada por dos minigrupos marxistas dirigidos por estudiantes: Viernes *por el Futuro de Irlanda* y *Red de Acción por el Clima en las Escuelas.*[28]

A miles de estudiantes se les permitió participar en "paros", faltando a las clases (si esto no es un símbolo de cómo la ideología destruye la educación y convierte a los niños en secuaces activistas marxistas descerebrados, ¡no sé lo que es!) Las protestas se denominaron "huelgas", reminiscencia del tradicional activismo marxista de los movimientos sindicales. Los medios de comunicación informaron de que estaban inspiradas por Greta Thunberg (a quien predije hace años que se utilizaría para promover la subagenda del

---

[27] Kinder in NRW werden zu Geschlechtsumwandlungen gedrängt", 23 de enero de 2023. https://jungefreiheit.de/politik/deutschland/2023/cdu-geschlechtsumwandlung/

[28] Halpin, H. "FOTOS: Miles de estudiantes acuden en todo el país a las huelgas climáticas", 20 de septiembre de 2019. https://www.thejournal.ie/climate-strike-ireland-4817846-Sep2019/

cambio climático, como una especie de modelo activista para los niños).[29]

¿Piensa en todos los estudiantes que están siendo adoctrinados con esto, sin saber que es simplemente una sub-agenda marxista? ¿Qué impacto tiene creer en esta basura pseudocientífica en las mentes/percepciones de los jóvenes de todo el mundo? ¿Hasta qué punto se inflará su ego y hasta qué punto supondrá un problema para la sociedad cuando se conviertan en "adultos"? Desde la perspectiva de la secta/ideología, el ecologismo/cambio climático es un bonito tema "blando" ideal para poner a las mentes jóvenes en el camino revolucionario. A cualquier "educador" que participe en este disparate se le debería prohibir enseñar de por vida.

**Los seis portugueses**

He aquí otro caso de abuso o abandono de menores. En septiembre de 2023, los medios de comunicación informaron de que un grupo de seis jóvenes portugueses querían demandar a todo un continente por el cambio climático a través del *Tribunal Europeo de Derechos Humanos (TEDH)*. Sí, ¡en serio! Según informó Euronews el 27 de septiembre, "el histórico juicio es la primera vez que tantos países tendrán que defenderse ante un tribunal del mundo. Los 27 Estados miembros de la Unión Europea, el Reino Unido, Turquía, Rusia y Noruega se encuentran entre los acusados. Los jóvenes portugueses, de entre 11 y 24 años, afirman que la inacción de los gobiernos ante el cambio climático vulnera sus derechos humanos y discrimina a los jóvenes".[30] Qué vergüenza más absoluta. En una sociedad sana, los padres o profesores culpables serían detenidos y, con suerte, a los niños se les podría lavar el cerebro a edades tan tempranas. Sería un ejemplo para cualquier otra locura.

**Cuando Henry ama a Thomas**

Cosas de la vuelta al cole. Otro incidente destacado de adoctrinamiento centrado en los niños fue muy reportado a finales de 2018 en el Reino Unido. Se descubrió que los niños pequeños de la Escuela Primaria Bewsey Lodge, Warrington, estaban siendo adoctrinados con la agenda LGBT. Un video publicado por BBC Radio Manchester en septiembre mostró a los niños siendo instruidos para escribir cartas de amor gay por su 'maestro'.

La comisaria de educación en este caso ("profesora") Sarah Hopson fue citada

---

[29] "Huelga contra el cambio climático: Irish students join millions protesting globally", 20 de septiembre de 2019. https://www.irishtimes.com/news/world/asia-pacific/climate-change-strike-irish-students-join-millions-protesting-globally-1.4024673

[30] Jones, y Da Silva, "Six young people sue 32 nations for climate inaction at European Court of Human Right", 27 de septiembre de 2023.https://www.euronews.com/my-europe/2023/09/27/court-case-over-climate-inaction-against-32-countries-opens-at-the-european-court-of-human

diciendo: "Esta clase de niños de seis años está aprendiendo sobre el matrimonio gay. En este cuento de hadas, el príncipe quiere casarse con su sirvienta. Y los niños están escribiendo una carta de amor". El príncipe "Enrique" quiere casarse con su criado "Tomás".[31] Hubo cierta reacción de la parte no adoctrinada de la población, pero obviamente, como la escuela sigue funcionando, fue limitada. La escuela tiene una página LGBT+ y recibió un premio por sus esfuerzos de adoctrinamiento LGBT. Tiene dos gnomos en la entrada principal que sostienen la omnipresente bandera con los colores del arco iris (probablemente ahora lleven pantalones sin entrepierna y máscaras de cojo).

Obviamente, no puede considerarse un incidente aislado; si no fuera por el vídeo de la BBC, el público en general podría no haberse enterado. Si está ocurriendo en uno/unos pocos, podría estar ocurriendo en muchos/muchos. ¿Cómo podemos descubrir todos los incidentes de este tipo a menos que los niños informen a los padres? Tengamos en cuenta que estos miembros fanáticos de la secta (que se hacen pasar por profesores) tienen formación universitaria y están autorizados por el Estado, los consejos de educación, etc. En realidad, están contaminados por el adoctrinamiento y deberían mantenerse alejados de los niños.

**Escuela de Birmingham**

A principios de 2019, otro incidente de alto perfil (aunque contrastante) ocurrió en Birmingham. Como informó el periódico The Guardian, hubo meses de protestas debido al programa de adoctrinamiento LGBT en la Escuela Primaria Anderton Park. La gran mayoría de los manifestantes, según los medios de comunicación, eran musulmanes (lo que no es sorprendente porque la degeneración marxiana no se tolera en el Islam). Los manifestantes portaban pancartas con mensajes como el muy ingenioso "Mi hijo, mi elección".[32] Digo "contrastante" porque esta vez hubo protestas genuinas, y potentes.

El artículo de The Guardian recogía un intercambio que tuvo lugar a la salida del colegio entre la autora y uno de los padres manifestantes. Una madre reveló que su hija había vuelto del colegio en una ocasión mostrando claros signos de lavado de cerebro: ""¿Sabes lo difícil que es explicarle a una niña de cuatro años por qué no tiene dos papás?... No paraba de insistir -'Quiero dos papás'- y

---

[31] 'Voltaire', "Teacher instructs 6-year-old British primary school students to write 'gay love letters' to get them to accept diversity", 1 de octubre de 2018.
https://theindependent.sg/teacher-instructs-6-year-old-british-primary-school-students-to-write-gay-love-letters-to-get-them-to-accept-diversity/

[32] Ferguson, D. "'We can't give in': the Birmingham school on the frontline of anti-LGBT protests", 26 de mayo de 2019.

https://www.theguardian.com/uk-news/2019/may/26/birmingham-anderton-park-primary-muslim-protests-lgbt-teaching-rights

me preguntaba: '¿Por qué no puedo? Fue perturbador para mí y para mi hija". Para ser justos, la respuesta debería haber sido "porque dos hombres no pueden hacer un bebé, y quien te haya dicho eso es estúpido, cariño".

El artículo mencionaba que toda la controversia se centraba en la "adecuación a la edad" de la enseñanza LGBT. Estoy seguro de que muchos caerían en esa trampa. Algunos dirían "bueno... los niños de seis años son un poco jóvenes... pero ¿quizá los adolescentes?". Así es como la secta/ideología manipula el consentimiento/conformidad; ¡la verdad es que a los niños no se les debería 'enseñar' esa basura a ninguna edad! Como era de esperar, a finales de 2019, las autoridades intervinieron para prohibir las protestas fuera de la escuela, y se impuso una zona de exclusión (ergo, el Estado está a favor del marxismo).[33] Como de costumbre, la secta puede protestar eternamente, pero no toleran protestas de subagendas marxistas. El eslogan de la escuela es "Relaciones, determinación, chispa" (esperemos que no sea una chispa a lo Diana Ross Drag Queen).[34]

### "Buenas tardes, chicas"

En abril de 2023, varios periódicos británicos informaron de otro caso de infección en un centro educativo. Una profesora de un caro colegio privado de niñas fue declarada culpable de cometer un crimen despreciable contra las oprimidas: dijo "¡Buenas tardes, niñas!". Al parecer, la profesora fue corregida por un grupo de niños de 11 años, algunos de los cuales no se "identificaban" como mujeres. Algunos alumnos protestaron, y parte del personal se puso de parte de los "manifestantes". La profesora "opresora" se vio obligada a pedir disculpas a los mocosos con el cerebro lavado.[35]

Como se publicó en un artículo del Daily Mail el 15 de abril, la escuela la trató de forma humillante y acabó por "echarla", según ella. Curiosamente, se trataba de un profesor de religión y filosofía. Si la escuela es tan fanática, sólo podemos especular en qué clase de degenerados se convertirán estas jóvenes. Muchas engrosarán las filas de la secta, sin duda. Deberían haberles abofeteado el culo hasta dejarlas moradas, hacerles escribir "sólo hay hombre y mujer" cien veces, y castigarlas hasta que renunciaran al activismo marxista, y eso también va por el personal. También les diría "Buenas tardes, cabrones" todos

---

[33] "Lío por la enseñanza LGBT: Birmingham primary school protests permanently banned", 26 de noviembre de 2019. https://www.bbc.com/news/uk-england-birmingham-50557227

[34] https://www.andertonparkschool.org/

[35] Manning, S. "Female teacher at £20,000-a-year girls' school is forced to apologise to pupils for saying 'Good afternoon, girls'", 15 de abril de 2023.

https://www.dailymail.co.uk/news/article-11976891/Female-teacher-forced-apologise-saying-Good-afternoon-girls.html

los días hasta que ellos mismos se disculparan.

Incidentes como estos -difundidos por los medios de comunicación a posteriori- son pequeñas "victorias" coercitivas para la secta. Sirven para disuadir a otros profesores, que tendrán que elegir entre acatar el activismo de la secta o convertirse en un ejemplo como lo fue ese profesor.

## Demandar a la secta

En agosto de 2023, GB News entrevistó a la Dra. Anna Loutfi, abogada especializada en igualdad y derechos humanos que participa en un grupo llamado Bad Law Project. Loutfi habló en nombre de unos padres preocupados que querían presentar una demanda colectiva contra el gobierno británico y el Ministerio de Educación.[36] El debate se centró en la legalidad (o falta de ella) de enseñar a los alumnos materias cuestionables (también conocidas como degeneración marxista). Habló de "actores sin escrúpulos... que se hacen pasar por organizaciones benéficas" (nota: grupos activistas marxistas, ONG sin ánimo de lucro, etc.) y que elaboran el material educativo escolar sin ningún tipo de supervisión. También se mencionaron "expertos" autoproclamados, que tomaban las decisiones sobre la adecuación a la edad de ciertos temas, sin el consentimiento de los padres, por supuesto. (Otra vez esos "expertos"...)

Cuando se le presentó el argumento activista habitual de que algunos niños que "luchan" con problemas de género o identidad sexual necesitan sentir protección e inclusión en las escuelas, Loutfi respondió: "Luchamos con muchas cosas, pero no podemos adoptar como sociedad una postura en la que digamos que la sociedad aceptará tu deseo de ser algo distinto de lo que eres". Señaló brillantemente que la sociedad no debería afirmar comportamientos negativos y autodestructivos en una persona que lucha, y añadió que estas personas "están expresando una lucha interior y una noción idealista de escapar de su realidad". No es asunto de las escuelas facilitar esa autolesión. El hecho de que un niño tenga problemas no justifica que toda la sociedad facilite un camino hacia la autodestrucción". La entrevista puso de relieve lo arraigada que está la secta en la clase dirigente británica y la connivencia entre el gobierno, el sector de las ONG sin ánimo de lucro y el Ministerio de Educación.

## La Escuela de Palestina protesta

A veces el comportamiento sectario no viene de dentro de la escuela, sino que va a (la) escuela. En los últimos meses de 2023, se produjo una importante actividad sectaria en la Barkley Primary School, en Leyton, Londres, Reino Unido. GB News informó de que había niños que acudían a la escuela con banderas palestinas en la ropa. Como esta escuela es apartidista, multicultural,

---

[36] GB News, "UK Govt to be sued over trans ideology being taught in primary schools | Dr Anna Loutfi", 6 de agosto de 2023.
https://www.YouTube.com/watch?v=TxDVAkfGAGo

multiétnica y "apolítica", no estaba contenta con todo esto, y el mensaje llegó a los padres a través de una carta que emitió el viernes 17 de noviembre. Al parecer, algunas de las partes implicadas alegaron discriminación "islamófoba", y hubo informes de que se amenazó al personal. Se organizaron protestas en el exterior de la escuela, con pancartas, etc. Un agitador idiota en particular, con una máscara de color palestino, llevaba un megáfono que incitaba a la multitud a corear "la educación es un derecho humano".[37] El 21 de diciembre, Sky News informó, citando un comunicado de la escuela, de que ésta había cerrado antes de tiempo por Navidad: "A la luz de la escalada de amenazas contra el personal y la escuela, basadas en malentendidos inexactos, falsedades e invenciones maliciosas", y que no había pruebas de acoso o mala conducta.[38]

Los miembros de la secta enmarcaron toda la situación como acoso escolar a un niño de 8 años. Según Sky News, todo comenzó a mediados de noviembre, cuando el niño se presentó en el colegio con una bandera palestina muy prominente en su chaqueta, para "solidarizarse con la familia de su madre en Gaza". Según su padre, fue segregado de los demás alumnos y no era bienvenido en el colegio. Los padres se negaron a quitarle el parche (¡o simplemente a darle otra chaqueta!), así que se desató el drama.

Incluso si todo este fiasco no fue una acción deliberada planeada por los miembros de la secta desde el principio, ¡la escuela tenía razón! No se debe permitir ningún tipo de activismo marxista en las escuelas, ¡incluyendo los derechos de los palestinos, ya sean internos o externos! ¡Cero! El fiasco no fue más que otro ejemplo de la secta/ideología queriendo salirse con la suya. Un padre que permite a su hijo adornar su ropa con una bandera palestina para ser "solidario", para hacer una declaración política, es una forma de adoctrinamiento. La tragedia aquí es que, debido a que las protestas marxistas están permitidas por el Estado, muchos niños expuestos a esta situación y a las protestas, etc., pueden estar ahora adoctrinados. Es otro ejemplo asombroso de cómo la ideología puede causar una gran división, esta vez a través de una prenda de vestir de unos pocos centímetros de tamaño, y luego sacar provecho de ello.

El 22 de diciembre, GB News publicó una entrevista con un residente local y mostró un vídeo de "manifestantes" enmascarados colocando banderas palestinas en postes de la luz cerca de la escuela, la noche anterior a las

---

[37] GB News, "Masked Palestine protesters force primary school to SHUT after kids wore Palestine flags to lessons", 21 de diciembre de 2023. https://www.YouTube.com/watch?v=CLj9anqykrE

[38] "London primary school forced to close after claims boy was punished over Palestinian flag on coat", SKY NEWS, 21 Diciembre 2023 https://www.YouTube.com/watch?v=VsaSEui-C9Y

protestas. Resulta revelador que la policía apareciera y no hiciera nada.[39] Una vez más, en una sociedad sana, los "manifestantes" no tendrían el valor de hacer cosas así, pero si lo hicieran, se verían metidos en la parte trasera de un furgón policial, de cabeza y a toda prisa.

Estoy seguro de que al lector no se le escapa la hipocresía y el doble rasero de todo esto, dados los artículos anteriores relacionados con las escuelas. Obviamente, la secta no protesta contra las diversas formas de adoctrinamiento marxista/abuso infantil que se disfrazan de "educación" en las escuelas de Occidente, pero "protestará" por un parche de color en la chaqueta de un niño "oprimido".

## ShoutOut

Una de las cada vez más numerosas organizaciones LGBTQ de Irlanda es Shoutout. La página de inicio de su sitio web alude a la preocupante situación de las escuelas irlandesas (subrayado para enfatizar): "ShoutOut es una organización benéfica registrada comprometida a mejorar la vida de las personas LGBTQ+ compartiendo historias personales y educando a estudiantes, padres y tutores, profesores, trabajadores juveniles y lugares de trabajo sobre temas LGBTQ+. Desde 2012 hemos estado ofreciendo talleres en las escuelas secundarias de toda la isla de Irlanda que abordan el acoso LGBTQ +, y hemos completado más de 1.800 talleres de estudiantes en los últimos 8 años escolares. Eso significa que hemos hablado directamente con más de 54.000 estudiantes".[40] Así que las escuelas están esencialmente proporcionando las audiencias para este tipo de grupos activistas para adoctrinar / contaminar a los niños. Incluso si estas cifras son exageradas, se trata de una situación crítica. También muestra claramente la misma connivencia entre diferentes tentáculos del monstruo rojo: las escuelas y las organizaciones sin ánimo de lucro/ONG/"benéficas".

## Enoch Burke

El profesor irlandés Enoch Burke saltó a los titulares en 2022/2023 por no acatar la modificación de género de la secta en la Wilson's Hospital School, en el condado de Westmeath. La familia de Burke es cristiana evangélica y tiene antecedentes de protestar contra la secta.

The Irish Times declaró el 19 de mayo de 2023 que el centro de enseñanza secundaria "había incoado un procedimiento el pasado otoño contra el señor Burke, porque seguía asistiendo allí después de que se le sometiera a un proceso disciplinario y se le impusiera una baja administrativa retribuida". El

---

[39] ¡GB News YouTube channel, "School closed over Palestine protest - 'It frightens my daughter! | East London mum reactions", 22 dic 2023.https://www.YouTube.com/watch?v=z7OViaPGexc

[40] https://www.shoutout.ie

proceso disciplinario, basado en un informe elaborado por la directora Niamh McShane y facilitado al consejo de administración, se inició a raíz de la respuesta de éste a su petición al personal de que se dirigieran a un alumno por su nuevo nombre preferido y utilizando los pronombres ellos/ellas".[41] (Esto me recuerda a un tal Jordan Peterson, y al proyecto de ley C16 de 2016 sobre los pronombres que modifican el género en Canadá).

Debido a su rebeldía y a su negativa a acatar una orden judicial que le obligaba a no asistir al colegio, se metió en más líos de género. Según el artículo del Irish Times, se le condenó a pagar al colegio 15.000 euros en concepto de daños y perjuicios. Irónicamente, en el momento de redactar este artículo, se encuentra recluido en el módulo progresivo de la prisión de Mountjoy, en Dublín.

## Scott Smith

Con tanto gender-bending en las escuelas, era sólo cuestión de tiempo que los padres estallaran de frustración. Uno de estos casos le ocurrió en Virginia (EE.UU.) al padre Scott Smith. Su hija fue agredida sexualmente por un chico en un baño femenino del instituto Stone Bridge en mayo de 2021. Según el Daily Mail: "Al estudiante varón, que llevaba falda el día del ataque, se le permitió entrar en el baño porque dijo al personal que se identificaba como mujer. La laxa política de la escuela le permitió utilizarlo".[42]

En junio de 2021, Smith asistió a una reunión del consejo escolar del condado de Loudoun. En una entrevista concedida a Fox News el 11 de septiembre de 2023, explicó que él y su esposa fueron abordados y provocados por una madre "protestante radical". Cuando Smith mencionó la agresión, ella le acusó de mentir y, a continuación, con el típico estilo de los miembros de una secta, le amenazó para que se ganara la vida y le dijo: "Te voy a arruinar en las redes sociales". En cuanto él respondió con un lenguaje "abusivo", la policía lo detuvo. En un mundo cuerdo, este provocador miembro de una secta desquiciada debería haber sido trasladado al Gulag de Siberia y obligado a romper piedras con la misma falda durante 20 años; lo mismo cabe decir del estudiante agresor. Smith fue acusado, se le impuso una condena condicional de diez días y, tras una batalla legal, fue indultado por el gobernador de Virginia,

---

[41] Carolan, M. "Enoch Burke fue suspendido válidamente por la escuela Wilson's Hospital, dictamina un juez", 19 de mayo de 2023.https://www.irishtimes.com/crime-law/courts/2023/05/19/enoch-burke-was-validly-suspended-by-wilsons-hospital-school-judge-rules/

[42] Yeatman, D. "El gobernador de Virginia, Glenn Youngkin, indulta a Scott Smith, padre de una niña violada en un baño unisex por un "chico con falda" en el instituto Stone Bright, tras ser condenado por estallar de furia por encubrimiento en una reunión del consejo de administración", 11 de septiembre de 2023.

Glenn Youngkin, en septiembre de 2023. [43]

Este es otro tipo de incidente en el que se pone a alguien como ejemplo por desafiar la locura de la secta. Esto disuade a otros padres de desafiar a las escuelas en su mierda loca y sus negaciones de cualquier problema en torno a sus políticas activistas marxistas.

### Universidades-AKA "academias de adoctrinamiento socialista"

"Sin teoría revolucionaria no puede haber movimiento revolucionario"[44]

V.I. Lenin, *¿Qué hacer?*, 1902

Las Universidades son un grave problema para la sociedad, al ser un componente clave de la máquina de adoctrinamiento. Se trata de un problema global crítico. De hecho, en comparación con otras instituciones de la sociedad, son las principales responsables de este adoctrinamiento, y no tienen igual en este sentido. Necesitan ser limpiadas de elementos marxistas lo antes posible, de una vez por todas. Quizás el proceso de desintoxicación ya haya comenzado. En agosto de 2023, NBC News informó de que el estado estadounidense de Florida estaba prohibiendo los cursos de psicología que contuvieran contenidos sobre orientación sexual e identidad de género.[45] Es una buena noticia, pero aún nos queda una tarea gigantesca por delante.

Los institutos y las universidades permiten el adoctrinamiento de los jóvenes adultos y más allá. También facilitan el reclutamiento de estudiantes para grupos activistas, incluidos grupos más abiertamente "radicales" como Antifa y grupos asociados (o, de hecho, la formación de nuevos grupos). Así es como/donde muchos miembros de sectas son engendrados, probando por primera vez el ambiente de la secta.

También está la cuestión de que los estudiantes son evaluados académicamente por su disposición a cumplir con el sesgo ideológico dentro de las instituciones. En otras palabras, si no estás dispuesto a estar de acuerdo con el punto de vista de la secta/ideología, no se te permitirá sobresalir. Las conversaciones con estudiantes universitarios no infectados lo confirman. En otras palabras, existe una cultura de culto en estas universidades.

### Formación inútil = titulados inútiles

---

[43] Fox News, "Padre indultado por Youngkin: This is about protecting the children", 11 de septiembre de 2023. https://www.YouTube.com/watch?v=uiM8KEDPj1A

[44] Lenin, V.I., "¿Qué hacer?", 1902, p. 12.https://www.marxists.org/archive/lenin/works/download/what-itd.pdf

[45] NBC News, "Florida bans AP Psychology course due to its LGBTQ content", 5 de agosto de 2023. https://www.YouTube.com/watch?v=Vzg31_jhzV4

"Los hombres nacen ignorantes, no estúpidos; la educación los vuelve estúpidos"

Bertrand Russell, "Historia de la filosofía occidental:
Edición de Coleccionista"[46]

El nivel universitario (y otras instituciones post-secundarias/preparatorias) se están llenando de cursos abiertamente marxistas, u otras asignaturas con un sesgo marxista. Por supuesto, esto hace que el sistema de "educación" sea inútil, además de "radicalizar" gradualmente a la población en general (y todo lo que ello conlleva, como se ha señalado en otro lugar). Lo estamos viendo con los cada vez más frecuentes cursos marxistas como los estudios de "Igualdad" o "Diversidad" y diversas combinaciones de estos términos. ¿Qué tal un "Doctorado en Estudios de Igualdad, Diversidad y Socialismo Multicultural Transgénero"? ¿O preferirías obtener un máster en "Cómo evitar que los nazis intimiden y controlen las vidas de otras personas (intentando intimidar a la gente y controlar sus vidas)"? Por supuesto, puede que no se llamen así tan descaradamente (¡todavía!), pero siguen estando plagados de la ideología.

Esto viene ocurriendo desde hace décadas, pero se ha hecho más evidente y escandaloso en los últimos tiempos. Como mínimo, cualquier cosa de naturaleza psicológica, sociológica o histórica está más que probablemente infectada. Quizá ni siquiera las materias STEM estén a salvo hoy en día. ¿Qué tal un "doctorado en ingeniería de consoladores unisex de género neutro"? ¿O un "Máster en Estudios Tecnológicos Biónicos Maoístas Trotskistas para prevenir las actitudes racistas y homófobas hacia los homosexuales pedófilos"? ¿O un Certificado de Educación Superior en "Enseñar a otras personas cómo prevenir el 'reflejo nauseoso' para que puedan hacer mejores mamadas a los demás"? Aquí hay que cubrir todas las lagunas degeneradas (o debería decir, "tapar los orificios").

Además de los cursos más descaradamente infectados, los estudiantes reciben "educaciones" inútiles en otras áreas, incluidas las relacionadas con las tres correas de transmisión de la cultura (muchas formas de enseñanza, curso de medios técnicos/de producción, periodismo, etc.). ¿Cómo van a hacer una contribución positiva a la sociedad, ya que sólo podrán conseguir un empleo al servicio del establishment marxista? Lo mismo se aplica a las ciencias sociales, políticas, etc. Por supuesto, todas las universidades/instituciones de educación superior tendrán también cursos de sociología. Los cursos que combinan diferentes elementos permiten el adoctrinamiento a varios niveles. El Trinity College de Dublín, por ejemplo, ofrece una licenciatura de cuatro años llamada "Filosofía, Ciencias Políticas, Economía y Sociología".[47]

---

[46] Bertrand Russell (2013). "Historia de la filosofía occidental: Collectors Edition", p.578, Routledge. https://www.azquotes.com/quote/254907

[47] https://www.tcd.ie/courses/undergraduate/az/course.php?id=DUBSP-PPES-2F09

Además, en lo que respecta a la elección de los cursos de educación -y, por tanto, de los papeles que una persona puede desempeñar en la sociedad-, los países occidentales se parecerán cada vez más a los regímenes "comunistas" del siglo XX; es decir, el objetivo final de la educación y el empleo es servir al régimen, servir a la ideología. Hacia allí se dirigen las cosas si no se ataja de inmediato el dominio de la secta en materia educativa.

Tardaría una eternidad en enumerar todos los cursos/sociedades/grupos contaminados en las universidades, así que aquí va una selección de cursos en Irlanda que ondean la bandera roja (no necesité indagar en absoluto - simplemente visité las páginas web de las universidades, busqué cursos utilizando las palabras clave marxistas (igualdad, diversidad, género, feminismo, clima) et voila).

**Cursos contaminados**

El Trinity College de Dublín (TCD), la Dublin City University (DCU) y el University College de Dublín (UCD) son las principales instituciones de la capital irlandesa. En el corazón de la ciudad, el famoso Trinity College ofrece: un certificado de posgrado en Diversidad e Inclusión en la Educación y Formación Continua; un curso de posgrado de dos años a tiempo completo denominado Estudios de Género y de la Mujer; un curso de licenciatura en Género y Sexualidad en la Europa Moderna Temprana; y un curso de licenciatura en Estalinismo y Sociedad en Europa del Este.[48] La TCD también cuenta con una Oficina de Igualdad y una rama del Partido de los Trabajadores, además de grupos que promueven diversas causas marxistas.[49]

Al sur de la ciudad, la UCD ofrece: un módulo de curso en Feminismo y Justicia de Género (divertidísimo); un máster en Estudios de Género; un máster en Estudios de Igualdad; un máster en Cambio Climático; y una licenciatura de cuatro años en Justicia Social.[50] Imagínate hacer todo eso. Imagina la cantidad de poder revolucionario progresista en materia de justicia social que tienes a tu alcance. Curiosamente, la descripción del máster en Estudios de Género dice lo siguiente en el apartado "Carreras profesionales y empleabilidad": "Los graduados se han convertido en miembros fundamentales de las comunidades locales, miembros clave de ONG, empleados de organismos del sector público, organizaciones educativas y de medios de comunicación en puestos como: investigadores sociales, gestores de desarrollo de proyectos, profesores, periodistas y responsables de políticas y

---

[48] https://www.tcd.ie/courses/

[49] Grace, A. "Reconocida oficialmente la rama trinitaria del Partido de los Trabajadores", 17 de febrero de 2018.

https://trinitynews.ie/2018/02/trinity-branch-of-workers-party-officially-recognised/

[50] https://www.myucd.ie/courses/

promoción. Los licenciados trabajan en Amnistía Internacional, el Consejo de Inmigrantes de Irlanda, el Programa de Embarazo en Crisis, Médicos Sin Fronteras, la Autoridad Nacional de Radiodifusión, RTE y el Consejo Nacional de Mujeres de Irlanda".[51] La mayoría de los cuales están plagados de ideología.

En la parte norte, la DCU ofrece lo siguiente: un máster en Estudios sobre Sexualidad; un certificado de posgrado en Educación Sexual y Bienestar Sexual; un máster en Integración de Refugiados; una licenciatura en Sostenibilidad Climática y Medioambiental; un curso en línea sobre Igualdad, Diversidad e Inclusión. La DCU también cuenta con un Centro de Excelencia para la Diversidad y la Inclusión.[52] Así que Dublín está bien cubierta ....

**Fuera de Dublín**

La NUI Maynooth, en el condado de Kildare, ofrece un máster en Género, Diversidad e Inclusión; un certificado en Estudios de Igualdad. [53] La Universidad de Limerick ofrece el Certificado de Posgrado en Igualdad, Diversidad e Inclusión.[54] La NUI Galway ofrece una licenciatura en Estudios Globales sobre la Mujer y un máster en Cultura y Colonialismo. De la descripción del curso de este último: "El Máster en Cultura y Colonialismo explora la literatura, la política y la cultura desde Irlanda hasta la India, y desde África hasta Oriente Medio. Se trata de un máster multidisciplinar dirigido a licenciados en Artes, Humanidades y Ciencias Sociales. Los estudiantes analizan los ascensos imperiales, las teorías raciales, los movimientos nacionalistas, las experiencias poscoloniales, el auge del pensamiento neocolonial, el multiculturalismo y el interculturalismo, y las implicaciones de la globalización y el desarrollo para el mundo moderno".[55]

Es obvio que este curso venderá las perspectivas marxianas habituales, promoviendo: el pensamiento anti "derechista"; el anticolonialismo; la narrativa del "antirracismo", etc., además de promover conceptos marxianos como la "supremacía" blanca y el "privilegio", etc.

Angela's College de Sligo está vinculado a NUI Galway. Ofrece un máster en

---

[51] "MA Gender Studies".
https://hub.ucd.ie/usis/!W_HU_MENU.P_PUBLISH?p_tag=PROG&MAJR=W383

[52] https://www.dcu.ie/courses

[53] https://www.maynoothuniversity.ie/study-maynooth/find-course

[54] https://www.ul.ie/gps/equality-diversity-and-inclusion-graduate-certificate

[55] http://www.nuigalway.ie/courses/taught-postgraduate-courses/culture-colonialism.html

Educación Religiosa y Justicia Social.[56] A principios de 2020, el University College Cork organizó un breve curso sobre la historia del colectivo LGBT+ titulado "¿De la vergüenza al orgullo? Una breve introducción a la historia irlandesa LGBT+ (1970-2020)".[57]

**Los efectos de toda la "educación" de mierda**

¿Qué efecto tiene todo adoctrinamiento en una sociedad? Si generaciones de estudiantes están siendo programados para ser pequeños revolucionarios marxistas, ¿qué valor van a tener para la sociedad, cuando se gradúen? ¿Qué habilidades tendrán? No aportarán nada, salvo servir a la secta/ideología de sus respectivos países. Aparte de esto, ¿qué más pueden hacer? ¿Qué otras funciones podrían desempeñar?

Además de reforzar la ideología/culto ayudando a la propagación de la infección, también debilita y destruye la civilización. Obviamente, cuanto más desprovistas de habilidades útiles estén las generaciones más jóvenes, más fácilmente se derrumbará la civilización. La civilización sólo funciona porque (algunas) personas saben cómo hacer las cosas en el mundo real. Yuri Besmenov (el experto en propaganda soviética) señaló un punto relevante en su conferencia de 1983, al explicar la "Subversión ideológica": que los cursos de educación genuinamente útiles serían sustituidos por "falsas alternativas" inútiles, que no aportan ningún beneficio a una nación, durante la (segunda) fase de "Desestabilización".

También está el impacto económico. Aparte de que estas generaciones de estudiantes serán adoctrinadas para odiar la riqueza, los beneficios y el capitalismo, carecerán de habilidades útiles y prácticas. Esto repercute negativamente en la economía y contribuye al colapso; la prosperidad se ve afectada y la generación de riqueza es limitada. Este punto conecta con la cuestión del "estado del bienestar", además del hecho de que las subagendas marxistas y el complejo de ONGs/sin ánimo de lucro drenan dinero de la economía. Todo ello contribuye a atacar la prosperidad económica y la independencia de una nación (y del capitalismo en general). Cuanto más tiempo, energía y recursos se permita dedicar a las universidades a la propaganda del marxismo, y cuantos más estudiantes adoctrinados salgan de esas instituciones, más se amplificarán estos efectos sociales.

**"Conocimiento", inflación del ego e hipocresía**

Como ocurre con la secta/ideología en general, el ego es una cuestión central. Los estudiantes universitarios adoctrinados recibirán su "educación" y después,

---

[56] http://www.stangelas.nuigalway.ie/Downloads/ProspectiveStudents/Brochures/IET47.pdf

[57] https://libguides.ucc.ie/lgbt/gettingstarted

consciente o inconscientemente, difundirán la ideología por toda la sociedad, creyéndose educados (o quizá incluso "expertos") en el campo de estudio elegido; felizmente inconscientes de que no saben prácticamente nada de valor. Sus conocimientos no sólo carecen de valor, sino que de hecho son tóxicos y a menudo contribuyen a crear los efectos contrarios a lo que la persona cree hacer. Este tipo de individuos creen que promover la igualdad marxiana, la diversidad, la solidaridad, el multiculturalismo, el ecologismo, el socialismo, etc. es un acto benévolo, pero en realidad es extremadamente destructivo y divisivo. Los resultados son destructivos y crean sufrimiento a largo plazo. Su "educación" les convierte en ultra hipócritas en extremo.

### Actividades de culto en los campus

Las universidades de Irlanda están muy contaminadas. Hay demasiada actividad de culto para incluirla, pero este ejemplo me llamó la atención. El 13 de septiembre de 2020, el periódico Irish Times informó sobre los recientes acontecimientos en la Universidad Nacional de Irlanda Galway (NUIG). La Universidad había intentado implantar un requisito obligatorio para que los estudiantes firmaran un compromiso de "promesa comunitaria". Esto implicaba que los estudiantes se adhirieran a ciertas pautas de comportamiento (pro-marxistas). Finalmente, la NUIG cambió de postura y dejó de ser un requisito obligatorio.[58]

Un estudiante de Derecho llamado Simeon Burke (hermano del desafiante profesor Enoch, mencionado anteriormente) fue una voz destacada que puso de relieve la locura que se estaba produciendo en la universidad. Sobre la promesa obligatoria, Burke fue citado en el artículo diciendo: "Sentía que socavaba mis derechos como estudiante de NUI Galway y amenazaba mi libertad de pensar por mí mismo". Burke decidió presentarse a la presidencia del sindicato de estudiantes en las elecciones que se celebraron en abril de 2021 (aunque sin éxito), e inevitablemente provocó la ira de los miembros de la secta allí presentes.

En un vídeo publicado en el perfil de Twitter de "Simeon Burke for President", habló de cómo su material de campaña fue arrojado a la basura. Sobre el ambiente en el campus, dijo: "Los estudiantes que no están completamente de acuerdo con la izquierda, y que hablan y hacen oír su voz, son sometidos a un torrente de intimidación y acoso grave casi como una cuestión de rutina aquí en NUI Galway. Estas cuestiones se han planteado a la dirección de la universidad una y otra vez a lo largo de los años... pero nada ha cambiado. La situación persiste y se sigue silenciando a los estudiantes".[59] Como era de

---

[58] O' Brien, C., "NUI Galway drops 'behave responsibly' pledge requirement", septiembre de 2020. https://www.irishtimes.com/news/education/nui-galway-drops-behave-responsibly-pledge-requirement-1.4353962

[59] https://twitter.com/voteforsimeon?lang=en

esperar, Burke fue objeto de las habituales burlas por parte de los miembros de la secta relacionados con la Universidad (y más allá); incluso dos miembros de la secta disfrazados de políticos -Luke Flanagan y Paul Murphy- participaron en el ritual en línea.[60]

Estoy seguro de que los lectores tendrán innumerables ejemplos de este tipo de actividades de culto en sus respectivos países. Lo que llama la atención aquí es el hecho de que se supone que las instituciones de enseñanza son lugares que permiten la diversidad de opiniones, el debate, la exploración de diferentes escuelas de pensamiento, etc. La conducta y el sesgo ideológico de las universidades de hoy en día hacen que esto resulte irrisorio. La secta/ideología no tolera la disidencia cuando ella misma está al mando. Malditos mocosos malcriados.

## Entretenimiento

"Teatralidad y engaño: agentes poderosos para los no iniciados"[61]

Bane (Tom Hardy), *The Dark Knight Rises*, 2012.

Cualquier forma de entretenimiento está poblada de miembros de sectas y se utiliza para contaminar aún más a la población. Los medios utilizados para el adoctrinamiento pueden ser la televisión, el cine, los "documentales", la música, las obras de teatro, las actuaciones en directo, las artes en general, etc. La ideología lo contamina todo. Esta industria del entretenimiento contaminada produce propaganda marxista mezclada con hedonismo.

Uno es muy susceptible de absorber ideas cuando experimenta placer, cuando está "entretenido". Este es el lavado de cerebro 101: captar a los bobos mientras están relajados y son frívolos, mientras tienen la guardia baja (sea cual sea). Un ejemplo contemporáneo y muy popular sería Netflix, que produce una cantidad alucinante de propaganda de alto nivel.

También es normal -con una infección marxista global- que el entretenimiento y las artes se vayan a la mierda, como estamos viendo. Verás cómo se degeneran aún más a medida que el entorno cultural se infecta cada vez más. Las cosas se vuelven más políticas, pero de un modo partidista marxista, por supuesto. También pueden volverse descaradamente más basura, dependiendo del medio en cuestión. Esto puede ser obvio cuando vemos a celebridades participando en temas de conversación del PC, convirtiéndose en portavoces

---

[60] Carolan, M. "Student criticises 'shameful' decision not to investigate TD over tweet", 30 de mayo de 2022.

https://www.irishtimes.com/crime-law/2022/05/29/student-criticises-shameful-decision-not-to-investigate-td-over-tweet/

[61] "Batman VS Bane - The Dark Knight Rises Full Fight 1080p HD".https://www.YouTube.com/watch?v=rDuetklFtDQ

de diversas causas marxistas.

## Cuntry Blues

La canción irlandesa para Eurovisión 2024 es "Doomsday Blue", de una "artista" irlandesa "no binaria" de 29 años llamada Bambie Thug (también conocida como "Bambie Ray Robinson" o "Cuntry Ray Robinson"). [62] La canción suena como si fueran varias tocando a la vez; tres por el precio de una (así que muy bien de precio en realidad). Recordaba a un mal teatro musical, o incluso a una pantomima, con influencias de Marilyn Manson y Lady Gaga. Había elementos lentos de heavy metal y chillidos. La estrambótica puesta en escena de la actuación en el Late Late Show era gótica y satánica, con dos "demonios" y un flujo visual constante de simbología pagana y ocultista. En un segmento de la entrevista en vídeo de Late Late Show, Robinson declaró: "Eurovisión es una plataforma gigantesca... como persona no binaria represento a una enorme proporción de nuestro país que está infrarrepresentada". [63] En una entrevista con el *Gay* Times, "me gusta formar parte de una escena emergente queer guay, más voces queer es lo que el mundo necesita, joder". [64] Otra personalidad degenerada. Otra vida arruinada.

Así pues, ¿un país que destaca por su excelencia artística -con una sólida tradición de cantantes y músicos de talento que se remonta a siglos atrás- tiene como representante a una persona "no binaria" relativamente carente de talento? Obviamente, la parte no degenerada y no adoctrinada de la población irlandesa puede ver lo que está pasando aquí. Este fiasco incorpora obviamente las subagendas "trans" y de destrucción de la cultura.

## La pérdida de sentido

El verdadero significado del arte se pierde en una sociedad plagada de marxismo. El impacto de la infección es doble: lo que antes era una fuente de estimulación existencial y una expresión de creatividad asombrosa se convierte en ninguna de las dos cosas, además de convertirse en un gran recipiente de propaganda de la ideología. Se elimina la verdadera brillantez, ya que esto desafía el axioma marxiano de la igualdad. El arte ya no es belleza creativa y contemplativa, sino fealdad "políticamente correcta" (marxista) y predecible. La influencia relativista del posmodernismo (de la que ya hemos hablado) hace

---

[62] https://en.wikipedia.org/wiki/Bambie_Thug

[63] "Bambie Thug - Doomsday Blue | Eurosong | The Late Late Show", enero de 2024.

https://www.YouTube.com/watch?v=eA2fKlT8Khw

[64] Raza-Sheikh, Zoya, "Welcome to Bambie Thug's witchy soundscape", 21 de junio de 2023.

https://www.gaytimes.co.uk/music/queer-and-now/queer-now-welcome-to-bambie-thugs-witchy-soundscape/

que ya no exista la belleza real objetiva: todo se vuelve subjetivo. Por eso, hoy en día, se pueden ver esas expresiones de "arte" sin sentido que se enarbolan como "progresistas", etc. Como extensión de esto, la actitud relativista permite que las artes y el entretenimiento se utilicen con fines propagandísticos.

La música, los poemas, los documentales y el arte (escultura, pintura, etc.) se convierten en basura y carecen de sentido. Lo cutre se convierte en lo nuevo "profundo" y "vanguardista". De repente, el arte no requiere ninguna habilidad o sustancia creativa o técnica; "vanguardia" ahora significa "innovador de forma cutre". Hablando de porquería, en 2018 se expusieron/arrojaron esculturas gigantes de mierda en el Museo Boijmans van Beuningen, en Rotterdam (Países Bajos).[65]

El propósito es rebajar los niveles de excelencia, fomentar la degeneración y forzar la igualdad. Es la distorsión errónea, relativista y posmodernista marxista de la realidad de que todo tiene valor y nada es superior a nada. Insinuar que una cosa es superior a otra es sugerir que existe una especie de jerarquía, y esto es algo que la ideología/secta no puede permitir. Obviamente, las jerarquías a menudo tienen como consecuencia potencial que alguien se enfade (¡ya que no todos los artistas pueden ser geniales!), y eso no podemos permitirlo, ¿verdad?

El arte debe consistir en presentar algo, a la consideración de otro, que es libre de gustarlo o detestarlo. En una sociedad contaminada, todas las vías del arte empiezan a saturarse del hedor rojo. Ahora, en lugar de que simplemente te presenten cosas para que las consideres, también te dicen lo que tienes que sentir al respecto. Ya no hay lugar para el libre albedrío, ¡ni siquiera puedes reaccionar como quieras! Una cosa como el arte se convierte ahora en un tentáculo más de la ideología/culto. ¡Qué deprimente!

Por supuesto, a los adoctrinados les encanta todo esto. Seguro que se les saltan las lágrimas leyendo un poema plagado de dogmas marxistas sobre la "opresión" de los "oprimidos"; o les impresiona un documental "inteligente" que examine la genialidad del socialismo.

Se inspirarían en una canción que ensalza las virtudes de la "diversidad" con un vídeo que contiene el mayor número posible de personas no blancas y no heterosexuales; o en convulsiones de risa viendo a una monologuista haciendo un espectáculo "vanguardista" sobre su vagina, acostándose con cualquiera y otros temas basura; o quizás excitándose ante una gran escultura de 3 metros que celebra el erotismo del fisting anal... "¡Me parece precioso!"... "¡Es tan diverso!"; sonriendo, llorando sus lágrimas infundidas de soja y limpiándose sus estrogénicos (rojos) mocos de la nariz ante la maravillosa progresividad de

---

[65] Tidey, A., "These giant poo sculptures prove 'contemporary art is not s***'", junio de 2018. https://www.euronews.com/2018/06/08/these-giant-poo-sculptures-prove-contemporary-art-is-not-s-

todo ello.

Por supuesto, "arte" como éste haría que una persona cuerda quisiera vomitar, meterse los dedos en los oídos, cambiar de canal o tirar esa basura a la basura. Me recuerda lo excitante que debe ser para una banda de pedófilos satánicos cuando los niños llegan a su reunión. Se lo están pasando bien entre ellos, pero si cualquier persona cuerda fuera testigo de ello, vomitaría con una combinación de asco y horror (¿Yo? Yo dejaría volar mis machetes).

Por eso, cuando la gente sugiere: "¿Qué quieres decir con "basura"? ¿Cómo puedes criticarlo cuando tanta gente lo disfruta?", podemos responder que el hedonismo no es el barómetro adecuado para juzgar las cosas. Podemos mencionar el grooming y las bandas de pedófilos, o la cultura de las drogas (incluidas las casas de crack), o la industria del sexo: todas situaciones en las que alguien se divierte de una forma u otra, y todas manifestaciones de degeneración social que causan tanto daño. También se podría responder: "Gente basura es igual a arte basura. Arte basura es igual a gente basura", ya que las artes tienen una gran influencia en el desarrollo de la sociedad y, al mismo tiempo, son un reflejo de la propia sociedad.

### Célebres socialistas del champán

Hoy en día parece que la ideología está presente en todos los ámbitos de las artes y el espectáculo. Aunque sin duda ha aumentado en los últimos tiempos, no es nada nuevo. La canción *Imagine* de John Lennon (1971) es un ejemplo clásico de la ideología que se promueve a través de las canciones. Promueve el ateísmo, el gobierno mundial/mundo sin fronteras, el hedonismo, la antiguerra/'paz', la solidaridad, la revolución, la antipropiedad privada/anticapitalismo y la propiedad colectiva, el utopismo. Todo ello en una canción de tres minutos. ¿Quizás podamos considerarla el punto de referencia?[66] *One Vision* (1985), de la banda de rock británica Queen, también promovía algunos de esos temas: "Una raza, una esperanza, una dirección real... Un mundo, una nación. Una visión".[67]

En la década de 1980, los cantantes irlandeses Bono (también conocido como Paul Hewson) y Bob Geldof empezaron a apoyar diversas causas marxianas, como la iniciativa "Salvar África" y el gobierno mundial. Geldof fue uno de los creadores de *Bandaid* en 1984, una colaboración de cantantes y músicos famosos para llamar la atención sobre la hambruna en Etiopía.[68] (Obviamente, no se mencionó el papel del socialismo en ello; ni la guerra de facciones marxista). Bono, una figura transparente del mundo del espectáculo a la vanguardia de la revolución mundial, consideraba al difunto terrorista marxista

---

[66] https://genius.com/John-lennon-imagine-lyrics

[67] https://genius.com/Queen-one-vision-lyrics

[68] https://en.wikipedia.org/wiki/Band_Aid_(banda)

convicto Nelson Mandela una inspiración para su propio activismo, declarando en una ocasión: "He estado trabajando para Nelson Mandela prácticamente toda mi vida".[69] ¿Una celebridad activista irlandesa "trabajando" para un marxista negro africano?

En 1992, la fallecida cantante irlandesa -y miembro de una secta de toda la vida- Sinead O' Connor (1966-2023) rompió una foto del Papa Juan Pablo II en la televisión estadounidense (anticristianismo); más tarde se convirtió al islam (diversidad/islamización de los países occidentales). Su muerte en julio de 2023 fue tratada como el fallecimiento de una santa progresista, con miles de dolientes.[70]

Hay innumerables ejemplos de celebridades que apoyan y promueven la ideología, a sabiendas o no, prostituyéndose en cada oportunidad que se les presenta. Cuanto más alto es su perfil, mayor es su influencia. Las subagendas marxianas que son extremadamente populares entre los famosos son: el feminismo, cualquier cuestión relacionada con la sexualidad y el género, el cambio climático, el veganismo, además de promover el multiculturalismo, la diversidad, el antirracismo y conceptos marxianos como la igualdad y la solidaridad, etc.

Otros ejemplos son: Leonardo DiCaprio hablando del cambio climático durante su discurso de aceptación de los Oscar (otras celebridades "verdes" son Cate Blanchett, que una vez apareció en la televisión australiana apoyando el impuesto sobre el carbono); William "Caitlyn" Bruce Jenner saliendo del armario como "mujer trans" (amplificado por la gran notoriedad del programa de televisión *Keeping Up with the Kardashians*); las actrices Emma Watson, Nicole Kidman y Anne Hathaway como embajadoras de buena voluntad de ONU Mujeres;[71] las actrices Uma Thurman, Alyssa Milano, Ashley Judd, Linsey Godfrey y la ex cantante de Fleetwood Mac Stevie Knicks apoyando públicamente el aborto.

También hubo: El presentador de televisión británico Philip Schofield 'saliendo del armario' como gay en el programa *This Morning*; la actriz Ellen "Elliot" Page saliendo del armario como gay y luego decidiendo que era 'trans'; el cómico travestido Eddie Izzard saliendo como 'transgénero' (que, sorprendentemente, está involucrado con el Partido Laborista británico); la

---

[69] CBS Mornings, "Bono discusses Nelson Mandela's wisdom and courage", 6 de diciembre de 2013. https://www.YouTube.com/watch?v=c-lhKwIZYIg

[70] Carroll, R, 'She blazed a trail': thousands gather for funeral of Sinéad O'Connor in Ireland", 8 de agosto de 2023.

https://www.theguardian.com/music/2023/aug/08/thousands-gather-funeral-sinead-oconnor-ireland

[71] https://en.wikipedia.org/wiki/UN_Women_Goodwill_Ambassador

actriz Natalie Portman reescribiendo cuentos de hadas para niños para que sean más neutros en cuanto al 'género', y la lista sigue y sigue.[72][73]

## El discurso del Joker

La parte cuerda de la Tierra es plenamente consciente de que Hollywood es una cinta transportadora interminable de degeneración, por lo que nada de lo que produce debería sorprendernos. He aquí otro ejemplo claro y destacado de la ideología que se vende en el que quizá sea el escenario más grandioso que ofrece Tinseltown: los Premios de la Academia. En la ceremonia de 2020, tras ganar el Oscar al mejor actor por la película *Joker, Joaquin* Phoenix pronunció un discurso ensayado del que el propio Marx estaría orgulloso, marcando una miríada de casillas rojas a medida que avanzaba. Habló de cómo ser un actor famoso le da a él (y a sus colegas) la "oportunidad de usar nuestra voz en favor de los sin voz" (los oprimidos). Lo que esto significa realmente es que están en posición de vender basura marxiana, que es exactamente lo que él hizo obedientemente en este discurso.[74]

Poniéndose en plan marxista SJW, Phoenix dijo (notas entre paréntesis): "He estado pensando mucho sobre algunos de los problemas angustiosos a los que nos enfrentamos colectivamente (solidaridad/colectivismo)... y creo que a veces sentimos... que defendemos causas diferentes, pero yo veo algo común (una revolución). Creo que tanto si hablamos de desigualdad de género (feminismo), como de racismo, de derechos de los homosexuales (LGBTQ), de derechos de los indígenas (agenda de los nativos americanos) o de derechos de los animales (veganismo), estamos hablando de la lucha contra la injusticia ('opresión'/señalización de virtudes marxianas). Hablamos de la lucha contra la creencia de que una nación (antiestadounidense), un pueblo (varias subagendas), una raza (antiblancos), un género (feminismo) o una especie (antihumano/veganismo) tiene derecho a dominar, controlar, utilizar y explotar a otra impunemente" (opresor contra oprimido).

Dijo que nos hemos desconectado de la naturaleza, y debido a nuestra visión

---

[72] Cho y Sengwe, "Celebrities Who Have Shared Their Abortion Stories to Help Women Feel Less Alone", 17 de octubre de 2023. https://people.com/health/celebrity-abortion-stories-busy-philipps-jameela-jamil/?slide=6764577#6764577

[73] Huston, W. "Natalie Portman reescribe cuentos de hadas clásicos para hacerlos 'neutros en cuanto al género' y que los niños puedan 'desafiar los estereotipos de género'", 15 de marzo de 2021.

https://www.breitbart.com/entertainment/2021/03/15/natalie-portman-rewrites-classic-fairytales-to-make-them-gender-neutral-so-children-can-defy-gender-stereotypes/

[74] Oscars, "Joaquin Phoenix wins Best Actor | 92nd Oscars (2020)", 11 de marzo de 2020.

https://www.YouTube.com/watch?v=qiiWdTz_MNc

egocéntrica del mundo entonces "vamos al mundo natural y lo saqueamos por sus recursos" (agricultura e industria, cambio climático, anticapitalismo, etc.); señalando también que oprimimos a las vacas, inseminándolas artificialmente, robándoles sus bebés y robándoles la leche destinada a ellas poniéndola "en nuestro café y nuestros cereales". Según la lógica de Joaquín, si las vacas pudieran hablar, ya que no tienen voz, hablarían de esta opresión. Dijo que podemos desarrollar sistemas de cambio que "sean beneficiosos para todos los seres sensibles y para el medio ambiente" ("sostenibilidad"), utilizando "el amor y la compasión como principios rectores" (la "superioridad" moral marxiana); también coló las palabras "amor" (otra vez) y "paz" al final (todas ellas eficaces palabras clave de la manipulación emocional marxiana).

En un discurso de casi cuatro minutos, Phoenix no dijo ni una palabra sobre la película en sí, ni dio las gracias a nadie que hubiera participado en el proyecto que le permitió ganar su primer Oscar.

¡Hay cientos de personas involucradas en la producción de una película de Hollywood! Estúpida mocosa. Merece la pena señalar que el discurso estaba cargado de pensamientos excesivamente emocionales y femeninos, lo que por supuesto es típico de la ideología/secta en general, pero también es típico de los machos veganos (que es lo que él es), debido a los bajos niveles de testosterona.

Curiosamente, la propia película del Joker presentaba muchos temas marxianos, como la salud mental/ser una víctima, el anticapitalismo/la venganza contra la burguesía y la revolución. Cualquiera que esté familiarizado con el personaje sabe que el Joker representa el caos (es decir, la anarquía y, por extensión, la revolución). La escena final lo muestra bailando encima de un coche ante una multitud enfervorizada, con una sonrisa demoníaca ensangrentada, mientras la ciudad arde con la revolución que él ha creado. Satán sonríe cuando el mundo está en llamas...[75]

Aunque la audiencia de los Oscar ha disminuido enormemente a lo largo de los años (tal vez debido a la podredumbre marxista y a Covaids 1984), las cifras siguen rondando los 23,6 millones de espectadores.[76] Se trata de una enorme plataforma publicitaria para la ideología, con todas las miradas puestas en los premios al mejor actor, a la mejor actriz y a la mejor película en particular. Lo

---

[75] Flashback FM, "Anarchy in Gotham (Ending) | Joker [UltraHD, HDR]", 8 de enero de 2020.

https://www.YouTube.com/watch?v=NHi_8FGMObQ

[76] Whitten, S. "Las audiencias de las galas de premios están en franco declive. This chart shows how far viewership has fallen", 2 de mayo de 2021.

https://www.cnbc.com/2021/05/02/oscars-2021-nielsen-data-shows-viewers-have-lost-interest-in-award-shows.html

mismo puede decirse del discurso de DiCaprio sobre el cambio climático en los Oscar de 2016.

**Películas**

Algunos ejemplos de películas que promueven la propaganda marxiana, la degeneración del comportamiento o la "wokeness" de una forma u otra:

En la película *Proxeneta* (2018), el personaje central es una proxeneta lesbiana negra del Bronx cuyo nivel de degeneración solo es comparable al de la película. Chulea a mujeres blancas en su mayoría, una de las cuales es su (especie de) interés amoroso; esta relación con su (casi) novia es obviamente interracial, aunque ella está en posición dominante (insinuando que los blancos deberían ser ahora los esclavos de los negros). A medida que avanza la película, vemos cómo las dos aspirantes a amantes del proxeneta -ambas mujeres muy atractivas- se pelean por este degenerado manipulador. Obviamente, esas dos mujeres estarían mejor empleando su tiempo y su sexualidad en otra cosa. En esencia, la película promueve este comportamiento repugnante y derrochador entre las mujeres, intentando normalizarlo.[77]

**Los "iconos" gays y su comportamiento**

Recientemente hemos asistido a la idolatría de "iconos" homosexuales. *Bohemian Rhapsody* (2018) cuenta la historia del líder de Queen, Freddie Mercury, aunque de una forma más aséptica. La vida personal de Mercury fue un gran acto de degeneración -infidelidad, promiscuidad y consumo de drogas-, pero esto no se enfatizó en la película. A pesar de esta y otras inexactitudes, la película fue un éxito de taquilla masivo (indicativo del nivel de infección de la sociedad).[78] Al año siguiente llegó a la gran pantalla el biopic de Elton John titulado *Rocketman* (2019). De nuevo, estaba muy higienizada, negándose a profundizar en los detalles. Sin embargo, contenía algunas escenas de sexo gay leve.[79]

La película irlandesa/británica *Rialto* (2019) es la historia de Colm -un hombre promedio de Dublín de 46 años con una familia, que tiene una crisis de mediana edad desencadenada por eventos traumáticos (muerte del padre; pérdida de trabajo). Entonces se involucra emocional y sexualmente con un joven de 19 años llamado Jay después de ser asaltado por él(!). Esto hace que Colm se encapriche de él de una forma extraña, como víctima del síndrome de Estocolmo, pero sus sentimientos no son recíprocos.[80]

---

[77] https://en.wikipedia.org/wiki/Pimp_(2018_film)

[78] https://en.wikipedia.org/wiki/Bohemian_Rhapsody_(película)

[79] https://en.wikipedia.org/wiki/Rocketman_(película)

[80] https://en.wikipedia.org/wiki/Rialto_(película)

En esencia, la película plantea la idea de que los hombres heterosexuales pueden destruir sus propias vidas y las de sus familias para involucrarse emocional y sexualmente con otros hombres. También consigue despertar simpatía por Colm (víctima/oprimido) a pesar de su comportamiento despreciable e irresponsable. Incluso se las arregla para lanzar una indirecta al capitalismo, ya que uno de los desencadenantes de la espiral descendente de Colm fue la pérdida injusta de su trabajo (a pesar de haber sido un empleado leal durante muchos años). Además, muestra involuntariamente que el colapso mental puede llevar a una persona a la degeneración, lo que resume muy bien la ideología/secta. Una película repugnante que no necesitaba hacerse.

### Robotfeminismo, indios azules y cambio climático

La película *Terminator: Dark Fate* (2019) fue otra entrega de la icónica serie de ciencia ficción que no necesitaba hacerse. Contaba con un reparto y una trama centrados en las mujeres. El director y guionista James Cameron ya ha hecho propaganda feminista anteriormente, con *Aliens* y *Terminator 2* protagonizadas por 'guerreras'.[81] Otro proyecto suyo relativamente reciente fue *Avatar* en 2009, que contenía temas de antiamericanismo/militarismo y anticapitalismo, además de la consiguiente opresión/supresión de una población indígena tribal por parte de estos invasores. Una especie de *"Bailando con lobos"* y *"Fern Gully"* en el espacio, con "indios" azules en lugar de nativos americanos. [82]

(*Fern Gully* (1992) era una película de animación sobre la destrucción de la selva tropical por las empresas. Anticapitalismo y cambio climático dirigidos a los niños.[83] *Bailando con lobos* (1990) también se encuentra en la lista de películas marxistas de Hollywood. Al promover la "opresión" de los nativos americanos, presentaba un obvio tema antiblanco/antiamericano, un tema antimilitar y promovía la agenda de la culpa blanca. A pesar de ser una película agradable, contribuyó al ataque de la ideología contra Estados Unidos, haciendo hincapié en la cuestión de los nativos americanos a través de una lente marxiana[84] ).

*Cazafantasmas* (2016) fue un remake del clásico de 1984, hecho simplemente para promover la igualdad de género. Esta vez, al contrario que en el original, todos los Cazafantasmas son mujeres, pero con un recepcionista que es un poco tonto/incompetente, mientras que las mujeres son genios relativos (feminismo/antimacho/sumisión masculina). Dirigida principalmente a un público femenino joven y a miembros de sectas, la película también trata temas

---

[81] https://en.wikipedia.org/wiki/Terminator:_Dark_Fate

[82] https://en.wikipedia.org/wiki/Avatar_(2009_film)

[83] https://en.wikipedia.org/wiki/FernGully:_The_Last_Rainforest

[84] https://en.wikipedia.org/wiki/Dances_with_Wolves

como el ocultismo y el apocalipsis.

El eslogan de la película (al igual que en el cartel) es "Responde a la llamada" (un sutil término de adoctrinamiento para evocar sentimientos de fervor revolucionario en las mentes del público femenino, en su mayoría joven).[85] Sirvió como otro ejemplo de la ideología que destruye las artes, siendo una bomba de taquilla y merecidamente.

### La "comedia" política y los ídolos de culto

En 2020 se estrenó una película de "comedia" política marxista llamada *Irresistible*. En esencia, era una burla de cualquier persona de derechas, incluidos los republicanos y los partidarios de Donald Trump en otros lugares.[86] Es un ejemplo de 'arte' creado por miembros de una secta que solo a otros miembros de la secta les encantaría, y estarían en convulsiones de risa por ello. Fue dirigida y escrita por el antiguo presentador *del Daily Show* Jon Stewart (Leibowitz).

Otra película 'woke' titulada *Seberg* se estrenó en 2019. Trata sobre la actriz Jean Seberg, que se involucró con una subcultura marxiana: las Panteras Negras. También hizo donaciones a la *NAACP* (*National Association for the Advancement of Coloured People*), un grupo marxista central que ayudó a poner en marcha el movimiento por los derechos de los negros en EE.UU. Estuvo casada con el ex terrorista marxista Romain Gary, que luchó contra los nazis en la Francia de la Segunda Guerra Mundial, aunque tuvo numerosas aventuras. El eslogan comercial de la película era "Actriz. Activista. Adversaria", por lo que estaba cargada de propaganda. Debido a sus actividades antiamericanas, Seberg fue objeto de operaciones de vigilancia y desmoralización del FBI en su lucha contra la secta. Así que Seberg no es más que otra animadora de izquierdas SJW equivocada que se presenta al público (especialmente a las jóvenes) como modelo a seguir, rebelde, heroína, etc.[87] (Como apunte, el eslogan de *Seberg* contiene otra referencia al diablo. La palabra "Satán" es la palabra hebrea para "adversario").

En 2020 se estrenó *The Glorias*: una película sobre la miembro de la secta Gloria Steinem, figura central del "feminismo de segunda ola" en la era hippie de Estados Unidos.[88] Ese mismo año se estrenó *Miss Marx, una película* sobre Eleanor Marx, la hija menor de Karlie Karl. Leyendo la sinopsis, parece que se la describe como una heroína oprimida, frenada por todos los hombres de

---

[85] https://en.wikipedia.org/wiki/Ghostbusters_(2016_film)

[86] https://en.wikipedia.org/wiki/Irresistible_(2020_film)

[87] https://en.wikipedia.org/wiki/The_Glorias

[88] https://en.wikipedia.org/wiki/The_Glorias

su vida (ojos en blanco).[89] No se menciona que era la hija de Satán personificado y que eso arruinó su vida. También en 2020 se publicó un thriller feminista de venganza llamado *Promising Young Woman*.[90] Y sigue y sigue...

## Superhéroes por la igualdad

La presencia del adoctrinamiento en la sociedad significa que los artistas/intérpretes ya no son respetados por producir excelencia; son aplaudidos (por los adoctrinados) debido al grupo "oprimido" al que pertenecen. Y los demás, que no queremos seguir la corriente del "PC", tendemos a resistirnos a respetar a quienes realmente lo merecen. La ideología no hace más que desequilibrar toda la situación. No sólo convierte las artes en una mierda, sino que puede deformar la percepción de todo lo bueno que contengan.

En el cine, los adoctrinados se ponen histéricos al ver a alguien como la actriz israelí Gal Gadot en las películas de *Wonder Woman*. Cualquier grandeza real en la actuación del actor se ve empañada por los matices de señalización de virtudes presentes debido al adoctrinamiento. Según el culto/ideología, por el mero hecho de estar en esa posición merece ser alabada. Es absurdo. Esto no empodera a las mujeres, las desempodera. La grandeza debe juzgarse por su grandeza. Cuando oímos cosas como "es un gran modelo para las niñas/mujeres", es obvio lo que está pasando. ¿Oímos lo mismo cuando Henry Cavill interpreta a Superman? No.

*La* película de 2020 *Wonder Woman 1984* (saluden a Orwell) incluía una secuencia cerca del final de la película en la que ella pronuncia un evocador monólogo directamente a la lente de la cámara, animando a los espectadores - incluidos millones de jóvenes mujeres impresionables- a ser salvadoras revolucionarias, guerreras, etc. Empieza como un diálogo con el antagonista de la película, y luego se dirige directamente al público, rompiendo la "cuarta pared". Incluye frases como "no eres la única que ha sufrido", y "debes ser la heroína... sólo tú puedes salvar el día"; habla del miedo, del aislamiento (todas las cosas que deben sentir los "oprimidos", ¿no?), y de la utopía, naturalmente.[91]

Quizás en la próxima secuela veamos a Wonder Woman citando a autoras feministas como Emmeline Pankhurst y persiguiendo a las élites bancarias del NWO, con una calva afeitada a lo Lenin y barba de chivo? (eso acabaría totalmente con mi interés, ya que la belleza física de Gadot era lo mejor de esas

---

[89] https://en.wikipedia.org/wiki/Miss_Marx

[90] https://en.wikipedia.org/wiki/Promising_Young_Woman

[91] Movieclips, "Wonder Woman 1984 (2020) - Wonder Woman's Speech Scene (10/10) | Movieclips", 9 de marzo de 2022.
https://www.YouTube.com/watch?v=7ofZ_Ij4HaE

películas). También cabe destacar el personaje de la Capitana Marvel en el Universo Cinematográfico Marvel, interpretado por la ávida feminista, miembro de una secta y YouTuber Brie Larson.

**Princesas y muñecas**

Gal Gadot también protagoniza un remake de acción real del clásico animado de Walt Disney *Blancanieves y los siete enanitos* (1937), titulado *Blancanieves* (2024).[92] Esta película contará con una protagonista "empoderada". Según la actriz que la interpreta, Rachel Zegler, en una entrevista con *Variety*, "no va a ser salvada por el príncipe y no va a soñar con el amor verdadero. ...sueña con convertirse en la líder que sabe que puede ser".[93] ¿Alguien quiere palomitas o un cubo de vómito?

Una de las guionistas de *Blancanieves* es Greta Gerwig, que dirigió *Barbie* (2023), una basura feminista repugnante y rencorosa dirigida principalmente a mujeres jóvenes. Quizá lo más perturbador e insidioso de todo esto es que se comercializó hábilmente como una "comedia familiar". [94]

La película se basa en la famosa muñeca Barbie, lanzada por la empresa juguetera Mattel en 1959.[95] Esta muñeca "de moda" ayudó a reemplazar a la tradicional muñeca bebé como juguete para niñas, siendo simbólica de la deformación/acondicionamiento psicológico de la mujer moderna con superficialidad/ego, hipersexualidad, etc. Además, una muñeca "de moda", con un elemento claramente sexual, obviamente cosifica a la mujer, literalmente. Mattel fue fundada por el matrimonio judío Ruth y Elliot Handler.

Una escena inicial (también utilizada como tráiler) de *Barbie* presenta un extraño homenaje a una escena icónica de *2001: Una odisea del espacio* (1968), de Stanley Kubrick. La escena original mostraba a un grupo de simios protohumanos (homininos), enloquecidos en torno a un misterioso monolito alienígena, que les inspira a aprender a utilizar un hueso como herramienta o arma; sugiriendo un gran salto en la evolución.[96] En *Barbie*, *un* grupo de niñas con muñecas bebé descubren una muñeca Barbie gigante. Entonces rompen las muñecas bebé, gritando "¡que se joda el patriarcado!". (no, en realidad no),

---

[92] https://en.wikipedia.org/wiki/Snow_White

[93] Variety, "Rachel Zegler and Gal Gadot on Bringing a New Modern Edge to 'Snow White'", 10 de septiembre de 2022. https://www.YouTube.com/watch?v=2RVg3yetTE4

[94] https://en.wikipedia.org/wiki/Barbie_(película)

[95] https://en.wikipedia.org/wiki/Barbie

[96] FilmScout, "2001: Odisea del espacio mejores escenas - El hueso como arma", 30 de noviembre de 2014. https://www.YouTube.com/watch?v=T0vkiBPWigg

pero las destrozan. La sangre hierve...[97] Esto es satanismo antihumano dominante, dirigido a las niñas.

En la película, el mundo de Barbie se presenta como una especie de utopía feminista, en la que los hombres (los "Ken") son relegados a ciudadanos de segunda clase. Los Ken cambian las tornas y consiguen crear temporalmente un "patriarcado" para ellos, hasta que se produce una "contrarrevolución" feminista por parte de las mujeres (risas). Gerwig es la guionista, junto con Noah Baumbach. Barbie, considerada en su día por algunas feministas como un modelo negativo para las niñas (ya que fijaba unos estándares de belleza irrealmente altos), es ahora una zorra de la ideología. Otro ejemplo de cómo la ideología/culto puede cooptar cosas y moldearlas a su antojo.

Según Wiki, la película recaudó casi 1.500 millones de dólares en taquilla.[98] Imagínense los ojos de millones de niñas... esos colores brillantes fluyendo por todos esos nervios ópticos... y toda esa propaganda feminista degenerada siendo fielmente reproducida por sus tímpanos, para ser decodificada en sus vulnerables mentes, potencialmente deformando sus mentes y arruinando sus vidas. Esto era abuso infantil, y los padres eran cómplices de ello.

**Codicioso Steve Coogan**

Otro ejemplo de la propaganda cada vez más descarada de la secta fue en la película británica *Greed* (2019) con el actor cómico Steve Coogan.[99] No hay premios por adivinar qué subagenda marxiana se está impulsando aquí. Si pudieras usar una sola palabra para describir cínicamente el materialismo y la riqueza mientras lo criticas desde una posición de aparente superioridad moral, ¿no sería esa?

La trama gira en torno a un hombre rico, blanco y de mediana edad (por supuesto) interpretado por Coogan llamado McCreadie (mcGreedy), que amasó su riqueza oprimiendo a los demás (bostezo). Como era de esperar, es retratado como un cabrón dominante que trata a los demás como basura (masculinidad tóxica) y que quiere acostarse con su ex mujer a pesar de estar casado (mentalidad feminista de "los hombres son unos cabrones"). Disfrazado de "sátira", promueve: la anti-burguesía/anti-capitalismo; la anti-opresión de los oprimidos (inmigrantes); la explotación de los trabajadores (suena familiar, ¿verdad?). Curiosamente, uno de los personajes se llama Fabian.

McCreadie es mutilado hasta la muerte por un León borracho mientras está borracho en una fiesta (sí, de verdad). El León fue liberado de su jaula, durante

---

[97] Warner Bros. Pictures, "Barbie | Teaser Trailer". 16 de diciembre de 2022.

https://www.YouTube.com/watch?v=8zIf0XvoL9Y

[98] https://en.wikipedia.org/wiki/Barbie_(película)

[99] https://en.wikipedia.org/wiki/Greed_(2019_film)

este oportunista momento de venganza cometido por el personaje de Amanda. La madre de Amanda era una trabajadora a la que la empresa de McCreadie explotó hasta la muerte, así que éste fue su momento de venganza. El mensaje comunista tradicional y poco original aquí es: maten a la burguesía porque merecen morir por oprimir al pobre proletariado oprimido. También dice que los hombres deben morir por oprimir a las mujeres. Así, el León esencialmente dio un doble golpe a la gran revolución utópica proletaria cuando le arrancó la cara al Sr. McGreedy. ¡Lenin el León! Un gran gato que hace miau miau Meeaao Mao.

Resulta bastante lamentable que al final de la película, cuando aparecen los créditos, aparezcan en la pantalla algunos "hechos" marxianos: propaganda descarada que destaca la "opresión" en la industria de la moda. Obviamente, no se menciona el hecho de que la mayor parte de la industria de la moda de pacotilla sólo existe gracias a las mujeres, la superficialidad/ego femenino, el feminismo/libertad de la mujer y los homosexuales. Lo mismo ocurre con la industria cosmética. No hay industria = no hay opresión en ella. Además, no se menciona el hecho de que estas industrias tendrían dificultades para funcionar sin el uso de pieles de animales para la ropa, las pruebas con animales para el maquillaje, etc. (una causa defendida por la subagenda de los derechos de los animales/veganismo).

### "¡Arrodíllate ante Marx!"

Los deportes entran en la categoría de "entretenimiento". ¿Hemos visto cómo el mundo del deporte ha sido utilizado como plataforma por la secta/ideología para generar la mentalidad del guerrero de la justicia social? Por supuesto que sí. En particular la agenda del "no al racismo".

El ritual de culto marxista de "arrodillarse" se vio en todo el mundo, en "solidaridad" con la agenda antirracista o Black Lives Matter. El puño cerrado marxista que se utilizó en las "protestas" callejeras marxistas de BLM estuvo (en su mayoría) ausente en esta "protesta" deportiva. Sin embargo, ver a figuras del deporte de todo el mundo participando en un ritual de culto marxista es otra señal de que la infección está calando profundamente en toda la sociedad.

En Estados Unidos, en 2016, jugadores mudos de la NFL participaron en el ritual para "protestar" contra el racismo/la desigualdad racial y la "brutalidad policial", arrodillándose durante la interpretación del himno nacional antes de los partidos de fútbol americano (que tiene un evidente tono antinacionalista/antiestadounidense traicionero).[100]

---

[100] Haislop, T. "Cronología del arrodillamiento de Colin Kaepernick: How protests during the national anthem started a movement in the NFL", 13 de septiembre de 2020. https://www.sportingnews.com/us/nfl/news/colin-kaepernick-kneeling-protest-timeline/xktu6ka4diva1s5jxaylrcsse

La selección irlandesa de fútbol se enfrentó a Hungría en un partido amistoso en Budapest en junio de 2021. En el saque inicial, como idiotas, el equipo irlandés se arrodilló para protestar contra el racismo y fue abucheado por el público. Fue una brillante muestra de hostilidad hacia el activismo marxista por parte del público. El director del equipo irlandés, Stephen Kenny, fue citado en el Irish Times diciendo: "El hecho de que fuera abucheado es realmente incomprensible".[101] Correcto: si te han lavado el cerebro, sin duda lo sería.

Uno de los jugadores, Chiedozie Ogbene, el primer futbolista de la República de Irlanda nacido en Nigeria, se refirió a los abucheos: "Esto es algo contra lo que la gente negra lleva luchando muchos años. La discriminación y el racismo no tienen cabida en ningún deporte ni en ningún lugar... nos mantuvimos fuertes. Estoy muy contento de que, como equipo, nos arrodilláramos para mostrar la solidaridad entre todos nosotros". Irlanda siempre tiene miles de jóvenes irlandeses con talento a los que se les niega constantemente la oportunidad de vestir el maillot verde. La "diversidad" y la inmigración masiva serán un insulto más para ellos. Este comportamiento también se observó en los clubes: los equipos de la Premier League inglesa se vieron obligados a arrodillarse ante Marx antes de los partidos de la temporada 20/21.[102]

## Medios de comunicación sociales y en línea

Además de los medios de comunicación, la educación y la industria del entretenimiento, las "correas de transmisión" incluyen ahora el elemento más nuevo de los medios de comunicación en línea y sociales, etc. Se trata de un importante campo de batalla virtual. Gracias a los teléfonos inteligentes, podemos entrar en él casi en cualquier momento de nuestro día. Los medios de comunicación socialistas desempeñan muchas funciones que benefician a la secta/ideología, como el adoctrinamiento; el control del discurso público; la vigilancia y la evaluación de amenazas; y la difusión de la degeneración, creando este tipo de personalidades a escala masiva.

## Control de la población y censura

Lo más obvio es que los medios socialistas permiten un tremendo nivel de control sobre el discurso público. Cualquiera que no se ajuste al status quo marxista puede ser perfilado, vigilado y censurado. Estos disidentes pueden entonces convertirse en objetivos de los miembros de la secta en el mundo real

---

[101] Cummiskey, G., "Stephen Kenny: 'El hecho de que fuera abucheado es realmente incomprensible'", 9 de junio de 2021.
https://www.irishtimes.com/sport/soccer/international/stephen-kenny-the-fact-that-it-was-booed-is-incomprehensible-really-1.4587995

[102] "Premier League players to continue taking a knee in 2021/22 season", 4 de agosto de 2021. https://www.skysports.com/football/news/11661/12371928/premier-league-players-to-continue-taking-a-knee-in-2021-22-season

(acoso, amenazas, violencia, pérdida del trabajo, etc.). En los últimos tiempos, estamos asistiendo a la purga de cualquier voz/perfil/canal "de derechas", "de extrema derecha" o "teórico de la conspiración" (no marxiano) de las plataformas de medios sociales/en línea. Todo esto no es más que un gran acto de neutralización de la oposición política/ideológica, que permite a la secta/ideología dominar el panorama. Las redes sociales también permiten a los miembros de las sectas y organizaciones estudiar el comportamiento de sus enemigos, ayudándoles a mantener una ventaja táctica.

Es una tradición del totalitarismo comunista utilizar la vigilancia para mantener el control ideológico del discurso público, como parte de un ataque preventivo contra sus enemigos. Dado que la secta debe saber quiénes son los disidentes, deben saber lo que dices a los demás, y las redes sociales son un acto constante de expresar tus opiniones a través de texto, vídeo, audio, etc. Además, cuando nos expresamos de esta manera, pueden averiguar lo que pensamos. Se trata de una forma de evaluación de la amenaza, que les permite vigilar a los disidentes antes incluso de que abran la boca en público. Si se nos permite hacer esto, podemos influir en los demás, por lo que la secta debe detenernos antes de llegar a eso. Los medios sociales ayudan a "expulsar" o exponer a estos disidentes. Este proceso de expulsión ya ha comenzado en los países occidentales. Hemos visto muchos ejemplos de esto en Australia, Reino Unido, EE.UU., etc., donde la policía se está presentando en las casas de la gente por publicaciones en las redes sociales que "no son de PC". Hay demasiados ejemplos para enumerar.

Un artículo publicado en 2016 en el diario británico *Independent* hablaba de "delitos de expresión en línea". Decía: "Según el Register, un total de 2.500 londinenses han sido detenidos en los últimos cinco años por enviar presuntamente mensajes "ofensivos" a través de las redes sociales. En 2015, 857 personas fueron detenidas, lo que supone un aumento del 37% desde 2010". Estos mensajes se consideraron ilegales debido a la Ley de Comunicaciones (comunista) de 2003. Y añadía: "La legislación se ha utilizado para detener a usuarios de Twitter responsables de discursos de odio racista". Según Vocativ, entre los muchos detenidos recientemente se encontraba un ciudadano escocés que había publicado en su página de Facebook un discurso de odio contra los refugiados sirios. Según un estudio reciente, los usuarios británicos de Twitter utilizaron las palabras "zorra" y "puta" 10.000 veces en tres semanas".[103] Esos tres temas a los que se hace referencia aquí -antirracismo, migración masiva y feminismo- provienen todos de la ideología, por supuesto.

Si dices algo en Internet que desagrade a la secta, pueden denunciarte a las autoridades igualmente infectadas. Es una connivencia entre los miembros

---

[103] Gale, S. "Arrests for offensive Facebook and Twitter posts soar in London", 4 de junio de 2016. https://www.independent.co.uk/news/uk/arrests-for-offensive-facebook-and-twitter-posts-soar-in-london-a7064246.html

ocasionales de la secta en el público y los que trabajan dentro del sistema (en el gobierno, la policía, la función pública, las organizaciones sin ánimo de lucro/ONG, etc.). Se trata del control general de la narrativa. Un estadio más avanzado del mismo sistema/proceso existe en la gloriosa República Popular China (gobernada por el Partido Comunista Chino), donde los medios sociales (tal y como existen en Occidente) no están permitidos. Esto se debe a que no hay necesidad de expulsar a los disidentes o controlar el entorno ideológico allí - la ideología ya es suficientemente dominante. La prohibición (virtual) de las redes sociales extranjeras también ayuda a mantener fuera de su sociedad cualquier influencia no marxiana. Twitter, Facebook y YouTube están bloqueados por el "Gran Cortafuegos" chino, pero hay muchas plataformas chinas a las que pueden engancharse sus más de mil millones de usuarios.[104]

La conducta de las plataformas de medios sociales durante la pan(lucifer)demica de Covid ha sido poco menos que criminal, prohibiendo a aquellos que cuestionaban la narrativa porque estaban difundiendo "desinformación sobre las vacunas". Se trata de la clásica maniobra marxiana de las serpientes: mentir mientras censuran a los demás y los tachan de mentirosos, con el fin de "protegernos" a todos, aparentemente en nuestro propio beneficio.

Además, la razón/justificación oficial para que lo hagan es que algunos miembros de la sociedad son impresionables y se dejan llevar fácilmente por el mal camino (¡el mecanismo exacto en el que se basa la ideología para propagarse de mente en mente!) Hipocresía psicópata al máximo. La zorra virtual de color rojo comunista de la ideología, YouTube, nos mostró muy claramente cuál era su papel durante esta "pandemia", no sólo prohibiendo cualquier contenido que se opusiera a la narrativa oficial, sino promoviéndola activamente.

**Placer/hedonismo**

Todas las plataformas de redes sociales se basan principalmente en el placer: el usuario obtiene una pequeña dosis de dopamina a través del sistema de recompensa del cerebro. Esto beneficia enormemente a la ideología/secta; el hedonismo le proporciona una vía clara para ganar influencia sobre una mente.

Los creadores de Facebook dijeron que eran conscientes de lo que hacían al convertir a las personas en adictas al placer/aprobación. El capitalista de riesgo de Sri Lanka Chamath Palihapitiya comentó esto durante una entrevista en la Graduate School of Business de la Universidad de Stanford, en noviembre de 2017; esencialmente afirmó que las redes sociales eran destructivas para la sociedad. Palihapitiya fue uno de los primeros ejecutivos y vicepresidente de crecimiento de usuarios de Facebook. Dijo: "Los bucles de retroalimentación

---

[104] Thomala, L. "Social media in China - statistics & facts", 20 de diciembre de 2023. https://www.statista.com/topics/1170/social-networks-in-china/

a corto plazo impulsados por la dopamina que hemos creado están destruyendo el funcionamiento de la sociedad. No hay discurso civil. No hay cooperación. Desinformación. Mentira. Y no es un problema estadounidense... Es un problema mundial". Y añadió: "Me siento tremendamente culpable... En el fondo, en lo más profundo de nuestra mente, sabíamos que algo malo podía ocurrir".[105]

Como ya se ha dicho, cuando las personas sienten placer, sus defensas están bajas y, por tanto, son más fáciles de adoctrinar (sobre todo los jóvenes). También puede difundir ideas en la sociedad muy rápidamente, ofreciendo a los usuarios una interacción instantánea con la sociedad, vinculándolos constantemente al colectivo y animándoles a conformarse, ya que es más placentero hacerlo. Les ofrece un nivel de control, personalización e interacción que no tienen los medios tradicionales. Por estas razones, los medios sociales son únicos y posiblemente más útiles para la secta/ideología que los medios tradicionales.

### Degeneración del ego

Las plataformas de las redes sociales se construyen en torno al ego (que en sí mismo puede ser la fuente central de placer para el individuo). Facebook, Twitter, Instagram, Snapchat, YouTube -todo aquello en lo que se tiene un perfil y se pueden conseguir "me gusta"- contribuyen a fomentar ciertos comportamientos interrelacionados en las masas, entre ellos:

### Ser querido/aceptado por los demás (popularidad)

Esto nos condiciona a sentir placer formando parte de un colectivo, a través de obtener la aprobación de los demás. Esto puede crear personas débiles, dependientes y superficiales. No hay nada malo en ser admirado por los demás en nuestras vidas, ¡pero no es aconsejable convertirlo en el punto central de nuestra existencia (o de nuestra rutina diaria)! Obviamente, si el colectivo está compuesto por una cantidad significativa de miembros de la secta adoctrinados, entonces existe un fuerte incentivo para "unirse a la secta" de alguna manera, o al menos acatarla y, lo que es más importante, no oponerse a ella. Esto conecta con el hecho de que las personas propensas al adoctrinamiento están llenas de miedo, ya que no tienen el valor de negarse a conformarse. Temen ser aislados, o carecen de la autoestima necesaria para ser un individuo genuino, razonablemente independiente del colectivo.

Las redes sociales pueden animar a una persona a convertirse en adicta al conformismo, dejándola (casi) sin otra opción que hacerlo. Es decir, a menos que quiera negarse a sí misma el acceso a la droga mental de la aceptación por

---

[105] Kovach, S. "Former Facebook exec feels 'tremendous guilt' for what he helped make", 11 de diciembre de 2017. https://www.businessinsider.com/former-facebook-exec-chamath-palihapitiya-social-media-damaging-society-2017-12?r=US&IR=T

parte del colectivo y soportar los horrores del síndrome de abstinencia (¡el horror!). Obviamente, no tiene este efecto en todo el mundo (por ejemplo, en ti, en mí o en cualquiera que no empezara a usar las redes sociales en la adolescencia), pero sin duda lo tiene en muchos miembros de la sociedad. Sólo podemos especular cuántos y hasta qué punto.

## Ser idolatrado

Lo mismo que lo anterior, sólo que amplificado considerablemente (si te presta atención suficiente gente). Ser idolatrado te coloca en una posición influyente, en la que puedes influir en otros para que sean como tú, ya que ellos influirán en otros para que sean igual que tú, ad infinitum. En cierto sentido, la idolatría permite a una persona tener su propio culto. Este factor de adoración de culto ayuda a acelerar la difusión de la ideología en toda la sociedad, ya que los impresionables idólatras estarán deseosos de seguir el ejemplo de sus ídolos (incluso si sus ídolos son imbéciles absolutos o putas de subagendas marxianas. Ejemplo: famosos adoctrinados). Las redes sociales también fomentan la histeria maníaca que alimenta el culto y la ideología/secta en general. Esto es evidente cuando vemos a los que promueven las subagendas marxianas enarboladas en el escenario público como "héroes", o "valientes" o "fuertes", etc., lo que desencadena la efusión de adoración y emoción de los crédulos. Este proceso de idolatría incluye la relación ídolo/idolatrado, similar a la relación amo/esclavo (opresor/oprimido).

## Ser egocéntrico y mimado

Ensimismado: puede ser lo contrario/antagónico a tener sentido del deber (por ejemplo, el deber hacia tu propia familia, pueblo, raza, nación, etc.). Esencialmente, es ponerte a ti mismo, tus deseos y opiniones por encima de todo lo demás. Mimado: es el resultado de un exceso de atención, mimos, interacción social "agradable"/no crítica que resulta placentera para quien la recibe. Como ya se ha mencionado, la ideología/culto se basa en gran medida en el factor del niño mimado para engrosar sus filas.

Evidentemente, todo lo anterior está interconectado y se alimenta mutuamente, centrándose en el ego, el placer, la autoestima, el miedo, la falta de conciencia, la estupidez, la inmadurez, el ser desgraciado por dentro, etc.

## Retrasa el desarrollo psicológico normal

Las redes sociales también pueden retrasar el desarrollo de una persona en otras áreas. Condicionan a las personas a ser dispersas, con escasa capacidad de concentración. Esto puede llevar a la incapacidad de aprender cualquier cosa de valor y a una tendencia a estresarse o agobiarse cuando se tiene que pensar seriamente.

Esto incluye, de manera crucial, la incapacidad de examinar tu propia personalidad/comportamiento, de evaluarte a ti mismo y participar en alguna crítica constructiva (ejemplo: "¿estoy en una secta?" o "¿me han lavado el cerebro, soy fanático?", etc.). Esto beneficia enormemente a la secta/ideología porque el enemigo del adoctrinamiento es una persona que tiene el cerebro, las agallas, la persistencia y la paciencia para cuestionarse a sí misma y a sus creencias.

Por supuesto, si una persona es adicta al placer y a los sentimientos cómodos y "agradables" (como creerse increíble, impecable, etc.), le resulta demasiado incómodo -o incluso doloroso- criticarse a sí misma de forma significativa o constructiva. La idea de que puedan tener algún defecto es demasiado para sus mentes deficientes e internamente débiles. Este tipo de cobardía psicológica e inmadurez es el quid de la cuestión. Las redes sociales lo fomentan; pueden debilitar a una persona. También pueden mantenernos constantemente distraídos con su colectivismo virtual, que hace mucho menos probable cualquier tipo de comportamiento reflexivo (sobre todo del tipo solitario).

## YouTube

Es justo suponer que la consolidación del poder que estamos viendo ahora siempre formó parte del plan. YouTube se ha convertido en la mayor plataforma de vídeo del mundo, con miles de millones de visitas diarias. Es evidente que está ideológicamente sesgada contra las perspectivas no marxistas, y las eliminaciones de canales en los últimos tiempos lo han demostrado claramente. Antes era una plataforma indispensable para los medios alternativos. Parece que esta era la línea temporal de YouTube: presentar la plataforma, promocionarla y hacer crecer la base de usuarios; consolidar su posición como número uno; animar a los usuarios a obtener ingresos de ella, e incluso a depender económicamente de ella; luego empezar a tirar de la manta bajo ciertos usuarios, eliminando a aquellos que no se ajustan al "discurso del odio" y a las "directrices de la comunidad" (también conocido como marxismo). Et voilà, el espectáculo está literalmente en sus manos. Ahora, hay todo tipo de basura degenerada en la plataforma, incluidos los proveedores de propaganda marxista, pero no serán eliminados -sus cuentas de suscriptores y puntos de vista seguirán subiendo (explorado más adelante).

La nueva iniciativa de YouTube para reprimir los contenidos comenzó oficialmente en 2016, y en 2017 se utilizaron algoritmos mejorados de aprendizaje automático para marcar contenidos "extremistas" o "inapropiados". Quién decide qué es extremista e inapropiado, y cuál es su ideología? Del vídeo de YouTube de mayo de 2019 "Hate Speech Policy: Directrices de la comunidad de YouTube" (subrayado para enfatizar): "El discurso del odio no está permitido en YouTube. Eliminamos contenidos que promuevan la violencia o el odio contra miembros de grupos protegidos (nota: 'oprimidos'), incluidos, entre otros, la raza, el género, la orientación sexual o la afiliación religiosa".[106] Directrices comunitarias comunistas. La palabra "protegidos" es clave, y marca la diferencia en cómo se percibe toda la frase. "Protegidos" = "oprimidos", pero utilizar la palabra oprimidos es demasiado obvio. ¿Y qué grupos están "protegidos"? ¿Quién puede decir quién pertenece a un grupo "protegido" y quién no? Los miembros de una secta. YouTube está señalando virtudes aquí, tratando de aparecer como universal e imparcial, pero sabemos que la ideología no funciona de esa manera: sólo da a ciertos grupos el estatus de "oprimidos"/"protegidos". La palabra "odio" también es clave. Es muy flexible en el sentido de que incluso la crítica a uno de estos grupos "protegidos" puede interpretarse como "odio".

Un post del 12 de diciembre de 2023 en *statista.com* afirma: "Durante el segundo trimestre de 2023, se eliminaron aproximadamente 7,4 millones de vídeos (de YouTube). Esto incluye los vídeos que se marcaron automáticamente por infringir las directrices de la comunidad de la plataforma. En comparación, solo se eliminaron 507,7 mil vídeos a través de banderas de sistemas de señalización no automatizados". Los gráficos muestran las cifras de 2017 a 2023, con el pico más alto en 2020, cuando se eliminaron más de once millones de vídeos de forma automatizada (probablemente debido a vídeos que desafiaban la narrativa de Covid). [107]

En cuanto a los canales eliminados, hay demasiados para mencionarlos aquí, pero una víctima notable y relativamente destacada fue la popular y destacada plataforma de medios alternativos *Red Ice TV*, con sede en Estados Unidos y presentada por Henrik Palmgren y Lana Lokteff. En Irlanda, Dave Cullen ("Computing Forever"), Grand Torino (alias Rowan Croft) y la ex periodista Gemma O' Doherty perdieron sus canales. Obviamente, YT no eliminó los vídeos que promovían una miríada de cosas destructivas y malvadas como el feminismo, el socialismo, el alarmismo climático, el veganismo, o el alarmismo relacionado con Covid, etc.

A pesar de estos sacrificios de los principales canales de "derecha", obviamente todavía no era suficiente para algunos irlandeses adoradores de Marx. El 21 de febrero de 2023, el fanático irlandés Mark Malone compareció ante la Comisión Mixta del Oireachtas sobre Infancia, Igualdad, Discapacidad, Integración y Juventud. Altamente involucrado con varios grupos en Irlanda, incluyendo Antifa, en esta ocasión Malone habló como "investigador" del grupo de sonido benigno "Hope and Courage Collective" (antes FRO/"Far Right Observatory"). El tema era esencialmente cómo podrían eliminar aún

---

[106] Creadores de YouTube, "Política de incitación al odio: Directrices de la comunidad de YouTube", 24 de mayo de 2019.

[107] Ceci, L. "Number of videos removed from YouTube worldwide from 4th quarter 2017 to 2nd quarter 2023", diciembre de 2023.
https://www.statista.com/statistics/1132890/number-removed-YouTube-videos-worldwide/

más contenido "de derechas" de las plataformas online, bajo el pretexto de combatir la "desinformación" (sobre migrantes y refugiados, etc.). Sugirió que debían detener preventivamente esta desinformación antes de que surtiera efecto.[108]

Curiosamente, Malone olvidó el nuevo nombre "más bonito" del grupo, cuando dijo que "somos como FRO... parte del estatus de Abanderados de Confianza en cada una de las principales plataformas", y que estas plataformas han "fallado regularmente a la hora de eliminar los contenidos denunciados". Según el sitio web *inhope.org, los* Trusted Flaggers son "organizaciones reconocidas formalmente como de confianza para identificar y denunciar contenidos ilegales", en virtud de la Ley de Servicios Digitales (DSA).[109] ¿Un puñado de activistas marxistas considerados "señalizadores de confianza" por grandes plataformas tecnológicas ostensiblemente capitalistas? Eso es connivencia. Malone añadió que existía "la posibilidad de que las organizaciones trabajaran para asumir alguna responsabilidad, alguna acción para mitigar lo que está sucediendo, y no lo estamos viendo". La secta nunca estará satisfecha hasta que todo el contenido no marxista sea purgado de Internet.

La ex directora ejecutiva de YouTube Susan Wojcicki es considerada la impulsora del declive (marxificación) de la plataforma. Participó en la compra de YouTube por parte de Google en 2006 y fue nombrada consejera delegada en 2014. Wojcicki es una ferviente miembro de la secta, que apoya las subagendas de la inmigración masiva y el feminismo.[110] Su hermana Anne Wojcicki es cofundadora y consejera delegada del servicio de análisis genético directo al cliente *23andMe* (uno de los muchos grupos que promueven la subagenda de la "igualdad" racial y el "multiculturalismo").[111] Estoy seguro de que si utilizara ese "servicio" mis resultados serían un 50% subsahariano, un 20% árabe, un 20% apache, un 5% latino, un 5% aborigen y, sin embargo, un 100% irlandés.

**El Capitolio y la censura a Trump**

También hay muchos ejemplos de comportamiento partidista en otras plataformas. Las secuelas de las elecciones presidenciales estadounidenses de 2020 incluyeron los violentos sucesos ocurridos en el Capitolio de Washington

---

[108] Hope and Courage Collective, "Mark Malone | Researcher | Hope and Courage Collective Ireland", 7 de marzo de 2023.
https://www.YouTube.com/watch?v=uQAXrck9ouk

[109] "¿Qué es un Abanderado de Confianza?", 11 de noviembre de 2023.https://www.inhope.org/EN/articles/what-is-a-trusted-flagger

[110] https://en.wikipedia.org/wiki/Susan_Wojcicki

[111] https://en.wikipedia.org/wiki/23andMe

el 6 de enero de 2021, durante el recuento formal de votos para confirmar la "victoria" de Joe Biden. Los patriotas sabían que algo apestaba y pasaron a la ofensiva, y esto fue sin duda alimentado por las denuncias de fraude electoral del presidente Donald Trump.

Como era de esperar, los directores de las redes sociales/plataformas en línea aprovecharon entonces la oportunidad para prohibirle el acceso a varias de ellas, como *Facebook*, su propiedad *Instagram*, y *Twitter*, entre otras. El consejero delegado de Facebook, Mark Zuckerberg, anunció que bloquearían a Trump, ya que sus publicaciones podrían incitar a más violencia, calificando de "chocantes" los sucesos del Capitolio.[112]

El 8 de enero, Twitter anunció en una bien elaborada pieza de propaganda marxiana que la cuenta de Trump quedaba ahora "suspendida de forma inmediata y permanente" de la plataforma, oficialmente "debido al riesgo de que se siga incitando a la violencia". Este breve y mezquino post basta para demostrar que están plagados de esa ideología. Calificaba los hechos ocurridos en el Capitolio de "horribles" y "actos criminales", citando la habitual violación de las normas por parte de la cuenta @realDonaldTrump. Su sentencia se basaba en lo que Trump tuiteó el mismo día: "Los 75.000.000 de grandes patriotas estadounidenses que votaron por mí, AMÉRICA PRIMERO y HACER AMÉRICA GRANDE DE NUEVO, tendrán una VOZ GIGANTE durante mucho tiempo en el futuro. No se les faltará al respeto ni se les tratará injustamente de ninguna manera, forma o manera!!!". También tuiteó: "A todos los que me han preguntado, no iré a la Inauguración el 20 de enero".[113]

Citaron su espuria "Política de Glorificación de la Violencia" (violencia antimarxista). Afirmaron que el segundo tuit fomenta la idea "de que las elecciones no fueron legítimas", y que "también puede servir para animar a quienes estén pensando en cometer actos violentos a que la Inauguración sería un objetivo "seguro", ya que él no asistirá". Según Twitter, el primer tuit, al utilizar el término "patriotas estadounidenses", fue destacado como de apoyo a "quienes cometen actos violentos en el Capitolio de EE.UU." (lo que era, y con razón). Por último, se afirmaba que en la plataforma estaban apareciendo planes para más protestas violentas. Obviamente, el principal problema que tenían los miembros de la secta en Twitter, Facebook, etc. con los tuits de Trump es que no condenaban lo ocurrido en el Capitolio, y esto se utilizó como excusa. Seguro que el hecho de que Trump saliera en la foto les envalentonó para censurarle. Otro factor es la mentalidad de niño mimado, y lo que pasa si

---

[112] Palmer, A. "Facebook bloqueará las publicaciones de Trump al menos durante el resto de su mandato", 7 ene 2021. https://www.cnbc.com/2021/01/07/facebook-will-block-trump-from-posting-for-the-remainder-of-his-term.html

[113] X, "Suspensión permanente de @realDonaldTrump", 8 de enero de 2021.

https://blog.twitter.com/en_us/topics/company/2020/suspension

no se salen con la suya. Trump no condenó a los manifestantes ni respondió como ellos querían, así que tienen una rabieta y lo prohíben. Patético. Teniendo en cuenta que la llegada al poder de la administración Biden no fue más que un golpe de estado marxista (que es realmente "horrible", "impactante" y "criminal"), y estas plataformas en línea han mostrado claramente sus verdaderos colores (rojos) al ser cómplices de la traición.

¡Cómo se atreven Zuckerberg y otros a comportarse así! En una nación sana y saludable (libre de marxismo), gente como él sería arrestada inmediatamente por traición (si es que consiguieron llegar a puestos de poder en primer lugar). Es "horrible" que se salgan con la suya. Estas plataformas en línea son una parte crucial de las operaciones de la secta -desempeñando un papel central en la creación del caos, la división y la violencia que envuelve al país- y cuando las consecuencias se manifiestan en acciones contra ellos, ¡asumen una posición de superioridad moral que señala virtudes! Esto es totalmente inaceptable. Y luego está el doble rasero partidista de a quién se le permite usar sus plataformas, y en calidad de qué. Obviamente, a innumerables voces marxistas se les ha permitido operar en ellas desde el principio. Te imaginas que miembros de la secta como Bernie Sanders, Alexandria Ocasio-Cortez, etc. fueran vetados, a pesar de la cantidad de tonterías antiestadounidenses que vomitan? ¡No es probable! (En el momento de escribir junio de 2022, Sanders está tuiteando promoviendo la degeneración sobre la legalización de la marihuana; hablando de la burguesía; los derechos de los trabajadores proletarios; las grandes empresas, etc.)

¿O qué hay de la multitud de grupos marxistas fanáticos que utilizan plataformas de medios sociales (Antifa, Black Lives Matter, Extinction Rebellion, etc.)? ¿No las utilizan para generar violencia/desasosiego social/disrupción, además de vigilar las voces no marxistas para acosarlas o cometer delitos contra ellas en el mundo real? El doble rasero ideológico es evidente: la violencia y los disturbios están bien cuando son de origen marxista, pero cuando son antimarxistas son "horribles" y "chocantes". Otra cosa que es "chocante" es que gente como Zuckerberg y otros tengan el control de tres enormes plataformas de medios sociales: Facebook, Instagram y Whatsapp. Hmmm, ¿cómo se llama eso de que las cosas se centralicen cada vez más, acompañado de la supresión de la libertad de expresión? ¿Es eso capitalismo o comunismo?

### Telegrama y Parler

La plataforma *Telegram* tuvo una oleada masiva de usuarios tras el baneo de Trump a principios de 2021, atrayendo a muchos que intentaban escapar de las plataformas contaminadas mencionadas anteriormente. Tenía fama de ser una auténtica plataforma centrada en la libertad de expresión y la privacidad, por lo que inevitablemente atrajo a muchos de la derecha. De hecho, se convirtió en la plataforma principal incluso frente a otras alternativas favorables a la derecha como *Parler*. Por supuesto, esto no fue tolerado por la secta, y se tomaron nuevas medidas para suprimir al enemigo. Un grupo de presión llamado *La Coalición por una Web más Segura (*CSW) se involucró ("más segura" = divertida). La estrategia adoptada consistió en atacar a empresas como Apple, que controla el software de los sistemas operativos de los teléfonos inteligentes, en lugar de perseguir únicamente a las plataformas de las redes sociales. Esto se centra en el hecho de que en los sistemas iOS de Apple y Android de Google, los usuarios necesitan el programa de instalación de aplicaciones (*App Store* y *Play Store,* respectivamente) para descargar las aplicaciones reales (por ejemplo, Telegram). La CSW interpuso entonces una demanda contra Apple para influir en Telegram y obligarla a que se conformara.[114]

El fundador de CSW, Marc Ginsberg, es un abogado judío con décadas de experiencia en los sectores político y empresarial. Jugó la carta del "antisemitismo" en su ataque a Apple, citando las "amenazas religiosas" (hacia los judíos) expresadas por algunos usuarios de Telegram. El sitio web *coalitionsw.org* es una nauseabunda lectura marxiana de señalización de virtudes, que incluye el habitual parloteo de "extrema derecha", "extremismo", nacionalistas blancos, "racistas", promoción del "odio", etc.[115]

## Chantaje económico

La secta creó la campaña Stop Hate for Profit a raíz de su momento altamente ventajoso: la muerte de George Floyd. Ese nombre - Stop Hate for Profit - es obviamente marxista; anticapitalismo y señal de virtud combinados. Esto permitió a la secta combinar su control de las redes sociales con su sub-agenda anticapitalista. Involucró a empresas como Unilever, Starbucks y Verizon y utilizó boicots publicitarios para obligar a Facebook a volverse más marxista. Curiosamente, a pesar de la simpatía que el Facebook de Zuckerberg había mostrado previamente por la ideología, ¡no era suficiente! Como resultado, el CEO anunció rápidamente que la compañía cambiaría sus políticas para prohibir la "incitación al odio".[116] El fanatismo de la secta viene en oleadas...

## El asunto Rogan-gate

Otro ejemplo del fanatismo de la secta, esta vez involucrando al famoso presentador de podcast, comediante y comentarista de UFC Joe Rogan.

---

[114] Duden, T., "Lobby Group Sues Apple To Remove Telegram From App Store For Allowing "Hate Speech"", 19 de enero de 2021.
https://www.zerohedge.com/technology/lobby-group-sues-apple-remove-telegram-app-store-allowing-hate-speech

[115] https://coalitionsw.org/

[116] Hern, A., "How hate speech campaigners found Facebook's weak spot", 29 de junio de 2020. https://www.theguardian.com/technology/2020/jun/29/how-hate-speech-campaigners-found-facebooks-weak-spot

Ocurrió después de que en mayo de 2020 firmara un enorme acuerdo de exclusividad con el gigante del streaming de audio *Spotify* para presentar su programa: *Joe Rogan Experience.*

El horrible crimen que cometió fue hacer una entrevista a Abigail Shrier, autora de un importante libro sobre la agenda trans titulado *Irreversible Damage: The Transgender Craze Seducing Our Daughters* (2020). [117] La noble obra de Shrier pone de relieve varios aspectos importantes de esa subagenda, como que la cultura pop contribuye en gran medida a que las jóvenes se identifiquen como "trans" y que las mujeres vulnerables son propensas a dejarse arrastrar por la moda (por ejemplo, las que tienen tendencias ansiosas o depresivas). En otras palabras, explora áreas que contradicen la narrativa de la secta (es decir, que la cuestión se centra en la "compasión" por los "oprimidos").

Esta imperdonable injusticia provocó la gloriosa revolución interior en el personal de Spotify, ya que muchos de ellos eran LGBTQ, etc. En un artículo publicado el 8 de octubre de 2020 en *musicnetwork.com* se afirmaba: "En un comunicado, el CEO de Spotify, Daniel Ek, expresó que la compañía había revisado el episodio, decidiendo finalmente no retirarlo de la plataforma. "En el caso de Joe Rogan, se han celebrado un total de 10 reuniones con diversos grupos e individuos para escuchar sus respectivas preocupaciones", dijo el CEO de Spotify, Daniel Ek. "Y algunos de ellos quieren que Rogan sea retirado por cosas que ha dicho en el pasado"".[118] Me sorprende que no hayan hecho huelga para salirse con la suya. Yo les habría dado la bienvenida al trabajo por la mañana con un chorro de agua helada para rebanar genitales en la entrepierna transgénero, haciéndoles soltar sus flacos cafés vegancino latte sin opresión de origen ético. Imbéciles.

En un episodio posterior protagonizado por Tim Dillon, Rogan comentó: "Literalmente no me han dicho nada al respecto. ¿Hay alguien en Spotify que se esté quejando del episodio? Seguro que sí. ¿Es un episodio transfóbico? No lo es. Están equivocados. No tiene nada que ver con eso. Tiene que ver con el hecho de que los seres humanos son realmente maleables. Todos lo sabemos. Por eso existen las sectas".[119] Así es. Curiosamente, cuando el programa de Rogan llegó a Spotify en septiembre de 2020, algunos episodios no sobrevivieron a la migración desde YouTube. En ellos aparecían entrevistados

---

[117] JRE Clips, "Why Abigail Shrier Took on the Transgender Craze Amongst Teenage Girls", 16 de julio de 2020. https://www.YouTube.com/watch?v=6MYb0rBDYvs

[118] Gray, G. "Joe Rogan ha opinado sobre los empleados de Spotify que pretenden censurar JRE", 8 de octubre de 2020.https://themusicnetwork.com/joe-rogan-spotify-controversy/

[119] Poderoso JRE, "Joe Rogan Experience #1525 - Tim Dillon", 14 de agosto de 2020.

https://www.YouTube.com/watch?v=h9XzuUXj6Gc

como el comentarista de "derechas" Gavin McInnes y Alex Jones.

## Plataformas abiertamente marxistas

Un ejemplo de sitio web basura absolutamente repugnante es *Rational Wiki*. La mayoría de sus "artículos" son páginas de propaganda, escritas específicamente para contrarrestar, burlarse o descartar cualquier voz no marxista en la sociedad. El estilo de escritura es, como era de esperar, muy intelectualizado, con un lenguaje demasiado extravagante para mantener la apariencia de inteligencia (el clásico comportamiento de los miembros de una secta). No cabe duda de que es eficaz para entretener a los miembros de la secta debido a sus tendencias perversas, y para evitar que el ciudadano medio (adoctrinado o no) se dé cuenta de lo que es la "izquierda". Los miembros de la secta involucrados deberían ser encarcelados, y los sitios de este tipo deberían ser purgados de Internet con extremo prejuicio.

De "Acerca de RationalWiki" en la página principal del sitio (formateado, notas entre paréntesis): "Nuestro propósito aquí en RationalWiki incluye: 1. Analizar y refutar la pseudociencia y el movimiento anti-ciencia (apoyan el timo del clima, la evolución, etc.); 2. Documentar toda la gama de ideas chifladas (contrarrestar las 'teorías de la conspiración' que implican la migración de reemplazo de la población, Covid, etc.); 3. Exploraciones del autoritarismo y el fundamentalismo (anti-'derecha'); 4. Análisis y crítica de cómo se tratan estos temas en los medios de comunicación".[120]

El sitio irlandés *The Beacon* es otro ejemplo. En la página de inicio, vemos un faro rojo y negro, sobre fondo negro; el eslogan bajo él es "Reporting on the Far Right" (Informando sobre la extrema derecha). De la página "Acerca de": "The Beacon se fundó en agosto de 2019 y se dedica a los principios antirracistas y antifascistas. Informa e investiga sobre la extrema derecha en Irlanda y más allá".[121] Es un sitio web simple pero bien construido, con muchos artículos que bombean bazofia marxiana. La redacción es técnicamente competente, pero se ve claramente que es ultrapartidista. Se utilizan mucho los términos "extrema derecha" y "teóricos de la conspiración", etc. Los ignorantes/impresentables se dejarían influir sin duda por esta propaganda.

Hay innumerables sitios como estos. Lo más fascinante acerca de ellos (similar a otros grupos de culto) es cómo pueden escribir páginas interminables de esta basura y no darse cuenta de que son fanáticos con el cerebro lavado; literalmente, haciendo todo lo posible para utilizar cualquier inteligencia que tengan para traicionar a la humanidad. Hay suficiente inteligencia ahí para construir puntos y presentarlos, etc., pero no la suficiente para darse cuenta de lo que son y de lo que están haciendo (a ellos mismos/nosotros). Zombis tristes.

---

[120] https://rationalwiki.org/wiki/Main_Page

[121] https://the-beacon.ie/about/

Es realmente fascinante.

## Organizaciones no gubernamentales/sin ánimo de lucro

Aunque las llamadas "Organizaciones No Gubernamentales" (ONG, o "sin ánimo de lucro") no son necesariamente una de las tradicionales "correas de transmisión de la cultura", son un componente igualmente importante de la gran maquinaria roja (grupos no contaminados excluidos, por supuesto).

Desempeñan un papel fundamental en la propagación de la infección ideológica en un país, permitiendo que el ciudadano "de a pie" se convierta en "héroe" en la lucha por crear una utopía marxista. Por su naturaleza de "organizaciones sin ánimo de lucro" no son empresas, y sin duda esto es de alguna manera noble en la mente de los miembros de la secta que odian el capitalismo, haciéndolas atractivas, empresas que valen la pena. Así que básicamente están absorbiendo riqueza -vía donaciones y financiación- para ayudar a destruir los países en los que operan (¡promoviendo/apoyando varias subagendas marxistas!).

Pueden participar en multitud de subagendas: lucha contra el "racismo" y la "incitación al odio" o los "delitos motivados por el odio"; promoción del aborto como asistencia sanitaria; participación en la importación de inmigrantes -legal o ilegalmente- y aceleración de su incorporación a la población general; promoción de cuestiones LGBTQ en escuelas y comunidades; apoyo a la construcción de mezquitas en varios países occidentales (a pesar de las objeciones locales); promoción de la subagenda del cambio climático; promoción y refuerzo de la propaganda feminista, etc. En muchos casos, las combinan y promueven varias al mismo tiempo. Independientemente de las campanas y silbatos y de los diferentes nombres, logotipos, colores, etc. de estos grupos, todos forman parte del mismo gran movimiento de culto.

Algunas desempeñarán funciones diferentes en distintas fases de la misma subagenda. Por ejemplo, la ONG israelí *IsraAid* ha participado en la subagenda de migración masiva, ayudando a traer inmigrantes de África a Europa, a través del Mediterráneo; lo mismo ocurre con la ONG alemana *Sea-Watch*.[122]

También tenemos a la *Red Europea contra el Racismo*, que impulsa la subagenda a escala de la Unión Europea a través de sus múltiples suborganizaciones nacionales. De su página "Nuestros miembros" del sitio web: "ENAR pretende conectar a las ONG antirracistas locales y nacionales de toda Europa y hacer oír su voz para lograr un cambio duradero a escala europea y nacional. Somos una red fuerte y dinámica de más de 150 ONG que trabajan para combatir el racismo en toda Europa. Nuestras organizaciones miembros son nuestra fuerza: la base de nuestra experiencia y la voz de las

---

[122] *https://www.israaid.org/;* https://sea-watch.org/en/

víctimas del racismo y la discriminación en toda Europa".[123] "¿Antirracista? Este tipo de ONG, que forman parte de una red marxista internacionalista, ayudan a transportar inmigrantes a Europa, se aseguran de que sean alojados y de que reciban prestaciones económicas en su país de destino, además de suprimir cualquier oposición al proceso (a través del "antirracismo").

Los términos que utilizan estos grupos los identifican como marxistas. El *Migrant Rights Centre Ireland (Centro de Derechos de los Inmigrantes de Irlanda)*, que combina varios subprogramas, afirma lo siguiente en su página de inicio: "MRCI es una organización nacional que trabaja para promover los derechos de los trabajadores inmigrantes y sus familias en riesgo de explotación, exclusión social y discriminación". Socialismo/anticapitalismo, inmigración masiva y "antirracismo" combinados. ¿Es esa "explotación" del tipo "desnuda, desvergonzada, directa, brutal" descrita en el Manifiesto Comunista? (pone los ojos en blanco). También trabaja "con inmigrantes y sus familias en Irlanda para promover la justicia, el empoderamiento y la igualdad".[124] Bostezo.

Tenga en cuenta que las organizaciones mencionadas en las páginas siguientes no se autodenominan "marxistas" ni "comunistas" (ni siquiera "socialistas", en la mayoría de los casos). Una serpiente desolladora...

## ONG irlandesas

Hay una gran red de O.N.G. en la pequeña Irlanda; una red interconectada de hecho. No vamos a profundizar en ello, pero aquí van algunos datos:

La *Red Irlandesa contra el Racismo* es una rama de ENAR. Según la página "Nuestros miembros" de su sitio web, cuenta con unos 132 grupos miembros en Irlanda.[125] También hacen campaña en favor de una legislación contra los "delitos de odio", a través de su campaña #Lovenothate. Resulta revelador que este grupo anime a los ciudadanos a denunciar incidentes de racismo a través del sistema *iReport.ie*.

De la página iReport.ie (con un formato diferente para ahorrar espacio, y subrayado para enfatizar):

"iReport.ie Sistema de notificación de incidentes racistas: Permite a las personas que sufren o son testigos de racismo y/o a quienes les apoyan hacer algo al respecto y romper el silencio; forma nacional, confidencial y fácil de usar de denunciar el racismo desde cualquier dispositivo en línea; se utiliza para el seguimiento del racismo en Irlanda; Proporciona pruebas y datos sobre el racismo en Irlanda; Contrarresta el aumento del racismo y el endurecimiento

---

[123] https://www.enar-eu.org/Members

[124] https://www.mrci.ie/; https://www.mrci.ie/about-us/

[125] https://inar.ie/membership/inar-members/

de las actitudes racistas; Responde a la necesidad de centrar el debate en la búsqueda de soluciones al racismo".[126]

*Lo del Sistema de Notificación de Incidentes Racistas* suena aún más gracioso si lo lees con voz de robot (como hice yo). Como se trata de un sistema confidencial, podría recibirse una cantidad ilimitada de "informes" (en Irlanda hay muchos miembros de sectas con el cerebro lavado, así que no creo que "ilimitado" sea una exageración). Voz de robot zumbón: "informa sobre tus fel-bajas ci-ti-zens como un buen ro-bot marxista com-rade". Ser una rata es noble, por supuesto, si eres una rata marxista SJW.

Otra es el *Consejo de Inmigrantes de Irlanda*. De "Nuestros valores" (formateado para ahorrar espacio): "Los valores que informan e impulsan el trabajo del Consejo de Inmigrantes son: Nos basamos en los derechos, apoyamos la justicia y la igualdad para todos; respetamos y apoyamos la capacitación de los inmigrantes y trabajamos en solidaridad; abrazamos y promovemos la diversidad y la inclusión; la igualdad de género es fundamental en nuestro trabajo; trabajamos en asociación y colaboración para lograr nuestros objetivos".[127] Así pues, se incluyen los conceptos/interpretaciones marxistas de igualdad, justicia, "empoderamiento" de los inmigrantes (incluido el poder político), solidaridad, diversidad e inclusión, y feminismo.

**Comhlamh**

*Cómhlámh* es principalmente una organización de voluntariado, pero también participa en otras actividades. La palabra "Cómhlámh" es una palabra irlandesa (gaélico) que significa "juntos" (también conocida como solidaridad). Típico engaño de serpiente roja: marxismo disfrazado de patriotismo, ¡todo contenido en una palabra! (Los lectores irlandeses saben que utilizar la lengua irlandesa es una buena forma de fingir ser irlandés en Irlanda. Esto es algo único en los países occidentales, ya que Irlanda es un país principalmente anglófono con su propia lengua (esencialmente) autóctona hablada por blancos. Quizá se utilice la misma táctica en Escocia (que tiene su propia lengua gaélica) y Gales. Es posible que los lectores no irlandeses/escoceses/ galeses no tengan un equivalente de este tipo de engaño en sus propios países).

En su sitio web, empapado de rojo, vemos los eslóganes "Acción por la Justicia Global" y "En Solidaridad Global". En la página "Quiénes somos "Comhlámh es una organización de miembros que trabaja para movilizarse por un mundo equitativo y sostenible. Como asociación irlandesa de cooperantes y voluntarios, Comhlámh promueve un voluntariado internacional responsable y receptivo. Apoyamos a las personas que trabajan por la justicia social. Trabajamos con voluntarios retornados, organizaciones asociadas y grupos

---

[126] https://www.ireport.ie/

[127] https://www.immigrantcouncil.ie/vision-mission

miembros para fomentar sociedades justas e inclusivas, a través del activismo progresista de base en Irlanda e internacionalmente".[128] Fíjense en todas esas palabras clave descaradamente marxianas, pero las palabras "marxismo", "socialismo" o "comunismo" no aparecen por ningún lado. ¡Este es exactamente el tipo de mierda del que estoy hablando! Malditos sectarios. Los desinformados no tendrían ni idea de que esta organización forma parte de la secta roja internacional.

El vídeo introductorio (en la misma página) se titula "40 años de solidaridad". Tras destacar que la mayor parte de su trabajo se desarrolla en el hemisferio sur, la voz en off afirma: "Pero muchas de las causas profundas de la desigualdad, la pobreza y la opresión en el mundo tienen su origen aquí mismo, en el Norte industrializado... Así que nuestro verdadero trabajo comienza cuando volvemos a casa". Oh, oh... "trabajo real" es sinónimo de "revolución". Obsérvese la habitual alusión al capitalismo y a los países occidentales "opresores". Obviamente, el hecho de que el socialismo fuera un factor importante en la creación del desastre en el que se encuentra gran parte del Tercer Mundo es incomprensible para esta gente. Estos idiotas voluntarios volverán a Irlanda (o a donde sea) decididos a rebelarse contra el malvado sistema capitalista burgués, inspirados por el sufrimiento y la opresión que vieron en sus viajes.

**Otras orgs por grupo**

Algunos otros grupos marxistas en la pequeña Irlanda:

Grupos feministas: *Red Feminista Irlandesa*; *Consejo Nacional de Mujeres de Irlanda*; *Women's Aid*; *Actionaid*. Muchas de estas organizaciones surgieron de grupos anteriores, como el *Irish Women's Liberation Movement*, fundado en 1970. [129] (Un título divertido: suena como los muchos grupos terroristas marxistas mencionados en otros lugares, ¿no? Insinúa de forma dramática que las mujeres han sido encarceladas (en palabras de Marx, amablemente, "¡las mujeres no tienen nada que perder salvo sus cadenas!"). El IWLM publicó un manifiesto titulado "Cadenas o cambio" y sus miembros pasaron a formar otros grupos. Es el clásico uso marxiano del principio opresor contra oprimido).

Grupos de cambio climático: *Stop Climate Chaos*; *Climate Ambassador*; *Friends of the Earth*; *Irish Environmental Network*; *Environmental Protection Agency*; *Environmental Pillar*; *Friends of the Irish Environment* (¡qué vergüenza!).

Grupos pro-aborto: *Together For Yes*; *Rosa (Derechos de reproducción, contra la opresión, el sexismo y la austeridad)*.

---

[128] https://comhlamh.org/about-us/

[129] https://en.wikipedia.org/wiki/Irish_Women Movimiento_de_Liberación

De la página "Acerca de Rosa" del sitio web *rosa.ie,* de pechos rojos: "ROSA es un grupo feminista socialista y proabortista. ROSA debe su nombre a Rosa Parks, la inspiradora activista negra que se negó a ceder su asiento a un pasajero blanco, desencadenando el boicot a los autobuses de Montgomery del Movimiento por los Derechos Civiles. Y también en honor a Rosa Luxemburgo, excepcional y destacada teórica y activista socialista de principios del siglo XX, asesinada por su política revolucionaria en 1919".[130]

En realidad, eso lo dice todo: socialismo, feminismo, aborto, e incluso se las arregla para colar algunos derechos de las minorías en Estados Unidos, además de la comunista judía y "mártir" Luxemburg (la santa patrona del "luxemburgismo"). La página web de este grupo nos muestra cómo la ideología hace que la gente haga cosas raras. Esencialmente, se trata de un grupo de "irlandeses" que se convierten en raros miembros de una secta marxista, ¡adorando muchas cosas fuera de su propio país/cultura! Eso es lo que la ideología le hace al cerebro de la gente. ¿Qué demonios tienen que ver los derechos de los negros en la América de los años 50 o el intento de toma del poder por los comunistas en la Alemania posterior a la Primera Guerra Mundial con la Irlanda actual y las jóvenes irlandesas, adoctrinamiento marxista aparte? Absolutamente nada. ¡Raros!

Organizaciones LGBT: *LGBT Ireland*; *Belongto*; *NXF-National LGBT Federation*; *Outhouse LGBT Community Resource Centre*; *Transgender Equality Network Ireland*.

Muchos de estos grupos tienen fotos de equipo o de sus miembros, llenas de caras felices y sonrientes. Aquí podemos ver el principio de culto en acción. Ser miembro de una organización marxista da a la persona un sentimiento de pertenencia, una sensación de calidez y "amor". Es como estar en una secta rodeado de otros miembros.

---

[130] http://rosa.ie/about/

# Sección VII-Excusas que pone la gente (marxista)...

"Antifa es una idea, no una organización"[1]

> Joe "Patriot" Biden condescendiente con el pueblo estadounidense durante un debate presidencial al sugerir que el notorio grupo de culto traidor no existe, 29 de septiembre de 2020.

## Introducción

Pasemos ahora a algunas excusas o justificaciones comunes que oiremos de los miembros de las sectas. Dado que hay muchos aspectos de la ideología, y tantos miembros de sectas, con tantas interpretaciones, haría falta un libro entero para enumerar todas las posibles excusas. Por lo tanto, nos centraremos específicamente en el "socialismo"/"comunismo".

Como debería quedar claro a estas alturas, no tiene sentido entablar un debate con fanáticos a los que les han lavado el cerebro, pero eso lo dejo al discernimiento del lector. No todas las mentes están contaminadas/adoctrinadas exactamente en el mismo grado. Si una persona debe o no ser considerada como una causa perdida, lo dejo a tu criterio. Hacerlo para suprimir, o con fines de entretenimiento o práctica, o para ridiculizar es una cosa, pero esperar realmente que cambien es otra (la mayoría de las veces es inútil). El propósito de esta sección (y del libro en sí) es poner de relieve el comportamiento, que puede ayudarnos a identificar quién está adoctrinado -y en qué grado- y quién no. Trazar esa línea en la arena y señalar con el dedo al enemigo.

A medida que avanzamos en la lista, deberíamos considerar el problema de la "Teoría frente a la Realidad": cómo las teorías marxistas/socialistas/comunistas no producen los resultados que los miembros de la secta esperan en el mundo real, en la realidad (tanto si pueden aceptarlo como si no, o si son conscientes de ello o no).

## "¡El verdadero comunismo/socialismo aún no se ha probado!"

---

[1] National Review, "Biden Says Antifa Is 'An Idea, Not An Organization' during Presidential Debate", 30 de septiembre de 2020.
https://www.YouTube.com/watch?v=UaWsYjBOXdg

Una variante de esto es "¡Los países comunistas nunca han existido! Así que no, ¡el comunismo o el socialismo no son fracasos!". Este argumento se centra en lo que Karl Marx, Friedrich Engels y otros de los primeros "comunistas" habían imaginado que era el "comunismo" en general. En general, imaginaron una sociedad igualitaria, sin clases, sin dinero, sin Estado, atea, materialista, donde los recursos, la industria y los medios de producción son propiedad y están controlados por el proletariado (trabajadores); la "comunidad". Recordemos que el socialismo es (generalmente considerado como) el periodo de transición en el proceso hacia esta utopía comunista. A corto plazo, en una sociedad socialista, las cosas enumeradas no se conseguirían necesariamente (!).

Marx y Engels también creían que el Estado en sí mismo era una forma de opresión, así que si nos atenemos a su posición (¡y les tomamos la palabra!), (aparentemente) desaprobarían los diversos regímenes "socialistas" y "comunistas" que se han manifestado desde su época. Este punto en particular es planteado a menudo por los apologistas marxistas cuando intentan contrarrestar las críticas al marxismo, pero es irrelevante en el gran esquema de las cosas, como explicaré en los párrafos siguientes. Todos los llamados regímenes "comunistas" que han existido (empezando por la Unión Soviética bolchevique de V.I. Lenin), no se ajustaban a la definición/parámetros anteriores, obviamente, ya que todos ellos tenían una dirección/estado que funcionaba.

Puede que afirmaran que representaban al pueblo, pero no eran más que un puñado de "hombres" (matones) al timón del país, dirigiendo sus asuntos, lo que finalmente constituyó un "Estado" (por supuesto, ahora es de dominio público que los bolcheviques se hicieron con el control de Rusia gracias a la ayuda exterior, financiera y de otro tipo. La revolución "rusa" no tenía nada de rusa. La mayoría eran "revolucionarios" judíos miembros de una secta venidos del extranjero).

Además, el hecho de que la "Vanguardia" de Lenin estuviera en una posición de control, significa que había una especie de sistema de clases; una diferencia de poder entre él y sus compinches, y el público en general. Y había muchas otras discrepancias. Podemos ver todos los demás estados "comunistas" y "socialistas" que existieron desde la Unión Soviética de Lenin a través de la misma lente.

Entonces, ¿estas aparentes discrepancias entre lo que dijeron Marx y Engels et al, y lo que realmente ocurrió en esos casos, significan que esta primera excusa marxista tiene alguna validez? No. Esta excusa ("el verdadero comunismo/socialismo nunca se ha intentado") proviene principalmente de no darse cuenta de que las ideas de Marx y Engels no eran más que fantasías teóricas. Tratar de tener una sociedad igualitaria, sin clases, sin dinero, sin Estado, atea, materialista, donde los recursos, la industria y los medios de producción sean propiedad y estén controlados por el proletariado (trabajadores), la "comunidad", no va a funcionar porque está alejado de la realidad y de la naturaleza humana.

Los seres humanos no son iguales; siempre habrá alguien al mando, ya que la propia naturaleza está construida en torno a jerarquías; la moneda y el comercio han existido (de una forma u otra) durante milenios; los seres humanos necesitan algún tipo de espiritualidad o religión; hay algo más en la vida que el materialismo, y los seres humanos no son mercancías robóticas o abejas obreras; la comunidad no puede tener la propiedad colectiva de las cosas, porque no es así como funciona la propiedad (véase la sección anterior sobre el socialismo). Obviamente, la gente que da esta primera excusa no puede ver todo eso.

### Pendiente resbaladiza y vacío de poder

La idea de una sociedad sin clases y sin Estado no es más que una fantasía porque siempre habrá alguien/algún grupo al mando. Las jerarquías han sido una característica de la existencia humana desde el principio. Sean cuales sean las intenciones originales de todos los marxistas que participaron en todas esas revoluciones "comunistas" exitosas (y regímenes posteriores) a lo largo del siglo XX, inevitablemente, la realidad se impone más tarde. La revolución puede ser una pendiente resbaladiza; una cosa lleva a la otra. Al derrocar a la clase dirigente se crea un vacío de poder, y no importan tus intenciones originales: cuando derribas el sistema existente, algo/alguien va a ocupar su lugar. Al final vuelves a tener una estructura de poder (el comienzo de un nuevo Estado), aunque sea una "vanguardia revolucionaria" marxista.

Hay muchas otras razones por las que la idea genuina y original del comunismo es errónea. Lo que Marx o Engels previeron, o lo que Lenin pensó de lo que Marx dijo, etc., no importa en este momento (en la actualidad). Hay que reiterar que en todos los casos en que las teorías de Marx, Engels y los primeros comunistas se pusieron en práctica, tarde o temprano desembocaron en el desastre y la desintegración de la sociedad. Los principios centrales de la "lucha de clases", la colectivización y la "propiedad comunal", el igualitarismo (¡a través de la coerción!), la eliminación de las creencias religiosas, etc., todos producen destrucción en un grado u otro. Una vez más, las propias teorías son un fracaso.

### Conclusión

No vamos a profundizar demasiado en la contra de esta excusa aquí, ya que es repetir lo que se destaca en otros lugares (por ejemplo, la aplicación del socialismo; cómo la igualdad es destructiva; sobre el poder y las jerarquías, etc.). Sin embargo, este es esencialmente el punto principal: los apologistas compararán la visión del comunismo de Marx y Engel con todos esos llamados regímenes socialistas o comunistas y dirán "eso no era comunismo real". Comparado con lo que preveían Marx y Engels, en cierto sentido, tienen razón; pero ¿saben qué? La tiene. No. No. No. ¡¿A quién le importa lo que preveían?!

Las fantasías teóricas de Marx, Engels, Lenin, etc. no tienen cabida en el mundo real. Así que, en general, incluso sus conceptos de comunismo o socialismo siguen siendo inútiles para la sociedad en la práctica. Los marxistas/apologistas insistirán en que nos aferremos a ellos, ya que tienen algún valor. Error. Además, el valor hipotético de estos conceptos (según los marxistas) se ve superado por su impacto destructivo real en el mundo real de hoy (como muestra este libro).

Un punto clave: por supuesto, ¡ningún régimen o forma de organización estatal (llamado con la etiqueta de "socialista" o "comunista" o cualquier otra) podrá jamás igualar lo que Marx y Engels previeron! Por lo tanto, lo que ellos llamaron comunismo nunca podrá materializarse en el mundo real, y los miembros de la secta seguirán insistiendo en que hay que intentarlo. Es un ciclo destructivo y perpetuo de teoría hipotética que conduce a la no materialización. Por eso estamos constantemente atrapados en un debate interminable con esta secta (mientras destruyen activamente la civilización). Este ciclo debe romperse, o puede que todos nos olvidemos de cualquier tipo de respiro de la locura; ¡ni hablar de una libertad duradera!

Esta primera excusa es importante y se utiliza a menudo. Es la eterna excusa universal para "salir de la cárcel" que escuchamos de ellos una y otra vez; se utiliza constantemente para justificar el mantenimiento de esta ideología tóxica en nuestras sociedades. Estarán encantados de que se intente de un millón de maneras diferentes, sin importar la destrucción que cause, ¡ya que la utopía siempre está a la vuelta de la esquina! ¿Y saben qué? No importa cuántas veces fracase, estos idiotas intelectualizadores seguirán utilizando la misma excusa (véase el problema de la "Teoría frente a la Realidad"). Sin fin.

**"Sólo eran dictadores. No eran marxistas/socialistas/comunistas de verdad".**

Esto es utilizado por los miembros de la secta (consciente o inconscientemente) para intentar distanciarse de los muchos regímenes dictatoriales horribles inspirados en el marxismo a lo largo del siglo XX. Es un control de daños de relaciones públicas. Incluso si esta excusa fuera 100% cierta y no se discutiera en todos los regímenes "socialistas" o "comunistas"; una vez más, ¡es irrelevante!

El punto principal aquí es que la propia ideología ayudó a estas personas a llegar al poder, porque otros pensaron erróneamente que era benévola y que estaban ayudando a un compañero "camarada" a hacer una miríada de cosas maravillosas en beneficio de "la gente". Entonces estos personajes dominantes asumen el poder, con un líder, en lo alto de una jerarquía. No importa si aplicaron con precisión las teorías marxianas o no (según los deseos de Marx, Engel, Lenin, etc.); la ideología en sí es lo que inició y/o perpetuó la 'revolución', el régimen y el posterior proceso destructivo.

Por supuesto, en lo que respecta a los miembros de la secta, hay una falta de comprensión de lo que son realmente las revoluciones inspiradas en el marxismo, y a lo que conducen. Cuando la "revolución" crea el vacío de poder que he descrito, inevitablemente atraerá a psicópatas y fanáticos del control ávidos de poder. Estos tipos de personalidad pueden haber formado parte de las fuerzas instigadoras de la revolución, o emerger en un momento posterior para tomar las riendas.

Cuando una sociedad contaminada empiece a derrumbarse, se producirá el caos y la agitación violenta. Los psicópatas se deleitan en este proceso: su falta de empatía ante el sufrimiento común les permite permanecer cómodos, tranquilos. En el momento oportuno, tomarán las riendas y nadie podrá detenerlos. Dado que la "revolución" está inspirada en el marxismo e instigada por los miembros de la secta, inevitablemente, una vez que se hagan con el control, empezarán a aplicar los principios marxianos, incluyendo: igualitarismo forzado mediante la coerción (especialmente la violencia), colectivismo, centralización del poder en nombre del "pueblo", eliminación de la oposición política, encarcelamiento o liquidación de los disidentes, etc. Por supuesto, los miembros de la secta que les rodean no se opondrán (¡!).

Una vez que se produce esta centralización del poder, los tipos de personalidad más brutales y despiadados pasan a primer plano (por ejemplo, Stalin, Pol Pot, etc.), y los marxistas más extremistas serán colocados en puestos clave para complementar el liderazgo central. En resumen, tener un sistema centralizado como éste es extremadamente arriesgado mientras tengamos un problema poco discutido y de importancia crítica en nuestro mundo: ¡la presencia de psicópatas del control!

Los apologistas intentan distanciarse de todos esos regímenes dictatoriales compartimentando todo el movimiento sectario: "estalinismo", "maoísmo", "castrismo", etc. No pueden ver (o lo niegan) el hecho de que el factor causal original fue la propia ideología. Sin la aceptación de la ideología, estas dictaduras no habrían surgido. Un hombre no es nada si sus ideas no se aceptan como buenas, o si las ideas se consideran tóxicas.

Por supuesto, muchas de estas revoluciones "populares" fueron a menudo alentadas por partidos externos, pero la cuestión sigue en pie: sin ningún tipo de apoyo a la ideología (¡e idealmente una hostilidad hacia ella!), estas "revoluciones" no habrían podido hacer el daño que hicieron (con "partidos externos" no me refiero sólo a las numerosas revoluciones en África y Sudamérica, por ejemplo, que fueron apoyadas por Rusia, China, Cuba, etc.). Me refiero a cómo la revolución bolchevique de Lenin y Trotsky pudo haber sido financiada por partidos no rusos, incluidos los banqueros internacionales. Lo mismo vale para Mao).

Creo que si el propio Marx hubiera tenido el poder de aplicar sus teorías durante su vida, eso habría resuelto muchos de estos debates antes incluso de que pudieran surgir. Y eso vale también para los demás teóricos marxistas. A juzgar por su personalidad podrida y engreída, creo que Marx habría sido tan malvado como cualquiera de los otros locos del salón de la fama comunista; quizá peor.

## "Mucha gente tiene valores socialistas"

Otra forma de decirlo es "¡¿No quieres una sociedad más igualitaria y humanitaria y un mejor nivel de vida?!". Lo que se reduce a "¿no quieres un mundo/una vida mejor?" (Nota: "quieres", ¡otra vez con el ego! Que queramos algo no significa que podamos tenerlo: ¡el mundo, la vida y la realidad no giran en torno a nuestros egos! También es coerción de señal de virtud: "¿No eres una buena persona? ¿No te importan los demás?").

Este tipo de declaraciones, una vez más, proceden de una percepción distorsionada de lo que es el marxismo. No es un movimiento humanitario, sino un movimiento pseudohumanitario. El hecho de que una persona (de cualquier tendencia, política o de otro tipo) crea en ciertos principios o tenga ciertos deseos para la sociedad no significa que el marxismo/socialismo sean buenos. La realidad no funciona así.

Obviamente, cualquiera que haga esa afirmación está haciendo suposiciones importantes. ¿Son correctas? Por supuesto, cualquier persona racional desea una mejor calidad de vida para sí misma y para los suyos, y estaría encantada de que las cosas funcionaran de forma más eficiente en sus países. Por supuesto, a la gente le encanta que le digan que puede conseguir cosas gratis (riqueza, servicios, propiedades, etc.); incluso a muchas personas ricas -a las que puede que no les falte nada material- les encanta oír eso.

Sin embargo, algunas de las suposiciones podrían provenir del propio adoctrinamiento. Asumen que todo el mundo piensa (o debería pensar) como ellos, ya que obviamente tienen razón (aparte de los malvados "derechistas", "racistas" y "fascistas", por supuesto). Por ejemplo, sabemos que la secta está, en general, a favor de un mundo sin fronteras. Tratar de decir que todo el mundo está de acuerdo con eso es una suposición enorme. Otra suposición que podrían hacer es que todos creemos que deberíamos quitar dinero a los ricos y distribuir la riqueza de forma más equitativa. Otra es que todos creemos en las ideas de "justicia social", que hay un grave problema de "opresión" en el mundo.

El marxismo parece sonar encantador y humanitario, por el "bien mayor" y en beneficio de los oprimidos, pero no lo es, y los no miembros de la secta pueden verlo. Los adoctrinados, sin embargo, creen que es benévolo. En su mente -debido a la arrogancia y la ignorancia- creen que tienen la solución, y todos los demás tienen que ponerse al día, y ser "con él" y "despierto", al igual que ellos. Así es como pueden insinuar que "todo el mundo está realmente de acuerdo con el socialismo, en algún nivel", etc. Su proceso de pensamiento es el siguiente: Marxismo y socialismo = bueno. Conceptos y perspectivas marxistas = humanitarios, agradables, progresistas, positivos, etc. Ergo, los demás naturalmente deberían estar de acuerdo.

De nuevo, el viejo truco de "¿Ves? Ya eres marxista y ni siquiera te habías dado cuenta". Creo que si el ciudadano de a pie entendiera bien lo que significan en la práctica los "valores" socialistas marxistas, reconocería que está equivocado (en cualquier profundidad de su ser en la que sostenga esos valores).

En resumidas cuentas: ¿y qué si la gente tiene valores que pueden interpretarse como socialistas? ¿Y qué? No significa que lo hagan correctamente; ¡no significa que ahora debamos abrazar el socialismo! Otro punto es que la ideología es muy buena secuestrando quejas genuinas y honestas que tienen las masas y cooptándolas en la agenda para sus propios fines. Lo que los miembros de la secta están sugiriendo (al decir que "todo el mundo tiene valores socialistas en el fondo") es que el hecho de que estas quejas simplemente existan justifica la existencia de la ideología, ya que la ideología (naturalmente) proporciona las soluciones a las mismas. Esto no tiene sentido. ¡No necesitamos el marxismo como solución a nada!

Además, por supuesto que habrá mucha gente paseando por la sociedad con ideas marxianas en la cabeza (como el socialismo), ya que la podredumbre marxista ha calado en todas nuestras sociedades. En el mundo actual, decir que mucha gente tiene ideas socialistas en la cabeza es como decir que muchas vacas piensan en comer hierba.

## "¡No ha tenido éxito porque ha habido demasiado pensamiento de derechas!

Variante 1: "¡el comunismo/socialismo/marxismo ha fracasado porque hemos tenido demasiado pensamiento de derechas!". Variante 2: "¡El socialismo ha fracasado porque hemos tenido demasiado pensamiento de derechas, y por eso nunca hemos podido llegar al comunismo! Y si seguimos teniendo demasiado de eso, ¡probablemente nunca lo alcanzaremos!". Permítanme decirlo de nuevo: el marxismo/socialismo nunca ha tenido éxito porque ha habido... esperen: ¡demasiado pensamiento de derechas! Otro clásico. Bueno, ¡qué jodidamente conveniente! Esto es como culpar a los otros equipos porque has perdido los partidos (muchas veces seguidas). A lo largo de los años he interactuado personalmente, cara a cara, con unos 15-20 universitarios con el cerebro lavado que me han pasado esto.

De nuevo, esta excusa proviene de una percepción distorsionada de la verdad: creer que el marxismo/socialismo es bueno (y no lo es); el punto de vista de que el marxismo es algo fantástico y benigno, y que sus fracasos deben deberse a todo tipo de razones, aparte de la única que importa (es decir, la propia ideología es tóxica y un fracaso por su propia naturaleza). Esta excusa está profundamente arraigada en el adoctrinamiento.

Los que pronuncian esta justificación están convencidos de que los principios marxianos (incluidos el socialismo, la igualdad, la "justicia social", el "antirracismo", etc.) son el camino a seguir para la sociedad. Por lo tanto, es totalmente inconcebible que la ideología no sea más popular porque: estos principios son defectuosos, y/o que las masas empiecen a rechazar la ideología cuando puedan ver lo tóxica que es en la práctica. Por lo tanto, tiene que haber alguna otra razón por la que el marxismo no sea aceptado universalmente al 100%, y el mundo no esté lleno de miembros de sectas marxistas (como ellos). El resultado es que se recurre al chivo expiatorio de la "derecha".

Curiosamente, este argumento es lo contrario de la verdad real del asunto. Se basa en la presunción de que el marxismo/socialismo/comunismo es capaz de mejorar/liberar/liberar la sociedad, etc., al tiempo que insinúa que el pensamiento "de derechas" está deteniendo este proceso. Esto es al revés. Está claro que el marxismo es lo que impide que esas cosas se materialicen, y que el pensamiento "de derechas" puede hacer que se materialicen (a nivel individual, social, nacional y global). Llegamos a esta conclusión cuando observamos los asuntos mundiales y vemos que el marxismo es la ideología dominante en el mundo actual (un hecho invisible para la mayoría debido a los efectos distorsionadores de la realidad del adoctrinamiento).

Supongo que si crees que algo es bueno, y estás absolutamente convencido de ello, entonces harás todo tipo de gimnasia mental antes que considerar la posibilidad de que simplemente sea un fracaso en sí mismo. Esta justificación también es típica del funcionamiento de la ideología: aprovechará cualquier oportunidad (a través de las "mentes" de los miembros de la secta) para alancear a su rival ideológico -el pensamiento de derechas- mientras que simultáneamente desvía la atención del hecho de que es un fracaso tóxico de una ideología. También es mezquino, que es otro atributo típico de la secta.

Por último, en cierto sentido, la excusa es acertada: es cierto que el marxismo no ha triunfado -es decir, aún no tiene el control total del mundo-, ya que hay demasiada gente con posturas "de derechas" (no marxistas). Por el bien de la humanidad, esto es bueno. Mantengámoslo así, ¿de acuerdo?

## "Las actitudes antimarxistas/socialistas provienen de tener una mentalidad fascista"

No necesitamos hacer un análisis profundo de marxismo vs fascismo para esta frase, y está relacionada con el punto anterior. Se puede traducir como: "¡Si no estás de acuerdo conmigo/con nosotros, obviamente estás equivocado, debe haber algo mal contigo, y probablemente estés loco y seas malvado!".

Este tipo de respuesta resulta familiar, ¿verdad? Aparece a lo largo de la historia de la secta. Es una respuesta muy perezosa e inmadura a la crítica. Una vez más, proviene de la creencia fanática errónea de que el marxismo es benévolo, ergo, cualquier oponente a él debe ser malvado.

Cuando dicen 'fascista' quieren decir autoritario, agresivo y que no representa 'al pueblo' (lo que ostensiblemente es el marxismo, ¿verdad?), además de ser poco ético (xenófobo, no 'progresista', no 'compasivo', etc.), con ideas nacionalistas 'racistas' retrógradas de homogeneidad étnica, etc. Esencialmente, 'fascista' = malo, y la ideología/culto marxista = bueno.

Hay una razón mucho más profunda e interesante por la que oímos esta frase. Esencialmente, la justificación nos muestra que el fascismo y el marxismo son oponentes ideológicos (ampliado en una sección posterior sobre "derecha" frente a "izquierda"). Los que pronuncian esta frase en realidad están diciendo: "Si no estás de acuerdo con el marxismo, debes ser un horrible imperialista, belicista, xenófobo y supremacista blanco, porque eso es lo que son los fascistas".

## "Algunos de nuestros mayores patriotas eran socialistas, o tenían ideas socialistas"

Incluso si eso es completamente cierto, ¿y? ¿Y qué? Los seres humanos son falibles. Y además, ¿qué tiene que ver eso ahora? El hecho de que alguien se haya sentido atraído por las ideas socialistas marxianas, o las haya abrazado, no significa que nosotros también debamos hacerlo. La gente puede equivocarse. Esto se aplica aún más a los del pasado. ¿Por qué? Porque la ideología no es lo que era cuando Marx aún vivía, ni en los albores del siglo XX. No es lo que era hace 100 años. Ha evolucionado en sus variaciones. Ha saturado las sociedades del mundo hasta la médula, pues ha penetrado profundamente en las mentes de los desprevenidos.

James Connolly (1868-1916) la promovió a finales del siglo XVIII y principios del XIX. No fue la única voz a favor del socialismo en este periodo, pero sin duda fue una de las más destacadas. Fue muy activo en el movimiento sindical y creó varios grupos socialistas/precursores (incluido el Partido Laborista Irlandés, que sigue existiendo hoy en día). Lo más significativo, en cuanto a su notoriedad, es que también participó en el Alzamiento de Pascua de 1916 como Comandante de la Brigada de Dublín y fue ejecutado después. Connolly nació y creció en Escocia de padres irlandeses, pero llegó a Irlanda para impulsar el socialismo y ayudar a la revolución antiimperialista antibritánica.[2]

Teniendo en cuenta la situación de Irlanda durante la vida de Connolly (bajo dominio británico), era comprensible que la ideología entrara en escena como alternativa. Por lo tanto, podemos entender y perdonar a cualquiera que, hasta cierto punto, empujara en esa dirección, siempre que tuviera buenas intenciones y no fuera un simple miembro de una secta subversiva disfrazado de "patriota" irlandés (nota: Irlanda estaba, como muchos otros países del mundo durante ese periodo, bajo el control de una potencia imperial extranjera). Teniendo en cuenta las tablas de la sección histórica, el Alzamiento de Pascua de 1916 es coherente con la propagación mundial de la ideología).

---

[2] https://www.britannica.com/biography/James-Connolly

La idolatría puede ser mala; sobre todo de alguien que existió en otra época (¡o edad!). Una persona puede tener algo de razón y buenas intenciones, pero también debemos considerar que sus opiniones pueden ser más apropiadas para su época, no para la nuestra. James Connolly fue fusilado el 12 de mayo de 1916, un año antes de la revolución rusa, un hito importante en la propagación de la ideología. No estaba en condiciones de comprender lo que era realmente el socialismo ni a qué conduciría.

En retrospectiva, tenemos la ventaja de aprender de más de un siglo de fracasos marxistas, además del acceso a la información que nos proporciona nuestra tecnología, para tener una comprensión superior. Hay que añadir que participar en una revolución/levantamiento militar y que te fusilen no te convierte en omnisciente. No debemos idolatrar a nadie que no comprenda la ideología en su totalidad. Una vez más, debemos situar las opiniones de las figuras históricas en su contexto correcto de tiempo y lugar.

En nuestra situación actual (un alto nivel de infección global), es contraproducente idolatrar a cualquiera que haya ayudado a la propagación del marxismo, incluso si tenían razón en algunas cosas y tenían buenas intenciones, buena inteligencia, etc., ya que sólo sirve a la ideología/secta.

A escala mundial, la secta, como era de esperar, hará hincapié en personajes como éste y los utilizará para vincularse a causas patrióticas legítimas hoy en día (recurriendo a "algunos de nuestros mayores patriotas eran socialistas", etc.). O, en el caso de Irlanda, no necesitan hacerlo: otros (no miembros de la secta) ya lo están haciendo por ellos. Ayudarles es absurdo y suicida. Muchos países tienen sus equivalentes a Connolly, así que te recomiendo que adoptes un enfoque similar hacia ellos/su legado. No se ofenderán, no te preocupes, ¡están muertos! En resumidas cuentas, a quién le importa si las figuras del pasado pensaban que la ideología era benévola. En el mundo actual, es cualquier cosa menos eso. Por lo tanto, cualquier aprobación histórica de la misma es irrelevante, independientemente de sus orígenes. Esta excusa es otro fracaso.

### "¡Si estás contra el socialismo estás apoyando a la burguesía capitalista!"

¿Qué significa esto? ¿Quiénes son esos burgueses? ¿Los ricos en general? ¿Las élites políticas? ¿Los ricos corporativos, empresarios y terratenientes de los que tanto parlotean los miembros de la secta? Esto puede ser bastante nebuloso, así que tomaré la definición de burguesía capitalista para referirme a aquellos que son extremadamente ricos y que (aparentemente) ejercen un tremendo poder en la sociedad, y que abusan de su posición de poder e influencia.

Esta es una clásica reacción marxista. Están programados para reaccionar así. Piensan así porque, recordemos, creen que ellos son los buenos, los rebeldes, los "radicales", etc. Si te opones a ellos, naturalmente estás en el bando equivocado, ¿verdad? Obviamente, si criticas el marxismo, debes ser un pequeño lacayo servil de los oligarcas de la burguesía capitalista, ¿no? No, no necesariamente. Quizá critiquemos el marxismo porque sabemos que es un paso en la dirección equivocada (ellos creen erróneamente lo contrario), al tiempo que nos oponemos a las "élites" globalistas. Aquí hay matices. Nosotros -los que nos oponemos a la ideología/culto- sabemos que los problemas (reales o percibidos) presentes en un sistema capitalista pueden resolverse de otras maneras, sin necesidad de recurrir a las ideas marxistas. ¿Quizás nos gustaría tirar el marxismo (y sus derivados) a la basura porque da más problemas de los que vale? (pregunta sarcástica y retórica).

Esta es la lógica al revés (invertida) de tu marxista de jardín: si te opones a ellos, obviamente debes estar sirviendo a las élites globalistas burguesas, cuando los miembros de la secta están, de hecho, sirviéndoles a ellos/al totalitarismo internacionalista. Para usar al autor como ejemplo, no hay nadie en la Tierra que se oponga más a esas "élites" y al totalitarismo internacionalista, y sin embargo entiendo que la secta/ideología marxista también es el enemigo, ya que sirven a esa agenda, consciente o inconscientemente. Hay muchos que piensan igual, así que este regreso es un fracaso con mayúsculas.

**"¡Necesitamos el marxismo/socialismo para detener los males opresivos del capitalismo!".**

No, no es así. Me he extendido sobre las justificaciones económicas/anticapitalistas del marxismo/socialismo en otra sección. Por ahora, la respuesta corta a esto es: El marxismo nunca ha tenido ningún mérito o beneficio económico; es un fracaso en muchos aspectos, pero especialmente en el económico; en el momento en que un país permite que las teorías marxistas se apliquen económicamente, se avecina el desastre. Por lo tanto, la idea de que de alguna manera necesitamos la ideología (a través del socialismo) para mantener puntos de vista alternativos sobre cuestiones económicas a nivel nacional o internacional no es más que más propaganda.

De nuevo, la solución a muchos de los problemas (percibidos o no) de nuestros países relacionados con el capitalismo -economía, empleo, comercio, etc.- es tener un Estado libre de marxismo, soberano y genuinamente patriótico. El marxismo es antipatriotismo, por ser antagónico a la prosperidad (la secta anunciará lo contrario, naturalmente). ¿Cómo puede considerarse patriótico algo que destruye la prosperidad de un país? No, la ideología (a través del socialismo) no es la respuesta, ya que sólo empeoraría las cosas.

**Palabras finales**

Esta sección, que abarca algunas excusas, no es exhaustiva ni pretende serlo. Cualquier "intelectual" marxista podría mantenerte debatiendo casi sin fin sobre uno solo de estos subtemas. Esta secta se nutre de debates interminables. No perdamos el tiempo con ellos. El propósito de esta sección es ayudar a identificar el adoctrinamiento en otros, a través de su comportamiento/discurso.

Recuerden, literalmente podríamos tener libros llenos de todas las excusas y justificaciones que se les ocurren a los miembros de una secta, y aún se les ocurrirían más. Mientras tengan aliento en los pulmones o dedos para teclear, seguirían produciéndolas, como si su vida dependiera de ello. Esa es la existencia de un miembro de una secta: la justificación constante de su existencia y la promoción y defensa persistentes de su secta e ideología.

# Sección VIII - La fórmula escarlata

"Si conoces al enemigo y te conoces a ti mismo, no debes temer el resultado de cien batallas. Si te conoces a ti mismo pero no al enemigo, por cada victoria obtenida sufrirás también una derrota. Si no conoces ni al enemigo ni a ti mismo, sucumbirás en cada batalla".[1]

Sun Tzu, *El arte de la guerra*, 5th siglo a.C.

## Introducción

La secta utiliza diversas tácticas para iniciar su "revolución" destructora de la civilización. Algunas han formado parte de la ideología desde sus primeras manifestaciones, mientras que otras son obra de la Escuela de Frankfurt, la brigada posmodernista o agitadores/manipuladores como Saul Alinsky. Estas incluyen: el control del lenguaje; el control/distorsión de nuestra percepción de la historia, la realidad y la moralidad; el uso de tácticas de manipulación emocional; la introducción de dobles raseros demenciales; el uso de la muy eficaz fórmula opresor contra oprimido, como táctica de divide y vencerás; la promoción del fanatismo marxista; y el fomento de comportamientos demenciales de culto pro-marxista dentro de las sociedades, incluyendo la "corrección política" (una vieja favorita), la señalización de virtudes y el extremadamente peligroso altruismo patológico.

## Cómo hablar marxista

El control del discurso por parte de la secta/ideología es un asunto extremadamente serio y absolutamente crucial para su dominio; por lo tanto, esta sección será algo exhaustiva. Los siguientes términos clave están organizados en tablas. Algunos los oímos a diario y los miembros de la secta los repiten hasta la saciedad para promover la ideología (por ejemplo, solidaridad, progresista, etc.). Otros son términos ofensivos (tácticamente) que se utilizan para enfrentarse a los enemigos de la secta (por ejemplo, extrema derecha, "fascistas", "nazis", etc.), con el fin de desmoralizar, condenar al ostracismo y convencer a los "neutrales" de la sociedad para que los eviten.

El lector debe prestar atención a los patrones, para no perderse el bosque por los árboles. Hay multitud de términos, que casi pueden distraer, pero lo importante es el objetivo estratégico que hay detrás de su uso. Es decir, qué se

---

[1] Sun Tzu, *El arte de la guerra,* hacia el siglo V a.C.
https://www.utoledo.edu/rotc/pdfs/the_art_of_war.pdf

está insinuando realmente cuando se utilizan estos términos y qué se está intentando conseguir en realidad. Como ejemplo sencillo, los términos "homófobo", "transfóbico", etc., están diseñados para atacar/suprimir a cualquiera que se oponga a la subagenda marxiana pertinente en este ámbito: la promoción/normalización de las cuestiones y comportamientos LGBTQ y de "género no binario", etc. Estos términos insinúan que la persona es una persona llena de odio o que tiene miedo de algo. Del diccionario en línea de Cambridge: "Fóbico - Alguien que odia o tiene miedo a algo, especialmente de forma extrema o no razonable".[2]

El uso de la palabra "fóbico", del griego "Fobos", evoca la noción de miedo (en la mitología griega, Fobos era el Dios de esta emoción). Implica que el objetivo/la persona a la que se etiqueta es esencialmente un cobarde. Es el típico lenguaje marxista de ridiculización y estafa. Insinúan que eres tú quien tiene el problema si no estás de acuerdo con ellos. En este caso, la implicación es que, consciente o inconscientemente, tienes miedo de los miembros de un grupo concreto (personas LGBTQ, etc.) y tu miedo se manifiesta en un odio injustificable, juicios, etc.

El uso de "fobia" también implica una fobia, un miedo irracional a algo. O que se tiene miedo al cambio en la sociedad (es decir, a cualquier cosa "progresista"). La secta da a entender todo eso con sólo usar esas cinco letras y pegarlas al final de varias palabras. Las nuevas palabras se utilizan como arma para ridiculizar a los disidentes y, al mismo tiempo, promover la subagenda en cuestión (en este ejemplo, el movimiento LGBTQ y las tonterías no binarias).

Al repasar las tablas, observe cómo tienen un término para prácticamente cada forma posible de amenaza (es decir, cualquiera que se oponga a una subagenda marxiana o a la propia secta/ideología). Siguiendo el espíritu y la tradición de la ideología, los términos abarcan una amplia gama de temas, como la política, la sexualidad, la religión, la ciencia, el racismo, el sexismo, el antisemitismo, las vacunas, las conspiraciones, etc.

Debemos recordar aquí la quinta regla de Saul Alinsky: "El ridículo es el arma más potente del hombre. No hay defensa posible. Es casi imposible contraatacar el ridículo. Además, enfurece a la oposición, que entonces reacciona en tu beneficio". Naturalmente, todos los términos peyorativos que utiliza la secta tienen que ver con el ridículo. También se podría decir que algunas de las otras reglas de Alinsky entran en juego aquí, como la regla seis: "Una buena táctica es aquella con la que tu gente disfruta". El hecho de que los miembros de la secta disfruten estando en manada y utilicen este tipo de términos para ridiculizar a sus oponentes es simbólico de cómo el marxismo saca lo peor de la humanidad: una panda de fanáticos subhumanos

---

[2] https://dictionary.cambridge.org/dictionary/english/phobe

antihumanos enfermos mentales que se burlan de sus congéneres mientras les traicionan (¡!).

Todo esto explica el etiquetado constante y las quejas de los miembros de la secta sobre los que se oponen a ellos/la ideología. Intentan silenciar a sus oponentes con el ridículo para lograr el dominio ideológico. El efecto en la sociedad es que la perspectiva marxiana de las cosas se convierte en la norma, debido a la manipulación emocional que permite el ridículo. Esto conduce a lo que se denomina "corrección política", que en realidad no es más que un código para "la perspectiva marxiana". Obliga a las masas a ajustarse a los caprichos y sub-agendas de la ideología/culto, a través de la presión socio-psicológica. El resultado es que la ideología/culto se vuelve cada vez más dominante. Es intimidación, es terrorismo.

Utilicemos como ejemplo una cuestión no personal -el tema del "cambio climático"- en una sociedad concreta: si todos los que expresan públicamente que no creen en el "cambio climático" (que el comportamiento humano está afectando al tiempo; que el planeta está "en peligro" debido a la contaminación, etc.) son ridiculizados constantemente por la mayoría hasta que no se expresan tales opiniones, entonces se crea una nueva norma marxista, en la que las únicas opiniones que se expresan son de apoyo a la estafa del cambio climático.

Es la imposición de la igualdad y la uniformidad (de opiniones), utilizando la manipulación emocional, a través del ridículo. El término utilizado para ridiculizar a los "negacionistas" es el divertidamente poco imaginativo "negacionista del cambio climático". En el tema de los Covid, han inventado los términos "Covidiotas" y "indecisos de las vacunas" para aquellos que se niegan a seguir esta subagenda.

A pesar del hecho, por supuesto, de que intentar alcanzar este nivel de control sobre una población es imposible y absolutamente estúpido, ¡eso nunca ha impedido a la secta intentarlo! De hecho, siempre han encontrado una forma de crear la ilusión de que esto es así, neutralizando/liquidando a aquellos que no se conformaban. Esto hace que parezca que todo el mundo está de acuerdo con la secta, ya que todos los demás han sido silenciados mediante el encarcelamiento, la muerte, el exilio, etc. Los pocos que se salvan son intimidados para que guarden silencio. Así, la nueva "norma" es que todo el mundo está de acuerdo con la maravillosa revolución "popular". Esto es lo que vemos hoy en Corea del Norte y China.

Otros términos se utilizan para fingir benevolencia, lo que forma parte del principio del Caballo de Troya Rojo, esencial para que la secta mantenga ese barniz aparentemente positivo de "progresismo". Un ejemplo de ello es cuando dicen que el aborto es "compasión" para las mujeres, o cuando llaman a los servicios de aborto "cuidados" o "asistencia sanitaria".

**Palos y piedras comunistas: Los "insultos" marxistas y otros términos**

| El insulto | Significado marxista | Significado real | Efecto previsto |
|---|---|---|---|
| Extrema derecha/ Nazi/Fascista | Persona xenófoba/racista, llena de odio, autoritaria, poco compasiva, malvada, etc. | Alguien que no es marxista, u objeta las subagendas marxianas, especialmente los nacionalistas/derechistas/patriotas auténticos. | Se les considera alborotadores a los que hay que rechazar, maltratar y despojar de sus derechos, incluida la libertad de expresión. |
| Reaccionario | Persona que no es progresista o que se opone al progresismo. Sus creencias son anticuadas y no tienen cabida en el mundo moderno. | Aquel que se opone a la secta/ideología, con creencias que suelen ser tradicionalistas, conservadoras, de derechas, etc. | Sus puntos de vista se ignoran, se tratan como atrasados, anticuados, se asocian con conceptos opresivos y "primitivos" como la religión, etc. |
| Racista | Persona que teme/odia a otras razas; que no cree que todas las razas sean iguales; puede creer que su raza es superior a otras razas. | Uno que no está de acuerdo con las subagendas de "diversidad"/"multiculturalismo"/inmigración masiva. | Se les considera intolerantes, retrógrados, poco compasivos e inmorales. |
| Supremacistas blancos | Racista que cree que las personas o grupos blancos son racialmente superiores a otras razas (por ejemplo, negros, nativos americanos, aborígenes, etc.). No creen en la idea de "igualdad racial". | Alguien que cree que la gente/cultura blanca debe ser celebrada y preservada (tanto como otras razas); que puede creer que los blancos han contribuido más al desarrollo de la civilización. | Son vistos como tipos malvados, racistas, opresores, posiblemente imperialistas, que creen que la raza blanca debe oprimir a otras razas (como los nazis, los imperios europeos, etc.). |
| Misógino | Un hombre que odia/oprime a las mujeres y no cree en la igualdad de género; alguien que forma parte, consciente o inconscientemente, | Hombre que no está de acuerdo con el feminismo, o que critica a las mujeres (especialmente a las mujeres adoctrinadas). | Estos hombres serán condenados al ostracismo por la sociedad en general, especialmente por las mujeres. Las críticas al feminismo serán ignoradas. |

del "patriarcado".

| | | | |
|---|---|---|---|
| Islamófobo | Persona que teme u odia al islam o a los musulmanes por racismo o intolerancia religiosa (normalmente cristianos con ideas supremacistas religiosas intolerantes). Su actitud está relacionada con el racismo. | El que critica al Islam o a los musulmanes, el que no está de acuerdo con la "islamización" de los países occidentales no islámicos o con su promoción a expensas de su propia religión. | Se ignoran las críticas al Islam y a los musulmanes. Se ignora la agenda anticristiana/proislámica de los países occidentales. Se beneficia la subagenda de la inmigración masiva. |
| Homófobo | Una persona retrógrada que teme/odia a gays/lesbianas, quizás debido a sentimientos homosexuales oprimidos, adoctrinamiento religioso o ignorancia, etc. | Aquel que critica a los homosexuales/homosexualidad o se opone a la promoción/normalización de la homosexualidad (especialmente en lo que respecta a los jóvenes). | Cualquier crítica a los gays/homosexualidad, o a la promoción de subagendas que impliquen esto en la sociedad es ignorada. El sinsentido del género no binario tampoco encuentra oposición. |
| Transfóbico | Persona que teme/odia a las personas trans y/o piensa que sólo hay dos géneros. Suele ser una persona con opiniones religiosas dogmáticas. | Aquel que critica a las personas "trans"/al movimiento trans, o se opone a la promoción/normalización de la transexualidad (especialmente entre los jóvenes). | Se ignora cualquier crítica al movimiento "trans" o a las personas "trans". El sinsentido del género no binario se beneficia y continúa sin oposición. |
| Xenófobo | Persona que teme/odia a cualquiera que sea diferente a ella. | Alguien que tiene objeciones a cualquier subagenda que implique etnia, nacionalidad, credo, cultura, etc. | Este término cubre el resto de las bases. Se utiliza cuando otros términos no sirven. |
| Teórico de la conspiración | Un idiota crédulo, paranoico y con sombrero de papel de | Alguien que duda de la explicación oficial de las cosas, que se | Se les ignora y se les considera tontos crédulos. Disuade a |

| | | | |
|---|---|---|---|
| | aluminio que cree en estupideces que ha leído o visto en Internet (por ejemplo, "negacionistas del cambio climático", "negacionistas del holocausto", "covidiotas", etc.). | muestra escéptico ante los discursos oficiales de las autoridades o el gobierno, que no cree en el discurso marxista del "PC". | los demás de dudar de las narrativas oficiales aprobadas por el Estado. Anima a la gente a creer simplemente lo que se les dice (por la secta). |
| Negador del cambio climático | Un teórico de la conspiración idiota que no cree que el comportamiento humano genere el cambio climático; que piensa que sabe más que los expertos en clima; alguien a quien no le importa el planeta y está en contra de la energía "verde", etc. | Alguien que duda de la narrativa oficial sobre este tema (incluidas las "opiniones" de los "expertos"); que no cree que el comportamiento humano provoque el cambio climático. | Los que dudan o no creen en la narrativa del "cambio climático" son ignorados y ridiculizados como idiotas ignorantes y acientíficos. Esto contribuye a crear una sociedad en la que la norma es creer en la estafa. |
| Anti-Vaxxer | Otro tipo de teórico de la conspiración irresponsable y paranoico, que piensa que Bill Gates quiere inyectarles un dispositivo de rastreo; alguien que desestima siglos de conocimientos científicos, etc. | Alguien que no apoya la subagenda de las "vacunas", que no quiere someterse a las autoridades mientras se envenena a sí mismo con estas "vacunas" innecesarias. | Estas opiniones se consideran "peligrosas" y hay que suprimirlas, ignorarlas, ridiculizarlas, etc.; también son condenadas al ostracismo (potencial) por motivos de salud. |

## Chantaje emocional

En un nivel más profundo, estos términos de ridículo son una forma de chantaje emocional, de la manera más insidiosa. De hecho, es una amenaza. Todos, como seres humanos (a menos que estemos dañados psicológicamente de algún modo) disfrutamos o anhelamos el respeto, la admiración, la aceptación, el afecto, el amor, etc., al menos durante parte de nuestras vidas. Lo contrario es el odio, la falta de respeto, el aborrecimiento, el ostracismo, el aislamiento, etc., cosas que nadie en su sano juicio desea de los demás o para sí mismo.

Por esta razón, los términos peyorativos (racista, fascista, teórico de la conspiración, etc.) son armas muy eficaces utilizadas por la secta dentro del sistema plagado de marxismo. El mensaje para las personas etiquetadas como tales es "si entiendes el sistema e intentas compartir tu entendimiento, no obtendrás ninguna admiración/respeto/amor de otros seres humanos, y sufrirás". O "si sigues criticando la secta/ideología/sistema, sufrirás". "Teórico de la conspiración", por ejemplo, es una manipulación muy malvada de la mencionada tendencia universal que tenemos como seres humanos, y de la realidad de la existencia humana. En resumen, la amenaza es que no serás aceptado por el colectivo si expresas ciertas opiniones no marxianas o tienes ciertos comportamientos.

## Negacionista del cambio climático (o negador del clima)

Este es probablemente el más infantil de la lista. Se basa en un viejo clásico: "negador del Holocausto". Si dudas de la explicación oficial, aprobada por el gobierno, de algo -es decir, si crees que se está mintiendo sobre un tema concreto-, este término se utiliza para rebatir tus argumentos. Se utiliza para acallar cualquier duda, para impedir que se siga investigando, para encubrir cosas.

Así, si no crees en el "cambio climático" (es decir, que el comportamiento humano, la contaminación, los niveles de $CO_2$, etc. están afectando a los patrones climáticos o aumentando las temperaturas globales de manera significativa), entonces este término insinúa que estás en negación de esta verdad incuestionable y (aparentemente) universalmente aceptada. No sólo eso, sino que estás loco por hacerlo (el viejo truco de "si no estás de acuerdo con nosotros, ¡estás loco!"), que podemos ver en el uso de 'negador'/'negación'. Insinúa que estás alejado de la realidad y que, por tanto, estás loco.

También es un término inverso, ya que insinúa que esta persona no se preocupa por el planeta, que es lo contrario de la verdad: cualquiera que se oponga al marxismo/subagendas marxistas claramente lo hace (mientras que los miembros de la secta están destruyendo el planeta y la humanidad a sabiendas/inconscientemente). Además, el hecho de que insinúen que tú -el objetivo (del término)- estás loco, cuando en realidad tú eres el cuerdo, también es inverso.

## Efecto previsto: un nuevo sistema de clases "revolucionario".

La columna "Efecto previsto" de la tabla muestra cómo la secta está creando, irónicamente, un nuevo tipo de sistema de clases. Los individuos categorizados en esta columna deben ser rechazados, condenados al ostracismo, destruidos, encarcelados, exterminados, etc. Por supuesto, esta clase de personas merecen este tipo de tratamiento porque son malvados de todos modos, ¿verdad? Deben ser tratados como ciudadanos de segunda clase (si tienen suerte). Irónicamente, se convertirán en la nueva clase (genuinamente) oprimida, lo cual es, de nuevo, un tipo de inversión (¡y de hipocresía!).

Se trata de poner a las mentes/personalidades superiores de la sociedad en una posición inferior, sin derechos básicos, ni poder/influencia de ningún tipo (lo que lleva al dominio de la ideología y al desmoronamiento de la civilización). El culto siempre ha eliminado a la "intelligentsia" a lo largo de su historia.

La ideología convence a sus adeptos de que es un noble empeño crear una revolución en la que, entre otras cosas, se supriman los sistemas de clases tradicionales. Esto no sólo es irracional y destructivo, sino también hipócrita (en ese sentido único y marxista). La secta/ideología siempre ha intentado crear un nuevo sistema de clases, con ella misma en posición dominante, utilizando todas las armas a su disposición. Desde hace décadas, se esfuerzan por tener como ciudadanos de segunda clase a cualquiera que no se ajuste a los planes de los globalistas. ¡Lo cual no es igualdad! Recuerden sus prohibiciones de viajar a los que no se pusieron las "vacunas", y a los que se les destruyó su medio de vida con la pérdida del empleo, etc.

## Nazis, fascistas y extrema derecha

El uso de términos como nazi/fascista/ extrema derecha es absolutamente crucial para acabar con cualquier oposición al marxismo en el momento en que aparece en la sociedad. Reparten estas etiquetas como si su vida dependiera de ello. La secta ha estado utilizando esta táctica desde el nacimiento del fascismo en el período posterior a la Primera Guerra Mundial (nota: esto puede confundir a algunos, que pueden creer que el fascismo y el nazismo ("nacionalsocialismo") son formas de marxismo, pero esta es una percepción común errónea y distorsionada que beneficia a la secta/ideología. No son lo mismo (de nuevo, tratado más adelante).

### "Nazi"

La palabra "nazi" procede, por supuesto, del movimiento nacionalsocialista alemán de los años veinte hasta el final de la Segunda Guerra Mundial. El partido liderado por Adolf Hitler era el *Nationalsozialistiche Deutsche Arbeiterpartei* (NSDAP) o *Partido Nacionalsocialista Obrero Alemán.*[3] El término "nazi" surgió como un término despectivo para describir este movimiento. Hace un tiempo, nazi solía significar "maniático del control", comparando a una persona controladora con los nazis de Alemania durante la era de Hitler. Ahora, "nazi" significa cualquiera que sea conservador, nacionalista, patriota, etc.; básicamente, cualquiera que no cumpla o se oponga a la secta/ideología/sus subagendas. Es como si alguien hubiera pulsado un interruptor (rojo) y el significado de esa palabra hubiera cambiado. Ahora, los marxistas son claramente los fanáticos del control, y sin embargo están llamando nazis a todos los demás; es gracioso. Así que la palabra nazi -que solía significar "maniático del control"- proviene ahora de los maniáticos del control y se utiliza como forma de controlar cualquier resistencia a los verdaderos maniáticos del control: los marxistas. ¿Qué es esta locura? Es más

---

[3] https://www.britannica.com/topic/Nazi-Party

hipocresía/doble moral.

Así que esencialmente "nazi" solía significar "maniático del control", pero ahora significa (si nos fijamos en aquellos a los que los marxistas dan esta etiqueta) "alguien que no quiere ser controlado por los marxistas". En este contexto, en realidad, es un gran cumplido, pero los miembros de la secta son demasiado tontos/les han lavado el cerebro para entenderlo, por supuesto. Vamos a dar a todos los demás un pase, ya que esta verdad no es ampliamente comprendida todavía.

## "Fascista"

Un término muy importante, revelador y extremadamente valioso para la secta, por lo que le dedicaremos algo de tiempo. La gran mayoría de las personas (podría ser el ochenta o incluso el noventa por ciento) que utilizan esta palabra en todo el mundo cada día no tienen ni idea de lo que realmente significa, ni de dónde viene. Tampoco comprenden su verdadero significado en términos de lucha contra la secta/ideología. El creciente dominio de la secta/ideología en la civilización occidental desde el siglo XIX ha condicionado a las masas a percibir esta palabra de una determinada manera. Generalmente evoca pensamientos de ultranacionalismo peligroso, belicismo, autoritarismo pro-burgués, racismo/xenofobia, opresión brutal de ciertos grupos, etc.

En las últimas décadas en particular (ya que la secta es ahora lo suficientemente numerosa/fuerte como para ser más abierta y ruidosa), se ha visto un aumento en el uso de esta palabra como parte de la táctica del ridículo. Se utiliza para suprimir la oposición ideológica antes de que tenga la oportunidad de formarse. También está relacionado con el aspecto hipócrita y de señalización de virtudes de la secta: etiquetan a sus enemigos como "fascistas" porque tiene connotaciones malignas, y quieren aparecer como los salvadores benignos y virtuosos. Cuando llaman a la gente "fascistas", en realidad están diciendo "no les escuchéis, son malvados; escuchadnos a nosotros, somos buenos". Juveniles.

### La maldad de "nazi" y "fascista

Las connotaciones malignas que tienen estos términos provienen de la asociación con las creencias/ideología y acciones llevadas a cabo por ciertos tipos de individuos/regímenes/grupos en el pasado: sobre todo a partir del ascenso del fascismo en Italia bajo Benito Mussolini y el ascenso del nacionalsocialismo en Alemania bajo Adolf Hitler (ambos durante el periodo de entreguerras). Otras figuras históricas notables descritas como "fascistas" por la secta, por nombrar algunas, fueron el Generalísimo Francisco Franco en España tras la Guerra Civil Española; Augusto Pinochet en Chile durante las décadas de 1970 y 1980; y Antonio Salazar en Portugal desde la década de 1930 hasta finales de la década de 1960. Constantemente se nos recuerda que estos hombres fueron dictadores malvados, quizá los más malvados. De ahí que la asociación con esos líderes y sus movimientos sea una asociación con el mal en sí mismo, lo que ha hecho que el término "fascista" sea tan eficaz. Curiosamente, a pesar de la cantidad y el impacto de los dictadores marxistas en el siglo XX, no se les incluye en la misma categoría que a los llamados líderes fascistas en general.

### Etimología de "fascista

El término inglés "fascist" procede del italiano "fascismo", que a su vez proviene de "fascio" ("liga") o "fasces", que significa "haz de varas o palos". Su origen se remonta al "Fascio Littorio" *de* la época del imperio romano (en latín: "Fascis" y "Fascia"), como arma y símbolo de autoridad.[4] El movimiento "fascista" pionero de Benito Mussolini eligió estos Fasces como símbolo de fuerza y autoridad. En 1919, este símbolo le llevó a crear una organización llamada *Fasci Italiani di Combattimento* o *Fascias Italianas de Combate. A* ésta le sucedió el *Partito Nationale Fascista* o *Partido Nacional Fascista* (que gobernó hasta la caída del gobierno fascista en 1943).[5] Así pues, no hay nada malo en la palabra "fascista" en sí o en sus orígenes, sino en las connotaciones evocadas y las asociaciones con esas figuras del pasado. Por supuesto, la perspectiva de que esta palabra es malvada procede en gran medida de una perspectiva partidista influenciada por el marxismo.

### No miembros de la secta que lo utilizan

La influencia de la ideología puede afectar incluso a la forma de hablar de los no miembros de la secta. Incluso cuando una persona se comporta como un auténtico patriota o nacionalista (elija la etiqueta que prefiera), puede hablar como un miembro de la secta y utilizar algunos de sus términos. Este es sólo uno de los innumerables signos de lo arraigado que está el adoctrinamiento marxista. Por ejemplo, la palabra "fascista" se utiliza a menudo para describir el comportamiento totalitario, incluido el comportamiento de "estado policial" (encapsulado en "estado policial fascista"). Se ha descrito así el comportamiento despreciable, traidor y de represión de protestas de varias fuerzas policiales. En los últimos años, también se utiliza para describir el comportamiento de Antifa y otras organizaciones de engendros marxistas ("¡ellos son los verdaderos fascistas/nazis!", etc.).

Así pues, se utiliza universalmente más o menos de la misma manera, y todos los que la utilizan no entienden lo que significa realmente (no sólo etimológicamente, sino simbólicamente, como veremos más adelante).

¿Por qué no oímos los términos "Estado policial marxista" o "Estado policial socialista" o "Estado policial comunista"? Cuando observamos la cantidad (¡y el fanatismo!) del comportamiento autoritario de los regímenes inspirados en el marxismo sólo en el siglo 20[th] ("Socialista"/"Comunista") en comparación

---

[4] Cartwright, M., "Fasces", 8 de mayo de 2016. https://www.worldhistory.org/Fasces/

[5] https://www.britannica.com/biography/Benito-Mussolini

con los llamados regímenes "fascistas", simplemente no hay competencia entre ellos en términos de comportamiento autoritario de "estado policial" (propaganda marxista aparte), en términos de la cantidad de personas y países afectados por ello. Sin embargo, el autoritarismo, las dictaduras y el control militarista del Estado se asocian con la palabra "fascista" en todo el espectro político.

¿Por qué este etiquetado unilateral y desequilibrado? Se debe a la influencia del marxismo en nuestra forma de hablar y, por tanto, de percibir el mundo que nos rodea (es decir, la realidad). También demuestra que incluso las personas racionales, éticas y de buen carácter pueden estar ligeramente infectadas por el marxismo, aunque no sean conscientes de ello. Una vez más, esto no es una ofensa personal a nadie; es sólo representativo de lo arraigada que está la ideología en nuestra cultura. (véase más adelante la sección "Derecha vs. Izquierda").

**Antifascista**

El término "Antifascista" es otro término marxista engañoso, utilizado tradicionalmente. Cuando se etiquetan a sí mismos como "antifascistas" es otro juego de manos, para desviar la atención de lo que son. Inmediatamente hace que los ignorantes se centren en sus enemigos, ya que implica "Estamos en contra de esa gente malvada, pero somos buenos". Como está descubriendo la parte no adoctrinada del mundo, estos "antifascistas" son los verdaderos alborotadores de nuestras sociedades (un hecho que apoya la premisa de este libro). Este término significa realmente "grupo que está en contra de los que se resisten al marxismo", o "anti-anti-marxistas". Eso es todo lo que significa. Gracias a esos incinerables zombis marxistas *Antifa*, el término nunca está demasiado lejos del discurso público.

**Supremacistas blancos**

La etiqueta "supremacista blanco" es otro insulto antiblanco hacia los blancos que saben que la "diversidad" y el "multiculturalismo" son antiblancos. El constante "¡racismo!" de los miembros de la secta (los verdaderos racistas) disfraza hábilmente el racismo antiblanco del marxismo. Es la típica distracción/deflección marxista: ellos atacan primero para ponerte en contra. Cuando ellos son los verdaderos racistas.

**Teórico de la conspiración**

Este es sin duda uno de los términos más poderosos e importantes que se utilizan hoy en día (para mantener a las masas bajo control). Un término ridículo muy poderoso. Recuerda a "¡Abrahadabra!", una especie de hechizo para hacer que la mente de una persona se desconecte y vuelva a su letargo de zombi. Dice: "¡Aquí no hay nada que ver!", y "¡Cállate! Hagan lo que el estado/sistema les dice que hagan!", o "¡Créanse lo que el gobierno y los medios de comunicación les dicen!".

Este término no sólo puede disuadir a la gente de entender cómo funciona el sistema de control en un sentido más amplio, sino que también impide que una persona entienda la naturaleza conspirativa del marxismo, que es esencial para cualquier sociedad que quiera detener la ideología. Siempre se han dedicado a conspirar para destruir naciones/el establishment e imponer su voluntad. Así que, en resumen, a la secta le interesa llamar a la gente "teóricos de la conspiración" y condenarlos al ostracismo. Ayuda a impedir que el resto de nosotros denunciemos sus acciones y tomemos contramedidas contra ellos.

Es curioso cómo, en una sociedad plagada de marxismo, se ríen de ti por hablar de cosas que se consideran "teoría de la conspiración", ya que obviamente eres un chiflado alejado de la realidad, ¿verdad? Sin embargo, si sales con una de las innumerables locuras aprobadas por la secta, puedes ser elogiado, respetado e incluso idolatrado.

Por ejemplo, si sugieres que la estafa del virus Covid fue un ataque comunista contra el capitalismo occidental, además de una estratagema para hacer llegar algunas "vacunas" a la gente, o que la inmigración masiva es un reemplazo de la población antiblanca, la secta intentará ridiculizarte hasta silenciarte; pero si eres un hombre que "sale del armario" como mujer (después de años de negación, aparentemente), ¡no podrán poner los micrófonos y las cámaras delante de tu cara recién cuidada y tus tetas recién creadas con la suficiente rapidez! Lo mismo ocurre si parloteas sobre el cambio climático, el patriarcado, la cultura de la violación o cualquier otra fantasía/teoría de la conspiración/distorsión marxista de la realidad.

Ser conspirativo forma parte de la herencia marxista tanto como la lucha de clases, o creer en una utopía igualitaria, u odiar el cristianismo y el capitalismo. Así que, por supuesto, no quieren que nadie piense que están conspirando o participando en la Subversión Ideológica. No es de extrañar que les encante llamar a la gente "teóricos de la conspiración" y ridiculizarnos cuando intentamos desenmascarar a estos traidores alborotadores en nuestros países, ¡destacando sus actividades subversivas!

El hecho de que el marxismo haya infectado las estructuras de la sociedad - política, medios de comunicación, educación, ONGs/sin ánimo de lucro, policía, religión, organizaciones internacionales, etc.- y de que exista una connivencia engañosa y encubierta entre ellas, es un excelente ejemplo de que las conspiraciones existen. Es la definición de conspiración. Por lo tanto, "teórico de la conspiración" es una herramienta esencial para la secta.

**Términos marxistas clásicos**

He aquí algunos de los términos clásicos de la secta. Son las tarjetas de visita omnipresentes de los miembros de la secta en todo el mundo (una diana para los "radicales"), una especie de marca ideológica. También contienen un elemento de señalización de virtudes, sugiriendo que quienes los utilizan están convencidos de que saben lo que es mejor para la sociedad, siendo los maravillosos salvadores revolucionarios que son.

Cuando se pronuncian, puedes ver literalmente el ego y las suposiciones en sus caras (con los ojos muy abiertos y a menudo sonrientes) y oírlo en sus voces, ¡casi como si fueran proclamaciones de la propia virtud! Se trata de un comportamiento maníaco y sectario en plena exhibición: pensamientos, palabras, acciones, todo en una hermosa sincronía. Además, el elemento del Caballo de Troya se entreteje en cada palabra, lo cual es fascinante. Ni que decir tiene que si oyes estos términos constantemente en tu país, tienes una grave infección marxista.

| Plazo | Significado | Significado/efectos |
|---|---|---|
| Progresiva | Bien, haciendo las cosas aún mejor (mucho mejor que en el pasado de mierda y tradicionalista). Todo lo progresista es para la mejora de la sociedad, en particular de los "oprimidos". Significa trabajar por un mundo mejor, más ético (según la secta/ideología). | Da la falsa impresión de que la sociedad se está transformando de forma positiva. Además, condiciona a la gente a aceptar el cambio constante, la revolución constante (a través de la "progresión") y a aceptar la eliminación/sustitución de las cosas tradicionales (no marxistas). |
| Diversidad | Las sociedades occidentales deben tener tantas variedades de personas como sea posible en cuanto a sexo, orientación sexual, religión, etnia, etc. Todos los grupos son iguales. Una sociedad "diversa" es una sociedad más ética y libre de opresión. | Se utiliza en las poblaciones occidentales para sugerir que hay demasiados blancos (sobre todo hombres heterosexuales) en un entorno social determinado; condiciona a estas poblaciones para que acepten la inmigración masiva; facilita el "antirracismo"/"multiculturalismo". Conduce a sociedades marxianas monoculturales. |
| Igualdad | Igualdad es igual a moralidad y justicia. Todos somos iguales. No debería haber jerarquías porque eso conduce a la opresión. | Todo el mundo se vuelve igual de anodino, parecido a un zángano, sumiso al Estado/a las autoridades, etc. |

| | | (también conocido como uniformidad). |
|---|---|---|
| Solidaridad | Unámonos en un gran colectivo, cuanto más grande mejor, y pongámonos de acuerdo unos con otros. | Todos debemos pensar, hablar y actuar igual, como una unidad. Cualquiera que no se alinee con nosotros es un oponente/enemigo. |
| Justicia social | Algunas personas deberían ser tratadas mejor en la sociedad. Debería haber más igualdad, compasión, solidaridad, diversidad y progreso para todos. | La sociedad se ajusta a las ideas marxistas del bien y el mal. En otras palabras, se convierte en un agujero de mierda insano. Lleva a la imposición de la "igualdad"/uniformidad, mediante la coerción. |

## Términos feministas y marxistas racistas

También podríamos llamar a estos términos marxistas teoría de la conspiración, ya que casi encajan en esa categoría. Una teoría de la conspiración, en este contexto, es algo que es una idea inventada que implica algún tipo de mal o injusticia que se está cometiendo, a menudo clandestinamente, por un grupo contra otro grupo, sin pruebas concretas de que exista (a menos que la propaganda marxista en forma de "investigación" o "estudios", o "ciencia" sesgada por el marxismo cuente como prueba). Los dos primeros - "cultura de la violación" y "patriarcado"- proceden del movimiento feminista, y el término "privilegio blanco" es racismo marxista contra los blancos.

| Plazo | Significado marxista | Efecto previsto | Grupo destinatario |
|---|---|---|---|
| Cultura de la violación | Los hombres están culturalmente adoctrinados para violar a las mujeres. Todos los hombres son violadores en potencia. | Hay que "educar" a los hombres para que no sean violadores a través del sistema "educativo". Demoniza a los hombres, destruye la masculinidad y debilita la sociedad. | Varones de todas las edades (varones indígenas/blancos en particular. No varones inmigrantes/no blancos, ya que esto es "racista"). |
| Patriarcado | Los hombres han dominado a las | Ahora, en nombre de la "igualdad", las | Varones de todas las edades |

| | | | |
|---|---|---|---|
| | mujeres en el pasado a través de esta estructura opresiva de toda la sociedad. | mujeres deben tener prioridad sobre los hombres en tantos ámbitos de la sociedad como sea posible. # | (indígenas/blancos en particular. No varones inmigrantes/no blancos, ya que esto es "racista"). ** |
| Privilegio blanco | En general, los blancos han sido/son privilegiados, y los no blancos no lo han sido/no lo son. | Genera animadversión/amar gura racista en los no blancos hacia los blancos. | Los blancos, independientemen te de su edad, sexo, orientación sexual, nacionalidad, riqueza, etc. (a menos que sean miembros de una secta). |

# Se convierte a los hombres en ciudadanos de segunda clase, poniendo primero a las mujeres en la categoría de "oprimidas" y a los hombres en la de "opresores"; para afeminar la sociedad, etc.

** Estos malvados "patriarcados" son la creación de los varones blancos heterosexuales, según el culto

De nuevo, el único tipo de persona que encaja en el grupo objetivo de los tres términos son los hombres blancos heterosexuales. En el caso del "privilegio blanco", también puede aplicarse a las mujeres blancas (pero no a las que forman parte de la secta, por supuesto, ya que pueden evitar este ataque declarando que son "solidarias", etc.). Esencialmente, todos estos son términos propagandísticos dirigidos a la gente blanca, y a los hombres blancos heterosexuales en particular, pero no se aplican a los miembros de la secta de ningún género (o a la multitud de otros "géneros" como las hadas unicornio no binarias transexuales comunistas, etc., etc.).

Utilizando la fórmula opresor contra oprimido, podemos concluir que la clase "opresora" en las dos primeras iniciativas son los hombres blancos heterosexuales, a los que se añaden las mujeres blancas en la tercera. Por supuesto, la clase "oprimida" en las dos primeras son las mujeres; los no blancos en la tercera.

**Privilegio blanco**

Otro término marxista que se basa en una percepción distorsionada de la historia y la realidad. Este término es complementario al eslogan de "Black Lives Matter", ya que ambos existen para generar conflictos entre estas razas. El concepto de "privilegio blanco" es propaganda racista hacia los blancos. Millones de idiotas han sido estafados por esto y lo han repetido;

particularmente en EE.UU. donde se desató para crear el caos. Utilizar el término en sentido peyorativo es simplemente un acto criminal. Es una incitación incendiaria al odio racial.

El "privilegio blanco" es un añadido a la fórmula opresor-oprimido expresada en Black Lives Matter, porque genera un odio extra hacia la gente blanca/el "opresor" por parte de la gente no blanca/el "oprimido". Digo "extra" porque la fórmula opresor contra oprimido ya contiene odio hacia el opresor de todos modos.

El "privilegio blanco" es un término racista muy peligroso, ya que permite a los no blancos situarse en la categoría de "oprimidos", al tiempo que genera un odio "justificable" hacia los blancos. También fomenta la violencia, la violación, el asesinato y el genocidio de los blancos. Podemos verlo en el movimiento BLM, y también en Sudáfrica.

Es peligroso porque dice a los no blancos que son víctimas por defecto y que tienen un enemigo racial común. Desencadena cualquier tendencia tribal de "nosotros contra ellos" en el grupo "oprimido" y también desencadenará el elemento sociópata dentro de esa comunidad (todos los grupos lo tienen en un grado u otro).

Por supuesto, el término se basa en una percepción distorsionada de la historia y la realidad (que se aborda más adelante en la sección BLM). Hay muchos individuos amargados, resentidos y dañados de persuasión africana en Estados Unidos (y en otros lugares), y las frases marxistas como "privilegio blanco" son la herramienta perfecta para ellos, ya que les permiten culpar a algo ajeno a ellos mismos de sus propios defectos.

Una vez más, la ideología saca lo peor de la humanidad. Hay, por supuesto, innumerables individuos blancos amargados, resentidos y dañados en todo el mundo, pero no se les proporciona este tipo de excusa racial. No existe una salida para sus problemas.

### Otros términos

| Plazo | Significado marxista | Significado/objetivo |
|---|---|---|
| Género no binario (o género "no-cis"). * | Persona que cree que no es ni hombre ni mujer y que ahora puede identificarse como otro "género" de su elección. | Una persona que es diferente a un hombre o una mujer típicos (debido a factores genéticos, epigenéticos o ambientales), y/o que tiene problemas psicológicos que han distorsionado su percepción de su |

identidad sexual.

| | | |
|---|---|---|
| Género fluido | El concepto de género no se aplica a esta persona. Pueden cambiar de género a voluntad. # | Como arriba, cuando lo pronuncia alguien que encaja en ese perfil. |
| Lleno de odio | Esta opinión/persona es mala, potencialmente malvada. También son irracionales e incapaces de controlar sus emociones negativas. ¡No tienen amor! Están creando división, no unidad (es decir, solidaridad). | Esta opinión/persona no se ajusta a las ideas marxistas de ética. No sienten el "amor" marxista de secta. No están a favor de la igualdad/unidad, por lo que su opinión debe suprimirse, ya que son críticos con determinados subprogramas marxistas. |
| Culpabilizar a las víctimas | Cualquier examen, análisis o crítica del comportamiento de las mujeres que han sido agredidas/violadas sexualmente es siempre erróneo. | No debes insinuar que alguien de un grupo "oprimido" tiene que cambiar su comportamiento o dejar de ponerse en peligro (en situaciones en las que esto sea aplicable). |
| Slut-shaming | Cualquier crítica del comportamiento sexual de las mujeres -especialmente del comportamiento promiscuo, exhibicionista o "de pacotilla"- está mal. | El marxismo (a través del feminismo) fomenta el comportamiento degenerado de las mujeres, por lo que este término está diseñado para impedir la crítica de las mujeres que tienen ese comportamiento. |
| Mansplaining | Un hombre que explica algo a una mujer de manera condescendiente. Este comportamiento está vinculado al patriarcado. Oprime a las mujeres (en lugar de empoderarlas) y no | No se debe permitir que un hombre actúe con superioridad sobre una mujer. Dado que las mujeres pertenecen a una clase "oprimida", |

| | | |
|---|---|---|
| | se ajusta a la igualdad. | los hombres no pueden tratarlas como inferiores, criticarlas ni siquiera explicarles las cosas. Esto está relacionado con los mimos a los que pertenecen a grupos "oprimidos", la inflación del ego, etc. |
| Discriminación (vinculada a la exclusión) | Una persona recibe un trato injusto debido al grupo al que pertenece (sexo, orientación sexual, raza, religión, etc.). | Una persona está siendo maltratada por pertenecer a un grupo "oprimido" aprobado por el marxismo. |

\* Hay muchos términos para referirse a esta subagenda marxiana de género. Obsérvese cómo en los últimos años está aumentando el uso de términos como "género no-cis", "género-queer", etc., además de la insistencia en que debemos llamar a las personas por sus pronombres elegidos.

\# ¿Es un tipo de superpoder?

## "Lleno de odio" e hipocresía esquizofrénica

Una de las cosas más ridículas con las que salen, se utiliza a menudo. Cualquier persona o grupo no marxista que critique algo es tachado de "lleno de odio" (especialmente si esa crítica se dirige a las actividades de la secta). Así, si te opones a la inmigración masiva, al feminismo, a la gran revolución en general o a la propia secta/ideología, debes estar "lleno de odio". La implicación es que la secta no está "llena de odio", sino que es un movimiento humanitario benigno, positivo y progresista de "amor" (ostensiblemente la emoción polarmente opuesta al odio). Por tanto, si te opones a ellos -y representan lo que es bueno- debes ser lo contrario (el mal). El marxismo es amor, ¿no?

"Lleno de odio" también está relacionado con el principio del opresor contra el oprimido, ya que si no estás de acuerdo con otorgar a ciertos grupos su condición de oprimidos, entonces seguramente debes sentir odio hacia ellos, ¿no? (careces de "compasión" y "amor", etc.). Esto se aplica a cualquier sub-agenda que implique directamente a personas/grupos (feminismo, LGBTQ, migración masiva, etc.), o animales (vegetarianismo y veganismo).

También hay, como es lógico, un elemento esquizofrénico e hipócrita en el término "lleno de odio"; es típico de la persona de la secta, y otra inversión de la realidad. Los adoctrinados pensarán que lo que les impulsa es (su interpretación de) el amor, la unidad, la virtud, la ética, la compasión, la armonía, la nobleza, el deber, el altruismo, etc. Ninguna de esas cosas es el motor principal de esta ideología. Es el egoísmo y la ingenuidad habituales que podemos esperar de ellos: todo en ellos (incluidas sus creencias) se reduce a que son maravillosos y a que las cosas son "positivas" y "bonitas". Están completamente equivocados. El odio es la esencia del marxismo. Es el precursor de su destructividad. No es sólo odio a lo que no es marxista, sino odio a la humanidad y a la vida misma.

¿No está la secta/ideología "llena de odio"? ¿No están los miembros de la secta (consciente o inconscientemente) llenos de odio hacia sus propias identidades, naciones, culturas, patrimonio y pueblos (puesto que los están destruyendo)? ¿No están llenos de odio hacia los que no están de acuerdo con ellos (especialmente los antimarxistas y los patriotas auténticos)? Al estar adoctrinados, vomitarán odio contra los que somos anti "globalistas", mientras sirven simultáneamente a los mismos globalistas elitistas (que nos odian a todos). ¿No está esto lleno de odio? ¿Te imaginas odiar a otros esclavos más de lo que odias a tu amo? ¡Esto es peor que el odio!

No estaríamos viviendo en este mundo de mierda infectado por el marxismo si no fuera por su odio y su ideología llena de odio, así que usar el término "lleno de odio" es la última desviación/distracción. Aquellos de nosotros que no alimentamos la secta/ideología marxista llena de odio no tendríamos ninguna razón para expresar odio hacia ella (y sus efectos odiosos) ¡si no existiera! Sin la secta/ideología y sus constantes tendencias manipuladoras, controladoras, agitadoras de mierda y divisorias, habría muy pocos motivos para el odio en el planeta en este momento, ¡especialmente en Occidente!

Por el contrario, el patriotismo y los patriotas (tanto si se identifican como nacionalistas como si no) son expresiones genuinas de amor por sus propios pueblos, culturas, países, etc., ya que están tratando de preservar esas cosas, protegiéndolas del ataque sin amor, sin compasión y lleno de odio de la ideología.

El uso de "lleno de odio" es también la típica señal arrogante de virtud que podemos esperar de ellos; dice "nosotros somos los árbitros de las actitudes o comportamientos correctos e incorrectos, y esta opinión/persona llena de odio es inferior a nosotros. No son humanos y merecen ser condenados". Es otro término estúpido, infantil y de señalización de virtudes, utilizado por personas adoctrinadas para silenciar cualquier oposición a las agendas genuinamente llenas de odio de la secta/ideología.

## "Lleno de odio" como control mental

Expresar rabia por las consecuencias de una infección marxista en la sociedad puede atraer esta etiqueta, incluso si la persona no está criticando activamente la secta/ideología o sus subagendas. Por ejemplo, una persona en su sano juicio puede expresar su ira por el interminable desfile de cosas psicóticas que los miembros de una secta dicen o hacen. Y tiene todo el derecho a hacerlo. Tiene razón. Pero este tipo de reacción no puede permitirse (desde el punto de vista de la secta/ideología). El término "lleno de odio" está diseñado para hacer que la persona en cuestión parezca ser el problema, especialmente a los ojos de los demás. Es una forma de intimidación psicológica sutil, para asegurarse de que otros no imiten el comportamiento.

La secta/ideología quiere que seamos imbéciles sonrientes y dóciles y que seamos "positivos" y "compasivos", etc.; que simplemente aceptemos la destrucción que nos impone, a la sociedad. Cualquier tipo de odio hacia esta locura debe considerarse como un problema psicológico negativo de la persona que expresa esta respuesta emocional tan natural, racional y constructiva. Estar enfadado en el contexto adecuado tiene que ver con la ética, la justicia y la conciencia intelectual. Si te enfadas con un individuo o grupo por destruir lo que es bueno, y si expresas ese enfado delante de los demás -dándoles así un ejemplo a seguir-, eres justo. Si los demás son demasiado tontos, demasiado cobardes o están demasiado perdidos para apreciarlo, ¡que se jodan!

**El término "Mansplaining**

Aunque el feminismo tiene su propia sección separada, este estúpido término divisivo merece ser incluido aquí. De *merrian-webster.com*: "Mansplaining es... lo que ocurre cuando un hombre habla con condescendencia a alguien (especialmente a una mujer) sobre algo de lo que tiene un conocimiento incompleto, con la suposición errónea de que él sabe más sobre ello que la persona con la que está hablando".[6] Se trata de otro término inventado, una pieza de propaganda infantil contra los hombres procedente del movimiento feminista. Una sola "palabra" para generar conflicto entre los sexos designando a los hombres como el grupo objetivo opresor; en particular, los hombres con conocimientos, seguros de sí mismos y que asumen el mando. El término es muy destructivo y un añadido a la programación feminista marxista. Es un complemento al adoctrinamiento, básicamente, y otra capa de mierda con la que tenemos que lidiar. Genera animadversión y desconfianza hacia los hombres en la mente de las mujeres.

El término también trata de ocultar una verdad que los miembros de las sectas en general, las feministas y otros no están dispuestos a aceptar o no pueden aceptar: los hombres tienen ventaja sobre las mujeres en general a la hora de percibir con claridad las grandes cuestiones y las cosas técnicas y mecánicas (de hecho, la realidad en sí misma es técnica y mecánica. Incluso las cuestiones "más generales", como la historia, la ciencia o la geopolítica, tienen elementos técnicos y mecánicos). Al mismo tiempo, los hombres en general tienden a interesarse más por estas cosas a lo largo de su vida, y por ello acumulan más conocimientos, lo que les da una enorme ventaja sobre las mujeres.

Más conocimientos equivalen a más capacidad para enseñar/explicar cosas,

---

[6] https://www.merriam-webster.com/wordplay/mansplaining-definition-history

sobre todo a alguien que sabe menos. De ahí que a menudo sean los hombres quienes explican este tipo de cosas a las mujeres (y no al revés). Esto debería ser obvio. Es una de las diferencias fundamentales entre los sexos que la secta/ideología intenta enmascarar. Obviamente, esta dinámica también puede existir entre hombres, ¡pero a los hombres no se les permite gritar "opresión" cuando otro hombre con más conocimientos y habilidades les está explicando cosas! Una vez más, no hay necesidad de que nadie elija el camino de los débiles (la negación), y se sienta "ofendido" por esto, ya que es simplemente la verdad. Los hombres y las mujeres no son iguales. El término "Mansplaining" no es más que otra forma de ocultar la verdad, y de impulsar el concepto erróneo y perjudicial de igualdad, a través de un lenguaje propagandístico. También intenta negar la existencia de jerarquías (de conocimientos/habilidades), sobre las que se ha construido la civilización. Es, por tanto, un ataque a la propia civilización.

**Mansplaining y crítica**

El "Mansplaining" anima a las mujeres a no escuchar a los hombres, insinuando que de algún modo estarán más "empoderadas" si no lo hacen (lo contrario de la verdad). En particular, no deben aceptar ninguna crítica de los hombres, ¡incluso si merecen ser criticados! ¿Te das cuenta de que esta mentalidad va a ser un verdadero problema cuando un hombre no adoctrinado se relacione con una mujer adoctrinada?

El término ayuda a evitar cualquier crítica a las mujeres que puedan tener un comportamiento degenerado, debido al adoctrinamiento feminista marxista, sobre todo si esa crítica proviene de los hombres (que son más propensos a tratar de "sacárselas de encima" de todos modos). Además, el término ayuda a garantizar que estas mujeres sigan así (ya que optan por elegir el camino de los débiles e ignoran a los hombres), siendo testarudas y clavando los talones.

En una sociedad sana, equilibrada y no contaminada, hombres y mujeres pueden equilibrarse mutuamente de forma complementaria, lo que incluye a veces la crítica constructiva. Lo masculino y lo femenino se equilibran mutuamente, en una relación simbiótica (ergo, se supone que hombres y mujeres son complementarios, no iguales). Tanto si es el hombre como la mujer quien hace este tipo de crítica, se trata de un acto principalmente "masculino". Esto es natural; el marxismo es antinatural.

También conecta con un punto tratado en otro lugar: que no se permite criticar a nadie ni a ningún grupo "oprimido" (en este caso, las mujeres). En este caso, se lleva a un extremo psicótico en el que incluso cualquier insinuación de que los oprimidos son inferiores de algún modo al opresor (los hombres) ¡es un acto de guerra! Un acto de opresión contra los oprimidos, ¡procedente del propio patriarcado! Demuestra mi punto de vista de que el objetivo de dar a un grupo el estatus de "oprimido" no es ayudar, sino inflar sus egos hasta el punto de que se vuelven mimados e insufribles, y cualquier insinuación de que son imperfectos es intolerable.

"Mansplaining" es un término nauseabundo y consentidor, y un buen ejemplo de las tonterías que aparecen como "lenguaje" cuando el marxismo se impone. Es un término que dice "¡Cómo te atreves a no tratar a las mujeres como diosas perfectas que todo lo saben!". (Como ya se ha dicho, este factor de malcriadez también se aplica a los miembros de otros grupos oprimidos, no sólo a las mujeres; es muy problemático).

### Culpabilizar a las víctimas

Un término marxiano muy peligroso y contrario a las mujeres, utilizado por miembros de sectas dentro y fuera del feminismo. También está relacionado con los puntos anteriores, y cómo cualquier crítica -o intento de controlar- el comportamiento de las mujeres puede ser contrarrestado por la secta siempre virtuosa con otro eslogan pegadizo. En realidad, este término pone a las chicas/mujeres en mayor riesgo de ser agredidas/violadas sexualmente, porque envía un mensaje erróneo: que las mujeres no tienen que prestar atención a su comportamiento en absoluto, incluidos los que pueden ponerlas en riesgo de tales cosas (por ejemplo, las jóvenes que se visten sexualmente, salen en público y se emborrachan gravemente con alcohol, convirtiéndose en un blanco fácil para cualquier depredador sexual de la sociedad). También está relacionado con la "liberalización" de la sexualidad de las mujeres, un aparente "logro" del feminismo.

### Términos marxistas de "orgullo

> "Hasta el día de mi muerte miraré atrás con orgullo por haber encontrado el valor de enfrentarme cara a cara en la batalla contra el espectro que desde tiempo inmemorial ha estado inyectando veneno en mí y en los hombres de mi naturaleza.. De hecho, estoy orgulloso de haber tenido el valor de asestar el golpe inicial a la hidra del desprecio público".[7]

> Karl Heinrich Ulrichs, 19th siglo Alemania proto activista de los derechos de los homosexuales

No puede haber una secta sin que sus miembros se feliciten unos a otros por su brillantez como seres humanos o se den palmaditas en la espalda por no hacer nada (o, en el caso de esta secta, por destruir la Tierra). Intentemos analizar estos términos sin reírnos de su exagerada ridiculez dramática. Los oirás repartir entre quienes participan o promueven iniciativas marxistas. Puede que los oigas cuando alguien "sale del armario" como gay o "trans" o "no binario", o que ha "transicionado", normalmente en una plataforma pública, naturalmente. Un ejemplo de ello sería William Bruce "Caitlyn" Jenner-una

---

[7] Citado en: Keith Stern, K., *Queers in History: The Comprehensive Encyclopedia of Historical Gays, Lesbians and Bisexuals* (2013). P. 460.
https://en.wikiquote.org/wiki/Karl_Heinrich_Ulrichs

belleza voluptuosa y sensual con una mandíbula fuerte, voz áspera, manos poderosas que saltan de polo, manzana de Adán y hombros.

Aunque nunca ha sido tan fácil hacer todas estas cosas (debido a la decadencia de la civilización hacia la degeneración total, gracias al marxismo), ¡hay que felicitar a estas personas por sus esfuerzos sobrehumanos! Por supuesto, el mito de que estos grupos (gays, trans) están "oprimidos" hace parecer (a algunos) que estos actos merecen tal adulación.

| Plazo | Significado marxista | Significado real | Efecto previsto |
|-------|---------------------|------------------|-----------------|
| Valiente | Has demostrado valentía porque lo que has hecho da miedo. Has sido valiente al seguir adelante, soportando la opresión durante tanto tiempo tú sola y sin apoyo. | Has dicho/hecho algo que promueve/apoya una subagenda marxista. Era muy fácil de hacer y requería cero valor o esfuerzo, ya que está en consonancia con la cultura marxista. | Muestra a los demás que si adoptan este comportamiento, serán colmados de respeto/admiración/"amor", etc. (por parte de las personas adoctrinadas/la secta). Fomenta más del mismo comportamiento sectario alentándolo en los demás. |
| Fuerte | Como arriba, ¡y has demostrado fortaleza mental! | Como arriba, pero añade "fuerza mental" al cumplido. | Como arriba. |

Si una población se convence de que hacer cosas como "salir del armario" o "hacer la transición" convierte a una persona en valiente y fuerte, esto pasa a formar parte de la percepción de la población de lo que es la valentía y la fuerza. Se crea una nueva norma según la cual eres "valiente" y "fuerte" si adoptas comportamientos aceptados por el colectivo. Se te recompensa por hacer un "sacrificio" en honor de la secta. La "salida del armario" es un ritual de la secta.

## Elementos básicos

Algunos elementos centrales de la ideología:

### Opresor contra oprimido: un ingrediente principal

Puesto que esto es tan fundamental para la ideología y el adoctrinamiento, hay que analizarlo más a fondo. El principio opresor contra oprimido es un ingrediente principal utilizado una y otra vez, y podemos verlo en todas las subagendas de la secta. Su impacto es principalmente doble: genera fuertes reacciones emocionales en los afectados y crea divisiones. Combinados, estos dos elementos conducen al caos absoluto. El caos que vemos hoy en el mundo no existiría sin esta dinámica.

Este principio ha sido una piedra angular de la ideología desde el principio, aunque con el tiempo, su aplicación ha cambiado (a través del marxismo-leninismo, la Escuela de Frankfurt y el posmodernismo, etc.). Deberíamos asombrarnos de cómo la secta se las ha arreglado continuamente para reciclar/reutilizar este principio para sus fines diabólicos. "¡Si no está roto, no lo arregles!", ¿no? Lo que no ha cambiado, sin embargo, es su forma de operar: utiliza la manipulación emocional para producir fuertes reacciones psicológicas, con resultados catastróficos para la sociedad. Además, apoya comportamientos sociopáticos de culto.

En primer lugar, crea una clara división entre dos partes diferentes, situándolas en los extremos opuestos de un espectro. Etiqueta a uno como "opresor/dominador/controlador/perpetrador" y al otro como "oprimido/dominado/controlado/víctima". A continuación, fomenta emociones "masculinas" excesivamente combativas hacia la parte etiquetada como "opresor" (negatividad, odio, juicio, sospecha, etc.); mientras que fomenta emociones "femeninas" excesivas hacia la parte etiquetada como "oprimido" (positividad, calidez, empatía, simpatía y compasión, confianza, etc.). En otras palabras, desencadena ciertas percepciones, por defecto, que crean un doble rasero. Esto puede conducir a la ruptura de la verdadera justicia/ética/moralidad en la sociedad. Divide y vencerás.

Este es posiblemente el aspecto más importante de la ideología, ya que explica su toxicidad. No tendría ninguna potencia si no fuera por esta dicotomía emocional. Forma parte de su "ADN", por así decirlo.

### ¿Signos de virtud al juzgar?

De forma divertida y un tanto típica (debido a la tendencia de la ideología a invertirse), el principio de opresor contra oprimido lleva incorporado un doble rasero.

Es divertido porque la señalización de virtudes es una parte importante del truco de la ideología; afirma que todo gira en torno a la justicia, la ética, etcétera. Dice que cualquier forma de crítica o abuso de cualquier persona de un grupo "oprimido" es incorrecta, malvada, discriminatoria, misógina, racista o xenófoba, etc. Si no te gritan directamente por criticar o insultar, tu comportamiento será, como mínimo, mal visto. Es posible que te digan que juzgar está mal: "no deberías juzgar" o "deberías tener más compasión", etc.

Normalmente recibimos esta respuesta de aquellos que están adoctrinados sin que ellos (o quizás incluso tú) se den cuenta. Sin embargo, el propio principio de opresor contra oprimido depende de que juzgues a la persona/grupo de la clase "opresora". No funcionaría sin juicio. Por lo tanto, si el principio opresor contra oprimido es crucial para el funcionamiento de la ideología, entonces el juicio es una parte crucial de la ideología; permite que el culto funcione y prolifere. En cierto sentido, el marxismo es juicio.

Ahora, teniendo en cuenta todas las tonterías de señalización de virtudes, ¿no es gracioso? Por supuesto, su respuesta sería que algunos merecen ser juzgados, y otros no. Y aquí llegamos a ver lo que la secta/ideología realmente pretende: atacar a ciertos grupos, a los que designa como problemáticos. Más hipocresía. Intenta ser el árbitro de los comportamientos/actitudes correctos e incorrectos. Y, por supuesto, intenta crear una nueva norma en la que la ética marxiana sea la única: debes juzgar a los del grupo que la secta ha designado como "opresor", y no debes juzgar a los del grupo que ellos designan como "oprimido".

Es cierto que algunos miembros de la sociedad merecen ser juzgados por ella, pero una secta/ideología destructiva no está en posición de asumir este papel. Todo esto sirve como otro recordatorio de que la secta/ideología es buena para abordar las tendencias que tiene la sociedad (juzgar) y satisfacerlas. Proporciona alternativas falsas/inferiores a algo que es bueno: el juicio de ciertos individuos o grupos dentro de la sociedad en beneficio de esa sociedad/nación (ejemplo: traidores o subversivos, proveedores de degeneración, tipos destructivos con el cerebro lavado).

**Manipulación emocional**

He aquí un elemento crucial para explicar cómo funciona el adoctrinamiento marxiano. El efecto de manipulación emocional en el núcleo del principio opresor contra oprimido ('opresor'=negatividad/odio/juicio; 'oprimido'=positividad/simpatía/empatía), genera conflicto en la sociedad al cargar emocionalmente a los afectados. Más concretamente, el conflicto proviene de las reacciones emocionales equivocadas de los miembros de la secta.

El efecto general, como es lógico, es que la persona afectada (o infectada) siente que se está cometiendo una injusticia de un grupo/individuo hacia otro grupo/individuo y, por lo tanto, desea vengarse/vengar al "opresor" (en nombre de los "oprimidos"); esencialmente, siente un deber de cuidado hacia los "oprimidos". Entonces es "¡yo/nosotros al rescate!", el ego toma el control y comienza el activismo...

En la mente de una persona que percibe los problemas/sociedad a través del prisma de oprimido contra oprimido, siente dos tipos de emociones polarmente opuestas hacia esos dos grupos diferentes al mismo tiempo: negatividad/odio/juicio hacia el grupo "opresor", y positividad, simpatía/empatía, "amor"/"compasión", etc. hacia el grupo "oprimido". Se crea una especie de escisión escizofrénica de la mente. En otras palabras, el principio oppr. contra oppr. desencadena una mentalidad "grrrrr" hacia el 'opresor' y una mentalidad "nawwwwwww" hacia el 'oprimido'. "Naawwwww" o "aawwwwwwww" es el sonido que alguien hace al ver a un bebé o a un cachorro precioso. Es el instinto maternal en crack, pero deformado. Es extremadamente peligroso para la sociedad y, por supuesto, está relacionado con los esfuerzos de destrucción de la masculinidad/feminización de la secta.

Un claro ejemplo de este instinto maternal retorcido se encuentra en la subagenda de la inmigración masiva (o "multiculturalismo"/"diversidad"), cuando las personas adoctrinadas en Europa expresaron emociones de calidez y un deber de cuidado hacia los inmigrantes, ¡a quienes nunca han conocido! Esto está relacionado con el problema del altruismo patológico en las sociedades contaminadas: intentar "salvar el mundo" a costa de uno mismo y de su propio país, grupo étnico, etc. (esto es sólo un ejemplo: la mentalidad deformada del instinto maternal/"compasión" también es la culpable en otras subagendas). Por supuesto, el altruismo patológico sólo existe por el principio de oposición contra oposición.

Volviendo a las reacciones emocionales duales op. contra op.: se trata de dos emociones muy cargadas y muy contrastadas para sentirlas al mismo tiempo, cuando se contempla una cuestión concreta/subagenda marxista (es decir, feminismo, migración masiva, racismo, etc.). Para razonar correctamente, una persona necesita estar calmada y no dejar que las emociones sean la base de su razonamiento, pero cuando una persona se "dispara" hacia esos dos tipos básicos de emociones, reduce su capacidad de razonar y de ver la realidad tal y como es (es decir, la verdad del asunto). Su mente ha sido forzada a un nivel inferior de función/conciencia, gracias a estas emociones tan fuertes y contrastantes.

Como sus mentes funcionan ahora en este nivel inferior, ahora son más fáciles de controlar y su comportamiento es predecible. El adoctrinamiento les ha atrapado. Ahora están atrapados en ciertos patrones de comportamiento, preparados para reaccionar a ciertos estímulos de una manera determinada (como explicó Yuri Besmenov). Estos puntos son cruciales para comprender la naturaleza del adoctrinamiento, por qué este culto es tan intenso y fanático, y por qué no hay vuelta atrás para muchos...

Por supuesto, estos factores no se aplican a las personas inteligentes, maduras y seguras de sí mismas que saben mantener la calma y formarse sus propias percepciones claras y precisas sobre cualquier tema. Ésos son los que no se dejan embaucar por el adoctrinamiento marxista. Para los que lo hacen, su incapacidad para controlar sus emociones y su falta de inteligencia es un factor importante que contribuye a que caigan en el adoctrinamiento.

### Distorsiona la percepción con la inversión

La fórmula oppr. contra oppr. también distorsiona la percepción de la realidad de formas aún más significativas. Esto puede hacerse hasta tal punto que las cosas queden completamente al revés. De ahí lo de "inversión".

Esto puede aplicarse a cualquier subagenda en la que haya una clase "oprimida". El feminismo, por ejemplo, se anuncia a sí mismo como pro-femenino. Sin embargo, es antifemenino. Lo mismo ocurre con el aborto, como extensión del feminismo. Se comercializa como "compasión" o "asistencia sanitaria" a favor de la mujer, pero en realidad es antifemenino (una agresión a su cuerpo/vida/mente). El número de mujeres que terminan con vidas solitarias, rotas y vacías debido al feminismo y al aborto nunca podrá ser evaluado y cotejado honestamente; especialmente mientras sigamos teniendo una fuerte infección marxista en nuestras sociedades. Para cuando una mujer se dé cuenta de que el aborto que ha tenido no ha sido "asistencia sanitaria" o "compasión", puede que sea demasiado tarde (por eso el engaño/la negación es una opción mucho más fácil).

Lo mismo ocurre con Black Lives Matter. No empodera a los negros, sino que los desempodera. La mentalidad de víctima y la sensación de derecho que conlleva esta subagenda nunca conducen a ningún tipo de "empoderamiento", sino a una mayor irresponsabilidad, victimismo, malcriadez e inmadurez/degeneración. Además, se presenta a sí misma como antirracista, pero como hemos visto claramente, genera tensiones raciales y fomenta el racismo hacia los blancos "opresores". También engendra racismo hacia los negros, si una gran parte de ellos empieza a defender o apoyar la subagenda marxiana B.L.M., destructora de la civilización, o empieza a ser "antisistema", antipolicía, etc.

En la subagenda de la inmigración masiva/multiculturalismo: no va a ser beneficiosa para África u Oriente Medio, va a ser perjudicial (hablando aquí de la afluencia de inmigrantes europeos, obviamente, pero el mismo principio se aplica a la subagenda de la inmigración masiva en otras partes del mundo). Los analistas honestos e inteligentes suelen decir, y con razón, que lo mejor para mejorar estos pueblos/países es que se ayuden a sí mismos (o sean ayudados) en sus propios países; no que sus hombres más jóvenes y aptos sean simplemente trasplantados a otro lugar, lo que no beneficia ni a sus países de origen ni al destino elegido.

Estos son los resultados cuando se altera el equilibrio natural de las cosas tratando de imponer una "igualdad" artificial (racial o de otro tipo). Por supuesto, este argumento es para aquellos que piensan que esta inmigración masiva fomentada es en realidad humanitarismo (que no lo es). En lo que nos centramos aquí es en la inversión de la verdad; en cómo la victimización (tener un estatus de "oprimido") sólo conduce a la pérdida de poder, no al empoderamiento.

Este efecto de inversión extrema de la ideología es otro aspecto que hace que el adoctrinamiento sea tan potente: si alguien es adoctrinado y su percepción de algo es tan completamente al revés/al revés (y permanece así durante un periodo prolongado), puede resultarle literalmente imposible comprender la verdad. Ya no tienen remedio; es demasiado tarde para ellos.

## El "oprimido" se convierte en "opresor

El principio opresor contra oprimido también invierte las cosas al convertir a la clase "oprimida" en opresora y convierte a la clase "opresora" en oprimida.

Podemos verlo con la afluencia de inmigrantes en toda Europa. Muchos de los migrantes han aceptado la narrativa marxista de que han sufrido históricamente, por lo que si hacen sufrir a sus "opresores" (los blancos europeos), de alguna manera será justo e igualitario. Los resultados están a la vista: agresiones, violaciones y asesinatos de europeos a manos de inmigrantes. La narrativa (marxista) insiste en que los europeos autóctonos merecen de algún modo este trato a manos de estos inmigrantes "oprimidos". Hemos visto a muchos de este grupo salirse literalmente con la suya desde que empezaron las oleadas migratorias, gracias a esta característica de "el oprimido se convierte en opresor". Otro ejemplo es la subagenda del feminismo y la abierta hostilidad (misandria) que emana de estas mujeres "oprimidas" hacia sus "opresores" (hombres blancos heterosexuales) y el "patriarcado".

Esta característica (el oprimido se convierte en opresor) está relacionada con el sentimiento de derecho (es decir, de ser un mimado) que suelen tener los miembros de la clase "oprimida". Sentirse con derecho a ser mimado y ser agresivo van de la mano, en parte porque las personas mimadas suelen sentirse desgraciadas, lo que a menudo les lleva a la ira. Esto se debe a que están atrapados en el ciclo de mimarse continuamente para obtener placer a corto plazo (creyendo erróneamente que mimarse más les hará felices), lo que sólo aumenta su miseria a largo plazo, y pueden llegar a lastimarse estúpidamente debido a la frustración. Esto ocurre porque son demasiado tontos o cobardes para ver que el problema son ellos, no quienes les rodean. Tal vez sean algo conscientes de lo débiles y podridos que están por dentro, lo que alimenta la frustración, pero sus mentes están cableadas para ser adictas a la mentalidad consentida y no pueden evitarlo. Los hábitos son una putada.

Esencialmente, la malcriadez tiende a hacer que una persona se desquicie, debido a estar atrapada en esta espiral descendente. Por eso puede acabar volviéndose insufrible y loco (sin empatía y alejado de la realidad).

Obviamente, tener un ego inflado es otro subproducto de la malcriadez, y la falta de humildad suele conducir a un comportamiento social degenerado de una forma u otra (por ejemplo, carecer de respeto por los demás). Además, no tienen ningún incentivo para tratar a los demás con respeto porque prácticamente no hay consecuencias para ellos si no lo hacen (debido a su condición de "oprimidos"). Este es otro efecto tóxico, destructor de la civilización, del principio op. contra op. Hay que hacer sufrir a los mocosos malcriados, tanto si les reforma como si no. Eso es justicia social.

## Distorsiona la percepción de la historia y la realidad

Por supuesto, muchas de las subagendas -feminismo, "antirracismo" y BLM, multiculturalismo/diversidad, derechos LGBTQ- se basan en la idea de que aquellos que pertenecen al grupo "oprimido" merecen este estatus debido al aparente maltrato de esos grupos en el pasado. En otras palabras (según la secta/ideología), las mujeres, los no blancos y los LGBTQ han sufrido más, históricamente, que los que no pertenecen a esos grupos (por ejemplo, los hombres, los blancos, los heterosexuales, los hombres blancos heterosexuales); y por extensión, siguen sufriendo más que los de otros grupos en el presente (eso dice la secta). Un punto crucial, de nuevo, es que este sufrimiento está aparentemente causado por los grupos "opresores" implicados. Así que, debido a esta aparentemente intolerable y desigual proporción de sufrimiento (¡!), la sociedad debe transformarse mediante una "revolución" o reforma, etc., para que las cosas sean "justas".

Ahora bien, cualquiera con una perspectiva racional no adoctrinada puede ver que las personas de todos los grupos han sufrido en el pasado, ¡y siguen sufriendo! (De hecho, la vida es sufrimiento, ¡y siempre lo ha sido! ¡Todo el mundo sufre!). Así que, para que este proceso funcione, el marxismo necesita crear una percepción distorsionada de la historia y del presente para ajustarse a su falsa narrativa. De hecho, crear una percepción distorsionada de la primera es crucial para crear una de la segunda. Esta distorsión es necesaria para mostrar la aparente distribución desigual del sufrimiento en el pasado/presente, que enfatiza más sufrimiento sólo en ciertos grupos designados de una manera que beneficia a la secta/ideología. Propaganda.

El feminismo, por ejemplo, se basa en una percepción distorsionada de la historia para convencer a la gente de que las mujeres han sufrido tradicionalmente más que los hombres, debido a que han sido "oprimidas" por ellos, etc. Hay algunas personas en Irlanda, por ejemplo, que realmente creen eso. Pero cualquiera que dedique siquiera cinco minutos al estudio honesto de la historia irlandesa encontrará mucho sufrimiento, ¡pero no en función del género! La idea de que las mujeres han sufrido más en ese país es absolutamente ridícula. Si una persona adoctrinada en ese país cree realmente la mentira marxiana que afirma lo contrario, se inclinará a ver el mérito del feminismo; sentirá que, ahora, las mujeres merecen un trato preferente.

Y ese es uno de los frentes de batalla a través de los cuales la ideología hace su daño, ya que ahora se debe descuidar a los varones para dar prioridad a las mujeres, ya que esto es de alguna manera "justo" e "igualitario", etc. Esto es desestabilizador y perjudicial para la sociedad. En lo que respecta al impacto del feminismo, el resultado es una división destructiva, que crea tensiones, que intenta dividir a la sociedad por la mitad en función del género (la división más universal del mundo), y todo ello se basa en una perspectiva de la historia distorsionada y pro-marxista.

## Trato preferente

Cualquiera que sea el grupo al que se otorgue el estatus de "oprimido" tiene ciertas consecuencias, pero quizá los siguientes efectos parecen ser más potentes cuando se trata de mujeres, no blancos o inmigrantes (como en el feminismo, el racismo/BLM o el multiculturalismo/migración masiva):

Además de que el grupo "oprimido" se desequilibre/dañe/explote y, por tanto, se convierta en un problema para la sociedad (ya que ahora recibe un trato preferente), el grupo "opresor" se desequilibrará/dañará/desatenderá y, por tanto, no podrá contribuir a la sociedad tanto como podría. El abandono también puede tener efectos destructivos para ese grupo (problemas de salud física y mental, suicidio, etc.). Ejemplo: los chicos son desatendidos debido a las iniciativas feministas en las escuelas.

Además, se crea una sensación de privación de derechos en el grupo "oprimido" y, por lo general, se desarrolla el sentimiento de que se les debe algo, lo que perpetúa el trato preferente. Además, se vuelven dependientes de él y no tienen ningún incentivo para desarrollar la autosuficiencia (lo que, irónicamente, sería un verdadero "empoderamiento"). Más ejemplos de trato preferente: las mujeres ascienden a puestos influyentes en la sociedad por cuotas de género, en lugar de por sus méritos; los inmigrantes reciben mejor trato que los indígenas en situaciones similares (como en Irlanda); a los estudiantes no blancos se les dan notas/créditos extra para que puedan entrar en las universidades de EE.UU., simplemente por su raza, etc. (una referencia a *la Acción Afirmativa* en EE.UU., un intento de la secta de imponer la igualdad racial artificial en las admisiones universitarias). Nótese que aquellos que no pertenecen a los grupos privilegiados "oprimidos", en cada caso, se ven desmoralizados, desatendidos o afectados de alguna otra manera. Los principios de "igualdad" y opr. contra opr. combinados están en juego en estos escenarios.

## Desahogo de ira

Además de todo esto, ahora el grupo "oprimido" tiene a alguien/algún grupo hacia el que dirigir su animadversión. El principio "opr. contra opr." les ofrece una excusa incorporada, debido a la clase a la que pertenecen, y cualquier tipo de ataque a la clase "opresora" se considera justificado. Esto lo vimos durante las "protestas" de Black Lives Matter en EE.UU. Esto es importante, porque permite comportamientos poco éticos, destructivos e incluso criminales que no van a ser condenados adecuadamente por lo que son por la sociedad. Esta es una de las formas en que la secta/ideología ataca directamente a la civilización. Es la ruptura de la ley y el orden, y el comportamiento normal y civilizado. Este comportamiento incivilizado normalmente provocaría una reacción de condena universal, pero la secta/ideología no lo permite.

Obviamente, la parte no adoctrinada de la población llamará a las cosas por su nombre y condenará este comportamiento criminal; los miembros de la secta se negarán a hacerlo. Obviamente, cuanto más dominante sea la secta en cualquier región, menor será la condena de tales disturbios. Así es, en general, como funciona, y eso es exactamente lo que ha estado ocurriendo.

## El ejemplo del antirracismo y BLM

"Los negros no fueron esclavizados por ser negros, sino porque estaban disponibles. La esclavitud existe en el mundo desde hace miles de años. Los blancos esclavizaron a otros blancos en Europa durante siglos antes de que el primer negro fuera traído al hemisferio occidental. Los asiáticos esclavizaron a los europeos. Los asiáticos esclavizaron a otros asiáticos. Los africanos esclavizaron a otros africanos y, de hecho, aún hoy en el norte de África, los negros siguen esclavizando a otros negros".[8]

El escritor, economista y académico estadounidense de raza negra Thomas Sowell

La subagenda antirracista y el movimiento Black Lives Matter se basan en una percepción distorsionada de la historia, convenciendo a la gente de que los no blancos (en particular los de genética africana) han sufrido históricamente más que los blancos. Esto es totalmente falso, y una evaluación honesta e imparcial de la historia lo confirma. Es una mentira racista y divisoria.

Los miembros de la secta citarán cosas como el racismo histórico y la esclavitud de los negros por parte de los blancos, ignorando totalmente que todas las demás razas también han practicado el racismo y la esclavitud (¡e incluso la esclavitud de su propia raza!). El racismo y la esclavitud siempre han existido entre las razas en algún grado, y siguen existiendo. El argumento marxista es que los blancos lo han practicado más que los demás, lo cual no es más que una tontería tendenciosa y racista.

Los sumerios (siglos V-II a.C.), babilonios (siglo II a.C.-siglo I d.C.) y asirios (siglo III a.C.-siglo I d.C.) tuvieron esclavos en diversos momentos. El antiguo Egipto (siglos IV a I a.C.) tuvo esclavos. Los ejemplos de esclavitud en China (de chinos) se remontan al siglo V a.C. Los antiguos griegos (siglo XII a.C.-siglo I d.C.) y los romanos (siglo I a.C.-siglo I d.C.) tenían esclavos. [9]

La esclavitud islámica se remonta a la época de Mahoma (siglo VI d.C.), hasta la trata de esclavos de Berbería (siglos XVI-XIX): "Los esclavos europeos eran adquiridos por los piratas musulmanes de Berbería en incursiones esclavistas en barcos y asaltos a ciudades costeras desde Italia hasta los Países Bajos,

---

[8] . Sowell, *Barbarians Inside the Gates - and Other Controversial Essays* (1999), p. 164.

https://libquotes.com/thomas-sowell/quote/lbg2t4v

[9] "La esclavitud en la historia". https://www.thehistorypress.co.uk/articles/slavery-in-history/

Irlanda y el suroeste de Gran Bretaña, hasta el norte de Islandia y el Mediterráneo oriental".[10]

En Sudamérica, los mayas (1500 a.C. aprox. hasta finales del siglo I) y los aztecas (siglos XIV[th] -16[th] ) tenían esclavos. En Europa, los merodeadores vikingos tomaron esclavos blancos durante sus expediciones al noroeste de Europa, entre los siglos 8[th] -11[th] . Las tribus nativas de Norteamérica se esclavizaron entre sí a lo largo de la historia, como los Pawnee, Comanche, Klamath, Haida, Yurok y Tinglit (y seguro que otros). Las tribus africanas participaron en el comercio de africanos como esclavos, antes y durante la trata transatlántica de esclavos.[11] Estos ejemplos no son difíciles de encontrar, a pesar de la cantidad de contrapropaganda marxiana que uno tiene que vadear sobre este tema (que obviamente intenta minimizar o trivializar comparativamente esos casos).

Señalar a la raza blanca europea como principal culpable es, una vez más, una selección histórica sesgada y una distorsión del pasado y el presente. Además, centrarse únicamente en la esclavitud de blancos contra negros con fines lucrativos le permite criticar a dos de sus viejos enemigos: el imperialismo colonial europeo y el capitalismo. Como era de esperar, una "educación" partidista marxista "políticamente correcta" de la historia sólo va a proporcionar una perspectiva sesgada. De hecho, hay mucha historia que confirma todo esto, ¡pero no te la enseñarán en una universidad plagada de marxismo! Ya hemos señalado la inutilidad de la "educación" marxista.

Tener esta percepción distorsionada de la historia (a través de la fórmula opr. contra oppr.) da lugar a una división destructiva, creando tensiones, dividiendo la sociedad a lo largo de líneas raciales. Esta subagenda ("antirracismo" y BLM) va a tener obviamente un impacto masivo en los países que son lo suficientemente multiétnicos para que funcione, y donde hay un número suficiente de no blancos (por ejemplo, EE.UU.). Por el contrario, este tipo de sub-agenda no sería tan eficaz en un país étnicamente más homogéneo, como Irlanda por ejemplo, ya que históricamente no ha habido suficientes no-blancos en Irlanda (hay que admitir que esto está cambiando rápidamente).

### Utiliza el mecanismo de defensa/represalia del grupo

En una sociedad contaminada, la crítica a una sola persona de un grupo "oprimido" se considera un ataque a todo el grupo, la mentalidad colectivista. A la ideología le interesa que cualquier crítica a alguien de un grupo "oprimido" sea contrarrestada, para permitir que la ideología haga su daño sin

---

[10] https://www.britannica.com/topic/Barbary-pirate

[11] "La esclavitud antes del comercio transatlántico".

https://ldhi.library.cofc.edu/exhibits/show/africanpassageslowcountryadapt/introductio natlanticworld/slaverybeforetrade

oposición. El feminismo es un ejemplo clásico de ello. Dado que una gran proporción de mujeres han caído en esta trampa, es necesario decirlo. Como ya se ha dicho, si se critica el feminismo, en realidad se está argumentando en beneficio de las mujeres (y de la sociedad en su conjunto, etc.), aunque obviamente los que tienen el cerebro lavado criticarán esto. Como existe la inversión de que el feminismo no beneficia a las mujeres, sino que las perjudica (lo contrario de lo que piensa una mente adoctrinada), te criticarán por señalarlo. No hay nada asombroso en ello; es sólo el lavado de cerebro haciendo de las suyas. Si atacas/criticas el feminismo/feministas en una sociedad, y el lavado de cerebro marxista es lo suficientemente fuerte, se toma como un ataque a todas las mujeres. El adoctrinamiento y la defensa del grupo se combinan para suprimir tus críticas.

Obviamente, no estás atacando a todas las mujeres al criticar/atacar el feminismo/feministas, ¡ya que hay un montón de mujeres por ahí que son lo suficientemente inteligentes como para rechazar el feminismo! Los tipos adoctrinados, por supuesto, presumen de que todas las mujeres (que importan) son feministas. Estoy seguro de que te has dado cuenta de esto.

La ideología/secta necesita que las mujeres sean adoctrinadas hasta el punto de que el feminismo se considere no sólo pro-femenino, ¡sino femenino en sí mismo! Sinónimo no es la palabra. El objetivo de la ideología es que cualquier crítica a las mujeres/feminismo sea percibida como un insulto/amenaza a todas las mujeres, y que respondan ofendidas, escandalizadas, disgustadas, etc. (lo que lleva a una reacción de todo el grupo).

Este contraataque de grupo es un truco ingenioso y no es casual: está incorporado a la fórmula oponente contra oponente como mecanismo de defensa. Inteligente, ¿verdad? Cualquier crítica a cualquier miembro del grupo oprimido debe ser respondida con un contraataque de todo el grupo. El propósito es, de nuevo, impedir cualquier crítica a ese grupo. Esta falta de crítica (cuando es merecida/justificada) conduce a la inevitable espiral descendente de ese grupo mencionada anteriormente: el trato preferencial, el ser mimado, la degeneracion, la locura, etc.

Esta táctica de defensa de grupo se utiliza en varios otros subprogramas, incluido todo lo relacionado con la raza, el socialismo, la "izquierda" política, etc. Cualquier crítica pública de la violencia entre negros y/o relacionada con las bandas en Estados Unidos (proferida por personas que no sean negras), es recibida con la etiqueta de "racista" por los miembros de la secta en el público en general y en MarxiStMedia. Una vez más, el propósito es conseguir que todos los negros se ofendan, como colectivo, y tomen el camino marxista (¡y el cebo!): suprimir y contrarrestar las críticas, ayudando así a que la ideología domine la narrativa. Lo mismo ocurre en toda Europa cuando se pone de relieve la delincuencia de los inmigrantes, o cuando se critica al islam o a los musulmanes en Europa. Es una manipulación de las tendencias tribales que podemos tener como seres humanos.

La ideología/secta necesita que la gente se "ofenda" en masa para proliferar. A nivel de grupo: mismas emociones, mismo pensamiento, mismas palabras, mismas acciones y mismas reacciones. A nivel individual: si una persona se siente ofendida, se carga emocionalmente y es más propensa a querer tomar represalias. Esto les convierte en "revolucionarios" en potencia. Si perteneces a una categoría de personas "oprimidas", explica lo anterior a los demás; diles que no caigan en el engaño mordiendo el anzuelo.

## Cómo funciona el principio con la propaganda y el adoctrinamiento

Así pues, el principio de opresor contra oprimido es una táctica de divide y vencerás y puede utilizarse para desequilibrar/destruir a ambos grupos, sobre todo a los que son complementarios/simbióticos (por ejemplo, hombres y mujeres heterosexuales); pero, por supuesto, se utiliza sobre todo para destruir a los de la clase "opresora". Para ampliar la imagen por un momento, desde el punto de vista de la ideología, tanto el "opresor" como el "oprimido" están siendo destruidos: los "oprimidos" destruyen a los "opresores" a través del abuso/ataque psicológico/físico, mientras que simultáneamente se destruyen a sí mismos a través de la degeneración.

La propaganda y el adoctrinamiento pueden emplearse para crear una diferencia en la percepción pública de cómo se percibe al grupo "opresor" y al grupo "oprimido". Naturalmente, el objetivo es crear/reforzar una percepción negativa del grupo "opresor" (odio, juicio, sospecha, etc.), y crear/reforzar una percepción positiva del grupo "oprimido" (empatía, simpatía, "compasión", "amor", etc.), como ya se ha mencionado.

## Atacar el peor aspecto del "opresor

La subagenda del feminismo se centra en los peores atributos/comportamientos de la clase "opresora" y los exagera. Cualquier tipo de atributos/comportamiento funcionará, pero los que afectan a la clase oprimida en particular, de forma negativa, son los ideales (es decir, la violación). Es la clásica propaganda marxista: ¡hay que explotar cualquier debilidad potencial del enemigo! La repetición constante de esta narrativa y la creación de eslóganes pegadizos (por ejemplo, "cultura de la violación") se utilizan para reforzar el mensaje y seguir llamando la atención sobre ese comportamiento negativo (que es la violación). Finalmente, se llega a un punto (si la ideología es lo suficientemente dominante en la sociedad) en el que este comportamiento negativo se convierte en sinónimo del grupo objetivo. ¡El resultado es que los hombres como colectivo son vistos como violadores/potenciales violadores! ¿Acaso no han sido testigos de lo que ocurre en los países occidentales?

La violación es ideal para este propósito, porque genera sospechas de la clase "opresora", jugando con los miedos de las mujeres, entre otras cosas. También es algo (anatómicamente hablando) que sólo pueden hacer los hombres y no las mujeres, por lo que inmediatamente será unilateral y en una sola dirección, lo que es ideal para fines propagandísticos. (Sí, las lesbianas y los gays pueden cometer agresiones sexuales, pero ese no es el tema aquí; estamos hablando de la dinámica entre hombres y mujeres heterosexuales, y del feminismo. Atacar a esos grupos no forma parte de la agenda marxista, pero atacar a los hombres heterosexuales sí, así que la secta/ideología no hará hincapié en esas cuestiones y son irrelevantes aquí. Obviamente, la secta/ideología no puede hacer hincapié en ellos porque necesita asociar el concepto de violación únicamente a los hombres heterosexuales).

La violación también es ideal para fines propagandísticos porque en algunos casos puede ser difícil saber, desde un punto de vista legal, si se ha cometido una violación auténtica o no. Obviamente, un tipo desnudo y psicópata entre los arbustos esperando para abalanzarse sobre una mujer desprevenida a plena luz del día es un caso claro, pero hay otras variantes de escenarios que no están tan claros.

Está claro que hay casos auténticos de violación/agresión sexual, pero también hay denuncias falsas de violación, que son delitos igualmente graves, pero no oirás a la secta hacer hincapié en este hecho. La violación puede arruinar potencialmente la vida de una mujer (y lo ha hecho), del mismo modo que las denuncias falsas de violación pueden arruinar potencialmente la vida de un hombre (y lo han hecho). En mi opinión, los autores de ambos delitos deberían ser castigados, pero en nuestras sociedades infectadas por el marxismo no es viable ni sensato imponer este principio. No es de extrañar que el creciente número de denuncias falsas de violación en las últimas décadas se deba a los efectos/dominio de la ideología, a través del feminismo: la sensación de derecho/privilegio femenino, de ser mimada hasta la psicosis (y la consiguiente falta de consecuencias por un comportamiento negativo), además del odio misándrico y sexista hacia los hombres.

La ideología se beneficia enormemente de la utilización de este tema a menudo complejo (de la violación), ya que es difícil establecer cuál es la verdad real y cuáles son las cifras reales, de dónde proceden estas cifras y si se puede confiar en ellas. Es en este entorno donde la ideología puede sobresalir, animando a la gente a creer lo que decida creer sobre el tema (influencia posmodernista). Utilizar acusaciones de violación o agresión sexual también es un arma útil que la secta puede emplear, sobre todo contra varones que la secta considera un enemigo (es decir, varones de "derechas").

También permite a la secta tratar de equiparar la violación con la masculinidad. ¡La violación no tiene nada que ver con la masculinidad! De hecho, es lo contrario de la masculinidad. La verdadera masculinidad tiene que ver con la fuerza y el poder genuinos, mientras que la violación es representativa de la debilidad, más parecida a una forma poco ética de dominación. Un hombre que viola a una mujer no es un "hombre de verdad". Es un acto violento y sociopático, y debe ser tratado como tal.

Lo único que un violador tiene en común con un hombre "real", normal y corriente es que ambos son hombres. Tratar a todos los hombres como violadores en potencia por las acciones de unos pocos hombres desesperados es tan estúpido como destructivo. Demuestra una incomprensión fundamental de lo que es la violación (por parte de quienes dicen ser feministas/defensores de los derechos de la mujer) y de cómo solucionar los problemas de la sociedad. También es extremadamente sexista. De hecho, es la definición de sexismo: maltratar a una persona debido al grupo al que pertenece (insinuando que su naturaleza por defecto podría ser perjudicial y necesita ser alterada).

Por supuesto, las tres correas de transmisión de la cultura -los medios de comunicación, el mundo académico y la industria del entretenimiento- desempeñan un papel decisivo en todo esto, al igual que las diversas ONG feministas marxistas sin ánimo de lucro. Todas ellas llaman constantemente la atención sobre esta visión negativa de la clase "opresora" (en este caso, los hombres). La propaganda genera tanto odio y sospecha de la clase opresora como es posible, al tiempo que repite la condición de víctima de la clase oprimida (generando sólo empatía/simpatía por este grupo). Simultáneamente, todos los aspectos positivos de la clase opresora en la ecuación (los hombres) deben ser minimizados, ignorados u ocultados, para crear la ilusión de que el grupo opresor es malo en general. Y, listo, tenemos a los hombres como colectivo considerados como problemas para la sociedad personalidades potencialmente autoritarias con "masculinidad tóxica", alborotadores agresivos, violadores potenciales, etc.-. Por supuesto, incluso si pudiéramos demostrar a los miembros de la secta que esto es lo que están haciendo, muchos pensarían que este maltrato a los hombres es "justo", teniendo en cuenta el aparente maltrato sexista a las mujeres en el pasado.

Es este juego de manos el que da lugar a las iniciativas idiotas del llamado sistema de "educación" en todo occidente (la educación del "consentimiento"), que ahora trata a los chicos jóvenes como violadores en potencia. Esto crea una situación en la que los hombres son maltratados (es decir, oprimidos) simplemente por su sexo (a menos que sean homosexuales o "no binarios", por supuesto), lo que es (redoble de tambores) ¡sexismo! Curiosamente, si los chicos deciden ajustarse a la secta/ideología y deciden que son homosexuales o "de género no binario", o trans de repente, este maltrato/opresión cesará... Qué jodidamente conveniente, ¿verdad? Este ataque principalmente psicológico a la clase "opresora" ya está preparado, y empezará a mermar la confianza, la salud y el bienestar de los que pertenecen a esa clase, a menos que estén dispuestos a acatar la secta/ideología y alterar su comportamiento/persona en consecuencia. Eso es coacción ideológica.

En resumen, desde un punto de vista táctico: la ideología identifica una debilidad en el grupo "opresor" objetivo (los hombres), en forma de un comportamiento grave, negativo y delictivo hacia el grupo "oprimido" (p. ej. violación); el adoctrinamiento (a través de la subagenda del feminismo) convence a un número suficiente de personas, a través del sistema infectado por el marxismo, de que existe una epidemia de violaciones en los países occidentales; los miembros de la secta insisten entonces en que la solución es suprimir a los hombres y la masculinidad, tratarlos como violadores potenciales, dar prioridad a las mujeres en su lugar, etc. Aunque esto se haga en nombre del humanitarismo, la igualdad, la "compasión", etc., se trata de un ataque psicológico a la clase "opresora" (en este caso, los hombres).

En esencia, lo que ha sucedido aquí es que la secta ha conseguido atacar al grupo "opresor" utilizando la propaganda, basándose en la idea de que existe un problema, lo que produce una reacción, que luego se capitaliza cuando la secta presenta su "solución". "Problema. Reacción. Solución" (mecánica dialéctica hegeliana). Fabricación de un "problema", luego evocación de emociones (que forman la reacción), seguida de la capitalización de esta reacción.

## La falacia de la "igualdad '

"Construir una sociedad sobre la igualdad es como construir una casa sobre arena: tarde o temprano se derrumbará"

Yuri Besmenov, Universidad Summit
Conferencia en el Foro de Los Ángeles, 1983[12]

"Que sea muy justo que el mundo se llene de las tempestades de nuestra venganza"-así hablan entre ellos... "La venganza usaremos, y el insulto, contra todos los que no son como nosotros"-así se comprometen los tarántulas-corazones... "Y 'Voluntad de Igualdad'-ese mismo será en adelante el nombre de la virtud; ¡y contra todo el que tenga poder levantaremos un clamor! ". Vosotros, predicadores de la igualdad, el frenesí tirano de la impotencia clama así en vosotros por la "igualdad": ¡vuestras ansias tiranas más secretas se disfrazan así con palabras de virtud!"13

Friedrich Nietzsche, "Las tarántulas",
*Así habló Zaratustra* (1880)

La igualdad no crea "diversidad" (irónicamente), sino uniformidad. Ayuda a crear una sociedad de adláteres camaradas anodinos que creen las mismas cosas y tienen los mismos puntos de vista. No es casualidad que esto coincida con el estereotipo de los diversos regímenes marxistas a lo largo de la historia. No hay libertad para pensar, hablar o actuar como quieras: estás obligado a conformarte al colectivo. Esta realidad de una existencia aburrida y antinatural no sólo forma parte de la vida en algún régimen comunista histórico y lejano: podemos ver este proceso en la sociedad actual. ¿Eres libre de

---

[12] Absolutely Subversive, "Yuri Bezmenov 1983 Interview and Lecture (1080p HD)", 8 de agosto de 2022. https://www.YouTube.com/watch?v=Z0j181tR5WM

[13] Nietzsche, F., "Las tarántulas", *Así habló Zaratustra* (1880).

http://4umi.com/nietzsche/zarathustra/29

pensar/hablar/actuar cómodamente como quieras, o de tener opiniones diferentes a las de los demás? ¿O eres consciente de la presión social para conformarte? Esto demuestra la premisa general de este libro. No importa qué etiqueta le pongas a tu sociedad: si no tienes esta libertad, la sociedad está infectada de marxismo. Igualdad' es igual a conformidad, y eventualmente lleva a un control 100% totalitario de ti y de tu sociedad. Lo que cualquiera piense o "sienta" que es la igualdad, es irrelevante.

La igualdad se promueve constantemente como algo benigno y virtuoso, utilizando el principio del Caballo de Troya Rojo: el mal disfrazado de bien. Además de la uniformidad, resulta inevitablemente en el consenso de masas, la falta de individualidad/libertades individuales, la supresión de la auténtica excelencia individual y la supresión de los verdaderos líderes de la sociedad. La igualdad conduce a la desintegración de la sociedad, y esa es la razón principal por la que la ideología hace tanto hincapié en ella. Su relación con el principio de oposición contra oposición es que el principio está a su servicio; una vez que el principio se utiliza en toda la sociedad durante un periodo prolongado (a través de las diversas subagendas), esta maravillosa "igualdad" se hace realidad, lo que conduce a la desintegración de la sociedad.

**La igualdad no es natural**

La igualdad no es algo natural. Es antihumana y antinatural. No es humanitaria, es pseudohumanitarismo. Por lo tanto, para tener alguna esperanza de alcanzarla, debe imponerse mediante coerción de una forma u otra (algo que confirma la horrible historia del culto). Tratar de imponer la igualdad, ya que no es natural, sólo conduce a la destrucción de la vida (en un sentido biológico, existencial), porque no se ajusta a los principios naturales de la vida. La "igualdad" en este caso es la clavija cuadrada metida en el agujero redondo de la realidad, por la secta.

A la naturaleza, de la que forman parte los seres humanos, no le importan las ideas teóricas creadas por el hombre, como la "igualdad". En cierto sentido, no le importa en absoluto lo que hagan los seres humanos, sean o no marxistas con el cerebro lavado. La naturaleza simplemente "es", como la gravedad. Como dijo una vez el famoso astrónomo italiano Galileo Galilei, "la Naturaleza es inexorable e inmutable; nunca transgrede las leyes que se le imponen, ni le importa un bledo si sus abstrusas razones y métodos de funcionamiento son comprensibles para los hombres".[14] La imposición de la igualdad conlleva la destrucción de la civilización y de la vida en general. Aunque se podría decir que la civilización creada por el hombre no forma parte de la naturaleza en un sentido biológico, es natural en el sentido de que la humanidad -a través de los hombres, que forman parte de la naturaleza- crea la civilización; por tanto, la

---

[14] Galilei, G. "Carta a la Gran Duquesa Cristina de Toscana", 1615. https://sourcebooks.fordham.edu/mod/galileo-tuscany.asp

civilización es una extensión de la naturaleza.

Es una parte muy natural de la vida que los hombres diseñen y construyan las estructuras que forman la sociedad (así ha sido durante milenios). Los hombres también tienen la responsabilidad de luchar para proteger estas civilizaciones y a sus habitantes. Sin hombres -hombres masculinos- que desempeñen estas funciones, la civilización se derrumba. Es interesante, entonces, que el marxismo haya mostrado un gran interés en destruir a los hombres utilizando sus armas de la "igualdad" feminista y el ataque a la masculinidad. ¿Coincidencia? Además, los hombres suelen desempeñar estos papeles utilizando/participando en jerarquías desiguales, que implican una cadena de mando de algún tipo (otra cosa a la que la secta/ideología se opone ostensiblemente).

El marxismo también ataca a las mujeres para destruir la civilización y la vida. Disminuye las tasas de natalidad adoctrinándolas (a través del hedonismo, el feminismo, el aborto, el lesbianismo, el movimiento gender-bending, la cultura pop, la pornografía, etc.) para que no formen familias (o lo retrasen hasta que sea demasiado tarde) en nombre de la "igualdad" y el "empoderamiento".

Las mujeres que no tienen hijos -o que tienen un instinto maternal disminuido o carecen de la voluntad de tener hijos- también es bastante anormal/antinatural (obviamente, sin ofender a las mujeres que físicamente no pueden tener hijos; esto está fuera de su control). En otras palabras, la ideología fomenta el adoctrinamiento/la creación de mujeres que se comportan de forma antinatural (por supuesto, muchas de estas cosas enumeradas anteriormente existen desde hace más tiempo que la ideología, pero su presencia exacerba este problema). Las mujeres que compiten con los hombres -tratando de ser "iguales" a ellos- también es un comportamiento antinatural que existe debido al marxismo (a través del feminismo).

Un concepto popular sobre este tema es "igualdad de oportunidades frente a igualdad de resultados". Los que no estamos adoctrinados solemos suscribir el primero, y la secta/ideología suele abogar por el segundo. La "igualdad de resultados" es, en una palabra, uniformidad. Implica que, independientemente de las acciones de una persona o de cómo contribuya a la sociedad (o no), recibirá el mismo trato que los demás.

Podemos ver cómo esto sería perjudicial para una sociedad, porque los individuos/grupos no serían juzgados por sus méritos/efectos. Llevaría a la ruptura de la civilización, incluyendo el comportamiento social normal, la justicia, las relaciones, etc. Obviamente, podemos ver cómo la "igualdad de resultados" es problemática en el contexto del socialismo: conduce a la destrucción/retraso de la prosperidad económica.

**La "igualdad" es mala para la mente**

> "¡La doctrina de la igualdad! Pero no hay veneno más venenoso: porque parece predicada por la justicia misma, mientras que en realidad es el fin de la justicia.. "Iguales para los iguales, desiguales para los desiguales": ésa *sería* la verdadera voz de la justicia. Y su consecuencia: "Nunca hagas iguales a los desiguales". El hecho de que esta doctrina de la igualdad estuviera rodeada de tantos horrores y sangre ha dado a esta "idea moderna" por excelencia una especie de gloria y resplandor, de modo que la Revolución como espectáculo ha seducido incluso a los espíritus más nobles"[15]

Friedrich Nietzsche, El crepúsculo de los ídolos, 1889

Esta idea de igualdad es muy tóxica para la mente. Hace que la gente sea igual de predecible y banal. Claro, si se habla de igualdad en términos de derechos en la sociedad (que ya tenemos en un grado suficiente) y de "igualdad de oportunidades", suena algo razonable, ¿no? Sin embargo, cuando se trata de lo que realmente son los seres humanos, entonces empieza a ser ridículo rápidamente. Dejemos a un lado los conceptos sociológicos y económicos. Hay muchos adjetivos que podemos aplicar a las personas, pero éste es el más ridículo e inexacto una vez que lo examinamos.

Cuando una persona se adoctrina en esta mentalidad de igualdad y repite este concepto repetidamente en su mente, resulta muy perjudicial para la psique. La realidad no es "igual" y uniforme, como tampoco lo son las personas, por mucho que a veces lo parezcan (muchos miembros de sectas aparte). Los comportamientos y su nivel (ético) tampoco son iguales. La realidad tiene matices y es variada, por lo que las mentalidades y percepciones de las personas también deberían serlo.

Cuando se trata del desarrollo personal, hacer de este concepto de "igualdad" la piedra angular del marco ético de una persona es ridículo. Es un término de propaganda ideológica diseñado para impulsar una agenda y debe tratarse como tal. La "igualdad" iguala las cosas, las hace en cierto modo idénticas, y no reconoce si las cosas son (objetivamente) positivas o negativas. Esto no tiene ninguna utilidad para el individuo. Ver la realidad a través de la lente de la "igualdad" ciega a una persona ante los matices de la realidad, especialmente cuando se trata de lo que es objetivamente cierto y lo que no lo es y lo que es objetivamente correcto/ético y lo que no lo es.

Todo esto disminuye la capacidad de una persona para distinguir entre una opinión y otra; una percepción y otra; un grupo y otro, etc. El resultado es que esa persona no puede pensar de forma independiente, y mucho menos juzgar correctamente. Entonces, ¿cómo puede procesar con precisión lo que hay en la

---

[15] Nietzsche, F. El crepúsculo de los ídolos (1889), p. 49.

https://www.faculty.umb.edu/gary_zabel/Phil_100/Nietzsche_files/Friedrich-Nietzsche-Twilight-of-the-Idols-or-How-to-Philosophize-With-the-Hammer-Translated-by-Richard-Polt.pdf

realidad que le rodea? No puede, y ahora tiene un vacío en su personalidad. La ideología, con su conjunto de "valores y "ética" preconfeccionados, puede llenar ese vacío. No necesitan pensar, ya que lo hacen por ellos.

La persona puede entonces formarse una opinión de cualquier cosa basándose en: si viene de un miembro de la secta en una posición de autoridad, o lo bien que le hace sentir la cosa (si la opinión es aceptable para su programación). En resumen, pensar con "igualdad" en el cerebro hace que la gente sea tonta, crédula y fácil de manipular.

## ¿"Igualdad" o equidad?

No deberíamos estar a favor de la "igualdad", sino a favor de la justicia (también conocida como equidad). Hay una diferencia. La equidad es, en realidad, lo que algunas personas (adoctrinadas) creen que es la igualdad, y por eso quieren esa "igualdad". Lo quieren porque se preocupan por los demás y quieren que se les trate con justicia. Así que genial, ¡hay que ser más justos! Pero no apoyemos la idea de "igualdad" por la destrucción a la que conduce. Obviamente, aquellos que están adoctrinados no pueden entender esto, ya que el adoctrinamiento les dice que la igualdad es justicia. En cierto sentido, según el adoctrinamiento, la igualdad es el epítome de la ética misma. Para esas personas, su concepto erróneo es el verdadero problema aquí, pero trataremos los factores psicológicos en otro lugar. Ser capaz de decidir qué es justo o equitativo y qué no lo es depende de lo desarrollado que esté nuestro sentido de la conciencia, algo que está esencialmente retrasado o amputado en las personas adoctrinadas.

La "igualdad" no contribuye a crear justicia, sino injusticia. Esta percepción errónea es una de las principales causas del caos en el que se encuentra la sociedad actual. Es la inversión de lo que está bien/es ético y lo que está mal/no es ético.

## Igualdad de crítica: un mal hábito

La mentalidad igualitaria alimenta los malos hábitos. El feminismo puede adoctrinar a las mujeres para que se conviertan en un problema para la sociedad y empiecen a ser destructivas con ella (consciente o inconscientemente). Cuando se les critica por comportarse así (y con razón), otros tipos adoctrinados salen en su defensa. Esto impide que la crítica justificada tenga un impacto y evite potencialmente un comportamiento más destructivo. Esta crítica es especialmente importante cuando se trata de mujeres jóvenes, porque puede mantener su comportamiento bajo control si es lo suficientemente potente y universal.

Un ejemplo sería la promiscuidad. Cada vez que se pone de relieve que se trata de un comportamiento esencialmente degenerado y deleznable, los que lo justifican intentan "igualar" las cosas y replican que los hombres llevan siglos haciéndolo, así que ¿por qué no pueden hacerlo ahora las mujeres?

Básicamente, para que ambos parezcan "iguales". Estoy seguro de que el lector se ha encontrado con esta mentalidad frustrante y poco constructiva.

Aquí la ideología se perpetúa a sí misma: crea el problema en primer lugar (comportamiento negativo, loco y destructivo en las mujeres) y luego no nos permite, como sociedad, prevenir esos efectos perjudiciales. Es un sistema que se autoperpetúa. Cada vez que intentamos solucionar un problema originado por la ideología, nos encontramos con esta extraña actitud que nos impide resolver el problema. Lo mismo ocurre con cualquier otro grupo "oprimido" adoctrinado cuyo comportamiento se descontrole. La secta no puede permitir ninguna crítica a los que forman parte de ese grupo. No importa lo que la persona haya hecho, el grupo al que pertenece la absuelve, y cualquier crítica a este grupo debe ser respondida con una contracrítica del grupo contrario, ya que de alguna manera es "justo" (puesto que la "igualdad" se considera "justicia"). El problema de la inmigración masiva en Irlanda lo demuestra: cada vez que un inmigrante comete un crimen violento, el culto nos recordará que los irlandeses han cometido/cometen estos crímenes contra otros irlandeses.

Se trata de un hábito psicológico podrido que impide que prevalezcan la justicia y el orden verdaderos. Incluso las personas ligeramente adoctrinadas son culpables de ello. A menudo la persona que lo practica presume que está siendo inteligente y virtuosa, lo que es completamente al revés. Es increíblemente estúpido. La ideología/el adoctrinamiento impide que las personas sean juzgadas y castigadas, lo que es contrario a la justicia.

**Igualdad y conciencia**

La igualdad es una idea absurda e irracional cuando se trata del barómetro más importante para medir y juzgar a una persona: la conciencia. No todos somos iguales en términos de conciencia. Definamos primero lo que esto significa, y sería de gran ayuda que el lector dejara a un lado cualquier idea preconcebida (especialmente aquellas que puedan tener percepciones distorsionadas de la "espiritualidad", normalmente originadas en el movimiento de la "nueva era"). La conciencia es, sencillamente, lo genuinamente consciente, despierta, lúcida y perceptiva que es una persona, lo verdaderamente inteligente que es. En primer lugar, es lo bien que una persona puede procesar la realidad (la realidad es la verdad sobre nosotros mismos, los demás, nuestro entorno, cómo funciona el mundo, etc.). El segundo componente de la conciencia -que está inextricablemente ligado- es la conciencia/moralidad, que también podríamos decir que es un alto sentido de la ética. Un sentido del bien y del mal. No según lo que percibimos como correcto o incorrecto, sino según lo que es realmente correcto o incorrecto, en un sentido objetivo.

La conciencia es inteligencia verdadera, genuina, pero no utilicemos la palabra "inteligencia" porque puede interpretarse incorrectamente. De hecho, cuando se dice la palabra "inteligencia" a menudo puede desencadenar percepciones erróneas, incluso de distracción (¡muchas procedentes del propio sistema infectado por el marxismo!) de lo que es la inteligencia, como el nivel de educación de una persona, su puntuación de CI, si está o no en *Mensa*, etc. Por supuesto, hay innumerables personas en el mundo que son "educadas", "ricas", "poderosas", etc. que son absolutamente imbéciles. En el gran esquema de las cosas, estas etiquetas no significan nada -pueden no ser ni educados, ni ricos, ni poderosos en ningún sentido real. A la inversa, hay personas desprovistas de esos atributos que pueden tener un alto nivel de conciencia.

## Desiguales señales de vida en los "vivos

La "conciencia" es también el grado de vida real de una persona. Por chocante que pueda resultar este concepto a primera vista, es extremadamente útil para quienes intentan dar sentido a la locura que les rodea. Para ello se requiere un cierto control emocional, y se recomienda desconectar momentáneamente cualquier sentimiento de "simpatía".

Es cierto que todos estamos vivos en cierto sentido, todos tenemos latido, podemos comer, hablar, hablar, andar, reproducirnos, etc. (la mayoría de nosotros podemos). Sin embargo, también está claro que tenemos un grave problema en el mundo con individuos que parecen zombis, que no están realmente aquí; no están realmente presentes en este mundo y, por tanto, no están plenamente vivos. No son seres humanos plenamente funcionales. Se trata de una comprensión de suma importancia, pero no se suele hablar de ella en estos términos. Las ideologías tóxicas tienen un papel que desempeñar aquí, ya que pueden transformar al ser humano en estos zombis no presentes/no muertos.

El concepto de "igualdad" es un insulto para los que no encajamos en esta categoría de zombis. El sistema plagado de marxismo nos ha ocultado esta verdad a través de este concepto. Cuando nos fijamos en la verdadera naturaleza de los seres humanos, la "igualdad" es uno de los términos más ridículamente erróneos que podemos utilizar. El culto marxista nos muestra claramente que no todos somos iguales. Son la prueba de que la igualdad no existe y no puede existir, en términos de la vara más importante con la que medir a un ser humano: la conciencia.

Al mismo tiempo (y lo más interesante y no intencionado) la ideología/secta crea un nuevo tipo de sistema de clases, con aquellos de nosotros que no estamos adoctrinados en la clase superior; un hecho del que los miembros de la secta son totalmente ajenos. Las personas infectadas por el marxismo no son individuos realmente presentes, vivos y cuerdos; la ideología vuelve loca a una persona, en un grado u otro.

Por el contrario, aquellos que están completamente lúcidos y están en contra del totalitarismo globalista que vemos barriendo el mundo, estas personas están en un nivel diferente. ¡Estas personas están realmente vivas! Por lo general, muestran inteligencia, conciencia (percepción y conciencia superiores) y amor. No es justo comparar estos grupos. Uno de estos grupos son seres humanos auténticos, relativamente funcionales y cuerdos; el otro no. Por otro lado, es interesante observar que los miembros de las sectas llevan décadas intentando que se certifique que sus enemigos están locos. Pregonan la idea de que expresar "racismo", tener puntos de vista nacionalistas o conservadores o "de derechas" es sinónimo de enfermedad mental, etc. ("Si no estás de acuerdo conmigo/con nosotros, ¡tienes que estar loco!"). El control de los sistemas educativo y sanitario por parte de la ideología/culto le ha permitido decidir qué es la cordura. Intentar que todo aquel que no esté de acuerdo con el marxismo sea etiquetado como "enfermo mental", será lo normal en el futuro. Y, lo que es aún más extremo, intentarán que esos enemigos sean tratados como infrahumanos (cosa que ellos mismos son). Otra inversión.

### Otros elementos

Algunas otras observaciones generales sobre el funcionamiento de la secta/ideología/ adoctrinamiento:

### Subiendo la temperatura...

"Hervir una rana" es una vieja metáfora utilizada para describir el proceso de una amenaza que crece lentamente. Se cuenta que una rana, si se la echa en agua hirviendo, obviamente saltará de inmediato. La mayoría de los seres vivos tienen incorporada esta reacción de seguridad ("acto reflejo"), de alguna forma, ¿verdad? Aparentemente, sin embargo (como dice la metáfora/cuento) si pones a la rana en agua fría y luego subes el fuego lentamente hasta que el agua hierve, no se dará cuenta y se cocinará. En otras palabras: la rana no percibió la amenaza porque las cosas cambiaron lentamente, o más exactamente, el entorno cambió lentamente. Se trata de una táctica de estilo fabiano, simbolizada en el logotipo de la tortuga, que simboliza una "transición lenta y (casi) imperceptible al socialismo".

También es un factor en las otras manifestaciones del marxismo que hemos visto antes: el "marxismo cultural", el posmodernismo y la "subversión ideológica". Todas estas manifestaciones afectan a la sociedad objetivo, de forma incremental, a lo largo de un cierto periodo de tiempo. Hervir una rana" significa que un país/población no es atacado de repente. El proceso es gradual, incremental, por lo que no se percibe como una amenaza. Este ritmo estratégico también permite que las nuevas generaciones de una nación sean adoctrinadas desde una edad temprana para ser miembros de la secta, sustituyendo a las más antiguas, posiblemente resistentes.

Esto resume perfectamente la estrategia utilizada en la subagenda de la inmigración masiva en Europa. No ha sido una importación (relativamente) masiva en un periodo muy corto, sino que las cifras se han repartido. Y digo "relativamente" teniendo en cuenta la población de los países africanos y de Oriente Medio. En el momento de escribir estas líneas, la población de (la isla de) Irlanda supera los 6,5 millones de habitantes, mientras que la población total de los países subsaharianos se cuenta por cientos de millones: Nigeria tiene 206 millones, Etiopía 114 millones, etc. Un ejemplo de Oriente Medio es Afganistán, con 38 millones. Obviamente hay que añadir los refugiados ucranianos; la población de ese país es de casi 37,5 millones.[16] Aumentar lentamente la presión sobre las poblaciones autóctonas en Europa utilizando esta subagenda, también crea una situación en la que los inmigrantes pueden involucrarse en política, lo que sólo acelera el proceso (por supuesto, ellos mismos pueden ser/convertirse en miembros de una secta).

En Irlanda, un país todavía relativamente homogéneo desde el punto de vista étnico, los inmigrantes han sido enviados e implantados en diversas ciudades y localidades de todo el país. Para la adormecida parte de la opinión pública irlandesa que aún no ve la inmigración masiva como una amenaza existencial, esta dispersión de la colocación de los inmigrantes mantiene a muchos en su letargo. Sin embargo, si se enviaran cantidades masivas de inmigrantes a un solo lugar (Dublín o Cork), incluso esos irlandeses adormecidos se darían cuenta mucho más fácilmente. El agua está empezando a llegar al cuello de los autóctonos, desde el punto de vista étnico, y ha sido un ascenso relativamente lento en su mayor parte.

### Fanáticos cotidianos que defienden su culto/ideología

El adoctrinamiento convierte a personas normales y corrientes en fanáticos a menudo agresivos, programados para reaccionar ante determinados estímulos. En cierto sentido, se convierten en robots. (voz de robot) "¡Estoy... o-ffen-ded!". Como ya se ha mencionado, los infectados pueden percibir cualquier forma de agresión o crítica hacia una persona de un grupo "víctima" como "opresión". No sólo creen que esta agresión/crítica está mal, sino que intentarán suprimirla activamente, independientemente de por qué se produzca la agresión o la crítica. Seguro que lo has experimentado alguna vez. Ejemplo: si expresas críticas a alguien de un grupo "oprimido", la persona adoctrinada te "corregirá". Puedes obtener esta reacción tanto si realmente tienes razón como si no en tu crítica. Esto puede ocurrir incluso si la persona a la que criticas ni siquiera está en la sala. Puede ser un desconocido, alguien de la televisión, de Internet, etc. En otras palabras, no estás haciendo ningún daño, pero te están "corrigiendo" porque has provocado a la persona adoctrinada (que obviamente piensa que estás haciendo algo mal). Este es el control ideológico de la secta a nivel de base. En este caso, la persona adoctrinada será el pequeño comisario del régimen y vigilará obedientemente a las demás ovejas. Si te das cuenta de que te "corrigen" de esta manera, es probable que estés tratando con un miembro de una secta (se hayan dado cuenta o no).

La hipocresía de la secta está presente aquí: creen que estás haciendo algo mal e intentarán "corregirte" o controlar tu comportamiento (que en realidad es incorrecto). Obviamente, esto también está relacionado con el factor del

---

[16] https://www.worldometers.info/world-population/population-by-country/

mocoso malcriado, ya que a los mocosos les encanta controlar su entorno (¡incluyendo a otras personas!). También se puede relacionar con un buen regaño, que a su vez se relaciona con la malcriadez y la inmadurez. Si tienes la mala suerte de estar en compañía de alguien que es un mimado, le gusta regañar y tiene la infección marxista, te doy mi más sentido pésame.

**Altruismo patológico**

Cuando una sociedad está infectada por el marxismo durante un periodo prolongado, puede desarrollar algo llamado altruismo patológico, el hijo loco del principio opresor contra oprimido. El énfasis constante de la sociedad (gracias al adoctrinamiento) en los grupos "oprimidos" conduce a esta sobreindulgencia psicótica de las emociones femeninas. El resultado es un exceso de empatía/simpatía, por defecto, hacia cualquier grupo al que la secta otorgue el estatus de "víctima"/oprimido. Esto, a su vez, conduce a las percepciones distorsionadas antes mencionadas de esos grupos, incluido su comportamiento. Esta perspectiva desequilibrada se arraiga en las mentes de muchos. Es esa actitud "naaaaaaaaw" enloquecida, encapsulada en la palabra elegida por la secta: "compasión". Se manifiesta como la incapacidad de controlar las emociones y tener un enfoque racional de los problemas. Llevado a su conclusión, el altruismo patológico es cuando una persona/grupo/nación ayuda (o intenta ayudar) a los demás aunque eso signifique su propia destrucción.

"Patológico" del griego "Pathos" que significa sufrimiento, o experiencia, o emoción. Está relacionado con la patología o la enfermedad. Cuando aplicamos esta mentalidad a una nación, significa la manifestación de tendencias autodestructivas de esa nación, en particular con respecto a sus esfuerzos "humanitarios" internacionalistas (es decir, las políticas de inmigración, las iniciativas de ONGs y organizaciones sin ánimo de lucro, etc.). Este elemento trabaja con el importantísimo principio oppr. contra oppr. al ser el combustible emocional que le permite funcionar (y, por tanto, causar caos, destrucción, desequilibrio, etc.).

"Altruismo" significa esencialmente realizar acciones en beneficio de los demás. Del *Oxford English Dictionary*: "Preocupación desinteresada o desinteresada por el bienestar de los demás, especialmente como principio de acción. Opuesto a egoísmo, egocentrismo o (en su uso primitivo) egotismo".[17] Desde un punto de vista emocional puramente femenino, esto podría parecer muy noble; pero ¿es noble si ese acto altruista está destruyendo no sólo a quien lo realiza, sino a su pueblo, su sociedad, su patrimonio? ¡No! En otras palabras, ¿sacrificar el bienestar de un grupo (¡el tuyo!) por otro? No, eso no es noble, ¡es hipócrita! O se respeta la vida, las personas, las razas y las culturas, o no se

---

[17] Diccionario de inglés Oxford - "Altruism".
https://www.oed.com/search/dictionary/?scope=Entries&q=altruism

respeta. Obviamente, nos referimos a la inmigración masiva, que es quizás la manifestación más grave de esta mentalidad masoquista y psicopática. Por supuesto, nadie está sugiriendo que no exista una aplicación correcta del altruismo, pero hay un momento y un lugar.

También es cierto que no tenemos derecho a practicar ese supuesto altruismo a gran escala (como en la inmigración masiva) en detrimento de nuestras propias naciones, pueblos, etc. Nadie tiene ese derecho, ¡y menos un político sin conciencia, un jefe de ONG o un activista marxista!

El altruismo patológico puede aplicarse a las otras subagendas marxistas: los hombres que apoyan el feminismo están participando en algo anti-hombre, ayudando a convertir a los hombres (incluidos ellos mismos) en ciudadanos de segunda clase; en el veganismo, la gente está participando en la destrucción de sus propios cuerpos, mentes, raza y nación para el supuesto beneficio de los animales agrícolas que ni siquiera saben que los veganos existen (y mucho menos se preocupan por ellos); en la estafa del cambio climático, al obligarse a reducir sus emisiones de $CO_2$ a niveles increíblemente bajos, los países sólo dañarán sus industrias y se paralizarán financieramente, con el fin de ayudar a "salvar" el planeta. Es una auténtica autodestrucción por ser "amables".

## Compasión

En relación con el último punto, he aquí un término común de señalización de virtudes que se oye a menudo en boca de los adoctrinados: compasión. Otra estafa del marketing marxiano, utilizada para manipular emocionalmente.

Está relacionado con el **principio** de opr. contra opr., porque, de nuevo, la secta/ideología necesita conseguir que las masas se emocionen en exceso con cualquiera de las clases "oprimidas" (para manipularlas). Naturalmente, también emplea el principio del Caballo de Troya Rojo porque parece muy benévolo, humanitario, conforme a la "justicia social", etc. También ayuda a priorizar a los de las clases "oprimidas" sobre los que no lo están, lo que a su vez contribuye a la imposición de una igualdad artificial, desestabilizadora y destructiva. Además, el concepto de "compasión", tal y como lo utiliza la secta, tiene la función de justificar sus acciones "revolucionarias", además de fomentar más de este maravilloso "activismo". Es una palabra polivalente extremadamente eficaz, perfecta para la constante señalización de virtudes de la secta, de ahí su uso común.

En 2018, en Irlanda, hubo un referéndum constitucional para derogar la (1983) 8ª enmienda de la constitución (que ilegalizaba el aborto a menos que se dieran ciertas circunstancias), haciendo así que el aborto fuera más ampliamente disponible y socialmente aceptable. Obviamente, los miembros de la secta en Irlanda en general, no sólo las feministas, provocaron este cambio.

Tras el referéndum, el "líder" no electo de Irlanda -el aborto en vida Leo Varadkar- utilizó la palabra tres veces en un discurso breve y típicamente nauseabundo: "Hemos votado para ofrecer compasión donde antes había frialdad, y para ofrecer atención médica donde antes hacíamos la vista gorda". Y: "Al escuchar los argumentos de ambos bandos durante las últimas semanas me ha sorprendido lo que teníamos en común, más que lo que nos dividía ("solidaridad"). Ambas partes expresaron su deseo de atender a las mujeres en crisis, ambas partes querían compasión, ambas partes querían elegir la vida". Y: "Todo el mundo merece una segunda oportunidad. Esta es la segunda oportunidad de Irlanda para tratar a todos por igual y con compasión y respeto".[18] Por supuesto, "todo el mundo merece una segunda oportunidad", mientras que el feto no nacido ni siquiera tiene una oportunidad, ni una pizca de "compasión". Uno puede imaginarse a los sonrientes degenerados emocionales de ojos acuosos reaccionando a su discurso, sintiendo sentimientos difusos y cálidos.

Curiosamente, el discurso de Varadkar comenzó con la frase "Hoy es un día histórico para Irlanda. Ha tenido lugar una revolución silenciosa, y un gran acto de democracia". Esto resume la estrategia fabiana de una toma de poder marxiana encubierta, destacando cómo la secta utiliza la "democracia" para tomar el control. Lo hacen parecer como si fueran los deseos del "pueblo", pero no lo son, son los deseos de la secta. En un país plagado de marxismo como Irlanda, en ese momento, sólo los miembros de la secta estaban motivados para salir a votar en masa, por lo que no hay exactamente igualdad de condiciones; muchos están comprensiblemente desilusionados con el sistema.

La palabra compasión insinúa que si no estás de acuerdo con las diversas subagendas marxistas, que no te importan otros seres humanos o su sufrimiento; que eres un ser humano inferior. "Si no tienes compasión por (X), eres una mala persona". Están diciendo: "Yo soy mejor persona que tú. Somos mejores que tú porque apoyamos esto". Hay una forma sencilla de contrarrestar todo eso: Los miembros marxistas de una secta no están en posición de dar lecciones a nadie sobre ética/moralidad. Así que no te preocupes porque los miembros de la secta nos acusen de esta manera. Son hipócritas de primer orden. Lo que realmente están diciendo (con la palabra "compasión") es: "si no estás de acuerdo con esta sub-agenda marxista, eres una mala persona", que se traduce como "el marxismo es la ética misma". Palabrería de culto.

Si te opones a que tu hijo o hija en la escuela reciba clases sobre homosexualidad (impartidas por su "profesor" marxista infectado), puede que te acusen de falta de compasión por los homosexuales. Si te opones a la hora del cuento de la drag queen, te falta compasión por las drag queens; si te opones a "salvar el planeta", te falta compasión por el planeta (de nuevo, risitas); si te

---

[18] "Discurso de An Taoiseach, Leo Varadkar tras la declaración sobre el Referéndum de la Octava Enmienda", Sun 27 May 2018. https://merrionstreet.ie/en/news-room/speeches/speech_by_an_taoiseach_leo_varadkar_following_the_declaration_on_the_referendum_on_the_eighth_amendment.html

opones al veganismo, te falta compasión por las vacas, las gallinas, etc.; si te opones a BLM, te falta compasión por la gente negra/no blanca; si te opones al socialismo, te falta compasión por la gente "pobre", etc. Y así sucesivamente...

Una vez más, esta "compasión" es muy selectiva, ya que sólo se aplica a ciertos grupos/individuos aprobados por el marxismo. Obviamente, una persona "pobre" que se opone al socialismo es un fascista, un nazi, un racista, etc. (¿o un "proletario que se odia a sí mismo"?).

Aquí también hay casi un elemento pseudoespiritual implicado. Es decir, si no tienes esta "compasión" marxista, te falta algo a un nivel más profundo. No sólo eres una mala persona, carente de conciencia, sino que no eres un ser humano plenamente desarrollado y progresista. De hecho, no perteneces a esta nueva clase superior de ser humano que la cultura marxista está creando.

Por último, este término enlaza con la táctica de sobrecargar a la sociedad de feminidad. No es más que otra jerga para estafar a la gente a través de sus emociones y egos, y muchos se han dejado engañar. En realidad, todo esto es bastante vergonzoso, patético e infantil.

**Justicia social**

Otro término para señalar virtudes es "justicia social". Dilo en voz alta por un segundo... incluso susúrralo con los ojos cerrados, ¿puedes sentirlo? ¿Puedes sentir el poder revolucionario en tu alma, en lo más profundo de tus entrañas? Por supuesto, justicia "social" significa en realidad "justicia" marxista: la sociedad estructurada según la "ética" y los principios marxianos retorcidos (revolución permanente, igualdad, solidaridad, diversidad, "compasión", etc.).

He aquí otro ejemplo del doble rasero hipócrita: si hablas de cosas como el bien y el mal y la moralidad, te acusarán de estar equivocado, de que tus ideas proceden de ideas anticuadas y no progresistas, como la religión, etcétera. Puede que te digan cosas como "...¿pero qué entiendes tú por "bien" y qué por "mal"?", y que te arrastren a debates subjetivos y relativistas con ellos (a lá postmodernism).

Básicamente, criticarán tus ideas sobre el bien y el mal y te dirán que no puedes tener esas creencias, y luego vendrán los insultos categorizadores (ultraderechista, nazi, fascista, etc.). Así que momentáneamente tienes la impresión de que no hay ningún sistema ético en la secta, que incluso la propia idea de ética podría no tener ningún significado para ella.

Entonces la situación se invierte, cuando se les oye utilizar términos de señalización de virtudes como "Justicia Social"; un término que implica que tienen un sistema de ética. Y no sólo eso, están tan seguros de la rectitud de su sistema que se creen con derecho a imponer sus creencias a toda la sociedad. Afirmarán que su ética procede de la "ciencia" (marxiana) (incluidas las ciencias sociales y cualquier otro conducto que la ideología pueda utilizar), y no de ideas relativamente "tontas" como el tradicionalismo, el conservadurismo, la religión, etcétera. Esto hace que su sistema ético sea superior, aparentemente. La "justicia social" no es más que otra manifestación verbal de esa psicosis de mocosos malcriados: "¡nosotros tenemos razón y vosotros estáis equivocados! ¡Somos los mejores, somos especiales! Se trata de salirnos con la nuestra", etc. Palabras de miembro de una secta.

## Señalización de la virtud

La señalización de virtud es cuando alguien hace algo (es decir, hace una declaración) para convencer a los demás de que es maravilloso: "¡Mírame! Digo/hago esto porque soy una buena persona, y si tú quieres ser una buena persona, deberías decir/hacer esto también". ¿De esto se trata la señalización de virtudes? ¿Inmadurez? ¿Narcisismo? ¿Autoengrandecimiento mezquino? ¿O hay un significado más profundo en términos de la propia ideología? Todo eso, pero también lo segundo, que es mucho más insidioso. Ese discurso mencionado antes de Leo Varadkar (después de la victoria en el referéndum sobre el aborto de la secta) fue un buen ejemplo de una figura pública señalando virtudes. Un político, usando palabras como "cuidado" y "compasión", etc. Estoy seguro de que esa persona tiene algunos problemas de inmadurez, narcisismo y engrandecimiento, pero esas no son las únicas razones por las que oímos a una "persona" como esa hablar de esa manera.

Este comportamiento proviene del sistema infundido por el marxismo, para intentar controlar los pensamientos/palabras/acciones de las masas. No es casualidad que casi todas las figuras públicas que ves ahora están haciendo esto, y todos más o menos al mismo tiempo, ¡en todo el mundo! Desde políticos a actores, pasando por periodistas, autores, presentadores de programas de entrevistas, etc. Lo vemos tanto actualmente porque es promoción y programación sugerente.

Es una forma de decir a la gente cómo deben sentirse y cómo deben comportarse mediante la demostración. Se basa en el aspecto borreguil del comportamiento humano. Muestra a los que presencian el acto de señalización de virtudes: "¿Ves? Cuando muestras atención y compasión (marxista) por aquellos que lo merecen (¡especialmente públicamente!), otros (otros miembros de la secta) te mostrarán admiración, respeto, etc.". (bueno, esto probablemente no se aplica en el caso de Varadkar; no le cae bien a nadie).

La señalización de virtudes es muy eficaz para condicionar a la parte impresionable del público en general a través de sus emociones y egos, y funciona a dos niveles:

En primer lugar, programa a la audiencia con la propia programación -en este caso (en el discurso de "compasión" de Varadkar) la programación es que el aborto significa asistencia sanitaria para las mujeres, o cualquiera que sea la programación, la subagenda que se promueve es (por ejemplo, multiculturalismo y diversidad = positivo, progresista, etc.). Es la promoción de una subagenda marxista concreta.

Además de promover la subagenda marxista (en este caso el aborto), también condiciona a la audiencia a creer que apoyar la subagenda es lo moral/éticamente correcto. Esto sirve para desalentar cualquier tipo de duda en la mente de la audiencia de que se ha hecho lo correcto (en este ejemplo: que se cambiará la ley para que sea mucho más fácil para las mujeres abortar en Irlanda). Promoción y, a continuación, reafirmación/refuerzo. Este componente de promoción, por supuesto, también refuerza el lavado de cerebro feminista marxista de que abortar es algo normal, racional y socialmente aceptable para una mujer. En resumen, el discurso anima a las mujeres a abortar, por sugerencia.

En segundo lugar, programa al público para que él mismo se dedique a señalar virtudes, ya que puede obtener beneficios -adoración, respeto, etc.- de otros idiotas. El mero hecho de que un personaje público lo haga activa el mecanismo "mono ve, mono hace". Es la ideología marxista utilizando la cultura superficial de la celebridad en su beneficio. Ahora bien, sé que mucha gente odia a un personaje como Leo Varadkar, y lo insultaría incluso después de un discurso como ése (independientemente de sus inclinaciones ideológicas), pero también hay otros que le adularían y le adularían después.

Me refiero a esas personas, tanto si están cerca de él como si están entre el público. Lo señalo porque, obviamente, este segundo nivel (en el que funciona la señalización de virtudes) no se aplica a nadie que no confíe o respete a la persona que lo hace.

También se produce un efecto de bola de nieve (rojo progresivo) con la señalización de virtudes, porque cuanta más gente se enganche al culto (voluntaria o involuntariamente), más público simpatizante, idólatra y adulador habrá para quienes se dediquen públicamente a la señalización de virtudes. Una vez más, se trata del ego y las emociones, el ansia de amor, admiración, respeto, etc.: "¡Quiero que la gente vea lo grande y especial que soy! Lo compasivo, cariñoso, valiente y fuerte que puedo llegar a ser". Es comparable a cómo los miembros de una secta se dan respeto/adoración/amor: ¡cuanto más grande es la secta, más de esas cosas puedes conseguir! Por lo tanto, a todos los miembros de la secta les interesa y les interesa colectivamente dar señales de virtud, ya que se benefician de ello. Es su néctar. Considéralos adictos.

**Un sistema verdaderamente "progresivo**

La secta puede empezar con una cosa y pasar a cosas más extremas como parte de su plan maestro revolucionario para la sociedad, durante el proceso de desestabilización (gracias Yuri). En Irlanda, hubo un referéndum sobre el matrimonio gay en 2015, y un referéndum a favor del aborto en 2018.[19] Quizá si todas las personas (no adoctrinadas) de Irlanda supieran lo serio que es el tema aparentemente frívolo del matrimonio gay, se habrían opuesto.

Como gran parte de la población no era consciente de la importancia de este hito, los internacionalistas no tuvieron necesidad de forzar nada: el pueblo dio su consentimiento en número suficiente. El resultado afirmativo del referéndum también demostró a los internacionalistas que el adoctrinamiento estaba funcionando y que Irlanda era ahora lo suficientemente "progresista" como para aceptar cambios más drásticos (por ejemplo, el aborto).

A continuación, se produce la promoción/normalización de comportamientos aún más extraños y degenerados, como la hipersexualización de los niños y los cuentos de drag-queens, que contribuyen a allanar el camino para la normalización de la pedofilia, etc. Si usted ha estado por aquí durante algunas décadas, estoy seguro de que ha notado cómo ha habido una intensificación incremental de estos cambios "progresivos" en los últimos años en Occidente, especialmente en la última década. Una pendiente resbaladiza de degeneración...

Es como si se pusiera algo a prueba a la población; si es lo bastante crédula como para caer en una estafa, demuestra que puede estar preparada para caer en otra. En Irlanda, el referéndum sobre el matrimonio homosexual se celebró antes que el referéndum sobre el aborto. La respuesta del público al primero influyó en la manifestación del segundo. Tal vez el Estado plagado de marxismo no se habría molestado en intentar la jugada del aborto si la respuesta del público al "progresismo" hasta ese momento hubiera sido mucho menos acogedora.

**Hipocresía y doble moral si te opones a la secta**

Aunque la hipocresía inherente parece un defecto de la secta, en cierto sentido, es una fortaleza (desde su punto de vista), porque engendra un fanatismo extremo y demente, haciendo que el movimiento sea más poderoso. Esto, a su vez, acelera el impacto destructivo de la ideología en la civilización a largo plazo. Podemos ver estas contradicciones en el comportamiento de la secta/ideología en general, y en los casos mencionados anteriormente.

Otro ejemplo: si una mujer expresa públicamente opiniones patrióticas, conservadoras o "de derechas", será atacada por los miembros de una secta por hacerlo. ¿Por qué la atacan si pertenece a un grupo "oprimido"? Esto también puede aplicarse en el caso de una mujer no marxista que se defiende de un hombre marxista/pro-marxista (que la maltrata psicológica/verbalmente, etc.).

Extrañamente, los ataques también incluirían a aquellas marxistas que se

---

[19] https://en.wikipedia.org/wiki/Thirty-fourth_Amendment_of_the_Constitution_of_Ireland

describen a sí mismas como feministas. El hecho de que sea mujer es irrelevante cuando se trata de una fascista peligrosa con opiniones de derechas. El hecho de que no sea marxista es la verdadera cuestión que debe ser abordada y contrarrestada por la secta. Que pertenezca a un grupo con estatus de "oprimido" no invalida el hecho de que sea una amenaza para la ideología. De hecho, las mujeres adoctrinadas te considerarían una "traidora" a las mujeres. Lana Lokteff, de Red Ice TV, por ejemplo, fue criticada regularmente por miembros femeninos de la secta cuando su canal de YouTube estaba en la cima de su popularidad.

Lo mismo se aplicaría a una persona perteneciente a cualquier otro grupo "oprimido" designado -inmigrante, homosexual, etc.- que defiende opiniones que contradicen las marxistas. En el momento en que se critica la secta/ideología, el estatus de "oprimido" al que normalmente tendría derecho esta persona se evapora. En el momento en que atacas el marxismo/la cultura PC, etc., eres instantáneamente "trasladado" de ese grupo "oprimido" a un nuevo grupo (¡malo!), dependiendo de lo que hayas dicho/hecho. Así que, básicamente, ahora puedes ser 'atacado' por los secuaces marxistas sin que ellos tengan que enfrentarse a su propia hipocresía (ya que ahora, técnicamente, ya no estás 'oprimido'; ahora eres el 'opresor'). Si no eres marxista y/o te opones al marxismo, se burlarán de ti, suprimirán tu opinión, intentarán hacerte daño, etc. (en un grado que se corresponda con el nivel de amenaza que presentes). Un ejemplo de esto sería el autor británico Douglas Murray, que también es gay: sus opiniones sobre muchos temas, incluida la homosexualidad, han provocado las críticas de los miembros de la secta del movimiento LGBTQ.

Puede que incluso formes parte de un grupo "oprimido" y hayas colaborado con la secta/ideología, pero sencillamente no eres lo suficientemente "revolucionario". Tomemos el caso de la exitosa y famosa escritora británica J.K. Rowling, autora de la serie *Harry Potter*. A lo largo de los años, Rowling ha apoyado ávidamente muchas causas que benefician a la secta/ideología, incluida la creación de ONG sin ánimo de lucro orientadas a las mujeres, donaciones al Partido Laborista británico y oposición a la campaña del Brexit.[20] Sin embargo, no llegó a secundar las iniciativas más extremas de la secta, lo que provocó su ira.[21] Básicamente, no estaba de acuerdo con que las "mujeres trans" fueran de hecho mujeres, y apoyó a la difunta Magdalen Berns (1983-2019), otra miembro de la secta que cayó en desgracia con los extremistas transexuales. Entre otras cosas, Berns se opuso a la idea de que las lesbianas que no querían tener relaciones sexuales con 'mujeres trans' (hombres con pene) se debía a que eran transfóbicas, etc. (queue gender-queer circus

---

[20] https://www.britannica.com/biography/J-K-Rowling

[21] Rowling, J. "J.K. Rowling Writes about Her Reasons for Speaking out on Sex and Gender Issues", junio de 2020. https://www.jkrowling.com/opinions/j-k-rowling-writes-about-her-reasons-for-speaking-out-on-sex-and-gender-issues/

music).[22] Ya estoy cavando la fosa común, con los bidones de gasolina preparados.

El caso de Rowling es un recordatorio de que hay niveles de fanatismo en juego. Demuestra que si no eres lo bastante extremista y discrepas en algo, independientemente de tu riqueza o notoriedad, te verás obligado a conformarte o te atacarán. Y también la etiquetan: los miembros más extremistas de la secta la han incluido en la categoría *TERF* (feminista radical transexcluyente).[23] Una locura. La ideología se arrastra por la orilla en oleadas cada vez mayores...

---

[22] https://en.wikipedia.org/wiki/Magdalen_Berns

[23] https://en.wikipedia.org/wiki/TERF

# Sección IX - Los subprogramas que apoya

"La historia es un relevo de revoluciones; la antorcha del idealismo es llevada por el grupo revolucionario hasta que este grupo se convierte en un estableci-miento, y entonces la antorcha se deja en silencio para esperar hasta que un nuevo grupo revolucionario la recoja para la siguiente etapa de la carrera. Así continúa el ciclo revolucionario".[1]

Saul Alinsky, *Reglas para radicales*, 1971

**Introducción**

En esta sección se enumeran las diversas subagendas destructivas activas en nuestro mundo actual, apoyadas por la secta/ideología; los diferentes componentes dentro de una máquina integrada: el sistema marxista globalista internacionalista. Todos ellos sirven a la agenda final de la ideología, que es la dominación mundial.

Es importante recordar que aunque estas (sub-agendas) son todas cuestiones aparentemente dispares (y pueden ser consideradas como tales por la gran mayoría), todas están de hecho unidas a nivel ideológico por el marxismo; sólo parecen dispares en la superficie. Este es un punto crucial y debe ser ampliamente comprendido por las masas previamente desinformadas. Además, las subagendas son todas, de forma bastante obvia, formas de "revolución", siendo posiblemente la parte más visible del sistema marxista, incluso para el profano. El movimiento marxista internacional ha creado estas subagendas o las apoya. De hecho, si de repente elimináramos la ideología del mundo, sería difícil ver cómo estas subagendas podrían ganar algún tipo de tracción real o incluso tener algún impacto, por no hablar de mantener la prevalencia que tienen en la conciencia pública. Además, hay que señalar que estas subagendas son las que realmente causan el daño a la civilización en términos del mundo real, más que la propia ideología. El daño que causan las subagendas es el producto final manifestado por la ideología. Este daño es lo que está "despertando" a la gente a esta loca actividad revolucionaria.

Algunas cosas apoyadas por el marxismo, como la inmigración masiva (y el concepto relacionado de gobierno mundial único), son mucho más grandes y antiguas que la ideología, en el ámbito más amplio de las cosas. Otras, como la "islamización" de los países occidentales, son obviamente el cruce de dos

---

[1] Alinsky, S., *Rules for Radicals* (1971), p. 35.

ideologías: El marxismo y el islam. Evidentemente, como el islam es muy anterior al marxismo, no podemos decir que el marxismo lo creara (aproximadamente doce siglos antes, si medimos desde la muerte de Mahoma hasta la redacción del Manifiesto Comunista). Sin embargo, el objetivo de esta sección es poner de relieve que la ideología desempeña el papel central de permitir que las diversas subagendas transformen el mundo, especialmente la civilización occidental. Si el marxismo ha creado o no históricamente la subagenda en cuestión no es la cuestión principal aquí; necesitamos centrarnos en el papel destructivo, habilitador y central de la ideología en el presente.

(Como apunte, lo anterior está relacionado con el "islamo-socialismo": la cooperación entre ciertos elementos del islam y los de la secta. Dado que estos elementos comparten ambiciones similares de dominación mundial y contienen sentimientos antioccidentales anticristianos, es natural que estén aliados.[2] Esto también explica por qué los miembros de la secta no critican y atacan a los musulmanes/islam como lo harían con los cristianos/cristianismo. Y naturalmente es otra razón para explicar por qué el culto ha sido pro-Palestina/anti-Israel durante décadas).

Todas las subagendas, en un grado u otro, se basan en el principio original de opresor contra oprimido que figura en el Manifiesto Comunista. No son más que variaciones de la misma "lucha de clases" original del grupo rico/burguesía/opresor contra el grupo pobre/proletariado/oprimido. Y al igual que en el original, suele haber dos grupos implicados, que se colocan en uno u otro papel.

Dentro del componente de adoctrinamiento, las subagendas también producen las mismas respuestas y resultados emocionales (esbozados anteriormente), más o menos. Combinadas con otros factores (por ejemplo, la mentalidad "revolucionaria" que fomenta el activismo marxista), estas respuestas emocionales conducen a llamamientos a la acción (pro-marxista), lo que da tracción a las subagendas en nuestras sociedades. Por supuesto, sin acción no puede haber impacto. De hecho, si la ideología se mantuviera puramente en las esferas intelectuales, filosóficas o académicas, y nunca se manifestara en la acción de palabra real (llevando a las inevitables consecuencias), este libro no sería necesario. La ideología/el adoctrinamiento exigen una acción "revolucionaria"/"progresista".

**Ticking commie red boxes....**

A lo largo de esta sección, tendremos en cuenta los diversos elementos del marxismo que hemos visto hasta ahora. Todos están interconectados y hay cierto cruce entre ellos. Básicamente, estamos viendo cuántas casillas rojas comunistas marca cada sub-agenda. En un nivel más amplio, tener este enfoque

---

[2] https://www.encyclopedia.com/social-sciences/applied-and-social-sciences-magazines/socialism-islamic

es clave para detectar la presencia de la secta/ideología en nuestro mundo.

Estos son los elementos en los que nos fijamos cuando examinamos cada subprograma; tenemos que preguntarnos:

**¿Utiliza el principio opresor contra oprimido/divide y vencerás?**

¿Presenta a dos grupos, uno como opresor/dominador/controlador/usuario/perpetrador malvado, y el otro como oprimido/dominado/controlado/usado/víctima inocente? ¿Crea tensiones, conflictos y divisiones? ¿Se dirige específicamente a determinados grupos de la sociedad colocándolos en el grupo de los "opresores"? ¿Dar a estos grupos "oprimidos" este estatus especial les garantiza un trato preferente? ¿Lava el cerebro a la gente desencadenando las dos principales respuestas emocionales hacia los dos grupos? (negatividad, juicio, odio, desprecio hacia el "opresor"; positividad, simpatía, empatía, "amor", "compasión" hacia el "oprimido").

**¿Crea un nuevo sistema de clases y contiene dobles raseros/hipocresía?**

¿Intenta la subagenda crear una nueva categoría de personas, que serán tratadas esencialmente como ciudadanos de segunda clase? ¿Las normas de comportamiento que se aplican al grupo "opresor" no se aplican a los del grupo "oprimido"? ¿Se aplica un trato preferente a un grupo (los "oprimidos") que perjudica el bienestar de los del grupo "opresor"? ¿El trato preferente a los del grupo "oprimido" llega a ser tan extremo que los del grupo "opresor" se ven totalmente desatendidos o maltratados y pueden desarrollar una tendencia a la autodestrucción?

**¿Utiliza el principio del Caballo de Troya?**

¿La subagenda encarna la negatividad, pero se disfraza de positividad; la malevolencia, de benevolencia? ¿Hay algo en la forma de etiquetar la subagenda, o en las palabras asociadas, que dé esta falsa impresión? ¿Su naturaleza destructiva se hace evidente más tarde, cuando ya se ha causado un daño considerable?

**¿Se basa en una percepción distorsionada de la historia y/o de la realidad actual?**

¿Se basa en la ignorancia de la historia (la realidad en el pasado) para crear una nueva narrativa falsa que sirva al marxismo para "crear" una nueva (realidad en el) presente? ¿Distorsiona la naturaleza de las cosas en la historia moderna o en tiempos recientes por la misma razón?

**¿Está promovida/apoyada por el sistema?**

¿La promueven o apoyan el gobierno, las correas de transmisión de la cultura (educación, medios de comunicación, industria del entretenimiento), las ONG/sin ánimo de lucro u otras instituciones/organizaciones? O, lo que es más importante, ¿lo promueven o apoyan todos ellos simultáneamente de forma coordinada, incluso a escala internacional? (este es un factor clave, que muestra el internacionalismo y la naturaleza conspirativa de la secta/ideología, además de mostrar su dominio).

### ¿Ataca los pilares de la civilización occidental: ¿Capitalismo, Cristianismo, Cultura?

¿Contribuye la subagenda en cuestión a la destrucción de estas cosas de alguna manera, aunque sólo sea en reputación? Obviamente, algo tan nebuloso como el capitalismo no puede destruirse, pero la secta lo criticará abiertamente todo lo que pueda y promoverá el socialismo como alternativa.

Por lo tanto, si la subagenda promueve el socialismo, puede interpretarse como un ataque al capitalismo. Lo mismo ocurre si la subagenda hace propaganda contra el cristianismo o los cristianos, o promueve deliberadamente cosas que van en contra de los auténticos valores cristianos (por ejemplo, el aborto, el poliamor, el matrimonio homosexual, etc.).

¿Intenta el subprograma atacar la cultura de un país determinado? ¿Reduce de algún modo el tradicionalismo y el patrimonio nacional? ¿Critica, "deconstruye" o sustituye aspectos de la historia de un país, normalmente para sustituirla por interpretaciones marxistas? ¿Intenta crear una realidad en la que los atributos únicos reales de los diferentes grupos -ya sean raciales, culturales, nacionales o religiosos- se ignoran o se suprimen, cubriéndolos con un brillo rojo marxista políticamente correcto?

### ¿Intenta imponer la "igualdad"?

¿Intenta la subagenda imponer el artificial e hipotético concepto marxista de "igualdad", en particular entre grupos diferentes? ¿Intenta crear uniformidad entre ellos? ¿Intenta destruir cualquier tipo de brillantez o fuerza genuinamente desigual en la sociedad suprimiéndola (ya que esto funciona en oposición al concepto erróneo de que todos somos iguales)?

### ¿Implica una señal de virtud?

¿Vemos que se emplean señales de virtud para impulsar esta subagenda concreta? ¿Existe manipulación emocional? ¿Nos dice la propaganda que esta subagenda beneficiará a ciertos grupos, a nuestras sociedades/naciones e incluso a la humanidad en su conjunto?

### Las subagendas y el principio opresor-oprimido

Una tabla para mostrar algunas de las subagendas dispuestas según el principio de opresor contra oprimido:

| Agenda | Opresor | Oprimidos |
|---|---|---|
| Aborto | Niño no nacido/patriarcado/varones | Mujeres |

*

| Anticapitalismo | Capitalismo/capitalistas/ricos (la burguesía) * | No ricos/clase trabajadora/proletariado y socialistas # |
|---|---|---|
| Anticristianismo | Cristianos, Iglesia Católica Romana | No cristianos, católicos ^ # |
| Las Vidas Negras Importan | Blancos * | Negros/no blancos en general # |
| Cambio climático | Humanos * | Tierra (de nuevo, risitas). |
| Feminismo | Hombres heterosexuales */el patriarcado | Hembras # |
| LGBTQ | Cualquiera que no pertenezca a estas categorías * | Los de estas categorías |
| Multiculturalismo/Inmigración masiva/Antirracismo | Blancos/capitalistas/Imperialistas ** | No blancos de África, Oriente Medio, Extremo Oriente, América Latina # |
| Pedofilia | No pedófilos * | Pedófilos |
| Derechos de los palestinos | Israelíes/simpatizantes israelíes/Estados Unidos * | Palestinos |
| Veganismo | Productores/consumidores de productos animales | Animales |

* Miembros de cultos exentos obviamente, ya que muestran su "solidaridad" con estos grupos "oprimidos" y tendrán "compasión" por ellos.

** Los europeos blancos en particular, porque son los que crearon todos los imperios malvados opresores, ¿no?

# A menos que estas personas sean 'malvados nazis fascistas de derechas' (es decir, no miembros de una secta), en cuyo caso se les da en su lugar el estatus de 'opresores'.

Incluyo aquí "católicos" porque la secta pondrá de relieve el problema de la pedofilia en la Iglesia católica, y que las víctimas son católicas/antiguas católicas. Una vez más, no se les concede el estatus de "oprimidos" si son antimarxistas (como muchos cristianos). En este caso, a los católicos sólo se les da un estatus simbólico de "oprimidos", ya que a la ideología no le importan los católicos/cristianos, por supuesto (¡!), pero lo finge para destruir a la Iglesia. Un desglose más exhaustivo de (algunas) de las subagendas en términos más generales se encuentra más adelante en la sección.

## Ingredientes de la mezcla

Podría decirse que ninguna de las subagendas enumeradas es más seria que las demás, por lo que no siguen ningún orden en particular. Sin embargo, en algunos casos se agrupan por tipo. Todos funcionan juntos, como piezas de una máquina comunista, o ingredientes de un guiso comunista. Se podría argumentar que, por ejemplo, la inmigración masiva es una amenaza existencial muy grave para la integridad de la civilización; de hecho, lo es.

Sin embargo, esta subagenda no existe por sí sola; ni se inició ni se ha perpetuado por sí sola; y, a pesar de sus evidentes consecuencias desastrosas, ciertamente no podemos esperar detenerla ignorando todas las demás subagendas (¡!).

Dado que uno de los principales objetivos del marxismo es destruir la civilización (y reconstruirla como una "utopía" comunista), lógicamente todas las subagendas siguientes contribuyen a este proceso de diversas maneras o en diferentes cantidades, y/o en diferentes etapas del proceso global. Del mismo modo, todas estas subagendas contribuyen al superobjetivo del Gobierno Mundial Único, con el que la ideología está interconectada.

Con el marxismo, estamos tratando con un monstruo orgánico, psicológico e ideológico que puede ser rudimentario y predecible, pero simultáneamente complejo y polifacético; y cada sub-agenda puede conectarse con otras de diversas maneras. A veces están sincronizadas; otras, no. A veces algunas (aparentemente) permanecen latentes, mientras que las otras están plenamente activas.

## Los distintos subprogramas se apoyan y perpetúan mutuamente

Las distintas subagendas mantienen una relación casi simbiótica. Se apoyan mutuamente de tal manera que su éxito/dominio individual se ve favorecido en gran medida por el éxito/dominio de otras subagendas individuales; y por extensión, por el éxito/dominio de todas ellas combinadas. Una rápida mezcla de ejemplos:

**El** feminismo, la comunidad LGBTQ y el ataque al cristianismo contribuyen a la destrucción del matrimonio y **del núcleo** familiar tradicional. Esto contribuye a reducir la población de los países afectados/infectados, que normalmente son países occidentales blancos (agenda antiblanca). El feminismo también aumenta los niveles de aborto en el país infectado (debido a la normalización/popularización), además de animar/influir en las mujeres para que esperen hasta una edad más avanzada para tener hijos. Esto también ayuda a reducir las tasas de natalidad de la población. La destrucción de la familia también proporciona al sistema plagado de marxismo un mayor control sobre las mentes de los jóvenes (ya que los padres se eliminan progresivamente de la ecuación), lo que beneficia a todas las subagendas, ya que los jóvenes serán adoctrinados para que les apoyen.

El feminismo y el veganismo se combinan para ayudar a destruir los niveles de testosterona, lo que conduce a un desequilibrio social entre masculinidad y feminidad. Este efecto feminizador conduce al predominio de las actitudes femeninas hacia las cuestiones/personas/sociedad que afectan a los grupos "oprimidos" (inmigrantes, LGBTQ, género "no binario", etc.), en las que se basa el principio opresor/oprimido.

El veganismo ayuda a reducir (nutricionalmente) los niveles de testosterona en la sociedad, ya que es una dieta deficiente en colesterol y baja en grasas saturadas (que, entre otras cosas, afecta negativamente al sistema endocrino humano, responsable de la creación de hormonas). Los que tienen el cerebro lavado pueden pensar que esto es genial, ya que aparentemente ayuda a reducir la "masculinidad tóxica" en los hombres. La disminución de los niveles de testosterona exacerba el problema de los suicidios masculinos (debido a la depresión que crea la deficiencia), lo que combinado con la supresión/desatención de los hombres (gracias al feminismo), ayuda a la artificial y desigual priorización/dominación social de las mujeres, lo que fortalece el culto/ideología. Una sociedad con deficiencia de testosterona, física y mentalmente débil, también es obviamente mucho más fácil de invadir/destruir y dominar/controlar.

El veganismo aumenta masivamente la infertilidad en la población objetivo (debido al daño que causa a la producción hormonal), ayudando a la agenda anti-blanca. También ayuda a la destrucción de la civilización occidental desde un punto de vista infraestructural/organizativo, porque la masculinidad (y cómo se manifiesta en las acciones de los hombres cada día) es necesaria para que la civilización funcione.

La masculinidad es necesaria para que una sociedad se defienda de los ataques. Los impactos de la ideología (y sus diversas subagendas) se aplican principalmente a los países occidentales, predominantemente blancos y tradicionalmente cristianos. Dado que la ideología no tiene un impacto debilitador en la población migrante, se crea un diferencial en todas las áreas que se ven afectadas por las diversas subagendas. En otras palabras, las poblaciones migrantes no experimentarán los efectos destructivos del feminismo, el aborto, el multiculturalismo, el veganismo, etc. No experimentarán los problemas de fertilidad y el descenso de las tasas de natalidad, el dominio de las actitudes femeninas/sobreemocionales, la supresión/feminización de sus hombres, etc. De hecho, las mujeres occidentales tienen tasas de natalidad mucho más bajas que las musulmanas, lo que permite a los musulmanes sobrepasar fácilmente a los occidentales. La agenda de la "islamización de Occidente", por supuesto, se ve favorecida en gran medida por la inmigración masiva, el feminismo, la comunidad LGBTQ, etc.

La agenda del anticristianismo se ve favorecida por la agenda de la islamificación. El islam/los musulmanes dominarán en los países tradicionalmente cristianos simplemente sustituyendo demográficamente al cristianismo/cristianos mediante tasas de reproducción superiores (una situación favorecida por las otras subagendas antirreproducción de la ideología). A nivel religioso, la islamización cumple un objetivo principal de la ideología, la destrucción de un pilar de la civilización occidental: El cristianismo. Además, la subagenda de islamificación ayuda a la **subagenda** antiblancos. Los varones migrantes no blancos -musulmanes o no- no tendrán problemas de niveles reducidos de testosterona (¡ni serán veganos!), lo que significa que las naciones occidentales en las que habitan están abiertas de par en par a la dominación por parte de los varones migrantes. Esta diferencia en la masculinidad, combinada con la subagenda del multiculturalismo/diversidad, también crea una situación en la que (algunas) mujeres blancas adoctrinadas pueden elegir a los hombres inmigrantes en lugar de a sus homólogos autóctonos blancos, lo que lleva a una mezcla de razas o mestizaje generalizado (que la ideología promueve/apoya, ya que es antiblanca).

El veganismo también ayuda a destruir los niveles hormonales en los jóvenes, lo que ayuda a la sub-agenda transgénero y crea más niños con problemas psicológicos de identidad sexual (beneficiando enormemente al culto/ideología). El veganismo a cualquier edad (con el tiempo) conduce a la degeneración del tejido cerebral y las condiciones asociadas: incapacidad para controlar las emociones y la ansiedad; problemas de salud mental / salud cerebral (incluyendo Parkinson de inicio temprano, Alzheimer); la disfunción hormonal antes mencionada; sistema inmunológico comprometido; y reducción de la esperanza de vida. Estos efectos contribuyen al debilitamiento general de la sociedad, a la psicosis y a la sustitución de la población. Cuantos más individuos emocionalmente inestables y dementes haya en la sociedad, mejor para la secta/ideología; el veganismo ayuda a conseguir esto a nivel dietético, ya que los efectos anteriores son congruentes con una dieta antinatural deficiente en grasas animales y proteína animal de alta calidad con un perfil completo de aminoácidos.

El veganismo también se utiliza en combinación con la estafa del cambio climático. El veganismo se considera mejor para el planeta, más "sostenible" (anticapitalismo), etc. Esto permite a la secta/ideología utilizar una sub-agenda para promover la otra y viceversa. Los activistas veganos suelen referirse a la "ganadería por beneficios" y a la "opresión y explotación" de los animales (anticapitalismo).

La subagenda de los derechos de los palestinos, tradicionalmente defendida por los marxistas, también ayuda a las subagendas de la inmigración masiva y la islamización. Permite a la secta situar a los musulmanes no blancos (como colectivo) en la categoría de "oprimidos".

También puede relacionar esto con su agenda tradicional antiamericana, ya que el aparente desplazamiento de "refugiados" de zonas "devastadas por la guerra" en Oriente Medio (aparentemente debido al "imperialismo estadounidense" racista y capitalista burgués) forma parte de la narrativa oficial de la causa de la migración masiva. Como EEUU apoya a Israel, la secta apoya la 'causa' palestina por poder, y por supuesto, la secta/ideología mundial se beneficiaría enormemente de la aniquilación de un aliado militar occidental y de la 'democracia' en Oriente Medio. Una vez más, al marxismo no le importan las personas (por ejemplo, los palestinos, los musulmanes, los afganos, etc.), sólo le importa perpetuarse.

El movimiento Black Lives Matter (Las vidas de los negros importan), de forma bastante simbólica, provocó ataques flagrantes contra empresas y propietarios de negocios durante los disturbios (anticapitalismo), además del robo o la destrucción de propiedad privada. También condujo a ataques contra la policía, lo que es un ataque contra el Estado ("revolución" y "anarquía"). Obviamente apoya la agenda antiblancos, situándolos en la categoría de opresores.

El movimiento del "Orgullo" LGBTQ promueve comportamientos heterosexuales inusuales, poco convencionales y no tradicionales, lo que allana el camino a cosas más inusuales y siniestras como la hipersexualización de los niños y la normalización de la pedofilia. En otras palabras, destruye la percepción de lo que es normal o habitual (de ahí la palabra "queer"). Este movimiento también ayuda a promover el concepto extremadamente central, tóxico y "progresista" de que el sexo tiene que ver con el hedonismo, no con la reproducción; esto condiciona gravemente a la población en general, especialmente a los jóvenes, en lo que se refiere a sus actitudes sobre el sexo/la sexualidad. El mensaje es que cualquier tipo de comportamiento sexual es bueno, siempre que alguien lo disfrute, lo que permite (a algunos) argumentar que la pedofilia está bien. Esta es la razón por la que en los últimos tiempos estamos viendo cómo aparecen en la sociedad estas nociones de escoria degenerada de que los niños pueden disfrutar de experiencias sexuales con adultos, etc. Si esto se acepta como razonable, entonces ambas partes implicadas están disfrutando del acto, legitimando así la pedofilia. Las subagendas LGBTQ y "no binaria" intentan imponer la igualdad en lo que respecta al sexo, la sexualidad, las preferencias sexuales y el género.

La agenda "transgénero" se aprovecha de hombres y mujeres jóvenes (a menudo prepúberes) que tienen problemas mentales ("disforia de género", etc.), lo que les lleva a someterse a tratamientos hormonales y operaciones de "reasignación de género". El resultado es la destrucción de su sistema reproductivo, lo que les hace estériles y contribuye a reducir la natalidad (control/reducción de la población). La subagenda trans pretende destruir las diferencias biológicas entre hombres y mujeres, lo que supone la imposición de la igualdad a nivel biológico. Finalmente, la secta/ideología creó/apoya la subagenda LGBTQ porque la aparente 'opresión' de estos grupos proviene del sistema capitalista patriarcal burgués dominado por hombres 'Cis'.

La sub-agenda del cambio climático tiene un trasfondo genocida anti-humano/humanidad, diciéndonos que los seres humanos son demasiado numerosos en la Tierra. Afirma que necesitamos reducir nuestra "huella de carbono", y que una población reducida sería constructiva, encapsulada en la idea de que tener familias más pequeñas es de alguna manera lo responsable (ahí está esa inversión de nuevo). Obviamente, y de forma reveladora, esto no se aplica a los inmigrantes no blancos que llegan a los países occidentales desde África y Oriente Medio: ¡no se les animará a tener menos hijos (un doble rasero racista)! Además, los marxistas "verdes" sandía (comunistas rojos por dentro, verdes por fuera) insistirán en que los países occidentales acojan a millones de inmigrantes, lo que requiere una escala colosal de transporte en general, además de la construcción de viviendas, etc., ¡lo que no es respetuoso con el medio ambiente ni "sostenible"! (Nota: es cierto que no todos los melones son rojos por dentro, como el melón de roca (cantalupo). No caigamos en estereotipos frutalistas).

Esto no es más que un riffing; las conexiones son infinitas. Podría quedarse bizco analizándolas a fondo (requeriría una elaborada presentación gráfica). Como se ha dicho, es un monstruo orgánico y polifacético. A medida que avancemos, veremos cómo ha intervenido la secta en cada uno de los subtemas.

### Inmigración masiva

> "La migración no debe estar gobernada por un organismo internacional que no rinda cuentas ante nuestros propios ciudadanos. En última instancia, la única solución a largo plazo para la crisis migratoria es ayudar a las personas a construir futuros más esperanzadores en sus países de origen"[3]

> Discurso del presidente Donald Trump en la Asamblea General de la ONU, septiembre de 2018

> Periodista: "¿Cuál es la solución para el problema de la migración?"

> Orban: "No les dejéis entrar, y a los que estén dentro, enviadlos a casa"[4]

---

[3] C-SPAN, "President Trump addresses U.N. General Assembly - FULL SPEECH (C-SPAN)", 25 de septiembre de 2018.
https://www.YouTube.com/watch?v=KfVdIKaQzW8

[4] "Viktor Orban:Solution For The Problem Of Migration?Don't Let Them In, And Those Who Are In,Send Home", 19 de septiembre de 2020.
https://www.bitchute.com/video/3gSDzk1SYrr8/

El primer ministro húngaro, Viktor Orbán, responde a un periodista

"En lugar de traer paz y armonía, la UE provocará insurgencia y violencia"[5]

El político británico Nigel Farage sobre la
Unión Europea gana el Premio Nobel de la Paz 2012

La secta/ideología apoya obviamente la subagenda crítica y extremadamente destructiva de la migración a nivel de reemplazo de la población, a la vez que impulsa los diversos submovimientos que la apoyan. Esta sub-agenda intenta lograr la igualdad y uniformidad marxiana transnacional eliminando las diferencias étnicas y culturales, además de crear una "federación" mundial socialista sin fronteras (también conocida como gobierno mundial). Resulta revelador que esta subagenda se dirija principalmente a los países occidentales histórica/tradicionalmente blancos y cristianos.

Que conste que no estoy diciendo que los marxistas/marxismo sean los únicos responsables de la subagenda de inmigración masiva que afecta a los países occidentales en este momento (hay matices étnicos, "religiosos" en la cuestión, por decirlo suavemente). La secta/ideología son los principales facilitadores, sobre el terreno en estos países. Sin el culto y el adoctrinamiento, los pueblos de los países occidentales rechazarían totalmente la inmigración masiva, dejando impotentes a los internacionalistas que están detrás de ella. La subagenda no avanzaría nada, nada, porque una mentalidad nacionalista sana en cada país occidental se encargaría de ello.

Muchos se han dado cuenta de que se trata de una agenda global orquestada y no de una "crisis humanitaria" accidental y desafortunada (bueno, en cierto sentido es una crisis humanitaria, pero no por las razones que nos dicen). Muchos ven que las mayores organizaciones del mundo apoyan esta subagenda, incluidas la ONU y la Unión Europea (ambas marxistas). Además (y de manera crucial), algunos también entienden que esta "crisis" no sólo ha sido orquestada deliberadamente, sino que está siendo impulsada para producir ciertos resultados demográficos.

A los miembros de la secta a menudo les gusta llamar a estas personas -siendo fieles a su forma como eternos traidores que son- "teóricos de la conspiración". Sin embargo, grandes organizaciones como las Naciones Unidas apenas lo ocultan, ya que han elaborado varios documentos en los que declaran sus intenciones, incluido el ahora tristemente célebre "Migración de reemplazo: Is it a Solution to Declining and Ageing Populations?" en 2001.[6]

---

[5] BBC, "Nobel de la Paz concedido a la Unión Europea", 12 de octubre de 2012.

https://www.bbc.com/news/world-europe-19921072

[6] ONU, "Migración de sustitución: ¿Es una solución al descenso y envejecimiento de la población?". (2001), 21 de marzo de 2000.

## Lista de control comunista

Esta subagenda utiliza el principio oppr. contra oppr., crucial para cultivar el altruismo patológico necesario (en los países occidentales) que permite la afluencia masiva de inmigrantes. De hecho, el apoyo a la inmigración masiva en un país determinado es el resultado de una prolongada infección marxista. El adoctrinamiento emocional en el núcleo del principio op. contra op. (como se ha esbozado anteriormente) es tan central en esta subagenda como en otras; no funcionaría sin él.

Curiosamente, la inmigración masiva une literalmente a los pueblos, pero al mismo tiempo crea tanta división y desestabilización. Según la narrativa oficial (marxista), los inmigrantes son refugiados "oprimidos", procedentes de zonas asoladas por la guerra (de lo que se culpa convenientemente a las explotaciones militares/el "imperialismo" estadounidense) y no simples inmigrantes económicos que vienen a los países occidentales para tener una mejor calidad de vida.

También dice que no sólo tenemos la obligación de acogerlos por razones humanitarias en general, sino porque los países occidentales han sido históricamente los "opresores" responsables de la situación en esos países en primer lugar. Básicamente, los occidentales estamos en deuda con ellos, así que simplemente debemos hacerlo. La negativa a cumplir se basa en tener una mentalidad poco compasiva, racista y de derechas, por supuesto. La señalización de la virtud se lleva al máximo, ya que la secta insiste en que apoyar la migración masiva es el colmo de la virtud.

Esta subagenda contribuye a crear un nuevo sistema de clases de varias maneras: En primer lugar, los grupos indígenas acabarán convirtiéndose en minorías étnicas en sus propios países. Además de verse superados en número, tendrán cada vez menos poder político a medida que avance la subagenda, y los grupos de emigrantes generalmente sólo apoyarán a los representantes de sus propios grupos étnicos.

En segundo lugar, divide a los partidarios de la inmigración masiva de los que no lo son: los "humanitarios" políticamente correctos infectados de marxismo de los "racistas" políticamente incorrectos no infectados. Cuantos más inmigrantes haya en el país, más difícil le resultará a alguien declarar abiertamente que se opone a esta subagenda. Se estaría colocando literalmente en la posición de ciudadano de segunda clase (racista, fascista, etc.). Con el tiempo, a este tipo de personas se les negaría el empleo, la educación, los servicios, y los inmigrantes tendrían preferencia, etc.

Esta subagenda incluye un doble rasero/hipocresía porque conduce a la

---

https://www.un.org/development/desa/pd/sites/www.un.org.development.desa.pd/files /unpd-egm_200010_un_2001_replacementmigration.pdf

destrucción de las etnias/culturas autóctonas de los países que absorben a los inmigrantes. Un país (y un pueblo) que permite que esto le ocurra a sí mismo/su país está participando en un crimen contra la humanidad. La señal de virtud y el altruismo patológico que emplea la secta se basan en la idea de que un pueblo no debe sufrir, morir o ser objeto de una limpieza étnica, etc. Por lo tanto, el doble rasero y la hipocresía se salen de lo normal.

Por ejemplo: a los miembros de la secta en Irlanda probablemente se les saltan las lágrimas ante la idea de que un grupo étnico africano, de Oriente Próximo o sudamericano sea aniquilado en sus propias tierras, pero no pueden ver, se niegan a reconocer o simplemente no les importa que la inmigración masiva destruirá el grupo étnico irlandés en Irlanda (y eso vale también para los europeos autóctonos en otros países europeos). ¿No es esto waycista?

El principio del Caballo de Troya rojo se aplica de varias maneras: se nos dice que la inmigración masiva es necesaria para abordar el problema del descenso de la natalidad; que es necesaria para la salud económica y la prosperidad; que dará lugar a una sociedad mejor, más "diversa", más feliz, etc.

Esta subagenda se basa en una percepción distorsionada de la realidad/historia en varios sentidos: que los no blancos han sufrido históricamente más que los blancos, debido a los blancos, y que los blancos están obligados a sacrificarse/sacrificar a sus países para "salvarlos" (distorsión de la historia); que el socialismo es la verdadera razón por la que África se encuentra hoy en una situación calamitosa, y no el imperialismo del pasado (distorsión de la historia y la realidad); que los países europeos/occidentales pueden acoger a cantidades masivas de inmigrantes de diferentes orígenes étnicos y culturales, y que todo saldrá bien (distorsión de la realidad), etc.

Esta sub-agenda está claramente apoyada por todas las facetas del sistema plagado de marxismo: a nivel nacional por los gobiernos, las correas de transmisión de la cultura (educación, medios de comunicación, entretenimiento), ONGs/sin ánimo de lucro, etc. En el caso de Europa, también está apoyada a nivel continental por la Unión Europea marxista, y a nivel internacional por las Naciones Unidas marxistas.

Por supuesto, decir que la UE simplemente "apoya" la inmigración masiva es quedarse muy corto. Es una de las principales razones por las que se creó. La otra es que la formación de esta entidad paneuropea es un paso importante hacia el gobierno mundial (el lector puede investigar sobre el conde Richard Nicholas Eriju Von Coudenhove Kalergi (1894-1972) y su movimiento paneuropeo de la década de 1920. [7]

A Kalergi se le considera el "padrino" de la Unión Europea, pero también el

---

[7] "Pan-Europe". https://www.europarl.europa.eu/100books/en/detail/18/pan-europe?edition=fr&info=en

testaferro. Estaba obsesionado con la idea de una Europa "multicultural", tal vez debido al hecho de que él mismo era mestizo. Su libro de 1925 *Praktischer Idealismus* ("Idealismo práctico") confirma que estaba contaminado por la ideología.[8] Fue suya la sugerencia de utilizar la "Oda a la alegría" de Beethoven como himno "nacional" de la UE; lo mismo para el diseño de la bandera de la UE[9] ).

En 2015, la entonces canciller alemana y comunista en jefe Angela Merkel declaró "Wir schaffen das" ("Podemos hacerlo") para proliferar esta "crisis", anunciando la política de puertas abiertas de Alemania; Alemania aceptó a más de 1 millón de migrantes.[10] ("Podemos hacerlo" recuerda al famoso eslogan del fan de Saul Alinksy y al lema del ex presidente estadounidense Barack Obama "Yes we can").[11]

La migración masiva ataca los pilares de la civilización occidental de varias maneras:

**Capitalismo**

Destruye la estabilidad económica relativa, la prosperidad y la calidad de vida al traer cantidades masivas de emigrantes económicos que serán incapaces de integrarse en la sociedad, por no hablar de contribuir económicamente. El resultado es una sobrecarga de presión sobre el sistema de bienestar, que a su vez perjudica aún más a los países occidentales desde el punto de vista fiscal. A mayor escala, anima a decenas de millones de personas de las zonas menos ricas del mundo a trasladarse a las zonas más ricas, tratando así de imponer la igualdad financiera mediante la reducción de la prosperidad en los países occidentales. Naturalmente, cualquier carga financiera o pérdida de calidad de vida que sufran los occidentales más prósperos (debido a la inmigración masiva) se considera totalmente justa y justificada a los ojos de la secta.

La afluencia de inmigrantes ejerce una enorme presión sobre los servicios de los países occidentales, como la vivienda, la atención médica, la delincuencia, etc. Teniendo en cuenta que la secta no sólo insistirá en que los países occidentales acojan a millones de inmigrantes, sino que también insistirá en que se les proporcione vivienda, atención médica y bienestar de forma gratuita,

---

[8] Kalergi, R., *Idealismo práctico* (1925).

https://archive.org/details/Coudenhove-Kalergi-Praktischer_Idealismus-1925

[9] https://en.wikipedia.org/wiki/Anthem_of_Europe

[10] "Angela Merkel dice "Wir schaffen das" sobre la aceptación de refugiados", 6 de junio de 2023.

https://www.history.com/this-day-in-history/angela-merkel-says-wir-schaffen-das-on-accepting-refugees

[11] https://en.wikipedia.org/wiki/Barack_Obama_2008_presidential_campaign#Slogan

se trata de otro ataque más al sistema capitalista, a través de la sobrecarga Si se quisiera colapsar las economías de los países occidentales, ¿no es la inmigración masiva una gran manera de hacerlo?

## Cristianismo

Aunque décadas de adoctrinamiento marxista, propaganda y subversión han contribuido en gran medida a destruir el cristianismo en los países occidentales, la inmigración masiva será el último clavo en el ataúd, debido a la demografía. Centrándonos en Europa en particular, una proporción masiva de los inmigrantes que llegan son musulmanes. Este proceso acelera la destrucción del cristianismo/cristianos.

## Cultura

La inmigración masiva también será el último clavo en el ataúd de la cultura autóctona, una vez más, debido a la demografía. Los aspectos maravillosos y únicos del patrimonio cultural de cada país europeo se verán continuamente saturados por tonterías "diversas" plagadas de marxismo, que los sustituirán progresivamente por la cultura de los grupos de inmigrantes.

Como último punto de nuestra lista de control, esta subagenda intenta imponer la igualdad actuando como si no hubiera diferencia entre los distintos grupos étnicos, religiosos y culturales. Se basa en la idea errónea de que grupos tan diferentes no sólo pueden coexistir "por igual" en las mismas zonas sin causar desestabilización ni problemas graves, sino que es "progresista" y deseable que lo hagan.

## Mestizaje

La composición étnica de un país está relacionada con la cultura y la "igualdad". No quiero ofender a nadie personalmente, pero es un tema importante y delicado que hay que entender. El mestizaje es la mezcla de razas: dos personas de distintas razas tienen hijos. Personalmente, no trato menos a una persona por ser mestiza, por supuesto que no; juzgo a una persona en función de su nivel de conciencia. Sin embargo, debemos desconfiar de cualquiera que fomente el mestizaje, sobre todo cuando se trata de razas enteras, ¡por cómo afecta a los países! Cuando cualquier bicho raro internacionalista y fanático del control empieza a fomentar esto a una escala masiva y sin precedentes, ¡no es por razones benévolas! Esto debería ser obvio.

Si reconocemos el elemento antiblanco de la secta/ideología, combinado con el hecho de que es el principal facilitador de la migración masiva de no blancos a países cristianos occidentales tradicionalmente blancos, es obvio que algo está en marcha aquí. El concepto de "multiculturalismo" se utiliza a menudo para promover el mestizaje. Así que, esencialmente, la secta/ideología está detrás de la inmigración masiva a los países occidentales, al tiempo que adoctrina a las poblaciones indígenas con la programación del "multiculturalismo". El hecho de que ambas cosas estén ocurriendo simultáneamente de forma coordinada nos demuestra que la misma ideología está detrás de ambas (lo mismo ocurre con las otras subagendas que también afectan a las tasas de natalidad en poblaciones principalmente blancas: feminismo, aborto, veganismo, LGBTQ/género no binario, etc.).

La verdadera cuestión aquí es la integridad estructural y demográfica de ciertos grupos étnicos en todo el mundo. Esta inmigración masiva forzada, antinatural y fabricada tiene como resultado el genocidio efectivo de los pueblos indígenas, en particular los de ascendencia europea. Desde una perspectiva global, podemos ver este patrón claramente antiblanco, ya que sólo se está infligiendo en los países occidentales. Por lo tanto, el mestizaje organizado, político y globalista es igual a racismo contra los pueblos indígenas blancos. De nuevo, la reproducción para producir ciertos resultados es una forma de eugenesia, y el resultado en este caso es menos gente blanca y ningún país mayoritariamente blanco.

**Una respuesta previsible : "¡pero los irlandeses también emigraron!"**

Las excusas que los miembros de la secta utilizan para justificar una subagenda demente y destructiva como la inmigración masiva nos dan una idea del efecto destructivo del concepto de "igualdad" de la secta.

En Irlanda (y estoy seguro de que en otros lugares) los miembros de la secta "antirracista" insisten en que los irlandeses/indígenas deberían aceptar la inmigración masiva porque ellos mismos emigraron en el pasado. Cosas como: "¡¿No emigramos nosotros a otros países?!? ¿Qué os parecería si no os dejaran entrar?!". Qué infantil. ¡¿Así que eso es todo?! ¿Esa es la justificación para apoyar los movimientos masivos de personas en todo el mundo y aceptar decenas de millones de inmigrantes en los países occidentales?

Este engaño marxista se ha repetido en Irlanda hasta la saciedad, y se te considera un hipócrita si no estás de acuerdo con esta subagenda. En cierto sentido, se te acusa de no ser genuinamente irlandés o de no comprender la historia de Irlanda. Este es exactamente el tipo de gimnasia de percepción desordenada en la que se basa la secta/ideología para destruir a los pueblos desprevenidos. Esta percepción distorsionada de la realidad proviene del concepto de "igualdad". Cuando combinamos esto con el hecho de que la ideología no es práctica (constructiva), entendemos por qué el pensamiento marxista conduce al caos y a la destrucción. En el centro de todo esto está el concepto de "igualdad" aplicado a diferentes culturas, razas, etc.; que todos son iguales. Esto es falso. Decir lo contrario es un galimatías marxista "políticamente correcto".

Lo que pretenden es que una situación histórica es igual a esta situación actual; pero está claro que no es así. Los emigrantes irlandeses (o cualquier emigrante europeo) que salen de Europa para establecerse en otros países históricamente no se parece en nada a los emigrantes africanos y de Oriente Medio que entran en Europa hoy en día (o cualquier otra emigración facilitada por la secta/ideología). Es totalmente diferente por razones étnicas, religiosas, culturales, políticas y financieras. Este es uno de los puntos ciegos del adoctrinamiento marxista: ignora la raza, la cultura y la religión (¡y la economía!). Sólo ve si alguien es un "opresor" o un "oprimido"; si pertenece a la burguesía o al proletariado. El adoctrinamiento sobre esta cuestión explica por qué los marxistas de toda Europa no pueden aceptar que la inmigración masiva trae consigo una inestabilidad que destruye naciones y una ola de delincuencia, que perjudica a los europeos. Conduce a un choque étnico y cultural, pero el marxismo no entiende de etnias ni de culturas.

El adoctrinamiento insiste en que la migración irlandesa a EE.UU. durante la década de 1840 es igual que las oleadas migratorias de los últimos años. ¡Tonterías! Una situación no tiene nada que ver con la otra. En primer lugar, a diferencia de los emigrantes que llegan hoy a los países occidentales, los irlandeses no emigraron a Estados Unidos con la ayuda de miembros de sectas y organizaciones marxistas, mientras se les decía que eran víctimas de la opresión y que ahora se les debía algo (¡algunos emigrantes pretendían vengarse de los nativos americanos por oprimir a Irlanda!). Lo mismo ocurre con otras migraciones históricas de esa naturaleza (es decir, de otros grupos europeos a América).

En segundo lugar, ¡los irlandeses que emigraron a Estados Unidos no eran musulmanes! Muchos de los inmigrantes que entran ahora en Europa proceden principalmente de países musulmanes. Hasta aquí, tenemos dos ideologías en la mezcla que son malas noticias para los europeos blancos. En tercer lugar, ya se sabe (¡casi!) que la mayoría de los inmigrantes que viajan a Europa no huyen de zonas devastadas por la guerra. Son emigrantes económicos, que vienen en busca de un "mejor nivel de vida", lo que significa utilizar el sistema de bienestar (un sistema que la secta/ideología creó en primer lugar), además de los servicios y comodidades que la vida en un país occidental puede proporcionar.

[th]Los emigrantes irlandeses de mediados del siglo XIX no tenían incentivos tan atractivos: la mayoría se instaló en estados del noreste de Estados Unidos y Canadá. No se les alojaba en hoteles irlandeses, no recibían ayudas sociales ni las innumerables ayudas que reciben los emigrantes de hoy. Y, por último, ¡no se les dio todo esto a costa de los estadounidenses que necesitaban lo mismo!

Incluso en estas pocas áreas de examen, el engaño marxista comienza a ser obvio. Y esto es sólo arañar la superficie. Como ya se ha dicho, esta es la razón por la que el lavado de cerebro de la igualdad vuelve tonta a la gente: son incapaces de distinguir entre una cosa y otra. Si una persona pasa toda su vida mirando a los individuos/razas/culturas a través de la lente de la "igualdad", entonces nunca será capaz de apreciar plenamente las diferencias entre ellos; todos los matices para bien o para mal.

El primer ministro irlandés, Leo Varadkar, utilizó la técnica/justificación anterior (para la inmigración masiva) en un discurso en Dublín, tras una reunión con la presidenta del Parlamento Europeo, Roberta Metsola. A principios de 2023, se produjeron algunos disturbios en Irlanda. Incluyeron varias protestas antimigratorias contra la afluencia de ucranianos, sobre todo en el East Wall de Dublín. Al comentar estos sucesos, Varadkar declaró: "Estoy muy preocupado por el auge de la extrema derecha... y de hecho por el auge del racismo en Irlanda", añadiendo que "los refugiados son bienvenidos aquí". Continuó diciendo que oponerse a la afluencia de inmigrantes "no es el estilo irlandés", refiriéndose a la diáspora irlandesa y a las migraciones del pasado.[12] Buen perrito globalista. Nótese "refugiados", para apuntalar esa narrativa oficial; la mayoría sabe que la mayoría son migrantes económicos.

**Feminización de nuestras naciones y activismo femenino**

Hemos observado el efecto excesivamente feminizador que la ideología tiene en una sociedad, en lo que se refiere a cómo se perciben diversas cuestiones. Funciona con el principio de opresor contra oprimido, lo que finalmente conduce al altruismo patológico: la autodestrucción de un pueblo/nación a través de intentos equivocados de "ayudar" a otros grupos/países/continentes. Tener actitudes excesivamente femeninas hacia cuestiones especialmente graves (como la inmigración masiva) es letal para una nación y su población autóctona. De hecho, es suicida, desde un punto de vista nacionalista.

Mira lo que le ha pasado a la Suecia devastada por el marxismo. La influencia de las mujeres adoctrinadas en los asuntos suecos se ejemplificó durante la afluencia de inmigrantes. Los inmigrantes eran recibidos en los aeropuertos por esos grupos de idiotas con el cerebro lavado, que sonreían y hacían gala de su virtud mostrando tarjetas de "¡Bienvenidos refugiados! Dando besos y abrazos a completos extraños... ¡qué locura e ingenuidad! Esto equivale a dar la vuelta y mostrar el vientre a un depredador, como nación. Corto de miras, asesino de naciones, excesivamente emocional, sin sentido. Estás literalmente suplicando ser invadido y conquistado por fuerzas externas. En 2014, cuando la "crisis" (fabricada) de los migrantes estaba en pleno apogeo, el entonces primer ministro sueco Fredrik Reinfeldt animó a los suecos a "abrirles el corazón".[13] Marxismo = amor.

Esas cosas contribuyeron a las epidemias de agresiones y ataques sexuales en países como Noruega, Alemania y Suecia. Es increíble que las mujeres de esos países, especialmente las feministas, sigan apoyando la inmigración masiva, pero así es el adoctrinamiento. Feministas anti-mujeres. Las estadísticas de

---

[12] EU Debates, "'Not the Irish way' Taoiseach Leo Varadkar concerned about the rise of the far right in Ireland", 4 de febrero de 23.
https://www.YouTube.com/watch?v=RpGCob69n4c

[13] Local Sweden, "Reinfeldt pide tolerancia con los refugiados", 2014.

https://www.thelocal.se/20140816/reinfeldt-calls-for-tolerance-to-refugees

estos incidentes en Noruega en las últimas décadas muestran que la gran mayoría de las violaciones son cometidas por hombres "no europeos" (es decir, africanos o de Oriente Medio) contra mujeres autóctonas.[14] Situación similar se da en Suecia.[15] Como era de esperar, los traidores marxistas de los gobiernos y los medios de comunicación encubren activamente estos crímenes contra las mujeres o intentan convertirlos en una cuestión feminista (es decir, que no tiene nada que ver con la inmigración).

Además, la mayoría de los migrantes son hombres jóvenes en edad de luchar. Muchos de ellos proceden de culturas musulmanas, que miran a las mujeres no musulmanas -aquellas que les dan la bienvenida- como trozos de carne, que están ahí para comérselos. Y lo han hecho. Los portadores de los carteles de "Refugiados bienvenidos" asumieron erróneamente que estaban siendo vistos como "buena gente". Vaya suposición. Muchos de estos inmigrantes nos han demostrado desde entonces que no apreciaban esta "hospitalidad", como pensaban los ingenuos.

Independientemente de cuántas mujeres sean agredidas por inmigrantes en estos países, los miembros de la secta seguirán llamándonos racistas e islamófobos mientras reciben a los inmigrantes con pancartas o carteles y los brazos abiertos. Comportamiento estúpido y cómplice. Incluso si estos "señaladores de virtudes" se convierten ellos mismos (o sus allegados) en víctimas de estos crímenes, seguirán siendo incapaces de enfrentarse a la verdad, debido al adoctrinamiento. Es posible que algunas de estas "feministas", poco después de volver del aeropuerto (y de que se les pase el efecto dopaminérgico de su "buena acción"), reanuden sus discusiones sobre la "cultura de la violación" y el "patriarcado" que les imponen los malvados machos indígenas opresores; ¡hombres que suelen ser de su misma raza!

En 2018, en otro ejemplo de activismo femenino adoctrinado y "empoderado", la estudiante sueca de 22 años Elin Ersson provocó un drama en un avión porque iban a deportar a un delincuente convicto de origen afgano. Al parecer, su intención era protestar por la deportación de otro inmigrante, pero éste se encontraba en otro avión.[16] Un ejemplo asombroso de cómo el lavado de

---

[14] Reijden, J., "Noruega: 95% of violent street rapes since early 2000's carried out by Africans and Muslims; covered up by authorities", 4 Sept 2017. https://isgp-studies.com/immigration-the-rape-of-norway

[15] "Violación en Suecia: Most convicted attackers foreign-born, says TV", 22 de agosto de 2018.

https://www.bbc.com/news/world-europe-45269764

[16] Crouch, D., "Estudiante sueca multada por una protesta contra la deportación que se hizo viral", febrero de 2019.
https://www.theguardian.com/world/2019/feb/18/swedish-student-elin-ersson-fined-after-broadcasting-plane-protest-against-asylum-seeker-deportation

cerebro convierte a la gente en traidores contra su propio país, ¡impidiendo la deportación de criminales!

A esta estúpida mocosa de Ersson deberían haberla sacado físicamente del avión y prohibirle la entrada a los aeropuertos de por vida (a menos que renunciara públicamente a ser una "activista"). Mejor aún, debería haber sido sedada y exiliada a Afganistán, con su nuevo amigo criminal inmigrante como anfitrión. Ersson, de origen socialista, estaba estudiando para ser trabajadora social en el momento de su gloriosa acción revolucionaria.

### Desviar la culpa de sí mismo

Aunque la secta ha sido fundamental en la creación y perpetuación de esta "crisis humanitaria" de migración masiva y en el intento de suprimir cualquier reacción patriótica/nacionalista contra ella, a menudo ha difundido la narrativa de que los migrantes son en su mayoría "refugiados" de zonas devastadas por la guerra (a menudo culpando a la política exterior de Estados Unidos). Esencialmente, la secta/ideología ha creado la situación en la que nos encontramos, intenta evitar que hagamos algo al respecto y luego echa la culpa a otros. Afilando mi espada... Ahora sabemos que la gran mayoría son emigrantes económicos, no refugiados que huyen de la guerra. Además, aunque fuera cierto que hay millones de personas que huyen de zonas en guerra y se dirigen a Europa, su admisión en estos países depende de los propios países. Obviamente, la pertenencia a la UE hace prácticamente imposible que los países decidan cerrar sus fronteras o implantar un sólido sistema de entrada/visado.

Por supuesto, la adhesión a una entidad como la UE no sólo no ocurriría sin una infección marxista presente, ¡la UE no existiría en primer lugar! Además, ¡la política exterior estadounidense no tiene nada que ver con que los países europeos gestionen sus propias fronteras! Es un chivo expiatorio. Anders Borg, miembro de la secta, fue ministro sueco de Finanzas entre 2006 y 2014. Habló en el *Peterson Institute for International Economics* (PIIE), Washington D.C. en 2013, y dijo esto sobre la afluencia migratoria: "Básicamente, Estados Unidos nos proporciona estos flujos: ustedes hacen la guerra y nosotros recibimos a los refugiados"; añadiendo "y pensamos que esto es básicamente un activo para la sociedad sueca".[17] Trucos propagandísticos como éste son muy significativos. Las razones por las que se percibe la migración masiva son cruciales para la percepción de la opinión pública (en cualquier país occidental). Si la razón percibida es errónea, la verdad permanece oculta; y en este escenario, la secta/ideología elude la mayor parte de la culpa.

Desde un punto de vista crítico, el culto que culpa de la migración masiva al

---

[17] "Ministro sueco a EEUU: "¡Ustedes hacen la guerra, nosotros nos quedamos con los refugiados!". - It's a Win-Win", 12 de noviembre de 2013.
https://www.YouTube.com/watch?v=zU0_6yPVCPQ

coco del "imperialismo estadounidense" ayuda a convencer a (parte de) la población de que no tiene ningún control sobre la situación; de que se trata de alguna fuerza o factor externo, ¡lo que en este caso es sencillamente falso! Es una forma de desmoralización. Es sólo otra desviación marxista, para ocultar el hecho de que la secta/ideología es la verdadera culpable aquí. Está destruyendo Europa, a través de los miembros de la secta con el cerebro lavado que la sirven en todo el continente. La clave para frenar cualquier migración destructiva entrante es controlar las fronteras de un país, obviamente. Como se ha dicho, que se tomen o no estas medidas depende del nivel de infección ideológica dentro del país. Y eso es algo que se puede controlar.

### Protestas irlandesas contra la inmigración

En 2022/23, hubo varias protestas contra la inmigración masiva en centros de inmigrantes de toda Irlanda. El 18 de febrero de 2023, miembros de la secta celebraron una contraprotesta en Dublín denominada "Irlanda para todos". Los manifestantes llevaban pancartas de color rojo que decían "Smash Racism" ("Aplasta el racismo") y "Everyone is welcome" ("Todo el mundo es bienvenido").

Un artículo del sitio web *Common Dreams* afirmaba: "La concentración fue organizada por la coalición de derechos Le Cheile, junto con grupos como Unidos contra el Racismo, el Consejo Nacional de Mujeres de Irlanda, el Congreso Irlandés de Sindicatos y la Unión de Estudiantes de Irlanda".[18]

En gaélico irlandés, las palabras "Le Cheile" significan "juntos" (es decir, solidaridad); otro ejemplo de la secta/ideología que finge respeto por la cultura irlandesa. Fíjate también en los distintos tipos de grupos infectados: un grupo "antirracista", un grupo feminista, un grupo sindical y la mayor organización sindical estudiantil del país.

Paul Murphy, destacado miembro de la secta irlandesa y diputado *de People Before Profit-Solidarity,* tuiteó sobre la marcha: "Qué poderosa respuesta a los intentos de propagar la división y el odio. Hay suficientes recursos en este país para que todo el mundo tenga un hogar decente, trabajo y servicios y acoger a los refugiados. Tenemos que unirnos contra quienes actualmente acaparan esa riqueza". ¿Esa es la solución? ¿Por qué no lo dijiste, amigo? ¡Es hora de rebelarse contra la burguesía! Coged todos los martillos y hoces que encontréis.

Ese mismo mes, el *Irish Times realizó una encuesta de opinión,* (aparentemente) compuesta por las opiniones de 1.200 adultos entrevistados durante dos días. En el resumen del artículo se afirmaba que el sondeo ponía de manifiesto "una gran preocupación por ayudar y proteger a los refugiados y

---

[18] Conley, J. "'Irlanda para todos': Tens of Thousands March in Dublin to Support Refugees", 18 feb 2023. https://www.commondreams.org/news/ireland-refugees-march

a las personas que solicitan asilo, pero también por la capacidad de Irlanda para hacer frente al gran número de personas que han llegado en los últimos 12 meses". Además de los más de 70.000 refugiados de la guerra de Ucrania, se ha producido un aumento de las personas procedentes de otros lugares que solicitan asilo aquí en virtud del derecho internacional, con más de 13.000 llegadas el año pasado".[19]

Si no fuera por la secta y el clima de miedo social que crea, más irlandeses de a pie expresarían públicamente su opinión en contra de la inmigración masiva.

**Complicidad, inmigración masiva y delitos contra los inmigrantes**

Por supuesto, la violencia de los inmigrantes contra los occidentales (principalmente blancos) sirve bien a la secta/ideología: desmoraliza, desestabiliza, genera conflictos perpetuos, además de avivar las llamas de las tensiones raciales, lo que juega a favor de la secta/ideología. En su noble afán por acabar a toda costa con el más horrible y criminal de los comportamientos racistas (sarcasmo), la secta se ha mostrado implacablemente decidida a reprimir los delitos cometidos por inmigrantes. Aunque se trata de un problema mundial, he aquí algunos ejemplos eurocéntricos:

**Irlanda**

En la noche del sábado 6 de junio de 2020, se produjo una brutal agresión en Carrigaline, condado de Cork. Un joven irlandés de 17 años fue agredido por una banda de jóvenes negros y apuñalado cuando yacía en el suelo. El incidente fue filmado por estos animales y llegó a las redes sociales a través de Snapchat. En el perturbador vídeo se puede oír claramente la mentalidad psicótica de los agresores, que parecen fascinados por la visión de la sangre. Disfrutaban con lo que hacían.

El detective Garda Healy, que intervino en el caso, declaró que a la víctima "un joven le pidió 2 euros para un autobús. Cuando se negó, recibió puñetazos y patadas en el suelo. El acusado habló entonces con el primer joven implicado en la agresión. Se acercó al herido que yacía en el suelo y le rompió una botella de vodka de 70 cl en la cabeza. A continuación, cogió el cuello de la botella que había roto y le asestó seis puñaladas".[20]

Como era de esperar, los miembros de la secta en Irlanda -incluido un diputado local del partido Sinn Fein, y sus aliados en los traidores medios de

---

[19] Leahy, P., "Encuesta del Irish Times: Majority of voters support ban on protests at refugee centres", 23 feb 2023. https://www.irishtimes.com/ireland/social-affairs/2023/02/23/irish-times-poll-majority-of-voters-support-ban-on-protests-at-refugee-centres/

[20] "Vídeo: Irish Teenager Stabbed Over Two Euro Bus Fare by Gang of Teens", 8 de junio de 2020. https://nationalfile.com/video-irish-teenager-stabbed-over-two-euro-bus-fare-by-gang-of-teens/

comunicación irlandeses- trataron de suprimir cualquier indignación posterior. Estos tipos alegaron que compartir el vídeo de la agresión causaría más disgustos a la víctima y a su familia. Maldita escoria traidora. Cuando se creó un GoFundMe para recaudar fondos para el adolescente, los miembros de la secta consiguieron presionar a la empresa para que lo cerrara.

PJ Coogan de la *96FM de* Cork declaró: "Y había un Gofundme volando ayer también supuestamente creado para la víctima. De hecho, no tenía nada que ver con la víctima. Era una tapadera de un grupo de extrema derecha y cuando se investigó un poco, se retiró". El 21 de diciembre de ese año, el Irish Examiner informó de que uno de los jóvenes implicados había sido encarcelado durante 18 meses (dos años y seis meses de condena, con un año en suspenso).[21] Una sentencia patética. La pena para un sociópata -de cualquier edad- que intente matar a alguien por más de dos euros debería ser la horca pública, seguida de incineración inmediata.

**Apuñalamientos y disturbios**

En septiembre de 2023, se informó de que un angoleño atacó al azar a otro hombre en el aeropuerto de Dublín. Kasonga Mbuyi, de 51 años, utilizó una navaja para apuñalar a un turista alemán que estaba solo fumando un cigarrillo fuera de salidas. Los medios de comunicación griegos informaron de que el inmigrante podía estar enfadado por su situación con respecto a las prestaciones sociales.[22] Según el tribunal, el ataque fue "un grito de auxilio". El Irish Times informó de que tenía la nacionalidad irlandesa desde 2014.[23]

El 23 de noviembre de 2023 se produjo un violento incidente en el exterior de una escuela primaria del centro de Dublín a plena luz del día. Tres niños y un adulto resultaron apuñalados y heridos, y un niño de cinco años quedó en estado crítico. El agresor era un varón adulto de origen argelino, que fue reducido y desarmado.

Esa noche estallaron disturbios en Dublín, con daños materiales generalizados y agresiones a la policía. Los medios de comunicación y el Estado entraron

---

[21] Heylin, L., "Video 'added another layer of hurt' - Teenager jailed for Carrigaline stabbing", Dic 2020. https://www.irishexaminer.com/news/courtandcrime/arid-40194798.html

[22] De Barra, M., "Apuñalamiento en el aeropuerto de Dublín: African migrant suspect may have been angry over welfare dispute". 18 de septiembre de 2023. https://gript.ie/dublin-airport-stabbing-african-migrant-suspect-may-have-been-angry-over-welfare-dispute/

[23] Tuite, T., "Random knife attack at Dublin Airport was 'cry for help', court told", 23 de septiembre de 2023. https://www.irishtimes.com/crime-law/courts/2023/09/23/random-knife-attack-at-dublin-airport-was-cry-for-help-court-told/

entonces en acción, culpando de los disturbios a la "extrema derecha".[24] En una declaración ante el cuartel general de la Garda (policía), el comisario de la Garda, Drew Harris, declaró: "Tenemos una facción de hooligans completamente lunáticos impulsados por la ideología de extrema derecha... implicados en graves actos de violencia".[25]

También utilizaron el control de daños. De forma bastante patética, los traidores medios de comunicación irlandeses aclamaron a un inmigrante brasileño -que ayudó a inutilizar al atacante- como un héroe. Sugirieron: "¿Ven? ¡Los inmigrantes también pueden ser buenas personas!". Si no fuera por la secta/ideología, estos incidentes no ocurrirían en primer lugar.

En una declaración realizada el viernes 24 de noviembre, el camarada Leo Varadkar aludió a la nueva legislación sobre "incitación al odio": "Creo que ahora es muy obvio para cualquiera... que nuestra legislación sobre incitación al odio no está actualizada... para la era de las redes sociales, y necesitamos que se apruebe esa legislación... en cuestión de semanas, porque no son sólo las plataformas las que tienen una responsabilidad aquí, sino también los individuos que publican mensajes e imágenes en línea que incitan al odio y a la violencia. Tenemos que poder utilizar las leyes para perseguirlos también individualmente".[26]

Presentada por primera vez en noviembre de 2022, la legislación en cuestión es el Proyecto de Ley de Justicia Penal (Incitación a la Violencia o al Odio y Delitos de Odio) de 2022. Esta legislación tipifica como delito compartir o almacenar cualquier material considerado por el Estado como "de odio" o que incite a la violencia de cualquier forma. También permite a la policía registrar domicilios y confiscar objetos que puedan almacenar tales materiales, al tiempo que obliga a estos "delincuentes" a proporcionar contraseñas para los mismos, etc.[27] Escoria traidora. En el momento de redactar este artículo (diciembre de 2023) ya está casi aprobada en el Parlamento irlandés.

---

[24] Fletcher, L., "Gardaí attacked during violent unrest after stabbing", 24 de noviembre de 2023.

https://www.rte.ie/news/dublin/2023/1123/1418216-protests/

[25] GB News, "'There is No Failure here': Garda Commissioner, Drew Harris, addresses public on the Dublin riots", 24 de noviembre de 2023. https://www.YouTube.com/watch?v=rFlNHcweOOs

[26] Sky News, "Dublin stabbings 'horrifying act of violence', says Taoiseach Leo Varadkar", 24 de noviembre de 2023. https://www.YouTube.com/watch?v=5Be6DoUL0y8

[27] Proyecto de ley de justicia penal (incitación a la violencia o al odio y delitos de odio) de 2022.

https://data.oireachtas.ie/ie/oireachtas/bill/2022/105/eng/ver_b/b105b22d.pdf

Algunos sugirieron que toda esta situación estaba planeada. Si los disturbios fueron alentados o fabricados de alguna manera por el Estado (lo mismo ocurre con el apuñalamiento real), o de hecho una reacción genuina a los recientes crímenes de los inmigrantes no viene al caso: ninguno de los dos tendría lugar sin la secta/ideología dirigiendo los asuntos del país. Un país ideológicamente contaminado significa un Estado compuesto por portavoces con el cerebro lavado, ajenos o indiferentes al caos que están creando.

### El descontento irlandés ante la llegada de inmigrantes

Por supuesto, la verdad que bulle bajo la superficie es que el público irlandés está empezando a resistirse a la subagenda de migración masiva del gobierno irlandés (y por lo tanto de la Unión Europea). En una entrevista concedida a *GB News* el 3 de diciembre de 2023, el periodista irlandés David Quinn comentó los acontecimientos de Dublín, ofreciendo un análisis imparcial.[28]

El presentador Andrew Doyle le preguntó si había descontento sobre este tema en la opinión pública irlandesa. Quinn destacó que el crecimiento demográfico en Irlanda era casi el más alto de Europa (debido a la inmigración), y afirmó que "se trata de un nivel de cambio sin precedentes de un país pequeño en poco tiempo". Añadió que esto tiende a ejercer presión sobre el Estado (falta de servicios, vivienda, etc.), y que la gente de las "zonas más desfavorecidas" tiende a sentir más estos efectos: "Es fácil para alguien como yo, que vive en una zona de clase media, sermonear a la gente de las zonas desfavorecidas sobre su actitud hacia la inmigración, pero yo no vivo con el multiculturalismo, no vivo con la multietnicidad, no vivo con altos niveles de inmigración, pero la gente de estas otras zonas desfavorecidas sí... y esencialmente, no se les permite tener una opinión al respecto... porque si expresas cualquier preocupación te acusan de odio... y racismo, y eso frustra a la gente".

### La muerte de Ashling Murphy

El 12 de enero de 2022, una joven irlandesa de 23 años, Ashling Murphy, fue asesinada junto al Gran Canal en Tullamore, condado de Offaly. El asesino (que en noviembre de 2023 fue condenado a cadena perpetua) era entonces Jozef Puska, de 31 años, eslovaco de ascendencia romaní. El asesinato se convirtió en un incidente internacional de luto, y parecía que todo el mundo, incluidos el Taoiseach irlandés (PM) y el Presidente irlandés, salían a hacer declaraciones al respecto. Se celebraron vigilias en todo el mundo.[29]

---

[28] GB News, "David Quinn talks the Dublin riots and Ireland's political class placing blame on Conor McGregor", 3 de diciembre de 2023.
https://www.YouTube.com/watch?v=MSjUwfRG4fc

[29] Moloney y Feehan, "Recordando a Ashling Murphy: Details of minute's silence and vigils nationwide as events take place as far away as Australia", 14 de enero de 2022.
https://www.independent.ie/irish-news/remembering-ashling-murphy-details-of-

Los miembros de la secta en Irlanda utilizaron la muerte de Murphy para sus propios fines nefastos y, como era de esperar, intentaron convertir el incidente en una cuestión feminista. Esencialmente, el asesinato se utilizó cruelmente para desviar la culpa de la afluencia de inmigrantes causada por la secta y las políticas gubernamentales. Las extrañas vigilias internacionales fueron una reminiscencia de las tácticas de la secta cuando George Floyd murió; tuvieron lugar en el Reino Unido, Australia, Canadá y EE.UU. Se convirtió en un evento similar al de Floyd, excepto que se utilizó para promover la siempre prolífica sub-agenda feminista en lugar de BLM.

En una declaración del 13 de enero de 2022, el entonces Taoiseach y prolífico supertraidor Michael Martin dijo: "No hay lugar en nuestra sociedad para la violencia, especialmente la violencia contra las mujeres. No se puede tolerar y no se tolerará... La seguridad de las mujeres está en el centro de los valores de nuestra sociedad".[30] Serpiente engañosa bastarda.

El 14 de enero, sólo dos días después del incidente, hizo una aparición en la televisión irlandesa en el programa *The Late Late Show*: "... los hombres quieren ser parte de la solución... los hombres tienen que escuchar más a las mujeres... Creo que los hombres quieren dar un paso al frente y asegurarse de que podemos crear un tipo diferente de sociedad... donde la gente se sienta segura y donde podamos transformar la cultura que sustenta el mal comportamiento y la violencia hacia las mujeres".[31] Menudo disparate. Su muerte no tiene nada que ver con los hombres irlandeses corrientes ni con la cultura irlandesa. Despreciable.

El presidente irlandés Michael "El último de los Leprachauns" D. Higgins es otro destacado miembro de la secta irlandesa y fan del difunto dictador comunista cubano Fidel Castro. En una declaración del viernes 14 de enero de 2022, afirmó que era de "crucial importancia que aprovechemos esta oportunidad para reflexionar sobre lo que hay que hacer para eliminar de nuestra sociedad la violencia contra las mujeres en todos sus aspectos, y cómo esa labor no puede posponerse ni comenzar demasiado pronto... Respondamos a este momento de la muerte de Ashling comprometiéndonos con la creación de una sociedad más amable, compasiva y empática para todos, que tratará de eliminar todas las amenazas de violencia contra cualquiera de nuestros

---

minutes-silence-and-vigils-nationwide-as-events-take-place-as-far-away-as-australia/41239338.html

[30] "Statement by Taoiseach Micheál Martin on the death of Ashling Murphy", enero de 2022. https://www.gov.ie/en/press-release/8979d-statement-by-taoiseach-micheal-martin-on-the-death-of-ashling-murphy/

[31] The Late Late Show, "An Taoiseach Micháel Martin on the murder of Ashling Murphy | The Late Late Show | RTÉ One", 15 de enero de 2022. https://www.YouTube.com/watch?v=SA3W3wrQKl0

ciudadanos, y comprometámonos en particular a poner fin, en casa y en el extranjero, a la violencia contra las mujeres en cualquiera de sus formas".[32] Más adoctrinamiento y gilipolleces.

La camarada Michelle O' Neill, dirigente adjunta del partido ultramarxista pseudopatriótico Sinn Fein, habló en una vigilia celebrada por Murphy en los edificios del Parlamento en Stormont, Belfast.

Afirmó que "la violencia doméstica, sexual y de género es una epidemia" y que "necesitamos desarrollar un enfoque de tolerancia cero contra la misoginia y el sexismo".[33] Un oportunismo absolutamente repugnante, capitalizando ideológicamente la muerte de una joven. ¿Un "enfoque de tolerancia cero contra la misoginia y el sexismo"? Puedes imaginarte lo mal que iría Irlanda con estos fanáticos chiflados en el poder.

Otro miembro irlandés de la secta es la personalidad mediática Muireann O' Connell. En el programa de televisión *Ireland AM*, al día siguiente del asesinato, dijo: "La violencia contra las mujeres perpetrada por hombres es una pandemia...", y añadió: "Tenemos que hacer algo para enseñar a los niños y a los hombres de nuestra sociedad".[34] Divertido. Sin comentarios.

Lo siguen haciendo ahora, casi dos años después. Un segmento de "noticias" de RTE news en noviembre de 2023 volvió a informar del asesinato, como un complemento de propaganda feminista.[35] Al convertir el incidente en una cuestión feminista, los miembros de la secta generaron sospechas (y odio) hacia los hombres como colectivo en Irlanda (en las mentes de las personas que no veían el incidente como lo que realmente era: un problema de migración).

### Declaración de Ryan sobre las repercusiones para la víctima

Ryan Casey, el novio de Ashling Murphy, hizo una declaración de impacto sobre la víctima en el Tribunal Penal Central de Dublín antes de que el asesino

---

[32] "Declaración del Presidente Michael D. Higgins sobre la muerte de Ashling Murphy", 14 de enero de 2022.https://president.ie/en/media-library/news-releases/statement-by-president-michael-d-higgins-on-the-death-of-ashling-murphy

[33] "'Un ataque a todas las mujeres': North's politicians hold vigil for Ashling Murphy", 17 ene 2022. https://www.irishtimes.com/news/crime-and-law/an-attack-on-all-women-north-s-politicians-hold-vigil-for-ashling-murphy-1.4778873

[34] Virgin Media Television, "'Violence against women perpetrated by men is a pandemic' - Muireann O'Connell", 13 de enero de 2022. https://www.YouTube.com/watch?v=nG8n3fe0ynM

[35] RTE News, "Boyfriend, Ryan Casey, remembers 'vibrant, intelligent' Ashling Murphy", 10 nov 2023. https://www.YouTube.com/watch?v=WSZpPsXsLjQ

fuera condenado.[36] Habló mucho de su maravillosa relación con Aishling, pero cuando soltó los puñetazos, habló de que Puska era una "carga para la sociedad... lo más bajo de lo bajo". También habló del elefante (rojo) en la habitación: "Me enferma hasta la médula que alguien pueda venir a este país, recibir todo el apoyo en términos de vivienda social, bienestar social y atención médica gratuita durante más de 10 años... no tener nunca un trabajo legítimo y no haber contribuido nunca a la sociedad de ninguna forma [y] poder cometer un acto de violencia tan horrendo e incomprensible".

Y añadió: "Siento que este país ya no es el país en el que Ashling y yo crecimos y que ha perdido oficialmente su inocencia cuando un crimen de esta magnitud puede perpetrarse a plena luz del día. Este país tiene que despertar; esta vez las cosas tienen que cambiar, este país ya no es seguro. Esta vez, si no se produce un cambio real, si se sigue ignorando la seguridad de las personas que viven en este país, me temo que nuestro país se encamina por una senda muy peligrosa y pueden estar seguros de que no seremos la última familia que se encuentre en esta situación". Le rindió homenaje de la mejor manera: diciendo la verdad.

Sus comentarios antimarxistas se consideraron ofensivos para los miembros irlandeses de la secta y no fueron precisamente destacados por los medios de comunicación. Obviamente, aludía a la afluencia de inmigrantes y al Estado del bienestar, dos cosas que suelen ir juntas y que son fundamentales en los planes de la secta para transformar los países europeos. El jueves 30 de noviembre de 2023, Kitty Holland, miembro de la secta y periodista del Irish Times, apareció en *The View* (BBC TV, Reino Unido).

Afirmó que la declaración de Casey contenía "incitación al odio", e intentó justificar la censura de los medios de comunicación, antes de añadir que "la raza y nacionalidad del hombre (Puska)... es irrelevante".[37] Esto es incorrecto. Además, sólo un miembro de una secta -que piensa que todas las personas (u hombres) son iguales, independientemente de esos factores- diría algo así.

Toda esta situación es otro ejemplo de cómo la secta/ideología realmente no tiene "compasión" genuina (ni siquiera por una mujer asesinada, o su novio), ya que lo más importante en este caso es que la ideología (y su sub-agenda de inmigración masiva) no sea criticada públicamente. Esencialmente, la verdad debe ser suprimida si se opone/expone al marxismo; por eso los miembros traidores de la secta mencionados anteriormente intentaron presentar el

---

[36] "Asesinato de Ashling Murphy: Boyfriend Ryan Casey's Victim Impact Statement in Full", Nov 2023. https://www.newstalk.com/news/ashling-murphy-murder-boyfriend-ryan-caseys-victim-impact-statement-in-full-1615521

[37] Gript Media, "Kitty Holland: Ashling Murphy's boyfriend expressed "incitement to hatred"", 30 November 2023 (from BBC's the View on 30/11/2023). https://www.YouTube.com/watch?v=PnucUQTy-SA

asesinato como una cuestión feminista. Un artículo del 11 de noviembre de 2023 en el sitio web *Extra.ie* titulado "Puska era un delincuente sexual convicto y 'persona de interés' en otras dos agresiones a mujeres" llamaba la atención sobre el pasado de Puska antes de entrar en Irlanda.[38]

## Solución

La solución inmediata para los inmigrantes que atacan o asesinan a indígenas en sus países de acogida es ofrecerles el exilio permanente inmediato o una pena de muerte obligatoria. Cuando se trata de basura violenta y degenerada como la mencionada, hay que enviar un mensaje contundente. Esto al menos frenaría estos ataques hasta que se ponga fin a la inmigración masiva y se lleven a cabo las deportaciones. Mucha suerte tratando de imponer una justicia tan rápida mientras la secta siga teniendo el control del Estado.

Cada víctima de las subagendas de la ideología -inmigración masiva incluida- es vista como una especie de mártir por la secta. Estoy seguro de que, en el fondo, muchos de ellos disfrutaron del proceso de "duelo" por la muerte de Aishling Murphy (y George Floyd, etc.). Como el fin justifica los medios, cada muerte es un paso más hacia la utopía. A medida que la secta avance sin oposición, los ataques y asesinatos como los enumerados anteriormente aumentarán en frecuencia y ferocidad.

En 2022, los medios de comunicación irlandeses informaron de una matanza, esta vez en el condado noroccidental de Sligo. Un inmigrante musulmán iraquí llamado Yousef Palani asesinó a dos hombres irlandeses y atacó a un tercero. Siguió la pista de los hombres a través de una aplicación de citas LGBT antes de apuñalarlos hasta la muerte en sus casas y mutilar sus cuerpos". A una de sus víctimas le cortó la cabeza y la dejó sobre la cama. Palani se declaró culpable de dos cargos de asesinato y fue condenado a "cadena perpetua". [39]

Una vez más, los traidores medios de comunicación irlandeses trataron de dar la vuelta al incidente como una mera cuestión "homófoba" esencialmente, y no como una cuestión de inmigración masiva e islámica (el tribunal escuchó que Palani dijo a la policía que el Islam prohibía la homosexualidad). ¿Dónde están todas las marchas y organizaciones LGBTQ exigiendo que se tomen medidas con respecto a la inmigración, para que esto no pueda volver a suceder?

---

[38] MacNamee, G., "Puska fue un delincuente sexual convicto y 'persona de interés' en otras dos agresiones a mujeres", 11 de noviembre de 2023. https://extra.ie/2023/11/11/news/puska-record

[39] Galagher y O' Riordan, "Yousef Palani jailed for life for murder of Aidan Moffitt and Michael Snee in Sligo", 23 de octubre de 2023.

https://www.irishtimes.com/crime-law/courts/2023/10/23/double-murderer-yousef-palani-jailed-for-life-for-attacks-on-gay-men-spurred-by-hostility-and-prejudice/

## Suecia

La trágica Suecia, debido a un alto nivel de infección, ha sido testigo de un colapso de la ley y el orden. El país ha sufrido un aumento masivo de la delincuencia violenta y del malestar social en general, con varias zonas policiales prohibidas.

Mucho antes, estos gloriosos cambios revolucionarios fueron destacados por un detective de alto rango a principios de 2017. Peter Springare, un veterano de 47 años, describió la actividad policial de una semana en la pequeña ciudad de Orebro en un post de Facebook: "Allá vamos; esto es lo que he manejado de lunes a viernes esta semana: violación, violación, robo, asalto agravado, violación-asalto y violación, extorsión, chantaje, asalto, violencia contra la policía, amenazas a la policía, delitos de drogas, drogas, crimen, delito grave, intento de asesinato, violación de nuevo, extorsión de nuevo y malos tratos ". Añadió que prácticamente todos los sospechosos eran inmigrantes africanos y de Oriente Medio: "Presuntos autores; Ali Mohammed, Mahmod, Mohammed, Mohammed Ali, otra vez, otra vez, otra vez, Christopher.. Mohammed, Mahmod Ali, una y otra vez" (Christopher era el único sueco). Enumeró los países representados: "Irak, Irak, Turquía, Siria, Afganistán, Somalia, Somalia, Siria otra vez, Somalia, desconocido, país desconocido, Suecia. De la mitad de los sospechosos no podemos estar seguros porque no tienen documentación válida. Lo que en sí mismo suele significar que mienten sobre su nacionalidad e identidad".[40] Orebro fue en su día una ciudad sueca relativamente tranquila, y tiene una población aproximada de 129.000 habitantes.

La ciudad de Malmo, al otro lado del océano de Copenhague, Dinamarca, es ahora un infame agujero de mierda multicultural. En enero de 2017, el jefe de policía Stefan Sinteus publicó una carta abierta en la que pedía ayuda para hacer frente a la ola de delincuencia: "Puedo asegurarle que la policía de Malmö está haciendo todo lo posible para que los presuntos autores rindan cuentas. Pero no podemos hacerlo solos. Dependemos de ustedes, y de sus declaraciones como testigos, para resolver estos violentos crímenes. Por eso, ahora les hago un llamamiento: Ayúdennos". Y añadió: "La policía de Malmö investiga actualmente 11 asesinatos y 80 intentos de asesinato. A esto hay que añadir otros delitos de violencia, palizas, violaciones, robos y estafas". Al parecer, también se denunciaron 52 ataques con granadas en 2016. La población de Malmo en 2022 era de aproximadamente 357.377 habitantes.[41]

---

[40] Newman, A., "Policía sueca: Government Covering Up Huge Migrant Crime Spree", 22 feb 2017. https://thenewamerican.com/swedish-police-government-covering-up-huge-migrant-crime-spree/ ; https://en.wikipedia.org/wiki/Orebro

[41] "La policía sueca desbordada por la violencia musulmana", 28 de enero de 2017.

https://www.eutimes.net/2017/01/swedish-police-overwhelmed-by-muslim-violence/

En agosto de 2018, el Daily Mail informó sobre las cifras presentadas en un documental de *SVT* (el canal de servicio público de Suecia): "Más de la mitad de los condenados por violación o intento de violación en Suecia el año pasado nacieron en un país extranjero, revelan nuevas estadísticas. En los casos de violación en los que la víctima fue atacada y no conocía a su agresor o agresores, la cifra se eleva al 85%. Cuatro de cada diez llevaban menos de un año en Suecia"; y: "Sus conclusiones revelaron que, en los casos en que la víctima no conocía al agresor, 97 de los 129 condenados habían nacido fuera de Europa". Las cifras recopiladas (2013-2018) se basan en las condenas por violación e intento de violación dictadas por los tribunales de distrito de toda Suecia.[42]

En octubre de 2016 se produjo un incidente notable en la ciudad de Visby, en Gotland, una isla situada al sureste de Estocolmo, en el mar Báltico. Una mujer discapacitada fue violada en grupo por migrantes, lo que indignó a los lugareños. Tras la liberación de los sospechosos, los manifestantes "atacaron" un centro de refugiados. Más protestas llevaron a las autoridades a desplegar más efectivos policiales en la ciudad. Poco después, los Demócratas *Suecos*, partido contrario a la inmigración, se manifestaron en Visby. En respuesta, miembros de la secta *Iniciativa Feminista* organizaron una contraprotesta.[43] Un grupo feminista contraprotestando contra quienes protestan por una violación. El feminismo no tiene que ver con el bienestar de las mujeres.

**Un periodista sueco honesto**

El 28 de septiembre de 2023, el periodista sueco Lars Aberg, intervino en una conferencia titulada "La obsesión por la diversidad: ¿Puede Europa sobrevivir al multiculturalismo?" en Bruselas, Bélgica.[44] Aberg describió los cambios extremos que ha sufrido Suecia, pintando un panorama honesto y sombrío, destacando que se han gastado miles de millones para integrar a los inmigrantes, llamándolo "multiculturalismo con una cartera amiga". Comentó que "la inmigración ha cambiado la naturaleza de Suecia", y que la situación podría

---

[42] Thompson, P., "Eight out of 10 'stranger' rapes in Sweden are carried out by migrants, with more than half of all rape convictions to foreigners, study reveals", 24 de agosto de 2018.

https://www.dailymail.co.uk/news/article-6095121/Eight-10-stranger-rapes-Sweden-carried-migrants-study-reveals.html

[43] "Police send backup to Gotland after reported rape fuels anger", 7 de octubre de 2016.

https://www.thelocal.se/20161007/police-send-backup-to-gotland-after-reported-rape-sweden

[44] "La obsesión por la diversidad: ¿Puede Europa sobrevivir al multiculturalismo?

https://brussels.mcc.hu/event/can-multiculturalism-survive-21st-century-europe

haber sido diferente si los suecos hubieran tenido "una visión menos idealista del mundo y del lugar de Suecia en él". Haciendo algunas observaciones brillantes, añadió "... podríamos haber definido términos como integración mucho más claramente... podríamos haber dicho a la gente que aprendiera sueco y consiguiera un trabajo... podríamos haber evitado considerar a la gente de países lejanos como víctimas exóticas... pero una combinación de fronteras bastante abiertas, un sistema de bienestar generoso y ninguna exigencia seria a los recién llegados para que se integren en la sociedad ha sido una invitación a los problemas para todos nosotros".[45] Así es.

## Emily Jones

La inmigración masiva también provoca la importación de peligrosos sociópatas y psicóticos. El 22 de marzo de 2020 (Día de la Madre), en Bolton, Reino Unido, una niña de 7 años llamada Emily Jones fue asesinada a plena luz del día delante de sus padres mientras jugaba en un parque. La degollaron con un cuchillo de artesanía. El asesino fue Eltiona Skana (30), un inmigrante albanés con graves problemas mentales que llegó al Reino Unido en agosto de 2014. Esquizofrénica paranoide, alegó ser víctima de la trata de seres humanos (también conocida como "oprimida").[46]

El padre de Emily, Mark, atribuyó la culpa al Greater Manchester Mental Health NHS Trust, que estaba al corriente de la existencia de Skana, a quien, sin embargo, se permitió campar a sus anchas, cometiendo posteriormente este horrible crimen. Los miembros de las sectas de todo el Reino Unido -del Estado, de los servicios de salud mental y del público en general- son culpables de estas cosas. En diciembre de ese año, Skana fue condenado a cadena perpetua, pero es posible que acabe cumpliendo una larga condena. En mayo de 2021, el Daily Mail informó de que Skana había recibido casi 70.000 libras en concepto de asistencia letrada (¡!).[47] Se me ocurre una manera fácil de ahorrar dinero aquí, ¿y a ti? (una quema de brujas en medio de Manchester costaría bastante menos que 70k).

Obviamente, los asesinos de niños reciben asistencia jurídica financiada por los contribuyentes gracias a la influencia y la "compasión" de la secta. Me dan

---

[45] MCC Bruselas, "¿Qué le ha pasado a nuestro país? Sweden has been transformed by multiculturalism - Lars Åberg", 26 de octubre de 2023. https://www.YouTube.com/watch?v=MhZ3QdJ1xe0

[46] "7-Year-Old Girl Stabbed to Death by Woman in UK Park on Mother's Day", 5 de abril de 2020. https://nationalfile.com/report-7-year-old-girl-stabbed-to-death-by-somali-migrant-in-uk-park-on-mothers-day/

[47]" Killer who slit the throat of seven-year-old Emily Jones in Mother's Day murder was awarded nearly £70,000 in taxpayer-funded legal aid", 20 de mayo de 2021. https://www.dailymail.co.uk/news/1article-9600547/Emily-Jones-Killer-awarded-nearly-70-000-taxpayer-funded-legal-aid.html

ganas de cortar algunas gargantas. La inocente pequeña Emily murió dos meses antes que George Floyd, pero la mayoría de ustedes probablemente nunca han oído hablar de ella. No hubo manifestaciones marxistas ni vigilias en su honor en todo el mundo.

Las víctimas de delitos cometidos por inmigrantes en Occidente son demasiado numerosas, y no es posible honrarlas a todas. Debemos seguir adelante. Está claro que hay mucha rabia asesina contra los blancos en los países de acogida... me pregunto de dónde vendrá...

## LGBTQ, trans/'no binario', sexualidad, etc.

"Voy a salir... quiero que el mundo lo sepa... tengo que dejarlo ver"[48]

Diana Ross, "I'm coming out", 1980

### Lista de control comunista

Obviamente, esta subagenda utiliza el principio de opresor contra oprimido al intentar convencernos a todos de que las personas LGBTQ han sido, y siguen siendo, injustificadamente maltratadas (también conocidas como "oprimidas") de alguna manera y, por lo tanto, ahora merecen un trato preferente. Crea un nuevo sistema de clases al situar a cualquiera que no pertenezca a este grupo "oprimido" (especialmente a cualquiera que se oponga a esta subagenda) en la categoría de "opresor" (a menos que sean miembros de una secta, o al menos la cumplan).

El principio del Caballo de Troya es evidente, ya que la promoción de LGBTQ se ve como algo beneficioso para la sociedad, aunque sus efectos sean devastadores. La subagenda se escuda en la "compasión", por lo que aparentemente se trata de preocuparse por las personas con problemas de género/sexualidad (este es el aspecto de señalización de virtudes). Aunque en los tiempos modernos haya aumentado el número de personas que se identifican como pertenecientes a estos grupos, siguen representando una pequeña minoría dentro de la sociedad (casi insignificante en el caso de los "trans" y los "no binarios").

Esencialmente, esta subagenda está contribuyendo a una crisis existencial que afectará a toda la sociedad (bajas tasas de natalidad, infertilidad, aumento de los problemas de salud mental, etc.), ¡simplemente por la supuesta "opresión" de un puñado de personas! Además, la mentira de que las personas pueden cambiar su sexo biológicamente determinado está destruyendo innumerables vidas (de nuevo, sobre todo las de los jóvenes/ingenuos). No les ayudará; les arruinará. Esencialmente, nadie gana. Fiel a su forma destructiva, aquí la ideología está destruyendo los cuerpos de las personas (aunque a través del

---

[48] *"Diana Ross-Im Coming Out (Lyrics)"*.
https://www.YouTube.com/watch?v=ZuvGXxf7oNI

adoctrinamiento, las hormonas y la cirugía en lugar de la agresión directa o el asesinato). Ergo, es un Caballo de Troya.

Se basa en una percepción distorsionada de la realidad porque promueve la idea de que hay más de dos sexos/géneros, que esto puede cambiarse (por los medios mencionados) y, lo que es más insidioso, que esa persona será más feliz una vez completado el proceso: una mentira absolutamente horrible y criminal. Las personas "trans" tienen un nivel desproporcionadamente alto de problemas de salud mental, con tasas de suicidio más elevadas. Por supuesto, los miembros de la secta replicarán que esto se debe a la crisis de identidad/género (por ejemplo, disforia de género) que están experimentando en primer lugar. Esto es falso, y la prueba está en el estado de salud mental de quienes han pasado por el proceso de "transición" antes y después: nunca se curan, y la "transición" fue un error.

Obviamente, si se han utilizado bloqueadores de la pubertad, "tratamientos" hormonales y cirugía, puede que no haya vuelta atrás. La esterilidad es frecuente. Muchos de los que han pasado por este proceso simplemente desaparecen de la vista pública. Sin embargo, ha habido algunos personajes nobles y valientes que han salido a la luz. Me viene a la mente Walt Heyer. Walt desarrolló una fijación por ser mujer cuando era niño. Cuando tenía 4 años, su sabia abuela "me vistió repetidamente, durante varios años, con un vestido morado de cuerpo entero que había hecho especialmente para mí y me dijo lo guapo que era como niña". Esto sembró la semilla de la confusión de género y condujo a mi transición a los 42 años a mujer transgénero".[49]

(Piensa ahora en todos los padres/tutores degenerados a los que les han lavado el cerebro y que hoy en día fomentan este comportamiento en sus hijos, a los que aparentemente "quieren"). Heyer "pasó" a ser mujer, vivió como tal, pero al final volvió a serlo. Lleva años hablando sobre el tema.[50]

Otra es Katie Lennon Anderson, una mujer biológica estadounidense que intentó "transicionar" a hombre tras someterse a una histerectomía y una doble mastectomía (que la dejaron como una "versión mutilada y maltratada" de su antiguo yo). Ahora se describe a sí misma como una "des-transicionista".[51] Una persona verdaderamente "valiente" y honorable, que ahora también habla

---

[49] Heyer, W., "Hormones, surgery, regret: I was a transgender woman for 8 years - time I can't get back".
https://eu.usatoday.com/story/opinion/voices/2019/02/11/transgender-debate-transitioning-sex-gender-column/1894076002/

[50] https://waltheyer.com/

[51] "Detrans Katie Lennon habla en apoyo del proyecto de ley de derechos parentales de NH", 20 de abril de 2023.

https://www.YouTube.com/watch?v=cK_WeOe7OVI

públicamente sobre el tema. Casos como éste son muy comunes, por desgracia, y su frecuencia va a aumentar drásticamente debido al dominio de la secta/ideología. Esta sub-agenda también trata de impulsar la narrativa de que las personas "transgénero" han sido "oprimidas" históricamente, por lo que también marca la casilla de la percepción distorsionada de la historia. Esta narrativa se mezcla a menudo con otros balbuceos de la secta, como la opresión de los homosexuales, etc. La idea de que las personas "trans" han sido oprimidas históricamente no es más que otra flagrante distorsión del pasado que beneficia a la secta.

Claramente, esta subagenda es promovida y apoyada por el sistema. Cuando tienes al gay Justin Trudeau como Primer Ministro de Canadá durante el mismo periodo de tiempo que Irlanda tiene al gay Leo Varadkar como Taoiseach (Primer Ministro), además de un desfile de otros personajes gays/lesbianas en posiciones de poder/influencia por todo el mundo, esto es obvio. Por supuesto, están en esas posiciones para promover la subagenda; se adaptan a los tiempos. Además, cuantos más personajes LGBTQ haya en posiciones de poder, más ayudarán a impulsar la agenda. Darán "poder" a otros tipos "oprimidos" como ellos para que se impliquen en ayudar a que la ideología domine. Dentro de la secta mayor, es una forma extraña de tribalismo: ayudarán a "los suyos". Además, la sub-agenda se promueve dentro de los sistemas educativos, el complejo de ONGs sin ánimo de lucro, y dentro de los medios de comunicación y la industria del entretenimiento. Todos podemos verlo, no hacen falta ejemplos.

¿Ataca esta subagenda los pilares de la civilización occidental? Ciertamente ayuda a destruir el tradicionalismo y cualquier tipo de programación religiosa que pueda estar presente en una sociedad, particularmente en las áreas de sexualidad, relaciones, amor, monogamia. matrimonio, etc. Evidentemente, es un gran puñetazo (gay) al cristianismo, típico del marxismo.

Intenta imponer la igualdad propagando la mentira de que todas las orientaciones sexuales tienen el mismo valor para la sociedad y que es igual de positivo para alguien pasar su vida en relaciones/matrimonios del mismo sexo que en relaciones heterosexuales. De nuevo, es un ataque al mejor tipo de relaciones para una sociedad sana, equilibrada y fuerte: las relaciones heterosexuales con hijos.

Aunque esta subagenda consiga reducir el número de relaciones tradicionales, será una victoria para la secta/ideología.

Por último, "trans" y "género no binario" es una forma de eugenesia, ya que aumenta la esterilidad y reduce las tasas de natalidad en poblaciones principalmente blancas. Por lo tanto, es antiblanco.

### Historia marxista de LGBTQ

Esta sub-agenda no existiría sin que primero se estableciera el culto marxista.

Un examen de la formación de los movimientos interconectados feminista, de derechos de los homosexuales y LGBTQ muestra el hilo rojo común: personas que se describen a sí mismas como marxistas, socialistas o comunistas creando y/o apoyando estos movimientos. Algunos están simplemente en el movimiento activista de la secta, en el mundo de la academia marxista, o en ambos. (Por supuesto, hay un cruce considerable entre las subagendas LGBTQ y feminismo, pero el feminismo tiene su propia sección). En general, podemos decir que los movimientos por los derechos de los homosexuales y el feminismo estaban separados y ya establecidos antes de que el fenómeno "trans" más moderno pasara a primer plano. Por lo tanto, podemos decir que esos movimientos allanaron el camino para el movimiento "transgénero". El siglo XX fue testigo de la producción de montones de libros por parte de miembros de sectas marxistas que promovían estos movimientos. Sería interminable enumerar todas estas figuras y las conexiones entre ellas (la historia se remonta al siglo 19th y más allá), pero he aquí algunos acontecimientos, grupos y nombres:

Edward Carpenter fue un socialista fabiano y activista LGBT. Fue autor de *The Intermediate Sex: A Study of Some Transitional Types of Men and Women* (1908); [52] Lily Braun dirigió una organización alemana llamada *Liga de Asociaciones de Mujeres Progresistas (Verband Fortschrittlicher Frauenvereine)*, que estaba a favor de los derechos de los homosexuales (finales del siglo XIX/principios del XX); [53] La *Sociedad Mattachine*, fundada en Estados Unidos en 1950, fue una organización de defensa de los derechos de los homosexuales creada por Harry Hay, miembro de una secta y sindicalista. Estructuralmente, estaba organizada de forma similar al propio Partido Comunista; [54] Bayard Rustin fue un activista socialista, de los derechos civiles y LGBTQ. Fue colaborador de Martin Luther King, figura de culto negra estadounidense; [55] *Eros and Civilisation*, de Herbert Marcuse: *A Philosophical Inquiry into Freud* (1956) debería mencionarse aquí, ya que impulsó el "liberalismo sexual".

El movimiento de "liberación gay" vio la creación de grupos como el *Frente de Liberación Gay (*¡un nombre militante cuasi terrorista que suena muy marxista!), y el *Grupo Marxista Gay*. La *Izquierda Gay* estuvo activa entre 1975 y 1980 en Londres, Reino Unido. [56] Otro fue el grupo francés *Frente*

---

[52] Carpenter, E., *El sexo intermedio: A Study of Some Transitional Types of Men and Women* (1912). https://archive.org/details/intermediatesex00carpgoog

[53] https://de.wikipedia.org/wiki/Verband_Fortschrittlicher_Frauenvereine

[54] https://en.wikipedia.org/wiki/Mattachine_Society

[55] https://www.britannica.com/biography/Bayard-Rustin

[56] https://en.wikipedia.org/wiki/Gay_Liberation_Front; https://en.wikipedia.org/wiki/Gay_Left

*Homosexual de Acción Revolucionaria (front homosexuel d'action revolutionnaire. De* nuevo, risitas). Estuvo activo de 1971 a 1974;[57] *Towards a Gay Communism* es un libro de 1977 del autor italiano Mario Mieli. Una de las cosas que insinuaba era que el capitalismo oprime a los homosexuales (ojos en blanco);[58] El bicho raro David Fernbach escribió el divertido título *The Spiral Path: Una contribución gay a la supervivencia humana* (1981). Estudió en la London School of Economics y es maoísta.[5960]

Leslie Feinberg fue una lesbiana judía estadounidense y activista trans, activa desde la década de 1960. Estaba abiertamente comprometida con la secta como miembro del *Partido Mundial de los Trabajadores, un* grupo marxista-leninista. Sus "escritos" incluyen *Transgender Liberation: A Movement Whose Time Has Come* (1992); *Transgender Warriors: Making History from Joan of Arc to Dennis Rodman (1996);* y *Rainbow Solidarity in Defence of Cuba* (2009).[61]

**Homosexualidad en los países "comunistas**

Los bolcheviques de Rusia despenalizaron la homosexualidad en diciembre de 1917. Extraño, teniendo en cuenta que seguramente tenían cosas más importantes que hacer (como aprender a gobernar un país sin tener que asesinar a todo el mundo, quizá). Stalin volvió a penalizarla en 1933.[62] Esto marcó una nueva fase en la que los estados comunistas eran anti-gay, y esto ha sido bien documentado (incluso por algunos que son ideológicamente miembros de sectas marxistas). Cualquier "indeseable" sería tratado como tal por el Estado.

Yuri Besmenov mencionó que la homosexualidad, etc., sólo era necesaria durante la fase de desestabilización (del proceso de subversión ideológica). Dado que los estados comunistas intentaban crear una fuerza nacional, seguramente se dieron cuenta de que promover la homosexualidad en los hombres no era beneficioso para esos intereses (menos natalidad, menos masculinidad, etc.). Así que esencialmente en un estado 'socialista'/'comunista' son duros con los gays porque la farsa -que el marxismo se preocupa por las minorías- se ha acabado.

La obra del escritor y periodista cubano Reinaldo Arenas hacía referencia a este proceso. Habló de cómo los homosexuales como él fueron encarcelados por el régimen de Castro. En una ocasión fue encarcelado por no seguir la línea

---

[57] https://en.wikipedia.org/wiki/Front_homosexuel_d'action_revolutionnaire

[58] https://www.plutobooks.com/9780745399515/towards-a-gay-communism/

[59] https://archive.org/details/spiralpathgaycon00fern

[60] https://www.haymarketbooks.org/authors/41-david-fernbach

[61] https://en.wikipedia.org/wiki/Leslie_Feinberg

[62] Englestein, L., "Política soviética hacia la homosexualidad masculina: sus orígenes y raíces históricas", 1995. https://pubmed.ncbi.nlm.nih.gov/8666753/

ideológica del partido gobernante (el *Partido Comunista de Cuba)*. Más tarde consiguió escapar del régimen y continuó siendo un crítico declarado. Se le considera un héroe pro LGBT. [63]

Por otra parte, como ya se ha dicho, no podemos dejarnos atrapar por las etiquetas de cómo se describe un estado, país o régimen; debemos centrarnos en la ideología que actúa bajo la superficie. Por lo tanto, la idea de que la Cuba de Castro (o cualquier otro estado rojo) pueda haber sido dura con cualquiera de las categorías LGBTQ no contradice el mensaje de este libro: que el movimiento LGBTQ es un submovimiento del marxismo. No podemos comparar la Cuba de Castro con un país occidental de hoy en día en este sentido: aquella fue una época y un lugar en los que la ideología adoptó una forma determinada y produjo ciertos efectos. En la actualidad, la ideología utiliza la subagenda LGBTQ como parte del proceso de desestabilización que se está llevando a cabo en los países occidentales.

**No hay que meter a todo el mundo en el mismo saco**

En este tipo de temas, deberíamos juzgar a las personas como individuos en función de su nivel de conciencia, y de si están adoctrinadas o no (y en qué grado). Ciertamente, hay muchos gays y lesbianas que no apoyan este movimiento extremo actual 'LGBTQ'/trans/'no binario', así que sería injusto culpar de lo que está pasando a todos los que no son heterosexuales, ¡como si todos fueran iguales! Es posible que no apoyen los aspectos más "radicales" de esta subagenda, como la imposición de la homosexualidad a los niños en las escuelas, la hora del cuento de la drag queen, o animar a los niños a la "transición", etc.). Pues bien, esas personas no son el problema aquí; puede que tengan la actitud de "vive y deja vivir" y no estén interesadas en imponer su comportamiento a nadie. Son los controladores y fanáticos los que deben preocuparnos ahora.

Algunos analistas han observado que la "T" de "trans" casi se ha unido al movimiento de lesbianas, gays y bisexuales, y esto se puede ver claramente en la división de opiniones mencionada anteriormente. Sin embargo, lo cierto es que los movimientos por los "derechos de los homosexuales" del siglo XX sentaron las bases de este infierno sexual transexual "no binario" en el que nos encontramos hoy en día, y los implicados en esos movimientos son en cierto modo responsables. Una vez más, la "revolución" avanza por oleadas.

Por tanto, si es cierto que existe lo "normal" (en términos de salud, comportamiento sexual, identidad sexual, etc.) y que los miembros de la categoría LGBTQ no son "normales", no deberíamos reestructurar la sociedad para adaptarnos a ellos ni moldear a los jóvenes a su imagen. Esto tendría efectos catastróficos, y es exactamente lo que está ocurriendo ahora. ¿Dónde está la racionalidad en una afirmación tan descabellada, se preguntarán algunos?

---

[63] https://www.britannica.com/biography/Reinaldo-Arenas

Bueno, si en una nación/sociedad/grupo étnico concreto hay demasiadas personas que mantienen relaciones homosexuales sin hijos (sexuales o de otro tipo), eso llevaría a la extinción de ese grupo. Si una razón existencial no es suficiente para frenar este movimiento, ¿entonces qué lo es?

**La opinión del autor sobre LGBTQ**

Ciertamente, la homosexualidad y la bisexualidad no llegaron al planeta cuando lo hizo el marxismo; han existido durante eones. Aunque es difícil de cuantificar, tal vez se haya producido un aumento en los últimos tiempos. Y luego tenemos el fenómeno mucho más reciente de los individuos con confusión sobre su "género", que parece ser algo diferente. Tal vez se haya producido un aumento masivo de la disforia de género, los 'trans' y otros tipos de anomalías sexuales en las últimas décadas debido a un cóctel tóxico de factores que desequilibran las hormonas, sobre todo en los países más desarrollados. Entre otras cosas, han afectado al material genético de ambos sexos (cromosomas) y repercutido en las mujeres fértiles y sus hijos.

A nivel fisiológico, incluyen: factores genéticos y epigenéticos; dietas modernas bajas en grasas y ricas en carbohidratos con OMG y alimentos procesados, incluida la dieta vegana que reduce la testosterona fitoestrogénica, el uso generalizado de herbicidas (p. ej., glifosato) y el consumo de productos lácteos/carnes no orgánicos (cargados de hormonas, analgésicos, aditivos, etc.); alcohol, tabaco y drogas (legales e ilegales); la píldora anticonceptiva estrogénica (es decir, progesterona); contaminantes -incluido el flúor, las hormonas y los fármacos- en el suministro de agua; el estilo de vida moderno -niveles de estrés potencialmente más elevados, no ser lo suficientemente activo físicamente, sistemas inmunitarios relativamente débiles-; la reducción de la exposición a las hormonas y los fármacos en el suministro de agua progesterona); los contaminantes -incluidos el flúor, las hormonas y los fármacos- en el suministro de agua; el estilo de vida moderno -niveles de estrés potencialmente más altos, falta de actividad física suficiente, sistemas inmunitarios relativamente débiles, exposición reducida a la luz solar (y la consiguiente deficiencia de vitamina D, que afecta al sistema endocrino productor de hormonas); exposición a diversas vibraciones/radiaciones producidas por la tecnología moderna (teléfonos móviles, wifi, televisión, microondas, etc.). La combinación de estos factores contribuye a reducir los niveles hormonales saludables y afecta al ADN de una sociedad, en general de toda la sociedad en la que están presentes los factores. El material genético afectado dentro de la población contribuye entonces a la sexualidad de los que nacen en ella. Obsérvese también cómo estos factores surgieron casi simultáneamente, en la era moderna.

A nivel psicológico, en combinación con los factores anteriores, la sociedad se ha visto afectada por los efectos desequilibradores de la ideología. Ya se ha mencionado la demonización de la masculinidad y la testosterona, junto con el consiguiente aumento del exceso de feminidad (ambos fomentados por diversas subagendas marxistas y el condicionamiento opresor-oprimido).

Además, la ciencia emergente nos está mostrando que podemos afectar a nuestra genética a través de nuestros pensamientos/creencias/mentalidad, activando o desactivando determinados genes, en determinadas condiciones ("expresión génica").[64] Quizá la mentalidad de las mujeres adoctrinadas -antes y durante el embarazo- esté contribuyendo a este problema al afectar a la sexualidad de su descendencia. Si tenemos una sociedad que demoniza la masculinidad, los individuos que la componen reflejarán cada vez más este clima cultural a nivel fisiológico.

Todo esto se suma a la promoción general de la degeneración que conlleva una infección de marxismo, cuando se trata de actitudes naturales y sanas hacia las relaciones y la sexualidad. En resumen, la secta/ideología provoca y amplifica las condiciones desequilibradas y antinaturales en las que aparecerán más personas/comportamientos no heterosexuales, y luego dice "¡mira a toda esta gente oprimida! A continuación sugiere: "¡Tenemos que transformar la sociedad -mediante una revolución sexual progresiva- para darles cabida! De hecho, ¡que haya más homosexuales y más gente gay para demostrar que estamos en contra de la homofobia y la transfobia! Los heterosexuales también deberían ser homosexuales en la medida de lo posible, para que seamos solidarios", etc.

## Black Lives Matter y "antirracismo

"El liberal blanco sólo se diferencia del conservador blanco en una cosa: es más engañoso, más hipócrita que el conservador... es el que ha perfeccionado el arte de hacerse pasar por amigo y benefactor del negro. El liberal blanco es capaz de utilizar al negro como peón o arma"[65]

Malcolm "X" Little, activista por los derechos de los negros, 1963

"Cuando estaba en la calle... siempre que hablaba con gente negra... Muy poca gente tenía complejos con el comunismo"[66]

Angela Davis, ávida miembro de una secta y activista feminista, 1972

"A los afroamericanos les han lavado el cerebro para que no sean abiertos de mente, para que ni siquiera consideren un punto de vista conservador. Yo he

---

[64] Mukherji, S., "Mindset and Gene Expression", 15 de febrero de 2020.

https://www.psychologs.com/mindset-and-gene-expression/

[65] "Malcolm X : Liberales y conservadores blancos".
https://www.YouTube.com/watch?v=T3PaqxblOx0

[66] Angela Davis - Por qué soy comunista (Entrevista de 1972).

https://www.YouTube.com/watch?v=cGQCzP-dBvg

recibido parte de ese mismo vitriolo simplemente porque me presento a la nominación republicana como conservador. Así que se trata de un lavado de cerebro y de que la gente no tiene la mente abierta, simple y llanamente".[67]

El empresario estadounidense de raza negra Herman Cain,
entrevista CNN, octubre 2011

Esta subagenda utiliza el principio de opresor contra oprimido, situando a los blancos como opresores y a los no blancos como oprimidos. Evidentemente, crea divisiones raciales incendiarias, ya sea en países con divisiones raciales históricas (por ejemplo, Estados Unidos, Francia, Reino Unido, etc.) o en aquellos con divisiones relativamente nuevas creadas por la "diversidad" (por ejemplo, Irlanda). También designa específicamente al Estado -a través de las fuerzas policiales- como el "opresor" fascista, racista y autoritario.

Esta subagenda contiene señales de virtud y fue un Caballo de Troya para la población negra de Estados Unidos en particular, ya que aparentemente iba en su beneficio, aunque en última instancia sólo les perjudicaría y les frenaría.

También implica una percepción distorsionada de la historia/realidad, ya que se basa en la falsa noción de que el establishment estadounidense -la policía en particular- es intrínsecamente racista contra los negros. También intenta ocultar el hecho de que el grupo racial negro comete una cantidad desproporcionada de delitos en comparación con otros grupos de ese país (en parte debido a la influencia de la ideología en las comunidades negras). Además, fomenta el racismo contra los blancos, además de la narrativa racista de que los blancos ahora deben estar supeditados a los negros, en nombre de la "justicia social" (un nuevo sistema de clases).

Fue apoyada por el sistema de todas las formas habituales y supuso un ataque al capitalismo y a la cultura -durante las "protestas" que inspiró esta subagenda, ya que se atacaron comercios y lugares emblemáticos-.

**El ascenso de BLM**

George Floyd murió el 25 de mayo de 2020 y se convirtió en un mártir catalizador de la secta/ideología. El movimiento Black Lives Matter (BLM), aunque se originó con anterioridad, obviamente, alcanzó entonces una gran prominencia. La muerte de Floyd provocó una cascada de gloriosas acciones revolucionarias en casi 60 países de todo el mundo durante el verano, la mayoría en Estados Unidos y Europa. Muchas se tornaron violentas, como las de Londres y París. Las "protestas" de Londres, que se prolongaron durante varias semanas, se tornaron violentas sobre todo cuando se involucraron grupos de derechas después de que los miembros de la secta empezaran a atacar

---

[67] Martin, R., "Herman Cain niega la horrible historia del Partido Republicano con los negros", 3 de octubre de 2011.

https://edition.cnn.com/2011/10/01/opinion/martin-cain-brainwashed/index.html

lugares emblemáticos.[68] [69]

En Irlanda, varios grupos de culto, entre ellos *Black Pride Ireland*, organizaron una protesta. En su página web *blackprideireland.ie se lee*: "Somos... una organización LGBTQIA por gente negra queer, para gente negra queer en Irlanda".[70] Se esperaba que personas de todo el mundo "se arrodillaran" en solidaridad. Algunos miembros no blancos de la secta incluso se filmaron a sí mismos acercándose a personas blancas, insistiendo en que esencialmente se inclinaran ante ellos y se disculparan por el "privilegio blanco" (un acto que simboliza convertir a la clase "opresora" en la servil "oprimida").[71]

Obviamente, debido a la mencionada ignorancia pública, muy pocos culpaban al marxismo de esta locura. No fue hasta más tarde cuando muchos se dieron cuenta. Patrisse Khan-Cullors, miembro del culto y cofundadora de BLM, hizo una entrevista en *Real News Network* en 2015, que luego volvió a aparecer durante los disturbios declarando: "...en realidad tenemos un marco ideológico... Alicia y yo en particular somos organizadoras formadas, somos marxistas formadas, estamos muy versadas en teorías ideológicas. Y creo que lo que realmente intentamos hacer es construir un movimiento que pudiera ser utilizado por mucha, mucha gente negra".[72] (en otras palabras, "nos han lavado el cerebro, hemos leído mucha teoría marxista y queremos lavar el cerebro a muchos otros negros").

La Red Black Lives Matter (oficialmente) fue formada por Cullors, Alicia Garza y Opal Tometi en 2013. [73] Estos locos con el cerebro lavado son personificaciones del legado de Saul Alinksy-los "organizadores" de la comunidad negra. La página "Acerca de" del sitio web *blacklivesmatter.com* utiliza una terminología reveladora. El grupo, cuya "misión es erradicar la

---

[68] BBC, "French police clash with anti-racism activists in Paris", 13 de junio de 2020.

https://www.bbc.com/news/world-europe-53036388

[69] BBC, "Protestas en Londres: More than 100 arrests after violent clashes with police", junio de 2020.https://www.bbc.com/news/uk-53037767

[70] The Irish Times, "Black Lives Matter protest takes place in Dublin", 6 de junio de 2020 (vídeo). https://www.irishtimes.com/news/black-lives-matter-protest-takes-place-in-dublin-1.4272820

[71] "BLM YouTuber obligó a chicas blancas a arrodillarse para disculparse por el 'privilegio blanco'". 3 de junio de 2020.
https://www.YouTube.com/watch?v=RKF5LsTe6KM

[72] Real News Network, "A Short History of Black Lives Matter", 23 de julio de 2015.

https://www.YouTube.com/watch?v=Zp-RswgpjD8

[73] "Movimiento Black Lives Matter".
https://library.law.howard.edu/civilrightshistory/BLM

supremacía blanca", se describe a sí mismo como un "colectivo de liberadores" (insinuando que los negros están siendo esclavizados/oprimidos, naturalmente). Afirman que "debemos ir más allá del nacionalismo estrecho que prevalece demasiado en las comunidades negras", y afirman su "resistencia frente a la opresión mortal" (en otras palabras, "hay demasiado patriotismo estadounidense para nuestro gusto"). [74] El texto "Actúa" dice "Únete al Movimiento para luchar por la Libertad, la Liberación y la Justicia". No hace falta que saquemos el diccionario marxista-inglés.

**Black Lives Matter Inc.**

Otro aspecto de BLM que era típicamente marxista era la criminalidad obvia: saqueos, robos, asaltos, daños a la propiedad y fraude. La organización recibió aproximadamente 90 millones de dólares en donaciones en 2020, dependiendo de la fuente.[75] ¡90 millones de dólares a un puñado de miembros de una secta antiamericana y antiblanca! ¡Traición acaudalada!

Cullors fue desenmascarado como hipócrita y aprovechado. Se informó de que había comprado una propiedad de 1,4 millones de dólares en Los Ángeles. La casa está situada en Topanga Canyon, una zona rica y predominantemente blanca, a poca distancia en coche de las playas de Malibú.[76] Si eso no es pegarse a la burguesía, ¡no sé lo que es! Parece que el crimen se paga. El New York Post informó de que Khan-Cullors también compró casas en Inglewood, Los Ángeles, y otra en la ciudad, con lo que el total asciende a 3,2 millones de dólares.[77] ¿Qué ha pasado con eso de "quitar a los ricos para dar a los pobres"? O, citando al mismísimo gran Marx, ¿qué pasó con "de cada uno según su capacidad, a cada uno según sus necesidades"? ¿No son malos los beneficios? Supongo que las "donaciones" son diferentes, ¿no?

Un artículo publicado el 24 de junio de 2020 en Breitbart.com ahondaba en los antecedentes de Cullors, afirmando que "fue la protegida de un terrorista doméstico que apoyaba a los comunistas durante más de una década, pasando

---

[74] https://blacklivesmatter.com/about/

[75] Morrison, A., "New Black Lives Matter tax documents show foundation is tightening its belt, has $30M in assets", 27 de mayo de 2023. https://apnews.com/article/black-lives-matter-donations-george-floyd-protests-ddcf0d21d130a5d46256aa6c5d145ea7

[76] "Marxist BLM leader buys $1.4 home in predominantly white neighborhood", 10 de abril de 2021. https://www.lawofficer.com/marxist-blm-leader-buys-1-4-home-in-predominantly-white-neighborhood/

[77] "El cofundador de BLM gastó 3,2 millones de dólares acumulando viviendas en los últimos años", 11 de abril de 2021.

https://www.lawofficer.com/blm-co-founder-spent-3-2m-accruing-homes-in-past-few-years/

años formándose en organización política y absorbiendo la ideología radical marxista-leninista que dio forma a su visión del mundo". El miembro de la secta en cuestión era Eric Mann, que "fue mentor de Cullors durante más de una década en organización comunitaria, fue miembro de grupos militantes de izquierda radical: Estudiantes por una Sociedad Democrática y Weather Underground, que bombardearon edificios gubernamentales y comisarías de policía en las décadas de 1960 y 1970.[78]

Una de las organizaciones detrás de BLM se llama *Thousand Currents*. Susan Rosenberg es la vicepresidenta de la junta directiva. Rosenberg fue una miembro muy activa de una secta judía y una terrorista doméstica antiestadounidense que pasó la mayor parte de su vida involucrada en actividades "revolucionarias".

Entre ellos, atentados con bomba y tiroteos, y la muerte a tiros de un guardia de seguridad y agentes de policía en un atraco a Brinks en 1981. Fue miembro activo de la *Organización Comunista 19 de Mayo*, que llevó a cabo una campaña de terrorismo interno contra el Estado estadounidense. Este grupo claramente feminista apoyaba a grupos marxistas de poder negro como *el Ejército Negro de Liberación*. Rosenberg debería seguir encarcelada, pero fue indultada por Bill Clinton el último día de su mandato.[79][80]

La muerte de Floyd y el énfasis en BLM fue un impulso masivo de relaciones públicas para el culto. Un artículo en *uk.pcmag.com* el 20 de julio de 2020: "el hashtag #BlackLivesMatter se ha utilizado 47,8 millones de veces en Twitter del 26 de mayo al 7 de junio de 2020. Eso es algo menos de 3,7 millones de veces al día!".[81] Además, según Forbes el 2 de junio de 2020, se estima que 28 millones de usuarios de Instagram publicaron un cuadrado negro liso junto con el hashtag #blackouttuesday. Otro fue #TheShowMustBePaused, utilizado por la multitud de idiotas de la industria musical.[82]

---

[78] Klein, J., "Black Lives Matter Founder Mentored by Ex-Domestic Terrorist Who Worked with Bill Ayers", 24 de junio de 2020.
https://www.breitbart.com/politics/2020/06/24/black-lives-matter-founder-mentored-by-ex-domestic-terrorist-who-worked-with-bill-ayers/

[79] https://thousandcurrents.org/

[80] https://en.wikipedia.org/wiki/Susan_Rosenberg

[81] Cohen, J., "#BlackLivesMatter Hashtag Averages 3.7 Million Tweets Per Day During Unrest", 20 de julio de 2020. https://uk.pcmag.com/why-axis/127817/blacklivesmatter-hashtag-averages-37-million-tweets-per-day-during-unrest

[82] Monckton, P., "This Is Why Millions Of People Are Posting Black Squares On Instagram", 2 de junio de 2020.

## Candace's "Greatest Lie" doc

En octubre de 2022, Candace Owens hizo una aparición en *Tucker Carlson Tonight*. Owens es un gran ejemplo de una fantástica mujer negra estadounidense que no sólo no está adoctrinada, sino que es una talentosa y prolífica opositora de la secta/ideología. En la entrevista, habló de BLM y de un documental que produjo titulado "La mentira más grande jamás vendida". Llevaba una divertida camiseta con el puño cerrado marxista, sosteniendo un buen fajo de billetes. Sobre la cuestión de la colosal cantidad de fondos que recibió BLM, dijo: "... robaron a los estadounidenses, robaron las emociones de los estadounidenses, extrajeron emociones, utilizaron el dolor negro para crear confusión y para sacar decenas de millones de dólares a la gente".[83] También declaró que una gran cantidad de la financiación en realidad fue a parar al movimiento LGBTQ (más pruebas de que todo es una gran secta).

Cuando Carlson le preguntó si BLM había beneficiado a alguna persona negra, ella respondió que no sólo no había beneficiado a nadie, sino que había perjudicado a las comunidades negras: tras los disturbios, muchos negocios abandonaron esas zonas (ataque al capitalismo) y había zonas policiales prohibidas. Curiosamente, mencionó que poco después de que se publicara el tráiler del documental, el IRS (Servicio de Impuestos Internos) amenazó a su organización benéfica -Blexit- con una investigación. ¿Comunistas con doble rasero?

## El testimonio de un policía negro

El 10 de julio de 2020, apareció en el canal de YouTube *de KGW News una* entrevista en vídeo con el agente Jakhary Jackson, de la Oficina de Policía de Portland, en la que ofrecía su visión de primera mano sobre los disturbios de BLM. Su testimonio profesional fue revelador.[84]

En sus intentos de hablar con los manifestantes negros, siempre era interrumpido por miembros blancos de la secta, que les informaban de que no hablaran con policías como él (esto se hace porque los policías negros son obviamente los que más probabilidades tienen de hacer entrar en razón a los manifestantes negros). Jackson se licenció en Historia por la Universidad Estatal de Portland y se dio cuenta de que los manifestantes con los que trataba no tenían ni idea de historia (en otras palabras, balbuceaban una retórica

---

https://www.forbes.com/sites/paulmonckton/2020/06/02/blackout-tuesday-instagram-black-squares-blackouttuesday-theshowmustbepaused/

[83] Fox News, "Owens details shocking documentary exposing Black Lives Matter funding", 13 de octubre de 2022. https://www.YouTube.com/watch?v=5JfMiXbVH4U

[84] KGW News, "KGW: What it's like to be a Black officer policing Portland protests | Raw interview", 10 de julio de 2020. https://www.YouTube.com/watch?v=ha-7SETmJD4

marxista errónea, también conocida como propaganda).

Dio ejemplos de "manifestantes" blancos que gritaban cosas racistas a agentes negros, en "protestas" supuestamente antirracistas. También señaló que los negros abandonaban esas protestas, conscientes de que algo más que los derechos de los negros impulsaba los disturbios. Algo más, en efecto... "Dice algo cuando en una protesta de Black Lives Matter hay más minorías del lado de la policía que en una multitud violenta", afirmó. También habló de la condescendencia con la que le trataban los miembros de la secta blanca: le decían que dejara su trabajo, que estaba perjudicando a su comunidad, etc.; y de la hipocresía de que una "persona blanca privilegiada le diga a alguien de color lo que tiene que hacer con su vida" (¡en una protesta supuestamente sobre la igualdad, los derechos, el empoderamiento, etc. de los negros!)

Este es un caso en el que la máscara (de señalización de virtudes) de la ideología resbala. Una vez más, a la secta/ideología no le importan las personas, sean negras o no. Si no formas parte de la gran revolución, independientemente de tu raza, eres el enemigo. La muerte de Floyd fue sólo la excusa para que los miembros de la secta hicieran lo que hacen: destruir. ¡Lo que le pasó a Portland es una vergüenza absoluta! Un ejemplo impresionante y exasperante de lo que ocurre cuando no se erradican los disturbios marxistas inmediatamente, con fuerza extrema. Un semillero de marxismo en la América moderna.

## George americano y George irlandés

George Floyd no era un ser humano modelo. De hecho, era un criminal degenerado y un yonqui. Aquel fatídico día estaba drogado hasta las cejas y fue abordado por la policía por usar un billete falso de 20 dólares. Aunque el agente Derek Chauvin fue increíblemente estúpido al arrodillarse sobre él de esa manera, Floyd murió porque no pudo seguir las instrucciones básicas de la policía. Las imágenes de su detención grabadas por la cámara corporal lo demuestran, y muestran uno de los comportamientos más frustrantes y patéticos que jamás se hayan visto en una persona. Las imágenes (disponibles en el canal de YouTube *Police Activity*) ponen de relieve el trabajo increíblemente difícil que la policía tiene que hacer cada día en ese país.[85] (El canal de YT *Police Activity* documenta incidentes policiales y detenciones en todo EE.UU. Da al espectador una idea clara de con quién y con qué tiene que lidiar la policía constantemente. Resulta divertido ver que, mientras son detenidos, muchos arrestados negros esgrimen el "no puedo respirar", una tendencia que se inició a partir de George Floyd).

¿Deberíamos enfadarnos si muere alguien así? Ciertamente, es ridículo tratar

---

[85] PoliceActivity, "Full Bodycam Footage of George Floyd Arrest", 10 de agosto de 2020.

https://www.YouTube.com/watch?v=XkEGGLu_fNU

esto como el fallecimiento de un santo. En todo el mundo muere gente constantemente, pero el programa marxista, por supuesto, exige que todo el mundo se apene por éste. Si el tipo fuera blanco, no habría reacción de la secta, por supuesto, ya que no es ventajoso. Además, si una persona blanca es asesinada por, digamos, un inmigrante negro, harían todo lo posible para suprimirlo; tirarían de todos los hilos que pudieran para evitar que llegara a la conciencia pública, o le darían la vuelta de tal manera que beneficiara a la secta/ideología haciendo un control de daños de relaciones públicas. En el caso de Floyd, la secta aprovechó la oportunidad.

Los miembros de la secta en Irlanda han utilizado la misma táctica: capitalizar la muerte de una persona no blanca. El 30 de diciembre de 2020, la Gardai (policía) mató a tiros a George Nkencho en la puerta de su casa, cerca de Clonee, en la frontera entre Dublín y Meath. El joven de 27 años había agredido a un gerente y amenazado al personal con un cuchillo en el centro comercial de Hartstown. Amenazó a los miembros del público y a la policía que llegó al lugar. A continuación, fue seguido hasta su casa por los Gardai, desarmados, que le aconsejaron que soltara el arma.[86]

La ASU (unidad de apoyo armada) acudió al lugar y, tras fracasar los intentos de emplear fuerza no letal, disparon a Nkencho cuando se abalanzó sobre ellos blandiendo una gran navaja (un vídeo del incidente lo confirma). Siguió la pauta habitual en tales circunstancias (especialmente notable en Estados Unidos, como muestra el canal de YT Police Activity): un joven negro que comete un delito o agrede a alguien, blande un arma mortal, se niega a bajar el arma cuando se lo ordena la policía armada y cae abatido por una lluvia de balas.

Al día siguiente, los miembros de la secta en Irlanda organizaron una protesta frente a la comisaría de Blanchardstown. Vaya, qué sorpresa, ¿verdad? Te puedes imaginar a estos idiotas muriéndose de ganas de que ocurriera algo así para poder sacar las pancartas anti-establishment. Una imagen de la "protesta" aparecida en el periódico *Sunday World* el 3 de enero mostraba el puño cerrado de los comunistas.[87]

Como es habitual, los miembros de la secta -especialmente en los medios de comunicación- afirmaron y volvieron a insistir en que Nkencho tenía

---

[86] Hussey, S., "Man dies after being shot by gardaí in west Dublin", 30 de diciembre de 2020.

https://www.rte.ie/news/crime/2020/1230/1186988-shooting/

[87] O' Connell y Foy, "False Claims: Family of George Nkencho pursuing legal action over 'vindictive assertions' circulating online", 3 de enero de 2021.

https://www.sundayworld.com/news/irish-news/family-of-george-nkencho-pursuing-legal-action-over-vindictive-assertions-circulating-online-39925190.html

problemas de "salud mental", intentando presentarlo como la víctima (oprimido). Si esto fuera cierto, ¿qué más da? Hay literalmente cientos de millones de personas en todo el mundo que padecen problemas de "salud mental" y la mayoría no cometen delitos violentos; desde luego, no se hacen disparar mientras empuñan agresivamente un cuchillo y cargan contra la policía armada. Lo mismo ocurre en Irlanda: hay grandes problemas de depresión y salud mental, sobre todo entre los jóvenes varones, y sin embargo no actúan así. Debe de ser racismo fascista autoritario institucional hacia los negros, ¿no? ¿Y qué hay de la salud mental -y de las cicatrices mentales tácitas de por vida- de las personas aterrorizadas y agredidas por Nkencho aquel día?

Figuras políticas irlandesas de alto rango y miembros de la secta expresaron sus condolencias a la familia, ya que todos los implicados hicieron hincapié en que Nkencho no tenía antecedentes penales, sino los malditos problemas de "salud mental". Obviamente, estos sentimientos dominaron la narrativa oficial, y no se felicitó públicamente a la policía armada por hacer su trabajo de forma significativa. En las redes sociales, sin embargo, hubo un gran apoyo a la actuación de los agentes aquel día.

En una sociedad sana, después de un incidente de este tipo, el Estado debería emitir una advertencia pública (y una garantía) de que en el futuro se responderá de la misma manera a una actividad delictiva de este tipo. Juega a juegos estúpidos y gana premios estúpidos.

## El desproporcionado comportamiento antisocial de los negros

En EE.UU., la secta/ideología intenta ocultar el hecho de que los negros (en comparación con los blancos) tienden a cometer más delitos, son más detenidos y tienen más comportamientos antisociales (incluidos asesinatos, delitos relacionados con las drogas, etc.). Además, hay más delitos y asesinatos de negros contra blancos que a la inversa. La secta/ideología intenta distorsionar e invertir esta realidad. Por eso es necesario que se abalancen sobre cada asesinato de una persona negra a manos de blancos, para pintar un cuadro opuesto a la verdad. También hay que afirmar inequívocamente que, la programación marxista de "víctima" es un factor causal importante de todo esto.

Esta verdad fue puesta de relieve por la brillante obra del fallecido escritor y ex periodista irlandés-estadounidense Colin Flaherty (1955-2022). Entre sus obras destacan *White Girl Bleed a Lot: The Return of Racial Violence to America and How the Media Ignore it (2012)*, y *Don't Make the Black Kids Angry: The Hoax of lack victimisation and those who enable it (2015)*.[88] Obviamente, su trabajo atrajo el fuego constante de la secta. También ha atraído el apoyo de muchos sectores. Thomas Sowell, el legendario, eminente

---

[88] https://www.thriftbooks.com/a/colin-flaherty/1019415/

y brillante intelectual negro, elogió el trabajo de Flaherty.[89]

Según Flaherty, cuando se produce violencia de negros contra blancos, la secta responde de varias maneras: negando que esté ocurriendo, afirmando que los blancos también participan en esa violencia o sugiriendo que los blancos se lo merecen de alguna manera (la más vil de las tres). Por supuesto, todas ellas apestan a "lógica" marxiana (psicosis), y ninguna contiene un ápice de condena para los autores/actos (¡y todo esto mientras creen que deberían ser los árbitros de la ética social!). Su trabajo también puso de relieve cómo la narrativa marxiana ha afirmado durante décadas que existe un racismo institucional y una hostilidad de la población blanca hacia los negros. Así que uno esperaría ver mucha violencia de blancos contra negros, pero de hecho se ve exactamente lo contrario. [90] Lo único que es sistemático e "institucional" aquí es el odio hacia los blancos. Más inversión.

Una vez más, el principio de opresor contra oprimido es fundamental: el adoctrinamiento convence a los miembros del grupo "oprimido" de que son víctimas, lo que fomenta un comportamiento degenerado dentro de ese grupo (especialmente si este adoctrinamiento ha existido durante décadas). Cuando se produce este comportamiento, si no se corrige a los integrantes de este grupo o al menos se condena su comportamiento por parte de la sociedad, empeorará y acabará arrastrando a la sociedad con él (igual que en otras subagendas). Además, sienten que la sociedad les debe algo. El comportamiento degenerado y problemático pone a muchos en una situación de colisión con las autoridades, incluida la policía (los "opresores fascistas"). Las consecuencias de sus actos (castigos, detenciones, encarcelamientos, etc.) les permiten volver a gritar opresión. Y el ciclo continúa...

La influencia de la ideología saca lo peor de la humanidad, en cualquier grupo dado. La infección marxista en las comunidades negras crea este ciclo; BLM lo perpetúa. BLM es anti-negro, ya que esclaviza a muchos negros a este ciclo de victimismo. Cosas como la "Acción Afirmativa" y las reparaciones sólo están ahí para promover la causa marxista, demonizando a los grupos "opresores" (los blancos), lo que contribuye al adoctrinamiento de las masas en general; además, dan un trato preferencial a los del grupo "oprimido" (los negros), lo que conduce a todos los problemas ya enumerados.

Esencialmente, este trato preferente complace aún más al grupo "oprimido", al atender a la degeneración mental provocada por el adoctrinamiento marxista en primer lugar. Obviamente, a la ideología/culto le beneficia crear "culpa blanca", ya que refuerza la narrativa.

(Otro ejemplo de culpabilización es el *Día del Perdón* en Australia. Este

---

[89] https://en.wikipedia.org/wiki/White_Girl_Bleed_a_Lot

[90] Notas recogidas de sus vídeos y entrevistas en línea.

acontecimiento anual del calendario sugiere que los de ascendencia europea/caucásica deben disculparse por el maltrato a los aborígenes en el pasado. Otra maniobra marxista fabiana de los traidores de ese país para inyectar algo de culpa blanca en la población. ¡No sirve para otra cosa! Dar a los indígenas aborígenes el estatus de "oprimidos" no les ayuda en nada. El primer ministro fabiano Kevin Rudd se disculpó en nombre del gobierno australiano en 2008).[91]

Otro factor importante que contribuye a la degeneración de los negros y a la delincuencia negra (incluida la delincuencia entre negros) es la estúpida cultura de las bandas negras; algo que impulsan principalmente los negros. Y las bandas negras de narcotraficantes dañan principalmente a las comunidades negras. Algunos delincuentes negros pueden incluso ser venerados o considerados "rebeldes" de algún tipo por delinquir y atraer la atención de las fuerzas del orden. ¡Qué jodidamente noble! Ser un matón degenerado y un criminal es "guay", ¿no? ¿No es divertido ver cómo la gente afirma que no tiene elección y que se ve obligada a elegir una vida de delincuencia, tráfico de drogas, etc.? Miembros de bandas criminales y traficantes de drogas (de todas las razas), tenéis una opción: ¡hacedle un favor al mundo y suicidaos! Eso sería más noble que destruir vuestras comunidades y arruinar la vida de la gente. Si eso es demasiado extremo, ¿qué tal si os buscáis un trabajo (de verdad)?

## Policía "racista

Como parte de sus esfuerzos por ocultar esta verdad a las masas (las desproporcionadas tasas de delincuencia negra), la secta necesita controlar las fuerzas policiales. Esto está ocurriendo en todo occidente en estos momentos: la policía está siendo adoctrinada para que piense que son inherentemente parciales contra la gente no blanca y que detienen a demasiados de ellos, ¡etc! La causa es el racismo blanco institucional, naturalmente, ¿no? Por supuesto, que se detenga a sospechosos negros no tiene nada que ver con el comportamiento de los individuos en cuestión (e insinuarlo sería "racista"). En el Reino Unido, en marzo de 2023, se publicó un "informe" de Dame Louise Casey, miembro de la secta. En esencia, afirmaba que el Servicio de Policía Metropolitana (MPS, o "Met") de Londres es institucionalmente racista, misógino y homófobo. Como era de esperar, el informe se centraba en el hecho de que la iniciativa "Detener y Registrar" de la Met no era igualitaria desde el punto de vista racial, ya que la policía detenía más a las personas de raza negra.[92]

---

[91] https://en.wikipedia.org/wiki/National_Sorry_Day

[92] Baronesa Casey de Blackstock, "An independent review into the standards of behaviour and internal culture of the Metropolitan Police Service", marzo de 2023.

Un artículo del periódico The Guardian del 21 de marzo incluía la respuesta del alcalde de Londres, el socialista fabiano Sadiq Khan, quien afirmó: "Las pruebas son condenatorias. La baronesa Casey ha descubierto racismo institucional, misoginia y homofobia, lo cual acepto. Seré inquebrantable en mi determinación de apoyar y exigir responsabilidades al nuevo comisario en su labor de reforma del cuerpo".[93] ¿Una nueva policía comunista? De todos modos, todo lo que pasó aquí fue que un miembro de la secta creó una propaganda, y otro estuvo de acuerdo, insinuando que el primer miembro de la secta es un "experto" de algún tipo.

Cualquier grupo racial (en este caso, los negros en el Reino Unido) debería ser detenido más por término medio que otros grupos raciales, si su comportamiento antisocial es más frecuente. Deberíamos alegrarnos de que se detenga y castigue a cualquiera por cometer delitos, especialmente los graves, independientemente de su raza. Los miembros de sectas, obviamente, no.

En resumen, todo esto no es más que parte del loco efecto destructor de la civilización de la imposición de la igualdad artificial, además de la ruptura de la ley y el orden que la ideología crea.

Las cifras de "Arrestos" del sitio web *gov.co*.uk publicadas en octubre de 2023 mostraban que "la tasa de arrestos de personas de raza negra era 2,4 veces superior a la de personas de raza blanca: hubo 21,2 arrestos por cada 1.000 personas de raza negra, y 9,0 arrestos por cada 1.000 personas de raza blanca" (periodo abril 2020-marzo 2022). El epígrafe "Por origen étnico" muestra la "tasa de detenciones" (número de detenciones por cada 1.000 personas), por origen étnico" (para abril de 2021-marzo de 2022): en primer lugar está "Cualquier otro origen negro" con un 53,5, después "Negro caribeño" con un 24,4, después "Negro" con un 21,2, después "Mezcla de blanco y negro caribeño" con un 17,5 en cuarto lugar.[94]

## Disturbios en Chicago 2023

En abril de 2023, bandas de jóvenes en su mayoría no blancos se amotinaron en la contaminada ciudad de Chicago, Illinois. Se dedicaron a agredir, dañar propiedades, saltar sobre vehículos y, en general, a comportarse de forma degenerada en las zonas del centro y de Lakefront. Un adolescente recibió un

---

https://www.met.police.uk/SysSiteAssets/media/downloads/met/about-us/baroness-casey- review/update-march-2023/baroness-casey-review-march-2023a.pdf

[93] Dodd, V. "Met police found to be institutionally racist, misogynistic and homophobic", 21 de marzo de 2023. https://www.theguardian.com/uk-news/2023/mar/21/metropolitan-police-institutionally-racist-misogynistic-homophobic-louise-casey-report

[94] "Detenciones", 24 de octubre de 2023. https://www.ethnicity-facts-figures.service.gov.uk/crime-justice-and-the-law/policing/number-of-arrests/latest/

disparo en el muslo.[95] Es obvio que esto es el resultado de la presencia de la ideología.

El alcalde negro de Chicago es el miembro de la secta y demócrata Brandon Johnson, que tiene un historial de participación en causas y grupos "progresistas". [96] Tras los disturbios se negó a condenar abiertamente la criminalidad, mostrando síntomas de libro de texto de adoctrinamiento marxista. Estuvo en Springfield para hablar ante la asamblea general de Illinois y se dirigió a los medios de comunicación al margen: "demonizar a los niños es un error... también tenemos que mantenerlos a salvo... son jóvenes... a veces toman decisiones tontas", sugiriendo que la solución era invertir en los jóvenes (¡!).[97]

¡Qué respuesta tan extraña! Realmente estaba mostrando su experiencia aquí, ya que recibió una "educación" marxiana en "desarrollo juvenil" en la Universidad de Aurora, Illinois. Al menos no llegó a decir que eran víctimas oprimidas de alguna manera cuando saltaban sobre los techos de los coches de la gente.

Su defensa del "cuidado" de "la comunidad", etc., forma parte del legado del agitador marxista Saul Alinsky. Durante los disturbios de BLM, Johnson fue autor de la resolución "Justicia para las Vidas Negras" que se aprobó en julio de 2022. En ella sugirió que el condado debería "redirigir los fondos de la policía y el encarcelamiento a los servicios públicos no administrados por las fuerzas del orden".[98] Obviamente, los "servicios públicos" son "servicios" infectados por el marxismo. Me pregunto si tal reorientación del sentimiento de financiación explica por qué, durante los disturbios de abril de 2023, la policía no parecía tener equipo antidisturbios.

En una rueda de prensa en agosto de 2023, habló de que su administración se basaba en el "cuidado" y de que en la ciudad se estaban produciendo ciertas "tendencias". Cuando un periodista le pidió ejemplos de algunas de estas tendencias, se refirió a los disturbios como "grandes concentraciones". Otro

---

[95] Nguyen y Stefanski, "Chicago Police Respond to Large Groups of Teenagers Downtown for 2nd Night in a Row", 15 de abril de 2023. https://www.nbcchicago.com/news/local/chicago-police-millennium-park-crowds-31st-street-beach/3119992/

[96] https://en.wikipedia.org/wiki/Brandon_Johnson

[97] Fox 32 Chicago, "Chicago mayor-elect says 'demonizing children is wrong' after downtown chaos", 19 de abril de 2023. https://www.YouTube.com/watch?v=TBOL1Au4tQ8

[98] Yin, A., "Brandon Johnson dijo una vez que era un 'objetivo político' desfinanciar a la policía. He's been less precise running for mayor", 23 de febrero de 2023. https://www.chicagotribune.com/politics/elections/ct-brandon-johnson-defund-police-justice-for-black-lives-20230223-lrapyjp5xzcilfmvkys3bajcki-story.html

reportero le preguntó si se refería a las "acciones de la muchedumbre", a lo que respondió: "No, eso no es apropiado, no estamos hablando de acciones de turbas...". Hizo callar a los periodistas varias veces, y volvió a referirse a ellos como "grandes concentraciones" continuando: "Es importante que hablemos de estas dinámicas de manera apropiada... no se trata de ofuscar lo que está ocurriendo, pero tenemos que ser muy cuidadosos cuando utilizamos el lenguaje para describir ciertos comportamientos".[99] ¡Qué actitud tan audaz! ¡¿Quién se cree que es este tipo?! ¡Un insulto a Chicago!

Obviamente, el término "grandes concentraciones" es un término "agradable", que no juzga (en comparación con "turba", "banda", etc.). Evidentemente, no está permitido juzgar a esos pobres jóvenes de grupos minoritarios "oprimidos", ¿verdad? La frase subrayada ejemplifica la insistencia de la secta en controlar el lenguaje -y, por tanto, la narrativa-, como ya se ha señalado. Además, mencionar la ofuscación a la vez que se participa en la ofuscación también es la típica jerga de estafa marxista. Un comportamiento astuto y taimado.

Sin duda, los habitantes cuerdos de Chicago se habrían indignado por los disturbios y tienen derecho a describir a los autores como quieran. Incluso el lenguaje más abusivo imaginable es demasiado bueno para ellos, y cualquiera en su sano juicio estaría de acuerdo en que deberían haber sido castigados con severidad. Una vez advertidos de que desistieran y se dispersaran, los jóvenes que hicieran caso omiso deberían haber sido inmediatamente rodeados, comprimidos, maltratados y trasladados en furgones policiales para pasar la noche encerrados. De este modo se establece una norma que disuade de comportamientos similares en el futuro; una reacción débil de las autoridades sólo fomenta que se repitan. De lo contrario, ya te puedes imaginar en qué clase de "adultos" jodidos se convertirán estos adolescentes mimados.

Una joven pareja mestiza fue agredida por la turba de adolescentes, en lo que declararon ser un ataque aleatorio y no provocado. Otro miembro de la secta - el senador estatal Robert Peters- fue citado diciendo: "Yo consideraría el comportamiento de los jóvenes como un acto y una declaración políticos. Es una protesta masiva contra la pobreza y la segregación".[100] La falta de condena y el intento de justificación de este comportamiento criminal lo exponen como marxista. Lo que realmente quería decir era "opresión y segregación del proletariado por el apartheid".

---

[99] NBC Chicago, "Chicago Mayor Brandon Johnson's full remark on teen violence on Wednesday's press conference", 3 ago 2023.
https://www.YouTube.com/watch?v=aYILmiuH_BE

[100] Potter, W. "Dijeron que intentaban matarnos'. Chicago couple who were battered by violent mob say it was a 'completely random' attack", 19 de abril de 2023.
https://www.dailymail.co.uk/news/article-11988761/Chicago-couple-battered-violent-mob-condemn-random-attack-state-senator-DEFENDS-rioters.html

El viernes 4 de agosto de 2023 se produjeron disturbios en el Union Square Park de Nueva York, con los habituales daños materiales, lanzamiento de misiles a la policía, interrupción del tráfico, escalada de estructuras como monos y aterrorización de los vecinos. El buen samaritano y estrella de las redes sociales Kai Cenat tuvo la brillante idea de organizar un sorteo de artículos de juego, anunciándolo en una retransmisión en directo. [101] Las imágenes de vídeo muestran a participantes en su mayoría no blancos.[102] Cenat fue acusado de incitar a los disturbios. Obviamente, Cenat y las Playstations son irrelevantes en este caso; no era más que un chico ruidoso y estúpido. Lo que es importante es el sentimiento antisistema que rezuma de los no blancos, burbujeando bajo la superficie, y su voluntad de participar en la destrucción de la civilización a la primera de cambio (o de la Playstation). Esta mentalidad se debe sobre todo al lavado de cerebro marxista.

## Feminismo

"No podemos seguir ignorando esa voz dentro de las mujeres que dice: 'Quiero algo más que mi marido, mis hijos y mi casa"[103]

Betty Friedan, La *mística femenina*, 1963

"No debemos ser como algunos cristianos que pecan durante seis días y van a la iglesia el séptimo, sino que debemos hablar en favor de la causa a diario, y hacer que los hombres, y sobre todo las mujeres que nos encontremos, pasen a filas para ayudarnos"[104]

Eleanor Marx, Discurso del Primer Primero de Mayo, 1890

"Desde el punto de vista feminista radical, el nuevo feminismo no es sólo el renacimiento de un movimiento político serio por la igualdad social. Es la segunda ola de la revolución más importante de la historia. Su objetivo: derrocar el sistema de clases y castas más antiguo y rígido que existe, el sistema de clases basado en el sexo, un sistema consolidado durante miles de años... (es) el amanecer de una larga lucha para liberarse de las estructuras de poder opresivas establecidas por la naturaleza y reforzadas por el hombre".[105]

---

[101] https://en.wikipedia.org/wiki/Kai_Cenat_Union_Square_giveaway

[102] Eyewitness News, "LIVE | Twitch streamer's giveaway sparks mayhem in Union Square", 4 de agosto de 2023. https://www.YouTube.com/watch?v=b9Hvl7k2SRk

[103] Friedan, B., La *mística femenina* (1963). https://libquotes.com/betty-friedan/quote/lbo3h2k

[104] Marx, E., Discurso del Primer Primero de Mayo, 1890. https://www.marxists.org/archive/eleanor-marx/works/mayday.htm

[105] Feuerstein, S., La *dialéctica del sexo* (1970), p. 15.

https://teoriaevolutiva.files.wordpress.com/2013/10/firestone-shulamith-dialectic-sex-case-feminist-revolution.pdf

Shulamith "Firestone" Feuerstein, *La dialéctica del sexo,* 1970

## Lista de control comunista

Esta subagenda/subculto es quizás la más problemática de todas. Utiliza el principio op. contra op. de la forma diabólica habitual, abriendo una brecha entre hombres y mujeres heterosexuales. Podría decirse que es la clave del impacto global de la secta/ideología en este momento.

Cuando se ataca a un pueblo/nación con la intención de debilitarlo, es la táctica definitiva de divide y vencerás, ya que no hay división social más universal que la de hombre/mujer. Naturalmente, esta oportunidad para crear división no ha sido pasada por alto por la secta/ideología.

Esta subagenda es un ataque a varios componentes clave que proporcionan fuerza, unidad y defensa a una nación, incluida la unidad familiar, y el papel de los hombres como constructores y defensores de las civilizaciones (y la masculinidad interrelacionada). Contribuye a neutralizar a los hombres en su papel tradicional y milenario de protectores de una sociedad, presentándolos como "opresores" (inversión de nuevo). Anima a las mujeres a tener por defecto una actitud negativa, cínica/sospechosa y distorsionada hacia los hombres, lo que a su vez debilita a los hombres colectivamente (y por tanto su capacidad de ser protectores). Ha conjurado términos propagandísticos como "masculinidad tóxica" y "cultura de la violación".

A nivel social, no sólo fomenta una falta de aprecio por los hombres (y las contribuciones insustituibles que hacen cada día), sino un desprecio palpable hacia ellos. A nivel personal, a menudo distorsiona la percepción que las mujeres tienen de los hombres con los que se relacionan, especialmente de los que tienen un carácter verdaderamente fuerte ("dominante"). Una sociedad o nación fuerte y sana es aquella en la que hombres y mujeres se complementan y apoyan mutuamente; se les considera complementarios, no "iguales". Esto resulta imposible en una sociedad contaminada por el marxismo, en detrimento de todos. La propia popularización de la noción de "igualdad" de los sexos es un resultado de la infección.

El nuevo sistema de clases, la doble moral y la hipocresía son evidentes en la forma en que los hombres heterosexuales son sistemáticamente ignorados, marginados o discriminados (en la educación, los tribunales de divorcio, los puestos de autoridad, etc.). La ideología da prioridad a las mujeres e intenta situarlas en la clase (antes "oprimida", ahora) superior, manifestando así el privilegio femenino a nivel social y la consiguiente inflación del ego a nivel individual. Los resultados de esta inflación del ego en las mujeres adoctrinadas están a la vista, son obvios y catastróficos para la sociedad.

Es un Caballo de Troya porque se comercializa como algo beneficioso para una sociedad justa y próspera, incluso como un requisito. Comienza como algo aparentemente benévolo, defendiendo ciertas causas aparentemente inofensivas como el derecho de la mujer a trabajar o votar, etc.; luego, en cuestión de unas pocas generaciones, están en la calle protestando porque el aborto no está lo suficientemente extendido (participando en el genocidio de su propio pueblo). Es un gran ejemplo de cómo funciona el principio del Caballo de Troya. Las diferentes "olas" o interpretaciones del feminismo no eran más que etapas.

El feminismo se basa en una percepción marxiana distorsionada de la historia, según la cual las mujeres han sufrido históricamente más que los hombres, debido a la opresión de los hombres/el patriarcado, y ahora deben recibir un trato preferente (también conocido como privilegio). La distorsión se aplica también al presente, insinuando que las mujeres siguen sufriendo más que los hombres (más inversión, ya que ahora se da prioridad a las mujeres sobre los hombres). El feminismo también está claramente promovido/apoyado por el sistema "progresista".

¿Ataca los pilares de la civilización occidental? Dado que el cristianismo (en particular la Iglesia católica) se ha opuesto en general a la secta/ideología, no es de extrañar que el feminismo haya entrado en conflicto con ella, contribuyendo a erosionar su influencia en cuestiones como el aborto, la anticoncepción, el matrimonio, etc. Es claramente un asalto a la unidad familiar heterosexual tradicional, adoctrinando con éxito a muchas mujeres para que se alejen de la maternidad. Por último, es evidente que esta subagenda intenta imponer la "igualdad" y utiliza la señalización de virtudes.

Además de todo esto, el feminismo también complementa la subagenda antiblanca de la ideología, ya que ha proliferado sobre todo en los países occidentales. El feminismo, combinado con su producto del aborto, contribuye a la eugenesia antiblanca posiblemente más que las otras subagendas.

**Sus efectos y lo que realmente es**

El feminismo produce los siguientes efectos, algunos de los cuales se amplían más adelante: ayuda a desequilibrar la sociedad en términos de la dinámica yin/yang masculina/femenina; aumenta el comportamiento psicótico en las mujeres psicológicamente a través del adoctrinamiento hedonista egocéntrico, y químicamente a través de la píldora anticonceptiva (progesterona); desmoraliza a la clase guerrera (es decir. masculina); reduce las tasas de natalidad en la población afectada (reducción de la creación de vida), además de aumentar y normalizar el aborto (anti-vida); coloca a un número cada vez mayor de mujeres y hombres homosexuales en puestos de autoridad o influencia (en nombre de la "diversidad" y la "igualdad"), lo que ayuda a que la ideología prolifere aún más debido a la feminización de la sociedad y la política.

Algunos podrían argumentar que aparentemente hace felices a algunas mujeres, o que las mujeres disfrutan describiéndose a sí mismas como feministas, o que les gusta el feminismo, etc. Estas cosas no significan nada. Que a alguien le guste algo no significa que sea bueno. Un violador disfruta con el acto de violar, seguro. Cualquiera que disfrute siendo feminista está participando en un crimen peor que la violación de una sola mujer: la violación marxiana de la psique femenina, de la verdadera feminidad y de la integridad de las mujeres como colectivo (por no mencionar la violación marxiana de la civilización).

Además, ¿qué pasa a largo plazo? Es fácil que una adolescente o una veinteañera digan que les gusta el feminismo, pero ¿qué pasará más adelante? Cuando sea demasiado tarde para empezar a tener relaciones significativas y formar una familia, ¿defenderá entonces sus creencias, cuando se dé cuenta de que ha perdido su oportunidad? Dudo que haya muchas que tengan las agallas de admitir que siempre han tenido una actitud equivocada... toda una vida de ilusiones y de esconderse de las emociones "negativas" se encargará de ello; pero hay algunas excepciones.

En diciembre de 2023, Fox News presentó a una mujer de 38 años que grabó un vídeo entre lágrimas en el que mostraba que por fin había "despertado" del adoctrinamiento. [106] Melissa Persling había escrito previamente un artículo para Business Insider en el que expresaba su temor de haber "perdido la oportunidad" de formar una familia, etc. Decía: "Es una cultura tan centrada en mí... y creo que algunas de nosotras nos lo estamos perdiendo", y añadió: "Me siento increíblemente traicionada por el feminismo". Sobre su educación, dijo: "Me inculcaron constantemente la idea de que las mujeres pueden hacerlo todo. "las mujeres pueden hacerlo todo, no necesitamos a los hombres" (pero) las mujeres no pueden hacerlo todo". Aunque Persling parece haber recibido críticas de la opinión pública tras la publicación del artículo (esencialmente por haber provocado la situación), hizo algo positivo, como el vídeo. Hay que elogiarla, no maltratarla.

Una vez más, el lavado de cerebro marxista utiliza el hedonismo como zanahoria: te da placer a corto plazo, a cambio de insatisfacción a largo plazo, ilusión, etc. Muchas mujeres han caído en esta trampa, debido a su ingenuidad y credulidad, lo cual no es sorprendente. Desgraciadamente, las consecuencias de sus malas elecciones no se limitan a sus vidas, ya que las decisiones de las mujeres de rechazar la responsabilidad tradicional de tener hijos (o de retrasarlo hasta una edad más avanzada) repercuten en toda la sociedad. En la era anterior al marxismo y al feminismo, no era socialmente aceptable que las mujeres rechazaran esta responsabilidad. En esta nueva era postfeminista, es más que aceptable, y demasiadas mujeres están tomando malas decisiones, gracias al adoctrinamiento.

---

[106] Grossman, H., "Woman in her 30s cries describing finally wanting kids after swearing off marriage: 'Betrayed by feminism'", 11 de diciembre de 2023.

https://www.foxnews.com/media/woman-30s-cries-describing-finally-wanting-kids-after-swearing-off-marriage-betrayed-feminism

El feminismo no es pro-mujer, es pro-marxismo. Apoyar esta subagenda significa que estás apoyando la degeneración y destrucción de las mujeres, en lugar de ser humanitario, "compasivo", etc. Ser feminista significa apoyar la ideología marxista destructora de la civilización (a través de una de sus subagendas), la misma civilización de la que formas parte, que te ha creado, que te permite vivir, experimentar la felicidad, etc. Esencialmente, significa que estás siendo anticivilización y antihumano. A la inversa, no hay ningún beneficio social en apoyar el feminismo, ni para las mujeres ni para la sociedad en general. Ahora sólo se promueve porque es una subagenda de la ideología diseñada para lograr una igualdad uniforme antinatural y distorsionadora de la realidad, lo cual no es bueno. Una vez más, al marxismo no le importan las personas ni los grupos, sólo los utiliza para avanzar. La ideología es buena encontrando personas/grupos descontentos y cooptando sus quejas, para su propio beneficio. Esencialmente, les anima a rebelarse contra sus "opresores".

**Comunes feministas**

Las conexiones entre el feminismo y el culto/ideología mayor son interminables, con varios cientos de figuras clave implicadas en los últimos dos siglos. Hay distintas variedades de feministas, muchas de las cuales creen que para acabar con la "opresión" de la mujer hay que derrocar el capitalismo, ya que la "división de clases" es inherente a una sociedad capitalista. Algunos ejemplos de feministas comunistas son:

Las feministas Betty Millard (1911-2010),[107] Mary Inman (1894-1985),[108] y Eleanor Flexner (1908-1995)[109] eran todas miembros del Partido Comunista de EEUU (CPUSA). Durante la década de 1940, Millard escribió para un periodicucho marxista llamado *New Masses*, y escribió "La mujer contra el mito*", un* texto feminista de veinticuatro páginas sobre la supremacía masculina, entre otras cosas.

En su libro de 1940 *En defensa de la mujer*, Inman escribió sobre la desigualdad de género y la opresión de la mujer. Flexner escribió *Century of Struggle: The Women's Rights Movement in the United States* (1959). No fue hasta más tarde en su vida, tras décadas de promover la ideología, cuando admitió públicamente ser miembro del partido.

La feminista Elizabeth Gurley Flynn (1890-1964) fue Presidenta del Comité Nacional del CPUSA de 1961 a 1964. Estuvo implicada en diversas actividades sectarias y se dio a conocer como organizadora de los *Trabajadores Industriales del Mundo* (IWW) a principios del siglo XX. En su adolescencia, Flynn fue contaminada por sus padres, que al parecer también eran miembros

---

[107] https://en.wikipedia.org/wiki/Betty_Millard

[108] https://en.wikipedia.org/wiki/Mary_Inman

[109] https://en.wikipedia.org/wiki/Eleanor_Flexner

de una secta. Traidora a Estados Unidos durante toda su vida, en 1964 recibió en Moscú el equivalente a un funeral de Estado.[110]

Angela Davis es una activista feminista negra estadounidense y antigua miembro del Partido Comunista de Estados Unidos. En una ocasión estuvo en la lista de los diez fugitivos más buscados del FBI, por su implicación en la muerte del juez Harold Hely en 1970. Davis fue también directora del departamento de estudios feministas de la Universidad de California en Santa Cruz hasta su jubilación.[111]

En 1970, Shulamith (Feuerstein) Firestone (1945-2012) escribió *The Dialectic of Sex: The Case for Feminist* Revolution, en el que afirmaba: "Las feministas tienen que cuestionar, no sólo toda la cultura occidental, sino la propia organización de la cultura y, más aún, incluso la organización de la naturaleza". [112]

A Firestone se la considera una "feminista radical", interpretación que aboga por el desmantelamiento del temido patriarcado sexista y opresor. En su libro sugería que el objetivo de la revolución feminista era la eliminación "de la propia distinción de sexos", y no sólo del privilegio masculino (esto debería resonar debido a la sociedad transexual en la que vivimos actualmente). Al parecer, fue el comportamiento excesivamente controlador de su padre judío ortodoxo lo que inspiró su activismo.[113] Feuerstein participó en la creación de varios grupos feministas, entre ellos los *Redstockings* en 1969.[114] Aquejada de esquizofrenia durante muchos años, Feuerstein murió recluida en la sociedad en 2012, a los 67 años. Otra vida desperdiciada.

Ese mismo año se escribió otra basura feminista marxista con clase, titulada *El mito del orgasmo vaginal*.[115] La autora era Anne Koedt, que participó en la creación de varios grupos activistas feministas.[116]

---

[110] https://www.britannica.com/biography/Elizabeth-Gurley-Flynn

[111] https://www.britannica.com/biography/Angela-Davis

[112] Feuerstein, S., *La dialéctica del sexo: The Case for Feminist Revolution* (1970).

https://teoriaevolutiva.files.wordpress.com/2013/10/firestone-shulamith-dialectic-sex-case-feminist-revolution.pdf

[113] https://en.wikipedia.org/wiki/Shulamith_Firestone#Early_life

[114] https://en.wikipedia.org/wiki/Redstockings

[115] Koedt, A., "El mito del orgasmo vaginal", 1970.

https://web.archive.org/web/20130106211856/http://www.uic.edu/orgs/cwluherstory/CWLUArchive/vaginalmyth.html ; https://en.wikipedia.org/wiki/Anne_Koedt

[116] https://en.wikipedia.org/wiki/Anne_Koedt

## La mística marxista

Betty Friedan (1921-2006; nacida Bettye Goldstein) fue otro miembro de culto activo en Estados Unidos en el siglo XX. Considerada un icono feminista y una figura clave en la creación de lo que se denomina feminismo de la "segunda ola", fue autora de un libro muy respetado titulado La *mística femenina* (1963) (divertido título irónico, ya que feminidad y feminismo no suelen ir de la mano).[117]

Friedan daba la impresión de ser un ama de casa oprimida que "despertó" de la horrible realidad en la que vivía y decidió escribir un libro sobre ello. La verdad era, sin embargo, que todo era un gran conjob marxista: Friedan estuvo vinculada al movimiento comunista en Estados Unidos, como activista y propagandista durante muchos años. [118] Desgraciadamente, para Estados Unidos (y para otros países perjudicados posteriormente por el feminismo), el público cayó en esta estafa. El libro vendió millones de ejemplares. Es por mierdas como esa..

En el libro, describe su vida familiar suburbana en términos dramáticos, refiriéndose al hogar como "un cómodo campo de concentración" (¡otra vez con los nazis!). Resulta que, según su marido Carl, tenían una criada a tiempo completo y Betty estaba demasiado ocupada siendo activista fuera de casa para ser una esposa y madre funcional. La sangre hierve... Ella era el epítome de lo que el adoctrinamiento "revolucionario" puede hacer en la mente de una mujer: demasiado ocupada intentando "salvar" el mundo para hacer lo correcto por los que la rodean. El pasado comunista de Friedan se puso de relieve en *Betty Friedan and the Making of the Feminine Mystique: The American Left, the Cold War and Modern Feminism* (1999), del profesor David Horowitz.[119]

La profesora feminista Alison Jagger calificó en una ocasión a la familia nuclear de "piedra angular de la opresión de la mujer: refuerza la dependencia de la mujer del hombre, impone la heterosexualidad e impone las estructuras de carácter masculino y femenino imperantes a la siguiente generación".[120] La

---

[117] https://www.britannica.com/biography/Betty-Friedan

[118] Horowitz, D., "Betty Friedan's secret Communist past", 18 de enero de 1999.

http://www.writing.upenn.edu/~afilreis/50s/friedan-per-horowitz.html

[119] Horowitz, D. *Betty Friedan and the Making of "The Feminine Mystique": The American Left, the Cold War, and Modern Feminism* (1999).

https://www.umasspress.com/9781558492769/betty-friedan-and-the-making-of-the-feminine-mystique/

[120] Jaggar, A., *Política feminista y naturaleza humana* (1983).

https://archive.org/details/FeministPoliticsAndHumanNature/page/n23/mode/2up?view=theater

contribución general de Jagger a la difusión de la ideología fue fusionar el feminismo con los estudios filosóficos. Ha colaborado con universidades de Estados Unidos, Nueva Zelanda y Noruega.[121]

Los libros y textos escritos por los miembros de la secta que acabamos de mencionar contienen, en cierto sentido, ejemplos de las "cargas" ideológicas de las que hablaba Kent Clizbe en su libro *Willing Accomplices (Cómplices voluntarios),* mencionado anteriormente. Por ejemplo, la noción de que una mujer que es ama de casa tradicional es una forma de "opresión" y la hará desgraciada.

## Grupos feministas

En Irlanda, el grupo feminista más destacado es *National Women's Council.* De la página "Sobre nosotros "Nuestro objetivo es liderar la acción para lograr la igualdad de las mujeres y las niñas mediante la movilización, la influencia y la solidaridad", y "el feminismo es un valor fundamental y esencial de nuestra organización. Esto significa que actuamos sistemáticamente para lograr la igualdad real de todas las mujeres y niñas".[122]

Otro es *Radicailín.* Este nombre es otro portmanteau marxiano que combina "radical" con "cailín" (palabra gaélica irlandesa para "chica"); otro típico intento de fingir irlandesidad. De la página de inicio de su sitio web (subrayado para enfatizar): "Somos un grupo de liberación de la mujer formado por mujeres irlandesas e inmigrantes que reconocen que la opresión de la mujer se basa en la realidad material de nuestro sexo biológico. Este grupo se creó para contrarrestar las narrativas y prácticas misóginas de nuestra cultura. Somos laicas y mantenemos una postura abolicionista frente a todas las formas de violencia contra las mujeres y las niñas. Nuestro grupo ofrece defensa y comunidad a las mujeres interesadas en hacer campaña por la liberación de la mujer".[123] Liberad a esas mujeres esclavizadas, ¡mo chailiní! ("¡mis niñas!")

En el Reino Unido, tenemos *la Sociedad Fawcett,* que debe su nombre a la activista sufragista del siglo XIX Millicent Fawcett (1847-1929). De la página "Nuestra historia" (subrayado para mayor énfasis): "Llevamos más de 150 años luchando por la igualdad de género y seguimos haciéndolo ahora, en 2022. Trabajamos para acabar con las diferencias salariales entre hombres y mujeres, para que haya más mujeres en puestos de poder político...". Ahora mismo, estamos haciendo campaña para que la misoginia se considere delito de odio, de modo que las mujeres que son objeto de ataques reciban la misma

---

[121] Jaggar, A., "Enciclopedia, noticias científicas y reseñas de investigación".

https://academic-accelerator.com/encyclopedia/alison-jaggar

[122] https://www.nwci.ie/discover/about_us

[123] https://radicailin.com/

protección que otros grupos".[124] En cuanto a las mujeres en puestos políticos, la sección "Quiénes somos" afirma que la organización hace campaña para "garantizar la igualdad de poder", declarando que "sólo el 34% de los diputados y el 35% de los concejales son mujeres. Hacemos campaña para que haya más mujeres de toda nuestra diversidad en la política, a todos los niveles".[125] Como ya se ha dicho, inyectar más mujeres "empoderadas" en la política sólo acelerará el declive de la civilización. Es la ideología la que utiliza a mujeres con el cerebro lavado para seguir proliferando, a través de sus egos. En cuanto a la "misoginia", si los miembros de la secta se salen con la suya, los hombres que no sean miembros de la secta (incluido un servidor) serán tratados como criminales por poner de manifiesto cualquier comportamiento degenerado adoctrinado en las mujeres.

En Australia, existe el *One Woman Project* (OWP), un espléndido ejemplo de cuánto marxismo puede escupir un solo grupo. En la página de "Valores y creencias" de su sitio web, en "Anticolonialismo" se afirma que el OWP está "basado en la tierra indígena robada, y todo el trabajo feminista desde este lugar debe actuar contra las estructuras actuales del colonialismo de los colonos. Globalmente, el movimiento feminista debe ser anticolonialista y no debe participar ni promover el salvacionismo blanco". [126] Así que esto es admitir que es esencialmente una organización australiana anti-australiana, en Australia.

Sobre el antirracismo: "El feminismo debe ser antirracista y luchar activamente contra la supremacía blanca. Siempre debe dar prioridad a las voces y necesidades de las mujeres y la gente de color, en particular las personas de las Primeras Naciones, que son fundadoras del feminismo y siguen siendo líderes de nuestro movimiento". ¿Un grupo de defensa de los derechos de la mujer? No, ya vemos cómo se le cae la máscara. También promueve el timo del cambio climático, LGBTQ, el aborto y la despenalización del "trabajo sexual" (también conocido como promoción de la degeneración).

## Cómo puede afectar el feminismo a la mente

Esta subagenda -y las diversas interpretaciones que inspira- son tóxicas para las mentes de las mujeres, especialmente las jóvenes, que obviamente compondrán la población femenina en el futuro. He aquí algunos de los posibles impactos en sus mentes:

### Desempodera, no empodera

El dogma feminista mete en la mente de las mujeres la idea tóxica de que

---

[124] https://www.fawcettsociety.org.uk/our-history

[125] https://www.fawcettsociety.org.uk/about

[126] https://www.onewomanproject.org/about-us

pertenecen a un grupo especial y protegido: la mentalidad de oprimida/víctima. Esta perspectiva distorsionada sólo anima a las mujeres a culpar a fuentes/personas externas de cualquier dificultad o fracaso en la vida (por ejemplo, el "patriarcado", los hombres, etc.). Esto tiene un efecto nefasto en la mente. Debilita a la persona, dándole una salida conveniente a sus emociones negativas cuando tiene que enfrentarse a la adversidad en su vida. En lugar de "responsabilízate tú mismo de tus propios éxitos o fracasos" es "¡pobrecita, debe ser porque eres una chica/mujer!".

En cambio, a las mujeres se les debería decir "vive tu vida". Sé un individuo genuino, no simplemente el miembro de un grupo (incluido un miembro de una secta marxista). Nadie te va a frenar injustamente. No utilices tu género como excusa para no hacer algo de tu vida. Puedes ser una víctima o un vencedor; es lo uno o lo otro". Una persona no puede estar "oprimida" (débil) y "empoderada" (fuerte) al mismo tiempo.

Sólo las mujeres débiles de mente y sin poder "necesitan" el feminismo; las mujeres verdaderamente empoderadas no lo necesitan. El verdadero empoderamiento viene de dentro, hacia uno mismo desde uno mismo. Desde luego, una persona -femenina o no- no tiene derecho a apoyar una ideología destructiva (o uno de sus tentáculos, como el feminismo) porque tenga problemas de autoestima. Esencialmente, las mujeres ya no pueden utilizar la búsqueda de "empoderamiento" como excusa para apoyar el feminismo.

Mi consejo para cualquier mujer que quiera ser fuerte y completa es que se mantenga alejada del pensamiento feminista tanto como sea posible. El feminismo y las feministas son el enemigo. Si quieres sentirte "empoderada" (lo que sea que eso signifique para ti) y tener una vida grande, gratificante, exitosa y con sentido, hazlo, siempre y cuando sigas cumpliendo con tus responsabilidades para con la sociedad y tu nación. Nada ni nadie te lo impide, excepto tú misma.

Recuerda que nada -ni una carrera, ni placeres fugaces, ni frivolidades, ni viajes- va a darte más satisfacción que tener una gran familia propia. Ese será tu mayor y más importante logro. Todo lo que sugiera lo contrario procede de la propaganda feminista. Ten en cuenta que el peor enemigo de una mujer no son los hombres ni el patriarcado, sino las mujeres adoctrinadas que te arrastrarán felizmente con ellas (en "solidaridad").

Además, si realmente quieres poner a prueba tu metal y sabiduría como mujer, ¿qué tal ser una mujer antifeminista, como han hecho otras mujeres? Esto sería, irónicamente, hacer un gran servicio a las mujeres: ¡estarías literalmente salvando la vida de las mujeres! Una "feminista" antimarxista.

### Estar por encima de las críticas = inflación del ego

La presencia del feminismo puede hacer que las mujeres se sientan por encima de las críticas, ya que parece inmoral "oprimir" aún más a un grupo ya "oprimido". También pueden sentir -consciente o inconscientemente- que merecen que se les dé prioridad a expensas de los hombres. Aparte de ser sexista (y, por tanto, hipócrita), esto es malo, porque el ego se infla y se carece de humildad.

El feminismo, combinado con la actual cultura impulsada por las redes sociales, el ego y la popularidad, es una mezcla muy tóxica para las mentes de las mujeres jóvenes. Esto se debe a que la combinación amplifica aún más la inflación del ego. El resultado de esta inflación del ego a tan gran escala es una epidemia de mocosas insufribles. Imagínate dar a casi la mitad de la población el mensaje de que son perfectos tal y como son y que nunca deben aceptar críticas...".

Este es el impacto que puede tener el feminismo si no se le pone freno. El resultado, por decirlo sin rodeos, es que se las adoctrina para que se conviertan en zorras orientadas a sí mismas, sobre todo en lo que respecta al opresor -varones blancos heterosexuales- (lo cual es sexista). Una vez más, esto es destructivo para todas las partes implicadas, incluida la propia sociedad (nota: no es "PC" llamar "zorra" a una mujer, especialmente en público, ¿verdad? Me pregunto de dónde viene eso...).

### ¿Oprimidos o mimados?

En el mundo actual, las jóvenes adoctrinadas en un grado suficiente pueden ir por ahí quejándose de que viven bajo un patriarcado opresivo (risitas), mientras que lo más probable es que a estas mujeres les ocurra exactamente lo contrario: ¡se las trata demasiado bien en relación con su comportamiento (véase "mimadas")! Es una inversión, ya que su actitud no sólo no refleja su realidad, sino que puede sugerir exactamente lo contrario. Esto se debe a que, teniendo en cuenta la cultura marxista en la que están creciendo, y los efectos del adoctrinamiento en ellas/los que las rodean (feminismo o no), es más probable que sean: narcisistas, superficiales y mimadas, ¡no "oprimidas"! Además, escupir propaganda feminista marxista sexista y malvada merece algún tipo de escarmiento en sí mismo. La ingenuidad no la hace menos malvada. Irónicamente, estar en ese estado mental y ser mimado hace a alguien miserable, ya que está en un estado mental degenerado. En este caso, una mujer en este estado mental tiene una salida conveniente para su miseria -el feminismo- que permite que la miseria se exprese como esta basura dogmática "intelectual". En esencia, ser un degenerado no es noble y no es forma de vivir, que es de lo que se trata en realidad.

### Compensación excesiva, debido al adoctrinamiento

Esta mentalidad de víctima de grupo crea debilidad, no fuerza. Algunas mujeres sobrecompensan volviéndose dominantes y agresivas. En su credulidad, se creen de verdad la propaganda feminista y piensan "¡Pues a mí no me va a pasar! No soy una víctima!" y entonces se convierten ellas mismas en opresoras/dominadoras; lo cual es una forma de hipocresía irónica, ¿no? La mentalidad de "¡Les atacaré antes de que puedan atacarme!", cuando en realidad no van a ser atacados en absoluto. El resultado son mentes/personalidades agresivas, débiles, repulsivas/no atractivas y gravemente desequilibradas. Curiosamente, el adoctrinamiento feminista transforma a las mujeres hasta el punto en que cualquier atisbo de feminidad es amputado de la personalidad. El adoctrinamiento las convence de que la feminidad es lo opuesto al "empoderamiento" y, por lo tanto, es debilidad, por lo que deben suprimirla. Se les convence de que esa cosa positiva, antes sagrada, que puede aportar equilibrio a la vida y que debería formar parte de su identidad -su feminidad- debe ser negada y suprimida a toda costa. El resultado es que el feminismo es antifeminidad, y estas mujeres adoctrinadas no son mujeres plenamente funcionales. Esto es triste. La feminidad femenina es algo hermoso y sagrado, exclusivo de las mujeres (auténticas). La humanidad sería un colectivo más sombrío si desapareciera por completo.

## Cultura de zorras y misandria

Otra consecuencia del feminismo es la cultura de las zorras $^{TM}$— una sociedad en la que es socialmente aceptable que las mujeres actúen como zorras. Como pertenecen a una clase "oprimida", ahora no tienen que comportarse como seres humanos decentes y pueden adoptar comportamientos "opresivos" y negativos (ya que de alguna manera es justo y justificable). Tienen carta blanca para actuar como quieran en este entorno, incluso convertirse en activistas marxistas, sin tener que rendir cuentas de sus actos.

La misandria -la hostilidad hacia los hombres- es lo contrario de la misoginia. Observarás que este comportamiento se dirige sobre todo a los hombres blancos heterosexuales, lo que aparentemente es totalmente aceptable (ya que éstos son los peores opresores, ¿no?). Es una mentalidad que no se dirige con tanta frecuencia a los varones de los grupos "oprimidos" (por ejemplo, hombres homosexuales u hombres inmigrantes). Sin embargo, te darás cuenta de que las mujeres que tienden a comportarse como zorras actúan así con cualquiera, pertenezca o no a un grupo "opresor". La diferencia es que la mala leche dirigida a los hombres blancos heterosexuales se considera justificada, noble e incluso revolucionaria.

En este caso, todo el concepto de "los hombres son los opresores" sólo les da una excusa para ser unas zorras. No les importan realmente los "derechos de las mujeres" ni nada "noble", ni nada que no sean ellas mismas. La secta/ideología da cabida a todo tipo de comportamientos y personalidades degeneradas. Así que es cierto: la ideología empodera a las mujeres; las empodera para actuar como perras degeneradas y socialmente parásitas.

## Machos "Beta

"Los tiempos difíciles crean hombres fuertes. Los hombres fuertes crean buenos tiempos. Los buenos tiempos crean hombres débiles. Y los hombres débiles crean tiempos difíciles"[127]

G. Michael Hopf, *Los que quedan*, 2016

Un "macho beta" es esencialmente un macho sin masculinidad. A la ideología/culto le beneficia enormemente que el feminismo ayude a crear más de estos machos en la sociedad. Sabe el poder que las mujeres jóvenes pueden tener sobre los hombres jóvenes. Los machos querrán impresionar a las hembras, que querrán que se sientan atraídas por ellos, tener sexo con ellos, etc., ¡lo cual es natural y ha sido una característica perdurable de la humanidad!

Cuando el adoctrinamiento feminista entra en escena, nos inclina a todos en la dirección equivocada, sacando a relucir las peores características de las mujeres. Podemos ver los efectos de esto cuando observamos cómo los colectivos de mujeres (algo adoctrinadas) tratan a los hombres que no se ajustan a sus actitudes. Los hombres se ven obligados a someterse al comportamiento adoctrinado, o serán condenados al ostracismo. Se trata de una forma muy poderosa de chantaje psicológico, que las mujeres pueden utilizar con los hombres, y que es prácticamente inexistente cuando invertimos los sexos implicados.

Los hombres se ven entonces obligados a elegir entre mantener intacta su masculinidad y alejarse de las mujeres contaminadas, o capitular e interactuar con ellas a pesar del efecto agotador que tiene sobre ellos. Para los jóvenes de hoy (que probablemente no entiendan lo que está ocurriendo) elegir lo primero es demasiado difícil, por supuesto. Al elegir lo segundo, siguen su deseo de ser aceptados, junto con sus impulsos biológicos; pero pagan un precio muy alto... Esto les está ocurriendo a los jóvenes varones de todo el mundo en este mismo momento, condicionándoles a cumplir con estas mocosas.

La locura de todo esto es que las mujeres adoctrinadas pueden luego quejarse de la falta de masculinidad (superficial) en los hombres. Puede que lo expresen abiertamente o puede que forme parte de sus actitudes desdeñosas hacia los hombres en el trasfondo. Las mujeres adoctrinadas, perplejas, tendrán esta mentalidad mientras ignoran felizmente los efectos del adoctrinamiento sobre la masculinidad, ¡que emanan de ellas mismas!

Curiosamente, todo esto puede producir el efecto contrario a la "supervivencia del más apto" (eugenesia de nuevo). Los machos más inteligentes y de mayor integridad tendrán dificultades para relacionarse con las hembras adoctrinadas. A los machos más débiles, sumisos y de menor calidad les irá mucho mejor en general. Los efectos en la sociedad son obviamente degenerativos, y la influencia negativa de la ideología (a través del feminismo) garantizará que esta situación persista. Esto conducirá a que las nuevas generaciones de hombres no crezcan con modelos masculinos positivos (es decir, hombres sin

---

[127] Hopf, G., *Los que quedan* (2016).

pelotas), y puede que ellos mismos tengan problemas para desarrollar la masculinidad; y así sucesivamente en su espiral descendente...

Como se ha dicho, una sociedad llena de machos así no puede defenderse ni de la subversión ideológica ni de la conquista directa. Tampoco puede enfrentarse al problema de cómo controlar a estas mujeres adoctrinadas (¡!), que continuamente arrastrarán a la sociedad con ellas. Al estar virtualmente libre de masculinidad, una sociedad como ésta literalmente no tiene las pelotas para hacer lo que se requiere... En resumen, el feminismo destruye tanto la feminidad como la masculinidad.

## La "pandemia" de la violación '

La violación no es un problema tan grave como nos quieren hacer creer las feministas. Dado que el engaño es una parte central del libro de jugadas marxista, no debería sorprendernos saber que la frecuencia de las violaciones ha sido muy exagerada. Dejando eso a un lado, ofrezco el siguiente análisis basado en casos reales de violación. El movimiento feminista no va a impedir que las mujeres sean violadas. El hecho de que los miembros de la secta feminista piensen que sus esfuerzos van a conseguirlo, nos demuestra que no entienden lo que es la violación.

La violación es un abuso de poder. Es alguien que pone lo que quiere por encima del bienestar de otra persona. Es un comportamiento psicopático/sociopático, y al tipo de persona que tiene ese comportamiento no le afectará nada de lo que haga el movimiento feminista; todas esas ONG sin ánimo de lucro, marchas, iniciativas, eslóganes, libros, programas de televisión y artículos no significan nada para un depredador así. No consiguen nada y no sirven para nada, salvo para promover la propaganda feminista. ¿Hay alguien tan estúpido como para creer lo contrario?

Lo trágico de todo esto es que hombres inocentes, incluidos niños pequeños, se encuentran constantemente en el punto de mira. La "lógica" simplista del adoctrinamiento significa que sus soluciones siempre se basarán en castigar a todo el colectivo de hombres (ya que el marxismo no se ocupa de los individuos ni de la ética, sino de los grupos). Las acciones de un hombre que viola se explican así: es un hombre y eso es lo que hacen los hombres. La verdad es que lo único que un violador tiene en común con un hombre de verdad es que ambos son hombres, y eso es todo. Aparte de eso, son completamente diferentes.

El periódico Irish Independent publicó en diciembre de 2021 que se iba a hacer hincapié en el "consentimiento" en la educación sexual en las escuelas.[128]

---

[128] Gataveckaite, G., "Consent to be taught in schools as part of new relationship and sexuality education", 31 de diciembre de 2021. https://www.independent.ie/irish-

¿Alguien cree realmente que esto no se dirigirá principalmente a los jóvenes varones? Así pues, los estudiantes de todo el país se enfrentarán tarde o temprano a un "profesor" que describirá el arte de hacer una buena mamada e imitará la mejor manera de meterse un consolador por el culo, al tiempo que hablará de la cosificación de la mujer y del "consentimiento" (y eso sólo en el caso de los profesores varones). Gran parte de esta basura se filtra desde las Naciones Unidas (ampliada a otros lugares).

En el Reino Unido, el consentimiento formaba parte de la "Educación sobre Relaciones y Sexo" que se impartía en las escuelas inglesas en 2020.[129] En abril de 2022, los medios de comunicación australianos informaron de que la educación sobre el consentimiento iba a ser obligatoria en las escuelas de ese país.[130]

## Aborto

> "A ninguna mujer se le debe decir que no puede tomar decisiones sobre su propio cuerpo. Cuando se atacan los derechos de las mujeres, nos defendemos"[131]

> Tweet de la miembro de la secta y primera vicepresidenta de EE. Vicepresidenta Kamala Harris, febrero de 2017.

> "El parto humano es un acto que transforma a la mujer en un montón de carne casi sin vida, manchada de sangre, torturada, atormentada y frenética por el dolor"[132]

> Vladimir "Feminista" Lenin, "Palabras proféticas", 1918

El aborto, tal y como existe hoy en el mundo, es una extensión del feminismo; no existiría a tan gran escala sin él. Desde luego, no se llamaría "asistencia sanitaria" ni se consideraría un comportamiento socialmente aceptable en la medida en que lo es ahora. De hecho, el lavado de cerebro ha logrado convencer a muchos de que una mujer embarazada está de alguna manera

---

news/education/consent-to-be-taught-in-schools-as-part-of-new-relationship-and-sexuality-education-41196300.html

[129] Long, R., "Relaciones y educación sexual en las escuelas (Inglaterra)", 22 de diciembre de 2023.

https://commonslibrary.parliament.uk/research-briefings/sn06103/

[130] Meacham, S., "What mandatory consent education will look like in Australian schools", 16 de abril de 2022. https://www.9news.com.au/national/mandatory-consent-education-rolled-out-in-all-australian-schools-history-of-sex-education-explainer/6655e9d2-3dd5-400d-9b6a-67b89debb853

[131] *Harris, K., Twitter, febrero de 2017.*
https://twitter.com/kamalaharris/status/831613559297736705?lang=en

[132] Lenin, V.I., "Palabras proféticas", 2 de julio de 1918.
https://www.marxists.org/archive/lenin/works/1918/jun/29b.htm

"oprimida" por estar embarazada; ¡está cediendo al patriarcado por ser así básicamente! Esto es basura malvada, degenerada y antihumana.

Por supuesto, esta sub-agenda también conecta con la eugenesia impulsada por el sistema. Ayuda enormemente a la subagenda de la "migración a nivel de reemplazo" impulsada por la ONU y otras entidades plagadas de marxismo; el objetivo es reducir la cantidad de personas "autóctonas" en un país objetivo. La fórmula en lo que respecta a las tasas de natalidad es muy sencilla: aumentar el número de inmigrantes/nacimientos de inmigrantes y reducir el número de nacimientos de autóctonos. Así es como se hace (por supuesto, hay muchos otros elementos conectados, como las "vacunas" demográficas específicas, la dieta, la subagenda trans/género "no binario", etc.).

Los movimientos feministas han sido cruciales para aumentar el número de abortos en el mundo, en sus respectivos países, a través de la normalización, etc. Los recientes cambios constitucionales de Irlanda sobre el aborto no se habrían producido sin las actividades de la secta. Estos cambios, planeados con mucha antelación por los miembros residentes de la secta, eran desgraciadamente inevitables debido al nivel de infección del país.

Fue casi divertido ver la perplejidad de la gente (casualmente) "pro-choice", cuando se enfrentaron a la idea de que estos cambios constitucionales aumentarían la tasa de abortos en Irlanda. Cuando haces que el aborto sea más cómodo, totalmente legal y socialmente más aceptable (eliminando sistemáticamente cualquier estigma asociado al acto), verás un aumento en el número de bebés irlandeses abortados. No hace falta ser un sociólogo marxista de mierda para darse cuenta.

La perplejidad también era evidente cuando se les explicaba el término "pro-choice": si eres "pro-choice" eres pro-aborto; el término estaba cuidadosamente diseñado para absolver a la persona de cualquier tipo de conciencia moral en su apoyo a este acto malvado. En el caso del aborto, el hecho de que otra persona cometa el acto no te exime de toda responsabilidad.

### Cifras de abortos

*Abort73.com es* un sitio web estadounidense. De su página de inicio: "el aborto es un acto de violencia que mata a un ser humano inocente" y "mata a los miembros más pequeños y débiles de la comunidad". La página de estadísticas sobre el aborto en Estados Unidos ofrece estimaciones, citando dos fuentes "privadas del *Instituto Guttmacher* (AGI) y públicas de los *Centros para el Control de Enfermedades* (CDC)".

Afirma que, basándose en datos a nivel estatal, "aproximadamente 961.000 abortos tuvieron lugar en Estados Unidos en 2021". Las cifras utilizadas por el instituto Guttmacher, que se remontan a varias décadas atrás, muestran que las cifras anuales oscilan entre 1,3 millones en 2000 y 930.000 en 2020. Se calcula que se han producido 60 millones de abortos desde 1973, lo que muestra una correlación con la creciente influencia del feminismo (y, por tanto, del lavado de cerebro feminista).[133]

El sitio también ofrece estimaciones por país, incluida la República de Irlanda. La elección de la enmienda constitucional en 2018 marcó un punto de inflexión en la accesibilidad -y aceptación social- del aborto. Hasta ese momento de la historia, solo se permitía en determinadas circunstancias en la República (por ejemplo, peligro médico para la madre embarazada), por lo que a menudo las mujeres viajaban al Reino Unido para someterse al procedimiento.

(Por otra parte, en el periodo previo al referéndum sobre el aborto, volvimos a ver en acción el comportamiento marxista de culto. La gente volvió a Irlanda para votar, sobre todo las mujeres irlandesas, en una extraña y exasperante muestra de comportamiento traidor. [134] Estas mujeres idiotas se desvivían literalmente por destruir su propia patria y luego se iban a la mierda por donde habían venido, sin duda satisfechas y felizmente inconscientes de que habían participado en un horrible ritual de culto.

El autor estuvo presente en el castillo de Dublín para presenciar las celebraciones del resultado de las elecciones, y presenció a unos cientos de miembros de la secta extasiados, vitoreando y cantando).

El artículo Abort73 utiliza información recopilada del Departamento de Salud de Irlanda y del sitio web *www.gov.uk* del Reino Unido (subrayado para enfatizar): "En 2019, se registraron 6.666 abortos en la República de Irlanda". Afirma que ese año se registraron 59.796 nacimientos, y que un porcentaje casi insignificante de esos abortos fueron por razones de salud o anomalías fetales (0,5% y 2%, respectivamente). Las cifras de 2018 que muestran los abortos ejecutados en el Reino Unido se sitúan en 2.879.

Desde que las nuevas leyes del aborto en Irlanda entraron en vigor el 1 de enero de 2019, estas cifras muestran lo obvio: la "victoria" del referéndum "democrático" de la secta resultó en un aumento de los bebés irlandeses abortados. Esto fue posible gracias a la red activada de consultas médicas, clínicas de "planificación familiar" y hospitales participantes en todo el país. (Estoy seguro de que el lector se ha dado cuenta del número de la bestia... Curiosamente, la secta ganó el referéndum con algo más del 66,4% de los votos, con un 33,6% en contra (el grado 33$^{rd}$ es el nivel oficialmente más alto en la

---

[133] "U.S. Abortion Statistics".
https://abort73.com/abortion_facts/us_abortion_statistics/

[134] Amnistía Internacional, "Why Ireland's emigrants are coming home to fight for safe abortion", 21 de mayo de 2018.
https://www.amnesty.org/en/latest/news/2018/05/irish-expats-come-home-to-vote-for-abortion/

masonería del Rito Escocés).[135]

Lo subrayado subraya lo obvio: la mayoría de los abortos fueron por razones "sociales" (es decir, las mujeres simplemente no querían el niño). Una de las piezas de propaganda feminista que circulaba en Irlanda antes del referéndum, y que muchos escupían, era que un cambio en la ley permitiría el aborto por razones de salud (incluidas las anomalías fetales mortales), y el embarazo por violación, por supuesto. Como ya se ha señalado, esta táctica es típica de la secta: encontrar algo que ocurre en relativamente pocos casos, exagerarlo como un problema y utilizarlo como herramienta de propaganda para justificar toda la transformación de la sociedad. Innumerables imbéciles en Irlanda cayeron en la trampa y repitieron esa propaganda como loros.

**La secta quiere más sangre de bebés...**

Tras el referéndum, el 20 de diciembre de 2018, el presidente irlandés y miembro de la secta, Michael D. Higgins, firmó la Ley de Salud (Regulación de la Interrupción del Embarazo) de 2018. El sitio web *ifpa.ie* afirma que esto significa esencialmente que: "Mientras haya transcurrido un período de espera de 3 días, la atención del aborto es legal a petición hasta las 12 semanas de embarazo. El aborto también es legal por razones de riesgo para la vida de la mujer o de grave daño para su salud y en casos de anomalía fetal mortal. El aborto sigue estando penalizado en todos los demás casos".[136]

Obviamente, esto no es suficiente para los miembros de la secta irlandesa, que afirman que la ley tal como está es demasiado restrictiva (¡!). Para estos degenerados, los abortos no se producen con suficiente frecuencia en todo el país y, básicamente, es demasiado complicado conseguir uno. Naturalmente, quieren que se pueda abortar después de las 12 semanas, que se elimine el periodo de espera de tres días y que se elimine la penalización (podríamos adivinar estas cosas; es el mismo patrón en otros países occidentales). Debido a estos factores restrictivos, según los grupos feministas, las mujeres de Irlanda siguen viajando al extranjero para abortar. Quieren que a las mujeres les resulte lo más cómodo posible arrancarse del vientre esa "opresión patriarcal".

En enero de 2022, *Irish Legal* informó que la abogada Marie O' Shea "dirigiría la segunda fase de la revisión independiente de las leyes de aborto de Irlanda", y que "la Sección 7 de la Ley de Salud (Regulación de la Interrupción del Embarazo) de 2018 prevé una revisión de la legislación a más tardar en tres años".[137] Por supuesto, la secta sabía que surgiría esta oportunidad para

---

[135] https://en.wikipedia.org/wiki/Thirty-sixth_Amendment_of_the_Constitution_of_Ireland

[136] "Historia del aborto en Irlanda". https://www.ifpa.ie/advocacy/abortion-in-ireland-legal-timeline/

[137] "Grupo de trabajo sobre el aborto del CNM", 26 de enero de 2022.

"progresar", estando planeada desde el principio.

En abril de 2022, el grupo feminista de culto *National Women's Council of Ireland* (NWCI, *Consejo Nacional de Mujeres de Irlanda*) declaró en su página web que "acogía con gran satisfacción la revisión del sistema de aborto realizada por Marie O'Shea", y "acogía con especial satisfacción las recomendaciones sobre el aumento de la cobertura geográfica, sobre hacer opcional la espera de tres días, sobre la despenalización y sobre la revisión de las restricciones arbitrarias a la atención en casos de anomalía fetal mortal". En abril de 2023, el ministro irlandés de Sanidad, Stephen Donnelly, publicó el informe.[138]

Curiosamente, un post del 22 de noviembre de 2023 en el sitio web de NWCI se refiere muy culteranamente a las Naciones Unidas, declarando: "Desde la votación de 2018, la Organización Mundial de la Salud ha publicado sus directrices para la atención del aborto, con directrices explícitas de que cualquier barrera a la atención, como los períodos de espera obligatorios, los límites de edad gestacional y la criminalización deben eliminarse".[139]

Oh, bueno, en ese caso, si la ONU lo dice, supongo que es lo correcto... Esto es básicamente un grupo de culto refiriéndose a otro, eso es todo. "Barreras a la atención", Dios mío, ¿no es esta 'gente' jodidamente despreciable?

**¡¿Tu cuerpo, tu elección?!**

¿Por qué cuando se trata del aborto, los miembros de la secta insisten en el mantra de "¡Mi cuerpo, mi elección!", pero cuando se trata de Covid es "¡Haz lo que te digan con tu cuerpo!". La réplica es "¡No es lo mismo! Covid es peligroso y está matando a otras personas ¡Nos afecta a todos!". Aunque el Covid fuera una pandemia mortal parecida a la gripe española, examinemos su lógica:

"Covid es peligroso...": el aborto también es peligroso. Peligroso para una sociedad. Peligroso para la salud mental de las mujeres. Peligroso para sus perspectivas futuras de reproducirse.

---

https://www.irishlegal.com/articles/marie-oshea-to-lead-second-phase-of-abortion-law-review

[138] "O'Shea Abortion Review debe ser un catalizador para el cambio del sistema: NWC", 26 de abril de 2023.

https://www.nwci.ie/learn/article/oshea_abortion_review_must_be_catalyst_for_system_change_nwc

[139]

https://www.nwci.ie/learn/article/nwc_strongly_welcomes_oireachtas_committee_proposals_to_change_abortion_law

"...¡y está matando a otras personas!". Matar es contrario a la vida (obviamente), y el aborto es lo mismo. No importa si hablamos de un patógeno mortal que mata, o de una mujer que decide que maten al feto que lleva dentro. Ambos son anti-vida.

"¡Nos afecta a todos!". ¡¿Y el aborto no?! ¡No se trata sólo de lo que quiera una mujer! Dar a luz (a la vida) es una responsabilidad muy seria (¡y un privilegio!) que tienen las mujeres, que no tienen los hombres. Si demasiadas mujeres de un determinado país o grupo étnico deciden que no quieren tener hijos (o lo posponen hasta una edad muy avanzada), ese grupo corre el riesgo de desaparecer. También existe la posibilidad de que este grupo se expulse de su propio país, sobre todo si éste importa grandes cantidades de inmigrantes. Estas cosas son más importantes que los sentimientos y deseos personales de cualquier mujer. Obviamente, este nivel de autoexamen y desinterés está más allá de la comprensión de los miembros de la secta.

En resumen: ¡las mujeres no tienen derecho, en masa, a anteponer sus propios deseos (a menudo irrelevantes, egoístas o frívolos) a la supervivencia de sus propios grupos étnicos! Esto es así independientemente del hecho de que, en las últimas décadas, las tasas de natalidad en los países occidentales hayan caído por debajo del nivel de reemplazo. La actitud irresponsable, egocéntrica y corta de miras de algunas mujeres contribuye enormemente a ello. Cuando cambien las tornas, empezaremos a sustituir a las actuales generaciones de mujeres contaminadas por el feminismo por otras de mentalidad más tradicional, desintoxicando progresivamente la sociedad del feminismo. Esto debe hacerse, al menos, por razones existenciales.

## La industria del porno: Su cuerpo, su elección

Otra monstruosidad vinculada a la "liberación de la mujer" es la industria del porno. No existiría sin el feminismo y la asociación programada entre sexo y hedonismo. Un gran tema en sí mismo, pero que merece una mención aquí. Por supuesto, los hombres también son responsables de su proliferación, pero en una sociedad más tradicional, sin feminismo, ¡prácticamente no habría mujeres participantes! Sin mujeres dispuestas a cosificarse no hay industria del porno. Esto se debe a que (propaganda feminista aparte) en la inmensa mayoría de los casos en el mundo, las mujeres deciden lo que hacen con sus cuerpos y su sexualidad, sobre todo en los países occidentales.

La degenerada industria del porno contribuye a romper las relaciones normales entre hombres y mujeres, distorsiona la percepción del cuerpo humano, el sexo, las relaciones y es extremadamente perjudicial para el sistema de recompensa de dopamina y serotonina en el cerebro de los hombres (degeneración psicológica/emocional). En los inicios de la industria del porno todo giraba en torno al cine; la era de las "películas para adultos".

Hoy en día, ha evolucionado con la tecnología hasta convertirse en porno en línea. Como consecuencia de ello, las fronteras entre la "estrella del porno" y la mujer común se están difuminando, con sitios web como *Onlyfans.com* y *Sex.com*, que permiten a prácticamente cualquier mujer con conexión a Internet participar en esta degeneración. Estas cosas tienen un efecto eugenésico en la sociedad, ya que ayudan a separar aún más la sexualidad de la reproducción al trasladar la sexualidad a un ámbito virtual (¡nadie va a quedarse embarazada por Internet!). Por supuesto, las mujeres son las que deciden prostituirse en línea de esta manera y ahora son brillantes ejemplos de autoobjetivación femenina. De hecho, se trata de prostitución virtual: mujeres que deciden realizar actos sexuales por dinero mientras son filmadas para que todo el mundo las vea. Es el epítome de la falta de talento. En un desarrollo emergente aún más inquietante, ahora existe el uso de Inteligencia Artificial y "Deep Fakes" en el porno online para distorsionar aún más la percepción de la realidad del usuario. El marxismo es realmente la pendiente resbaladiza de la degeneración.

### Cambio climático

> "El movimiento verde está en algo con el medio ambiente con nuestro planeta, pero tiene este horrible interior rojo que sigue exponiéndose como deseando no una mejor relación entre nosotros y nuestro medio ambiente, sino el fin del capitalismo"[140]

> Autor y periodista británico Douglas Murray, mayo de 2022

> "Mucho de esto es un engaño, es una industria para hacer dinero"[141]

> El presidente Donald Trump sobre el cambio climático, junio de 2017

### Lista de control comunista

En esta sub-agenda, en el principio op. contra op., los humanos son los opresores, y el planeta es la víctima oprimida (¡naaaawww, el pobre planeta!). Esto también enlaza con la apenas oculta noción antihumana entretejida en la ideología de que los seres humanos son simplemente malvados, y está en su naturaleza ser destructivos/autodestructivos.... Evidentemente, en este contexto se trata de la mayor gilipollez.

Crea un nuevo sistema de clases entre los que apoyan el movimiento "verde" y "se hacen ecologistas" y los que no (individuos y naciones). Los que no lo hacen son "escépticos del clima" o "negacionistas del cambio climático".

---

[140] John Anderson, "Douglas Murray | 'The Incoherence of LGBTQI+'", 24 de mayo de 2022.

https://www.YouTube.com/watch?v=ntX0xWvjGrI

[141] MSNBC YouTube, "Donald Trump cree que el cambio climático es un engaño", 3 de junio de 2017.

https://www.YouTube.com/watch?v=yqgMECkW3Ak

También intenta crear un nuevo sistema de clases en la economía en términos de "ética" (marxiana), ya que las empresas e industrias que no se "vuelvan verdes" serán tratadas como éticamente inferiores. Esto permite su discriminación por parte de los miembros de la secta. Esta subagenda también utiliza el principio del Caballo de Troya, ya que "volverse verde" se promueve como algo beneficioso para las naciones, los individuos, las economías, la agricultura y la naturaleza, pero en realidad es perjudicial para ellos.

Se basa en una percepción distorsionada de la historia y del presente. Es pseudociencia, basada en una teoría científica, aparentemente respaldada por toda la historia registrada y el clima actual. Sin embargo, los registros climáticos no se remontan tan lejos en la historia, y no se han producido pruebas concluyentes de que la actividad humana hace que el clima "cambie" (no tuvimos los medios para empezar a tomar con precisión las temperaturas globales hasta finales del siglo 19th).

Por supuesto, muchas grandes mentes contemplaron cuestiones climáticas a lo largo de la historia, y otras contribuyeron con útiles inventos científicos: hacia el año 340 a.C., el gran intelecto griego Aristóteles, por ejemplo, escribió *Meteorologica*, un tratado filosófico sobre el tema de los fenómenos atmosféricos.[142] Otro gran intelecto, Galileo Galilei, inventó el termómetro en 1592.[143] Pero a lo largo de la historia no ha existido la tecnología necesaria para medir con precisión la actividad climática y recopilar datos fiables. Sin embargo, la secta, como de costumbre, ha encontrado formas de seleccionar información del pasado para adaptarla a su narrativa. Un ejemplo de ello es cómo se utilizan los datos de los núcleos de hielo, que muestran fluctuaciones en los niveles atmosféricos de dióxido de carbono y temperaturas desde hace miles de años. [144]

Esta subagenda cuenta con el apoyo masivo del sistema a escala mundial. La mayoría de las grandes organizaciones del mundo la impulsan, incluidas las Naciones Unidas (ONU) y *el Club de Roma* (COR). La *Organización Meteorológica* Mundial (OMM) es un tentáculo de la ONU marxista. El Secretario General en algunos periodos recientes fue Jukka Petteri Taalas. Taalas fue nombrado por el comunista en jefe de la ONU y miembro de la secta portuguesa Antonio Guterres.[145] (Más adelante hablaremos de la ONU y el COR).

---

[142] https://www.britannica.com/biography/Aristotle

[143] https://www.britannica.com/biography/Galileo-Galilei

[144] Bauska, T., "Los núcleos de hielo y el cambio climático", 3 de junio de 2022.

https://www.bas.ac.uk/data/our-data/publication/ice-cores-and-climate-change/

[145] https://en.wikipedia.org/wiki/World_Meteorological_Organization

Ataca los pilares de la civilización occidental. Ataca al capitalismo al incidir en la agricultura y la industria mediante restricciones gubernamentales, impuestos, etc., obligando a estos sectores a "volverse ecológicos" incluso si hacerlo les afecta negativamente -o los destruye. El movimiento "verde" también permite insidiosamente a la secta hacerse con el control de la gestión de los recursos de una nación, que es fundamental para hacerse con el control de la economía de esa nación (en sí mismo un peldaño hacia la implantación de un sistema socialista).

A esta secta le encanta culpar al capitalismo de cualquier problema o situación, utilizando todos los medios a su alcance, incluida la tergiversación de los hechos establecidos o la fabricación de conceptos totalmente nuevos. Su estafa pseudocientífica sobre el clima es un buen ejemplo de ello. Cualquier problema de contaminación que esté relacionado con los negocios o la industria en cualquiera de sus formas, será achacado al capitalismo: ¡la búsqueda poco ética de beneficios, la opresión burguesa de los trabajadores, etc.! Le atribuirán cualquier tipo de problema medioambiental, ya que así matan dos pájaros de un tiro: promueven la subagenda del engaño climático (y todos los beneficios para la ideología que contiene) y atacan a su viejo enemigo.

Por el contrario, basta con observar el comportamiento (medioambiental) de un país totalmente bajo el control de los miembros de la secta: la República "Popular" de China. Siempre se ha resistido a cualquier intento multinacional de controlar su comportamiento en esta materia. En otras palabras, mientras el resto del mundo se enreda las bragas por "salvar el planeta", China hará lo que le plazca, porque la subagenda del engaño climático no necesita aplicarse en ese país (puesto que el marxismo ya está suficientemente al mando). Esta subagenda climática trata de hacer el planeta más marxista, no de cuidarlo o "salvarlo".

Intenta imponer la igualdad entre países (seleccionados) en términos de eficiencia en la producción de energía (es decir, que tengan una capacidad limitada para producir energía, ya que se les obliga a volverse "verdes"). Obliga a cumplir las iniciativas climáticas internacionalistas, creando igualdad a escala internacional (también conocida como uniformidad).

Por último, quizá no haya mayor expresión de virtud marxiana que afirmar que vas a salvar un planeta entero. Muy gracioso. Egos gigantescos.

El marxismo no hace economía; no son compatibles en absoluto. Como ya se ha dicho, siempre que se han impuesto regímenes "socialistas", las economías se han hundido. Por lo tanto, no es de extrañar que muchos miembros de la secta estén a bordo del movimiento "verde", ya que son ajenos a las implicaciones destructoras de la economía (para los tipos más fanáticos, tal vez, son conscientes).

También es interesante que la agenda de "salvar el planeta" se traduzca en la profanación del paisaje natural. Estos parques eólicos y paneles solares de aspecto antinatural e ineficiente están apareciendo por todas partes donde caben, ya que obviamente se necesitan grandes cantidades. Para evitar este problema de espacio, los parques eólicos se están instalando en alta mar, lo que resulta aún más caro. Dondequiera que se coloquen, ocuparán mucho espacio, masticando el medio ambiente en el proceso. La agenda de "Salvar el Planeta" en realidad está destruyendo el planeta (inversión de nuevo), mientras se pierde tiempo, dinero y recursos naturales. Todo ello hace que esta subagenda sea antinatura.

Por supuesto, la subagenda climática forma parte de las ambiciones de control global de la secta, que puede conseguir a través de organizaciones internacionalistas como la ONU.

### ¿Cambio climático o contaminación?

¿Por qué los miembros de la secta impulsan la subagenda de la estafa del cambio climático? ¿Por qué vemos a todos estos grupos activistas marxistas "sandía" (rojo por dentro) ' verdes' diciéndonos que hay una emergencia climática? ¿Por qué el "alarmismo" climático?

Antes se llamaba "calentamiento global", pero luego se cambió a "cambio climático", porque la fluctuación general de las temperaturas globales no apoyaba el nombre original a lo largo del tiempo. Antes de proseguir, es obvio que no hay nada importante que arreglar y que el planeta no necesita ser salvado (ni está siendo "oprimido"). El clima cambia, ¡eso es lo que hace! Cambia, pasa por diferentes fases, principalmente debido a la actividad solar - la relación de la Tierra con el Sol- y así ha sido durante milenios. No tiene nada que ver con el comportamiento humano ni con las emisiones de dióxido de carbono. Es una narrativa alarmista, respaldada por la "ciencia" y los "expertos", que es emocionalmente manipuladora al igual que las otras subagendas marxianas.

La contaminación, por otro lado, es un tema aparte que tiende a enredarse en la mezcla, ¡pero no crea cambios en el clima! Puede afectar a la calidad del aire, de la tierra o del agua (entre otras cosas) y, desde luego, podríamos hacer mejoras en estos ámbitos, ¡pero esto sigue sin justificar la existencia del movimiento "verde" marxista! De nuevo, la ideología no es necesaria aquí. El reciclaje también es algo positivo: conservar los recursos es eficiente, lo que siempre es bueno, pero las latas, el cartón y el plástico reciclables no tienen nada que ver con los patrones climáticos y, desde luego, no salvan ningún planeta.

Esta subagenda no trata del "planeta", sino del control. Se trata de: contribuir a la destrucción del sistema capitalista (en los países desarrollados) e intentar impedir su desarrollo (en los países subdesarrollados); robar (impuesto sobre el carbono); hacerse con el control de la tierra y los recursos; intentar imponer la "igualdad" en el mundo empresarial; y de crear un gobierno marxista mundial único. En la práctica, como hemos visto durante los regímenes "comunistas" del siglo XX, los sistemas/iniciativas socialistas no benefician en absoluto al medio ambiente (los países de la cesta de la compra económica suelen estar mal organizados, ser corruptos, ineficaces y, a menudo, negligentes, sucios, contaminantes, etc.).

Recuerda, el éxito de la gran "revolución" de la ideología/culto depende de su control de la narrativa pública. Los "expertos" que defienden la teoría del cambio climático operan dentro del mismo sistema que otros "expertos" que impulsaron el fiasco de Covid, el "multiculturalismo", el socialismo, la basura del género no binario, etc. La credibilidad del sistema, a estas alturas del partido, debería ser un merecido cero.

## Renovables" o nuclear

Las llamadas fuentes de energía "renovables" -como la eólica, la solar, la hidroeléctrica, etc.- son ineficaces e insuficientes para nuestras necesidades energéticas, y quizá nunca lo sean. Forzar su uso ahora sólo nos hará perder tiempo, dinero y recursos. Además, la energía nuclear es, con diferencia, la opción superior y más limpia, ya que los reactores más nuevos pueden utilizar el combustible gastado de reactores más antiguos. Los reactores nucleares de fisión, comparados con los de energía solar y eólica, producen grandes cantidades de energía, ocupan mucho menos espacio, son mucho más fiables (pueden funcionar las veinticuatro horas del día, todo el año, haga el tiempo que haga) y producen muy poco $CO_2$ (aunque esto no es importante). [146] Obviamente, ¡mucha suerte convenciendo de todo esto al miembro medio de una secta "ecologista"! Mencionarán los incidentes totalmente circunstanciales de Three-Mile Island (1979; algunos creen que fue un sabotaje), Chernóbil (1986) y Fukishima (2011). Internet está plagado de artículos de contrapropaganda sectaria que intentan minimizar la energía nuclear en favor de las renovables, descartando las ventajas enumeradas anteriormente.

Francia alimenta aproximadamente el setenta por ciento de su red con energía nuclear. Además, "es el mayor exportador neto de electricidad del mundo debido a su bajísimo coste de generación, y gana más de 3.000 millones de euros al año por ello". [147] Un artículo publicado en febrero de 2023 en *energydigital.com* clasificaba a los "10 principales países productores de energía nuclear". Estados Unidos, Francia y China ocupan los tres primeros puestos, con 93, 56 y 51 reactores respectivamente. Mientras que Francia y Estados Unidos no parecen tener planes entusiastas de ampliar su red, China

---

[146] "5 Fast Facts about Spent Nuclear Fuel", 3 de octubre de 2022.

https://www.energy.gov/ne/articles/5-fast-facts-about-spent-nuclear-fuel

[147] "La energía nuclear en Francia", agosto de 2023.

https://world-nuclear.org/information-library/country-profiles/countries-a-f/france.aspx

"tiene previsto ampliar su sistema energético, con 18 reactores que se inaugurarán próximamente. En conjunto, generarían 17,2 GW para los sistemas eléctricos chinos. El país también planea construir otros 39 reactores nucleares con una capacidad bruta combinada de 43 GW".[148] Esto corrobora la estrategia actual de China (dirigida por el Partido Comunista Chino) en todos los demás frentes: expandir, expandir, expandir.

Una ausencia notable en esa lista es Alemania, a pesar de la tradición de excelencia del país en ingeniería. No es de extrañar que, bajo el mandato de la ex canciller comunista Angela Merkel, su infraestructura de energía nuclear se desmantelara cada vez más y se sustituyera por "energías renovables". El incidente de Fukushima en Japón en 2011 proporcionó a los miembros de la secta alemana una gran oportunidad para promover esta sub-agenda, mediante la celebración de masivas manifestaciones coordinadas antinucleares preocupados por la seguridad;[149] a pesar del hecho de que un terremoto submarino -y el subsiguiente tsunami de quince pies- causó el incidente de Fukushima.[150] No recuerdo la última vez que Alemania sufrió un terremoto de 9 grados seguido de un enorme tsunami, ¿y tú? Otro ejemplo más de cómo la secta saca provecho de algo y crea alarmismo para impulsar la revolución.

Grupos marxistas como *Amigos de la Tierra* y *Greenpeace* tienen un historial de oposición a la energía nuclear y, por extensión, a las armas nucleares. La mayoría de estas "nobles" protestas se llevaron a cabo principalmente en países occidentales (no comunistas) durante los años de la Guerra Fría. Sin comentarios.

### La ecologización frena el crecimiento económico

Los movimientos marxistas "verdes" de los países occidentales presionan constantemente a los gobiernos para que inviertan dinero en tecnología e infraestructuras renovables. El Tercer Mundo y los países en vías de desarrollo se verán obligados a sumarse a esta subagenda si el movimiento climático continúa sin oposición. Debido a la presión ejercida por el culto internacional (a través de la ONU y una serie de organizaciones activistas) para que se

---

[148] Ahmad, M., "Top 10: Nuclear Energy-Producing Countries", 8 feb 2023.

https://energydigital.com/top10/top-10-nuclear-energy-producing-countries

[149] Appunn, K., "The history behind Germany's nuclear phase-out", 9 de marzo de 2021.

https://www.cleanenergywire.org/factsheets/history-behind-germanys-nuclear-phase-out

[150] "Accidente de Fukushima Daiichi", agosto de 2023.

https://world-nuclear.org/information-library/safety-and-security/safety-of-plants/fukushima-daiichi-accident.aspx

"vuelvan verdes", estos países no utilizarán combustibles fósiles convencionales como fuente de energía. Esto significa que no tendrán acceso a energía barata, que podría permitir el crecimiento de sus economías. En su lugar, se les "animará" (coaccionará) a utilizar costosas fuentes de energía renovables "verdes" mientras se desarrollan. Esto retrasa su crecimiento económico (ataque al capitalismo). Dado que el marxismo siempre ha arraigado en los países del Tercer Mundo con bastante facilidad de todos modos, esta puede ser otra forma de asegurarse de que estos países sigan eligiendo el marxismo como "salida" (condenada) a su situación. La presión de las grandes organizaciones para "volverse ecologistas" les impide elegir con entusiasmo el capitalismo.

Y luego está la infame estafa del impuesto sobre el carbono. Cuando se obliga a las empresas (o incluso a los países) a pagarlo, se les castiga esencialmente por su producción industrial. Cuanto mayor es su producción, más se les grava por ello (ataque al capitalismo). Por lo tanto, este impuesto también convierte esta subagenda en una estafa financiera. Los implicados podrán hacerse asquerosamente ricos. Es una forma de robar (según el segundo punto del Manifiesto Comunista). La secta/ideología aprovechará cualquier oportunidad para destruir el sistema capitalista -incluida la industria privada no controlada por el gobierno- a través de los impuestos. Con el impuesto sobre el carbono, han encontrado una manera de cobrar impuestos a la gente (es decir, robar sus beneficios) a cambio de literalmente nada. Además, este impuesto hace que las "energías renovables" parezcan más competitivas desde el punto de vista de los costes. El ex vicepresidente de Estados Unidos, Al Gore, quizá la voz política más destacada de los alarmistas climáticos, se embolsó el dinero mientras llevaba a cabo su noble misión de salvarnos a todos. En un artículo publicado en enero de 2023 en el Daily Mail se afirmaba que "el ex vicepresidente ha estado a la vanguardia de la inversión en tecnología verde, lo que ha hecho que su fortuna se dispare hasta unos 330 millones de dólares". También afirmaba que recibe un salario de 2 millones de dólares al mes en Generation Investment Management. Además, lleva años volando en aviones que producen $CO_2$ y posee varias propiedades.[151] Es el epítome de un miembro hipócrita de una secta.

## Grupos de sandías

*Just Stop Oil* comenzó a salvar a la humanidad en 2022. De la página de inicio de su sitio web: "Just Stop Oil es un grupo de resistencia civil no violenta que

---

[151] Farrell, P., "Cómo Al Gore ha ganado 330 millones de dólares con el alarmismo climático: Former VP made a fortune after losing to George W when he set up a green investment firm now worth $36BN that pays him $2m a month... as he warns about 'rain bombs' and 'boiling oceans'", 19 de enero de 2023.
https://www.dailymail.co.uk/news/article-11653723/How-Al-Gore-300m-climate-alarmism-Former-VP-fortune-losing-George-W.html

exige al Gobierno británico que deje de conceder licencias a todos los nuevos proyectos de petróleo, gas y carbón". Curiosamente, el color que han elegido para su marca es el naranja (página web, camisetas, etc.), lo que, para ser justos, es un intento decente de originalidad (de nuevo, el rojo comunista sería demasiado obvio). Su logotipo es muy interesante y tiene múltiples significados: es una calavera humana en forma de bombilla, pero también contiene una persona triste y una gota de aceite como lágrima.[152] Lo apruebo: el activismo revolucionario marxista es una idea miserable que conduce a la extinción humana.

Este grupo ha recibido atención por sus gloriosas acciones revolucionarias en los medios de comunicación y en Internet. En 2023, se vio a manifestantes lanzando polvo naranja por todas partes, incluso en eventos deportivos de alto nivel en abril y julio: el Campeonato Mundial de Snooker en Sheffield y el Open Británico de golf en Liverpool. En la Fórmula 1, también interrumpieron el Gran Premio de Gran Bretaña de 2022 sentándose en la pista. Si llegara a la curva y viera a esos capullos en la pista, encendería los limpiaparabrisas, tocaría el claxon, subiría una marcha y pisaría a fondo...".

Otra táctica es interrumpir el tráfico (de conductores aficionados), sobre todo en el centro de Londres (Reino Unido).[153] Estos idiotas estaban sentados en la carretera enfureciendo a los londinenses de a pie, que a menudo se veían obligados a sentarse en los vehículos mientras la "policía" miraba. Algunos miembros brillantes del público arrancaron sus pancartas, los arrastraron fuera de la carretera y los acosaron de otras maneras, pero obviamente, con la policía amenazando con arrestarlos a ellos y no a los manifestantes (¡!), las protestas continuaron. A menudo, los manifestantes, una vez arrastrados fuera de la carretera, se arrastraban para volver a ella. Algunas personas intentaron sermonear a los activistas, una completa pérdida de tiempo: intentar razonar con miembros de una secta con el cerebro lavado. Recordemos que se trata de grandes héroes revolucionarios de la humanidad, que levitan por encima del resto de nosotros, que sabemos más que ellos.[154]

Es absolutamente ridículo que se permitiera que esto sucediera. El establishment del Reino Unido está plagado de miembros de sectas, así que por ahora no hay esperanza de ilegalizar las protestas marxistas. En una sociedad más sana, los meterían en furgones policiales y los obligarían a trabajar en una mina de carbón o en una plataforma petrolífera en algún lugar durante el resto de sus vidas. Como solución ideal para los manifestantes que se sientan en la

---

[152] https://juststopoil.org/

[153] "Just Stop Oil: ¿Qué es y cuáles son sus objetivos?", 8 de noviembre de 2023. https://www.bbc.com/news/uk-63543307

[154] "'Just Stop Oil' Protestors Getting Wrecked", 3 de julio de 2023. https://www.YouTube.com/watch?v=s7XPNM_Om9Q

carretera, he aquí unas palabras del difunto cómico estadounidense Bill Hicks (1961-1994), que dijo lo siguiente sobre los disturbios de Los Ángeles de 1992: "¡Pisa el puto acelerador, hombre! Ellos van a pie y tú en camión... Creo que veo una salida a esto...".[155]

Muchos comentaristas en línea señalaron cómo estos activistas son en su mayoría estudiantes, jubilados, y pueden estar desempleados (y por lo tanto no contribuyen actualmente a la economía), mientras que al mismo tiempo impiden a los trabajadores / trabajadores hacer lo mismo. Aunque esto se reconoce y se entiende, es menos obvio que su acción de interrumpir el tráfico simboliza la postura anticapitalista y anticivilizadora de la ideología.

Curiosamente, entre los trabajadores a los que los activistas molestaban se encontraba la clase obrera "proletaria", por no mencionar que cuanto más tiempo se retiene a alguien en el tráfico, alargando su tiempo de viaje, más combustible se utiliza y más contaminación produce el vehículo en general a través de su tubo de escape. Acciones aún más abiertamente anticapitalistas se vieron en abril de 2022, cuando intentaron bloquear varias instalaciones, infraestructuras y terminales petrolíferas.[156]

Otro grupo británico predecesor, aunque con un mayor nivel de locura kamikaze, es Insulate *Britain*. De la página de inicio de su sitio web *insulatebritain.com* (subrayado para enfatizar): "Necesitamos que el Gobierno aísle los hogares británicos para salvar miles de vidas y evitar el colapso económico y social. Cada año en el Reino Unido, cientos de miles de familias se ven obligadas a elegir entre calentarse o comer, niños con frío o niños hambrientos, y muchos miles mueren por pasar demasiado frío. Aislar las viviendas británicas salvará vidas y proporcionará hogares cálidos, al tiempo que, libra por libra, supondrá la contribución más eficaz a la reducción de las emisiones de carbono y proporcionará puestos de trabajo significativos".[157]

Gracias a Satanás tenemos a esta gente maravillosa para salvarnos de este colapso, mientras ellos salvan a los pobres proletarios. Estos locos fueron vistos obstruyendo el tráfico en varios cruces de la autopista M25 cerca de Londres a finales de 2021.[158]

Un grupo de culto relacionado es *Extinction Rebellion* (ER. Este nombre es otro aspirante al título de "cómo meter todo el marxismo que puedas en un solo título"). De hecho, Just Stop Oil y Insulate Britain son ramificaciones, ya que

---

[155] "Bill Hicks: Revelations (1992/ 93)". https://www.YouTube.com/watch?v=6wG0wZD3Kh8

[156] "Just Stop Oil: ¿Qué es y cuáles son sus objetivos?", 8 de noviembre de 2023.https://www.bbc.com/news/uk-63543307

[157] https://insulatebritain.com/

[158] https://en.wikipedia.org/wiki/Insulate_Britain_protests

ER está un poco más arriba en el tótem de la estructura internacional de la secta. De la sección "¿Por qué rebelarse?" de su sitio web, en "Desobediencia civil no violenta": "Seguimos los pasos de muchos que nos han precedido. Desde el Movimiento por la Independencia de la India hasta el Sufragio Femenino, desde el Movimiento por los Derechos Civiles hasta la Primavera Árabe, la historia nos ha demostrado una y otra vez que la protesta no violenta funciona como un poderoso medio para lograr el cambio. Sin embargo, no hay garantías. Como rebeldes, sabemos que la realidad de mañana es la preocupación de hoy".[159] Siguiendo los pasos.

*Letzte Generation (Última Generación) es* un grupo alemán activo también en Italia y Austria. Su logotipo es un corazón rodeado por un círculo rojizo (marxismo = amor). Son conocidos por tácticas similares: rociar monumentos públicos con pintura, pegarse a la carretera, utilizar extintores para rociar pintura naranja en fachadas de tiendas y restaurantes. Una vez incluso pintarrajearon un cuadro de Claude Monet con puré de patatas y otro de Van Gogh con sopa.[160] Bichos raros. De la página "Quiénes somos" de su sitio web (subrayado para enfatizar): "Somos la última generación que puede detener el hundimiento de nuestra sociedad. Ante esta realidad, aceptamos sin miedo las altas tasas, los cargos penales y el encarcelamiento".[161]

Una vez más, la evidencia de unos egos gigantescos nos recuerda que se trata de fanáticos y que, por lo tanto, ningún tipo de coerción o castigo podrá disuadirlos. La única forma de hacer frente a los ideólogos fundamentalistas es con la fuerza física. Curiosamente, en febrero de 2023 dos de los miembros fueron reprendidos en los medios de comunicación por volar a Asia de vacaciones, vomitando CO2 en abundancia.[162] De nuevo, en una sociedad cuerda, a cualquier miembro identificado de una secta no se le permitirá salir o entrar de un país a su antojo. Si todo va bien y se cumple el plan, esta será la "última generación" de miembros de sectas marxistas.

Obsérvese también cómo estos grupos hablan de este inevitable colapso social. La génesis de esto fue la suposición de Karl Marx de que el capitalismo contenía en sí mismo las semillas de su propia destrucción. La secta utiliza mucho esta herramienta, para intentar desencadenar un sentido emocional de urgencia, que pueda producir una reacción favorable a la secta/ideología.

Otro es el grupo activista australiano *Stop Fossil Fuel Subsidies* (SFFS, o "Stop

---

[159] https://rebellion.global/why-rebel/

[160] https://en.wikipedia.org/wiki/Last_Generation_(movimiento_climático)

[161] https://letztegeneration.org/en/wer-wir-sind/

[162] Scally, D., "German climate activists swap court date for Bali holiday", 3 feb 2023.

https://www.irishtimes.com/world/europe/2023/02/03/german-climate-activists-swap-court-date-for-bali-holiday/

for fuck's sake!"; que es súper australiano). Su página web, en la que vuelve a aparecer el color rojo, afirma que son "un nuevo grupo políticamente no afiliado de ciudadanos de a pie que actúa para obligar a los gobiernos a dejar de apoyar a la industria de los combustibles fósiles".[163] ¿Miembros imparciales de una secta? Díganme más. Además, "nos hemos visto obligados a emprender un camino de resistencia civil no violenta para detener esta obscenidad". No, nadie os obliga a nada.

También afirman que "Décadas de peligrosa inacción alimentada por la codicia han acelerado el calentamiento global provocado por el hombre hasta el punto de que la civilización no será viable, a menos que se tomen medidas urgentes para reducir rápidamente las emisiones de gases de efecto invernadero. Ha llegado el momento de plantear exigencias más firmes y una resistencia civil proporcional a la amenaza existencial a la que todos nos enfrentamos". Estas dos frases incluyen (por orden): anticapitalismo/antibeneficio, pseudociencia, alarmismo, revolución, más alarmismo.

### David y Joanne

El Dr. David Evans y su esposa Joanne Nova son dos notables "escépticos del clima" en Australia. Ambos se han pronunciado sobre este tema durante muchos años. Se trata de personajes muy interesantes, ya que ambos participaron como defensores de esta subagenda al principio de sus carreras.

Ingeniero y matemático, Evans tiene nada menos que seis títulos universitarios, incluido un doctorado en ingeniería eléctrica que adquirió en la Universidad de Stanford (California). Trabajó como consultor para la Oficina Australiana de Invernadero -rebautizada "Departamento de Cambio Climático"- de 1999 a 2005 y de 2008 a 2010. Participó en el desarrollo de Fullcam, un sistema para medir los niveles de carbono en el medio ambiente.[164][165] Evans se convirtió en una especie de paria cuando empezó a cuestionar la narrativa, citando los datos del núcleo de hielo como un importante punto de inflexión para él personalmente. Un gran hombre que tuvo la conciencia y la valentía de hablar claro.

El 23 de marzo de 2011, pronunció un discurso en una protesta "No al impuesto sobre el carbono" en la escalinata de la casa del parlamento de Australia Occidental (el discurso completo está disponible en su sitio web www.sciencespeak.com). [166] Comenzó diciendo: "El debate sobre el calentamiento global ha alcanzado proporciones ridículas. Está lleno de medias

---

[163] https://www.stopffs.org/about

[164] https://sciencespeak.com/about.html

[165] https://en.wikipedia.org/wiki/David_Evans_(matemático_e_ingeniero)

[166] https://sciencespeak.com/rally.pdf

verdades, malentendidos y exageraciones. Soy científico. Estuve en el tren del carbono, entiendo las pruebas, fui alarmista, pero ahora soy escéptico".

Evans prosiguió: "La idea de que el dióxido de carbono es la principal causa del reciente calentamiento global se basa en una suposición que se demostró falsa por pruebas empíricas durante la década de 1990. Pero el tren de la fortuna era demasiado grande, con demasiados puestos de trabajo, industrias, beneficios comerciales, carreras políticas y la posibilidad de un gobierno mundial y un control total en juego. Así que en lugar de admitir que estaban equivocados, los gobiernos, y sus científicos del clima, mantienen ahora escandalosamente la ficción de que el dióxido de carbono es un contaminante peligroso".

También afirmó que el CO2 contribuye a calentar el planeta, pero que "los modelos climáticos son fundamentalmente erróneos", y que "sobrestiman enormemente los aumentos de temperatura debidos al dióxido de carbono". Se refirió a las pruebas que contradecían la narrativa oficial, como los datos de los globos meteorológicos, y que fueron esencialmente ignoradas.

Otras fuentes "alternativas" de conocimiento en el mundo afirman que la Tierra, al igual que nuestra estrella -el Sol-, es de hecho un organismo, en cierto sentido, que fluye y refluye y pasa por diferentes etapas de desarrollo; también puede reaccionar a los cambios en su entorno/condiciones (como tienden a hacer los seres vivos) y también puede impactar en su entorno. Evans aludió a este concepto en su discurso, desde un punto de vista científico: "En la actualidad hay varias pruebas independientes que demuestran que la Tierra responde al calentamiento debido al dióxido de carbono adicional amortiguando ese calentamiento. Todos los sistemas naturales longevos se comportan así, contrarrestando cualquier perturbación, pues de lo contrario el sistema sería inestable. El sistema climático no es una excepción, y ahora podemos demostrarlo".

Esencialmente, para alejarnos un momento, los "alarmistas" climáticos (miembros de la secta) están sugiriendo erróneamente que el planeta no puede soportar lo que los humanos estamos haciendo (en términos de nuestras emisiones, etc.) y que esto crea varios desequilibrios medioambientales, pero Evans sugirió correctamente que el planeta puede adaptarse, y de hecho lo hace. El argumento contrario de la secta, central en su movimiento, es falso.

Decir que el subculto del clima exagera y distorsiona la información de forma sesgada es quedarse corto; es propaganda. El uso de termómetros y su ubicación física es, obviamente, fundamental para las afirmaciones de que el planeta se está calentando. Evans explicó: "El calentamiento global se mide en décimas de grado, por lo que cualquier empujón extra de calentamiento es importante. En Estados Unidos, en una encuesta realizada por voluntarios, casi el 90% de los termómetros oficiales incumplen los requisitos oficiales de ubicación, que exigen que no estén demasiado cerca de una fuente de calor artificial". Y añadió: "La tergiversación es que utilizan termómetros seleccionados en lugares que se calientan artificialmente y llaman a los resultados calentamiento "global"".

Los satélites proporcionan una medición precisa y global de las temperaturas, subrayó Evans, y lo hacen de forma imparcial. Sus datos indican que "el año reciente más caluroso fue 1998, y que desde 2001 la temperatura global se ha estabilizado", añadiendo "¿por qué el establishment climático occidental presenta sólo los resultados de los termómetros de superficie y no menciona los resultados de los satélites?".

Estos son ejemplos típicos del culto/ideología que selecciona información para promover una narrativa determinada, distorsionando la realidad. Concluyó su discurso diciendo: "Sí, el dióxido de carbono es una causa del calentamiento global, pero es tan insignificante que no merece la pena hacer mucho al respecto". En otra ocasión, Evans señaló la actividad solar como la principal influencia en el clima de la Tierra.

### Joanne

La esposa de David, Joanne Nova, también con formación científica, es una respetada portavoz de la verdad climática. Su excelente sitio web *joannenova.com.au* es uno de los mayores sitios de escépticos climáticos del mundo. Las entradas de su blog abarcan varios temas relacionados, y escribe con gran perspicacia y actitud. También publicó "The Skeptic's Handbook" en 2009. Entre otras cosas, su trabajo ha puesto de relieve la extrema ineficacia energética, el alto coste y la inviabilidad general de las fuentes de energía "renovables" en comparación con las fuentes convencionales.[167][168]

En julio de 2023, Nova hizo una entrevista en YouTube con el presentador Topher Field en *The Aussie Wire*. Habló de los productos de "energía verde" y de que para producirlos se utilizaba esencialmente mano de obra esclava. La conversación puso de manifiesto la hipocresía del movimiento "verde", que aparentemente defiende los derechos humanos.[169]

Una organización que llama la atención sobre esta cuestión es *Walk Free, un* "grupo internacional de derechos humanos con sede en Perth centrado en la erradicación de la esclavitud moderna, en todas sus formas, durante nuestra vida". Curiosamente, su sitio web -walkfree.*org- tiene un* tono claramente marxista (ya que el culto nos recuerda a menudo que la esclavitud es una forma

---

[167] https://en.wikipedia.org/wiki/Joanne_Nova

[168] https://joannenova.com.au/

[169] The Aussie Wire, "La verdad sobre el carbón y la energía en Australia: Joanne Nova Explains", 26 de julio de 2023.
https://www.YouTube.com/watch?v=GwFDlsTSwNI

de opresión) y, sin embargo, han llamado la atención de forma un tanto inadvertida sobre la esclavitud marxista.[170]

## Los uigures no pueden "caminar libres

El miércoles 24 de mayo de 2023, un artículo del sitio web *abc.net.au* afirmaba: "Xinjiang, provincia del noroeste de China, es el hogar de grupos étnicos entre los que se encuentran los uigures, que al parecer han sido objeto de persecución por parte de las autoridades de Pekín. También ha habido informes que sugieren el uso generalizado de mano de obra uigur coaccionada en campos para producir polisilicio, el ingrediente clave de los paneles solares".[171]

La directora fundadora de Walk Free, Grace Forrest, fue citada diciendo: "El riesgo de los paneles solares, como el de muchas partes de la economía verde, es que se trata de cadenas de suministro transnacionales que carecen de transparencia y responsabilidad. El hecho es que, por defecto, una economía verde se basará en la esclavitud moderna. Y tenemos la oportunidad, una gran responsabilidad, de decir que no se puede perjudicar a las personas en nombre de salvar el planeta". El artículo también afirmaba que "casi el 90 por ciento del suministro mundial de polisilicio procede de China, y Walk Free señaló que cerca de la mitad procedía de Xinjiang".

Una vez más, a la ideología no le importan las personas, sólo las finge para proliferar. Como el fanatismo de la secta progresa en oleadas cada vez mayores, aunque la mayoría de los miembros de la secta en el mundo estén en contra de esta forma de esclavitud, como nos enseñó Yuri Besmenov, eso no detendrá a los comunistas chinos (que estarían encantados de esclavizarlos también, por disidentes contra la "revolución").

En cuanto a los campos de internamiento de Xinjiang, al modo típico de las sectas, el Partido Comunista Chino (PCCh), que gobierna el país, los designa oficialmente "centros de educación y formación profesional".[172] Epítome del racismo y la opresión, estos campos son la encarnación regional de la red de prisiones Laogai, que abarca todo el país. Los campos de Xinjiang, en particular, se crearon para oprimir/eliminar a las minorías étnicas y religiosas -incluidos los uigures, que son musulmanes- e impedir al mismo tiempo

---

[170] https://www.walkfree.org/

[171] Mercer y Dole, "Forrest group Walk Free warns of slavery threat in Australia's solar panel supply chains", 24 de mayo de 2023. https://www.abc.net.au/news/2023-05-24/forrest-group-walk-free-warns-slavery-threat-solar-panels/102383470

[172] Maizland, L., "China's Repression of Uyghurs in Xinjiang", 22 de septiembre de 2022.

https://www.cfr.org/backgrounder/china-xinjiang-uyghurs-muslims-repression-genocide-human-rights

cualquier separación real de China.

**Cobalt Commie Cars**

En una entrada de blog publicada el martes 8 de agosto de 2023, Nova destacó que los chinos son ahora los principales exportadores de vehículos eléctricos (VE): "Mientras Occidente imponga los VE a su propia población, y luego les imponga impuestos para subvencionar todas las estaciones de recarga y la generación adicional necesarias, los clientes malhumorados y sufridores elegirán el coche más barato que puedan encontrar. Y sin electricidad barata procedente del carbón o mano de obra esclava en las fábricas, ¿cómo podría competir alguna vez la industria automovilística occidental?".[173] Teniendo en cuenta el modus operandi y las ambiciones del PCCh, ¡seguro que esta situación ha sido diseñada! Nova también señaló las amenazas potenciales que los coches eléctricos chinos suponen para los países occidentales (vigilancia, etc.).

El ingrediente clave utilizado para producir baterías de vehículos eléctricos es el metal elemental cobalto. El 15 de marzo de 2022 apareció un artículo en el sitio web *de E&E News* titulado "El cobalto pone a prueba los derechos humanos de Biden en materia de energía limpia".[174]

La República Democrática del Congo (RDC) es una de las principales fuentes de este metal: "La RDC, a veces llamada "la Arabia Saudí de la era de los vehículos eléctricos", produce alrededor del 70% del cobalto del mundo. Alrededor del 80 por ciento del cobalto se procesa en China antes de incorporarlo a las baterías de iones de litio".

Y añadía: "Las denuncias de trabajos forzados en las fábricas chinas de polisilicio llevaron al Congreso a aprobar el año pasado una prohibición general de las importaciones de energía solar vinculadas a una región de ese país. Los funcionarios de aduanas confiscaron enormes cargamentos de al menos tres empresas e incluyeron en la lista negra a uno de los principales proveedores chinos. El polisilicio es un insumo clave para la mayoría de los tipos de paneles solares. Los productos que utilizan cobalto congoleño, como las baterías de iones de litio utilizadas en los vehículos eléctricos y el almacenamiento de energía, se han librado de este tipo de medidas coercitivas".

**Guerra económica ecológica**

---

[173] Nova, J., "How to paralyze a city with one easy EV "update"", 8 de agosto de 2023.

https://joannenova.com.au/2023/08/how-to-paralyze-a-city-with-one-easy-ev-update/

[174] Holzman, J., "Cobalt poses human rights test for Biden on clean energy", 15 de marzo de 2022. https://www.eenews.net/articles/cobalt-poses-human-rights-test-for-biden-on-clean-energy/

Alejándonos momentáneamente de la subagenda de la estafa climática, estas cuestiones son extremadamente significativas en términos de la presencia global de la ideología. Al parecer, los chinos, que obviamente no siguen el juego de la "agenda verde", utilizan básicamente mano de obra esclava para producir y vender estos productos ineficaces e inútiles. Para ellos es una situación beneficiosa, ya que, a medida que sigan construyendo su infraestructura económica utilizando centrales de carbón y centrales nucleares, acabarán superando a los países occidentales, que están ocupados paralizándose a sí mismos al volverse "verdes". Mientras China construye más centrales eléctricas convencionales, los países occidentales construirán más parques eólicos. Si la economía mundial es una carrera, ellos pisan el acelerador y Occidente lo suelta. Además, el impuesto sobre el carbono ayuda a la industria china a superar fácilmente a sus homólogas occidentales, ya que éstas no pagarán esos impuestos.

Todo esto está relacionado con la *Iniciativa del* Cinturón y la Ruta (BRI) del PCCh, que utiliza la economía para construir su imperio global a través de diversos medios, incluyendo la adquisición territorial y de recursos, promoviendo así el marxismo internacional[175] (un tema importante tratado suficientemente por otros autores). El nombre "Cinturón y Ruta" era antes "Un Cinturón, Una Ruta". Al parecer, el primer ministro del PCCh, Xi Jinping, sugirió el nombre, y es una referencia a los planes de China para el comercio terrestre (un "cinturón" económico) y marítimo y las rutas de navegación ("carretera").[176]

Teniendo en cuenta que Xi es considerado por algunos como el nuevo Mao, a este autor se le pasó por la cabeza que "Un cinturón, una ruta" tenía un significado más profundo: podría ser una referencia a un recuerdo militar histórico de la *Larga Marcha* de 1934 (un periodo de dos años de retirada de las fuerzas comunistas de sus enemigos nacionalistas). El recuerdo era medio cinturón, un símbolo de su lucha por sobrevivir a pesar de no tener nada. En enero de 2016, durante una visita al museo donde vio el artefacto, Xi dijo que representaba "el poder de la fe". Fue donado al Museo Nacional de China en 1975. ).[177]

En noviembre de 2018, Joanne Nova intervino en la duodécima *Conferencia*

---

[175] Jie y Wallace, "What is China's Belt and Road Initiative (BRI)?", 13 de septiembre de 2021.https://www.chathamhouse.org/2021/09/what-chinas-belt-and-road-initiative-bri

[176] Kuo y Kommenda, "¿Qué es la Iniciativa *Belt and Road* de China?".

https://web.archive.org/web/20180905062336/https://www.theguardian.com/cities/ng-interactive/2018/jul/30/what-china-belt-road-initiative-silk-road-explainer

[177] "La historia del partido compartida por Xi: Medio cinturón recuerda a la gente el poder de la fe", 23 de abril de 2021. http://en.moj.gov.cn/2021-04/23/c_613668.htm

*EIKE sobre Clima y Energía*, celebrada en Múnich (Alemania). Esta excelente y exhaustiva presentación llevaba por título "Cómo destruir una red eléctrica en tres sencillos pasos".[178]

Nova afirmó que Australia posee la cuarta reserva mundial de carbón, es el mayor exportador del mundo y que tiene suficiente para durar "300 años a nuestro ritmo actual de utilización como principal fuente de electricidad". También destacó que el país tiene las mayores reservas de uranio del mundo (segundo productor mundial), y que "hay 450 reactores nucleares en todo el mundo y en Australia no tenemos ninguno".[179] Estas cosas demuestran hasta qué punto la secta ha ahogado el progreso en ese país.

## Cov(a)id(s) 19(84)-el virus "del pueblo

> "El poder no viene de una placa o un arma, el poder viene de mentir, mentir a lo grande y conseguir que todo el maldito mundo te siga el juego. Una vez que tienes a todos de acuerdo con lo que saben en sus corazones que no es verdad, los tienes por las bolas"[180]

> Senador Ethan Roark (Powers Booth), *Sin City*, 2005

> "De todas las cosas que hay ahí fuera, ¿qué podría causar un exceso en un solo año de diez millones de muertes? Está claro que una gran guerra podría, y una pandemia, natural o creada por el bioterrorismo".[181]

> Un ricachón informático obsesionado con las pandemias, las vacunas, los niveles de población y el bioterrorismo llamado William Gates, abril de 2018

## Lista de control comunista

Todo el fiasco de Covid tenía las huellas de la secta. Esta subagenda creó división entre los que eran demasiado tontos para ver lo que estaba pasando y los que no. Creó una clase obediente y otra no obediente, al tiempo que fomentaba el maltrato de los no obedientes. Colocó a las "víctimas" de Covid en la clase de los "oprimidos" e insinuó que los que rechazaban las vacunas eran esencialmente los "opresores", como una forma de chantaje emocional para obligar a la gente a cumplir. Creó un nuevo sistema de clases al tratar a

---

[178] EIKE, "Joanne Nova - How to destroy a power grid in three simple steps", 18 feb 2022.

[179] "Producción de uranio por países".

https://wisevoter.com/country-rankings/uranium-production-by-country/#uranium-production-by-country

[180] "Sin City - Discurso del senador Roark (hardsub)", 14 de marzo de 2012.

https://www.YouTube.com/watch?v=Os9TU3e0kMo

[181] Bill Gates: '¿Qué podría causar, en un solo año, más de 10 millones de muertes?', 30 de abril de 2018. https://www.YouTube.com/watch?v=5ToWY_BYb00

los que no se vacunaban como ciudadanos de segunda clase, mediante la denegación o el intento de denegación de ciertos "derechos" (viajar, entrar en establecimientos, derecho a trabajar, etc.). Es evidente que los "no vacunados" son estúpidos y un peligro para la sociedad, ¿no? Para los ingenuos, por tanto, deben ser tratados como tales.

La plandemia del Covid 19(84) fue claramente un intento de los globalistas de consolidar su control sobre las masas. No es sorprendente que, en general, los elementos marxistas de todo occidente apoyaran esta agenda totalitaria. Como era de esperar, introdujeron un sistema de seguimiento de los que estaban "vacunados" y los que no. Los miembros del culto insinuaban que aquellos que rechazaban las inyecciones debían ser tratados como ciudadanos de segunda clase, ya que no cumplían con el sistema. Esencialmente, esto significaba que se les negarían derechos, que es la definición misma de ciudadanía de segunda clase; sin derecho a viajar libremente y socializar, etc.

Tomar una misteriosa "vacuna" (o vacunas) que no se necesita es el símbolo perfecto del principio del Caballo de Troya. Una vez que la gente empieza por este camino, está dispuesta a recibir todo tipo de inyecciones. Esta subagenda también se basa en una percepción distorsionada de la realidad porque no se trata de una auténtica pandemia. Por supuesto, decir que Covid contó con el rotundo apoyo del sistema es quedarse corto.

Lo más revelador es que la plandemia también constituyó un flagrante ataque al capitalismo. Durante los cierres forzosos del gobierno, la sociedad -y por tanto la economía- se paralizó (aunque temporalmente en algunos sectores). Obligó a muchos propietarios de pequeñas empresas a soportar meses de angustiosa espera y preocupación por su reapertura, y a muchos otros a cerrar por completo. Un horrible crimen del Gobierno contra los empresarios.

Era exasperante ser testigo de esta locura, ¡y de las despreciables fuerzas policiales traidoras que la imponían! Un artículo del Irish Times de noviembre de 2022 hacía referencia a los resultados de la Oficina Central de Estadística, según los cuales "alrededor del 24% de las empresas que respondieron a sus encuestas en abril y mayo de 2020 cesaron temporal o permanentemente su actividad comercial" (aunque las cifras reales eran probablemente mucho más altas).[182]

En muchos países durante este período, los miembros de la secta en el gobierno emitieron pagos Covid a aquellos que no podían trabajar en sus puestos de trabajo ¡para "compensarles" por una situación que ellos habían creado! Así que esencialmente los miembros de la secta en connivencia en todo el mundo causaron la situación Covid en primer lugar (China comunista, nuestros

---

[182] Slattery, L. "'Dramatic effect' of pandemic on Irish businesses still being felt", 2 de noviembre de 2022. https://www.irishtimes.com/business/2022/11/02/dramatic-effect-of-pandemic-on-irish-businesses-still-being-felt/

gobiernos contaminados, fronteras abiertas, miembros de la secta en el MSM en todo el mundo, etc.), luego empiezan a hacer cosas como: negar a la gente el derecho a trabajar y a ganar dinero negándoles el viaje hacia/desde el trabajo a menos que sean trabajadores "esenciales"; negarles el derecho a abrir sus negocios, llevándoles a la bancarrota; forzarles a aceptar los pagos estatales de Covid para sobrevivir; llamar "teóricos de la conspiración" a los que se resisten a la presión del gobierno para conseguir vacunas; decir que cualquier protesta/disturbio por todo esto está alimentado por individuos de pensamiento equivocado de "extrema derecha", etc. Esta provocación debería enfurecer a la gente.

¡Qué "caridad" tan audaz la de emitir estos pagos de Covid! Otro ejemplo más de la secta que reparte dinero gratis, lo que drena las finanzas de la economía (anticapitalismo). Los cierres forzaron esencialmente a muchos a perder sus trabajos y medios de vida, además de ponerlos en el paro/beneficios/seguridad social, y por lo tanto dependientes del estado. Quitar la independencia financiera al proletariado es típico de la secta. Obviamente, les importaría un bledo los ricos empresarios "burgueses" que se vieran afectados.

Negar a la gente el derecho a ir a trabajar, o a dirigir su propio negocio, o coaccionarla para que acepte pagos de Covid son todos ataques al capitalismo y a la independencia financiera del individuo frente al Estado.

Era la imposición de la igualdad en el sentido de que todo el mundo estaba siendo coaccionado para cumplir con el Estado a través de la propaganda y la presión social colectiva para vacunarse; igualdad de conformidad. Contenía la señalización de virtudes en el sentido de que vacunarse era lo moralmente responsable, por la "seguridad" de los demás; por el bien del "colectivo".

### Actitudes de los miembros de una secta y promoción de la vacuna

Resulta muy revelador que la secta en general animara a la gente a obedecer al Estado/sistema a toda costa. ¿No se supone que son "rebeldes"? Este es uno de los síntomas de una sociedad altamente infectada: no hay suficiente escepticismo, sino demasiada conformidad con el control estatal. Tal vez las masas no estarían tan dispuestas a seguir el timo de Covid si nuestros países no estuvieran previamente inyectados de marxismo. Muchos miembros de la secta no pusieron objeciones cuando el altamente capitalista Bill Gates y Big Pharma intervinieron para ofrecer sus "curas" de vacunas.

Además, estaba la promoción de las vacunas. Como vimos en los medios de comunicación, quienes las rechazaban debían -según los miembros de la secta- ser castigados por no cumplirlas. Los virtuosos defendieron en tropel estas medidas en beneficio de la sociedad, naturalmente. El senador laborista australiano Raff Ciccone dijo lo siguiente a los "anti-vaxxers" en *The Age* el 16 de junio de 2020: "Nuestra tolerancia hacia su ignorancia voluntaria ha terminado. No podemos permitirnos, ni moral ni económicamente, ceder ningún terreno a quienes eligen no vacunarse... No estoy defendiendo que vacunemos a la gente contra su voluntad. Eso sería un error. Debemos garantizar que la seguridad de nuestra comunidad sea la prioridad número uno. Eso significa que la participación en la vida cotidiana no puede poner en peligro a los demás. Si no quieres vacunarte contra el COVID-19, debes asumir las consecuencias de esa decisión".[183]

Continúa el artículo defendiendo este nuevo sistema de clases mediante la denegación de empleo, cuidado de niños y entrada a locales a quienes se opongan a la vacuna, refiriéndose a ellos como "teóricos de la conspiración". Otro miembro más de una secta que impulsa el totalitarismo, mientras intenta convencernos de que son benévolos señalando virtudes.

El ex primer ministro británico, líder del Partido Laborista y fabiano Tony Blair fue un ferviente partidario de los pasaportes Covid durante la "pandemia", al igual que el *Instituto Tony Blair para el Cambio Global*. Abogaron por un "robusto pase Covid" en el Reino Unido, que incluiría esencialmente dar más libertades a aquellos que estuvieran completamente vacunados. [184] En un artículo publicado en el sitio web de Sky News el 6 de junio de 2021, se le citaba diciendo: "Ha llegado el momento de distinguir, a efectos de la libertad frente a las restricciones, entre vacunados y no vacunados, tanto para los ciudadanos que se encuentran aquí por motivos domésticos, como para nuestros ciudadanos y los de otros países en lo que respecta a los viajes, sobre la base de que estar vacunado reduce sustancialmente el riesgo".[185]

En noviembre de 2020, como parte del esfuerzo desesperado por controlar preventivamente la narrativa, el Partido Laborista británico pidió la rápida supresión de cualquier contenido "anti-vacunas" que circule en línea. Pidieron al Gobierno que presentara urgentemente una legislación que incluyera sanciones económicas y penales para las empresas que no actuaran para "acabar con el peligroso contenido antivacunas".[186]

---

[183] Ciccone, R., "New COVID-19 restrictions will be needed for anti-vaxxers", junio de 2020.

https://www.theage.com.au/national/victoria/new-covid-19-restrictions-will-be-needed-for-anti-vaxxers-20200616-p55330.html

[184] Beacon e Innis, "Pases Covid: Evidence and Models for Future Use", 6 de abril de 2022.

https://institute.global/policy/covid-passes-evidence-and-models-future-use

[185] Sephton, C., "COVID-19: 'Time to distinguish' between those who have and have not had a vaccine, Tony Blair says", 6 de junio de 2021.

https://news.sky.com/story/covid-19-time-to-distinguish-between-those-who-have-and-have-not-had-a-vaccine-tony-blair-says-12325869

[186] "Labour calls for emergency legislation to "stamp out dangerous anti-vax content"", 14 de noviembre de 2020.

En febrero de 2022, cuando estaba a punto de levantarse el mandato del gobierno irlandés sobre el uso obligatorio de máscaras, otro destacado miembro de la secta se opuso. En una entrevista en la emisora de radio Newstalk, el diputado de People Before Profit Paul Murphy declaró: "Creo que es un error abandonar el mandato de la máscara en este momento".[187] Expresó su preocupación por el bienestar de los trabajadores (ojos en blanco) y los vulnerables (también conocidos como los oprimidos), pero no de la burguesía, por supuesto, y añadió: "Algunas personas perderán la vida como consecuencia de esta decisión". También anunciaba clínicas de inyección Covid en su página de Facebook, y anunciaba con orgullo su primera vacuna en un post del 12 de julio de 2021 titulado "¡Primera vacuna abriéndose camino en mi sistema ahora!#vaccinationdone".[188] Bastardo estúpido e irresponsable.

Murphy no sólo quería vacunar a Irlanda, sino también al mundo entero. He aquí un post de su página de Facebook del 7 de diciembre de 2021: "La codicia de las grandes farmacéuticas está retrasando la distribución mundial de vacunas, especialmente en África y otros países del Sur. Estas grandes empresas farmacéuticas están restringiendo artificialmente el suministro de vacunas, y haciendo subir los precios, mediante la imposición de la llamada 'propiedad intelectual' y las patentes. No podemos luchar contra el Covid sólo en la UE; hay que derrotarlo en todo el mundo para impedir que aparezcan nuevas variantes. Esto significa eliminar las patentes de las grandes farmacéuticas y compartir las recetas y la tecnología de las vacunas para que los países puedan producirlas localmente y acelerar el despliegue de la vacunación".

Típicamente, estaba sugiriendo la discriminación racista y capitalista de los países del tercer mundo (suspiro). Poniendo esto en contexto, se trata de un miembro de la secta marxista, en medio de una "pandemia" marxista fabricada, intentando desviar el desprecio hacia ese eterno opresor de la humanidad: el capitalismo. En otra ocasión, en el Dail (parlamento irlandés) durante un discurso, expresó su deseo de que "todo el mundo pueda ser vacunado lo antes

---

https://www.laboureast.org.uk/news/2020/11/14/labour-calls-for-emergency-legislation-to-stamp-out-dangerous-anti-vax-content/

[187] McNeice, S., "I think it's a mistake to abandon the mask mandate at this point" - Murphy", 17 de febrero de 2022. https://www.newstalk.com/news/paul-murphy-i-think-its-a-mistake-to-abandon-the-mask-mandate-at-this-point-1312908

[188] Paul Murphy TD, "First vaccine working its way in my system now!#vaccinationdone", 12 de julio de 2021. https://www.facebook.com/719890584766018/posts/4194734213948287/?paipv=0&eav=AfYIU7NhUi45-lTfq6BSSUj7A2mIEsyWpASXzBbouG3reNn_ynery5G-pwuJFkUkiXY&_rdr

posible".[189] No hace falta decir que nada de esto es rebelde o "radical".

## El "virus chino

Dado que el virus ~~del arma biológica~~ se originó en Wuhan (China), el presidente Trump lo denominó "virus chino". Obviamente, Trump sabe de qué van el presidente Xi Jinping y el Partido Comunista de China (PCCh), y responsabilizó a su "gobierno" de la situación, dirigiendo la culpa hacia allí en varias ocasiones. Tenía razón al cien por cien. Weijia Jiang es una reportera chino-estadounidense y corresponsal principal en la Casa Blanca de CBS News. Es un ejemplo de miembro de la diáspora china que sirve a los intereses del PCCh en los medios de comunicación occidentales, consciente o inconscientemente, desviando la atención de sus actividades. Durante Covid, tuvo varias disputas de alto nivel con el presidente estadounidense. Durante una rueda de prensa en marzo de 2020, en una ocasión le preguntó "¿por qué sigue llamando a esto "el virus chino?", insinuando que estaba siendo racista, acusándole de no tener "preocupación por los chinoamericanos en este país". Trump respondió: "No es racista en absoluto, no, en absoluto, viene de China, por eso. Quiero ser preciso".[190]

En otra ocasión, en abril de 2020, este mocoso irrespetuoso culpó a Trump de una respuesta inadecuada a la pandemia, acusándole de nuevo de discriminación injustificable contra los "nacionales chinos".[191]

En otra rueda de prensa, esta vez en el jardín de la Casa Blanca, Jiang se refirió a las declaraciones anteriores de Trump cuando sugirió que la tasa de pruebas de Covid de Estados Unidos era mejor que la de otros países. Le preguntó "¿por qué es esto una competición mundial para usted, si cada día los estadounidenses siguen perdiendo la vida?", acusándole básicamente de anteponer su ego al bienestar de esas personas. (Téngase en cuenta que en un ejemplo anterior, ella le acusaba de no responder con suficiente rapidez o adecuación, y en este ejemplo, básicamente le acusaba de responder con demasiado vigor (!). Obviamente, las "preguntas" acusatorias eran demasiado estúpidas para ser respondidas, así que Trump respondió "Bueno, están perdiendo la vida en todas partes del mundo, y tal vez esa sea una pregunta que deberías hacerle a China... No me preguntes a mí, hazle esa pregunta a China,

---

[189] Paul Murphy TD, "Roll out vaccines worldwide - scrap Big Pharma's patents" (vídeo), 7 de diciembre de 2021.
https://www.facebook.com/watch/?v=6441599159243350

[190] CNBC, "Presidente Donald Trump: Calling it the 'Chinese virus' is not racist at all, it comes from China", 18 de marzo de 2020.
https://www.YouTube.com/watch?v=dl78PQGJpiI

[191] Guardian News, "'Baja la voz': Trump berates female reporter when questioned over Covid-19 response", 20 de abril de 2020.
https://www.YouTube.com/watch?v=5c3wWNsmLA0

¿vale?". Y una vez más, Jiang intentó convertirlo en una cuestión racial: "Señor, ¿por qué me dice eso a mí en concreto?".[192] No estoy sugiriendo que Jiang trabaje directamente para el PCCh, pero se trata de un comportamiento disruptivo y desviado de manual, típico de la subversión marxista. En cualquier caso, a este tipo de "periodistas" se les debería prohibir interactuar con jefes de Estado legítimos. Imagínense tratar de dirigir un país y tener que lidiar con pérdidas de tiempo tan poco profesionales.

## Wuhan

De hecho, Covid debería haber sido etiquetado universalmente como el virus chino, ya que el Instituto de Virología de Wuhan (WIV) fue señalado universalmente como la fuente del brote. Esto significa, por extensión, que el PCCh totalitario también estaba implicado; en China no ocurre nada que no esté bajo su control. Fue triste ver a tantos, que eran lo suficientemente inteligentes como para reconocer que el drama del Covid era una situación fabricada, culpar a las "élites", al "nuevo orden mundial", a las grandes farmacéuticas, etc. Debería haber sido obvio quién estaba detrás, dado el origen. Podríamos haberlo bautizado como el "virus del pueblo". Covid puso de relieve el nivel de ignorancia sobre el marxismo internacional y su naturaleza manipuladora y conspirativa.

El 15 de enero de 2021, apareció en el sitio web del Departamento de Estado de EE.UU. una hoja informativa titulada "Actividad en el Instituto de Virología de Wuhan".[193] Empezaba con "Durante más de un año, el Partido Comunista Chino (PCC) ha impedido sistemáticamente una investigación transparente y exhaustiva del origen de la pandemia COVID-19, optando en su lugar por dedicar enormes recursos al engaño y la desinformación". Afirmaba que el gobierno estadounidense no sabía exactamente cómo ni dónde se había originado y se centraba en el comportamiento del gobierno chino al respecto, sugiriendo que las prácticas inadecuadas en el WIV "aumentaban el riesgo de una exposición accidental y potencialmente involuntaria". La página web también señalaba la "obsesión mortal del PCCh por el secretismo y el control" y destacaba las enfermedades del personal del WIV antes de la pandemia; también, su investigación y "actividad militar secreta" allí, refiriéndose al "pasado trabajo de China con armas biológicas". El PCCh impidió que nadie - incluidos periodistas y autoridades sanitarias- entrevistara al personal enfermo del WIV antes del brote. Aunque el WIV es oficialmente una "institución civil", el artículo afirmaba cómo "participaba en investigaciones clasificadas,

---

[192] CBS News, "Trump tells CBS News reporter to "ask China" about deaths and abruptly end briefing", 11 de mayo de 2020. https://www.YouTube.com/watch?v=hF_LvrUvozQ

[193] Departamento de Estado de EE.UU., "Fact Sheet: Activity at the Wuhan Institute of Virology", 15 de enero de 2021. https://2017-2021.state.gov/fact-sheet-activity-at-the-wuhan-institute-of-virology/

incluidos experimentos con animales de laboratorio, en nombre del ejército chino desde al menos 2017".

En junio de 2020 se estrenó un documental titulado *El encubrimiento del siglo*. Conducido por la periodista de investigación chino-estadounidense Simone Gao, ofrece una gran visión de las circunstancias que rodearon el brote.[194] Revela cómo un médico del Hospital Central de Wuhan, el Dr. Li Wienlang, que advirtió a sus compañeros sobre el Covid, fue reprendido sumariamente por su jefe y avergonzado públicamente por los medios de comunicación. La televisión estatal -CCTV (Televisión Central China)- está bajo el control directo del departamento de propaganda del PCCh, tiene 50 canales y emite para más de mil millones de espectadores en seis idiomas. Fue creada por Mao Zedong y comenzó a emitir en 1958.[195] El documental afirmaba que "a partir del 2 de enero (de 2020), el portavoz del Partido, CCTV, emitió continuamente una serie de programas condenando a los llamados "propagadores de rumores"" (otro término propagandístico comunista, como "teórico de la conspiración"). Continuaba diciendo que "cualquiera que hubiera compartido información sobre el virus entraba en esta categoría, incluido el Dr. Li". Obviamente, teniendo en cuenta cómo funciona la clase dirigente china, la orden de tratar a Li con dureza vino de lo más alto, para convertirlo en un ejemplo y suprimir el debate. Cosas del estado policial comunista.

El documental también destacaba cómo, según documentos internos, que los militares chinos ya sabían en diciembre de 2019 lo contagioso que era el virus, y añadía: "El PCCh mantuvo a los 1.400 millones de habitantes de China ignorantes del peligro de este virus durante al menos 20 días". Reveladoramente, el documental mostró que la OMS (Organización Mundial de la Salud) restó importancia a la transmisibilidad a mediados de enero de 2020, repitiendo esencialmente la propaganda del PCCh. El PCCh no actuó así para contener el brote, sino para facilitar su propagación. Permitieron la salida de millones de personas en vuelos internacionales durante este periodo. Sabían lo que estaba ocurriendo y, sin embargo, no hicieron nada. Si unimos esto a las ambiciones globales de China y a sus tácticas de subversión e infiltración, es probable que todo este fiasco del Covid fuera una "crisis" fabricada; un ataque biológico y económico a Occidente.

## Veganismo: la revolución vegetal

"El veganismo no es sólo una dieta. No es sólo un "estilo de vida". Es un acto

---

[194] Zooming in with Simone Gao, "(中文字幕）The Coverup of the Century | Zooming In's one-hour documentary movie | zooming in special", 29 de junio de 2020. https://www.YouTube.com/watch?v=MZ74NhEUY-w

[195] CCTV, "ABOUT CCTV". https://www.cctv.com/special/guanyunew/gongsijianjie/index.shtml?spm=C96370.PP DB2vhvSivD.E0NoLLx8hyIZ.3#cctvpage1

no violento de rebeldía. Es negarse a participar en la opresión de los inocentes y los vulnerables. Únete a la revolución del corazón. Hazte vegano".[196]

El activista vegano Gary L. Francione, Facebook, mayo de 2013.

En 2019, se informó de que el alcalde socialista fabiano de Londres, Sadiq Khan, estaba promoviendo la Dieta de Salud Planetaria. El objetivo era que los casi nueve millones de residentes de la ciudad estuvieran comiendo dietas "ecológicas" para 2030. El sitio web *dailyskeptic.org* señaló que esta dieta "fue una de las primeras en sugerir que las calorías individuales se redujeran a los niveles de la Segunda Guerra Mundial y que la carne se racionara a sólo 44 gramos al día". [197] (Ya estamos otra vez... El comunismo equivale históricamente a racionamiento y hambre...).

Una organización que promueve esta Dieta Planetaria Saludable es el *Grupo Lancet*, y su "Comisión EAT-Lancet sobre Alimentación, Planeta, Salud". Otras recomendaciones "expertas" y "científicas" incluyen reducir drásticamente o eliminar las grasas saturadas y animales (cuyo significado se describe más adelante).[198]

Es evidente que existe una conexión histórica entre el veganismo y la secta/ideología, ya que se trata de una forma de "revolución". Podemos remontarnos hasta el siglo XIX para encontrar personajes socialistas que abogaban por dietas en favor de los derechos de los animales, como James Pierrepont Greaves (1777-1842) y Amon Bronson Alcott (1799-1888).[199] [200] Por supuesto, el veganismo no tendría el nivel de popularidad que tiene ahora si no fuera por la secta/ideología.

Ahora, la gente cree que sus elecciones alimentarias les convierten en revolucionarios, ¡destinados a salvar toda la vida en la Tierra! ¡Comida heroica! ¡Vaya! Antes, cuando comías un trozo de pepino, simplemente comías pepino; hoy en día, cuando comes pepino, literalmente estás salvando a la humanidad de sí misma, además de salvar a los pobres animales oprimidos, por supuesto. No insistamos en que el veganismo es el asesinato hipócrita, sin compasión,

---

[196] Francione, G., Facebook, 20 de mayo de 2013.https://www.facebook.com/abolitionistapproach/posts/veganism-is-not-just-a-diet-it-is-not-just-a-lifestyle-it-is-a-nonviolent-act-of/598432076843217/

[197] Morrison, C., "Sadiq Khan Signs Up Londoners for the 'Planetary Health Diet' by 2030 With Meat Cut to WW2 Levels of 44g a Day", 17 de octubre de 2023. https://dailysceptic.org/2023/10/17/sadiq-khan-signs-up-londoners-for-the-planetary-health-diet-by-2030-with-meat-cut-to-ww2-levels-of-44g-a-day/

[198] "La Comisión EAT-Lancet sobre Alimentación, Planeta, Salud". https://eatforum.org/eat-lancet-commission/

[199] https://en.wikipedia.org/wiki/James_Pierrepont_Greaves

[200] https://en.wikipedia.org/wiki/Amos_Bronson_Alcott

racista/especista de plantas inocentes e indefensas...

Curiosamente, muchos veganos "de izquierdas" se ponen histéricos con los animales y piensan que está mal matarlos y comérselos; ¡pero también apoyan alegremente el aborto! El aborto es racismo contra la raza humana. Así que, básicamente, ¿no se pueden quitar vidas a los animales, pero sí a los humanos? No es igualdad. Tal vez piensen así porque su punto de vista "moral" se basa en lo que les produce placer: los animales les producen placer, mientras que los bebés humanos -y la responsabilidad de ser padres- no (volvemos al hedonismo y al ego).

Hay algo más en esta subagenda que la "sostenibilidad" y el "ecologismo" marxista. El veganismo es una forma de malnutrición popularizada que ayuda a muchos objetivos de la secta/ideología. Si esta dieta degenerada y antinatural[201] -que carece de "grasas animales", colesterol, grasas saturadas y proteínas completas biodisponibles- es adoptada por una población en masa, conduce a varias consecuencias degenerativas graves. De hecho, el veganismo contribuye a dañar el organismo humano principalmente en tres niveles, todos los cuales ayudan a la secta/ideología y a la agenda de los internacionalistas: acelera el proceso de envejecimiento (el colesterol es un componente crucial de la mayoría de las células del cuerpo; la proteína suficiente, biodisponible (utilizable) y de calidad también es un problema); priva al sistema endocrino de las materias primas (colesterol) para producir hormonas y, por lo tanto, ayuda a difuminar las líneas entre hombres y mujeres; y priva al cerebro de materias primas (colesterol y grasas saturadas) que ayudan a generar individuos locos y emocionalmente inestables, lo que complementa muy bien el adoctrinamiento marxiano.[202] [203] [204] De hecho, el veganismo es marxismo: es una señal de virtud antihumana y altruismo patológico en forma de dieta.

Naturalmente, la dieta debilita una sociedad mediante la destrucción de la masculinidad, a través de la reducción de los niveles de testosterona (la testosterona es 95% colesterol, y una dieta vegana prácticamente no contiene colesterol). Una de las consecuencias de esto es la ruptura de las relaciones

---

[201] Bramante, S., "¿Qué pasaría en un mundo vegano?", 23 de mayo de 2023.

https://www.carnisostenibili.it/en/what-would-happen-if-the-world-went-completely-vegan/

[202] Ede. G, "El cerebro necesita grasa animal", 31 de marzo de 2019.
https://www.psychologytoday.com/us/blog/diagnosis-diet/201903/the-brain-needs-animal-fat

[203] MacAuliffe, L., "¿La grasa animal es buena para ti? The Science on Why it's The Optimal Food for Humans", 18 de diciembre de 2023. https://www.doctorkiltz.com/is-animal-fat-good-for-you/

[204] Biblioteca Nacional de Medicina (varios autores), "Biochemistry, Cholesterol", 8 de agosto de 2023. https://www.ncbi.nlm.nih.gov/books/NBK513326/

normales entre hombres y mujeres, la reducción de la natalidad, el aumento de la desmoralización de los varones y la incapacidad de resistir la toma del poder por parte de la secta debido a la ausencia de resistencia resultante. Por supuesto, el veganismo no resulta en todo esto por sí mismo, pero es un importante factor contribuyente; trabaja con las otras subagendas marxistas para producir estos efectos.

**Lista de control comunista**

Utiliza el principio opr. contra opr. porque etiqueta a los humanos -aquellos que producen/consumen productos animales- como los opresores, y a los animales como las víctimas oprimidas. Esto está relacionado con la mentalidad de "los humanos son malvados" mencionada anteriormente, que la secta/ideología promueve a través de varias subagendas.

Se crea un nuevo sistema de clases, una división, entre los que participan en esta gran revolución salvadora del planeta y los que no. Los que no lo están pertenecen a la clase opresora, obviamente, y son por lo tanto la clase inmoral y sin compasión. Esto es hipócrita y demencial, ya que antepone el bienestar de los animales agrícolas, prácticamente descerebrados y sin alma, al bienestar de los seres humanos (porque el veganismo provoca la degeneración de los seres humanos, debido a la desnutrición). El juicio que emana de los veganos hacia estos "opresores" neandertales y retrógrados se traduce en una considerable presión social para unirse al subculto.

El veganismo hace un uso típico del principio del Caballo de Troya. Aparentemente, es bueno para los humanos, los animales y el propio planeta, pero a la larga resulta en la destrucción/daño de los tres. Ayuda a la degeneración de la humanidad, lo que sólo puede tener un impacto negativo en las otras partes implicadas. Si los humanos se destruyen por degeneración, también lo hará todo lo demás. Básicamente, cuando se jode con el orden natural de las cosas (como tiende a hacer la secta/ideología), todo se derrumba.

Se basa en una percepción distorsionada de la historia/realidad porque sugiere que los humanos no tienen derecho a utilizar animales como alimento (una afirmación grandilocuente); también sugiere que los humanos pueden estar sanos (física y mentalmente) sin consumir productos animales, lo cual es una distorsión de la realidad. La propaganda de culto ha sugerido que el veganismo ha existido en el pasado sin efectos catastróficos (ampliado más adelante), lo cual es una distorsión de la historia (véase el documental *Game Changers* más abajo; hablaba de que los gladiadores romanos eran veganos).

Está fuertemente promovida por el sistema, y claramente apoyada por las muchas facetas del mismo plagadas de marxismo -las "correas de transmisión de la cultura", los medios de comunicación en línea y sociales-, además de los gobiernos, las Naciones Unidas, el complejo de ONGs y organizaciones sin ánimo de lucro, etc. Se vincula con la subagenda del cambio climático y la "sostenibilidad", etc., ya que adoptar esta dieta "salvará el planeta", etc.

Como ejemplo, un 'documental' de Netflix de 2018 llamado The *Game Changers* involucró a algunos grandes nombres de Hollywood, incluidos James Cameron, Arnold Schwarzenegger y Jackie Chan. Esta pieza de propaganda de basura marxiana vendió veganismo a atletas crédulos y al público en general. Hoy no estaríamos hablando de Arnie si no fuera por los productos animales (y los esteroides, etc.). La lechuga, el tofu y las judías nunca fueron el tentempié preferido de Terminator.[205]

Otro "documental" de Netflix llamado *Cowspiracy: El secreto de la sostenibilidad* se estrenó en 2014. Su eslogan era "Descubre cómo la ganadería industrial está diezmando los recursos naturales del planeta y por qué esta crisis ha sido ignorada por los principales grupos ecologistas".[206] Con un título divertido, esta pieza propagandística vinculaba el veganismo con la subagenda del cambio climático, afirmando que la industria agrícola está contribuyendo peligrosamente a los niveles globales de CO2. Y no hablemos de las malvadas "emisiones" de metano de esas pobres vacas oprimidas...

La mentalidad expresada aquí es la razón por la que la infraestructura agrícola tradicional de todos los países occidentales -incluido el sustento de tantos ganaderos- está siendo atacada por la secta. En Irlanda, en los últimos años, se han producido varias protestas muy sonadas de ganaderos por cuestiones relacionadas.

En julio de 2023 protestaron contra los planes del gobierno de reducir las emisiones de metano mediante una matanza masiva de ganado.[207] Así que la secta quiere matar para mejorar las cosas, ¿eh? Típico.

En enero de 2024, el famoso y muy querido multimillonario tecnológico Elon Musk hizo una aparición en el programa irlandés *Gript, que* no es de MSM. El presentador, Ben Scanlon, planteó esta cuestión a Musk, quien dijo: "no hay absolutamente ninguna necesidad de hacer nada a la agricultura... cambiar (ésta) no tendrá ningún efecto sobre el medio ambiente... dejemos de atacar a los granjeros". Y añadió que el sacrificio previsto no tendría ningún efecto beneficioso.[208] Musk defiende las fuentes de energía renovables, pero no apoya todo lo relacionado con el movimiento "verde". (En el momento de la edición, enero de 2024, hay protestas a gran escala de agricultores antigubernamentales

---

[205] https://gamechangersmovie.com/

[206] https://en.wikipedia.org/wiki/Cowspiracy

[207] Barker, E., "Irish farmers protest plans to cull 200,000 cows, Elon Musk weighs in", 21 de julio de 2023. https://www.beefcentral.com/news/irish-farmers-protest-plans-to-cull-200000-cows-elon-musk-weighs-in/

[208] Gript Media, "Elon Musk ataca el plan climático irlandés para reducir 200.000 cabezas de ganado", 25 de enero de 2024. https://www.YouTube.com/watch?v=9cwNFpmu7B0

en Francia y Alemania por cuestiones similares).[209]

Es un ataque a la civilización occidental en su intento de cambiar los hábitos dietéticos; hábitos que forman parte de la cultura occidental y que llevaron a la creación de la propia civilización occidental (no fue construida por hombres que bebían leche de soja o de avena, o que comían aguacate, ensalada, etc., puedo garantizarte que no). Es un ataque a las industrias agrícolas, que a su vez forman parte de lo que permite el funcionamiento de las economías capitalistas. Es un ataque al orden natural y a la religión, ya que desafía lo que algunos llaman "el plan de Dios": la idea de que los humanos deben dominar el reino animal y utilizarlo con fines agrícolas. En este sentido, es cierto que deberíamos esforzarnos por minimizar o eliminar el sufrimiento innecesario en nuestra agricultura.

El veganismo también intenta imponer la igualdad/uniformidad reduciendo a la población en general (los hombres en particular) a débiles emocionales y mentalmente inestables, más propensos a apoyar las diversas subagendas del culto/ideología. Anima a la población en general, como colectivo, a comer de la misma manera, como si fueran animales agrícolas (todo el tema antihumano de nuevo: que nosotros, las masas humildes, somos tan bajos como los animales). Sería igualitario en el sentido de que el público en general tendría una dieta degenerada y poco nutritiva, mientras que los "socialistas del champán" (elitistas) comerían normalmente.

Para que no se nos olvide: la historia del marxismo se caracteriza por la obsesión por controlar la agricultura para controlar el suministro de alimentos, lo que suele desembocar en la inanición (también conocida como malnutrición, que es esencialmente el veganismo). En este contexto, conceptos como escasez y racionamiento resultarán familiares al lector. Por supuesto, no se trata del bienestar de los animales, sino del control del comportamiento humano.

Los deseos personales, las motivaciones y las justificaciones de los miembros de la secta que apoyan el veganismo son irrelevantes: una vez que la secta/ideología está en el asiento del conductor y controla el suministro de alimentos, conduce inevitablemente a los mismos resultados: hambre generalizada, enfermedad y muerte.

**Veganismo y socialismo**

He aquí un extracto del sitio web marxista *morningstaronline.co.uk* (este título es otra referencia a Lucifer, el portador de la luz, el "lucero del alba").[210] La

---

[209] Tanno And Liakos, "Farmers' protests have erupted across Europe. Here's why", 10 de febrero de 2024. https://edition.cnn.com/2024/02/03/europe/europe-farmers-protests-explainer-intl/index.html

[210] Swanson, D., "Veganismo y socialismo van de la mano", 1 de noviembre de 2018.

perorata se titula "Veganismo y socialismo van de la mano" (subrayado para enfatizar):

"Los activistas veganos exponen incansablemente los defectos internos que caracterizan al capitalismo. El movimiento es totalmente compatible con los principios del socialismo y, de hecho, se basa en ellos. Hacer campaña para tomar el control de una industria corrupta que maximiza el beneficio por encima de las vidas ordinarias es un ethos fundamental". Y "al desafiar directamente la costumbre integrada de que algunas vidas son más importantes que otras, el veganismo se alinea con las campañas radicales a lo largo de la historia". El aspecto más conocido del veganismo es el rechazo de la carne y otros productos animales. Esto en sí mismo es un acto revolucionario en más sentidos de los que a menudo se piensa. Lo más evidente es que pone de manifiesto que los animales son tratados como mercancías criadas y sacrificadas por dinero". Capitalismo, los beneficios son el mal, de acuerdo.

Y continúa: "En resumen, el veganismo no sólo es compatible con la izquierda, sino que está firmemente arraigado en los principios socialistas", y "lejos de ser una campaña de ideólogos privilegiados, este movimiento radical, en constante aceleración, golpea continuamente el corazón del capitalismo. La emancipación de la humanidad y la batalla por el socialismo siguen siendo asignaturas pendientes, pero la izquierda radical puede encontrar un aliado y un compañero de confianza en la comunidad vegana". Ahí lo tienes: opresión, capitalismo, revolución, salvar a la humanidad, etc., etc. Obviamente, el escritor, siendo él mismo miembro de una secta, utiliza los términos erróneos "compatible" y "aliado", como si no se tratara esencialmente de una sola ideología: el marxismo. (ya hemos reconocido esta compartimentación problemática).

Y concluye: "Mediante la educación, la agitación y la organización podemos crear un mundo mejor en el que todos, humanos o no, tengan las mismas oportunidades de prosperar". Las vacas, los cerdos, los pollos y las ovejas pueden "prosperar", ¿verdad? ¿En lo profesional? ¿O tal vez, si fueran libres de hacer lo que quisieran, optarían por no trabajar y ser "espíritus libres": hacer yoga, obras de caridad en el extranjero, cuidar de otros animales, etc.? O mejor aún, podrían convertirse en activistas marxistas de algún tipo, ¿no? "Vacas contra el racismo" o "Pollos transexuales de género no binario". ¡Espléndido! Ahora lo entiendo.

Hablando en serio, las vacas/ovejas/pollos no tienen otro propósito en este mundo que ser utilizadas como animales agrícolas por los humanos, como ha sido el caso desde los albores del hombre. Fin de la jodida discusión.

Una vez tuve una "conversación" muy animada con una estudiante universitaria con sobrepeso y con el cerebro lavado que se había hecho vegana

---

https://morningstaronline.co.uk/article/veganism-and-socialism-go-hand-hand

recientemente. Hablaba de la opresión de las gallinas y de que les quitamos los huevos sin su "consentimiento" (una popular palabra de moda marxiana para atacar a los "opresores"). Qué insulto para el reino animal: proyectar sobre él una mentalidad marxista lunática. Estaba sugiriendo que, cuando las gallinas se dan cuenta de que los huevos han desaparecido, piensan que se trata de "¡Una explotación brutal, desvergonzada y desnuda de nuestros emplumados camaradas proletarios! ¡Gallinas del mundo, uníos!".

## Antiamericanismo

"Estados Unidos siempre elegirá la independencia y la cooperación frente a la gobernanza, el control y la dominación globales... Rechazamos la ideología del globalismo. Y abrazamos la doctrina del patriotismo"[211]

Excelente discurso del presidente Donald Trump
Discurso ante la Asamblea General de la ONU, septiembre de 2018

"Estados Unidos acabará enarbolando la bandera roja comunista... el pueblo americano la izará por sí mismo"[212]

El Primer Ministro soviético Nikita Khruschev, Bucarest, junio de 1962

"La amenaza del comunismo en este país seguirá siendo una amenaza hasta que el pueblo estadounidense tome conciencia de las técnicas del comunismo... el individuo se ve incapacitado al encontrarse cara a cara con una conspiración tan monstruosa que no puede creer que exista. La mente americana simplemente no se ha dado cuenta del mal que se ha introducido entre nosotros. Rechaza incluso la suposición de que las criaturas humanas puedan abrazar una filosofía que, en última instancia, destruirá todo lo que es bueno y decente".

J. Edgar Hoover, *The Elks Magazine* (agosto de 1956)[213]

Otro signo de infección en su sociedad es cuando se expresan sentimientos antiamericanos. La secta/ideología ha fomentado tradicionalmente la percepción de que Estados Unidos es la fuerza militarista más poderosa, malvada y dominante del mundo; que tienen una especie de cuasi imperio. A escala geopolítica, su propaganda ha sido eficaz para convencer a muchos de las tendencias imperialistas de tal monstruo capitalista. Es el dominio militar-económico-corporativo-mediático de Estados Unidos en el mundo, ¿no? Además, han intentado equiparar este "imperialismo" con el patriotismo estadounidense, que es otro truco marxiano. Pero, ¿es esto realmente cierto? Aunque a algunos les pueda parecer que Estados Unidos ha sido esta fuerza

---

[211] C-SPAN, "President Trump addresses U.N. General Assembly - FULL SPEECH (C-SPAN)", 25 de septiembre de 2018.
https://www.YouTube.com/watch?v=KfVdIKaQzW8

[212] Stormer, John A., *None Dare Call it Treason* (1964), p. 9.

[213] Hoover, J., *The Elks Magazine, agosto de 1956*. https://libquotes.com/j-edgar-hoover/quote/lbj3c3u

dominante trotamundos en cierto modo, debemos preguntarnos: ¿de dónde procede esta percepción? ¿Y quién o qué la promueve? No es sorprendente que a muchos estudiantes universitarios adoctrinados se les transmitan (¡y vomiten!) esas ideas. Como era de esperar, la secta/ideología está encantada de que creamos que ser belicista forma parte de ser estadounidense y de que hablemos de este "Imperio estadounidense", etc.; mientras que su propia implicación se ignora/suprime intencionadamente.

Hay otro gran beneficio para la secta si la gente cree esta propaganda de que EE.UU. es un monstruo opresor e imperialista: pueden usar esto para justificar la destrucción de América. En la inmigración masiva, por ejemplo, ya que los "belicistas" como los EE.UU. son aparentemente responsables de todos estos "refugiados", ahora "deben" al resto del mundo. Es la misma fórmula que se utiliza con los países europeos con pasado colonial. Además, la "política exterior" de Estados Unidos se explica a veces con la noción de que los estadounidenses son simplemente violentos y dominantes por naturaleza; que estas cosas forman casi parte de la herencia estadounidense. Oímos cosas como "¡mira lo que les hicieron a los indios nativos americanos!", que son fanáticos de las armas de fuego, o que el imperialismo militante es sólo una consecuencia natural de tener un gran país capitalista malvado y consumista (¡gracias V.I. Lenin!).

Tiene sentido, ¿verdad? (ojos en blanco). Es interesante que algunos puedan argumentar que el "dominio estadounidense" fuera de sus fronteras no es meramente geopolítico y militar, sino también "cultural", lo que incluye la influencia de los medios de comunicación estadounidenses, el entretenimiento, Hollywood, la industria musical, etc.

El desdén por Estados Unidos en su sociedad, como observará, no se dirige únicamente a la política exterior/el "intervencionismo" militar de Estados Unidos, sino a los estadounidenses/la cultura estadounidense en general. Los no estadounidenses pueden haber oído los estereotipos negativos de que los habitantes de ese país son locos, estúpidos, arrogantes, odiosos, poseedores de armas, carentes de cultura, belicistas, etc. El último en particular - "belicistas"- es muy interesante, y una difamación marxista clásica; también es fácil de refutar. ¿Belicistas comparados con quién/qué? Naturalmente, cualquier acción militar anticomunista llevada a cabo por las fuerzas estadounidenses está "mal" según los miembros de la secta; por lo tanto, comportamientos como éste deben ser calificados de "belicistas". Es interesante observar que la mayoría de las acciones militares de las fuerzas de EE.UU. en el siglo 20[th] después de la Segunda Guerra Mundial (abiertas o encubiertas) implicaron hacer frente a las fuerzas del comunismo: Sudamérica, Granada, Cuba, Corea, Vietnam y, por supuesto, la Guerra Fría, incluido Afganistán. (Las acciones desde entonces -la Guerra del Golfo (1991), la Guerra de Irak (2003-2011) y la invasión y ocupación de Afganistán (2001-2021)- se llevaron a cabo por otros motivos, pero aun así no se debe estereotipar al pueblo estadounidense por los responsables de la toma de decisiones en esos casos).

Dejando a un lado por un momento a los "belicistas", en todo el mundo hay personas con los atributos negativos mencionados, así que ¿por qué habría de considerarse a Estados Unidos excepcionalmente malo? ¿Y qué queremos decir exactamente con "Estados Unidos"? ¿Estamos hablando de unos pocos estadounidenses? ¿O de unos cientos, miles o millones? Es un lugar enorme. Con una población de más de 334 millones de habitantes, etiquetar negativamente a todo el país de esa manera es en sí mismo una estupidez, una locura, una arrogancia, etc. Además, en todo el mundo hay miembros degenerados de sectas con el cerebro lavado, así que la nacionalidad de una persona no importa. La inmensa mayoría de las nacionalidades del mundo no pueden permitirse el lujo de señalar con el dedo en este asunto. En Estados Unidos hay un montón de seres humanos fantásticos; grandes patriotas y pensadores de todo tipo. A pesar de cualquier sesgo antiamericano que pueda haber, deberíamos ser capaces de verlo. No deberíamos considerar a los patriotas irlandeses, británicos, alemanes, italianos o de cualquier otro país superiores a los estadounidenses; un patriota es un patriota: o se está a favor de la libertad, del antiinternacionalismo o del antimarxismo, o no se está.

### Derecho de autodefensa de EE.UU.

> "El movimiento comunista en los Estados Unidos comenzó a manifestarse en 1919. Desde entonces ha cambiado su nombre y su línea de partido cada vez que ha sido conveniente y táctico... defiende la destrucción de nuestra forma de gobierno estadounidense; defiende la destrucción de la democracia estadounidense; defiende la destrucción de la libre empresa; y defiende la creación de un 'Soviet de los Estados Unidos' y la revolución mundial definitiva".[214]

> J. Edgar Hoover, director del FBI, discurso ante el Comité
> de Actividades Antiamericanas, 1947

Odiar a Estados Unidos forma parte del ADN marxista, e históricamente han intentado destruirlo, no principalmente mediante la conquista militar directa, sino a través de la subversión, la propaganda, etc. EE.UU. ha sido un ejemplo de país generalmente próspero y económicamente poderoso (debido a tener una economía capitalista). Por eso, innumerables miembros de la secta desde la época de Lenin lo consideraban un objetivo primordial. Además, en la época poscolonial, el establishment estadounidense ha sido predominantemente blanco y cristiano.

Una vez que los estadounidenses patriotas se dieron cuenta de las intenciones de la secta de atacar a EE.UU., les dio permiso para defenderse. Este es el primer punto que justifica las acciones estadounidenses contra ella: la autodefensa. En segundo lugar, dado que la secta es global, tratar con ella se

---

[214] J. Edgar Hoover, Director del FBI, discurso ante el Comité de Actividades Antiamericanas de la Cámara de Representantes, 26 de marzo de 1947.

convierte en un asunto internacional; estar a la defensiva en este caso requiere pasar al ataque en el extranjero. Las acciones de Estados Unidos para impedir que la podredumbre marxista cobrara fuerza cerca de sus fronteras en América Latina estaban totalmente justificadas.

La idea de que EE.UU. podría simplemente sentarse y permitir que la podredumbre se apodere por completo de Sudamérica, el resto del Caribe y los países centroamericanos es ridícula; ¡tal pensamiento es el resultado de no entender el fanatismo agresivo de la secta! El marxismo, recuerden, es una forma de imperialismo internacionalista-siempre seguirá presionando para controlar más territorio. Si no fuera por la oposición militar que históricamente le ha presentado EE.UU., la secta/ideología podría haber logrado ya el dominio total... Resumiendo-la ideología nunca olvida y sigue amargada.

## Oponerse globalmente al culto

También hay que señalar que, a pesar de los aparentes esfuerzos de Estados Unidos por combatir directamente a la secta en todo el mundo, apenas tuvieron éxito en algunos compromisos importantes (como los enumerados anteriormente): tuvieron que retirarse de Vietnam, no hicieron lo suficiente para ayudar a Camboya y no pudieron evitar la pérdida de Corea del Norte. Tampoco lograron tomar Cuba en la malograda invasión de Bahía de Cochinos (de nuevo, debido a que sólo se comprometieron a medias). Sin embargo, lograron tomar la pequeña Granada.

Ésos fueron enfrentamientos directos con el culto, pero también están los enfrentamientos por delegación durante la época de la Guerra Fría, incluida la guerra soviética de Afganistán, cuando Estados Unidos respaldó a los muyahidines contra el gobierno marxista de la República "Democrática" de Afganistán, apoyado por los soviéticos, o los Contras respaldados por Estados Unidos, activos contra los sandinistas marxistas que gobernaban Nicaragua.

Y luego, lo más pertinente, hay otra área de oposición a la secta: el campo de batalla ideológico, que se libró contra Estados Unidos principalmente en suelo estadounidense por miembros de la secta (traidores estadounidenses u operativos marxistas extranjeros).

Por supuesto, las cosas no son siempre blancas o negras, y parece que la administración estadounidense (o algunos elementos de ella, al menos) no siempre se ha opuesto claramente a la expansión del comunismo (por ejemplo, su condena y sanciones económicas al gobierno sudafricano anticomunista de minoría blanca en los años del Apartheid).[215] Independientemente de tales contradicciones, en general Estados Unidos se ha opuesto militarmente al comunismo durante la segunda mitad del siglo XX.

---

[215] "El fin del apartheid", 20 de enero de 2001. https://2001-2009.state.gov/r/pa/ho/time/pcw/98678.htm

## Una cuestión de responsabilidad

Y esto nos lleva al siguiente punto. A la secta le encanta argumentar que Estados Unidos es una fuerza imperial y que por eso emprendió acciones militares en Vietnam, Corea, etc. (que esencialmente fueron acciones militares antimarxistas). Las acciones de EE.UU. en Oriente Medio en las últimas décadas también son vistas como imperialistas por la secta, ya que si EE.UU. controla el territorio allí, la secta no puede (es decir, las ambiciones de Rusia y China).

Lo que se pasa por alto aquí es que las fuerzas militares de todo el mundo tienen la responsabilidad de oponerse a las acciones militares del culto, ¡por disuasión u oposición directa! Esto se aplica particularmente a naciones y fuerzas militares altamente capaces como las de Estados Unidos. Ejemplos contemporáneos de este proceso en acción incluyen las posturas del presidente Trump hacia las posturas de armas nucleares de Corea del Norte, y las ambiciones territoriales de China.

Como prueba de que Estados Unidos es imperial, la secta ha planteado a menudo que hay bases estadounidenses por todo el mundo. Estas bases existieron para evitar la expansión del comunismo y deberíamos apoyarlo. Las acciones militares contra el culto no tienen el mero propósito de conservar el control político o geográfico para mantener los intereses en una determinada región (por ejemplo, en el caso de EE.UU.), sino por el bien de la humanidad. Utilizar la fuerza militar en cualquier parte del mundo para detener la expansión del "comunismo" es un acto noble. Si se tiene el poder para hacerlo, se tiene la responsabilidad de hacerlo. Además, como dijo Yuri Besmenov, en cierto punto de infección la intervención militar es la única opción disponible; por lo tanto, a veces es inevitable.

Desde 2002, en preparación de sus operaciones en Oriente Medio, el ejército estadounidense utiliza el aeropuerto de Shannon, en el condado irlandés de Clare, como escala. Varios grupos políticos marxistas, entre ellos un grupo activista llamado *Shannonwatch*, han protestado por este uso del aeropuerto.

Un artículo del Irish Times del domingo 19 de noviembre de 2023 retoma la cuestión debido al actual conflicto entre Israel y Palestina.[216] Menciona una "moción de People Before Profit (PBP) que pide que Irlanda imponga unilateralmente sanciones a los políticos israelíes debido al bombardeo de Gaza y que se cierre el aeropuerto de Shannon a los militares estadounidenses". PBP es uno de los grupos abiertamente marxistas de Irlanda. Los miembros de la secta, en esta moción, sospechaban que el aeropuerto se utiliza para

---

[216] McQuinn, C., "Shannon Airport not being used by US to supply military equipment to Israel - Varadkar", 19 de noviembre de 2023.
https://www.irishtimes.com/politics/2023/11/19/shannon-airport-not-being-used-by-us-to-supply-military-equipment-to-israel-varadkar/

transportar armas a Israel. Shannonwatch celebró allí una vigilia por la "paz" el domingo 12 de noviembre, bloqueando simbólicamente la carretera de entrada. También leyeron en voz alta los nombres de los niños muertos en el conflicto.[217]

Como de costumbre, esto no tiene nada que ver con el humanitarismo, piensen lo que piensen los miembros de la secta implicados (activista, político o periodista); el lavado de cerebro les obliga a adoptar estas posturas, así de simple. Se trata de su arraigada oposición ideológica a las operaciones internacionales de Estados Unidos, ya que tradicionalmente han obstaculizado la difusión de la ideología. Además, los miembros de la secta se opondrán por poder a cualquier actividad pro-Israel que se perciba por parte de Estados Unidos, ya que son pro-Palestina.

## Las naciones capaces son el sistema inmunitario

Oponerse a la secta -militarmente o de otro modo- es un trabajo sucio, pero alguien tiene que hacerlo. Es un acto de limpieza. Volviendo al tema de que el marxismo es una pandemia ideológica: los países que se oponen al expansionismo marxista representan el sistema inmunológico de la humanidad, atacando al patógeno dondequiera que se encuentre. Algunos replicarán "bueno, ¿por qué es necesario que Estados Unidos o cualquier otro mantenga una presencia militar mundial?". Es porque, por seguir con la analogía, un sistema inmunitario eficaz necesita permanecer siempre en guardia en todo el organismo, así es como debe funcionar. No se trata de una lucha que se libra una vez y ya está; hay que comprometerse a luchar tantas veces como sea necesario para suprimir la infección si volviera a aparecer. La vigilancia militar eterna es indispensable.

Puede que a algunos les cueste aceptar este concepto (el de tener una postura agresiva y represiva), pero es necesario en este caso; la historia de la lucha contra la ideología demuestra que siempre seguirá resurgiendo, y quizá siempre lo haga. La única pregunta es: ¿podemos al menos mantenerla suficientemente reprimida? También existe la percepción ingenua de que "bueno, ¿por qué Estados Unidos o cualquier otro grupo debe dominar, y a los países 'comunistas' no se les permite... por qué no es más igualitario?". ¡Esta percepción proviene de la ideología! "¡Naawww, mira a los pobres regímenes comunistas siendo oprimidos y aniquilados!". I-n-s-a-n-e. ¿Los países comunistas importan? No, ¡los países impulsados por la ideología no merecen estar en pie de igualdad con los que no lo están! La historia demuestra que, a menudo, las naciones infectadas -a pesar de no ser capaces de gestionar eficazmente sus propios países- parecen estar siempre más preocupadas por

---

[217] Shannonwatch, "Shannon Peace Rally Remembers those Killed in Gaza and Other Wars", 12 de noviembre de 2023. https://www.shannonwatch.org/content/shannon-peace-rally-remembers-those-killed-gaza-and-other-wars

obligar a otros países a ser como el suyo (en lugar de centrarse en gestionar eficazmente sus propios asuntos). Por supuesto, no deberíamos esforzarnos para que un solo país esté en una posición de control global, pero si tenemos que elegir entre un país altamente infectado o un país mucho menos infectado dominando los asuntos, deberíamos elegir lo segundo.

**Resumen**

La propaganda marxista que hace hincapié en el "imperialismo estadounidense" nos distrae de la amenaza global que representa la secta/ideología (además de tener un efecto desestabilizador sobre los propios Estados Unidos). ¿Es la propaganda anti-estadounidense de la secta simplemente un caso de tirar sus juguetes fuera del cochecito? Resulta interesante que la contrapropaganda soviética de su época convenciera a algunas personas de que Estados Unidos había creado la amenaza comunista en Vietnam como un engaño para justificar su imperialismo. Estoy seguro de que las decenas de millones de desafortunadas almas/esqueletos bajo tierra en Asia debatirían la idea de que la propagación del comunismo fue simplemente propaganda estadounidense.

Por supuesto, el autor no está excusando ningún crimen real cometido por las fuerzas estadounidenses en ningún conflicto, sino simplemente señalando que la idea de que las fuerzas armadas estadounidenses han sido los principales beligerantes del siglo XX es una distorsión masiva de los hechos. También debemos mirar a Oriente Medio con otros ojos. No toda intervención en esas regiones es simplemente un caso de acción "imperialista" estadounidense (como la secta nos quiere hacer creer). Siempre debemos examinar primero si hay signos de infección marxista en los países antes de decidir si una acción militar está justificada.

Como punto final, debemos considerar la hipocresía que se muestra aquí: cuando se trata de crímenes contra la humanidad, totalitarismo y ambiciones imperiales, no hay discusión cuando se trata de bajas y recuento de cuerpos (civiles o no) si comparamos la actividad de Estados Unidos y las acciones de la secta.

En el momento de editar este artículo, los patriotas estadounidenses están intentando destituir al presidente marxista Joe Biden debido a sus actividades decididamente antiamericanas; los miembros de la secta intentan desesperadamente protegerle manteniendo en secreto sus traicioneros negocios en el extranjero. En el Congreso, como era de esperar, utilizaron la defensa de la "teoría de la conspiración".[218] La secta también lucha desesperadamente por

---

[218] Yerushalmy, J., "Biden impeachment inquiry explained: what is happening and could the president be convicted?", 14 dic 2023. https://www.theguardian.com/us-news/2023/dec/14/biden-impeachment-inquiry-explained-what-is-happening-and-could-the-president-be-convicted

mantener la afluencia de inmigrantes ilegales, entre otras cosas. La lucha por el control de América continúa..

Además, en este momento (febrero de 2024), hay fuertes indicios de que la alianza decididamente no occidental de China, Corea del Norte, Rusia (y sus aliados) se está preparando para un conflicto a gran escala. Si una alianza comunista tiene ambiciones de atacar al actualmente debilitado Occidente, están eligiendo un buen momento...

# Sección X-Otros signos y síntomas

"La revolución avanzará hasta que su consolidación sea total. Todavía está lejos el momento en que pueda haber un periodo de relativa calma. Y la vida es siempre revolución"[1]

Antonio Gramsci, *Los maximalistas rusos* (1916)

## Introducción

¿Hasta qué punto está infectado su país? ¿Cómo podemos "comprobarlo"? ¿Hay señales visuales que podamos ver, como símbolos, logotipos, etc.? ¿Hay algo que podamos oír en los medios de comunicación o en la forma de hablar de la gente? ¿Y en la política o la educación? ¿En la sexualidad? ¿Las relaciones? ¿Religión y espiritualidad? ¿Debemos buscar actitudes sutiles, frases hechas fáciles de detectar, o ambas cosas? ¿Cómo podemos detectar estas banderas rojas (comunistas) cuando se presentan? He aquí otros signos y síntomas de infección en una sociedad:

## Marxistas/Marxismo propiamente dicho

He aquí algunos signos que están directamente relacionados con la ideología/secta:

A grupos abiertamente marxistas, como Antifa, se les permite actuar en público, burlándose de la ley y el orden. También puede haber connivencia entre ellos y la policía/el Estado (a nivel oficial o extraoficial).

Los individuos se ofenden cuando se critica el marxismo/socialismo/comunismo, a los miembros de la secta o a cualquiera que apoye estas ideas, y saltan en su defensa. Cualquier crítica pública a la secta/ideología o a los grupos/iniciativas marxistas es contrarrestada por ataques colectivistas, tipo jauría, a cualquiera que la profiera.

Existe una percepción notable de que la ideología/secta representa una rebelión/revolución genuina y constructiva. Aunque estén adoctrinados/infectados, muchos piensan que son "rebeldes" que se oponen al totalitarismo; también pueden insinuar que son inmunes a cualquier adoctrinamiento ideológico procedente del sistema. Puede que oigas "¿Cómo puedes hablar de las élites globalistas y del Nuevo Orden Mundial y criticar al

---

[1] Gramsci, A., "Los maximalistas rusos", 1916.
https://www.marxists.org/subject/quotes/miscellaneous.htm

mismo tiempo el socialismo? ¡¿No te das cuenta de que estamos todos en el mismo equipo?!".

Existe una presión social palpable para ser miembro de una secta y ajustarse a la ideología. Si no, debes ser un extremista sin ética (nazi, fascista, etc.). No está permitido discrepar de su ideología, y menos sin repercusiones.

La gente parece estar ligeramente infectada de marxismo, por defecto. Obviamente, no puedes estar seguro hasta que alguien te da una señal clara -como cuando expresan sus "opiniones"- pero estos tipos pueden estar en todas partes y en cualquier lugar de la sociedad (digo "opiniones" porque no hacen más que repetir la retórica marxista). Una persona puede estar ya preparada para alinearse política, psicológica y sociológicamente con la ideología sin estar totalmente adoctrinada. Puede que la persona en cuestión ni siquiera piense que tiene alguna opinión/especie política en la cabeza y, sin embargo, cuando expresa alguna, se trata indudablemente de posturas marxistas.

Esto puede ser algo tan simple como: 'De izquierdas' o 'Progresista' es bueno, y 'De derechas' es malo; o la idea de que "los países no deberían existir", ya que se trata de "una idea antigua y que no mola", etc.; o que "no debería haber diferencias salariales entre hombres y mujeres" en el lugar de trabajo.

Aunque sólo sea un sesgo pro-marxista casual, esto va muy lejos. Si le das al marxismo una pulgada, tomará una milla. Cada pensamiento pro-marxista en la población se suma, produce un efecto cuántico global.

## Una "cultura de protesta" sectaria

> "Nuestra tarea es utilizar todas las manifestaciones de descontento, y recoger y sacar el máximo provecho de cada protesta, por pequeña que sea"[2]
>
> V.I. Lenin, "¿Qué hacer?", 1902

Otra señal es que hay protestas constantemente, lo que sobresatura y domina el entorno de las protestas hasta el punto de que pasan desapercibidas y son ineficaces. Esto impide cualquier tipo de encarnación real, constructiva e impactante (es decir, no marxista).

Al ser un elemento tradicional muy significativo de la secta/ideología, la cultura de la protesta hace que estos aspirantes a "revolucionarios" salgan a la calle y marquen su territorio. Les da confianza, les hace sentir que tienen poder, que pueden cambiar las cosas, que son especiales (no simples putas de la ideología). En todas las cuestiones importantes, sirven al totalitarismo internacionalista cumpliendo sus órdenes, al tiempo que dan la ilusión de que la democracia funciona en cierto sentido y de que el "poder del pueblo" es real.

---

[2] Lenin, V.I., "¿Qué hacer?", 1902, p. 54.

https://www.marxists.org/archive/lenin/works/1901/witbd/

Estratégicamente, la cultura de protesta marxista es importante para el sistema, ya que crea un ejército de activistas que pueden ser desplegados a su antojo para hacer su voluntad, como cuando se oponen a la oposición nacionalista o de "derecha" en todo momento, o impulsan las diversas subagendas marxianas, etc.

La cultura de la protesta también proporciona a quienes participan en ella su subidón colectivista. Forma parte de su vida social y da sentido a sus vidas. En su ingenuidad, sienten que están haciendo algo bueno, y además se divierten rodeados de gente que les anima y está de acuerdo con ellos. ¡Qué bonito! Esta es la trampa psicológica del marxismo en acción. Es el néctar rojo. Las universidades plagadas de marxismo son especialmente culpables de esto, ya que fomentan esta cultura de protesta.

Se pueden oír cánticos como: "¡Una raza, raza humana!" (insinúa "igualdad" y uniformidad entre grupos raciales), o "¡Poder para el pueblo!". (debería ser "poder para el proletariado"), o el muy imaginativo "¡Escoria nazi fuera de nuestras calles!". Otra es "Sin justicia no hay paz", otro guiño a la "Revolución Continua", en forma de cántico. Para ellos, la "justicia" es una utopía comunista. Hasta que se consiga, seguirán haciendo ruido (a menos que se les impida hacerlo, obviamente).

Curiosamente, este canto es lo que la ideología/secta nos está diciendo, a través de los idiotas útiles. Nos está diciendo que no habrá justicia ni paz mientras la ideología/secta esté presente. Obviamente, la ironía se pierde en los idiotas útiles que lo gritan.

## Símbolos e imágenes

Podemos ver símbolos marxistas clásicos como la hoz y el martillo comunistas, o la Estrella Roja utilizados abiertamente en público (por ejemplo, en pancartas en protestas), o iconografía marxista vista en la ropa. Por ejemplo: Camisetas del Che Guevara (una de las favoritas de los estudiantes), u otros artículos blasonados con imágenes de Marx, Lenin, Mao, Castro. Puede que incluso veamos a algunos de estos profetas en sellos. En 2017, se emitió un sello rojo irlandés que celebraba el 50 aniversario de la muerte del terrorista marxista Che Guevara.[3] Sin duda, eso sería notablemente extraño, incluso para alguien que ignora complementariamente el culto/ideología (¡incluso si Guevera tenía alguna ascendencia irlandesa)! Otro insulto flagrante a la irlandesidad y un ejemplo de cómo la secta marca su territorio.

---

[3] Fox News, "Che Guevara stamp in Ireland outrages Cuban-Americans", 10 de octubre de 2017.

https://www.foxnews.com/world/che-guevara-stamp-in-ireland-outrages-cuban-americans

## El puño en alto del marxismo

"Los socialistas gritan '¡el poder para el pueblo!' y levantan el puño cerrado mientras lo dicen. Todos sabemos lo que realmente quieren decir, poder sobre el pueblo, poder para el Estado"[4]

La "Dama de Hierro" Margaret Thatcher sobre el socialismo

Otro signo de infección es que el puño cerrado, o variaciones del mismo, son visibles en toda la sociedad; pueden estar vinculados a diversos grupos activistas, ONG sin ánimo de lucro, e incluso organizaciones gubernamentales, etc. Ejemplos: un puño cerrado rosa para el feminismo; uno negro para Black Lives Matter u otros grupos de "Black Power"; uno multicolor para un evento del "Orgullo" LGBTQ; uno verde para la estafa del cambio climático; uno sosteniendo una jeringuilla médica para promover las vacunas; uno aplastando un feto para promover el aborto; uno dando un puñetazo en la cara a una monja (porque es cristiana); y uno dándole un puñetazo a un (comunista) rojo gilipollas (porque para eso están, ¿no?). El puño cerrado representa la fuerza, la solidaridad, la combatividad y la rebelión. Resume la situación del mundo actual que mucha gente retrocede horrorizada al ver el saludo fascista romano, pero no tiene la misma reacción cuando ve el puño cerrado del marxismo.

## El color Rojo

Aunque no es un invento de la secta, es su color favorito. Cuando empezamos a verlo en exceso por todas partes en la sociedad, es otro signo de infección. Podemos verlo dominante en materiales promocionales, sitios web, revistas, logotipos, diseño arquitectónico/de interiores, corporativo, etc. En particular, podemos notarlo en áreas relacionadas con la política, ONG sin ánimo de lucro o grupos de asuntos públicos/sociales que pueden o no ser abiertamente "de izquierdas". Aunque su uso no siempre es necesariamente subversivo, debido a la presencia de la ideología en la sociedad y a los altos niveles de adoctrinamiento, el color se considera el color de la revolución, el progreso, la evolución, etc. Desde el punto de vista de la psicología del marketing, el rojo sugiere acción, pasión, etc.

En cuanto a por qué se utiliza el rojo: algunos dicen que tiene su origen en la Revolución Francesa; que simboliza la sangre de las clases trabajadoras oprimidas que han sacrificado sus vidas bajo el yugo del capitalismo, o la sangre de los mártires de la causa en tiempos pasados.

*La Bandera Roja es el* himno de varios partidos laboristas de Irlanda y el Reino Unido. La primera estrofa dice: "La bandera del pueblo es de un rojo intenso, envolvió muchas veces a nuestros mártires muertos, y antes de que sus

---

[4] Thatcher, M., Discurso ante el Consejo Central Conservador, 15 de marzo de 1986 (segundo mandato como Primera Ministra). https://libquotes.com/margaret-thatcher/quote/lbr1a0w

miembros se pusieran rígidos y fríos, la sangre de sus corazones tiñó cada uno de sus pliegues".[5]

## La bandera LGBTQ con los colores del arco iris

Todos nos hemos dado cuenta de esto, porque nos lo están poniendo en la cara todo el año. Aunque no forma parte del marxismo tradicional (abiertamente), ver esto por todas partes en tu país es otro claro signo de infección. Fue ondeado sobre los edificios gubernamentales irlandeses de Leinster House en junio de 2019 para conmemorar el mes del Orgullo.[6]

Aunque estos colores simbólicos del "arco iris" suelen asociarse a las marchas, organizaciones, iniciativas, etc. del Orgullo LGBTQ, tienen un significado mucho más profundo. Aunque está fuera del alcance inmediato de este libro en particular, para mayor claridad, el lector puede investigar sobre las *Leyes Noájidas* (también es la bandera del Oblast Autónomo Judío cerca de la frontera entre Rusia y China).[7][8] El uso de esta bandera es una manipulación psicológica ocultista ("revelación del método"), ya que sugiere una intención genocida basada en la eugenesia que no entiende el analfabeto medio en simbología. Esta bandera significa esencialmente que está en marcha una operación de eugenesia antiblanca, a la que sirve el movimiento LGBTQ (y el marxismo en general). La idea de que los miembros de una secta con poca inteligencia y con el cerebro lavado intenten entender esto es divertida: para ellos es sólo una bonita bandera de homosexualidad con los colores del arco iris: "tal vez cada color representa un género diferente", etc.

## Sociedad en general

He aquí algunos signos que no suelen asociarse a la presencia de la ideología, pero que están relacionados con ella o son causados por ella. También pueden ser más difíciles de detectar, inicialmente.

Hay un aumento general de locos/signos de enfermedad mental: Por supuesto, cuando digo "enfermedad mental" no me refiero a la definición técnica, aprobada por el Estado y corroborada por el mundo académico. Me refiero al comportamiento cotidiano de los locos.

---

[5] Connell, J., "La bandera roja", 1889.
https://www.marxists.org/subject/art/music/lyrics/en/red-flag.htm

[6] "La bandera arcoíris ondea en Leinster House para conmemorar el Orgullo", 29 de junio de 2019.

https://www.irishtimes.com/news/politics/rainbow-flag-flying-at-leinster-house-to-mark-pride-1.3941776

[7] https://en.wikipedia.org/wiki/Noahidism

[8] https://www.britannica.com/place/Jewish-Autonomous-Region

La gente se vuelve más aburrida y predecible: Si todo el mundo está programado según la fórmula marxista, su comportamiento se vuelve predecible. Además, su influencia negativa sobre el resto de nosotros (que estamos cuerdos) significa que se nos presiona para que seamos aburridos y "PC", como ellos; o eso, o seremos condenados al ostracismo cuando se den cuenta de que no somos como ellos (¡qué horror!). Por supuesto, tenemos la opción de condenarnos al ostracismo y evitarlos. Si "la variedad es la especia de la vida, que le da todo su sabor" (cita de William Cowper), la uniformidad es el hedor que se pega a la vida y le da toda su peste.

Todo el mundo debe ser maniáticamente "positivo" y "agradable": Esto está relacionado con el punto anterior. Es importante para la secta/ideología cultivar un ambiente uniformemente tonto y maníacamente "positivo" en la sociedad. Esto se debe a que será más fácil detectar a cualquier "loco" como tú y como yo a la legua cuando empecemos a expresar otros estados mentales "negativos" (frustración, ira, etc.). Un entorno feliz, "positivo" y uniforme como el de una secta es más beneficioso para que la ideología se extienda; desalienta preventivamente la oposición en la sociedad. Esto también está relacionado con la degeneración, el hedonismo y la docilidad.

Se produce una feminización general de la sociedad (de la que ya hemos hablado brevemente): Se puede notar una cantidad excesiva de actitudes excesivamente femeninas hacia las cosas. No sólo se notan más, sino que empiezan a dominar. Este es un aspecto de la "feminización"/destrucción de lo masculino (emasculación), con el fin de debilitar una sociedad. Ejemplo: oirás a más gente decir "naaaaaw" a todo como si fuera un lindo cachorro o un bebé. Supongo que podríamos llamar a esto mimar o consentir. Este odioso sonido "naaaawww" será utilizado en las conversaciones, por "adultos", hacia otros adultos (¡!).

Las mujeres y los homosexuales en particular serán los principales culpables, pero los hombres heterosexuales menos masculinos también lo harán. De todos los tipos de personas que pueden recibirlo, es potencialmente más destructivo/destructivo en el caso de los hombres. Esencialmente, resta poder y desmoraliza, ya que fomenta la sensibilidad y la debilidad donde no las hay. Esta idiotez parece algo bastante trivial, pero en realidad es muy grave; es un síntoma de una mentalidad excesivamente compasiva/excesivamente femenina, que es una forma de degeneración que alimenta las subagendas de la secta. De nuevo, ayuda a crear un entorno psicológico beneficioso para la secta/ideología.

La idea de que ser blanco es malo: Puede que oigas hablar en este sentido, o frases como "la blancura es una enfermedad". Puesto que los blancos son la raza "opresora" (según la versión marxista de la historia), merecen ser tratados como la clase opresora en el presente, un azote de la humanidad.

Las cosas reales se convierten en cosas imaginarias y viceversa: debido a las influencias del posmodernismo marxiano, se oyen conceptos que intentan distorsionar la percepción que la gente tiene de la realidad. Se crean algunos términos/conceptos nuevos, otros se descartan o "deconstruyen". Cosas que antes se creían reales, ahora se consideran inexistentes. Por eso se oyen cosas como "el género es una construcción social" o "la raza es una construcción social". A la inversa, términos/conceptos fabricados (por la secta) como "heteronormatividad" y "género no-cis" se convierten en cosas reales. El marxismo no hace naturaleza ni ciencia.

## En política y geopolítica

No existe una oposición legítima al gobierno ni al internacionalismo: Los partidos se autodenominan de "centro-derecha" o de "centro-izquierda", etc., pero todo son tonterías engañosas. Todos son esencialmente marxistas en un grado u otro. Cuando se trata de cuestiones más generales, todos están generalmente a favor del internacionalismo/globalismo.

No existe la "derecha", sino la "extrema derecha": No oirás utilizar el término "derecha"; oirás "extrema derecha". Esto se hace porque inmediatamente se etiqueta a cualquiera que no apoye el internacionalismo como extremista, peligroso, etc. Es dramático y despectivo. La secta/ideología no puede permitir que el término "extrema derecha" se utilice con demasiada frecuencia (al describir a cualquiera con una postura nacionalista) porque esto permitiría que existiera un grupo opositor no marxista sin ser suficientemente maltratado. Esencialmente, no pueden permitir que nadie describa la política de "derechas" sin asociarla al extremismo.

Internacionalismo = bueno, nacionalismo = malo

Está presente la idea de que deberíamos tener un "mundo sin fronteras", y que las fronteras son inmorales o directamente malvadas; incluso que las naciones no deberían existir en absoluto (ya que el mundo debería ser "solidario"). Cualquier pensamiento genuinamente patriótico o nacionalista se considera nazi/fascista/de extrema derecha y anticuado, retrógrado, anticuado, fuera de contacto con el mundo moderno, etc.

Según la secta, cualquiera que crea que este tipo de cosas son benévolas obviamente quiere que su país sea el mejor/dominante y apoderarse del mundo, etc. (lo que enlaza con el periodo de la Segunda Guerra Mundial y las percepciones distorsionadas de los acontecimientos y los grupos implicados).

Oirá a figuras políticas afirmar que el país necesita estar más integrado en la comunidad internacional, que hay que pensar "más abiertamente", que el país es "parte de una comunidad global"... que ya no es un país soberano independiente, básicamente; que es un "estado miembro" del mundo. Se puede sugerir que el país tiene que ser "global" o no sobrevivirá ("comunismo o muerte"). Así que, básicamente, están promoviendo el internacionalismo marxiano (un mundo sin fronteras), diciendo que es "inevitable" (para desmoralizar a los nacionalistas) y diciendo que la soberanía nacional es mala, perversa, etc.

En mayo de 2017, durante una sesión del Dáil & Seanad, el político irlandés y líder del partido Fianna Fáil, Micheal Martin, pronunció un discurso sobre el referéndum del Brexit: "Que no quede ninguna duda sobre cuál es la postura de Irlanda. No queremos tener nada que ver con una idea retrógrada de soberanía. Seguimos absolutamente comprometidos con los ideales de la Unión Europea. Vemos a la Unión como lo que es: la organización internacional más exitosa de la historia del mundo".[9] Obviamente, cuando dice "Irlanda", sólo habla en nombre de otros miembros de la secta traidores y adoctrinados que piensan como él. De hecho, la UE es una organización internacional marxista de éxito, al igual que la ONU ("de éxito" para la ideología). Sería divertido en este momento (diciembre de 2023) llamar a la UE "exitosa", ya que está empezando a derrumbarse, gracias en parte a gente como Martin.

continuó Martin: "No tenemos nostalgia de un imperio perdido ni queremos afirmar nuestra superioridad sobre los demás. Nunca hemos pretendido mantenernos al margen del mundo, guardando celosamente el derecho a decir no a todo". Esto es estafa marxiana de alto nivel. Lenguaje de serpiente roja. Como siempre, el uso de la palabra "imperio" por parte de los miembros de la secta es divertido, una desviación clásica. El "afirmar la superioridad sobre los demás" es un guiño obvio a la opresión, y enlaza con el punto (expuesto en otro lugar) de que los miembros de la secta creen erróneamente que el nacionalismo equivale a que una nación tenga tendencias dominantes e imperialistas hacia otros países (ref. 2ª Guerra Mundial). Esto no es más que una hipocresía marxiana de señalización de virtudes, ya que la secta/ideología gira en torno a la dominación sobre los demás.

Como era de esperar, sus políticos insisten obedientemente en que sigan formando parte de organizaciones internacionalistas (es decir, la UE). Insisten en que tu país lo haga, incluso en su propio detrimento (que no enfatizarán, obviamente). A principios de 2019, durante las discusiones sobre el Brexit, el Taoiseach irlandés (PM) Leo Varadkar declaró en una entrevista: "Yo soy la Unión Europea cuando se trata de estos asuntos. El Gobierno irlandés y la Unión Europea son todo uno cuando se trata del Brexit... Si ellos (los ciudadanos) no se han dado cuenta de eso en los últimos dos años, se están dando cuenta".[10] ¿Todos a una? Uh oh... solidaridad...

---

[9] The National Party, "Micheál Martin rejects a "backward-looking idea of sovereignty" for no sovereignty at all", 18 de mayo de 2017. https://www.YouTube.com/watch?v=akkPu-FJyiA

[10] Irish News, ""I Am The European Union" Says Arrogant Puffed Up EU Rent Boy, Leo Varadkar", 10 de febrero de 2019. https://www.YouTube.com/watch?v=9bbT_A5T6qg

Otros miembros de la secta "irlandesa" ni siquiera quieren que exista la frontera entre la República de Irlanda e Irlanda del Norte. De hecho, ha sido una larga tradición dentro del movimiento republicano irlandés pedir una "Irlanda unida", una República Socialista de treinta y dos condados. El partido marxista seudonacionalista Sinn Fein quiere una Irlanda unida por esta razón.

Lo hacen incluso miembros de sectas más "marginales", como el comisario jefe de People Before Profit, Richard Boyd Barrett. Un artículo de RTE News de marzo de 2021 le citaba diciendo que su partido quería ver el fin de esta partición, y que "unir a la gente para un tipo diferente de Irlanda al norte y al sur está seriamente en la agenda".[11] (Una nota sobre este punto, para mis compañeros patriotas irlandeses: ¡olvídense de una Irlanda unida! No hablemos como miembros de una secta y luego les hagamos el juego ayudándoles a disolver más fronteras. Además, ahora tenemos preocupaciones más urgentes, ¿no os parece?).

Un aumento del poder gubernamental y de la regulación: Una señal de que la secta/ideología está consolidando el control sobre un país, es cuando el gobierno presiona para que haya más y más regulaciones (centralización del poder). Esto puede ocurrir en todos los ámbitos, pero es especialmente evidente en cuestiones económicas. Se produce un aumento del tamaño del gobierno y de los departamentos gubernamentales, incluidos los departamentos, organizaciones y empleados asociados o contratados por el gobierno (lo que ejerce una enorme presión sobre las finanzas públicas y, sin embargo, no sirve para nada).

Aumento del número de representantes públicos de grupos "oprimidos": Cada vez se nombrará a más políticos o autoridades no por sus méritos, sino por su grupo (sexo, raza, orientación sexual, religión, etc., o combinaciones de los mismos). Cuanto más "diversos" sean, mejor. En 2007, el inmigrante nigeriano Rotimi Adebari se convirtió en alcalde de Portlaoise (condado de Laois) y primer alcalde negro de Irlanda. The Guardian informó de que "recientemente obtuvo un máster en estudios interculturales en la Dublin City University, (y) ahora trabaja para el ayuntamiento del condado en un proyecto de integración para nuevos inmigrantes".[12] En 2020, Hazel Chu fue nombrada alcaldesa de Dublín, convirtiéndose en "la primera persona de etnia china en ser alcalde de una capital europea".[13] En junio de 2023, un concejal de Fianna Fáil, Abul Kalam Azad Talukder, fue elegido presidente del Distrito Metropolitano de

---

[11] Meskill, T., "Dublin South-West TD Paul Murphy joins People Before Profit", 1 de marzo de 2021. https://www.rte.ie/news/politics/2021/0301/1200161-paul-murphy-pbp/

[12] Bowcott, O., "From asylum seeker to Ireland's first black mayor in seven years", 29 de junio de 2007. https://www.theguardian.com/world/2007/jun/29/ireland

[13] https://en.wikipedia.org/wiki/Lord_Mayor_of_Dublin

Limerick. [14] Talukder es un musulmán de Bangladesh. Después de los disturbios del 23 de noviembre de 2023 en Dublín (mencionados anteriormente) tras el apuñalamiento de unos niños a la salida de una escuela en la ciudad de Dublín, Talukder comentó sobre los alborotadores: "Me gustaría que les dispararan en la cabeza". [15]

## Diversidad, moda y medios de comunicación

Verá cada vez más programas de televisión, películas, etc. con un elenco "diverso" de actores, presentadores, invitados, etc. Lo mismo en la prensa, las revistas, los escaparates, etc. En Irlanda, la cadena de tiendas *Life Style Sports* adorna divertidamente sus tiendas con imágenes en las que aparecen varios rostros mestizos (incluso en ciudades donde la población supera el 90-95% de irlandeses blancos). Siempre que vea una familia en la televisión (es decir, en los anuncios), no verá una pareja blanca con niños. Al menos uno de ellos será mestizo. O podemos ver combinaciones inusuales de personas que se nos presentan en parejas, en programas de televisión, por ejemplo: una mujer negra enana con síndrome de Down en una relación con un hombre blanco albino, alto pero en silla de ruedas y con perilla de Lenin. Todo esto se hace en nombre de la "igualdad" y para combatir el mal de la "heteronormatividad".

## Lo feo es hermoso

Gracias a la alegre promoción de la "diversidad" y la degeneración por parte de la secta/ideología, y a su tendencia a invertir las cosas, ahora se nos dice esencialmente que lo feo es lo nuevo bello.

Lo vemos en la publicidad cuando, por ejemplo, se presenta como bella a una mujer con mucho sobrepeso. Es una influencia terrible para las mujeres en general, e incluso peligrosa para alguien que ya se encuentra en ese estado de mala salud. Una sociedad irresponsable es aquella en la que se dice a alguien que está muy mal de salud -y que necesita (¡y normalmente quiere!) cambiar por su propio bien- que es perfecto tal y como es. Una famosa modelo estadounidense de "tallas grandes" es Tess Holliday, también conocida por ser una "activista de la positividad corporal". [16] En este contexto, el término "positividad corporal" convence a las mujeres de que está bien ser una degenerada física.

---

[14] Jacques, A., "Historic moment as Cllr Talukder voted Limerick's first Muslim Metropolitan Cathaoirleach", 20 de junio de 2023.
https://www.limerickpost.ie/2023/06/20/historic-moment-as-cllr-talukder-voted-limericks-first-muslim-metropolitan-cathaoirleach/

[15] Jacques, A., "'I'd like to see them shot in the head': Councillor's hard line on Dublin riots", 29 de noviembre de 2023. https://www.limerickpost.ie/2023/11/29/id-like-to-see-them-shot-in-the-head-councillors-hard-line-on-dublin-riots/

[16] https://en.wikipedia.org/wiki/Tess_Holliday

Ser "positivo" en este contexto significa esconderse de las emociones incómodas que pueden surgir durante la autocrítica y enfrentarse a la verdad sobre uno mismo (también conocido como engaño). Extrañamente, algunos consideran que estas modelos con sobrepeso son símbolos de "empoderamiento" femenino, a pesar de que ejercen una influencia negativa y desempoderadora sobre las mujeres. Si ni siquiera puedes controlar tus ansias de comer, no estás "empoderada".

Otros ejemplos son las personas desfiguradas o discapacitadas. La exmodelo británica Katie Piper -que sufrió un ataque facial con ácido sulfúrico en 2008- apareció en un anuncio del champú Pantene en 2010 (a pesar de que perdió gran parte de su pelo en el ataque).[17] Sofía Jirau, modelo puertorriqueña con síndrome de Down, fue contratada por Victoria's Secret en 2022.[18] Obviamente, no estamos atacando a estas mujeres, sino al principio degenerativo y de señalización de virtudes que se esconde tras la fachada; la ideología que promueve la "diversidad" de estas cosas. Es cierto que no toda la atracción se centra en la belleza superficial y las percepciones convencionales de la misma, pero ese no es el problema aquí.

Aquí hay un trasfondo babilónico: la ideología allana el camino para un tipo de mundo infernal, en el que se normalizarán todo tipo de perversiones de la belleza estética, la sexualidad y el comportamiento; igual que en la malograda y "diversa" antigua ciudad mesopotámica. [19] Los ejemplos anteriores (combinados con la perversión sexual/de género que la secta/ideología promueve en otros lugares) son sólo el principio de lo que está por venir... A menos que se detenga a la secta.

### Caras de señal de virtud

En estos sectores prevalecerá la señalización de virtudes por parte de cualquiera que tenga una plataforma pública. Atención a esa estúpida expresión de señal de virtud en las caras de las personalidades de los medios de comunicación y los famosos de todo el mundo. Es la cara de "estoy triste", que suelen poner cuando escuchan a alguien (invitado/entrevistado) explicar lo "oprimido" que está. Es una cara que nos dice "esto es triste, y deberías sentirte triste por ello". Los presentadores de tertulias, por ejemplo. El ex

---

[17] Pearson-Jones, B., "Katie Piper comparte su sorpresa al ser invitada a modelar para una marca de productos capilares una década después de perder su melena, y admite que confía en su cabello para sentirse segura de sí misma", 5 de enero de 2020. https://www.dailymail.co.uk/femail/article-7525749/Katie-Piper-reveals-joy-asked-model-hair-care-brand-10-years-losing-locks.html

[18] Blance, E., "¿Quién es Sofia Jirau, la primera modelo con síndrome de Down que posa para Victoria's Secret?", 23 de febrero de 2022. https://www.vogue.fr/fashion/article/sofia-jirau-model

[19] https://www.britannica.com/place/Babylon-ancient-city-Mesopotamia-Asia

presentador irlandés de Late Late Show Ryan Tubridy, ahora avergonzado, era un maestro en esta expresión.

Los políticos también, a través de los medios de comunicación. Tras el tiroteo en la mezquita de Christchurch, Nueva Zelanda, en marzo de 2019, la entonces primera ministra Jacinda Arden se puso un hiyab en solidaridad (marxiana) con las víctimas. Tenía una expresión de señalización de virtud de aspecto patético en su rostro, como si estuviera en alguna horrible pantomima OTT. Otros miembros de la secta la elogiaron en todo el mundo por mostrar tanta "solidaridad" y "compasión".[20] Arden, miembro comprometida de la secta y culpable de muchos crímenes contra su país, fue líder del Partido Laborista de Nueva Zelanda y Primera Ministra de 2017 a 2023.

## Vigilancia, seguridad y guerra

"La palabra "paz" dada por el comunista significa la victoria del socialismo"[21]

La denunciante comunista Bella Dodd, conferencia en la Universidad de Fordham, 1953

El presente puede ser la actitud de que necesitamos la "paz" a toda costa; que las guerras, la violencia y los ejércitos son malos. De hecho, puede manifestarse como la noción de que toda resistencia por la fuerza es mala (a menos que sea "revolucionaria", por supuesto). Esta es otra noción hipócrita, de señalización de virtudes, presente en la sociedad debido a la infección. Lo que la ideología está sugiriendo realmente es que cualquier resistencia contundente a la secta/ideología (y al globalismo/internacionalismo) es mala, especialmente la más potente: la resistencia militar a gran escala y la guerra total.

Este tipo de mentalidad ingenua, hippy y "positiva" es exactamente la actitud que tu enemigo quiere que tengas, para que bajes la guardia. Si una fuerza/ideología hostil planea destruir tu nación, quiere que tengas esta mentalidad, porque no lo conseguirá. Hay una gran diferencia entre utilizar la fuerza física para atacar a otro grupo/país por razones injustificables (conquista, opresión, adquisición territorial o de recursos, etc.) y la fuerza defensiva (es decir, utilizarla para limpiar tu país de la secta/ideología). Esta última es absolutamente justificable. Por supuesto, tus enemigos no quieren que hagas este discernimiento: quieren que pienses que todo uso de la fuerza es malo.

---

[20] McConnell, G., "El rostro de la empatía: Jacinda Ardern photo resonates worldwide after attack", 18 de marzo de 2019. https://www.smh.com.au/world/oceania/face-of-empathy-jacinda-ardern-photo-resonates-worldwide-after-attack-20190318-p5152g.html

[21] *"Bella Dodd explica los patos del comunismo", conferencia en la Universidad de Fordham, 1953.*

https://www.YouTube.com/watch?v=VLHNz2YMnRY

Esta actitud de "¡debemos ser pacíficos!", por supuesto, es otra forma de señalización de virtudes.

## Los soldados y los ejércitos son malos

Mucha gente (adoctrinada) considera que los soldados y los ejércitos son intrínsecamente malos; que todos son asesinos, como si todos los soldados/guerreros de la historia de la humanidad hubieran sido iguales. Menuda gilipollez. Resulta divertido escuchar las opiniones descerebradas y llenas de virtudes de alguien de nuestra relativamente cómoda sociedad moderna, que siente poco o ningún respeto por un soldado casi por defecto, sobre todo si no puede soportar ni siquiera un poco de estrés, incomodidad o crítica (por no hablar de un conflicto físico o un combate a muerte).

Este es el residuo de años de lavado de cerebro "PC", que puede provenir de una variedad de fuentes (educación, entretenimiento, creencias "new age", consumo de drogas y/o ser hippie, etc.). Obviamente, si esta opinión proviene de una persona adoctrinada en el marxismo, esta condena de los soldados/violencia no se aplica a todos esos maravillosos "revolucionarios" marxistas como Trotsky, Che Guevera, Castro, los muchos marxistas africanos, los grupos terroristas de culto, etc.

Sin embargo, se aplica a cualquier tipo de fuerza armada que haya sido/sea opositora al marxismo, o una fuerza armada imperial: Las fuerzas estadounidenses; las fuerzas imperiales francesas y británicas; el ejército nacionalsocialista alemán en la Segunda Guerra Mundial; el ejército nacionalista franquista en la Guerra Civil española, los ejércitos bóer blancos en Sudáfrica o Rodesia, etc. Todos ellos son soldados fascistas, capitalistas, racistas, opresores del mal. Ahora bien, no estoy condonando ningún crimen cometido por ninguna fuerza armada del mundo, pasada o presente, pero la palabra clave aquí es "crimen". No hay duda de que muchos soldados/fuerzas armadas han cometido crímenes, pero eso no los convierte a todos en igual de éticos o antiéticos.

Lo que estamos subrayando aquí es el efecto de la programación "pacifista" en las masas. Por supuesto, cuando nos programan para odiar el militarismo o cualquier tipo de fuerza física, es para ablandarnos y hacernos indefensos; ¡no están promoviendo estas ideas por razones benévolas! Como estamos descubriendo en el mundo ahora mismo, sin la capacidad de usar la fuerza física para defenderte a ti mismo, a tu país, a tu gente (o si te niegas a usar la fuerza), tarde o temprano, la fuerza se usará contra ti.

En el momento de la edición (enero de 2024), se habla en el Reino Unido de una guerra con Rusia. Muchos comentaristas han señalado cómo la voluntad de luchar por el Reino Unido no es lo que era históricamente (esto se debe a la erosión del patriotismo británico por el culto/ideología). El 12 de febrero de 2024, apareció un vídeo en el canal de YouTube del ex político británico Brexiteer y presentador de GB News Nigel Farage. El tema era el estado de las fuerzas armadas del Reino Unido en el contexto de un posible conflicto mundial. Habló de "objetivos de diversidad despertados", de la reciente tendencia a procesar retroactivamente a antiguos soldados y de la relajación de los controles de seguridad para la admisión en los servicios británicos. Obviamente, esta relajación de los controles de seguridad permite la infiltración de los enemigos de Occidente, incluidos los extremistas islámicos o los elementos marxistas.

El resultado de todo esto es que el ejército del Reino Unido "no sería apto para defender a este país en caso de que entráramos en un conflicto mundial".[22] Sin duda, estos factores agravan el problema del bajo número de reclutas en los últimos tiempos. La "laboriosidad" es la muerte de una nación.

Un vídeo de las noticias de GB del 12 de febrero de 2024 mostraba el nuevo anuncio de reclutamiento "woke" del ejército británico. En él aparecía un soldado musulmán rezando en medio del campo de batalla delante de sus compañeros no musulmanes. El eslogan era "manteniendo mi fe".[23] Farage señaló que algunos sectores habían sugerido eliminar el cristianismo del servicio anual del Día del Recuerdo de las fuerzas armadas.

En diciembre de 2023, se informó en Estados Unidos de que el senador demócrata Dick Durbin habló de cuestiones similares relacionadas con el ejército estadounidense. Sugirió que se podría reclutar a inmigrantes para los servicios a cambio de la ciudadanía estadounidense, y habló de un nuevo proyecto de ley a tal efecto. En su intervención en el Senado estadounidense, mencionó los problemas de reclutamiento militar, que los servicios no están alcanzando sus cuotas. Sobre la posibilidad de que los inmigrantes se apunten, dijo: "¿Deberíamos darles la oportunidad? Creo que sí".[24] Impulsó ideas similares en mayo/junio de 2023.[25]

Es una retórica muy irresponsable, al borde de la traición. Torpe como mínimo. En primer lugar, los inmigrantes de todo el mundo no necesitan más estímulos para entrar en los países occidentales. En segundo lugar, de nuevo, esto fomenta la infiltración de los enemigos de Estados Unidos. El impacto de la

---

[22] Nigel Farage, "¡El ejército británico está siendo destruido!", 12 feb 2024.

https://www.YouTube.com/watch?v=qPN2ahYC6W4

[23] GB News, "'British soldiers Praying to Allah': Nigel Farage Rages at Banishing of Christianity from army", 12 de febrero de 2024.
https://www.YouTube.com/watch?v=T5U3XbMvau4

[24] "Durbin propone la ciudadanía estadounidense para los inmigrantes ilegales a través del servicio militar". https://www.YouTube.com/watch?v=B-XmAs5xGTs

[25] Forbes Breaking News, "Dick Durbin Pushes For 'Pathway To Citizenship' For DACA Recipients Who Serve", 3 de junio de 2023.
https://www.YouTube.com/watch?v=N8PBmVyBPoE

secta/ideología sobre América y el patriotismo estadounidense durante décadas ha sido el principal responsable de la reducción de los niveles de reclutamiento. Ahora, ¡se sugiere arriesgarse a reclutar miembros antiamericanos de la secta en el extranjero!

He aquí otro elemento perturbador conectado. El 2 de febrero de 2024, el canal de YouTube de *Tucker Carlson* publicó una entrevista con el biólogo Bert Weinstein. Weinstein había presenciado recientemente sucesos en el paso fronterizo de Darién en Panamá, Centroamérica, un punto focal para los migrantes que viajan a Estados Unidos desde Sudamérica. Weinstein habló de cómo había un número creciente de migrantes chinos -principalmente hombres en edad militar- que eran un poco cautelosos acerca de por qué estaban emigrando... [26] Combinado con los factores antes mencionados, y los enfrentamientos militares históricos del culto con los EE.UU., debería ser obvio lo que está en marcha aquí...

**"Las armas son malas y el público en general no debería tenerlas"**

En una sociedad totalmente controlada por la secta/ideología, sólo el Estado debería tener armas. La secta siempre impulsará el desarme del público en general en nombre de la "paz" y la virtud, etc. Hemos visto esto constantemente en los EE.UU., donde los miembros del culto de todas las tendencias en todos los niveles han promovido esta noción. El socialista en jefe Barack Obama intentó constantemente cambiar la cultura de las armas durante su mandato y fue respaldado por miembros de la secta que trabajaban en los medios de comunicación de todo Occidente.

La noción de que los estadounidenses están locos por las armas forma parte del antiamericanismo impulsado por la secta y está obviamente vinculada a sus intentos de desarmar al público estadounidense. Tener armas en una sociedad relativamente civilizada es bueno, porque permite a los ciudadanos protegerse. No sólo de los criminales, sino también de los gobiernos tiránicos; especialmente si esos gobiernos tienen miembros de la secta al mando... Muchos creen que sin la segunda enmienda de la constitución estadounidense y el acceso del público en general a las armas, los elementos traidores (marxistas) del establishment ya habrían iniciado el control militarista en suelo estadounidense. También me gustaría añadir que un público en general bien armado es otra capa de disuasión para los enemigos extranjeros de Estados Unidos.

**Una discoteca gay "Policías y soldados**

Otro signo de infección es cuando los miembros de la policía y de las fuerzas armadas -que deberían ser símbolos de fuerza, masculinidad y defensa

---

[26] Tucker Carlson, "How China and the UN are Fueling the Invasion of America", 2 de febrero de 2024. https://www.YouTube.com/watch?v=wOxksFHAHRU

nacional- bailan en la calle o adoptan comportamientos sexualmente sugerentes (sobre todo de tipo homoerótico); o pueden llevar sus vehículos cubiertos con colores LGBTQ, etc. Y no en sus noches libres o en alguna propiedad privada o en el aparcamiento detrás de la comisaría, sino en público, a la vista de innumerables ojos perplejos y smartphones entrenados. Y no en sus noches libres, o en una propiedad privada en algún lugar, o en el aparcamiento detrás de la comisaría, sino en público, a la vista de innumerables ojos perplejos y smartphones entrenados. En Irlanda, en junio de 2018, las Fuerzas de Defensa irlandesas participaron en una marcha del Orgullo LGBTQ por la ciudad de Dublín; participaron algunos de los altos mandos. [27]

A finales de 2021, la policía irlandesa bailó como idiotas con máscaras de Covid en un vídeo producido y coreografiado, al ritmo de la canción "Jersusalema".[28] También se vio a policías de Suecia, Reino Unido y otros países bailando en actos del Orgullo en el periodo comprendido entre 2015.[29] [30] (Al autor se le pasó por la cabeza que en algunos casos se estaban utilizando actores (sobre todo los que llevaban máscaras de Covid), en un acto diseñado para desmoralizar públicamente a las fuerzas policiales. Aun así, ni siquiera la suplantación de identidad debería permitirse; es delictiva). En el suroeste de Irlanda, en junio de 2023, la Garda Siochana (policía irlandesa) presentó un nuevo coche patrulla -decorado con los colores del "arco iris"- en "solidaridad" con las marchas y grupos del Orgullo LGBTQ de la zona (hubo otros casos en otros lugares).[31]

Por el contrario, fíjese en los desfiles militares públicos de Corea del Norte y China, y cómo exhiben esos músculos masculinos. Tanques, lanzamisiles, vehículos blindados, piezas de artillería, lo que sea, junto con miles de soldados de infantería. Mira a los ojos del personal de servicio: ¡están desesperados por demostrar su valía al Partido! Desesperados por demostrar su voluntad de

---

[27] Murtage, P., "Head of Defence Forces to walk in Dublin Pride Parade", 30 de junio de 2018. https://www.irishtimes.com/news/ireland/irish-news/head-of-defence-forces-to-walk-in-dublin-pride-parade-1.3548434

[28] All things Ireland, "Gardaí Irish Police In Ireland Dancing on the Jerusalema Song", 14 de diciembre de 2021. https://www.YouTube.com/watch?v=NGkzgqisiBU

[29] Haigh, E., "Fury at 'woke' Lincoln Police after officers are filmed dancing the Macarena at Pride festival while number of unsolved crimes across the UK remains high", 21 de agosto de 2022. https://www.dailymail.co.uk/news/article-11132029/Fury-woke-Lincoln-Police-officers-filmed-dancing-Macarena-Pride-festival.html

[30] "La policía sueca baila por el Orgullo", mayo de 2020. https://www.YouTube.com/watch?v=apE9vH-pcow

[31] O'Shea, J., "Gardai unveil new rainbow 'Pride' patrol car for West Cork in shout out to LGBTQ community", 30 de junio de 2023. https://www.corkbeo.ie/news/local-news/gardai-unveil-new-rainbow-pride-27229628

matar por la gran revolución mundial. Ni una pizca de baile, empuje pélvico, homosexualidad, disforia de género, máscaras de cojo o pantalones sin culo por ninguna parte.

## Estafadores e infiltrados

Otro signo evidente de infección es la presencia de estafadores, infiltrados y pseudo-patriotas. En la historia de la subversión y la propaganda marxista, ya ha habido muchas formas de operativo/engañador/apologista, ya sea a sabiendas o no. El marxismo tiene una historia de subversión de los movimientos nacionalistas, en formas cada vez más creativas. La secta ha utilizado históricamente la táctica del entrismo -infiltrarse en grupos contrarios y ascender en sus filas- para desbaratarlos esencialmente, sobre todo en la esfera política.

En esta era de Internet, vemos una contaminación similar por parte de miembros de sectas, especialmente en YouTube. Sus funciones pueden incluir intentar confundir a la gente o disuadirla de puntos de vista nacionalistas o patrióticos; convencerla de que no quiere o no necesita soberanía. También pueden ayudar a desbaratar el movimiento "antiglobalización" mediante la distracción (o el rechazo absoluto) de cualquier preocupación sobre el marxismo. También debemos estar atentos a cualquier persona que esté promoviendo descarada o sutilmente conceptos marxistas, como apologista o defensor. A veces esto puede ser difícil de detectar. El hecho de que muchos todavía no sepan lo que es el marxismo (y la amenaza que representa) hace que este proceso sea aún más difícil.

## Red-tubers

Los miembros de las sectas atraen y embaucan a las masas de diferentes maneras. Pueden presentarse como "filósofos", analistas políticos, personalidades de los medios de comunicación en línea, falsos cristianos, etc. Algunos pueden fingir ser nacionalistas o patriotas (o al menos simpatizantes) para desvirtuar este movimiento. Otros son gurús "espirituales", analistas, oradores, autores, etc. Los hay de todas las formas y tamaños.

Pueden convencer a quienes les escuchen de que "la agresión está mal" o de que "todos somos uno, así que no deberíamos tener países..." o de que "todas las religiones son iguales y primitivas... el cristianismo es tan malo como el talmudismo o el islam..."; o a quienes promuevan cualquier tipo de degeneración pro-marxiana, posmodernismo, "espiritualidad", cualquier cosa dañina de cabeza en las nubes.

Piensa en un tipo como Russell Brand. A veces cómico, actor, presentador de radio, autor, actor, y ahora YouTuber y voz "espiritual", con una base de fans masiva. Le he oído regurgitar basura pseudoespiritual, claro, pero lo más significativo son sus inclinaciones abiertamente marxistas. En su día colaboró con The New *Statesman*, una famosa revista socialista creada por la Sociedad

Fabiana. También es un claro activista de izquierdas. De manera reveladora, publicó un libro llamado *Revolution* (2014), con las letras e,v,o,l coloreadas de rojo marxista en la portada del libro; tratando de equiparar la ideología/revolución marxista con el amor.[32] En ocasiones se ha presentado más bien como "neutral", aunque tiene una actitud claramente marxista ante los asuntos mundiales. También cita fuentes como el *World Socialist Web Site* (WSWS).[33] [34] Brand abre sus vídeos con "¡Hola, maravillas del despertar! Gracias por acompañarnos en nuestro viaje hacia la verdad y la libertad que emprendemos juntos".[35] ¿"Despertar" en un sentido marxiano? ¿En un sentido "despierto"?

Otro ejemplo es el YouTuber británico Tom Nicholas. Su canal cuenta actualmente con casi 500.000 suscriptores. Uno de sus vídeos se titula "Cómo detectar a un (potencial) fascista".[36] Podríamos detenernos aquí.

Otro es el canal de nombre inequívoco "Marxism Today".[37] Está presentado por el miembro irlandés de la secta Paul Connolly, que "educa" a la audiencia sobre las virtudes del socialismo y el comunismo, deslumbrándoles con información partidista. El estilo aerodinámico de la producción de vídeo muestra cómo la secta siempre intenta volver a empaquetar el marxismo como algo guay y benévolo, para atraer sobre todo a los jóvenes. La serpiente roja vuelve a mudar de piel.

En su vídeo "¿Por qué comunismo? Socialismo 101", Connolly afirma con una sonrisa orgullosa: "Bienvenidos a Socialismo 101, una serie diseñada para ayudar a educar a la gente sin conocimientos previos sobre los fundamentos del socialismo y el comunismo desde una perspectiva explícitamente marxista-leninista y marxista-leninista-maoísta con vídeos cortos y fáciles de digerir".[38] Vaya. Preferiría pintar una pared enorme, subirme a un taburete y ponerme las gafas de mirar. Imagínate apoyar a tres de los peores seres humanos de todos

---

[32] https://en.wikipedia.org/wiki/Revolution_(libro)

[33] Russel Brand, "¡Es la guerra a gran escala!" - No One Is Ready For What's Coming!", 18 de enero de 2024.
https://www.YouTube.com/watch?v=_w8psH6NKNw

[34] https://www.wsws.org/en

[35] https://www.YouTube.com/@RussellBrand

[36] Tom Nicholas, "How to Spot a (Potential) Fascist", 19 de julio de 2020.
https://www.YouTube.com/watch?v=vymeTZkiKD0

[37] https://www.YouTube.com/@Marxismo_Hoy

[38] Marxism Today, "¿Por qué comunismo? | Socialismo 101", 2 de abril de 2021.

https://www.YouTube.com/watch?v=N52bJRe0Gg8&list=PL0J754r0IteXABJntjBg1YuNsn6jItWXQ

los tiempos con una sonrisa en la cara, para que todo el mundo lo vea. Con 71.000 suscriptores en el momento de la edición, está plagado de imágenes de ídolos comunistas y del color rojo.

Otro es el YouTuber británico Harris "hbomberguy" Brewis con 1,6 millones de suscriptores en el momento de la edición. Otra serpiente roja sonriente, con el cerebro lavado, trastornada y manipuladora que promueve y defiende varias subagendas, como el cambio climático, las vacunaciones masivas y el feminismo, al tiempo que niega que exista la subagenda anticristiana o el "marxismo cultural".

Uno de los vídeos se titula "Climate Denial: Una respuesta mesurada". Los vídeos son una mezcla de "comedia" marxista y la habitual burla y mala leche hacia cualquiera que no esté de acuerdo con el culto o la ideología. Algunos de ellos incluyen sus comentarios sobre vídeos realizados por voces no marxistas ("nazis" y "racistas"), lo que le permite "desacreditar" estos puntos de vista opuestos.[39] Estoy seguro de que a otros miembros de la secta les parece articulado, ingenioso, perspicaz, encantador, etc. Curiosamente, utiliza el término "verdaderos creyentes" para referirse a las voces nacionalistas/no marxistas o a sus seguidores, casi insinuando que estas personas forman parte de una secta. Otra vez la inversión.

Brewis se "identifica" como bisexual, y una vez se describió a sí mismo como "un tipo socialista de extrema izquierda con una reverencia por los filósofos del movimiento comunista y sus escritos". Así que, bajo todas las caras tontas y los predecibles "chistes", no es más que otro fanático que vende su ideología por Internet.[40]

Estos son sólo algunos de los numerosos ejemplos. Obviamente, YouTube apoyará estos canales, permitiéndoles existir y crecer. A la inversa y simultáneamente, los canales que no se ajusten al marxismo serán suprimidos. Cualquier crítica seria al culto/ideología, explicando que es un culto masivo, loco y global no será permitida. Sin embargo, se permitirá difundir la gloriosa revolución, o criticar a los oponentes del culto tanto como se quiera.

Esta propaganda debe ser eliminada de la red y los implicados deben ser contenidos. No se puede permitir que personas adoctrinadas infecten a otras, y menos a tal escala. ¿Quizás deberíamos inventar y aplicar leyes de "discurso marxista"?

---

[39] Canal YouTube de Hbomberguy.
https://www.YouTube.com/channel/UClt01z1wHHT7c5lKcU8pxRQ

[40] https://rationalwiki.org/wiki/Hbomberguy

# Sección XI- Las naciones divididas

"No hay salvación para la civilización, ni siquiera para la raza humana, salvo la creación de un gobierno mundial"[1]

El famoso científico "genio" y miembro de la secta Albert Einstein

"La humanidad sufre... La humanidad es más fuerte cuando nos mantenemos unidos"[2]

Secretario General de la ONU António Guterres,
Dec 2023 Mensaje de Año Nuevo

## Introducción

¿Son las Naciones Unidas una entidad marxista? ¿Promueve y apoya la ideología de alguna manera? ¿Es una organización internacionalista que centraliza el poder a expensas de la soberanía de los países miembros? La ONU es una bestia intrigante y grande, merecedora de un libro propio, pero he aquí algunos datos relevantes:

## Visión general

La ONU tiene su sede en Nueva York, en territorio internacional. Como organización intergubernamental mundial, tiene oficinas principales en Nairobi, Viena y Ginebra, y seis idiomas oficiales. Creada en 1945 y compuesta en la actualidad por 193 Estados miembros, el propósito ostensible de la ONU es la "paz" y la "seguridad". Además de defender el derecho internacional, desempeña funciones humanitarias y de mantenimiento de la paz, así como diversas funciones aparentemente benévolas.[3]

La estructura de la ONU o Sistema de las Naciones Unidas incluye seis grupos: la Asamblea General, el Consejo de Seguridad, el Consejo Económico y Social, el Consejo de Administración Fiduciaria, la Corte Internacional de Justicia y la Secretaría de la ONU. Otras suborganizaciones destacadas relacionadas con

---

[1] Albert Einstein citado por Charles Kegley, *World Politics: Tendencias y transformaciones* (2008), p. 537. https://en.wikiquote.org/wiki/World_government

[2] Naciones Unidas, "Mensaje de Año Nuevo 2024 del Jefe de la ONU | Naciones Unidas", 28 dic 2023.

https://www.YouTube.com/watch?v=cxFvUbhVz50

[3] https://www.britannica.com/topic/United-Nations

la ONU son: OIT (Organización Internacional del Trabajo); OMC (Organización Mundial del Comercio); OMS (Organización Mundial de la Salud); UNESCO (Organización de las Naciones Unidas para la Educación, la Ciencia y la Cultura); y el FMI (Fondo Monetario Internacional). (Además de la OMM (Organización Meteorológica Mundial) mencionada anteriormente).[4]

De la ONU surgieron otras entidades notables: ACNUR (Alto Comisionado de las Naciones Unidas para los Refugiados); UNIFEM (Fondo de Desarrollo de las Naciones Unidas para la Mujer) y ONU Mujeres (Entidad de las Naciones Unidas para la Igualdad de Género y el Empoderamiento de las Mujeres), ambas fusionadas en ONU Mujeres en 2011; OOPS (Organismo de Obras Públicas y Socorro de las Naciones Unidas para los Refugiados de Palestina en el Cercano Oriente).

Está claro que se trata de un subgrupo de organizaciones que facilitan la migración masiva, el feminismo y las subagendas marxianas de derechos palestinos de la secta/ideología.

La página "Sistema de las Naciones Unidas" del sitio web *un.org* muestra otros "Fondos y Programas", entre ellos UNICEF (Fondo de las Naciones Unidas para la Infancia) que trabaja "para salvar las vidas de los niños, defender sus derechos y ayudarles a desarrollar todo su potencial, desde la primera infancia hasta la adolescencia". Evidentemente, esto debe referirse a niños sin padres, o con padres claramente incapaces, ¿no? El Programa de las Naciones Unidas para el Desarrollo (PNUD) ayuda a "erradicar la pobreza, reducir las desigualdades". El FNUAP (Fondo de Población de las Naciones Unidas) tiene como objetivo "un mundo en el que todos los embarazos sean deseados, todos los nacimientos sean seguros y todos los jóvenes desarrollen su potencial"; esto tiene un tono eugenésico, y significa que abogan por el aborto.[5]

**Fundador**

La ONU se creó aparentemente para desempeñar el papel que la Sociedad de Naciones debía desempeñar en la "paz mundial", pero en un mundo posterior a la Segunda Guerra Mundial para "preservar a las generaciones venideras del flagelo de la guerra, que dos veces en nuestra vida ha causado indecibles sufrimientos a la humanidad"; además de promover el "progreso social".[6] Cuando se creó la ONU, el Secretario General en funciones era Alger Hiss, un espía comunista activo en Estados Unidos. Hiss fue Secretario General de la *Conferencia de las Naciones Unidas sobre Organización Internacional* en 1945. Este grupo fue el responsable de crear la carta de la ONU, con Hiss en

---

[4] https://en.wikipedia.org/wiki/United_Nations_System#United_Nations

[5] "Sistema de las Naciones Unidas". https://www.un.org/en/about-us/un-system

[6] "Carta de las Naciones Unidas y Estatuto de la Corte Internacional de Justicia", 1945, P. 2. https://treaties.un.org/doc/publication/ctc/uncharter.pdf

su papel central. (Posteriormente fue condenado por dos cargos de perjurio en 1950, tras ser desenmascarado por varios miembros desertores de la secta). [7]

Curiosamente, la infame ComIntern (Internacional Comunista o Tercera Internacional) se disolvió en mayo de 1943, la misma época en que empezó a formarse la ONU. La insignia de la bandera azul claro de las Naciones Unidas -la Tierra flanqueada por dos hojas de Olivo- es muy similar al emblema de la Unión Soviética. De nuevo, creo que el color azul despista un poco...[8] [9] [10]

## Líderes pasados y presentes

Hubo una innegable presencia marxista en los primeros dirigentes de esta nueva organización internacional de "paz". El primer Secretario General oficial de la ONU (1946-1952) fue Trygve Lie (1896-1968); un apellido de lo más apropiado.[11] Lie era un alto cargo del partido socialdemócrata noruego. El segundo (1953-1961) fue un socialista sueco llamado Dag Hammarskjold (1905-1961), que impulsó abiertamente la política "comunista" de la secta.[12] El tercero (1961-1971) fue U Thant (1909-1974), un marxista birmano.[13] Detecto un patrón...

## Annan

Kofi Annan (1938-2018) fue el séptimo Secretario General (1997-2006). Recibió su "educación" estudiando economía en la *Universidad Kwame Nkrumah de Ciencia y Tecnología de Ghana*, y en *el Macalester College* de Minnesota, en Estados Unidos. [14]

(El primero lleva el nombre del ávido miembro de la secta panafricanista mencionado antes, en la sección de África, y el segundo es abiertamente pro-internacionalismo y multiculturalismo).[15] [16] He aquí algunas de sus citas:

El primero resume muy bien la ONU. En 2004, en su mensaje para celebrar el

---

[7] Oficina Federal de Investigación, "Alger Hiss".https://www.fbi.gov/history/famous-cases/alger-hiss

[8] https://en.wikipedia.org/wiki/Communist_International

[9] https://www.britannica.com/topic/flag-of-the-United-Nations

[10] https://en.wikipedia.org/wiki/State_Emblem_of_the_Soviet_Union

[11] https://www.britannica.com/biography/Trygve-Lie

[12] https://www.britannica.com/biography/Dag-Hammarskjold

[13] https://www.britannica.com/biography/U-Thant

[14] https://www.britannica.com/biography/Kofi-Annan

[15] https://www.knust.edu.gh

[16] "Una fuerza para el cambio positivo". https://www.macalester.edu/about/

Día Internacional de la Paz, afirmó: "Nada puede ser más peligroso para nuestros esfuerzos por construir la paz y el desarrollo que un mundo dividido por motivos religiosos, étnicos o culturales. En cada nación, y entre todas las naciones, debemos trabajar para promover la unidad basada en nuestra humanidad compartida".[17] Dado que la gente tiende a dividirse de forma natural en función de esas líneas, esto insinúa que la ONU tiene que cambiar la forma en que el mundo funciona de forma natural: intentar eliminar la religión, la raza y la cultura de la conciencia de la gente (que es exactamente lo que ha estado haciendo). De lo contrario, no podrán alcanzar la "paz".

En septiembre de 2002, en la Cumbre Mundial sobre el Desarrollo Sostenible celebrada en Johannesburgo, habló sobre el cambio climático afirmando: "Pero no nos dejemos engañar, cuando miremos a un cielo azul despejado, pensando que todo va bien. No todo va bien. La ciencia nos dice que si no tomamos las medidas adecuadas ahora, el cambio climático causará estragos, incluso durante nuestra vida".[18] Así que, básicamente, no te fíes de tus propios sentidos; el fin del mundo está sobre nosotros (pone los ojos en blanco).

En junio de 2000, en su declaración ante la sesión especial de la Asamblea General "Mujeres 2000: Igualdad de género, desarrollo y paz para el siglo XXI", afirmó: "No hay estrategia de desarrollo más beneficiosa para la sociedad en su conjunto -tanto para las mujeres como para los hombres- que la que implica a las mujeres como actores centrales".[19] Como ya se ha dicho, a la secta/ideología le interesa colocar cada vez más mujeres en puestos de autoridad en este momento, ya que así refuerza su dominio. Sobre el racismo, en septiembre de 2016 declaró: "Podemos tener diferentes religiones, diferentes idiomas, diferente color de piel, pero todos pertenecemos a una sola raza humana".[20]

En marzo de 1999, Día Internacional de la Mujer, declaró: "La violencia contra las mujeres es quizá la violación más vergonzosa de los derechos humanos, y quizá la más generalizada. No conoce fronteras geográficas, culturales ni de riqueza. Mientras continúe, no podemos afirmar que estemos haciendo verdaderos progresos hacia la igualdad, el desarrollo y la paz".[21] ¡Menuda

---

[17] "Kofi Annan Quotes". https://www.kofiannanfoundation.org/kofi-annan/kofi-annan-quotes/

[18] "Kofi Annan Quotes". https://www.kofiannanfoundation.org/kofi-annan/kofi-annan-quotes/

[19] Comunicado de prensa de la ONU, "Secretary-General, In Address To Women 2000 Special Session, Says Future Of Planet Depends Upon Women", 5 de junio de 2000. https://press.un.org/en/2000/20000605.sgsm7430.doc.html

[20] https://www.kofiannanfoundation.org/kofi-annan/kofi-annan-quotes/

[21] Comunicado de prensa de la ONU, "Violence Against Women 'MOST Shameful', Pervasive Human Rights Violation, Says Secretary-General In Remarks On

chorrada! El aborto es la violación más vergonzosa de los derechos humanos. Curiosamente, Annan también participó en un grupo de locos del Nuevo Orden Mundial llamado The Elders.

**Luna**

Ban Ki Moon, fanático miembro de la secta, fue el octavo secretario general surcoreano de la ONU (2007-2016). En enero de 2011, en Davos (Suiza), en un discurso en el Foro Económico Mundial (FEM), Moon se puso marxista a tope: "Se nos acaba el tiempo. Tiempo para abordar el cambio climático. Es hora de garantizar un crecimiento ecológico sostenible y resistente al clima. Es hora de generar una revolución de energía limpia", afirmando que el actual modelo económico mundial es esencialmente "un pacto suicida".

Y añadió: "Aquí en Davos, en esta reunión de poderosos y poderosas, representados por algunos países clave, puede sonar extraño hablar de revolución, pero eso es lo que necesitamos en este momento. Necesitamos una revolución. Pensamiento revolucionario. Una acción revolucionaria".[22]

En febrero de 2014, con motivo del Día Mundial de la Justicia Social, declaró que este día "se observa para poner de relieve el poder de la solidaridad mundial para hacer avanzar las oportunidades para todos", y "Debemos hacer más para empoderar a los individuos a través del trabajo decente, apoyar a las personas a través de la protección social y garantizar que se escuchen las voces de los pobres y marginados... hagamos que la justicia social sea fundamental para lograr un crecimiento equitativo y sostenible para todos".[23] Impresionante. Este tipo domina el marxismo.

En el evento COP22 de noviembre de 2016 dijo "Nunca dejaré, incluso después de mi jubilación, de trabajar con las Naciones Unidas y mis colegas, y los líderes mundiales para asegurarme de que este acuerdo sobre el cambio climático se aplica plenamente".[24] ¿Alguien quiere drama? Moon también fue un actor clave en la Agenda 2030 de la ONU y sus objetivos de "desarrollo

---

International Women's Day", 8 de marzo de 1999.
https://press.un.org/en/1999/19990308.sgsm6919.html

[22] Comunicado de prensa de la ONU, "Ban advierte del 'suicidio global' y pide una revolución para garantizar el desarrollo sostenible", enero de 2011.
https://news.un.org/en/story/2011/01/365432

[23] Ki-Moon, B., "Día Mundial de la Justicia Social", 20 de febrero de 2014.

https://www.cepal.org/en/articles/2014-world-day-social-justice

[24] COP 22, "Observaciones del Secretario General a la prensa en la COP2", 15 de noviembre de 2016.

https://www.un.org/sustainabledevelopment/blog/2016/11/secretary-generals-remarks-to-the-press-at-cop22/

sostenible".

Además de ser un salvador planetario, Moon fue franco en varias otras subagendas. En el Día de la Igualdad de la Mujer, en agosto de 2016, dijo: "Los países con más igualdad de género tienen mejor crecimiento económico. Las empresas con más mujeres líderes obtienen mejores resultados... Las pruebas son claras: la igualdad para las mujeres significa progreso para todos". [25] (similar a lo que dijo Kofi Annan, más arriba).

Habló en defensa de la subagenda LGBTQ cuando dijo esto en su discurso "Ha llegado la hora" en marzo de 2012 : ""Es una vergüenza que en nuestro mundo moderno, tantos países sigan criminalizando a las personas simplemente por amar a otro ser humano del mismo sexo".[26] Muy inteligente el uso de la palabra "amar" (en lugar de decir "sentirse atraído por"), para alejarse de la noción de atracción (potencialmente) superficial y sugerir relaciones potencialmente casuales o sin sentido.

**Guterres**

El actual y noveno Secretario General es Antonio Guterres, que fue Primer Ministro de Portugal durante un tiempo y miembro del Partido Socialista Portugués. También fue presidente de la Internacional Socialista entre 1999 y 2005.[27] Hizo estas declaraciones sobre el cambio climático en septiembre de 2018, describiéndolo como "la cuestión decisiva de nuestro tiempo y estamos en un momento decisivo. Nos enfrentamos a una amenaza existencial directa". Afirmó que "tenemos que dejar de depender de los combustibles fósiles para sustituirlos por energía limpia procedente del agua, el viento y el sol... Debemos cambiar nuestra forma de cultivar". También soltó chorradas anticapitalistas: "Las naciones más ricas del mundo son las principales responsables de la crisis climática, aunque los efectos los están notando primero las naciones más pobres y los pueblos y comunidades más vulnerables".[28] Otra vez esos malditos burgueses ricos oprimiendo a los proletarios vulnerables...

Algunas joyas más de Guterres. Un tuit del 25 de marzo de 2020: "La trata

---

[25] Tavares, C., "This #WomensEqualityDay, Remember What Your Vote Means", 26 de agosto de 2016. https://www.huffpost.com/entry/this-womensequalityday-re_b_11705836

[26] UN Human Rights, "UN Secretary-General message at Human Rights Council", 7 de marzo de 2012. https://www.YouTube.com/watch?v=qtxU9iOx348

[27] "Secretario General, Biografía". https://www.un.org/sg/en/content/sg/biography

[28] Discurso de Nueva York, "Observaciones del Secretario General sobre el cambio climático [tal como se pronunciaron]", 10 de septiembre de 2018. https://www.un.org/sg/en/content/sg/statement/2018-09-10/secretary-generals-remarks-climate-change-delivered

transatlántica de esclavos es uno de los mayores crímenes de la historia de la humanidad. Y seguimos viviendo a su sombra. Sólo podemos avanzar enfrentándonos juntos al legado racista de la esclavitud".[29] El jefe de la ONU -un gobierno mundial, una organización a favor de la migración masiva-propagando el sentimiento de culpa de los europeos blancos y racistas.

Otra en abril de 2020, en la que se promovía la narrativa de la ONU sobre el Covid: "Mientras el mundo lucha contra el #COVID19, también estamos luchando contra una epidemia de falsedades y mentiras perjudiciales. Anuncio una nueva iniciativa de @UN Communications Response para difundir hechos y ciencia, contrarrestando el azote de la desinformación, un veneno que pone más vidas en peligro".[29] Gracias, camarada Guterres.

En un tuit de julio de 2020, impulsa varias subagendas marxianas al mismo tiempo: "@COVID19 ha profundizado las desigualdades y vulnerabilidades existentes para las mujeres y las niñas. En el #DíaMundialDeLaPoblación del sábado y todos los días, debemos proteger los derechos de las mujeres y las niñas, poner fin a la violencia de género y salvaguardar la atención de la salud sexual y reproductiva".[29] Esto es divertido: de la desigualdad social ("lucha de clases") a la eugenesia, pasando por el feminismo, el maltrato a la mujer y la anticoncepción/eugenesia, ¡todo en un tuit!

Tengamos en cuenta que aunque estos hombres estaban/están al timón de la que posiblemente sea la mayor y más poderosa entidad intergubernamental mundial, sus actitudes son similares a las de los miembros de la secta marxista cotidiana. Los mismos pensamientos y palabras. La misma ideología.

### ¿La OMS?

Creada en 1948, la Organización Mundial de la Salud (OMS) es el brazo (o tentáculo) "médico" de la ONU. Es una organización que "conecta a naciones, socios y personas para promover la salud, mantener el mundo seguro y servir a los vulnerables, para que todos, en todas partes, puedan alcanzar el más alto nivel de salud".[30] Suena muy bien. "Mantener el mundo seguro" es una señal de virtud a nivel de jefe. "Vulnerable" equivale a "oprimido".

Esta suborganización, junto con el Club de Roma, desempeñó un papel decisivo en la generación y aplicación de la agenda Covid 19. La ONU, a través de la OMS, fue clave para garantizar el bloqueo mundial. Esta organización se fundó sobre el principio fabiano de utilizar todas las vías disponibles para impulsar la agenda marxiana de un gobierno mundial sin fronteras, incluidas las vías "médicas". Obviamente, ¡esta organización mundial de "salud" no fue creada para beneficiar la salud de nadie! Fue creada para promover la agenda

---

[29] https://en.wikiquote.org/wiki/Antonio_Guterres

[30] "Acerca de la OMS". https://www.who.int/about

mundial única, a través de otra estructura.

Actualicemos nuestra definición de la OMS: es el brazo médico de una organización marxista mundial. El actual Director General de la OMS es Tedros Ghebreyesus, miembro de una secta somalí y presunto antiguo miembro del Frente de Liberación del Pueblo Tigray (otro grupo terrorista marxista).[31]

El primer Director General de la OMS fue un psiquiatra canadiense, veterano de la Primera Guerra Mundial y fanático miembro de una secta llamado George Brock Chisholm.[32] Era un defensor de la "salud mental" marxiana y pretendía utilizar medios psiquiátricos para destruir los valores morales tradicionales.

En la página cinco de *La psiquiatría de la paz duradera y el progreso social* (1946), decía: "La reinterpretación y finalmente la erradicación del concepto de bien y mal que ha sido la base de la formación infantil, la sustitución del pensamiento inteligente y racional por la fe en las certezas de los mayores, éstos son los objetivos tardíos de prácticamente toda psicoterapia eficaz".[33] Hmm, ¿"terapia" para cambiar la percepción de la moralidad de una persona?

Aparentemente deseaba un mundo de "paz" y creía que, para lograrlo, era necesario "modificar ampliamente" el comportamiento humano. Creía que los psicólogos, psiquiatras, sociólogos y políticos debían encargarse "de trazar los cambios necesarios". . [34]

Apenas oculta su odio hacia cualquier noción de moral religiosa, a la que describe como "el concepto del bien y del mal, el veneno que hace tiempo se describió y contra el que se advirtió como 'el fruto del árbol del conocimiento del bien y del mal'".[35] Hizo muchas declaraciones como ésta, que revelan su mentalidad moral relativista (satánica): la idea de que podemos maquillar nuestra idea del "bien y el mal". Podemos considerarlo el padrino psiquiátrico psicótico de la "conciencia" de la ONU. Nótese la referencia al Jardín del Edén (y por extensión a Lucifer/Satán, de nuevo).

Chisholm también fue cofundador de la *Federación Mundial de Salud Mental*

---

[31] Reuters, "Ethiopia says WHO chief has links to rebellious Tigrayan forces", 15 de enero de 2022. https://www.reuters.com/world/africa/ethiopia-accuses-who-chief-links-rebellious-tigrayan-forces-2022-01-14/

[32] https://www.britannica.com/topic/World-Health-Organization

[33] Chisholm, G., "La psiquiatría de la paz duradera y el progreso social", 1946, p. 5.

https://mikemcclaughry.files.wordpress.com/2012/12/psychiatry-of-enduring-peace-and-social-progress-chisholm-and-sullivan-1946.pdf

[34] Ibid. P. 7.

[35] Ibid. P. 9.

(WFMH) en 1948 en Londres. Estoy seguro de que los lectores occidentales se habrán dado cuenta de todo lo que se ha hablado de "salud mental" en las últimas décadas. Según el sitio web de la WFMH, Chisholm "concibió la WFMH como un organismo internacional no gubernamental que sirviera de enlace entre las organizaciones "de base" de salud mental y los organismos de las Naciones Unidas".[36] ¿Eh? ¿Vincular la salud mental (las mentes) de la gente a una entidad marxista internacionalista de gobierno mundial único?

Ya se ha aludido antes al hecho de que gran parte del personal que puebla los servicios de salud mental hoy en día ha pasado por el sistema educativo plagado de marxismo, y por lo tanto será, como mínimo, simpatizante de la secta/ideología, felizmente inconsciente de la ironía de su posición.

## Cumbres de la Tierra y Agendas 21 y 30

"Las Naciones Unidas no son más que una trampilla hacia el inmenso campo de concentración del Mundo Rojo. Prácticamente controlamos la ONU".[37]

Harold Rosenthal, "La tiranía oculta", 1978

La monstruosidad marxista de gobierno mundial único (la ONU) ha realizado muchas maniobras para impulsar la subagenda del cambio climático. Hubo una "Convención Marco sobre el Cambio Climático" (CMNUCC) en la Cumbre de la Tierra celebrada en Río de Janeiro en junio de 1992; después, el Protocolo de Kioto en 1997 y el Acuerdo de Copenhague, seguidos del Acuerdo de París en 2016. Todo ello dio lugar a la "Agenda para el Medio Ambiente y el Desarrollo" o Agenda 21.

En septiembre de 2015, la "Cumbre sobre Desarrollo Sostenible" de la ONU dio lugar a la creación de la Agenda 2030. [38] [39] [40]

Una palabra propagandística omnipresente aquí es "sostenibilidad": procede de las mentes de los miembros de la secta que suponen que las sociedades capitalistas están condenadas al fracaso (como predijeron los profetas

---

[36] "Quiénes somos - Historia". https://wfmh.global/who-we-are/history

[37] Rosenthal, H., "La tiranía oculta", 1978.
https://ia803207.us.archive.org/9/items/rosenthal-document-hidden-tyranny-1983/Rosenthal%20Document-HiddenTyranny%281983%29.pdf

[38] Naciones Unidas, "Convención Marco de las Naciones Unidas sobre el Cambio Climático", 1992.

https://unfccc.int/files/essential_background/background_publications_htmlpdf/applic ation/pdf/conveng.pdf

[39] "¿Qué es el Protocolo de Kioto?". https://unfccc.int/kyoto_protocol

[40] Naciones Unidas, "Acuerdo de Copenhague", 18 de diciembre de 2009.
https://unfccc.int/resource/docs/2009/cop15/eng/l07.pdf

marxistas). Sugiere que la civilización no puede sobrevivir a menos que tengamos un comunismo global. Naturalmente, el documento de la Agenda 2030 tiene el habitual tono marxista de señalización de virtudes.

Después del párrafo 59, en la página 18 del documento de la Agenda 2030 (91 párrafos en total), se enumeran 17 objetivos de desarrollo sostenible (notas entre paréntesis): "acabar con la pobreza en todas sus formas y en todas partes (fantasía socialista); acabar con el hambre, lograr la seguridad alimentaria y la mejora de la nutrición y promover la agricultura sostenible (no más ganadería); garantizar una vida sana y promover el bienestar para todos a todas las edades (nota: ¿no hay libre albedrío para hacer lo contrario?); garantizar una educación inclusiva y equitativa de calidad y promover oportunidades de aprendizaje permanente para todos (más control de los sistemas educativos); lograr la igualdad de género y empoderar a todas las mujeres y niñas (nota: ¿cómo de infantil suena esto? Por no decir sexista); garantizar la disponibilidad y la gestión sostenible del agua y el saneamiento para todos (incluido el control del suministro de agua potable); garantizar el acceso a una energía asequible, fiable, sostenible y moderna para todos (hacer que todo el mundo sea "verde"); promover un crecimiento económico sostenido, inclusivo y sostenible, el empleo pleno y productivo y el trabajo decente para todos (salvar a los trabajadores); construir infraestructuras resistentes, promover una industrialización inclusiva y sostenible y fomentar la innovación; reducir la desigualdad dentro de los países y entre ellos (¡intentar imponer la igualdad dentro de los países y entre ellos! Suprimir la prosperidad nacional); hacer que las ciudades y los asentamientos humanos sean inclusivos, seguros, resilientes y sostenibles (por tanto, mucha diversidad, cumplimiento de las "pandemias", y ningún pensamiento peligroso de "extrema derecha", etc.); garantizar modelos de consumo y producción sostenibles (por ejemplo, controlar cómo come la gente, cómo vive, etc.); tomar medidas urgentes para combatir el cambio climático y sus impactos (suspiro); conservar y utilizar de forma sostenible los océanos, mares y recursos marinos para el desarrollo sostenible (más ataques a las industrias pesqueras de las naciones); proteger, restaurar y promover el uso sostenible de los ecosistemas terrestres, gestionar de forma sostenible los bosques, combatir la desertificación, y detener e invertir la degradación de la tierra y detener la pérdida de biodiversidad; promover sociedades pacíficas e inclusivas para el desarrollo sostenible, proporcionar acceso a la justicia para todos y construir instituciones eficaces, responsables e inclusivas a todos los niveles (hacer que los países se vuelvan totalmente marxistas); reforzar los medios de aplicación y revitalizar la asociación mundial para el desarrollo sostenible (la ONU obligará al mundo a cumplir)".[41]

---

[41] Naciones Unidas, "Transformar nuestro mundo: la Agenda 2030 para el Desarrollo Sostenible", P. 18.
https://sustainabledevelopment.un.org/content/documents/21252030AgendaforSustain ableDevelopmentweb.pdf

## El Club de Roma

Otro grupo de locos por el control estrechamente relacionado con la ONU es el Club de Roma (COR).[42] Algunos han comentado que el CDR tiene una relación de "grupo de reflexión" con la ONU; que "sugiere" cosas que la ONU pone en práctica a escala mundial (coincido con esta apreciación). Fundado en 1968, el Club de Roma es considerado por muchos como uno de los "6 Grandes" grupos de "gobierno mundial" de la Mesa Redonda, que aparentemente ejercen un gran control sobre los asuntos mundiales.

(Los otros cinco son: Instituto Real de Asuntos Internacionales (creado en 1920); Consejo de Relaciones Exteriores (1921); Naciones Unidas (1945); Grupo Bilderberg (1954); Comisión Trilateral (1973). Obsérvese cómo surgieron en la época posterior a la Revolución Rusa de 1917, cuando la ideología empezaba a cobrar un importante impulso mundial).

La página "Quiénes somos" del sitio web del COR y su página informativa en PDF contienen la habitual retórica marxiana: "Décadas de consumo exponencial y crecimiento demográfico han llegado a poner en peligro el clima y los sistemas de soporte vital de la Tierra, al tiempo que han reforzado las desigualdades sociales y económicas y empobrecido a miles de millones de personas en todo el mundo". Al parecer, se estaban alcanzando "los límites de la biosfera de la Tierra", "desestabilizando los cimientos de la vida tal y como la conocemos". El CDR quiere que actuemos ahora para salvar la Tierra, básicamente, y que necesitamos "avanzar hacia modelos económicos, financieros y sociopolíticos más equitativos" (código para "tengamos un planeta socialista").[43][44] Para simplificar su papel, el COR es un departamento científico, biológico, medioambiental y tecnológico del sistema internacionalista "globalista". Cuando escuchas iniciativas relacionadas con vacunas/enfermedades, clima, tecnologías de rastreo, Organismos Genéticamente Modificados que son impulsadas por el sistema, sabes que este grupo está involucrado. En resumen, se opone a la naturaleza/Dios y a la libertad humana. El COR representa un enfoque moderno para lograr un Gobierno Mundial: la creación de supuestas crisis y soluciones (sugeridas por ellos) que benefician a su agenda general (dinámica hegeliana). Está dirigido por un comité ejecutivo, pero entre sus patrocinadores se encuentran muchas élites poderosas, desde la realeza hasta políticos, empresarios, etc.

## Límites o revolución

---

[42] "Organización:Club de Roma".
https://handwiki.org/wiki/Organization:Club_of_Rome

[43] "Quiénes somos". https://www.clubofrome.org/about-us/

[44] "El Club de Roma".https://www.clubofrome.org/wp-content/uploads/2023/11/CoR_Flyer_A4_Oct2023-digital.pdf

Entre las publicaciones asociadas al COR figuran el anticapitalismo titulado *Los límites del crecimiento* (1972), y la publicación más abiertamente marxista *La primera revolución mundial* (1991). [45][46] Estas obras y otros materiales respaldados por el COR incluyen temas como: la noción de superpoblación y de que los seres humanos son problemáticos para el mundo; la idea de que nos hemos excedido viviendo en sociedades capitalistas (anticapitalismo); la idea de que necesitamos una "revolución" internacional (retórica trotskista), de que todos los países deben unirse (solidaridad) para hacer frente a estos aparentes problemas medioambientales/biológicos/demográficos (la agenda del gobierno de un solo mundo).

Los límites del crecimiento es una propaganda marxista que tiene su origen en un estudio realizado en 1970 en el Instituto Tecnológico de Massachusetts (MIT). El estudio se centraba en "las implicaciones de un crecimiento mundial continuado". Fue realizado por un equipo de investigadores internacionales que "examinaron los cinco factores básicos que determinan y, en sus interacciones, limitan en última instancia el crecimiento de este planeta: el aumento de la población, la producción agrícola, el agotamiento de los recursos no renovables, la producción industrial y la generación de contaminación". El equipo del MIT introdujo datos sobre estos cinco factores en un modelo informático global y, a continuación, probó el comportamiento del modelo bajo varios conjuntos de supuestos para determinar patrones alternativos para el futuro de la humanidad. Los límites del crecimiento es el informe no técnico de sus conclusiones". [45]

¡Wow! ¿¡Mapeando el futuro de la humanidad usando modelos informáticos!? ¡Mierda al nivel de Star Trek! Incluso al borde de la magia. Recordemos que incluso los superordenadores de 1970 eran tan potentes como el popular ordenador doméstico Commodore Amiga 500, que salió a la venta en 1987. [47] Probablemente podría fabricar uno con las piezas que tengo en los cajones de mi escritorio...

La portada del libro The First Global Revolution muestra el globo terráqueo con todos los países coloreados de rojo (comunista). Teniendo en cuenta que se publicó justo después del colapso de la URSS, no deja de ser evidente. Además, las primeras páginas contienen la misma cuarteta de Omar Khayyam mencionada antes en la sección de la Sociedad Fabiana, inmortalizada en el escaparate fabiano de la London School of Economics: "... no la haríamos pedazos y luego, la volveríamos a moldear más cerca del deseo del corazón".

---

[45] Varios autores, *Los límites del crecimiento* (1972).
https://www.clubofrome.org/publication/the-limits-to-growth/

[46] King y Schneider, *La primera revolución mundial* (1991).

https://www.clubofrome.org/publication/the-first-global-revolution-1991/

[47] https://en.wikipedia.org/wiki/Amiga_500

(el plan para destruir/reconstruir el mundo).[48]

Este libro sugería que la propia humanidad es el problema de la Tierra (mensaje anti-humanidad/anti-Dios). En la página 115, hay un subtítulo "El enemigo común de la humanidad es el hombre", que dice: "Buscando un nuevo enemigo que nos uniera, se nos ocurrió que la contaminación, la amenaza del recalentamiento climático, la escasez de agua, el hambre y otros fenómenos similares constituirían una amenaza común que exige la solidaridad de todos los pueblos... Todos estos peligros están causados por la intervención humana y sólo pueden superarse mediante un cambio de actitudes y comportamientos. El verdadero enemigo es, pues, la propia humanidad".[49] Ah, ya veo, la humanidad es el problema. El Diablo sonríe. En un mundo cuerdo, cualquiera que fuera sorprendido escribiendo o soltando este disparate incendiario sería inmediatamente arrestado y llevado a una evaluación psiquiátrica. Más traición a la humanidad.

En el sitio web del COR, un "artículo" de 2020 titulado "Un reinicio verde tras la pandemia" afirma: "La pandemia de coronavirus es una llamada de atención para dejar de sobrepasar los límites del planeta. Al fin y al cabo, la deforestación, la pérdida de biodiversidad y el cambio climático aumentan la probabilidad de pandemias. La deforestación acerca los animales salvajes a las poblaciones humanas, aumentando la probabilidad de que virus zoonóticos como el SARS-CoV-2 den el salto entre especies. Asimismo, el Grupo Intergubernamental de Expertos sobre el Cambio Climático advierte de que el calentamiento global acelerará probablemente la aparición de nuevos virus".[50] ¡Menuda tontería! Parece escrito por un estudiante universitario con el cerebro lavado que trabaja temporalmente para el Partido Comunista Chino. Esto debería hacer hervir la sangre: ¡estos chiflados crean estas situaciones y luego culpan al capitalismo! Podría titularse "Un reinicio marxista después de la pandemia".

El artículo era correcto: la pandemia fue una llamada de atención, una llamada de atención de que la Tierra está infestada de fanáticos del control activistas con el cerebro lavado.

---

[48] Khayyam, O., "[73] ¡Ah Amor! Could thou and I with Fate conspire", siglo XI.

https://www.poetry-chaikhana.com/Poets/K/KhayyamOmar/73AhLovecoul/index.html

[49] King y Schneider, *La primera revolución mundial* (1991). P. 115.

https://www.clubofrome.org/publication/the-first-global-revolution-1991/

[50] COR, "Un reinicio verde tras la pandemia" (2020).

https://www.clubofrome.org/impact-hubs/climate-emergency/a-green-reboot-after-the-pandemic/

# Sección XII-Marxismo V Libertad

"La libertad nunca está a más de una generación de extinguirse. No la transmitimos a nuestros hijos en el torrente sanguíneo. Hay que luchar por ella, protegerla y transmitirla para que ellos hagan lo mismo"[1]

Ronald Reagan, Presidente de Estados Unidos

"El conflicto entre comunismo y libertad es el problema de nuestro tiempo. Ensombrece todos los demás problemas. Este conflicto refleja nuestra época, sus fatigas, sus tensiones, sus problemas y sus tareas. Del resultado de este conflicto depende el futuro de toda la humanidad".[2]

Destacado dirigente sindical estadounidense
y presidente de la AFL-CIO, George Meany (1894-1980)

## Introducción

Todos sabemos que siempre que expresamos cualquier tipo de opinión patriótica, nacionalista o contraria al "PC", o somos críticos con el internacionalismo/globalismo, puedes estar seguro de que tarde o temprano aparecerá un marxista (o tres) para disuadir, debatir, burlarse, calumniar o amenazar. Sí, esto es nauseabundamente predecible (a menudo divertido), y sabemos que es porque están programados para hacerlo. El santo marxista Lev Bronstein (alias León Trotsky) escribió una vez en "Su moral y la nuestra" (1938) "Quien calumnia a la víctima ayuda al verdugo"[3] (podríamos cambiar "verdugo" por "opresor"; en lenguaje moderno, es 'victim-blaming'). ¿No es revelador que los miembros de la secta -sobre todo los más fanáticos- "ataquen" agresivamente a los que estamos en el extremo receptor de esta tiranía internacionalista? En esta ecuación, al actuar así, la secta se pone del lado del "opresor".

Por irritante y frustrante que pueda resultar este comportamiento, no tenemos

---

[1] Reagan, R., "*A Time for Choosing: Los discursos de Ronald Reagan, 1961-1982*" (1983).

https://www.azquotes.com/quote/241175

[2] Skousen, W., *El comunista desnudo* (1958), prefacio.

https://ia601509.us.archive.org/13/items/B-001-002-046/B-001-002-046.pdf

[3] Trotsky, L., "Su moral y la nuestra", 1938.
https://www.marxists.org/archive/trotsky/1938/morals/morals.htm

por qué ver la situación como algo negativo. Al contrario, es una prueba de que estamos mostrando las actitudes correctas (las que las "élites" internacionalistas no quieren que tengamos). De hecho, una forma rápida de juzgar cuánto deseo de libertad hay en una sociedad es cuánta represión marxista existe. Esto se debe a que existe una correlación muy clara entre el nivel de intensidad de la actividad marxista traidora (globalista/internacionalista) en una sociedad y el nivel de sentimiento antiglobalista/internacionalista existente.

Siempre que alguien empiece a expresar ideas/ideologías opuestas (incluida la objeción al globalismo/internacionalismo), habrá una reacción inmediata por parte de la secta en cuanto se detecten estos sentimientos. La reacción es proporcional al nivel de prevalencia y frecuencia de estas ideas, tal y como aparecen en el discurso de una sociedad.

Todo el vitriolo que vomitan los miembros de la secta es una medida de la amenaza que consideran que representan estas ideas "peligrosas y de extrema derecha". De ahí la tan mencionada frase: "Si no recibes críticas, es que no estás por encima del objetivo". Por lo tanto, el nivel de vitriolo antipatriótico procedente de la secta traidora en un país determinado es un indicador de hasta qué punto una sociedad está despertando a los planes de los globalistas internacionalistas; de hasta qué punto se niegan a acatarlos.

Por decirlo de otra manera, si toda una nación estuviera llena de gente zombificada, pro-internacionalista, con el cerebro lavado, sin una pizca de actitudes "malvadas" de derechas o de amor por su país, no oirías ni un solo ladrido de perra de los marxistas. Todo el país estaría lleno de jodidos degenerados como ellos -todos formarían parte de la gran secta- y los mocosos no tendrían a nadie que les llevara la contraria. No habría resistencia a la corriente globalista: todos nadarían hacia la luz del Gobierno Mundial Único totalitario con emoción inducida por la soja, lágrimas del color del arco iris y sonrisas maníacas de ojos muy abiertos, diciendo (voz de robot) "Somos uno".

Otra frase acertada es "Siempre es más oscuro antes del amanecer": el sistema -y el culto marxista que lo sirve- va a quejarse cada vez con mayor intensidad a medida que una sociedad despierte, se niegue a acatarlo y choque con él. Inevitablemente, las cosas se van a poner feas, y mientras la era del marxismo agoniza, nos espera una rabieta de represalias de proporciones gigantescas (por ejemplo, la Tercera Guerra Mundial). Mientras tanto, deberíamos tomarnos todo el vitriolo y las acciones de la secta como un cumplido: demuestra que nos perciben como una amenaza. De hecho, ¡esperemos más! Para ellos, equivale a cavar la propia tumba por vocación. Todos sus actos criminales están debidamente señalados por nosotros, y cada uno de ellos será juzgado y pagará el precio de su traición.

## El sida de las naciones

"El comunismo es como un trastorno autoinmune; no mata por sí mismo, pero debilita tanto el sistema que la víctima queda indefensa e incapaz de luchar contra nada más"[4]

Leyenda del ajedrez y activista político
Garry Kasparov, *Winter is Coming*, 2015

El marxismo hace a las naciones lo que el virus VIH hace al cuerpo humano. No es el propio virus el que mata a una persona. Sin embargo, puede neutralizar el sistema inmunitario, haciéndolo ineficaz. Cuando se alcanza este estado de debilitamiento inmunológico, a una persona seropositiva se le puede diagnosticar el Síndrome de Inmunodeficiencia Adquirida (SIDA). Entonces, la persona puede morir por múltiples causas que, en circunstancias normales, serían tratadas por el sistema inmunitario. Esencialmente, un sistema inmunitario ineficaz conduce a un organismo debilitado y vulnerable.[5] Si un país es un organismo, su sistema inmunitario es su sentido de la singularidad, tradiciones, patriotismo, religiosidad, cultura, etc. Como hemos visto, la secta/ideología erosiona y acaba neutralizando estos aspectos. Una vez que este sistema inmunológico es eliminado de la ecuación, el organismo/nación queda abierto al ataque. El marxismo no sólo derriba el muro que protege a la nación, sino que invita a entrar a patógenos peligrosos: las diversas subagendas marxianas (feminismo, inmigración masiva, LGBTQ, activismo contra el cambio climático que destruye la economía, etc.) y sus efectos. Su obsesión por destruir naciones es evidente en sus propias posturas sobre estos temas. La secta/ideología, en cierto sentido, es una bola de demolición enferma para el muro perimetral de una nación (tanto simbólica como literalmente si incluimos la frontera internacional de un país).

Intentar poner en marcha un movimiento patriótico, anti-internacionalista/globalista en un país mientras hay demasiado marxismo presente, sería como intentar llenar una bañera de agua mientras no hay tapón en el sumidero. Hay un problema bajo la superficie que hay que resolver primero. Tal vez se pregunte: "¿Por qué no se llena la bañera? Los grifos están a tope".

¿Quizás no puedes ver el tapón, porque tu vista está oscurecida por todas las burbujas progresistas LGBTQIXY+ con sabor a Presidente Mao? Las burbujas simbolizan las innumerables distracciones que nos lanza constantemente una cultura infectada de marxismo. No nos distraigamos. Ocupémonos del problema que más nos frena. Taponemos esa fuga con un consolador grande, masculino, de color patriótico, antimarxista y furioso como Hitler.

---

[4] Kasparov, G., *Winter is Coming* (2015), p. 33.

[5] Scaccia, A., "Datos sobre el VIH: Esperanza de vida y perspectivas a largo plazo", 23 ene 2023.

https://www.healthline.com/health/hiv-aids/life-expectancy

## El marxismo sabotea el patriotismo

El marxismo es donde la estructura globalista se encuentra con las masas, en cierto sentido. La ideología permite al sistema globalista controlar psicológicamente a una parte significativa de la población de cada país, para mantener a esa población lo suficientemente dividida como para que no pueda oponer resistencia. Este elemento marxista sirve al sistema globalista suprimiendo al sector patriótico/pro-libertad/no-marxista de la población. Básicamente, el marxismo sabotea el nacionalismo, a nivel de base; ese es su papel. En el momento en que aparece el nacionalismo patriótico, allí están ellos para desbaratarlo.

El marxismo no sólo convierte a la gente en traidores, sino que también les amputa su nacionalidad, en comparación con los que no están infectados. Por ejemplo, un irlandés no es plenamente irlandés si está infectado. Puede parecer irlandés y ser étnicamente irlandés, pero su mente, su corazón y su alma no lo son. A nivel ideológico, son antiirlandeses. Esta es la brutal realidad de la situación en la que nos encontramos (y esto vale también para otras nacionalidades). Una vez adoctrinada, una persona va en contra de su propia nacionalidad/grupo étnico, voluntaria o involuntariamente. Si forma parte de una nación, se convierte en enemigo de esa nación, a menudo estando dentro de ella.

Lo que se llama "nacionalismo" es una respuesta racional al monstruo del totalitarismo internacionalista. El papel de la secta/ideología es desviar o difundir esa energía; apagar esa llama; ahogar esos gritos; bloquear la luz (por ejemplo, la luz que emana de esa bombilla "nazi").

Este movimiento mundial natural hacia la libertad (procedente de la parte no infectada de la población de cada país) sería capaz de crecer y cobrar cierto impulso y, finalmente, daría la vuelta a todo este barco. De hecho, todos hemos visto este movimiento desarrollarse en los últimos tiempos como una reacción genuina al "globalismo". El obstáculo que se interpone en el camino es la secta/ideología. Es el peso que nos arrastra. Por eso, enfrentarse directamente a ella debe ser una prioridad absoluta. Si tuviéramos que subir corriendo una cuesta muy empinada y larga, o de hecho tuviéramos que escalar una montaña, y entonces nos diéramos cuenta de que llevamos una pesada bolsa de piedras a la espalda, ¿no sería prudente bajarla primero? Podrías intentarlo a pesar de todo, pero no te sorprendas cuando empieces a reventar discos y a reventar ligamentos a diestro y siniestro mientras fracasas inevitablemente (y te caes) una y otra vez.

## Los presos culpan a los funcionarios de prisiones

Teniendo en cuenta la situación mundial actual, debemos considerar la ignorancia como un delito. La ignorancia del monstruo globalista y de sus métodos ideológicos de control es un crimen. Es un crimen del que el marxismo se aprovecha alegremente. Es un crimen por el que todos colectivamente hemos cumplido suficiente condena. Planteo este punto porque, incluso hoy en día, a menudo oirás a la gente culpar al partido o partidos políticos que estén actualmente en el poder. O culparán a algún testaferro político. Podría ser Leo Varadkar como Taoiseach (Primer Ministro) de Irlanda, o el presidente de Estados Unidos Joe Biden, o Sadiq Khan como alcalde de Londres, o Justin Trudeau como Primer Ministro de Canadá, o podría ser Emmanuel "Micro" Macron en Francia, o el Primer Ministro del Reino Unido Rishi Sunak, etc.

Con respecto al nivel de infección marxista en nuestros países -y el caos internacionalista anti-libertad que conlleva- la responsabilidad debe recaer en la propia población. Es tan fácil echar la culpa a una determinada figura, grupo, etc. Desgraciadamente, esto no es constructivo en absoluto, y simplemente nos proporciona un blanco emocional para nuestras frustraciones; son un saco de boxeo político fuera del alcance de las celebridades al que podemos lanzar ese golpe verbal. Es un mal hábito que impide el progreso y el entendimiento reales.

También es increíblemente infantil. Como si una sola figura política (como las enumeradas) tuviera el control de esta agenda mundial masiva, compleja y coordinada, o estuviera impulsando la ideología/culto en su ciudad.... Habrá muchos más de donde han salido. Para mí no son nada. Esa actitud -pensar que estos tipos realmente dirigen el espectáculo o toman las grandes decisiones- sólo muestra ingenuidad ante el panorama general, que estamos controlados por una máquina marxista "globalista" y que la ideología/culto permite que funcione. Lo mismo ocurre con los partidos políticos en general. Sus tendencias ideológicas son a menudo un reflejo de las tendencias ideológicas del público en general (o de una parte significativa de él, al menos).

También es muy marxiano que un pueblo se haga la víctima y diga que está oprimido. Siempre hay alguien fuera de ellos a quien culpar. El empoderamiento nacional, o la libertad en cualquier otro sentido, nunca pueden llegar de esta manera. El público en general (no adoctrinado) de los países afectados debe aceptar su responsabilidad por no haber detectado antes la infección marxista (y, en algunos casos, por haberla apoyado sin darse cuenta). Dejando atrás el pasado (y nuestras excusas con él), ahora podemos asumir la responsabilidad nosotros mismos y empezar a invertir la marea ideológica en nuestras sociedades, optando por el nacionalismo patriótico.

En lugar de culpar a los testaferros políticos podemos centrar nuestra energía en arreglar este gran problema que nos rodea. Tenemos más poder que estos líderes, porque si nos negamos a consentir más, y nos resistimos activamente al control/ideologías internacionalistas, entonces no importa quiénes sean los líderes oficiales. Cualquier tipo de "líder" internacionalista como Biden, Trudeau, Varadkar, Macron, etc. no son el problema, son síntomas del problema.

**Los cuerdos se vuelven menos "progresistas" con la edad**

¿Te has dado cuenta de que muchos pasan de ser "progresistas"/"PC" cuando eran más jóvenes, a ser más "conservadores"/"no PC" cuando son mayores, pero no al revés? (puede que encuentres algunos ejemplos aparentes de esto último, pero yo comprobaría la sinceridad de los mismos; probablemente sean engañadores marxistas). ¿Por qué? Estoy hablando de la diferencia entre alguien que es más joven (adolescentes y veinteañeros, incluso treintañeros para algunas personas), y las edades más maduras. ¿A qué se debe esta tendencia general?

Porque la gente no se vuelve más tonta o ignorante con la edad, sino que ser tonto o ignorante por inmadurez no sólo es habitual, sino que es normal. Esto se aplica a todos los seres humanos, en un grado u otro. Las personas no evolucionan con el paso del tiempo.

Sin embargo, puede que "despierten" con el paso del tiempo. Digo "pueden" porque, obviamente, hay muchos que nunca se dan cuenta de nada. Algunas personas consiguen permanecer ajenas a la realidad durante toda su vida. Alégrate, porque tú no eres una de esas personas (a menos que un miembro de una secta esté leyendo estas líneas, con esa cara de engreído descerebrado).

Los que tenemos más potencial tendemos a avanzar más con el paso del tiempo. Esto puede ser sólo ligeramente o más pronunciado, dependiendo de nuestra constitución emocional (ego/miedo/autoestima), actitud hacia el aprendizaje/mejora, habilidad, curiosidad/entusiasmo, nuestro estado de salud psicológico/fisiológico y la fuerza de voluntad, etc.

Algunos podemos evaluar y reevaluar nuestros sistemas de creencias con el paso del tiempo. Esto nos da la oportunidad de "actualizar" nuestras actitudes, por así decirlo. Tenemos más posibilidades de darnos cuenta de que quizá hayamos absorbido algunas ideas del adoctrinamiento (por ejemplo, la programación marxista "progresista"). Una vez que nos damos cuenta de ello, podemos elegir dejar de tener esas perspectivas antiguas e inferiores, esencialmente desintoxicándonos de ellas, y elegir otras nuevas y superiores.

Esencialmente, la transición de creencias/perspectivas "progresistas" a otras no progresistas significa que desarrollas una conciencia: ahora entiendes la diferencia entre lo que está bien y lo que está mal. Una verdadera conciencia. Puedes desarrollar más esta conciencia verdadera a medida que progresas a lo largo de tu vida. Pero no es al revés: no es posible encontrar a alguien que haya pasado de ser una persona inteligente con una conciencia bien desarrollada a los 20 años a ser una persona moralmente degenerada y sin conciencia a los 30 (a menos que haya sufrido algún daño o trauma cerebral extremo, haya consumido drogas psicotrópicas y le hayan lavado el cerebro para cambiar su forma de ser, etc.). Este proceso debería ser explicado a los niños por sus padres e inculcado en ellos.

Por supuesto, los que pertenecen a la categoría "progresista" tienen un nivel de conciencia más limitado. Éste es el quid de la cuestión. No saben unir los puntos; les faltan algunos tornillos (incluido el conocimiento) y poseen una conciencia inferior. Los que tienen un mayor nivel de conciencia, (tarde o temprano en la vida) acabarán siendo más tradicionalistas/'conservadores' y antiglobalistas/internacionalistas, al darse cuenta de que ésa es la actitud correcta que hay que tener.

## Las alas izquierda y derecha de un pájaro

"En el mundo actual, si eres neutral, ya eres un enemigo"[6]

El desertor soviético Yuri Besmenov, Cumbre
University Forum en Los Ángeles, 1983

¿Son realmente lo mismo la "izquierda" y la "derecha"? ¿Son las dos alas de un gran pájaro internacionalista y globalista del "Nuevo Orden Mundial"? Hay quien piensa que se trata de un debate estúpido, ya que ambas alas deben estar obviamente controladas por unas "élites" globalistas en la sombra, similares a los Illuminati (los proverbiales hombres nefastos detrás del telón). Hemos visto cómo esta creencia se ha puesto casi de moda en algunos círculos, y en otros se ha convertido en un axioma. Pero, ¿es estúpido el debate? ¿Es correcta esta creencia?

Si es cierto que tenemos un sistema de control "globalista" que dirige los asuntos mundiales (y muchos creen que es así), ¿no significa esto que nosotros, las humildes masas votantes, y el gobierno/la política, la democracia y las votaciones, etc., somos todos irrelevantes y toda la dicotomía izquierda/derecha no es más que una gran distracción? ¿Es todo un gran espectáculo circense para distraernos de la verdad: que no tenemos poder? Son muchos los que piensan así. Además, muchas de esas personas creen que cualquiera que piense lo contrario (es decir, alguien que "cree" en la política de izquierda y derecha) es poco inteligente, está desinformado o es una persona de "baja conciencia", etc.

Vemos claramente esta percepción en el llamado movimiento New Age, y en lo que podemos llamar la cultura de la "teoría de la conspiración". Por supuesto, tener una actitud cínica y desesperanzada respecto a la política es comprensible, por lo que también existe en otras partes de la sociedad.

Sin embargo, se trata de una situación exasperante e inaceptable. La percepción de que la política de izquierdas frente a la de derechas es lo mismo y carece de sentido es extremadamente inútil, irresponsable y desempoderadora para la causa de la auténtica libertad. Además, potencia el totalitarismo internacionalista (que el marxismo es/sirve). Es una percepción distorsionada de cómo funciona realmente el mundo y de lo que le está sucediendo en la

---

[6] Yuri Bezmenov 1983 Entrevista y conferencia (1080p HD).

https://youtu.be/Z0j181tR5WM?feature=shared&t=6231

actualidad. Por lo tanto, es un comportamiento contradictorio de aquellos que asumen que ya lo tienen todo resuelto. Seamos directos: o se está a favor del totalitarismo internacional, o se está en contra, en un grado u otro. A menos que te guste la idea de que tus congéneres vivan como miserables esclavos sumisos en un futuro mundo distópico e infernal, es recomendable que elijamos colectivamente (¡y con entusiasmo!) la segunda opción.

### Estar "bien" ahora mismo, es lo correcto

"El corazón del sabio se inclina a la derecha, pero el del necio a la izquierda"[7]

Nueva Biblia Internacional, Eclesiastés 10:2

Dada la situación actual del mundo y las circunstancias en las que nos encontramos, está claro que ser "nacionalista" es una postura acertada. (No te sientas incómodo con esta etiqueta, pero si insistes, elige otra que signifique lo mismo). Si "nacionalista" significa tener un país separado y soberano, entonces lógicamente esto permite cierto grado de separación de la estructura de control globalista internacionalista. En realidad es una buena idea (¡!). Teniendo en cuenta que la civilización se está derrumbando literalmente a nuestro alrededor debido al internacionalismo, es probablemente la mejor idea que ha tenido la humanidad.

Si todo esto entra en la categoría de "derechas", y ser de "izquierdas" no (y de hecho hace lo contrario), entonces la elección está clara, ¿no? En esta ecuación, ser "de derechas" es objetivamente superior a ser "de izquierdas", ya que lo primero resulta potencialmente en libertad para el país en cuestión, mientras que lo segundo resulta en lo contrario (ninguna soberanía verdadera, destrucción de nuestros países, pueblos, culturas, sociedades ultradegeneradas, etc.).

Lo que se llama 'izquierdismo'/'izquierdismo' o cualquier cosa asociada con el marxismo -independientemente de cómo empezó, de lo que la 'izquierda' sea o no sea ahora, de lo que se 'suponía' que era originalmente, de si se etiqueta como 'liberal' o no, etc.- es generalmente el problema. Por lo tanto, todo lo que se oponga a ello forma parte de la solución. No nos cansaremos de repetirlo. Esta es una de las grandes verdades fundamentales no discutidas sobre la vida en este mundo desde hace un par de siglos, en particular desde principios del siglo XX. Debería ser un axioma táctico de cara al futuro para el movimiento patriótico mundial.

La idea de que tanto la "izquierda" como la "derecha" son iguales en términos de valor para la humanidad en nuestra situación actual es falsa. Es una distorsión de los hechos. Que esos tipos "new age/espirituales" o los que tienen una visión principalmente conspirativa de las palabras insistan en que lo son,

---

[7] Nueva Biblia Internacional, Eclesiastés 10:2. https://biblehub.com/ecclesiastes/10-2.htm

sólo nos muestra lo alejado de la realidad que puede estar alguien. El mero hecho de que una persona normal y corriente pueda sentirse avergonzada, temerosa o paranoica al asociarse con algo de "derechas" es un claro indicador de qué extremo del espectro político tiene mayor influencia en la sociedad.

La idea de que la "derecha" y la "izquierda" son falsas alternativas controladas por una oscura élite burguesa, y que no hay diferencia entre ellas, tiene un efecto desmoralizador. Hace que muchos crean que no tenemos control sobre la situación -que el internacionalismo globalista es inevitable-, al tiempo que impide que las naciones elijan el camino liberador de la "derecha".

Esencialmente, sea cual sea la etiqueta o etiquetas que elijamos utilizar, hay una solución "política" a todo esto, y descartar por completo la política es extremadamente imprudente. Además, sería muy útil que más de nosotros nos comprometiéramos enérgicamente con la esfera política, siempre que se haga de la manera correcta.

## Izquierda V Derecha = Oprimido V Opresor

La dicotomía izquierda vs derecha también contiene la fórmula opresor vs oprimido, con la habitual inversión/distorsión de la verdad. La narrativa marxiana dice: izquierda = bueno, y derecha = malo. Dice que los de derechas están del lado de los opresores (oligarcas imperialistas burgueses capitalistas, etc.), mientras que los de izquierdas están del lado de los "oprimidos" (minorías, los no ricos/proletariado, etc.).

En realidad, los de la "izquierda", en general, apoyan las mencionadas subagendas marxianas que afirman ayudar a los "oprimidos", pero también sirven a estos globalistas totalitarios burgueses (¡que son los verdaderos opresores!). Así que, incluso aquí, la fórmula roja se está utilizando una vez más en los términos descriptivos más fundamentalmente básicos del espectro político; y dando la vuelta a la realidad en el proceso.

Esta distorsión de la realidad, esta inversión (que los de "derechas" están aliados con los opresores) se enfatiza constantemente para reforzar el lavado de cerebro y detener cualquier oposición a la agenda globalista marxista internacionalista. De ahí la claramente evidente y extraña mentalidad invertida que emana de los miembros de la secta en el mundo de hoy, que dice: si estás genuinamente en contra del sistema de control (como lo están los "derechistas"/nacionalistas), ¡seguramente estás apoyando al malvado sistema capitalista burgués opresor! ¡Esto es al revés!

En esta reciente era de la historia mundial, gravemente infectada por el marxismo, los términos "derecha" e "izquierda" se han utilizado para dividir las opiniones de la gente y categorizarlas en función de si se conforman o no con ser gobernados dentro de un sistema "globalista" de gobierno mundial único. También se utiliza para denotar quién se opone a la secta/ideología.

Como se ha señalado, "derecha" y "fascista" se utilizan como términos despectivos/supresivos, mientras que, por el contrario, términos como "progresista'" se utilizan como términos elogiosos/recomendatorios, y esto se enfatiza constantemente. Ha sido una táctica eficaz de lavado de cerebro que anima a las ovejas a vigilar a otras ovejas.

En términos de cómo un miembro de una secta moderna utiliza estos términos, todo está relacionado con lo que ocurrió durante el periodo de la Primera Guerra Mundial a la Segunda Guerra Mundial. Aunque el activismo traidor y la subversión de los miembros de las sectas es mucho más antiguo, es de vital importancia en lo que respecta a cómo se comportan hoy en día. Los miembros de las sectas de todo el mundo -que ayudan a la agenda globalista internacionalista- son traidores que etiquetan a sus compatriotas de "fascistas", etc., en un intento de equiparar sus acciones en el presente con actos malvados aparentemente cometidos en el pasado por otros grupos. Me refiero, por supuesto, a los actos cometidos por los diversos regímenes no marxistas/"fascistas" del siglo XX, como tener ambiciones imperiales y querer dominar el mundo, ser autoritarios y violentos, suprimir la libertad de expresión (marxista), etc.

**Fascismo vs Marxismo**

He aquí una verdad monumental que la parte relativamente cuerda y no adoctrinada de la población mundial debe comprender plenamente. La secta/ideología y lo que se denomina ampliamente "fascismo" son enemigos mortales porque son oponentes/rivales ideológicos. Además, teniendo en cuenta la previsible tendencia de la secta a calumniar todo lo que se le opone, esto significa que el fascismo será constantemente defendido como el epítome de la injusticia y el mal en una sociedad suficientemente contaminada por el marxismo. Obviamente, la secta hace esto mientras destruye todo hipócritamente, afirmando que ella misma es el epítome de la justicia, la benevolencia, el "progresismo", etc. Esperemos que al lector le caiga algún penique en esta sección...

Después de la Primera Guerra Mundial, la ideología fue ganando popularidad rápidamente en toda Europa, y hubo muchos intentos de toma del poder por parte de los marxistas, con distintos niveles de éxito. Inspirados por los bolcheviques asesinos de Rusia, varios grupos de culto hicieron de las suyas. Es importante comprender el significado histórico general de los acontecimientos en los campos de batalla ideológicos de Italia, Alemania y España, y cómo se trató a la secta en esos casos. El odio que emana de la secta hacia todo lo que consideran "fascista" proviene de estos conflictos históricos; en particular, de aquellos en los que fueron derrotados por completo por sus oponentes ideológicos. Por eso la secta odia a los fascistas. ¡Enemigos mortales! Los "fascistas" de Alemania e Italia en el periodo de entreguerras trataron a los miembros de la secta como tales. Primero, Benito Mussolini (1883-1945) y sus 'camisas negras' fascistas se ocuparon de ellos en Italia, sentando el precedente para la lucha que otros patriotas tendrían en sus respectivos países.

Antes de continuar, debemos abordar una cuestión importante, ya que a menudo causa confusión; esta confusión puede limitar nuestra comprensión del odio de la secta al fascismo (y debemos comprender plenamente a la secta). Algunos piensan que el fascismo no es más que otra forma de marxismo. Aunque es un tema un tanto complejo y extenso, la respuesta corta es no: no son lo mismo (ampliaremos esta cuestión después de analizar algunos acontecimientos históricos).

### El nacimiento del fascismo

"Declaramos la guerra al socialismo, no porque sea socialismo, sino porque se ha opuesto al nacionalismo"[8]

Benito Mussolini, discurso en Milán, 23 de marzo de 1919

"No tenemos compasión y no os pedimos compasión. Cuando llegue nuestro turno, no pondremos excusas al terror"[9]

Karl Marx, *Supresión de la Neue Rheinische Zeitung* (1849)

La lucha ideológica por el control del (entonces) Reino de Italia duró desde el final de la Primera Guerra Mundial hasta aproximadamente 1926, cuando el culto fue relativamente neutralizado. Durante este periodo, la secta utilizó tácticas típicas para hacerse con el control: huelgas obreras, ocupación de fábricas y propiedades, violencia, asesinatos, etc.

Dado que la secta, encabezada por el *Partito Socialista Italiano (Partido Socialista Italiano)* intentaba "sublevarse" contra los propietarios de tierras y negocios, estos propietarios tenían naturalmente un aliado en los fascistas de Mussolini, que no eran marxistas (de hecho, esta fue una de las muchas razones por las que Mussolini se ganó el apoyo popular: no buscaba dividir a la nación por líneas de clase/económicas, como hace la secta). Fue este apoyo el que permitió a los fascistas antimarxistas imponerse al final, junto con el apoyo del Ejército Real Italiano.[10]

La Marcha sobre Roma de Mussolini, en octubre de 1922, supuso el inicio del régimen fascista cuando el rey Víctor Manuel III (1869-1947) le nombró Primer Ministro.[11] Lo que condujo a esta situación -y esto es lo crucial- fue el uso de la fuerza brutal por parte de los partidarios y aliados de Mussolini contra el culto. Había sido un asunto de idas y venidas, con asesinatos por ambas

---

[8] Pugliese, S., *Fascism, Anti-fascism, and the Resistance in Italy: 1919 to the Present*, (2004) p. 43. (Discurso de Mussolini en Milán, 23 de marzo de 1919). https://libquotes.com/benito-mussolini/quote/lbw9x1q

[9] Marx, K., "Supresión de la *Neue Rheinische Zeitung*", 1849. https://www.marxists.org/archive/marx/works/1849/05/19c.htm

[10] https://www.britannica.com/biography/Benito-Mussolini

[11] https://www.britannica.com/event/March-on-Rome

partes e incluso atentados posteriores contra el propio Duce ("líder"). Sus "camisas negras" atacaron y eliminaron a los miembros de la secta, suprimiéndola durante su reinado (unas dos décadas). Entre los fallecidos se encontraba el profeta marxista Antonio Gramsci.[12] Obviamente, los miembros de la secta -entonces y ahora- lo consideran "opresión" y "autoritarismo". Dos décadas es mucho tiempo para que un grupo de mocosos locos no se salga con la suya. Se vengarían de Mussolini al final de la Segunda Guerra Mundial.

Mussolini fue una vez socialista y se identificó como tal, pero creó un nuevo tipo de ideología nacionalista, separada del socialismo marxiano, como oponente a éste. Él y su Partido Fascista volvieron a encarrilar Italia, y no sólo eso, sino que además fue una Italia más estable, próspera y (relativamente) libre de marxismo y mafia. Esencialmente, el periodo de entreguerras en Italia fue el primer gran conflicto que la secta perdió, y la secta nunca olvida. Ser amargamente antifascista está escrito en el ADN del adoctrinamiento, y Mussolini fue el principal responsable.

**La revolución alemana**

En Alemania se formó la República de Weimar (1919-1933), bajo el *Partido Socialdemócrata*, favorable al marxismo. En este periodo, Alemania se encontraba en una situación desesperada.[13] En enero de 1919, la *Liga Espartaco* protagoniza revueltas en toda Alemania.

Este grupo fue fundado por figuras como Rosa Luxemburg y Karl Liebknecht (1871-1919), y fue precursor del *Kommunistiche Partei Deutschlands* (KPD) (Partido Comunista de Alemania).[14] Surgen repúblicas soviéticas en Leipzig, Baviera (también conocida como República Soviética de Múnich), Hamburgo y Bremen. Hubo combates abiertos en las calles entre estos grupos de culto y las fuerzas del Estado.

Al igual que en Italia, este movimiento fue reprimido por la fuerza, aunque no de forma tan inmediata ni tan sistemática (a lo largo de los años). Como el ejército alemán estaba desorganizado en ese momento, el gobierno contrató a un grupo de mercenarios veteranos de la Primera Guerra Mundial llamado *Freikorps Oberland* para apoyar a las tropas.[15] Por supuesto, era comprensible

---

[12] https://military-history.fandom.com/wiki/Italian_Civil_War

[13] "La República de Weimar (1918 - 1933)".

https://www.bundestag.de/en/parliament/history/parliamentarism/weimar/weimar-200326

[14] Cavendish, R., "El levantamiento espartaquista en Berlín", 1 de enero de 2009.

https://www.historytoday.com/archive/spartacist-uprising-berlin

[15] "Freikorps".https://www.studysmarter.co.uk/explanations/history/democracy-and-dictatorship-in-germany/freikorps/

que a los veteranos no les gustara que este movimiento antialemán y respaldado por los bolcheviques tomara el poder, sobre todo tan poco después de sus sacrificios en la Primera Guerra Mundial.

Finalmente, Luxemburg y Liebknecht fueron capturados de nuevo, pero esta vez fueron ejecutados, y el cuerpo de Luxemburg fue arrojado sin ceremonias al canal del Landwehr. Su cortejo fúnebre congregó a miles de personas en las calles (sin duda, miembros de la secta, conscientes o inconscientes).[16] La fanática Luxemburg, en particular, es considerada una profeta marxista, que siguió escupiendo bilis revolucionaria hasta el final.

El 14 de enero de 1919, la noche de su ejecución, escribió: "de esta "derrota" surgirán futuras victorias". "¡El orden prevalece en Berlín!" ¡Tontos lacayos! Vuestro "orden" está construido sobre arena. Mañana la revolución "se levantará de nuevo, haciendo chocar sus armas", y para vuestro horror proclamará con trompetas resplandecientes: ¡Yo fui, yo soy, yo seré!".[17] La chiflada tenía razón: la secta/ideología no murió con ella, por desgracia. Como ya se ha dicho, incluso en el momento de la muerte, no hay marcha atrás, ni se dan cuenta de lo que son.

En cuanto a Liebknecht, Marx y Engels fueron sus padrinos, que es todo lo que necesitamos saber sobre quién era (¿me pregunto cuál llevaba la falda de travesti?).[18] Sus "asesinatos" aún se conmemoran y, en enero de 2019, los miembros de la secta en Alemania celebraron el centenario.[19] Así que esta ocasión mostró a miembros de la secta antialemana con el cerebro lavado en la Alemania actual honrando a miembros de la secta antialemana que fueron fusilados por ser miembros de la secta hace un siglo. ¡Una locura! Inaceptable que se permita esto.

A pesar de los esfuerzos de los Freikorps, la infección marxista acabaría apoderándose de Alemania, contribuyendo a crear un lugar dividido y caótico. Esta situación prevaleció hasta que ese tipo llamado "Adolf Hitler" y el partido NSDAP tomaron el control del país, que eran (a pesar de los argumentos erróneos en contra) acérrimos y brutalmente antimarxistas.

También utilizaron grupos organizados y la represión violenta para negar el poder a la secta, lo que supuso su segunda gran derrota del periodo. Como en

---

[16] https://www.britannica.com/biography/Rosa-Luxemburg

[17] Luxemburg, R. "El orden prevalece en Berlín", enero de 1919. https://www.marxists.org/archive/luxemburg/1919/01/14.htm

[18] https://www.britannica.com/biography/Karl-Liebknecht

[19] Connolly y LeBlond, "Alemania recuerda a Rosa Luxemburgo 100 años después de su asesinato", 15 de enero de 2019. https://www.theguardian.com/world/2019/jan/15/germans-take-to-the-streets-to-celebrate-rosa-luxemburg-karl-liebknecht-berlin

Italia, un grupo rival les impidió hacerse con el control de un país.

## La Guerra Civil "española

> "Una cosa de la que estoy seguro, y a la que puedo responder con la verdad, es que cualesquiera que sean las contingencias que puedan surgir aquí, donde yo esté no habrá comunismo"[20]

El Generalísimo Francisco Franco, en conversación
con Niceto Alcalá-Zamora (1938)

He aquí una lección muy importante sobre el tema de la infección nacional, proporcionando un ejemplo temprano y dramático. A diferencia de las infecciones en Italia y Alemania, lo ocurrido en España nos muestra las catastróficas consecuencias de permitir que la secta se establezca cómodamente en el establishment político. Por eso hay que atacarles antes, o se atrincherarán y no se les podrá sacar sin una lucha sangrienta.

La secta cobró impulso político a través de la recién creada situación democrática allí durante los años de inestabilidad de la década de 1920; cuya culminación fue el establecimiento de la Segunda República Española en 1931. Este periodo fue esencialmente una lucha entre el nacionalismo y el marxismo, durante la cual la secta cometio crimenes contra sus enemigos "fascistas" (incluyendo al clero y a los proletarios no marxistas); tambien, como era de esperar, intentaron hundir el pais de cualquier manera posible cuando no tenian el control (protestas, huelgas, etc). Obviamente, los españoles nacionalistas, religiosos y no adoctrinados los querían fuera. Con más elecciones y el consiguiente rechazo nacionalista, los acontecimientos que siguieron crearon un conflicto espantoso.[21][22]

Por supuesto, estos acontecimientos culminaron en la brutal y sangrienta Guerra Civil española (1936-1939). Miembros de la secta ("voluntarios") acudieron de todo el mundo para ayudar a la "revolución", con un importante apoyo del régimen de Stalin en Rusia. Esta guerra incluyó el asesinato de miles de sacerdotes y monjas católicos, que se vieron obligados a tomar las armas. Con la victoria de la España nacionalista al final del conflicto (gracias en parte al apoyo logístico de la Alemania de Hitler), el general Francisco Franco

---

[20] Franco, F., En conversación con Niceto Alcalá-Zamora, citado en Francisco Franco: El tiempo y el hombre (1938) de Joaquín Arrarás, P. 159.
https://libquotes.com/francisco-franco/quote/lbi7y5y

[21] https://www.britannica.com/place/Spain/Primo-de-Rivera-1923-30-and-the-Second-Republic-1931-36

[22] "Terror Rojo España". https://academic-accelerator.com/encyclopedia/red-terror-spain

(1892-1975) se erigió en dictador.[23]

Me gusta llamarla "Guerra Civil Española", porque llamarla "Guerra Civil Española" es una distorsión de la verdad. Fue un conflicto entre españoles cuerdos y traidores e invasores marxistas locos/con el cerebro lavado. Sólo un bando en ese conflicto era genuinamente español, así que no fue una guerra civil. Esta es la naturaleza de todos los conflictos de este tipo: divide a las poblaciones de los países infectados entre los que están adoctrinados y los que no.

El general Franco culpó al comunismo y a la masonería de lo ocurrido a España (y ambos están relacionados, como se ha dicho). En un artículo de diciembre de 1946 en *Arriba* escribió " Todo el secreto de las campañas desencadenadas contra España puede explicarse en dos palabras: Masonería y comunismo... hay que extirpar estos dos males de nuestra tierra".[24]

En septiembre de 1945, en un discurso a un grupo falangista en Madrid, dijo: "Hemos destrozado el materialismo marxista y hemos desorientado a la masonería. Hemos desbaratado las maquinaciones satánicas del superestado masónico clandestino. A pesar de su control de la prensa mundial y de numerosos políticos internacionales. La lucha de España es una Cruzada; ¡como soldados de Dios llevamos con nosotros la evangelización del mundo!".[25] ¿Deberíamos llamarle "General 'conspiranoico' Franco"? ¿O "Franky Teoría de la Conspiración"?

La España de Franco era ávidamente anticomunista, y no dio cuartel a la secta hasta su muerte en 1975, reprimiéndola mediante arrestos, interrogatorios, torturas y ejecuciones. Podemos ver cómo tales regímenes atraen la ira eterna de la secta. El generalísimo les dio su tercera gran derrota de la época, esta vez en la escena mundial, a pesar de que se enfrentó al peso de la comunidad marxista internacionalista. En 1977, dos años después de la muerte de Franco, se levantó la prohibición del Partido Comunista de España.

### El "fascismo" como otra forma de marxismo

Para retomar la cuestión planteada anteriormente, no, lo que se denomina "fascismo" (y los diversos regímenes a los que se dio este nombre) no eran variaciones del marxismo. En general, los regímenes 'fascistas' eran colectivistas, por supuesto, pero no lo mismo que la secta a nivel ideológico.

---

[23] https://www.britannica.com/event/Spanish-Civil-War

[24] Franco, F., escrito bajo el seudónimo Jakin Boor en la revista *Arriba*, *en* un artículo titulado "Masonería y comunismo" (14 de diciembre de 1946), citado en *Franco: una biografía* de Juan Pablo Fusi Aizpurú, p. 71. https://libquotes.com/francisco-franco/quote/lbs2d0t.

[25] Franco, F., Discurso a la sección femenina de la Falange en Madrid (11 de septiembre de 1945). https://libquotes.com/francisco-franco/quote/lbp4a9v

Además, hubo diversas variantes de lo que se denomina movimientos 'fascistas', y los regímenes de Mussolini, Hitler, Franco, Salazar (Portugal), Pinochet (Chile), etc. eran diferentes entre sí.

De hecho, utilizar el término "fascista" en todos los casos es en cierto modo un término equivocado. Todos tenían alianzas con la Iglesia Católica Romana -el principal enemigo organizativo del culto a lo largo de la historia- y eran predominantemente cristianos. Todos se centraban en mantener intactos sus países, y no en formar parte de un colectivo internacionalista que erosiona la identidad nacional (como es el culto). Y lo que es más pertinente, todos eran antimarxistas.

## Italia

El movimiento fascista en Italia pretendía la elevación de toda la nación, no sólo específicamente de la clase obrera/proletariado (como en el socialismo marxiano). A diferencia del culto, no era anticapitalista, sino que pretendía controlarlo al servicio de la nación. Las huelgas obreras no estaban permitidas por el régimen (ya que éstas se utilizan como una forma de chantaje económico anticapitalista). Ya hemos examinado la absoluta estupidez de demonizar y atacar la riqueza/los ricos como hace la secta, por lo que estas posturas eran mucho más racionales y no creaban división de clases.

Mussolini dio la definición definitiva de fascismo en *La doctrina del fascismo* (1932). Rechazaba el liberalismo clásico, que ponía más énfasis en el individuo: "Antiindividualista, la concepción fascista de la vida subraya la importancia del Estado y sólo acepta al individuo en la medida en que sus intereses coincidan con los del Estado. Se opone al liberalismo clásico... El liberalismo negaba el Estado en nombre del individuo; el fascismo lo reafirma".

Obviamente, esto sólo sería sensato si el Estado fuera ético, algo que a los que vivimos en la sociedad occidental moderna nos cuesta imaginar.[26] El fascismo se concibió como un compromiso entre el poder de un Estado fuerte y la soberanía individual, para equilibrar las cosas, ya que el liberalismo clásico obviamente no hizo nada para detener el marxismo (a diferencia del fascismo, que se creó para detenerlo).

Como escribió Mussolini, el fascismo "no sólo ve al individuo, sino a la nación y al país; individuos y generaciones unidos por una ley moral".[27] También reconocía el hedonismo superficial, hablando de "suprimir el instinto de vida

---

[26] Mussolini, B., La doctrina del fascismo Benito Mussolini (1932), p. 3.

https://ia600800.us.archive.org/14/items/TheDoctrineOfFascismByBenitoMussolini/The Doctrina del fascismo de Benito Mussolini.pdf

[27] Ibid. P. 2.

encerrado en un breve círculo de placer".[28]

Se oponía a "todas las utopías e innovaciones jacobinas... rechaza, por tanto, la idea de que en algún momento futuro la familia humana conseguirá una solución definitiva a todas sus dificultades".[29] El fascismo no creía en la idea de la utopía marxiana, en la que todos nos cogemos de la mano y cantamos "Kumbaya" juntos en solidaridad por todo el mundo, lo cual es otra diferencia bastante grande.

Tampoco estaba de acuerdo con el socialismo (subrayado para enfatizar): "No existen individuos ni grupos (partidos políticos, asociaciones culturales, sindicatos económicos, clases sociales) fuera del Estado. El fascismo se opone, pues, al socialismo, para el que la unidad dentro del Estado (que amalgama las clases en una única realidad económica y ética) es desconocida, y que no ve en la historia más que la lucha de clases. El fascismo se opone igualmente al sindicalismo como arma de clase. Pero cuando se le sitúa en la órbita del Estado, el fascismo reconoce las necesidades reales que dieron origen al socialismo y al sindicalismo, dándoles la debida importancia en el sistema gremial o corporativo en el que los intereses divergentes se coordinan y armonizan en la unidad del Estado".[30]

Así que el fascismo no sólo es diferente de la secta/ideología, sino que pretendía ganarle en su propio juego de mejorar la sociedad (que los miembros de la secta creen falsamente que es su razón de ser). Esta es otra gran razón por la que la secta/ideología es históricamente hostil hacia el fascismo y lo considera un rival acérrimo.

Por último, sobre el fascismo italiano, incluso a estas alturas, es fácil ver de dónde viene el odio de la secta/ideología hacia su rival, ya que el fascismo se opuso o eclipsó al marxismo. Y a los mocosos no les gusta cuando no se salen con la suya (o no reciben la atención que ansían).

**Alemania**

> "El comunismo no es socialismo. El marxismo no es socialismo. Los marxistas han robado el término y confundido su significado. Yo les quitaré el socialismo a los socialistas... El marxismo no tiene derecho a disfrazarse de socialismo. A diferencia del marxismo, no implica la negación de la personalidad, y a diferencia del marxismo, es patriótico. Elegimos llamarnos Nacionalsocialistas. No somos internacionalistas. Nuestro socialismo es nacional".[31]

---

[28] Ibid. P. 2.

[29] Ibid. P. 3.

[30] Ibid. P. 3.

[31] Hitler, A., entrevista de George Sylvester Viereck *The American Monthly* (1923).

Adolf Hitler, entrevista con George Sylvester Viereck, Munich, 1923

Por supuesto, también hay quien piensa que el nacionalsocialismo de Alemania no era más que otra forma de marxismo; sin duda, en parte debido a la palabra "socialista" en el nombre que eligieron.

La Alemania de Hitler -el "Tercer Reich"- era un Estado autoritario, por supuesto. Sí, había un control estatal virtual de los medios de producción en muchos casos en toda la industria (con una fuerte supervisión en otros), pero su método para hacerlo fue extremadamente exitoso (a diferencia del culto); Alemania se transformó en una potencia económica. Es cierto que el régimen era quizá el más anticapitalista en su retórica (en comparación con otros regímenes "fascistas"), pero no de la forma en que lo es el culto marxista; esto se debió en parte a que el sistema "capitalista" internacionalista no había sido benévolo con ellos (por ejemplo, sus deudas de la Primera Guerra Mundial, que paralizaron a la nación, impuestas por el Tratado de Versalles en 1919).[32] Esencialmente, no eran tan estúpidos como para destruir su propio potencial/poder económico (como hace la secta con su socialismo), sobre todo porque Alemania había quebrado tras la Primera Guerra Mundial. Como ponían mucho énfasis en que Alemania fuera étnicamente alemana, se les ha denominado "ultranacionalistas", otra diferencia entre ellos y la secta. (Teniendo en cuenta que hoy en día la secta promueve fanáticamente la apertura de fronteras y la inmigración masiva, tiene sentido que los consideren ultranacionalistas racistas, supremacistas blancos, etc.).

Además, el régimen nacionalsocialista también fue un firme promotor y defensor de la cultura alemana, en cierto modo como represalia a la contaminación/desecración de la misma por parte del culto durante la República de Weimar (los años "pre-nazis"). La lista (de diferencias) continúa...

## Sr. Hitler

Aclaremos estas cuestiones de boca de los propios interesados. ¿Quizás haya oído hablar de este tipo? Ampliamente considerado como el hombre más malvado de la historia, especialmente por los miembros de una secta, Adolf Hitler (1889-1945) fue el líder de la Alemania nacionalsocialista desde 1933 hasta su muerte al final de la Segunda Guerra Mundial.[33] He aquí un extracto de un excelente libro del autor estadounidense Benton L. Bradberry titulado *The Myth of Germany Villany* (2008):

"Hitler tenía esto que decir sobre el significado de "Socialismo" para Alemania,

---

https://famous-trials.com/hitler/2529-1923-interview-with-adolf-hitler

[32] "Tratado de Versalles". https://www.britannica.com/event/Treaty-of-Versailles-1919

[33] "Adolf Hitler - dictador de Alemania".
https://www.britannica.com/biography/Adolf-Hitler/Rise-to-power

como se imprimió en un artículo en el "Guardian, Sunday Express" del Reino Unido, el 28 de diciembre de 1938: "'Socialista' lo defino a partir de la palabra 'social' que significa principalmente 'equidad social'. Un Socialista es aquel que sirve al bien común sin renunciar a su individualidad o personalidad o al producto de su eficiencia personal. El término "socialista" que hemos adoptado no tiene nada que ver con el socialismo marxiano. El marxismo es anti-propiedad; el verdadero socialismo no lo es. El marxismo no valora al individuo, ni el esfuerzo individual, ni la eficiencia; el verdadero socialismo valora al individuo y lo alienta en la eficiencia individual, al mismo tiempo que sostiene que sus intereses como individuo deben estar en consonancia con los de la comunidad... Se me acusa de estar en contra de la propiedad, de ser ateo. Ambas acusaciones son falsas".[34] Estoy seguro de que el lector puede ver las similitudes con el régimen fascista de Italia. De hecho, Hitler se inspiró en los éxitos de Mussolini.

### "... la peste mundial marxista..."

He aquí las proféticas palabras de Hitler sobre la democracia y el marxismo extraídas de su libro de 1925 *Mein Kampf:* "La democracia, tal como se practica hoy en Europa occidental, es la precursora del marxismo. De hecho, este último no sería concebible sin el primero. La democracia es el caldo de cultivo en el que pueden crecer y extenderse los bacilos de la peste mundial marxista".[35] (Una rápida búsqueda de palabras en un lector de PDF confirma que el libro estaba lleno de vitriolo hacia la secta/ideología; una verdad importante que no se destaca en las narrativas oficiales, políticamente correctas/marxistas).

Si alguna vez te has preguntado por qué algunos pueblos de la historia estaban tan "locos" como para apoyar a dictadores nacionalistas, esta es la razón: un sistema democrático permite a la secta hacerse con el poder político. Por supuesto, la secta sólo habla de "democracia" cuando no están en el asiento del conductor, entonces es el marxismo totalitario todo el camino (que las personas no adoctrinadas en todo Occidente están descubriendo actualmente).

El 10 de febrero de 1933, durante su primer discurso como canciller alemán en el Sportpalast de Berlín, Hitler declaró: "En aquel momento, la lucha contra el marxismo fue, por primera vez, declarada objetivo de batalla. Fue entonces cuando hice el primer voto como individuo desconocido, de comenzar esta guerra y no descansar hasta que este fenómeno sea finalmente erradicado de la vida alemana".[36] Reveladoramente, las pancartas nazis en este acto decían

---

[34] Bradberry. B., *The Myth of Germany Villainy* (2008), p. 148.

[35] Hitler, A., *Mein Kampf* (1925), P. 71.

[36] Hitler, A., "Proclamación a la nación alemana", Sportpalast, Berlín, 10 de febrero de 1933.

"Mach deutschland uom marxismus frei" ("haced Alemania libre de marxismo"), y "Der marxismus mub sterben domit die nation wieder oufer" ("el marxismo debe morir y la nación resucitará").[37] El discurso está disponible en Bitchute ("Adolf Hitler's First Speech"), y extractos del mismo han aparecido en varios documentales de Netflix.

De la página 149 de El mito de la villanía alemana (ligeramente editado): "En un artículo del periódico nazi, "Volkischer Beobachter", del 11 de mayo de 1933 -poco después de convertirse en canciller- Hitler escribió: "Durante catorce o quince años he proclamado continuamente a la nación alemana que considero que mi tarea ante la posteridad es destruir el marxismo, y es un juramento solemne que cumpliré mientras viva... Vemos en el marxismo al enemigo de nuestro pueblo al que arrancaremos de raíz y destruiremos sin piedad... El comunismo es el precursor de la muerte, de la destrucción nacional y de la extinción. Hemos entrado en combate con él y lo combatiremos hasta la muerte".[38] Hitler cumplió su promesa en junio de 1941, cuando el ejército alemán ejecutó la Operación Barbarroja, un intento fallido de aniquilar a la Unión Soviética.[39] Ese intento de destruir el hogar del comunismo internacional sería el principio del fin para el Tercer Reich, ya que nunca volvieron a tener ventaja en la Segunda Guerra Mundial. El resultado, desafortunadamente, fue que la Unión Soviética sobreviviría como el principal punto de infección del mundo para el culto/ideología (otro hecho importante que no es ampliamente comprendido).

Los éxitos que Italia y Alemania disfrutaron bajo estos regímenes "fascistas", y cómo los líderes de ambos países eran muy respetados antes de la Segunda Guerra Mundial (combinado con su brutal represión de los miembros de la secta), fueron sin duda factores importantes para evocar el odio eterno de la secta. Los famosos campos de concentración de la Segunda Guerra Mundial estaban llenos de miembros de sectas, algo que a menudo se pasa por alto. Esta es la razón por la que se construyeron inicialmente: para albergar a los enemigos del Estado.

El odio que estos regímenes "fascistas" sentían por la secta/ideología también nos ayuda a comprender la magnitud del problema al que nos enfrentamos hoy en día, ya que nos muestra lo problemático y exasperante que era incluso en aquellos tiempos. El mundo ha estado tratando con estos alborotadores en gran medida desde el final de la Primera Guerra Mundial, sin embargo, hoy -un cuarto de camino a través del siglo 21- muchos ni siquiera son plenamente

---

http://www.emersonkent.com/speeches/proclamation_to_the_german_nation.htm

[37] "Primer discurso de Adolf Hitler como Canciller del Reich".
https://www.bitchute.com/video/IKpfU2NBnoWc/

[38] Bradberry. B., *The Myth of Germany Villainy* (2008), p. 149.

[39] https://www.britannica.com/event/Operation-Barbarossa

conscientes del problema, ¡y mucho menos entienden su importancia! ¡Esto es más que preocupante!

Además, las opiniones confusas que confunden los regímenes "fascistas" con la secta han contribuido a ocultar el hecho de que eran enemigos acérrimos, que la secta/ideología también era problemática y odiada entonces, y que este conflicto con el marxismo no ha cesado desde la Revolución Rusa de 1917.

### Pinochet

Notable antimarxista en Sudamérica, Augusto Pinochet (1915-2006) fue un militar que tomó el control de Chile después de que éste se viera gravemente infectado. Su reinado comenzó mediante un golpe militar contra la clase dirigente marxista en 1973. En una rueda de prensa el 11 de septiembre de ese año declaró: "Las fuerzas armadas han actuado hoy únicamente por la inspiración patriótica de salvar al país del tremendo caos en que lo sumía el gobierno marxista de Salvador Allende".[40]

Sus diecisiete años de reinado fueron especialmente brutales, recordando a la España de Franco. Ejerció una violencia sistemática generalizada, torturó y ejecutó a miembros de sectas. En un momento dado, durante la Operación Cóndor (la purga transfronteriza de miembros de sectas en todo el continente respaldada por la CIA, mencionada anteriormente), Pinochet y sus aliados "derechistas" utilizaron "vuelos de la muerte": los miembros de las sectas eran transportados en aviones y arrojados -aún vivos en algunos casos- a masas de agua o sobre la cordillera de los Andes.[41]

Hizo varias declaraciones sobre la purga, entre ellas: "Prácticamente hemos limpiado esta nación de marxistas", y "Roma cortaba las cabezas de los cristianos y seguían reapareciendo de una forma u otra. Algo parecido ocurre con los marxistas".[42][43] En una declaración del 8 de noviembre de 1998 dijo: "Tengo claro que el retorno a Chile de la verdadera democracia, y a partir de ella la verdadera libertad a que tienen derecho todas las personas, no podría haberse logrado sin la eliminación del gobierno marxista".[44]

---

[40] Pinochet, A., Conferencia de prensa (11 de septiembre de 1973, YouTube.com).
https://libquotes.com/augusto-pinochet/quote/lbs2j2o

[41] "Vuelos de la muerte". https://academic-accelerator.com/encyclopedia/death-flights

[42] Pinochet, A., Discurso (23 de febrero de 1988), citado en "Las frases para el bronce de Pinochet". https://libquotes.com/augusto-pinochet/quote/lbu2d0v

[43] Pinochet, A., Discurso (10 de noviembre de 1995), citado en "Las frases para el bronce de Pinochet". https://libquotes.com/augusto-pinochet/quote/lbg5e9a

[44] Pinochet, A., Declaración, 08 de noviembre de 1998.
https://www.azquotes.com/quote/1096354

Como era de esperar, la secta ha cultivado la percepción de que Pinochet era un monstruo durante y desde su reinado. [45] Esto se hace por la propia supervivencia de la secta. Es necesario para ellos vomitar constantemente odio contra sus enemigos históricos, para evitar que el resto de nosotros alguna vez tomemos medidas brutales similares contra ellos.

Así que de ahora en adelante cada vez que les oigamos hablar de "supresión de la libertad de expresión", "derechos humanos", "fascismo", "autoritarismo" y "dictaduras", etc. es por eso por lo que lo están haciendo (consciente o inconscientemente): por su propia supervivencia. Quieren seguir siendo miembros de una secta demente, y por lo tanto destruyendo la humanidad sin oposición, sin castigo de ningún tipo.

## Las guerras mundiales como instrumento de propaganda

El periodo de la Segunda Guerra Mundial se ha convertido en una herramienta de propaganda muy eficaz que ayuda enormemente a la secta/ideología. [th]El énfasis/reénfasis constante en ese periodo -y en la Alemania de Hitler en particular- sirve a varios propósitos: oculta los crímenes de la secta a lo largo del siglo XX desviando la atención de ellos, y ayuda a asociar cualquier idea de soberanía nacional genuina, nacionalismo o patriotismo con actos malvados. Refuerza la idea de que "si no eres marxista, eres malvado" (de ahí que califiquen a los nacionalistas antiglobalización de "escoria nazi").

¿Es posible que los internacionalistas globalistas no quieran que el público en general conozca la verdad oculta antimarxista sobre los regímenes "fascistas" del siglo XX, porque podría ser una tremenda inyección de moral para los patriotas nacionalistas de todo el mundo de hoy?

Además, crearía una tremenda ira contra los mentirosos y pseudointelectuales que no han informado al público en general sobre esta verdad, ya sea por ignorancia, estrechez de miras, adoctrinamiento o engaño descarado.

---

[45] https://en.wikipedia.org/wiki/Augusto_Pinochet

# Sección XIII-Epílogo: Apocalipsis zombi

"¡Zombis del mundo, uníos! ¡No tenemos nada que comer salvo vuestros cerebros!"

Marga Karx

"Te has puesto rojo"[1]

*Shaun of the Dead*, 2004

## Una guerra mundial de zombis rojos

Las películas de zombis son una gran analogía de nuestra actual situación mundial, y ha habido muchas a lo largo de las décadas. Yo las veo como proféticas, como presagios apocalípticos. En el mundo actual, algunos están infectados y otros no, como en esas películas. Los zombis no están realmente vivos, pero son una especie de vida, hay signos de vida, al igual que los miembros del culto. No son iguales a los que no están infectados, por supuesto, en términos de consciencia (como se ha descrito antes; cómo de presente/consciente/inteligente es alguien). Los zombis pueden infectar a otros "convirtiéndolos" al entrar en contacto con ellos (mediante el tacto, la mordedura, etc., según la película), de forma parecida a cómo los miembros "infectados" a los que se les ha lavado el cerebro influyen en sus "víctimas", los ingenuos y aún no infectados. Pueden usar la violencia contra sus enemigos, o instigar a otros a la violencia; pero la mayoría de las veces, ¿no es psicológica? Intentarán drenar tu energía mental, tu entusiasmo y tu moral. Carcomiendo tu mente esencialmente.

Todos estamos en una guerra mundial ideológica, psicológica y espiritual contra un ejército global de "personas" a las que se les ha lavado el cerebro como a zombis. La imagen de los infectados comiéndose los cerebros de los no infectados es simbólica: es la "devoración" de la conciencia humana por el comportamiento zombi. Al ver el mundo en términos de adoctrinamiento y falta de conciencia, estas películas adquieren un significado totalmente nuevo. Los zombis son tontos y esencialmente les falta algo, por eso comen cerebros: necesitan el suyo porque no tienen ninguno.

## Llámalos miembros de una secta marxista

---

[1] "You've Got Red on You", *Shaun of the Dead* (2004)

https://www.YouTube.com/watch?v=T1GYsCMCLpo

Es hora de que todos reconozcamos y digamos la verdad, en masa. En general, como sociedad, no estamos siendo lo suficientemente honestos y directos con ellos sobre su pertenencia a una secta. Esta es una cuestión que todos debemos abordar personalmente en nuestras vidas, si tenemos la constitución para hacerlo. Puede que tengamos que ser directos, incluso brutalmente honestos. No es el momento de preocuparse por ser "educado" y no herir los sentimientos de la gente. No hay nada de noble en ser "amable" si eso acelera el derrumbamiento del mundo que te rodea; no tienes derecho a reclamar tal estatus en este caso.

Todos tenemos que empezar a enfrentarnos a los adoctrinados/ adoctrinados de frente, diciéndoles que lo que están haciendo está mal, y por qué lo están haciendo. También hay que decirles que son unos hipócritas, ya que a menudo "oprimen" al resto de nosotros mientras se comportan como gloriosos revolucionarios (dando por sentado que actúan contra la opresión). En muchos casos, no deberíamos hacer esto y luego esperar resultados positivos en la persona con la que estamos tratando. No necesariamente para convencer o "des-lavarse el cerebro", no, ya que esto es inútil en muchos casos.

Más bien deberíamos enfrentarnos por principios. Los que son capaces de "salir de eso" lo harán; los que no pueden, nos muestran que están más allá de la redención, lo que nos ayuda a trazar esa línea en la arena (a menudo también los repele de ti en tu beneficio). También lo haremos para crear presión social, para reprimir y humillar, y para que sea socialmente incómodo ser abiertamente miembro de una secta, para privar al movimiento de su oxígeno social cultista. Este será el gran reto de la era moderna; más aún, el mayor reto al que se haya enfrentado jamás la humanidad...

### Consejos a los padres: mantener a los niños inmunes

"Si tu corazón permanece puro y late de forma puramente humana, y ningún espíritu demoníaco es capaz de alejar tu corazón de sentimientos más finos, sólo entonces encontraría la felicidad que durante muchos años he soñado encontrar a través de ti; de lo contrario, vería en ruinas el mejor objetivo de mi vida".[2]

Una carta de 1837 de Heinrich Marx a su hijo poseído por el demonio, que ya estaba demasiado lejos...

Este consejo sólo se aplica a los padres que no están contaminados, por supuesto. Cuidado con quienes trabajan con el Estado o en su nombre. Especialmente cuidado con los que tienen un cargo "educativo" o influyente. Hay muchas probabilidades de que hayan recibido una educación marxista contaminada, y de que se la transmitan a sus hijos. Por desgracia, los padres también deben vigilar a cualquier otra persona que pueda influir en sus hijos.

---

[2] Marxists.org, "Carta de Heinrich Marx a su hijo Karl", 1837

https://marxists.architexturez.net/archive/marx/letters/papa/1837-fl2.htm

Esto puede provenir de amigos, parientes, compañeros de trabajo, compañeros de equipo en deportes, etc., ¡y no olvidemos las influencias de los medios de comunicación, el entretenimiento y las redes sociales! El trabajo está hecho...

Es una tragedia cuando un padre pierde a su hijo a causa del lavado de cerebro marxista (a menos que ellos mismos ya estén adoctrinados). Esta asquerosa ideología incluso provoca divisiones en el seno de las familias. Por lo tanto, los padres tienen que estar alerta y proteger a sus hijos de la secta/ideología, además de todas las responsabilidades habituales y básicas de la crianza de los hijos como: proporcionar comida, techo, ropa, protección, y las otras responsabilidades (no cumplidas en muchos casos) como enseñarles sobre el amor, la salud, la disciplina, la confianza, la paciencia, la humildad, etc. Este es realmente un entorno de mierda para criar a un niño por muchas razones, pero sin embargo debemos estar vigilantes, y estas cosas deben hacerse. El panorama es mucho más tóxico y posiblemente más complejo que nunca, pero mantener a los niños inmunes es esencial o el futuro estará perdido...

Cualquier padre racional y en su sano juicio protegería a sus hijos de un atacante, un pedófilo o cualquier otra persona que pudiera causarles daño. Los padres responsables deben empezar ahora a ver a los miembros de sectas marxistas de esta manera, o a cualquier persona de la que puedan sospechar que lo es, incluyendo: maestros y profesores de todos los niveles; empleados del gobierno; organizadores comunitarios; trabajadores sociales; etc. La sospecha, en este caso, es muy útil. Todo el mundo debe ser investigado por adoctrinamiento marxista antes de que se les permita el contacto con los jóvenes.

Por supuesto, como ya se ha mencionado, una persona (padre o no) necesita entender la ideología/secta lo suficiente como para poder identificar quién es miembro de una secta y quién no. Así que, además de todas las demás responsabilidades de los padres mencionadas anteriormente, deben dedicar algo de tiempo a estudiar y comprender este tema.

Un libro como éste es un punto de partida ideal. Es mi deseo que los padres se armen con este conocimiento para poder juzgar bien con quién se relacionan sus hijos y a qué información están expuestos. Considere este conocimiento/formación una sabia inversión; una "mejora" de su personalidad por el bien de nuestros hijos.

En un viejo documental (no recuerdo el nombre) sobre lo que ocurrió en Camboya con Pol Pot y sus compañeros de la secta de los Jemeres Rojos, una mujer contaba que educó bien a su hijo, pero aun así fue a trabajar para Pol Pot; aun así consiguieron adoctrinarlo. Esto plantea una cuestión: es posible que muchos padres de antes no pudieran prepararse para esto, ya que no eran conscientes de la amenaza marxista. Por supuesto, hay muchos padres que han educado "bien" a sus hijos, pero sin ser conscientes de la ideología y del riesgo de adoctrinamiento, sus hijos pueden ser víctimas de ella. Esta es la tragedia de la situación, por desgracia. Por lo tanto, no podemos estar demasiado atentos.

Hay un depredador ahí fuera en el mundo -un depredador oculto, complejo y psicológico, que puede rezar sobre cualquiera, pero los jóvenes están especialmente en peligro. Debemos perdonar a los padres bienintencionados del pasado por no haber sido capaces de ver esto venir por las vías. Es difícil para el ciudadano de a pie ver siquiera que este monstruo existe en nuestro mundo, por no hablar de galvanizar a sus hijos contra él. Dicho esto, es importante que este mensaje llegue al mayor número posible de padres, para que nadie pueda alegar que simplemente no estaba informado. Todos debemos asegurarnos de que esta excusa no sea aceptable.

## Las críticas de los zombis

Por supuesto, algunos reconocerán el valor de este trabajo. Muchos no lo harán o, de hecho, tratarán activamente de empañarlo, protegiendo así la secta/ideología (consciente o inconscientemente). De este modo, se puede suprimir el impacto del libro. Cuanto más ferviente sea el impacto previsto, mayor será el ataque supresivo de los miembros de la secta. Por supuesto, utilizarán las habituales críticas malintencionadas, y habrá reseñas predecibles en diversas plataformas marxistas (sitios web, periódicos, programas, podcasts, etc.). Destacarán cualquier tipo de debilidad percibida en él y la exagerarán, además de ser mezquinos al encontrar cualquier error/percepción de error o dedicarse a la burla general. Intentarán inútilmente fabricar, desenterrar, exagerar y repetir cualquier cosa que puedan utilizar sobre el autor.

Si se está hablando de este libro a través de ciertos medios de comunicación (o dondequiera que se pueda ver una respuesta colectiva), te darás cuenta de los siguientes comentarios que son las "críticas" habituales utilizadas por los zombis ofendidos; algunas más abiertamente marxistas y otras aparentemente "neutrales": "¡eso no es el marxismo! Ni siquiera sabe lo que significa!"; "Bueno, estoy de acuerdo con él en ciertos puntos, pero no en otros"; "¡Le echa la culpa de todo al marxismo!"; "¡Está confundiendo marxismo/socialismo con comunismo/estalinismo/marxismo-leninismo!"; "Escrito como un verdadero fascista. 2 estrellas"; "¡Repite cosas!"; "¡¿Ha leído realmente a Marx y Engels?!"; Palabras en el sentido de "Muchos expertos no están de acuerdo con (este o aquel punto) así que ¿cómo puedes tomarte este libro en serio?"; el libro es "hiperbólico" o "¡tonterías de la teoría de la conspiración!, o "Dejé de leer después de la página (X) debido a un error sobre (Y)" etc. etc.

Harán todo esto porque, en el fondo, están molestos. Les molesta que se les critique a ellos y a su (errónea) visión del mundo. Este tipo de veneno mezquino sólo puede emanar de alguien que, en el fondo, no tiene columna vertebral. El elemento infantil es una mezcla de enfado, arrogancia, pseudointelectualismo, etc. Esto se manifiesta en el vitriolo: no hay capacidad para controlar las emociones. Este tipo de reacciones al libro demuestran que es correcto, además de demostrar que es importante y necesario.

Si este tipo de reacciones son intentos de suprimir el libro, entonces no podrían ser más autosaboteadoras. Cada vez que los tipos adoctrinados intentan esto, sólo consiguen exponerse más como lo que son. También animan a gente como nosotros a desenmascararlos más. En la tumba funeraria de Karl Marx figura la grandiosa afirmación ""Los filósofos sólo han interpretado el mundo, de diversas maneras; la cuestión, sin embargo, es cambiarlo".[3] Claro, sólo si pueden hacerlo de forma positiva. En este sentido, Marx y la secta marxista son los eternos fracasados.

En cuanto a los que no están necesariamente adoctrinados pero obstaculizan el impacto del libro, también son un problema. Hay una falta de capacidad en la sociedad para reconocer la verdad. A menudo el ego y/o el intelectualismo excesivo pueden interponerse en el camino, ya que una persona pone su propia gratificación personal por encima de lo que es mejor para el grupo. Esta es una tendencia que la secta/ideología puede aprovechar al máximo, ya que desea esta reacción de/hacia sus enemigos. Le encanta la idea de que las reacciones a este libro puedan ser divergentes; cuanto más divergentes sean, menos amenaza supondrán las ideas del libro para la secta/ideología.

Pongámoslo así: cuando vivamos en una sociedad en la que lo que es verdadero y beneficioso se trate con un reconocimiento/apoyo colectivo y se le dé el respeto que merece, viviremos en una sociedad en la que se verán cambios positivos. Depende realmente de las personas implicadas en el discurso público sobre esta cuestión tener la madurez, inteligencia y valentía necesarias para ponerse al servicio de la verdad. Deben dejar de lado todo lo demás -incluidos los intelectualismos egoístas- e impulsar el mensaje de este libro como puedan, por el bien de todos .

---

[3] https://en.wikipedia.org/wiki/Tomb_of_Karl_Marx

# Otros títulos

**OMNIA VERITAS**

Omnia Veritas Ltd presenta:

**HISTORIA PROSCRITA
I**
LOS BANQUEROS Y LAS
REVOLUCIONES

POR

VICTORIA FORNER

*Los procesos revolucionarios
necesitan agentes, organización
y, sobre todo, financiación,
dinero.*

*LAS COSAS NO SON A VECES LO QUE APARENTAN...*

**OMNIA VERITAS**

Omnia Veritas Ltd presenta:

**HISTORIA PROSCRITA
II**
LA HISTORIA SILENCIADA
DE ENTREGUERRAS

POR

VICTORIA FORNER

*"El verdadero crimen es acabar
una guerra con el fin de hacer
inevitable la próxima."*

*EL TRATADO DE VERSALLES FUE "UN DICTADO DE ODIO Y DE LATROCINIO"*

**OMNIA VERITAS**

Omnia Veritas Ltd presenta:

**HISTORIA PROSCRITA
III**
LA II GUERRA MUNDIAL
Y LA POSGUERRA

POR

VICTORIA FORNER

*Distintas fuerzas trabajaban
para la guerra en los países
europeos*

*MUCHOS AGENTES SERVÍAN INTERESES DE UN PARTIDO BELICISTA TRANSNACIONAL*

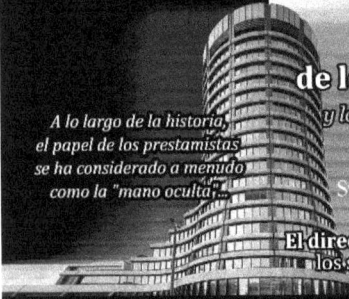

OMNIA VERITAS
OMNIA VERITAS LTD PRESENTA:
JOHN COLEMAN
LA JERARQUÍA DE LOS CONSPIRADORES
HISTORIA DEL COMITÉ DE LOS 300
por John Coleman
Esta conspiración abierta contra Dios y el hombre incluye la esclavización de la mayoría de los humanos...

OMNIA VERITAS
OMNIA VERITAS LTD PRESENTA:
JOHN COLEMAN
LA DICTADURA del ORDEN MUNDIAL SOCIALISTA
Todos estos años, mientras nuestra atención se centraba en los males del comunismo en Moscú, los socialistas de Washington estaban ocupados robando a Estados Unidos...
POR JOHN COLEMAN
"Hay que temer más al enemigo de Washington que al de Moscú"

OMNIA VERITAS
OMNIA VERITAS LTD PRESENTA:
JOHN COLEMAN
La GUERRA de las DROGAS contra AMÉRICA
El narcotráfico no puede ser erradicado porque sus gestores no permitirán que se les arrebate el mercado más lucrativo del mundo...
POR JOHN COLEMAN
Los verdaderos promotores de este maldito comercio son las "élites" de este mundo

OMNIA VERITAS LTD PRESENTA:

JOHN COLEMAN

**LA DINASTÍA ROTHSCHILD**

LA DINASTÍA ROTHSCHILD

por John Coleman

*Los acontecimientos históricos suelen ser causados por una "mano oculta"...*

OMNIA VERITAS LTD PRESENTA:

JOHN COLEMAN

EL INSTITUTO TAVISTOCK de RELACIONES HUMANAS

**EL INSTITUTO TAVISTOCK**
**de RELACIONES HUMANAS**

La formación de la decadencia moral, espiritual, cultural, política y económica de los Estados Unidos de America

*Sin Tavistock no habrían existido la Primera y la Segunda Guerra Mundial*

**por John Coleman**

*Los secretos del Tavistock Institute for Human Relations*

OMNIA VERITAS LTD PRESENTA

**LA MAYORÍA DESPOSEÍDA**

LA MAYORÍA DESPOSEÍDA

*EL TRÁGICO Y HUMILLANTE DESTINO DE LA MAYORÍA ESTADOUNIDENSE*

OMNIA VERITAS
Omnia Veritas Ltd presenta:
La Mafia Judía
HERVÉ RYSSEN
La mafia judía es sin embargo, y sin lugar a duda, la más poderosa del mundo. La más peligrosa, también. Algunos periodistas demasiado curiosos ya han sido asesinados.
La "mafia judía", esa, no existe; los medios de comunicación occidentales no hablan de ella.

OMNIA VERITAS
Omnia Veritas Ltd presenta:
HERVÉ RYSSEN
Las Esperanzas PLANETARIANAS
El triunfo de la democracia sobre el comunismo parecía haber abierto la puerta a una nueva era, a un "Nuevo Orden mundial", y preparar la totalidad de las naciones a una fusión planetaria ineluctable.
La idea de un mundo sin fronteras y de una humanidad por fin unificada no es ciertamente nueva...

OMNIA VERITAS
Omnia Veritas Ltd presenta:
HERVÉ RYSSEN
EL FANATISMO JUDÍO
La resultante disolución de la identidad nacional los protege de un posible sobresalto nacionalista contra el poder que consiguieron, especialmente en las finanzas, en la política y en el sistema mediático.
El pueblo judío promueve un proyecto para toda la humanidad...

OMNIA VERITAS
Omnia Veritas Ltd presenta:
HERVÉ RYSSEN
Historia del antisemitismo
Vista y puesta en su sitio por un goy
La historia del judaísmo es la de un pueblo – o de una secta – en guerra permanente contra el resto de la humanidad...
Después de la lectura de este libro, confiamos en que ya nadie hable de civilización "judeocristiana"

OMNIA VERITAS
Omnia Veritas Ltd presenta:
HERVÉ RYSSEN
Los millardos de ISRAEL
Desde tiempos inmemoriales, diseminados en todos los países, son famosos por haberse dedicado al gran comercio internacional. Son también, desde hace siglos, los amos de la Banca y la especulación.
Los judíos tienen una relación muy particular con el dinero...

OMNIA VERITAS
Omnia Veritas Ltd presenta:
HERVÉ RYSSEN
PSICOANÁLISIS del JUDAÍSMO
El judaísmo, en efecto, no es solamente una religión. Es también un proyecto político cuyo objetivo es conseguir la supresión de las fronteras, la unificación de la tierra y la instauración de un mundo de «paz».
Este libro representa el estudio más exhaustivo jamás realizado sobre la cuestión judía

OMNIA VERITAS
LOS PORTADORES DE LUZ DE LAS TINIEBLAS
Este libro es un intento de demostrar, mediante pruebas documentales, que las condiciones actuales del mundo están bajo la influencia de sociedades místicas y secretas a través de las cuales el Centro Invisible intenta dirigir y dominar a las naciones y al mundo.

OMNIA VERITAS
EL RASTRO DE LA SERPIENTE
Un intento de rastrear el culto de la antigua Serpiente, el Principio Creador, el Dios de todos los iniciados de los gnósticos y cabalistas, emanado de los judíos helenizados de Alejandría.

www.ingramcontent.com/pod-product-compliance
Lightning Source LLC
Chambersburg PA
CBHW071140270326
41929CB00012B/1824